Manfred Eder

Kirchengeschichte
in Karikaturen

Manfred Eder

Kirchengeschichte in Karikaturen

Von der Französischen Revolution bis zur Gegenwart

Matthias Grünewald Verlag

VERLAGSGRUPPE PATMOS

PATMOS
ESCHBACH
GRÜNEWALD
THORBECKE
SCHWABEN

Die Verlagsgruppe
mit Sinn für das Leben

Bibliografische Information der Deutschen Nationalbibliothek
Die Deutsche Nationalbibliothek verzeichnet diese Publikation in der
Deutschen Nationalbibliografie; detaillierte bibliografische Daten
sind im Internet über http://dnb.d-nb.de abrufbar.

Umschlaggestaltung: Finken & Bumiller
unter Verwendung einer Grafik von shutterstock.com und
einer Karikatur aus dem »Simplicissimus« vom 16.3.1963, 174, Detail
Layout und Satz: SatzWeise GmbH, Trier
Druck: CPI books GmbH, Leck
Hergestellt in Deutschland
ISBN 978-3-7867-3101-6

Inhalt

Vorwort

> Unsere Kultur besteht aus drei Schubladen,
> deren zwei sich schließen, wenn eine geöffnet
> wird: Arbeit, Unterhaltung, Belehrung.
> *Karl Kraus*[1]

Comics, Fernsehen, CD-ROMs, Internet und andere neue Medien haben Kinder, Jugendliche und junge Erwachsene schon lange daran gewöhnt, in Bildern zu lesen und virtuelle Realität zu erfassen. »Ein Bild sagt mehr als tausend Worte« – dieses Sprichwort ist so zu einer Binsenweisheit geworden. Auch im schulischen Religions- und Geschichtsunterricht finden Bilder verschiedenster Art und insbesondere Karikaturen mittlerweile großen Anklang[2]. Im speziellen Bereich der Kirchengeschichte herrscht dagegen immer noch merkliche Zurückhaltung, gerade dann, wenn es um Karikaturen oder Cartoons geht[3]. Um zu zeigen, dass sich seriöse kirchengeschichtliche Arbeit – entgegen dem oben angeführten Zitat des österreichischen Schriftstellers und Satirikers Karl Kraus (1874–1936) – durchaus mit Unterhaltung und mit aus der Analyse sich ergebender Belehrung verträgt und verbinden lässt, will dieses Buch einen Fundus an (zum Teil seit der Originalveröffentlichung noch nicht nachgedruckten und / oder noch nie kommentierten) Karikaturen zur schulischen und universitären Verwendung im Religionsunterricht bzw. im Fach Kirchengeschichte bereitstellen. Die Sammlung eignet sich aber ebenso zu eigener kurzweiliger Lektüre für Schüler der oberen Klassen, Studierende der Theologie und Geschichte und überhaupt alle an der Kirchengeschichte Interessierten. Vorschläge aus dem Leserkreis für weitere geeignete Karikaturen sind jederzeit willkommen.

---

1 Zit. nach Markus M. Ronner, Der treffende Geistesblitz. 10 000 Aphorismen, Pointen und Bonmots des 20. Jahrhunderts, Thun (Schweiz) 1990, 16.

2 Während *Horst Klaus Berg* 1979 schrieb: »Zögernd erst haben Karikaturen in den letzten Jahren Eingang in den Religionsunterricht gefunden« (Berg, Karikatur I 68; vgl. Berg, Karikatur II 57: »Ein Stiefkind im Religionsunterricht«), konstatieren *Judith Könemann* und *Christian Schulte* ein Vierteljahrhundert später: »Die Karikatur als Medium im Religionsunterricht erfreut sich immer größerer Beliebtheit« (Könemann/Schulte, Einsatz). Gleiches gilt für den Geschichtsunterricht, wie *Herwig Buntz* ebenfalls 2004 feststellte: »Karikaturen gehören […] zu den Bildquellen, die seit Jahren einen festen Platz in den Lehrbüchern haben, im Unterricht eingesetzt und auch für Leistungsmessungen selbst im Abitur verwendet werden« (Politische Karikaturen. Didaktische Überlegungen, in: Praxis Geschichte 17 [2004] H. 1, 4–6, hier: 4).

3 »Gelegentlich wird in der Literatur unterschieden zwischen der Karikatur, die aktuelle Ereignisse und Personen der Zeitgeschichte aufs Korn nimmt, und dem Cartoon als satirischer Zeichnung, die das allgemein Menschliche, die übergreifenden Fragen zum Thema hat.« (Berg, Karikatur I 68) Da aber die Übergänge fließend sind und das Wort »Cartoon«, die englische Bezeichnung für den deutschen Terminus »Karikatur«, in den letzten Jahrzehnten oft gleichbedeutend verwendet wird, sind auch in diesem Buch beide Begriffe für die jüngere Vergangenheit weithin synonym benutzt. Vgl. hierzu Orth 47.

Bedanken möchte ich mich bei meinem Freund Studienrat *Tom Gehr* (Langquaid), der mich über Jahre hin unermüdlich mit Karikaturen aus der Zeitschrift *Publik-Forum* versorgte, bei meinen Mitarbeitern am Lehrstuhl, *Markus Zimmer* M.A. und *Markus Wiewel*, für einige Recherchen, das Mitlesen der Korrekturen und für Mithilfe bei der Erstellung des Registers sowie bei meinem Sohn Bernhard für die technische Unterstützung.

Gewidmet sei das Buch in herzlicher Verbundenheit *Friedhelm Jürgensmeier*, meinem geschätzten Vorgänger auf dem Lehrstuhl für Kirchengeschichte am Institut für kath. Theologie der Universität Osnabrück, dessen Doktorarbeit über »Die katholische Kirche im Spiegel der Karikatur« handelte.

Osnabrück, am Hochfest Peter und Paul 2017   Manfred Eder

Einleitung

1. Eine Karikatur – was ist das?

Die Karikatur ist mehr als eine lustige oder groteske Zeichnung. Möchte der gezeichnete Witz in der Regel bloß unterhalten und erheitern, so will die Karikatur auch nachdenklich machen, aufklären, entlarven, anklagen, provozieren, zur Diskussion anregen und nach Möglichkeit sogar Veränderungen bewirken[1]. »Sie ist die visuelle Form der Satire«[2] und beleuchtet schlaglichtartig politische, gesellschaftliche, wirtschaftliche und nicht zuletzt religiöse Zu- bzw. Missstände in kritischer Weise.

Die Grundtechnik des Karikierens ist – gemäß der Herkunft des Wortes von ital. *caricare* = überladen, angreifen u. a.[3] – die Übertreibung und Zuspitzung. Diese Technik dient der Hervorhebung und Verdichtung der Eigenschaften und Merkmale von Personen, Gegenständen und Ereignissen, die dadurch attackiert, der Lächerlichkeit preisgegeben oder zumindest in Frage gestellt werden. Nicht selten hält die Karikatur, das »›enfant terrible‹ der Kunstgeschichte«[4], dem Betrachter gnadenlos den Spiegel vor Augen und deutet mit dem moralischen Zeigefinger auf menschliche Schwächen, Laster und Untugenden. Vor allem aber findet sie als mehr oder weniger elegant geführte Waffe in gesellschaftlichen Auseinandersetzungen jeglicher Art Verwendung. Die Gefährlichkeit dieser Waffe beruht hierbei auf ihrer Aktualität und schonungslosen Offenheit[5].

2. Zur Interpretation von religiösen Karikaturen

Einer der häufigsten Fehler bei der Betrachtung von Karikaturen ist die vorschnelle »Deutung«, das Hinein- oder Herauslesen von Dingen, die nicht (oder nur am Rande) gemeint sind und deshalb dazu führen, die eigentliche Aussage und Pointe zu

---

[1] »Dabei kann es ihr nicht darum gehen, Wirklichkeit *direkt* zu verändern – sie hofft aber, den Betrachter zum Veränderer zu machen« (Berg, Karikatur I 76).

[2] Berg, Arbeiten 262. Zum Folgenden vgl. den gesamten Beitrag von Berg.

[3] »›Caricare‹ hat drei Bedeutungen: 1.) beladen, belasten, überladen, übertreiben, 2.) aufziehen (zum Beispiel eine Uhr, also das Anspannen der Feder bis zum Letzten) und 3.) stürmisch angreifen« (Päge 19).

[4] Giovanni Gurisatti, Das »enfant terrible« der Kunstgeschichte, in: Hofmann, Karikatur 7–22, hier: 7.

[5] »Wie brisant politische Graphik auch heute noch sein kann und welche Aufregung sie auszulösen imstande ist«, haben »der Streit um die dänischen Mohammed-Karikaturen im Jahr 2006« (Schnakenberg 46) und das islamistische Attentat auf die Redaktion der französischen Satirezeitschrift *Charlie Hebdo* im Januar 2015 in Paris mit 12 Todesopfern gezeigt.

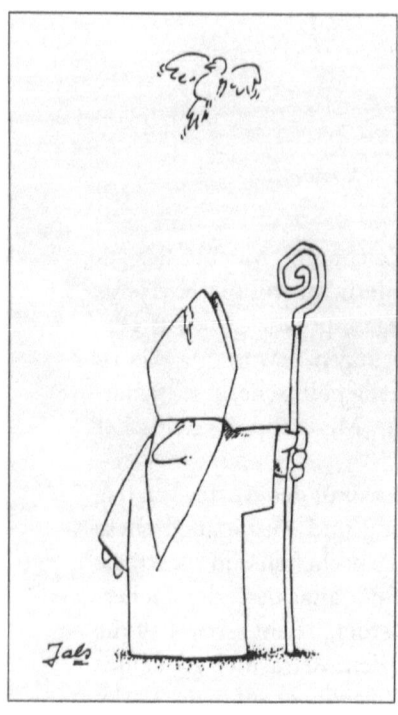

(1)

verfehlen[6]. Gerade bei Karikaturen zu religiösen und kirchlichen Sujets nehmen manche Christen nur den Angriff auf für sie Ehrwürdiges oder Heiliges wahr und reagieren daher aggressiv, wütend oder beleidigt. Ein Beispiel: Wollte man etwa die nebenstehende Karikatur als Verspottung und Verachtung der Bischöfe oder des geistlichen Amtes überhaupt deuten, so wäre ihre Intention zweifellos verfehlt. Die Zeichnung des Cartoonisten *Jals*[7] will vielmehr zu produktivem Nachdenken und Hinterfragen anregen: Da die Kirche immer reformbedürftig ist (*ecclesia semper reformanda*[8]), tut sie gut daran, einen »Anschiss« durch den Heiligen Geist (= Taube) wahr- und ernstzunehmen. Bedarf die Kirche gegenwärtig solch einer Ermahnung und Wegweisung »von oben«, weil sie hierarchisch erstarrt ist und zu wenig auf den Geist Gottes achtet, »der weht, wo er will« (Joh 3,8)? Oder: Nimmt die Kirche vermeintliche Mitren- bzw. Nestbeschmutzer nur als Ärgernis wahr und nicht als »Stachel im Fleisch« (2 Kor 12,7), der notwendige Reformen anstößt?[9]

[6]   Zur Technik der Karikatureninterpretation im allgemeinen siehe die »Leitfragen zur Analyse von Karikaturen« bei Schnakenberg 105 (mit Erläuterungen a. a. O. 104). Dass »piktoriale Literalität«, d. h. die Fähigkeit, ein Bild bzw. eine Karikatur zu »lesen« (vgl. Brosämle-Lambrecht/Buntz 11), auch bei Student(inn)en keineswegs als selbstverständlich vorausgesetzt werden kann, zeigt schlaglichtartig Georg Kempenhausen, Wie Studenten denken – Eine Stichprobe. 157 Versuche, eine Karikatur zu verstehen, in: FAZ, Nr. 141 v. 20. Juni 2012, N5 (mit Karikatur).

[7]   Das Motiv des Bischofs mit Mitra und Hirtenstab zählt zu den Lieblingsthemen von *Jals* (= Alfred J. Smolinski); vgl. Mayer 93–95 (mit 6 Beispielen). Zur Mitra siehe KAR 29 (von Jals), zu Smolinski selbst Näheres im Karikaturistenverzeichnis.

[8]   Diese ursprünglich aus dem Calvinismus stammende Formulierung hat sich im 20. Jahrhundert, v. a. im Kontext des Zweiten Vatikanums, zu Recht auch im katholischen Bereich durchgesetzt.

[9]   Der Karikaturist *Thomas Plaßmann* äußerte sich hierzu so: »Generell lässt sich sagen, dass bei vielen Leuten das große Missverständnis vorliegt, ich würde mich über irgendetwas lustig machen oder das hohe Gut der Religion in den Schmutz ziehen. Doch darum geht es überhaupt nicht. Es geht darum, Missstände mit Hilfe der Karikatur aufzuzeigen und ihnen entgegenzuarbeiten. Das muss möglich sein und ist auch nötig. Damit will ich aber niemanden persönlich verunglimpfen.« (Was darf Satire? Der Karikaturist Thomas Plaßmann zu den Anschlägen in Paris, Interview mit Björn Odendahl, in: katholisch.de vom 29. Jan. 2015 [http://www.katholisch.de/aktuelles/aktuelle-artikel/was-darf-satire; 2. April 2016]) Zu Plaßmann siehe das Karikaturistenverzeichnis!

Auch und gerade für religiöse Karikaturen gilt: »Die Karikatur übertreibt lediglich die Fehler; sie erfindet sie nicht.«[10]

3. Lernchancen durch die Verwendung von kirchengeschichtlichen Karikaturen als historische Quelle im schulischen und universitären Unterricht

Die Konfrontation von Schüler(inne)n und Studierenden mit Karikaturen zur Kirchengeschichte eröffnet mindestens drei Lernchancen mit zusätzlichen Perspektiven (👁):

a) Religiöse und kirchenhistorische Motivation

Durch den Einstieg über das interessante, beliebte und u. U. sogar tagesaktuelle Medium der Karikatur wird zur Beschäftigung und Auseinandersetzung mit kirchengeschichtlich relevanten Themenbereichen angeregt[11]. Darüber hinaus eignen sich Karikaturen auch zum Einsatz in Wiederholungs- und Vergewisserungsphasen und zur Überbrückung oder Verhinderung eines Spannungsabfalls. »Denn wie wenig andere historische Quellen« vermag es die Karikatur, »die Atmosphäre ihrer Zeit einzufangen und weiterzugeben. [...] Ereignisse und Personen bekommen durch sie Lebendigkeit und Farbe. Die Hitze des Kampfes einer vergangenen Epoche um politische und weltanschauliche Meinungen wird in der Karikatur und durch sie wieder deutlich spürbar.«[12]

Zusätzliche Perspektiven:
👁: Heranführung an eine grundsätzliche Beachtung von Karikaturen in Zeitungen und Zeitschriften, in Büchern und im Internet.
👁: Heranführung an die Beschäftigung mit Glaube und Kirche, so wie es der Karikaturist *Thomas Plaßmann* allgemein im Blick auf einen (immer größer werdenden) Teil der Bevölkerung formuliert hat: »Wenn jemand, der sich nicht für Religion interessiert, eine gute Karikatur über das Thema sieht, dann löst das

---

10 Francis Rapp, Christentum IV. Zwischen Mittelalter und Neuzeit (1378–1552) (= Religionen der Menschheit 31), Stuttgart 2006, 221. – Vgl. auch Mertin.
11 *Ulrich Schnakenberg* schreibt im Blick auf den Geschichtsunterricht: »Das wichtigste Argument, das für den Einsatz von Karikaturen [...] spricht: Schüler arbeiten gerne mit Karikaturen. Wie kein zweites Medium lädt die Karikatur als Synthese von Bild, Text und Symbol zum Entdecken, Rätseln und Vermuten ein. Diese Faszination, die Karikaturen – wie visuelle Medien generell – auf Schülerinnen und Schüler aller Schulformen und Jahrgänge ausüben, kann und sollte sich der Geschichtslehrer zunutze machen« (Schnakenberg 17) – und ebenso der Religionslehrer sowie der Kirchenhistoriker an der Universität! Weitere Argumente für den Einsatz von Karikaturen im Unterricht bei Schnakenberg ebd.
12 Jürgensmeier IV bzw. 241.

möglicherweise etwas bei ihm aus und er beschäftigt sich doch wieder damit. Das bekommt man nicht dadurch, dass man Kirchenfernen sagt, sie müssten mal in die Kirche kommen und die nächste Predigt anhören, sondern man muss es über andere Wege tun. Die Karikaturen bieten zumindest eine Chance dazu.«[13]

b) Entdeckendes Sehen

Da gerade bei älteren Karikaturen zur Kirchengeschichte oft erst genaues Hinsehen die Pointe erschließt, leitet die Karikatur zu eingehendem und längerem Betrachten und durch das nicht selten erforderliche Entschlüsseln der Ikonologie, d. h. der Bildsprache (Zeichen, Symbole, Metaphern und Personifikationen), zur Wahrnehmung mehrdimensionaler Wirklichkeit an.

Zusätzliche Perspektiven:
- 👁: Motivation zum Nachspüren und Nachschlagen über in der Karikatur Entdecktes, um Rätselhaftes zu klären und um Genaueres und Weiteres zu erfahren.
- 👁: Befähigung zu bewussterer Wahrnehmung der eigenen Umwelt und Erhöhung der Medienkompetenz und des Abstraktionsvermögens.

c) Konstruktive Verunsicherung

Viele Karikaturen im allgemeinen und kirchengeschichtliche Karikaturen im besonderen stellen den Status quo, das oft selbstverständlich Geltende und unbefragt Hingenommene – im Beispiel der obigen Zeichnung von *Jals* die Amtskirche –, in Frage, wodurch das Problematische und Widersprüchliche und damit auch das Verbesserungsbedürftige zum Vorschein kommt.

Zusätzliche Perspektive:
- 👁: Bereitschaft und Fähigkeit zu kritisch-reflektierender Wahrnehmung von (Kirchen-)Geschichte und (kirchlicher) Gegenwart.

---

[13] Zit. nach: »Ein bisschen am Lack kratzen«. Karikaturist Thomas Plaßmann zu seiner Ausstellung »Kirche in Karikaturen«, Interview mit Johanna Heckeley, in: katholisch.de vom 25. Febr. 2016 (http://www.katholisch.de/aktuelles/aktuelle-artikel/ein-bisschen-am-lack-kratzen; 2. April 2016). – Dass die Ausgangssituation in der Schule im Vergleich zur Gesamtbevölkerung sicherlich nicht rosiger einzuschätzen ist, zeigt z. B. die Aussage von *Heinrich Lutz* (64), einem altgedienten Pastoralreferenten in Weil der Stadt (Baden-Württemberg): »Wenn ich heute mit Schulklassen diskutieren will, sind die total emotionslos. Vor 20 Jahren haben die Jugendlichen mit mir gestritten, über die Pille, über Frauen, über den Papst. Heute gucken die mich nur noch mit großen Augen an. So irrelevant ist die Kirche inzwischen für junge Leute« (Papa, was soll das?, in: SZ, Nr. 76 v. 2./3. April 2016, 49 [Streitgespräch zwischen Lutz und seiner Tochter Christiane [32], Autorin bei der SZ; Protokoll: Jan Stremmel]).

4. Erläuterungen zu Aufbau und Gestaltung dieser Karikaturensammlung

Es bedarf kaum der Erwähnung, dass es unmöglich ist, in der langen Zeitspanne von über zwei Jahrhunderten alle Phasen und relevanten Themen gleichmäßig zu behandeln. Dies ist nicht nur deswegen unmöglich, weil eine Auswahl immer subjektiv ist (wobei der Schwerpunkt bewusst auf Deutschland und die katholische Kirche gelegt wurde), sondern auch, weil es gute und schlechte Zeiten für kirchengeschichtliche Karikaturen gibt. Schlechte Zeiten für alle Karikaturen sind solche von Zensur und Diktatur, in denen keine kritische Karikatur veröffentlicht werden darf, gute Zeiten sind solche in einer freien Gesellschaft, in der es der Kirche gelingt, Beachtung zu erlangen, sei es positiv (z. B. Papst Franziskus[14]) oder negativ (z. B. Bischof Tebartz-van Elst/Limburg). Und gute Zeiten sind natürlich auch solche, in denen es fähige Karikaturisten gibt, was gegenwärtig in Deutschland zweifellos der Fall ist.

Ursprünglich war vorgesehen, sämtliche Karikaturen nach einem einheitlichen Schema zu bearbeiten. Dies erwies sich jedoch als unzweckmäßig, weil die Karikaturen in Gestaltung, Inhalt und Aussagekraft zu unterschiedlich sind, um sie alle »über einen Kamm zu scheren«. Stets war es aber das Ziel, die jeweilige Karikatur in jeder Einzelheit zu beschreiben, den Hintergrund auszuleuchten (quer durch die ganze Kirchengeschichte) und alles Erklärungsbedürftige zu erklären, ggf. mit entsprechenden Zusatzangaben. Letzteres geschieht entweder in Form einer **INFO-BOX** oder mittels einer **Fußnote**[15]. Beides muss man selbstredend nicht mitlesen, wenn man über die gegebene Information schon verfügt oder sie nicht benötigt. Abbildungen, Graphiken und zusätzliche Karikaturen ergänzen und veranschaulichen den Text und die Hauptkarikaturen. Wenn es dabei insgesamt gelungen ist, die »Balance zwischen wissenschaftlicher Fundierung und menschenfreundlicher Prosa« (Klaus J. Bade) zu halten, wäre ein wichtiges Anliegen des Autors erfüllt.

Dieses Buch stellt auf einzigartige Weise insgesamt gut drei Dutzend Karikaturen unterschiedlicher Schwierigkeitsgrade vor, davon
* 16 aus dem »langen« 19. Jahrhundert, also den Zeitraum von der Französischen Revolution, in der Bildsatiren »einen zentralen Stellenwert bekamen«[16], bis zum Ersten Weltkrieg, und

---

[14] Bei Päpsten und weltlichen Herrschern bezeichnen die in Klammern angegebenen Jahreszahlen die jeweilige Regierungszeit, bei allen übrigen Personen die Lebensdaten.

[15] In Fußnoten und Infoboxen abgekürzt und ohne Rückverweise zitierte Literatur ist im Literaturverzeichnis vollständig bibliographiert. – Zitate in einer INFOBOX und im Karikaturistenverzeichnis, die der in der INFOBOX bzw. dem Karikaturistenverzeichnis angegebenen Literatur entstammen, werden meistens nicht mittels einer Fußnote belegt, sondern im Anschluss an die jeweilige Literaturangabe (Zitat: [Seitenzahl]). Einfügungen in eckigen Klammern sind Ergänzungen und Erläuterungen des Verfassers. Da unterschiedliche Schreibungen von Begriffen allein schon aufgrund der Zitate unvermeidbar sind, erfolgte keine Vereinheitlichung.

[16] Manfred Brösamle-Lambrecht, Mit spitzem Stift. Die Karikatur als Kommentar, Kritik und politisches Kampfmittel, in: Praxis Geschichte 17 (2004) H. 1, 8–11, hier: 10. – Knappe, aber informative Überblicke zur Geschichte der Karikatur im modernen Sinne, deren Anfänge in den

- 21 weitere Karikaturen aus den folgenden Jahrzehnten von der Weimarer Republik bis heute.

Am Ende jeder Karikaturenvorstellung stehen drei rote Großbuchstaben:

L = **Literatur**, die unmittelbar auf das Thema der Karikatur und / oder die Karikatur selbst bezogen ist (speziellere Literaturhinweise bzw. Einzelnachweise finden sich dagegen in den Infoboxen und Fußnoten).

K = **Karikaturist** (ggf. mit Auflösung seines Pseudonyms). Näheres zum jeweiligen Karikaturisten ist im alphabetisch geordneten *Karikaturistenverzeichnis* (unter seinem richtigen Namen) zu erfahren.

Q = **Quelle**, d.h. Nachweis des ursprünglichen Publikationsortes der Karikatur (sofern möglich) und ggf. alle festzustellenden weiteren Medien, in denen die Karikatur zu finden ist.

Doch nun genug der Vorrede. Nachstehende chronologische Tabelle führt alle Hauptkarikaturen mit Titel und Erscheinungsjahr auf und bettet sie zur näheren Orientierung in wichtige Daten der allgemeinen Kirchengeschichte ein. Und dann geht es los mit einem Horrorszenario aus dem Revolutionsjahr 1793 …

Viel Genuss und Gewinn beim Betrachten, Lesen und Schmökern!

Spott- und Schmähbildern der Reformationszeit anzusetzen sind (siehe den »Papstesel« auf S. 265 und Tvedt 27 f.), die dann aber im Zeitalter des Absolutismus aufgrund von Zensur in den meisten Ländern Europas eine lange »Flaute« erlebte, bei Brösamle-Lambrecht a. a. O. 9–11; Michael Kleiner / Isabel Reindl, Geschichte der »Karikatur«, in: Keim/Seitz, Um Himmels willen 80–84 (mit Akzenten zu Karikatur und Kirche); Schnakenberg 23–50 (jeweils mit Karikaturbeispielen).

Wichtige Daten der (Kirchen-)Geschichte von 1789 bis heute
und
Verzeichnis der Karikaturen

16

1933–1945 Drittes Reich (NS-Herrschaft)

1933   Reichskonkordat mit Hitler (20. Juli)

1937   Päpstl. Enzyklika »Mit brennender Sorge« gegen den Nationalsozialismus

1938   Reichspogromnacht (9. Nov.)

1939–1958 Papst Pius XII.

1939–1945 Zweiter Weltkrieg

1949   Gründung der BRD und der DDR

1950   Dogmatisierung der leiblichen Aufnahme Mariens in den Himmel (»Mariä Himmelfahrt«; einzige Inanspruchnahme der päpstl. Unfehlbarkeit von 1870 bis heute)

1958–1963 Papst Johannes XXIII.

1962–1965 Zweites Vatikanisches Konzil (Vaticanum II)

1963–1978 Papst Paul VI.

1968   Päpstl. Enzyklika »Humanae vitae« zur Geburtenregelung

1971–1975 Gemeinsame Synode der Bistümer der Bundesrepublik Deutschland (»Würzburger Synode«)

1978–2005 Papst Johannes Paul II.

1983   Neues kirchliches Gesetzbuch (Codex iuris canonici = CIC), das den ersten CIC von 1917 ablöst

1986   ▶ Johannes Paul II. besucht als erster Papst ein jüdisches Gotteshaus, nämlich die Synagoge von Rom
            ▶ 1. Weltjugendtag (in Rom)

1989   Fall der Berliner Mauer (9. Nov.)
            → Beginn einer »Wende«, die nicht nur zur Wiedervereinigung Deutschlands

führt (3. Okt. 1990), sondern auch zum Zusammenbruch des Kommunismus in Ost- und Ostmitteleuropa

→ Freiheit für die Kirchen in den betreffenden Ländern

1999   Ausstieg der kath. Kirche in Deutschland aus der staatl. Schwangerenkonfliktberatung

2005–2013 Papst Benedikt XVI. (Joseph Ratzinger), erster Rücktritt aus Altersgründen in der Papstgeschichte

2009   Aufhebung der Exkommunikation der vier 1988 von Erzbischof Marcel Lefebvre geweihten Bischöfe der Piusbruderschaft

2010   Missbrauchsskandal in Deutschland

seit 2013   Papst Franziskus (Jorge Bergoglio), erster Jesuit und erster Lateinamerikaner auf dem Stuhl Petri

2014   Heiligsprechung Johannes' XXIII. und Johannes Pauls II.

2015/16   Außerordentliches Hl. Jahr der Barmherzigkeit.

Karikaturen Nr. 1–16

Das »lange« 19. Jahrhundert

The Zenith of French Glory; _ The Pinnacle of Liberty.
Religion, Justice Loyalty, & all the Bugbears of Unenlighten'd Minds. Farewell!

1. Nieder mit König und Kirche!
(12. Februar 1793)

Die aufwendig gestaltete und kolorierte Radierung trägt – da der Karikaturist Brite ist – einen englischen Untertitel, der übersetzt lautet:

Der Höhepunkt des französischen Ruhms – Der Gipfel der Freiheit.
Religion, Recht, Loyalität & all die Popanze unaufgeklärter Geister. Lebt wohl!

Auf der rechten Seite ist eine Hausmauer mit zwei (der soeben erst in Paris eingeführten) Wandlaternen zu sehen. An beiden hängen Leichen:
- An der hinteren Laterne ein Richter mit weißer Perücke und roter Robe, flankiert von traditionellen Symbolen der Rechtsprechung (und Attributen der *Justitia*, der römischen Göttin der Gerechtigkeit), nämlich einem Schwert und einer – allerdings aus dem Gleichgewicht geratenen – Waage, und
- an der vorderen Laterne zwei Mönche mit Tonsur[1] und Rosenkranz (hierzu KAR 16 INFOBOX Rosenkranz) sowie ein Bischof im Chorrock und mit großem Brustkreuz (Pektorale). Sein Bischofsstab ist am Gestänge der Lampe befestigt und wird »bekrönt« von einer übergestülpten roten Jakobinermütze (frz. *Bonnet rouge* oder *Bonnet phrygien*) mit der lateinischen Aufschrift »*libertas*« (dt.: Freiheit), hier also gemünzt auf die Freiheit von kirchlicher Bevormundung.

Eine der wichtigsten und radikalsten politischen Gruppierungen der Französischen Revolution war der 1789 gegründete »Klub der Jakobiner«, der sich im ehemaligen Pariser Dominikanerkloster Saint-Jacques (St. Jakob) traf und von daher seinen Namen bekam. Als ideologische Grundlage der Jakobiner diente die Philosophie *Jean-Jacques Rousseaus* (1712–1778), was sich insbesondere in der Forderung nach Abschaffung der konstitutionellen Monarchie und Ersetzung durch eine Republik ausdrückte. Mit Hilfe von Flugblättern, Zeitungsartikeln und flammenden Reden gewannen sie v. a. das einfache Volk für sich und wuchsen zu einer schlagkräftigen Organisation an, die 1792 einen Prozess gegen den französischen König erzwang. Da die Jakobiner irrigerweise glaubten, die in der Antike im kleinasiatischen Raum bei den dortigen Phrygern und Griechen gebräuchliche Mütze sei von freigelassenen Sklaven getragen worden, wählten sie sie als Symbol ihrer republikanischen Gesinnung und ihres Verlangens nach Befreiung der Unterprivilegierten von ihren schweren Lasten. Für die Gegner der Französischen Revolution wurde die Jakobinermütze dagegen zum Kennzeichen des 1793 errichteten jakobinischen Schreckensregimes (»La Grande Terreur«), dem dessen Initiator *Maximilien de Robespierre* 1794 selbst zum Opfer fiel, nachdem er durch rücksichtslose Grausamkeit die Gunst der Massen verloren hatte. Am 11. November 1794 wurde der Jakobiner-Klub geschlossen.

Lit.: Alexander Schäfer, Die Jakobinermütze. Revolutionäre Kopfbedeckung antiken Ursprungs, in: Praxis Geschichte 24 (2011) H. 5, 46 f. (Lit.).

---

[1] Zu den verschiedenen Arten der Tonsur (von lat. *tonsura*: Schur) siehe Andreas Rüther, Art. Tonsur, in: LMA 8 (1997) 861 f. (Lit.). Die gebräuchlichste war die kreisrunde *tonsura sancti Petri* (auch in unserer Karikatur), die die Dornenkrone Christi symbolisiert.

In der Wandnische daneben befindet sich ein Kruzifix, dessen INRI-Tafel gegen ein verächtliches »*Bon Soir Monsieur*« (franz. für: Guten Abend, mein Herr) ausgetauscht wurde, wohl um anzuzeigen, dass für das Christentum der Abend, also das baldige Ende, gekommen ist. Auf der Laterne selbst aber sitzt ein bärtiger, langhaariger Revolutionär mit heiterer Miene, einer Jakobinermütze (geziert durch eine Kokarde [↗ hierzu KAR 5 INFOBOX] und die Aufschrift »ÇA IRA«) auf dem Kopf

»Ah! Ça ira« (franz., wö.: das wird gehen; hier: wir werden es schaffen, es wird uns gelingen) ist das erste große Lied der Französischen Revolution. Es entstand im Auftrag des Generals und Revolutionärs *Marquis de La Fayette* (Lafayette) beim Föderationsfest (Fête de la Féderation) am 14. Juli 1790, der Feier des ersten Jahrestages des (Volks-)Sturms auf die Bastille (aufgrund der dort internierten politischen Häftlinge als Symbol des königlichen Despotismus erachtetes Pariser Staatsgefängnis), und rief zum Kampf gegen Aristokratie und Klerus auf. Der Text stammt von einem Straßensänger, die Melodie (ein höfischer Tanz!) vom Trommelschläger der Großen Oper in Paris *Bécourt*. Einige Zeilen aus dem in vielen verschiedenen Textfassungen existierenden, auch »carillon national« (franz.: nationales Glockenspiel) genannten Lied:

Ah! Ça ira, ça ira, ça ira,	*Ah, wir werden es schaffen,*
Les aristocrates à la lanterne!	*Die Adeligen an die Laterne!*
Ah! Ça ira, ça ira, ça ira,	*Ah, wir werden es schaffen,*
Les aristocrates on les pendra!	*Die Adeligen werden wir aufknüpfen!*
Le despotisme expirera,	*Die Tyrannei wird ihren Geist aushauchen,*
La liberté triomphera,	*Die Freiheit wird triumphieren,*
Ah! Ça ira, ça ira, ça ira,	*Ah, wir werden es schaffen,*
Nous n'avons plus ni nobles, ni prêtres,	*Es gibt weder Adelige noch Priester mehr,*
Ah! Ça ira, ça ira, ça ira,	*Ah, wir werden es schaffen,*
L'egalité partout régnera.	*Die Gleichheit wird überall herrschen.*«[2]

Eine besonders schwungvolle und mitreißende Version dieses in Frankreich bis heute populären Liedes mit dem markanten Refrain gab *Edith Piaf* 1953 in dem Film »Si Versailles m'etait conté« (franz.: Wenn Versailles mir erzählt hätte) zum besten (auf Schallplatte 1954).

und einem blauen Wams mit hinter dem Rücken gekreuzten bluttriefenden Dolchen angetan. Sein weißes Hemd ist zerlumpt, und von seinen Beinkleidern sind sogar nur noch ein paar Fetzen vorhanden, so dass er ein »**Sansculotte**« (franz. für: ohne Hose) im wörtlichen Sinne ist.

In Wirklichkeit war ein »Sansculotte« kein Mensch, der gar keine Hose trug, sondern einer, der nicht die Kniebundhose (franz.: *culotte*) anhatte, die im Laufe des 18. Jahrhunderts immer mehr zum Beinkleid des Adels und Klerus wurde, sondern lange Hosen, die besser zu körperlicher Arbeit geeignet waren. In der Zeit der Französischen Revolution bezeichneten die »Sansculottes« die revoltierenden Pariser Arbeiter und Kleinbürger, die zeitweise die Jakobiner unterstützten, deshalb oft die Jakobinermütze trugen und sich überdies gegenseitig mit »*citoyen*« (Bürger) statt dem bisherigen »*monsieur*«

---

2 Zit. nach: Ah! Ça ira, in: http://de.wikipedia.org/wiki/Ah!_Ça_L ira (13. Dez. 2010).

(Herr) anredeten. In den Jahren der Revolution waren die Sansculottes die eigentlichen Vertreter der angestrebten Volksherrschaft.

Den rechten Fuß auf dem Kopf des toten Bischofs abgestützt und damit den Klerus symbolisch mit Füßen tretend, spielt der Mann Violine, allerdings in einer sehr unorthodoxen Bogenhaltung, die wenig schöne Klänge erwarten lässt. Damit würde das Geigenspiel aber zu dem unschönen Geschehen unterhalb seiner nackten Füße passen,

> Der Geige spielende Revolutionär erinnert an die im Spätmittelalter unter dem Eindruck der damaligen schweren Erschütterungen (Seuchen, Kriege, Hungersnöte, Naturkatastrophen) aufgekommenen *Totentanzdarstellungen*, in denen ein menschliches Gerippe, der Tod, freudig mit diesem Instrument aufspielt, wenn Menschen ganz unterschiedlichen Standes, darunter viele Hochgestellte (König, Fürst, Papst, Bischof), plötzlich das Zeitliche segnen und sich unwillig und oft vorzeitig von Amt, Geld und Gut verabschieden müssen.
>
> Lit.: Christiane Kummer, Art. Totentanz (frz. *danse macabre*), in: LThK[3] 10 (2001) 131 f.; Joseph Imorde, Art. Totentanz, in: RGG[4] 8 (2005) 498–500 (jew. Lit.); Susanne Stübinger, »Sagt ja, sagt nein / getanzt muess sein«. Der Basler Totentanz von 1440, in: Klerusblatt 84 (2004) 193–196.

das zahlreiche Neugierige in allen Fenstern beobachten (die entsetzt blickende Dame im Fenster rechts unten ist sicher die französische Königin *Marie-Antoinette* [1755–1793]) und das eine vielköpfige dichtgedrängte Menschenmenge mit Jakobinermützen und Kokarden auf einem großen Platz verfolgt: Die öffentliche Hinrichtung des seit 1774 wenig überzeugend regierenden französischen Königs *Ludwig XVI.* (* 1754) am 21. Januar 1793 auf der Pariser *Place de la Révolution* (heute: Place de la Concorde) mittels der damals neuerfundenen Guillotine. Ein grinsender Jakobiner dreht mit einem großen Rad das Seil, an dem das Fallbeil befestigt ist, das wenige Augenblicke später auf den Herrscher aus dem Geschlecht der Bourbonen, der sich gegen die Revolution nie entschlossen zur Wehr gesetzt hatte, herabsausen und sein Haupt vom Rumpf trennen wird. Die Krone auf dem Fallbeil verdeutlicht, dass es sich bei dem mit dem Kopf nach unten auf der Guillotine liegenden Delinquenten tatsächlich um Ludwig XVI. handelte und nicht um ein anderes der Tausende von Opfern, die in den Jahren 1793/94 hingerichtet wurden, darunter auch die Revolutionäre *Georges Jacques Danton* (1759–1794) und *Robespierre* (↗ oben die INFOBOX Jakobiner!). Über der Guillotine aber, hinter der drei fröhliche Jakobiner mit Spießen stehen, weht die französische Trikolore mit der Aufschrift »*Vive l'Égalité*« (franz. für: Es lebe die Gleichheit).

> Die letzte Enthauptung durch eine – nach dem französischen Arzt und Politiker *Joseph-Ignace Guillotin* (1738–1814) benannte – Guillotine wurde 1977 in Marseille (Südfrankreich) an einem tunesischen Zuhälter vollzogen, der des Mordes und der Vergewaltigung schuldig gesprochen worden war. Er ist zugleich der letzte Mensch, der in Westeuropa hingerichtet wurde.

Die Forderung nach dem Abbau der großen sozialen Ungleichheit war in der Tat ein Hauptanliegen der Französischen Revolution, denn der privilegierte Adel und Kle-

(3) Das Erwachen des 3. Standes: Adel und Geistlichkeit sind entsetzt und ergreifen die Flucht, als der bis jetzt am Boden schlafende Bürger (mit schmetterlingsartiger Kokarde an der Kopfbedeckung) plötzlich seine Ketten sprengt und zu den Waffen greift. Im Hintergrund sind die Erstürmung der Bastille und auf Stangen aufgespießte Köpfe (hochgestellter Herren) zu sehen (anonymes Flugblatt, 1789; vgl. Loch/Görres 40).

rus, die den 1. und 2. Stand und insgesamt nur 2% der Bevölkerung bildeten, zahlten – obwohl sie 75% des Grundbesitzes in ihren Händen hatten (davon 65% der Adel, 10% der Klerus) – bloß 10% der Steuern (8% der Adel und 2% der Klerus, der freilich hohe Aufwendungen u. a. für Armenpflege und Unterrichtswesen hatte). Auf den 3. Stand dagegen, der sich aus den Bürgern, Bauern und Arbeitern rekrutierte, entfielen dementsprechend 90% der Steuern und Abgaben. Als der König und die oberen Stände dem 3. Stand nur sehr zögerliche und geringfügige Gesten des Entgegenkommens anboten und zusätzlich eine Hungersnot Frankreich heimsuchte, eskalierte die angespannte Situation. Die Abgeordneten des 3. Standes erklärten am 17. Juni 1789: »Wir sind die einzigen und wahren Vertreter des ganzen französischen Volkes. Wir sind die Nationalversammlung.«[3] Überdies schworen sie, sich nicht eher zu trennen, bis für Frankreich eine neue Verfassung gelten würde (*Ballhausschwur*[4]). Diese Verfassung von 1791 schränkte die Monarchie jedoch stark ein, womit sich Ludwig XVI. nicht abfinden wollte. Nach einer gescheiterten Flucht erklärte ihn die Nationalversammlung für abgesetzt und ließ ihn – wie neun Monate später auch seine Gattin *Marie-Antoinette*, eine Tochter der österreichischen Kaiserin Maria Theresia (1717–1780, reg. ab 1740) – hinrichten. Die Empörung darüber war in ganz Europa groß; für James Gillray ist die Exekution des französischen Königs, die zum Bündnis zahlreicher Staaten (u. a. Englands, Spaniens, des Deutschen Reichs und des Kirchenstaats) gegen die junge Republik führte, Anlass für diese Karikatur, eine seiner schärfsten gegen die Französische Revolution. Ihre Maximen – *liberté, égalité, fraternité* (franz. für: Freiheit, Gleichheit, Brüderlichkeit) – entlarvt er als scheinheilig, wenn in Wahrheit Fallbeil und Faustrecht regieren. Für Gillray sind die Revolutionäre verkommenes, blutrünstiges Gesindel, das den Wohlstand Frankreichs aufs Spiel setzt und die rechtmäßige Ordnung beseitigen will und deshalb auch vor der Ermordung von Geistlichen, Richtern und sogar dem König nicht zurückschreckt. Letztere stehen für alte Werte wie Religion, Recht und Loyalität, denen – siehe den Untertitel der Karikatur! – in grundsätzlicher Weise lebwohl

---

[3]   Zit. nach Loch/Görres 39. – Zu den Ständen in Frankreich vgl. a. a. O. 35 f.; Uppendahl 28 f. (jeweils mit Graphik).

[4]   Da die Abgeordneten des 3. Standes am 20. Juni 1789 ihren Sitzungssaal (auf Anordnung des Königs) verschlossen vorgefunden hatten, waren sie in das Ballhaus des Schlosses von Versailles umgezogen.

HELL BROKE LOOSE, OR, THE MURDER OF LOUIS.

(4) Die englische Karikatur mit dem Titel »DIE HÖLLE BRACH LOS oder DIE ERMORDUNG LUDWIGS [XVI.]« zeigt – wie die Karikatur Gillrays – den französischen König auf der Guillotine. Während er von zwei Teufeln enthauptet wird, singen weitere, fliegende Teufel mit Jakobiner- mützen und Musikinstrumenten »Ça ira« und »Vive la nation« (dt.: Es lebe die Nation) und über- nimmt ein Teufelskönig (in rotem Mantel mit Hermelinkragen) statt seiner die Herrschaft. Vor Ludwig kniet sein Beichtvater, der gebürtige Ire und Generalvikar der Diözese Paris Abbé *Henri Edgeworth de Firmont* (1745–1807), der ihm Bibel, Kreuz und Rosenkranz vorhält bzw. -legt und der Legende nach in diesem Moment zu ihm gesagt haben soll: »*Fils de Saint Louis, montez au ciel!*« (dt.: Sohn des hl. Ludwig [= Ludwig IX. von Frankreich; reg. 1226–1270], steigen Sie auf zum Himmel! Vgl. dazu Edgeworths eigenen Bericht bei Paschold/Gier 259–263). Jedenfalls verweisen goldene Strahlen vom Himmel sowie ein aus einer Wolke posaunender Engel auf die Rettung seiner Seele. Die anonyme Karikatur (1793) verurteilt somit die Hinrichtung des Königs und die Französische Revolution überhaupt als Teufelswerk.

gesagt wird. Insbesondere prangert Gillray hier die antiklerikale und kirchenfeind- liche Einstellung der rigorosen Verfechter der Französischen Revolution an, die im Geist der radikalen Aufklärung und gemäß dem Wort des Philosophen *Voltaire* (↗ KAR 4) »*Écrasez l'infâme!*« (frz. für: Vernichtet die Schändliche [d. h. die Kirche]!) nicht nur zweifellos vorhandene Missstände in der »*ecclesia gallicana*« (↗ KAR 4 INFOBOX Gallikanismus) und im französischen Klerus,

Die Gesellschaftskritik der Aufklärung fand in den kirchlichen Zuständen des *Ancien Régime* (franz. für: alte Regierungsform, d. h. das vorrevolutionäre Frankreich) mit ihrer tiefen Kluft zwischen hohem und niederem Klerus breite Angriffsflächen. Die enge Bindung der französischen Kirche an den Staat – mit einem Nominationsrecht (Ernennungsrecht) des Königs für alle Bistümer und großen Abteien gemäß dem Konkordat von 1516 – verhinderte jeden Ansatz kirchlicher Selbstreform im Geist einer »*katholischen Aufklärung*«, wie sie im Deutschen Reich in Erscheinung trat. Überdies entsprach die kirchliche Organisation auf Pfarr- und Bistumsebene oft nicht mehr den Veränderungen in der Bevölkerungsstruktur; die 135 französischen Bistümer (Diözesen) etwa umfassten zwischen 20 und 1.300 (!) Pfarreien. Besonders dringender Reformbedarf herrschte in vielen Klöstern, deren Angehörige – von ihren Familien zum Ordensleben bestimmt – einen den Mönchsgelübden (Armut, Keuschheit, Gehorsam) wenig Rechnung tragenden Lebenswandel führten. Dazu kam, dass im Jahre 1789 von insgesamt 740 Abteien 625 an *Kommendataräbte* vergeben waren, d. h. diese Äbte genossen zwar ihre geistliche *Pfründe* (= Präbende; Einkünfte aus einem kirchlichen Amt), waren aber von ihren Dienstpflichten als Klostervorsteher befreit und lebten auch in aller Regel nicht in dem betreffenden Konvent.

sondern Kirche und Christentum überhaupt beseitigen wollten. Dabei war die Religionspolitik der Nationalversammlung zunächst keineswegs kirchenfeindlich, sondern vielmehr von einer engen Verbindung politischer und kirchlicher Reformbewegungen geprägt. Bald kam es jedoch zu Streitigkeiten und der schrittweisen Enteignung des Kirchengutes, und seit Gründung der Gesetzgebenden Versammlung am 1. Oktober 1791 gelangten mit den **Girondisten** Bürger ans Ruder, »die ganz im Bann der zeitgenössischen Philosophie standen, sich von der Kirche gelöst hatten und bisweilen irreligiös waren«[5].

Die nach dem französischen Departement *Gironde* benannte Gruppierung der Girondisten vertrat in der Nationalversammlung das kleine und mittlere Bürgertum, strebte eine liberale Föderativpolitik nach dem Vorbild der USA (Bundesverfassung von 1787!) an und war insgesamt gemäßigter als die Jakobiner, denen sie 1793 nach heftigen Auseinandersetzungen unterlag. Ihre Führer wurden während der jakobinischen Schreckensherrschaft 1793/94 großenteils hingerichtet, Aufstände girondistischer Provinzen und Städte niedergeschlagen.

Die nun eingeleiteten kirchenfeindlichen Maßnahmen (z. B. Aufhebung auch der »nützlichen«, d. h. in Erziehung und Caritas tätigen Orden und Kongregationen) beschleunigte die sog. zweite Revolution vom 10. August 1792 und die Machtübernahme seitens der Sansculottes u. a. durch die Schließung der noch verbliebenen Klöster, dem Verbot des Tragens klerikaler Kleidung und der Durchführung von Prozessionen in Paris sowie der Forderung nach Ablegung des »Freiheits-Gleichheits-Eides«, der viele Geistliche in Gewissensnöte brachte. Vom 2. bis 4. September 1792 folgten dann die sog. Septembermorde, denen 300 in den Pariser Gefängnissen

---

[5] Roger Aubert, Die Französische Revolution und Pius VI., in: ders. u. a., Die Kirche in der Gegenwart, 1. Halbband: Die Kirche zwischen Revolution und Restauration (= Handbuch der Kirchengeschichte VI/1), Freiburg i. Br. u. a. 1971, 3–59, hier: 35.

inhaftierte Geistliche, davon drei Bischöfe, zum Opfer fielen. In den nächsten Monaten zogen es daher mehr als 30.000 Priester vor, ins Ausland zu gehen, andere hingegen blieben unter Einsatz ihres Lebens in Frankreich und versteckten sich, um den Gläubigen weiterhin im geheimen beizustehen und die Sakramente zu spenden. Von Ende 1792 bis zum Sommer 1794 sollte dann eine gewaltige, erst mit dem napoleonischen Konkordat 1801 KAR 2 + 4 ihr endgültiges Ende findende Entchristlichungswelle das Land überspülen, die zur Einführung eines neuen republikanischen anstatt des christlichen

(5) Die Place de la Concorde (mit dem 1836 errichteten ägyptischen Obelisken) und der Invalidendom heute.

Kalenders führte (bis 1805), zur Streichung des Sonntags zugunsten des zehnten Tages *(décadi)* einer Dekade (bis 1802), zu Kirchenschließungen und -plünderungen, einer staatlichen »Zivilreligion« sowie zum lächerlichen und kurzlebigen Kult um eine »Göttin Vernunft«.

Hierzu passt die in unserer Karikatur hinter den Hausdächern aufragende brennende Kuppel eines in Flammen und dichten Rauch eingehüllten Gebäudes, bei dem es sich aufgrund des Kreuzes als Bekrönung nur um eine Kirche, näherhin den sog. Invalidendom, handeln kann, der allerdings zur Zeit der Französischen Revolution zwar zu einem Tempel des Kriegsgottes Mars umfunktioniert wurde, aber keinem Brand zum Opfer fiel.

Von 1671 bis 1674 ließ der »Sonnenkönig« *Ludwig XIV.* das »Hôtel des Invalides« (Kriegsinvalidenheim) mit 6.000 Plätzen als Unterkunft und Pflegeeinrichtung für die auf seinen zahlreichen Feldzügen versehrten und alt gewordenen Soldaten errichten. Da Ludwig die zum Hôtel gehörige Kirche als zu klein und unscheinbar empfand, gab er bereits im Jahr darauf die »Chapelle Royale« (dt.: Königliche Kapelle) in Auftrag, ein großes, zweistöckiges Gotteshaus mit einer 105 m hohen Kuppel, die mit hauchdünnen Goldplättchen (Gesamtgewicht 12,6 kg) verkleidet wurde. Die 1706 eingeweihte Kirche, in deren Krypta seit 1840 die sterblichen Überreste *Napoleons* ruhen, wurde erst später nach der weithin sichtbaren Kuppel (frz.: *Dôme*) »Église du Dôme« oder »Dôme des Invalides« – auf dt. (fälschlich) Invalidendom – genannt. Der an St. Peter in Rom erinnernde Kirchenbau war letztlich eine Königskirche, die die Stellung des Herrschers als Oberhaupt der »ecclesia gallicana« zum Ausdruck bringen sollte und von den Insassen des Invalidenheims, die den Gottesdienst von einem Chor aus verfolgten, nicht betreten werden durfte. Insofern wäre es durchaus denkbar gewesen, dass sich der Hass auf Ludwig XVI. auch in einer Attacke auf den Invalidendom entladen hätte. – Ein besonders drastisches Beispiel für die Zerstörungswut der Revolutionszeit ist dagegen die imposante, von 1080 bis 1230 erbaute Kirche der einst mächtigen Benediktinerabtei von *Cluny* (Burgund), die bis zum Neubau des Petersdoms in Rom im 16. Jahrhundert die größte Kirche der Christenheit überhaupt war (Länge: 187 m). Nachdem bereits 1793

27

Soldaten der Revolutionsarmee die Statuen im Narthex (Vorhalle) des Gotteshauses und die Inneneinrichtung zerschlagen sowie das Blei der Dächer herausgerissen hatten, versuchte die Gemeinde von Cluny mehrfach vergeblich, die Kirche käuflich zu erwerben, um sie vor dem Ruin zu retten. In den Jahren 1801/02 wurde eine Straße mitten durch das Langhaus gebaut, und 1811 sprengte man diverse Türme. Bis 1823 wurde das Zerstörungswerk fortgesetzt, so dass heute nur mehr 1/10 der Kirche vorhanden ist. Selbst dies reicht jedoch aus, dem Besucher einen nachhaltigen Eindruck ihrer Erhabenheit und einstigen Größe zu vermitteln.

Lit.: *Zum Hôtel bzw. Dôme des Invalides:* Martina Zimmermann / Harald A. Jahn, Harenberg City Guide Paris, Dortmund 1992, 156–159, 194–199 (mit mehreren Abbildungen und Graphiken); *zu Cluny:* Alain Erlande-Brandenburg, Die Abtei von Cluny, Rennes 1994, 11, 31; Eder, Kirchengeschichte 91 f. (mit Abb. eines Modells der romanischen Klosterkirche).

Insgesamt ein wahrlich apokalyptisches Szenario, das die Französische Revolution nicht minder schrecklich erscheinen lässt wie die spätmittelalterlichen Zeiten von »Pest, Not und schweren Plagen«[6], die die Totentänze hervorbrachten.

L Winfried Müller, Art. Kirche, katholische, in: Schneiders, Aufklärung 206–208; Roger Aubert, Die Französische Revolution und Pius VI., in: ders. u. a., Die Kirche in der Gegenwart, 1. Halbband: Die Kirche zwischen Revolution und Restauration (= Handbuch der Kirchengeschichte VI/1), Freiburg i. Br. u. a. 1971, 3–59, hier: 16–44; Hans Maier, Die Französische Revolution und die Kirchen, in: Venanz Schubert (Hg.), Die Französische Revolution. Wurzeln und Wirkungen. Eine Ringvorlesung der Universität München (= Wissenschaft und Philosophie 7), St. Ottilien 1989, 155–189; Kessemeier 141; Guratzsch 25, 203 f. (Lit.).
K James Gillray (Radierung; Privatbesitz).
Q Kessemeier 140 (Nr. 72); Guratzsch 76 (Nr. 42); Bernard Plongeron (Hg.), Aufklärung, Revolution, Restauration (1750–1830) (= Die Geschichte des Christentums. Religion – Politik – Kultur 10), Freiburg i. Br. u. a. 2000, 387; Päge 116 (Abb. 57); mehrfach im Internet.

---

6 So der Titel eines Buches von Manfred Vasold: Pest, Not und schwere Plagen. Seuchen und Epidemien vom Mittelalter bis heute, München 1991 (ND Augsburg 1999).

2. Herrschaftssäkularisation

(um 1803)

Der Entschädigungs=Baum, vulgo — Säcularisationen.

(6)

Links im Vordergrund dieser Karikatur aus der *Neuwieder Zeitung*, dem »rheinischen Kladderadatsch des 18. Jahrhunderts«[1], steht ein merkwürdiger Baum: An seinen dürren Ästen befinden sich statt Blätter Bischofsmützen (Mitren) und die Köpfe von Männern mit Perücken und **Beffchen**.

> Das **Beffchen** (von lat. *biffa* = Kragen) ist eine zweiteilige Halsbinde, meist in weiß oder in schwarz mit weißem Saum, die ab dem ausgehenden 17. Jahrhundert zur bürgerlichen Tracht der Männer gehörte und auch von geistlichen Würdenträgern katholischer wie evangelischer Konfession getragen wurde, ehe sie 1888 durch eine Anordnung des preussischen Königs und deutschen Kaisers Friedrich III. zum festen Bestandteil des Talars evangelischer Geistlicher wurde und seither bei katholischen Klerikern keine Verwendung mehr fand.

Köpfe und Mützen symbolisieren (höhere) Geistliche (z. B. Domherren) bzw. katholische Fürstbischöfe oder Fürstäbte (= geistliche Herren), die von einem auf einer Leiter stehenden (weltlichen) Herrn vom »Entschädigungsbaum« gebrochen werden. Das **Papstkreuz**,

> Das **Papstkreuz** (Pontifikalkreuz; lat.: *crux apostolica* oder *ferula*) ist ein Kreuz an einem Stab, das dem Nachfolger Petri als Zeichen seines Amtes vorangetragen wurde und allein ihm vorbehalten ist. Es besteht aus drei parallelen, den Längsbalken rechtwinklig durchkreuzenden Querbalken, die zum Kreuzfuß hin länger werden. Die Dreizahl steht für die Priester-, Lehr- und Hirtengewalt des Papstes. Nur bei der Weihe einer Kirche nahm der Papst das Vortragekreuz selbst in die Hand, um damit u. a. dreimal an die Kirchentüre zu klopfen. Aus diesem Grund verwendete wohl *Papst Johannes Paul II.* (↗ KAR 25 + 26) ein solches Papstkreuz bei der (traditionell ebenfalls durch dreimaliges Anklopfen erfolgenden) Pfortenöffnung zum außerordentlichen Hl. Jahr (↗ KAR 33 INFOBOX Heiliges Jahr) 1983.
>
> Lit.: Michael Koller, Art. Papstkreuz bzw. Vortragekreuz, in: Fuchs/Reidel 180, 248 f.

das den Baum bekrönt und damit die kirchliche Hierarchie (Priester – Bischöfe – Papst; ↗ KAR 29) vollendet, fällt bereits von selbst herab – ein deutlicher Hinweis auf die Schwäche des damaligen **Papsttum**s –,

> Die Aufklärung hatte auch die höchste kirchliche Instanz, die geschichtliche Gestalt des **Papsttum**s, kritisch hinterfragt und einen Niedergang des Ansehens und der Macht der Päpste eingeleitet. Als im Gefolge der Französischen Revolution Rom 1798 von französischen Truppen besetzt und die Römische Republik ausgerufen wurde, war das vorläufige Ende des Kirchenstaates besiegelt. Der schon zuvor für abgesetzt erklärte Papst *Pius VI.* (1775–1799), ein kranker und gebrechlicher Mann von 80 Jahren, wurde festgenommen, und auf seine Bitte, man möge ihn in Rom sterben lassen, antworteten ihm die Franzosen

---

[1] Karl d'Ester, Der Neuwieder. Ein vergessener Vorkämpfer für die Freiheit des deutschen Rheines, Neuwied am Rhein 1930, 10. Der eigentliche Titel des weitverbreiteten (1786: 3000 Abonnenten, 1807: 1732), von dem katholischen Publizisten *Moritz Flavius Trenk von Tonder* (1746–1810) gegründeten und auch großteils verfassten illustrierten Blattes war *Reich der Todten* bzw. *Politische Gespräche [im Reiche] der Todten*. Im Volksmund wurde es jedoch *Der Neuwieder* (auch Pseudonym Trenks von Tonder) oder *Neuwieder Zeitung* genannt.

nur: »*Vous mourrez partout!*«[2] (frz. für: Sterben können Sie überall!) Über Siena verfrachtete man den Greis in die Kartause von Florenz, und von dort ging es weiter auf der Bahre über den Mont Genève nach Grenoble, Briançon und Valence an der Rhône, wo ihn am 29. August 1799 der Tod erlöste. Das Papsttum galt nun als vernichtet, ja mancherorts hielt man ihm gar Leichenreden und setzte ihm Grabsteine.

Desungeachtet ging mit *Pius VII.* (1800–1823) aus einem viermonatigen Konklave ein neuer Papst hervor. Nach zähen Verhandlungen einigte er sich mit Napoleon auf das Französische Konkordat von 1801, in dem sich Pius mit der neuen, aus der Revolution erwachsenen Ordnung und der Enteignung der Kirchengüter abfinden musste (↗ KAR 4). Gegen die Bemühungen Napoleons, Papst und Kirchenstaat völlig in seine Abhängigkeit zu bringen, leistete der Ordensmann (Benediktiner) jedoch energischen Widerstand und exkommunizierte die »Räuber des Patrimonium Petri«[3], was ihm 1809 die Verschleppung nach Frankreich, die Isolierung von seinen Beratern und fünfjährige Haft einbrachte. Dieser Widerstand gegen den Usurpator und die Gefangenschaft verschafften dem Papst bei den Katholiken jedoch märtyrergleiche Verehrung und über die konfessionellen Grenzen hinweg hohe moralische Autorität, die sich nach 1814 politisch auswirken sollte (der 1814/15 stattfindende Wiener Kongress stellte den Kirchenstaat als einzigen der ehemaligen geistlichen Staaten – allerdings in etwas verkleinerter Form – wieder her) und auch dem Wiederaufstieg des Papsttums im Zuge einer allgemeinen Restauration den Boden bereitete.

ebenso (mindestens) ein weit von dem auf der Leiter Stehenden entfernter Ast mit Priesterkopf. Weitere (weltliche) Herren sammeln die abgebrochenen bzw. abgefallenen Äste ein und tragen sie mit freudiger Miene davon. Rechts stehen mehrere gutgekleidete Herren mit verschiedenen, z. T. seltsam anmutenden Kopfbedeckungen in abwehrender Körperhaltung und mit protestierend erhobenen Armen, können aber offensichtlich den »Asträubern« nicht Einhalt gebieten und die Plünderung des »Entschädigungsbaums« nicht verhindern und damit auch nicht die »*vulgo*« (d. h. allgemein, gewöhnlich) sogenannten »Säcularisationen«.

Innerhalb der Großen Säkularisation von 1803 bezieht sich unsere Karikatur auf die *Herrschaftssäkularisation* oder *staatsrechtlich-politische Säkularisation.* Darunter versteht man die Aneignung (Annexion) der geistlichen Territorien durch weltliche Staaten (zur anderen Form der *Gütersäkularisation* ↗ KAR 3). Doch wie kam es da-

---

2   Zit. nach Seppelt/Schwaiger 368.
3   Zit. nach Seppelt/Schwaiger 376. – Aufgrund von Schenkungen und Vermächtnissen christlicher Kaiser und Adeliger seit der Konstantinischen Wende (vgl. Eder, Kirchengeschichte 32–38) wurde die römische Kirche bis zum 6. Jahrhundert zum größten Grundbesitzer Italiens; dazu kamen außeritalienische Territorien. Unter Papst Gregor I. d. Gr. (590–604) hatte der Landbesitz den beachtlichen Umfang von 85 Quadratmeilen erreicht. Als dessen eigentlichen Herrn erachtete man jedoch nicht den Nachfolger Petri, sondern den Apostelfürsten Petrus selbst, weswegen die Besitzungen des römischen Bischofs ab dem 6. Jahrhundert den Namen »*Patrimonium Petri*« (»Erbgut« des Petrus) trugen. Während man diese als Kirchenstaat im weiteren Sinne bezeichnen kann, versteht man als Kirchenstaat im engeren Sinne jene Gebiete Mittelitaliens, in denen die Päpste seit der Mitte des 8. Jahrhunderts die Landesherrschaft innehatten. Vgl. hierzu Erwin Gatz, Art. Kirchenstaat, in: LThK³ 6 (1997) 58–62; Georg Denzler / Carl Andresen, Art. Kirchenstaat, in: dies., Lexikon der Kirchengeschichte, München ⁵1997 (ND Augsburg 1998), 324–326 (jeweils Lit.), sowie KAR 7 INFOBOX Konstantinische Schenkung und KAR 25 .

zu? Im Gefolge der Französischen Revolution und des Ersten Koalitionskrieges gegen Frankreich 1794 war das linksrheinische Deutschland von den siegreichen Revolutionstruppen besetzt worden. Schon im darauffolgenden Jahr arrangierten sich die betroffenen deutschen Staaten, u. a. Preußen, Bayern und Württemberg, in Geheimverträgen mit Frankreich: Sie traten darin ihre linksrheinischen Gebiete ab, ließen sich jedoch rechtsrheinische Entschädigungen aus den Territorien der geistlichen Fürsten zusichern, die der Geist der Aufklärung als Exponenten einer überlebten und anachronistischen Ordnung erachtete und die deshalb gleichsam die naturgegebenen Opfer waren. Rheingrenze, Entschädigung, Säkularisation – diese drei Schlagworte gaben die Losung für die Auflösung des Heiligen Römischen Reiches deutscher Nation 1806 und seiner fast tausendjährigen, in Europa einzigartigen Kirchenverfassung, dem **ottonischen Reichskirchensystem**.

> Das ottonische Reichskirchensystem geht zurück auf König Otto I. den Großen (936–973; seit 962 Kaiser), der nach dem Zerfall des Karolingerreiches im 9. Jahrhundert die Zentralgewalt im Deutschen Reich wiederherstellen wollte. Nach schlechten Erfahrungen mit den Stammesherzögen und den eigenen Familienangehörigen suchte Otto eine zuverlässige Stütze – und fand sie in den Reichsbischöfen. Da diese dem Gebot des Zölibats (= priesterliche Ehelosigkeit) unterstanden, konnten sie keine (rechtmäßigen) Kinder zeugen. Erbfolge und Hausmachtpolitik, die dem König durch Bildung neuer Partikulargewalten gefährlich werden konnten, schieden somit aus. Die Kirche reichte bereitwillig die Hand zum Bund, denn durch eine starke Zentralgewalt war das Kirchengut vor dem Zugriff des stets begierigen Laienadels geschützt. Überdies ging Otto daran, den kirchlichen Grundbesitz zu mehren und die Stellung der Bischöfe durch Verleihung fürstlicher Rechte und Privilegien auszubauen. Sie wurden dadurch zu *Fürstbischöfen*, die nicht mehr nur wie bisher
> - als *Bischof* ein geistliches Territorium (= *Diözese, Bistum*) leiteten, sondern
> - als *Fürst* auch einem weltlichen Territorium (= *Hochstift*) vorstanden[4].

Dies bedeutete den Untergang der »Germania sacra«, bestehend aus 67 reichsunmittelbaren geistlichen Fürstentümern des Reiches (23 Fürst- bzw. Fürsterzbistümer und 44 Fürstabteien mit 10.000 km² und fast 3,2 Millionen Einwohnern, d.h. $1/7$ der Bevölkerung), und damit das *Ende der Vereinigung von geistlicher und weltlicher Gewalt in einer Hand*, die man schon seit langem als die »Tote Hand« bezeichnete (darauf spielt in der Karikatur der »Entschädigungsbaum« an, der im Gegensatz zu den links und rechts stehenden Bäumen ohne Laub, also abgestorben ist).

> Seit dem Mittelalter wurden die Angehörigen des geistlichen Standes, mitunter auch die Kirche insgesamt, als »Tote Hand« (lat. *manus mortua*) bezeichnet, weil deren Vermögen durch Veräußerungsverbote oder -beschränkungen der Weitergabe von Hand zu Hand entzogen und für den Wirtschaftsverkehr daher gleichsam tot sei. Da die europäischen Staaten vom Anwachsen des Besitzes der Toten Hand (lat. *admortisatio*) Nachteile für die Volkswirtschaft, die Staatsfinanzen und die Untertanen befürchteten, suchten sie seit dem 13. Jahrhundert die Zueignung von Vermögen an die Kirche durch *Amortisa-*

---

[4] Handelte es sich um eine Erzdiözese bzw. ein Erzbistum, hieß das weltliche Herrschaftsgebiet Erzstift und der Inhaber Fürsterzbischof.

7b) Die Landkarte des Hl. Römischen Reiches Deutscher Nation um 1800 (links; violett: geistliche Territorien) und nach ~~h~~ Reichsdeputationshauptschluß von 1803 (rechts). Abkürzungen: BM = Bistum; EBM = Erzbistum; FM = Fürstentum; ~~f.)~~ GF = (Gefürstete) Grafschaft; HZ = Herzogtum; KF(M) = Kurfürstentum; KGR = Königreich; LGF = Landgrafschaft; ~~F~~ = Markgrafschaft.

tionsgesetze zu unterbinden bzw. zu beschränken. Dabei wurde allerdings zu wenig bedacht, dass die Kirche auch als Arbeit- und Geldgeber fungierte, soziale und karitative Einrichtungen betrieb und Besitzer von (unterhaltungs- und renovierungsbedürftigen) Kunstschätzen war, wodurch unmittelbar oder mittelbar wieder Vermögen in den Kreislauf zurückfloss.

Lit.: Fritz Sambeth, Art. Tote Hand, in: StL⁵ 5 (1932) 403–405; Richard Puza, Art. Tote Hand, in: LMA 8 (1997) 894 f.

Seither sind die Bischöfe wieder »nur« Leiter einer Diözese.

Das vereinbarte Säkularisationsprinzip kam 1801 in dem zwischen Napoleon und dem Reich geschlossenen *Frieden von Lunéville* voll zum Tragen. »Nicht weil die Reichskirche verkommen gewesen wäre, sondern weil sie im Wege stand, mußte sie fallen.«⁵ Die endgültige Regelung nahm dann am 25. Februar *1803* in Regensburg

---

5   Karl Otmar Freiherr von Aretin, Die Reichskirche und die Säkularisation, in: Rolf Decot (Hg.), Säkularisation der Reichskirche 1803. Aspekte kirchlichen Umbruchs (= Veröffentlichungen des Instituts für Europäische Geschichte Mainz, Beiheft 55), Mainz 2002, 13–32, hier: 31 f.

der vielberufene *Reichsdeputationshauptschluss* (RDHS), das letzte Grundgesetz des Heiligen Römischen Reiches Deutscher Nation, vor. Die eigentlichen Gewinner waren die größeren und mittleren Staaten, die teilweise ein Vielfaches (bis zum Zehnfachen) ihres Verlustes erhielten. So verlor z. B. Preußen 48 Quadratmeilen Land, 127.000 Einwohner und 1,4 Millionen Gulden an Jahreseinkünften links des Rheins, bekam aber als Entschädigung durch säkularisierte Gebiete 235 Quadratmeilen Land mit über 5,5 Millionen Einwohnern, woraus 3,8 Millionen Gulden Jahreseinkünfte zu erzielen waren.

Nicht übergangen sei schließlich noch ein Detail links im Hintergrund der Karikatur: Hier wird gerade ein Herr von zwei Männern seiner Amtstracht und seiner Perücke beraubt. Da er abseits vom (kirchlichen) »Entschädigungsbaum« steht und kein Beffchen trägt, müsste es sich um einen der zahlreichen Reichsritter handeln, die bereits ab 1802 von der Mediatisierung (Aufhebung der Reichsunmittelbarkeit) betroffen waren, da sie die schwächsten aller **immediaten** Reichsglieder waren.

Immediat (= reichsunmittelbar) zu sein, hieß direkt Kaiser und Reich zu unterstehen. Die Aufhebung bedeutete die Unterstellung unter die Landeshoheit eines anderen Reichsstandes (z. B. unter diejenige des bayerischen Kurfürsten).
Im Unterschied zur Herrschaftssäkularisation blieben dem mediatisierten reichsständischen Adel vorläufig immerhin einige Privilegien erhalten. Die ehemaligen Reichsritter, denen besondere Gerichtsrechte und persönliche Steuerfreiheit zugestanden wurden, spielten in der Folge noch als Grundherren sowie im Staatsdienst und in den Landtagen eine nicht unbedeutende Rolle.
Lit.: Manfred Eder, Art. Mediatisierung, in: LThK³ 11 (2001) 184; Thomas Schulz, Die Mediatisierung des Adels, in: Baden und Württemberg im Zeitalter Napoleons, hg. v. Württembergischen Landesmuseum Stuttgart, Bd. 2, Stuttgart 1987, 157–174, bes. 159; Volker Press, Art. Reichsritterschaft, in: HDRG 4 (1990) 743–748; Wolfgang von Stetten, Die Rechtsstellung der unmittelbaren freien Reichsritterschaft, ihre Mediatisierung und ihre Stellung in den neuen Landen. Dargestellt am fränkischen Kanton Odenwald (= Forschungen aus Württembergisch Franken 8), Schwäbisch Hall 1973, bes. 130 (jeweils Lit.).

Mit der Aufhebung der geistlichen Territorien hatten die mit der Reichskirche engstens verflochtenen Ritter ihre wichtigste Stütze neben dem Kaiser verloren[6]. So ging zunächst das Kurfürstentum Bayern und dann auch fast die Gesamtheit der anderen Kurfürsten, Fürsten, Herzöge und Grafen daran, die reichsritterschaftlichen Gebiete zu besetzen (sog. Rittersturm), ehe ab 1806 aufgrund der Rheinbundakte die Herrscher kleiner Staaten dann ihrerseits von der Mediatisierung erfasst wurden. »Der

---

[6]   »Die Reichskirche ist das *hospitale nobilium*, die Versorgungsanstalt des Adels, und die Reichsritterschaft ist die *Pflanzschule der Reichsstifter*« (= Reichsstifte). Kaiser und weltliche Fürsten respektierten die Reichsritterschaft v. a. deswegen, weil die Hoch- und Erzstifte den Reichsrittern die Anwartschaft auf (kur-)fürstliche Würden verlieh. »Bekannt ist, dass die Reichsbischöfe der frühen Neuzeit überwiegend dem niederen Adel und namentlich der Reichsritterschaft angehörten und dass die Domkapitel, in deren Hand die Bischofswahl lag, fast immer einen Chorbruder [= Domkapitular] erkoren« (Werner Kundert, Reichsritterschaft und Reichskirche vornehmlich in Schwaben 1555–1803, in: Franz Quarthal [Hg.], Zwischen Schwarzwald und Schwäbischer Alb. Das Land am oberen Neckar [= Veröffentlichungen des Alemannischen Instituts Freiburg i. Br. 52], Sigmaringen 1984, 303–327, hier: 304f.).

Kleine vergewaltigte den Kleineren, der Schwächere den Schwächsten.«[7] Insgesamt
sank infolge der Säkularisation die Zahl der reichsunmittelbaren Territorien – diejenigen der Reichsritter gar nicht eingerechnet! – von etwa 1.000 auf 35[8].

L   Angelika Ehrmann u.a. (Hgg.), In Tal und Einsamkeit. 725 Jahre Kloster Fürstenfeld. Die
    Zisterzienser im alten Bayern I (Katalog), Fürstenfeldbruck ²1988, 193 f. (Winfried Müller);
    Josef Kirmeier / Manfred Treml (Hgg.), Glanz und Ende der alten Klöster. Säkularisation im
    bayerischen Oberland 1803 (= Veröffentlichungen zur Bayerischen Geschichte und Kultur 21),
    München 1991, 302 f. (Wolfgang Jahn). – Winfried Müller, Die Säkularisation im links- und
    rechtsrheinischen Deutschland 1802/1803, in: Erwin Gatz (Hg.), Die Kirchenfinanzen (= Ge-
    schichte des kirchlichen Lebens in den deutschsprachigen Ländern seit dem Ende des 18.
    Jahrhunderts – Die Katholische Kirche –), Freiburg i. Br. u.a. 2000, 49–81; Manfred Weitlauff,
    Die Säkularisation in Altbayern und Schwaben. Resümee des Gedenkjahres 2003, in: Jahrbuch
    des Vereins für Augsburger Bistumsgeschichte 40 (2006) 417–475; Hausberger, Reichskirche
    69–115, bes. 77–84 (zur Herrschaftssäkularisation) (Lit. 220 f.); Eder, Kirchengeschichte 87–
    89, 176–178.

K   Friedrich Ludwig Neubauer (signiert: F. L. N.; Radierung).

Q   Germanisches Nationalmuseum Nürnberg, Graph. Sammlung, HB 50280, Kps. 1315; Bayer.
    Staatsbibliothek, cgm 3920 (»Chronicon Fürstenfeldense«; der Verfasser, Abt *Gerard Führer*
    von Fürstenfeld, klebte die Karikatur in sein Werk mit dem Vermerk »aus der Neuwieder
    Zeitung«); Fuchs I 236; Kirmeier/Treml (s. o.) 302 (Nr. 203b); Volker Himmelein (Hg.), Alte
    Klöster - Neue Herren. Die Säkularisation im deutschen Südwesten 1803, Bd. 1, Ostfildern
    2003, 124 (Nr. III.43); Eder, Kirchengeschichte 177 (jeweils mit Untertitel); Dollinger 57; Ehr-
    mann (s. o.) 192 (Nr. G.5); Maximilian Loy, Politisch-historische Analyse des Ressourcen-
    managements im Benediktbeurer Klosterland von 1648–1803. Nachhaltige Entwicklung im
    Wandel der Zeit (Diss. TU München), München 2009 (E-Book), 73 (jeweils ohne Untertitel).

---

7   Heinz Gollwitzer, Die Standesherren. Die politische und gesellschaftliche Stellung der Media-
    tisierten 1815–1918. Ein Beitrag zur deutschen Sozialgeschichte, Göttingen ²1964, 18.
8   Nach Hubert Wolf, Katholische Kirchengeschichte im »langen« 19. Jahrhundert von 1789 bis
    1918, in: Kottje III 91–177, hier: 100.

3. Gütersäkularisation

(um 1803)

(8)

1. Zum Hintergrund

Schon am 7. September 1798 hatte ein päpstliches Breve den bayerischen Kurfürsten Karl Theodor (1777–1799) ermächtigt, »zur Linderung der Not seines Landes und zur Deckung der Kriegslasten, ›von den in Deinen Staaten gelegenen Gütern der Geistlichkeit soviel zu veräußern, als gefordert wird, um fünfzehn Millionen Gulden … zusammenzubringen‹.«[1] Pius VI., damals bereits Gefangener Napoleons (↗ KAR 2 INFOBOX Papsttum), gab zwar seiner Hoffnung Ausdruck, dass dies ohne Aufhebung geistlicher Institute erfolgen könne, aber dennoch waren dadurch mit Hilfe des Papstes in Bayern früher als in den anderen deutschen Staaten die Weichen für die große Erschütterung des Kirchenwesens in der (Güter-)Säkularisation von 1803 gestellt[2].

Zur Herrschaftssäkularisation (↗ KAR 2) trat also die nicht minder gravierende *Vermögens- oder Gütersäkularisation*. Darunter versteht man die entschädigungslose Enteignung (Konfiskation) von kirchlichem (oder kirchlich genutztem) Eigentum durch weltliche Staaten. Konkret bedeutete dies: Gemäß § 34 des Reichsdeputationshauptschlusses (RDHS) wurde das Vermögen der Bistümer, der Domkapitel, der kirchlichen Kollegien und der Universitäten eingezogen; nur das Ortskirchenvermögen der Pfarreien blieb im allgemeinen erhalten. Die Klöster und Stifte sollten nach dem RDHS zur »freien und ausschließlichen Verfügung« des Landesherrn stehen, was faktisch fast immer die Aufhebung bedeutete. So wurden in Preußen 117 und in Württemberg 89 Klöster aufgehoben[3], im »klosterreichen« Bayern aber 362[4] (insgesamt somit fast 600, darunter »über 150 Benediktinerklöster«[5]).

> Im katholisch geprägten Bayern, das von der Säkularisation weitaus am schwersten betroffen war, wurde die umfangreiche Massnahme nach dem Programm des dirigierenden Ministers *Maximilian Joseph Graf von Montgelas* (1759–1838), des Schöpfers des modernen Bayern, stufenweise durchgeführt. Nachdem im Januar 1802 eine »Spezialkommission in Klostersachen« gegründet worden war, löste man im selben Jahr die Klöster der Bettel- oder Mendikantenorden (von lat. *mendicare* = betteln), d.h. sämtliche Konvente der Franziskaner, Kapuziner, Dominikaner, Karmeliten und Augustinerere-

---

[1] Zit. nach Hausberger/Hubensteiner 277 f. Dies war ein Siebtel des auf 105 Millionen Gulden veranschlagten Gesamtkirchenvermögens.

[2] Eigentlicher Drahtzieher war allerdings der korrupte Münchner Nuntius *Emidio Graf Ziucci* (amt. 1796–1800), der gegenüber dem alten und kranken Papst mit falschen Zahlen operierte, nachdem er von Karl Theodor die Zusage erhalten hatte, dass der bayerische Staat seine hohen Privatschulden übernehme, falls er das vom Herrscher gewünschte Breve vermittle (nach Hausberger, Reichskirche 96 f.).

[3] Nach Hans-Otto Binder, Art. Säkularisation, in: TRE 29 (1998) 597–602, hier: 599.

[4] Vgl. Rainer Braun, Klöster in Bayern um 1800 – eine Bestandsaufnahme (= Forum Heimatforschung: Ziele – Wege – Ergebnisse, Sonderheft 2), München 2005. Braun listet im Register 382 Klöster und Stifte auf (wobei hier die Piaristen in Kempten vergessen wurden, aber andererseits die 1799 auf eigenen Wunsch aufgehobenen Paulaner in München einbezogen sind); davon wurden nur 20 Konvente nicht aufgelöst.

[5] Schatz, Säkularisation 25.

miten (einschließlich der jeweiligen Frauenklöster) auf. Die Klosterfrauen und viele Bettelmönche wurden in sog. Zentralklöstern zusammengepfercht, die ein bayerischer Beamter zu Recht als »Crepieranstalten für die halsstarrigen klostertreuen Individuen« bezeichnete[6]. Im Jahre 1803 folgte dann die Säkularisation der Klöster der (land-)ständischen, d.h. grundbesitzenden und daher im damaligen bayerischen »Parlament«, der Landschaft, vertretenen Orden (Benediktiner, Zisterzienser, Augustinerchorherren und Prämonstratenser). Diese Klöster verfügten über mehr als 28 % des gesamten Grundbesitzes in Bayern.

Lit.: Mary Anne Eder, Klosterleben trotz Säkularisation. Die Zentralklöster der Bettelorden in Altbayern 1802–1817 (= Forschungen zur Volkskunde 56), Münster 2007; Eder, Kirchengeschichte 112–114.

2. Zur Karikatur

Diesen Vorgang, der sich in Bayern bis 1813, in anderen deutschen Staaten – wie dem Herzogtum Westfalen – bis in die dreißiger Jahre des 19. Jahrhunderts hinzog, illustriert unsere (von einem anonymen Künstler geschaffene) farbige Karikatur. Sie zeigt im Vordergrund Angehörige verschiedener Orden, die das Vermögen ihrer Klöster dem links oben stehenden staatlichen Aufhebungskommissär bringen.

Von links nach rechts handelt es sich um einen

- **Trinitarier,**

  Von den in der Karikatur dargestellten Ordensleuten ist dies der Einzige, den man im damaligen Bayern (wo es kein Trinitarierkloster gab) wohl nur selten antraf und den man wegen des markanten Kreuzes mit dem roten Stammbalken und dem blauen Querbalken – an der Schulter und am *Skapulier*, einem breiten, über dem Gewand getragenen und über Brust und Rücken bis zu den Füßen reichenden Tuchstreifen, zu erkennen – auch nicht mit anderen Mönchen verwechseln konnte. Ansonsten besteht die Tracht der Trinitarier aus einem weißen Habit und weißem Skapulier, dunklem Ledergürtel und schwarzem Mantel. Gegründet wurde der Orden um 1194 durch den Franzosen *Johannes von Matha* (1160–1213) zur Verehrung der Hl. Dreifaltigkeit (Trinität; symbolisiert durch die Farben rot = Gott Vater, blau = Gott Sohn, weiß = Hl. Geist), zum Loskauf bzw. Austausch gefangener Christen sowie zur Seelsorge und Krankenpflege in Hospizen und Gefängnissen. In der Frühen Neuzeit wirkte der Priesterorden, der 900.000 christliche Sklaven losgekauft haben soll und sich rasch in Frankreich, Spanien, Italien und England verbreitete, zudem in der Mission. Erst seit 1689 gab es eine Niederlassung in Österreich (Wien) und seit dem 18. Jahrhundert drei Konvente in Böhmen und Mähren (alle bereits 1782/83 im Zuge der josephinischen Klosteraufhebungen aufgelöst, denen über 700, d.h. ein Drittel, der habsburgischen Klöster zum Opfer fielen). Anscheinend waren dem Karikaturisten die Trinitarier, die seit 1609 zu den Bettelorden zählen, recht geläufig (wohl weil er aus einem dieser Nachbarländer Bayerns stammte oder sich zumindest dort aufgehalten hatte), sonst hätte er kaum einen Mönch dieses weniger populären Ordens abgebildet.

---

[6]   Zit. nach Hausberger/Hubensteiner 279.

Lit.: Manfred Eder, Art. Trinitarier, in: RGG⁴ 8 (2005) 600; Elisabeth Watzka-Pauli, Triumph der Barmherzigkeit. Die Befreiung christlicher Gefangener aus muslimisch dominierten Ländern durch den österreichischen Trinitarierorden 1690–1783, Göttingen 2016; Georg Schwaiger, Art. Skapulier, in: Schwaiger, Mönchtum 413 f.

der gemeinsam mit einem

- **Dominikaner**, also ebenfalls einem Bettelmönch,

Aus einer weißen Soutane mit weißem Skapulier sowie Mantel, Kapuze und Schuhen in schwarz besteht die Ordenstracht des 1215 in Südfrankreich durch den Spanier *Dominikus de Guzmán* gegründeten Ordens der Predigerbrüder, meist kurz Dominikaner genannt. Die Tätigkeitsgebiete des Dominikanerordens, eines der einflussreichsten Orden der katholischen Kirche, waren bzw. sind Ketzerpredigt, Inquisition, Mission, städtische Seelsorge und Universitätslehre (man denke nur an die überragenden mittelalterlichen Gelehrten *Albertus Magnus* und *Thomas von Aquin!*).

Lit.: William A. Hinnebusch, Kleine Geschichte des Dominikanerordens (= Dominikanische Quellen und Zeugnisse 4), Leipzig 2004.

eine Truhe und darauf ein weißes, verschnürtes, mit roten Wachssiegeln versehenes und mit der Zahl »12 000« beschriftetes Bündel transportiert.

Bei dieser und der folgenden Zahlenangabe handelt es sich sicherlich um Beträge in Gulden, der damaligen Währung Bayerns und fast aller anderen deutschen Länder. 1 Gulden jener Zeit entspricht nach heutiger Kaufkraft etwa 20 €, so dass der Inhalt des Bündels ca. 240.000 € repräsentiert. Das Gesamtvermögen der bayerischen Klöster zur Zeit der Säkularisation ist mit mindestens 21 Millionen Gulden zu beziffern.[7]

Daneben steht eine Sackkarre mit einem Schild »*Nihil nobi[s]*« (lat. für: Nichts [bleibt] uns). Von einer Schubkarre heben ein

- **Kapuziner** und ein
- **Franziskanerkonventuale** *(Minorit; »schwarzer Franziskaner«)*

Die Franziskaner gehen zurück auf den Wanderprediger *Franz(iskus) von Assisi* (1181/ 82–1226), der in radikaler Armut und Demut dem Herrn nachfolgen wollte und dabei Jesus so nahe kam wie wohl kaum ein anderer Christ in der gesamten Kirchengeschichte. Innerhalb des Franziskanerordens wurde immer wieder um die Frage gestritten, wie die Intentionen des hl. Franziskus am besten und getreusten zu verwirklichen seien (sog. *quaestio franciscana*). Nachdem im 14. Jahrhundert die *Observantenbewegung* entstanden war, die aufgrund besonders genauer Be(ob)achtung (lat. *observantia*) der Ordensregel die Treue zur Gründungsintention für sich allein beanspruchte, konnte im 15. Jahrhundert die Einheit des Ordens noch formell gewahrt werden, ehe 1517 die endgültige Aufspaltung in Konventualen (= *Minoriten*) und Observanten (s. u.) erfolgte. Bereits wenig später (1525) entstanden als Reformgruppe innerhalb der Observanten die Kapuziner, die sich rasch zu einem selbständigen, v. a. durch volkstümliche Predigt in Rekatholisierung und Mission wirkenden Reformzweig des Franziskanerordens entwickelten. Während sowohl die Observanten als auch die Kapuziner einen braunen Habit mit Ka-

---

[7] Nach Dietmar Stutzer, Die Säkularisation 1803. Der Sturm auf Bayerns Kirchen und Klöster, Rosenheim ²1978, 138.

puze, weißem Strickgürtel und drei, die Mönchsgelübde symbolisierenden Knoten sowie Sandalen tragen – und die Kapuziner zusätzlich einen (meist langen) Bart und eine besonders lange, spitze Kapuze –, sind die Konventualen am schwarzen Habit (mit ebenfalls weißem Strick) und Halbschuhen erkennbar.

Unter den bei den Aufklärern allgemein unbeliebten Bettelorden waren die Franziskaner und Kapuziner die am meisten angefeindeten Mönche, da man sie beschuldigte, Aberglauben zu verbreiten (gelegentlich nicht ganz zu Unrecht) und andere durch ihre – zum Lebensunterhalt notwendige – Sammeltätigkeit zu schädigen.

Lit.: Helmut Feld, Franziskaner, Stuttgart 2008; Manfred Eder, Art. Minoriten, in: RGG⁴ 5 (2002) 1257f.

eine weitere Truhe, wobei der Franziskaner auf den Kommissär deutet, um anzuzeigen, wohin der Transport gehen soll. Ebenfalls eine Truhe und einen Sack mit der Aufschrift einer Geldsumme (10 000) schafft ein

- **Benediktiner**

Am schwarzen Talar mit schwarzem *Cingulum* (Bauchbinde) ist der Vertreter des ältesten Mönchsordens der Westkirche zu erkennen. Benannt nach *Benedikt von Nursia* (um 480–547), dessen Regel sie befolgen, waren die gemäß dem Grundsatz »*ora et labora!*« (lat. für: bete und arbeite!) lebenden Benediktiner durch ihr Engagement in der Urbarmachung und Missionierung weiter Landstriche sowie in Schule, Bildung und Wissenschaft für die kulturelle Entwicklung des Abendlandes von überragender Bedeutung.

Lit.: Karl Suso Frank, Art. Benediktiner, in: TRE 5 (1980) 549–560 (Lit.); Pius Fischer, Hinter Klostermauern, Landsberg a. Lech ¹³1993.

rechts vorne auf seiner Karre heran und dahinter ein *Kapuziner* (ohne Bart! s. o.) erneut eine Truhe. Ganz außen fährt ein

- **Deutschordenspriester**

Bekleidet mit einem weißen Rock und einem großen schwarzen Kreuz darauf sowie mit schwarzen Schuhen, gehört dieser Priester somit dem Deutschen Orden an, dem nach den Johannitern und Templern letzten der drei großen, im Zeichen der Kreuzzüge (1096– 1291; ↗ KAR 12) entstandenen Ritterorden. Im Jahre 1198 aus einer 1190 gegründeten Spitalbruderschaft hervorgegangen, erhielten die Deutschherren 1226 mit der Christianisierung Preußens eine neue Aufgabe, die zur Gründung eines blühenden Ordensstaates und zu über das ganze Abendland verteilten Besitzungen führte. Weil der letzte Ordensobere (Hoch- und Deutschmeister) ein Erzherzog von Österreich war, fiel der Deutsche Orden erst 1809 der Säkularisation zum Opfer.

Lit.: Gerhard Bott (Hg.), 800 Jahre Deutscher Orden (Ausstellungskatalog), Gütersloh/München 1990.

wiederum eine Truhe zum Übergabeplatz, hat aber auch – als Symbol für Grundbesitz und Herrschaftsrechte des Deutschen Ordens – Rechen und Spaten aufgeladen. Hinter ihm tritt von rechts ein

- **Franziskanerobservant** (siehe oben INFOBOX Franziskaner/Kapuziner)
ins Bild, der als armer Mendikant sein Ränzlein über der Schulter zu tragen vermag. Aus dem Bildhintergrund bewegen sich schließlich drei Ordensfrauen heran, vorne zwei

- **Zisterzienserinnen**,

Der hier von vorne sichtbare Habit der Zisterzienserinnen besteht aus einem weißen Wollkleid mit schwarzem Skapulier, Mantel und Schleier. Die Zisterzienser sind ein 1098 im burgundischen Cîteaux (lat.: *Cistercium*) gegründeter Reformorden der Benediktiner, dem durch *Bernhard von Clairvaux* (1090–1153) der entscheidende Durchbruch gelang. Der aus der religiösen Frauenbewegung des Hochmittelalters hervorgegangene und zu strenger *Klausur* (Abschließung) verpflichtete weibliche Zweig entstand um 1130, zunächst gegen den Willen des Zisterzienserordens, der erst um 1200 seine starre Ablehnung aufgab. Dies führte zu einer Fülle an Neugründungen von Frauenzisterzen in der ersten Hälfte des 13. Jahrhunderts, so dass sie damals doppelt so zahlreich wie die Benediktinerinnenkonvente waren. In späterer Zeit erschlaffte allerdings die Ordensdisziplin, so dass die Zisterzienserinnenklöster vielerorts den Charakter adeliger Damenstifte annahmen.

Lit.: Manfred Eder, Die Zisterzienserinnen, in: Friedhelm Jürgensmeier / Regina Elisabeth Schwerdtfeger (Hgg.), Orden und Klöster im Zeitalter von Reformation und katholischer Reform 1500–1700, Bd. 1 (= Katholisches Leben und Kirchenreform im Zeitalter der Glaubensspaltung 65), Münster 2005, 99–124; Eder, Kirchengeschichte 112–114.

die eine mit einem verschnürten Paket auf dem Kopf, die andere mit dem in der Krümme kunstvoll verzierten und sicherlich sehr wertvollen Stab der Äbtissin, und links dahinter eine

- **Karmelit(er)in**,

Erkennbar am braunen Kleid mit weißem Leinentuch und schwarzem Schleier, gehört diese Ordensfrau dem im 15. Jahrhundert entstandenen weiblichen Zweig der Karmeliten (auch Karmeliter) an, die als einer der vier großen Bettelorden vor 1200 am Berge Karmel (Hl. Land) in Gestalt einer Eremitengruppe gegründet worden waren. Nach einer Reform des Karmels im 16. Jahrhundert (Theresia von Ávila!) wurden 1593 die »unbeschuhten« Karmelitinnen und Karmeliten (Diskalzeat[inn]en) als strengerer Zweig abgetrennt, der sich im Habit durch Sandalen ohne Strümpfe (statt Schuhe) von den beschuhten Karmelit(inn)en unterschied. Da man das in dieser Karikatur nicht sehen kann, lässt sich unsere Karmelitin diesbezüglich nicht genau zuordnen.

Lit.: Günter Benker (Hg.), Die Gemeinschaften des Karmel. Stehen vor Gott – Engagement für die Menschen, Mainz 1994.

bei der man den Gegenstand, den sie herbeiträgt oder -zieht, wegen des Hügels in der Mitte des Aquarells nicht erkennen kann.

Auf dieser Anhöhe steht neben dem für die Einziehung des Klostervermögens zuständigen Beamten (mit weißer Perücke, Gehstock und Degen) zur Unterstützung ein Soldat (Kavallerist) in weiß-blauer Uniform (wobei in Bayern eigentlich blauer Rock und weiße Hose üblich waren) mit Husarenhaube, Säbel und geschultertem Gewehr (Karabiner), der den staatlichen Forderungen Nachdruck verleihen und notfalls auch den Aufhebungskommissär zu schützen vermochte.

Das Zentrum der Karikatur aber dominiert ein wuchtiges, efeuumranktes Denkmal, auf dem der bayerische Löwe mit dem Reichsadler ringt und an die Stelle des

Reichswappens den bayerischen Schild mit den weißblauen Rauten setzen möchte. Da der Adler bereits völlig aus dem Gleichgewicht geraten ist und ihm die Kaiserkrone vom Kopf fällt, ist der Ausgang des Kampfes unschwer abzusehen. Diese Szene weist also schon voraus auf das Ende des **Heiligen Römischen Reiches Deutscher Nation** im Jahre 1806, das der Großen Säkularisation von 1803 somit auf dem Fuß folgen sollte.

> Hatte von diesem Begriff »Heiliges Römisches Reich Deutscher Nation« bereits die Entstehung von Nationalstaaten in der Frühen Neuzeit den universalen Anspruch, das »Römisch«, obsolet werden lassen, nahm ihm die Säkularisation die sakrale Überhöhung, das »Heilig«. Daher war es nur konsequent, dass schon drei Jahre später das *Ende des ersten Deutschen Reiches* erfolgte.

Am Sockel des Denkmals ist in einem Stuckrahmen ein mit diversen roten Siegeln und dem schwarzen Reichsadler versehenes Dokument angeheftet (wohl der Säkularisationsbescheid), und darunter sind verschiedene Zahlen gekritzelt, die offenbar die schon eingelangten Geldbeträge auflisten.

3. Konsequenzen der Gütersäkularisation

Auch wenn die bayerischen Mönche und Nonnen ihren Besitz nicht – wie auf unserer Karikatur – persönlich an einen »Sammelplatz« schleppen mussten, sondern die **Aufhebungskommissäre** sich vor Ort einfanden und Sonderkommissionen die Wertgegenstände auf Touren von Kloster zu Kloster selbst einsammelten,

> Gesteuert durch eine »Spezialkommission in Klostersachen« für die Bettelorden und ein »Separat in Klostersachen« bei der Generallandesdirektion in München für die landständischen Orden wurde die Aufhebung vor Ort in aller Regel dem zuständigen Landrichter als Kommissär übertragen, den ein Aktuar unterstützte. Daneben gab es Sonderkommissionen für Bibliotheken, Archive, Gemälde und Glocken.
> Voll aufklärerischer Überheblichkeit schrieb *Johann Christoph von Aretin* (1772–1824), der Leiter der Sonderkommission für die Bibliotheken, in einem Brief aus dem Jahre 1803: »*Von heute an datiert sich eine Epoche der bayerischen Geschichte, so wichtig, als in derselben bisher noch keine zu finden war [...]. Nach tausend Jahren noch wird man die Folgen dieses Schrittes empfinden. Die philosophischen Geschichtsschreiber werden von [der] Auflösung der Klöster, wie sie es von der Aufhebung des Faustrechts taten, eine neue Zeitrechnung anfangen, und man wird sich dann den Ruinen der Abteien ungefähr mit eben dem gemischten Gefühle nähern, mit welchem wir jetzt die Trümmer der alten Raubschlösser betrachten.*«
> Lit.: Johann Christoph von Aretin, Briefe über meine literarische Geschäftsreise in die baierischen Abteyen, München/Wien 1971 (Zitat: 51).

war das Schicksal der Ordensmitglieder deswegen nicht weniger unerfreulich. Ihrer klösterlichen Heimstatt beraubt, kamen einige Mönche als Pfarrer, Lehrer oder Professoren unter, die meisten Ordensmänner und -frauen aber – immerhin über 4500

Personen[8] – fristeten ihr restliches Leben als »Privatiers« mit einer kümmerlichen staatlichen Pension, die sie sich zu allem Überfluss nicht selten noch jahrelang erstreiten mussten. So kämpfte z. B. der letzte Fürstabt von Prüfening, *Rupert Kornmann* (1757–1817; amt. ab 1790), von 1803 bis 1807 um die ihm zustehende staatliche Pension[9], und die Schwestern zweier vormals wohlhabender Dillinger Frauenklöster mussten sich um das Existenzminimum sorgen.

»Keine Feder ist imstande, die Betrübnis zu schildern, die uns alle [...] überfiel. 45 Frauen stehen trostlos als verwaist da [...]. Wir können auf geistliche Würde, auf Treue und Glauben versichern, daß wir nicht imstande sind, die nötige Milch dahier zu erhalten. Wenn uns alles mangelt und wir haben Vieh, so ist unser Leben erhalten. Wir geben jeden Kreuzer willig hin [...] und bitten nebst der Pension noch um einige Stück Vieh, gewiß wenig.«[10] Mit diesen eindringlichen Worten flehte die Priorin des Dominikanerinnenklosters im schwäbischen Dillingen am 12. September 1805 im Namen ihres eigenen sowie des Dillinger Franziskanerinnenkonvents um die Überlassung von jeweils drei bis vier Milchkühen samt Wiesen, um sich nach der kurz zuvor erfolgten Aufhebung der beiden traditionsreichen Klöster, die über mehr als 250.000 Gulden Vermögen verfügt hatten, wenigstens einigermaßen ernähren zu können, und bot im Gegenzug die Minderung der ohnehin bescheidenen Pension in Höhe von jährlich 180 Gulden um 3 Gulden an. Die Bitte wurde jedoch bereits am folgenden Tag ohne Umschweife abschlägig beschieden und der zuständige Lokalkommissär sogar noch angewiesen, den Nonnen auszurichten, dass man mit derlei Gesuchen nicht mehr belästigt werden wolle[11].

Die Klosterkirche wurde im günstigsten Fall als Pfarrkirche weiterverwendet, meist aber nach Verschleuderung der Kunstgegenstände zu einer Lager- oder Fabrikhalle, zur Kaserne oder Irrenanstalt, einem Gefängnis o. ä. umgewandelt, die Kloster-

---

8   Nach Maximilian Loy, Politisch-historische Analyse des Ressourcenmanagements im Benediktbeurer Klosterland von 1648–1803. Nachhaltige Entwicklung im Wandel der Zeit (Diss. TU München), München 2009 (E-Book), 74.

9   Vgl. Manfred Eder, »Altäre ohne Priester«. Rupert Kornmanns Gutachten zum Priestermangel aus dem Jahre 1816 im Kontext der bayerischen Kirchenpolitik der Ära Montgelas, in: Manfred Knedlik / Georg Schrott (Hgg.), Abt Rupert Kornmann von Prüfening (1757–1817). Ein Benediktinischer Gelehrter zwischen Aufklärung und Restauration (= Beiträge zur Geschichte des Bistums Regensburg, Beiband 17), Regensburg 2007, 163–205, hier: 167.

10 Priorin Maria Antonia Gräfin von Thierheim an das General-Kommissariat in Ulm »im Namen aller«, Dillingen, 12. Sept. 1805 (zit. nach M. Lioba Schreyer, Geschichte der Dillinger Franziskanerinnen I, Reimlingen 1982, 374 f.).

11 Vgl. das Schreiben des General-Kommissariats in Ulm an das Landes-Kommissariat in Dillingen, Ulm, 13. Sept. 1805 (Schreyer [wie Anm. 10] 375 f.). Erst aufgrund inständiger Bittgesuche, zuletzt an die »Landesmutter« Karoline von Baden um Fürsprache bei ihrem Gemahl König Max I. Joseph, wurde als einziges Zugeständnis am 31. Juli 1807 rückwirkend zum 1. Oktober 1806 die jährliche Pension der Schwestern auf 200 Gulden erhöht (siehe hierzu a. a. O. 409–421). – Das 1241 erstmals urkundlich erwähnte und seit 1774 in der Erziehung und Unterrichtung der weiblichen Jugend tätig gewesene Dillinger Franziskanerinnenkloster – die älteste weibliche Niederlassung des Ordens nördlich der Alpen! – wurde 1827 durch König Ludwig I. wiederbegründet. Die letzten sechs Dominikanerinnen des ebenfalls noch im 13. Jahrhundert gegründeten Dillinger Klosters St. Ulrich und Afra dagegen gaben wenige Monate nach dem Tod der Priorin und der Subpriorin, die beide 1817 verstarben, auf.

(9) Klosterkirchen und -gebäude als »Manövriermasse« für Kurfürst Max IV. Joseph (Zeichnung von Michael Keller).

bibliotheken und -archive wurden aufgelöst (und dabei die wertvolleren Bestände staatlichen Einrichtungen einverleibt[12]), ebenso die rund 300 Klosterbrauereien[13], das Übrige versteigert oder vernichtet. Insgesamt wurden etwa $2/5$ der Kirchen und Klostergebäude in Deutschland ganz oder teilweise abgerissen. Neben der barbarischen *Verschleuderung kirchlichen Kulturguts* hatte die Gütersäkularisation auch den *Untergang fast aller katholischen Bildungsanstalten* (Schulen, Universitäten, Priesterseminare) und damit ein langanhaltendes Bildungsdefizit der Katholiken zur Folge.

Die Säkularisation der bayerischen Klöster hat dem Staat aufgrund des nun schlagartig vorhandenen Überangebots an Kunstgegenständen, Büchern, liturgischem Gerät und anderem weder den erhofften finanziellen Gewinn gebracht noch das von den Aufklärern als unnütz, ja schädlich betrachtete Ordenswesen ausgerottet[14], aber eine in vielen Jahrhunderten gewachsene Sakrallandschaft mit zahlreichen Stätten der Bildung und Gelehrsamkeit zerstört. Daher ist es nur zu verständlich, wenn der bayerische König *Max I. Joseph* (1799–1825; bis 1805 Kurfürst Max IV. Joseph) spä-

---

12 So gewann die Münchner Hofbibliothek (heute: Bayerische Staatsbibliothek), die damals 70.000 Bände besaß, 450.000 Bücher hinzu und stieg dadurch »zu einer der bedeutendsten Einrichtungen ihrer Art in Europa auf« (KNA Akt. Dienst Kultur, Nr. 213 v. 6. Nov. 2003). Näheres hierzu und zu den Buchbeständen der Klöster bei Stutzer (wie Anm. 7) 297–302.

13 Nachdem die Klöster (v. a. der Benediktiner, Zisterzienser und Franziskaner) jahrhundertelang fast ausschließlich für den Eigenbedarf und die angeschlossenen Spitäler gebraut hatten, nahm der Anteil des verkauften Bieres nach dem Dreißigjährigen Krieg (1618–1648) erheblich zu. So steuerte das Brauhaus zu den gesamten Einkünften der Benediktinerabtei *Weltenburg* (bei Regensburg) 24 %, dasjenige des Benediktinerklosters *Andechs* (bei München) sogar fast 42 % bei. Die Säkularisation löschte das bayerische Klosterbrauwesen zwar nicht völlig aus (die im Text angegebene Zahl von 300 Betrieben bezieht sich auf das [größere] Gebiet des heutigen Bayern), dezimierte es aber – auch langfristig – erheblich. Heute gibt es noch eine einzige wirkliche Klosterbrauerei in Bayern, nämlich im (1869 gegründeten) Kloster der »Armen Franziskanerinnen von der Hl. Familie« (Mallersdorfer Schwestern) in *Mallersdorf* (Niederbayern), wo »die letzte klösterliche Braumeisterin der Welt« tätig ist. Näheres bei Marion Krüger-Hundrup, Das Gebräu der Brüder und Schwestern. Die Landesausstellung über Bier muss im Kloster stattfinden, in: KNA aktuell, Korrespondentenberichte, Nr. 77 v. 21. April 2016, 42 (Zitat und Zahlenangaben); vgl. auch Manfred Eder, Art. Minimen (Paulaner), in: RGG[4] 5 (2002) 1252 f., zu den Mallersdorfer Franziskanerinnen Eder, Helfen 115–126 (Lit).

14 Zum (überwiegend weiblich geprägten) Ordensfrühling des 19. Jahrhunderts siehe Manfred Eder, Keine Töchter mehr für St. Klara und St. Angela? Überlegungen zu Eigenart, jüngerer Entwicklung und Zukunftsperspektiven der katholischen Frauenorden und -kongregationen in Deutschland, in: Ferdinand R. Prostmeier / Knut Wenzel (Hgg.), Zukunft der Kirche – Kirche der Zukunft. Bestandsaufnahmen – Modelle – Perspektiven, Regensburg 2004, 85–120, hier: 86–99.

ter einmal zu seinem Minister Montgelas sagte: »Aber Montgelas, wir sind Esel gewesen, daß wir mit diesen Klöstern so umgegangen!«[15]

L Manfred Eder, Art. Orden, katholische, in: RGG[4] 6 (2003) 610–615 (Lit.); Isnard W. Frank, Lexikon des Mönchtums und der Orden, Stuttgart 2005; Harm Klueting, Art. Mönchtum / Klosterwesen, in: Schneiders, Aufklärung 273–275; Josef Kirmeier / Manfred Treml (Hgg.), Glanz und Ende der alten Klöster. Säkularisation im bayerischen Oberland 1803 (= Veröffentlichungen zur Bayerischen Geschichte und Kultur 21), München 1991, 302 f. (Wolfgang Jahn). – Rolf Decot (Hg.), Säkularisation der Reichskirche 1803. Aspekte kirchlichen Umbruchs (= Veröffentlichungen des Instituts für Europäische Geschichte Mainz, Beiheft 55), Mainz 2002; Rainer Braun / Joachim Wild, Bayern ohne Klöster? Die Säkularisation 1802/03 und die Folgen (Ausstellungskatalog), München ²2003; Hausberger, Reichskirche 69–115, bes. 84–115 (zur Klostersäkularisation); Ernst Krenn, Die Trachten der katholischen Ordensleute, Regensburg 1932.

K anonym (Aquarell mit Deckfarben).

Q Stadtgeschichtliche Museen Nürnberg (Gr.A. 7520); Kirmeier/Treml (s. o.) 298 (Nr. 203a); Hans-Jürgen Becker, Der Kongress tanzt – nicht hier. Der Reichsdeputationshauptschluss zu Regensburg im Jahre 1803 als Wendepunkt der europäischen Geschichte, in: Blick in die Wissenschaft. Forschungsmagazin der Universität Regensburg 11 (2002) H. 14, 30–39, hier: 34; Markus Mitschke, Gott zur Ehre – der Stadt zum Wohl. Die Klöster der Stadt Landshut von der Gründung bis zur Säkularisation (= Schriften aus den Museen der Stadt Landshut 30), Landshut 2011, 272 (jeweils farbig); Hausberger, Reichskirche 109 (sw).

---

[15] Zit. nach Magnus Jocham, Memoiren eines Obskuranten. Eine Selbstbiographie, hg. v. Magnus Sattler, Kempten 1896, 734 f. (im Original gesperrt).

4. Die Kirche – Löschhütchen der Wissenschaften?
(1819)

(10)

1. Zum Hintergrund

Dass Napoleon Bonaparte nach den religionsfeindlichen Auswüchsen der Französischen Revolution die Glaubensfreiheit wiederherstellte, wurde weithin mit Erleichterung aufgenommen. Allerdings sollte die katholische Kirche nach dem Willen Napoleons ein Instrument seiner Machtpolitik wie die Armee oder die Polizei sein und der Altar sich dem Staat unterordnen. Diesem Zweck dienten auch die ohne Wissen des Hl. Stuhls verabschiedeten »Organischen Artikel« von 1802, die das mit *Pius VII.* geschlossene Konkordat von 1801 im Sinne Bonapartes auslegten und ihm insofern widersprachen, als sie vom traditionellen Gallikanismus geprägt waren.

> Beim Gallikanismus handelt es sich um die französische, betont nationalkirchliche Form des katholischen Staatskirchentums. Sein doppeltes Anliegen war es,
> • im geistlichen Bereich den Bischöfen größere Rechte gegenüber dem Papst zu geben (insbesondere Bischofswahl und Verleihung kirchlicher Pfründen ohne päpstlichen Einfluss) und das Konzil dem Papst (im Sinne des auf dem Konzil von Konstanz 1415 beschlossenen Dekrets »*Haec sancta*«) überzuordnen, und
> • auf weltlichem Gebiet, den Staat vom Einfluss der Kirche zu befreien.
> Höhepunkte des Gallikanismus waren
> • die *Pragmatische Sanktion von Bourges 1438*, ein französisches Staatsgrundgesetz, das die Gültigkeit päpstlicher Verordnungen in Frankreich von der Zustimmung des französischen Königs abhängig macht und der französischen Kirche weitgehende Selbständigkeit zugesteht,
> • die vier *Gallikanischen Artikel von 1682*, wonach 1. die Päpste von Gott nur geistliche Gewalt erhalten haben, die Könige und Fürsten daher in weltlichen Dingen von der Kirchengewalt unabhängig sind und von ihr auch nicht abgesetzt werden können, 2. die päpstliche Gewalt durch die Autorität der allgemeinen Konzilien beschränkt ist, 3. die in Frankreich und in der gallikanischen Kirche überlieferten Konstitutionen bestehenbleiben müssen und 4. päpstliche Glaubensentscheidungen erst durch die Zustimmung der Gesamtkirche unwiderruflich werden, und
> • die Erneuerung der *Gallikanischen Artikel* als *Reichsgesetz 1810* durch Napoleon.
> Das Erste Vatikanische Konzil (1869/70) machte dem Gallikanismus durch die Festlegung, dass der Papst über dem Konzil stehe, zwar ein Ende, doch wirkten gallikanische Tendenzen in Frankreich weiter fort.
>
> Lit.: Louis Châtellier, Art. Gallikanismus I, in: LThK³ 4 (1995) 274–279 (Lit.); Heribert Smolinsky, Kirchengeschichte der Neuzeit I, Düsseldorf ²1997 (ND 2008), 186–189.

Als am 18. April 1802 der Katholizismus in Frankreich wieder feierlich eingeführt wurde, hatte sich gegenüber dem *Ancien Régime* einiges geändert:
1. Die über Jahrhunderte gewachsene kirchliche Geographie Frankreichs existierte nicht mehr; an ihre Stelle war eine den Departementsgrenzen des neuen Staates angepasste Bistumseinteilung getreten, die sich allerdings durch Klarheit und Logik auszeichnete.
2. Das Gehalt der sich nicht mehr nur aus der Aristokratie, sondern auch aus den bürgerlichen Schichten rekrutierenden Bischöfe gestattete nur mehr eine einfache Lebensführung. Weithin von Rom und voneinander isoliert, wurden die

Oberhirten, die immerhin eine nahezu uneingeschränkte Macht über den niederen Klerus (1808: ca. 40.000 Priester) besaßen, durch den Kultusminister streng kontrolliert.

3. An Ordensgeistlichen gab es nur noch die Mitglieder einiger missionarisch tätiger Kongregationen sowie die »*Frères des Écoles chrétiennes*« (Brüder der christlichen Schulen)[1], weil sie beinahe unentgeltliche Dienste für die Volksbildung leisteten. Lediglich die karitativen, also »nützlichen« Frauenkongregationen erlebten einen Aufschwung (1814: 12.246 Schwestern in 1776 Ordenshäusern).

Die »*Charte constitutionnelle*« (konstitutionelle Verfassung) von 1814 proklamierte den Katholizismus – bei Wahrung der Gewissens- und Kultusfreiheit – dann sogar zur Staatsreligion (bis zur Julirevolution 1830), so dass die nach dem Ende der napoleonischen Ära 1814 erfolgte Restauration nicht nur die Monarchie der Bourbonen wiederherstellte, sondern – so schien es – auch die katholische Geschlossenheit. Denn der Staat suchte durch seinen Einfluss Religion und Moral zu stärken (etwa durch das Verbot von Ehescheidungen 1816 oder die Erhöhung des Kultusbudgets von 12 auf 33 Mio. Francs) und erlaubte weiterhin die schon von Napoleon in mehreren französischen Diözesen angeordneten **Volksmissionen**

> Die **Volksmissionen**, eine Form der außerordentlichen Seelsorge, haben ihre Vorläufer in den Wander- und Bußpredigern der alten und mittelalterlichen Kirche. Die Initiative zur neuzeitlichen Volksmission geht auf die Bulle »*Regiminis militantis ecclesiae*« zurück, durch die Papst *Paul III.* 1540 den Jesuitenorden begründete und die Jesuiten im Rahmen der Katholischen Reform und Gegenreformation mit der Glaubenserneuerung und -vertiefung beauftragte; bald kamen weitere Orden (Oratorianer, Theatiner, Kapuziner, später in Frankreich Lazaristen, Montfortaner und die 1808 gegründeten »*Missionnaires de France*«[2]) hinzu. Bei einer Volksmission handelt es sich um in einer Pfarrei oder einer ganzen Stadt von mehreren Priestern durchgeführte religiöse Tage oder Wochen mit Predigt, Katechese, Beichte und Kommunion. Aufgrund ihrer volkskirchlichen, die Schaulust befriedigenden Stilisierung (Predigten nicht nur in der Kirche, sondern auch auf großen Plätzen und gerne zum Thema »Hölle«[3]; öffentliche Bußprozessionen, z.T.

---

[1] Näheres zu dieser heute immer noch größten katholischen Ordenskongregation für Erziehung und Unterricht bei Manfred Eder, Art. Schulbrüder I., in: RGG⁴ 7 (2004) 101 f. (Lit.).

[2] Näheres zu den genannten Priester- und Ordensgemeinschaften bei Manfred Eder, Art. Oratorianer, in: RGG⁴ 6 (2003) 606 f.; ders., Art. Theatiner, in: RGG⁴ 8 (2005) 217; ders., Art. Lazaristen/Vinzentiner, in: RGG⁴ 5 (2002) 126 f.; ders., Art. Montfortaner, in: RGG⁴ 5 (2002) 1481; Karl Suso Frank, Art. Barmherzigkeit V 1), in: LThK³ 2 (1994) 16 f. (die jetzt »*Prêtres de la miséricorde*« [dt.: Priester von der Barmherzigkeit] benannten »*Missionnaires de France*« existieren heute nur mehr in den USA). Zu den Kapuzinern ↗ **KAR 3** INFOBOX Franziskaner/Kapuziner.

[3] Der Volksmissionar *Abbé Loevenbruck* (Löwenbrück) schrieb über die Mission in Marseille (Südfrankreich) im Jahr 1820: »Als ich in Saint Ferréol eine Predigt über die Hölle vortrug, fielen zweiundzwanzig Menschen in Ohnmacht und mußten in die Sakristei gebracht werden. Wenn ich nicht abgebrochen und mein Thema abgekürzt hätte, wäre es vielen weiteren Personen übel geworden.« Originaltext bei Ernest Sevrin, Les Missions religieuses en France sous la Restauration (1815–1830), 2 Bde., Paris 1948–1959, hier: II 488 f.; Übers. nach Bernard Plongeron, Von Napoleon zu Metternich, in: ders. (Hg.), Aufklärung, Revolution, Restauration (1750–1830) (= Die Geschichte des Christentums 10), Freiburg i. Br. u. a. 2000, 621–703, hier: 677.

mit Geißelungen; Reliquienverehrung; Verbrennung »schlechter« Bücher und Bilder[4]; Gründung von Bruderschaften) erfreuten sich Volksmissionen – namentlich in der Barockzeit – großer Beliebtheit, die auch Aufklärung und Revolution überdauerte. Im 19. Jahrhundert (seit dem es auch protestantische Volksmissionen gibt) wirkten dann v. a. Redemptoristen als Volksmissionare (↗ KAR 5 mit INFOBOX Hofbauer/Passy).

Nach 1945 praktizierte man neue Formen der Volksmission wie die Zelt- und Kapellenwagenmission. In ihrer Art einmalig war die Straßenmission von *Johannes Leppich* SJ (1915–1992), des »Maschinengewehrs Gottes«. Pater Leppich, der an die Bußpredigten vergangener Zeiten anknüpfte, erreichte insgesamt wohl 15 Mio. Menschen. »›Ihr religiösen Blindschleichen, ihr Limonadenchristen, ihr Ewigkeitsnieten‹, donnerte er vom Dach eines VW-Busses aus in die Mikrophone. Selbst die Hamburger Reeperbahn wollte er, dessen Sprache und ›Freistil-Theologie‹ auch innerkirchlich nicht immer Zustimmung fand, mit dem Evangelium ›aufrollen‹.«[5] Heute konzentrieren sich Volksmissionen (seit den 1980er Jahren *Gemeindemissionen* genannt) »auf die Personen und Gruppen, die das Gemeindeleben tragen bzw. sich von ihm getragen fühlen«.

Lit.: Max Kassiepe, Art. Volksmission, in: LThK[1] 10 (1938) 679–681; Georg Denzler / Carl Andresen, Art. Volksmission, in: dies., Lexikon der Kirchengeschichte, München [5]1997 (ND Augsburg 1998), 620 f. (Lit.); Stefan Knobloch, Art. Volksmissionen, in: LThK[3] 10 (2001) 868 f. (Zitat: 869); Wolfgang Tarara, Art. Leppich, in: LThK[3] 6 (1997) 844.

(von 1815 bis 1830 fanden in Frankreich 1.500 Missionen von meist fünf- bis sechswöchiger Dauer statt!) und die Übernahme des Erziehungswesens durch die katholische Kirche, der über 29 von 30 Millionen Einwohnern Frankreichs angehörten. Trotzdem waren die Bemühungen nur teilweise von Erfolg gekrönt, denn »der Unglaube war groß, das religiöse Leben sehr unausgewogen«[6], die katholische Kirche deutlich geschwächt[7], und die liberale Opposition setzte ihren Kampf gegen die Kirche sowie insbesondere gegen den seit 1560 in ganz Frankreich verbreiteten, 1764 aufgehobenen[8] und 1814 wieder zugelassenen Jesuitenorden fort, der ihr nach wie

---

[4] Hierzu ausführlich Martyn Lyons, Fires of Expiation: Book-Burnings and Catholic Missions in Restoration France, in: French History 10 (1996) 240–266. Lyons benennt für den Zeitraum von 1817 bis 1828 Buchverbrennungen in 13 Orten Frankreichs (siehe Tabelle ebd. 242).

[5] Christoph Arens, Das Maschinengewehr Gottes. Vor zehn Jahren starb Pater Leppich, in: KNA Akt. Dienst, Korrespondentenberichte, Nr. 822 v. 4. Dez. 2002. Vgl. dazu das Buch: Christus auf der Reeperbahn ... Pater Leppich unterwegs, Düsseldorf 1956.

[6] Jacques Le Brun, Art. Frankreich III/1, in: TRE 11 (1983) 366–373, hier: 370. – Noch 1826 konstatierte der päpstliche Nuntius in Frankreich, Vincenzo Macci: »Mehr als die Hälfte der Nation steckt in vollständiger Unwissenheit über die christlichen Pflichten und geht unter in Gleichgültigkeit. In Paris praktiziert kaum ein Achtel der Bevölkerung; man kann sich fragen, ob es in der Hauptstadt 10.000 praktizierende Menschen gibt« (zit. nach Guillaume de Bertier de Sauvigny, Die Kirche im Zeitalter der Restauration, in: Louis J. Rogier u. a. [Hgg.], Geschichte der Kirche IV, Einsiedeln u. a. 1966, 175–344, hier: 220; vgl. auch ebd. 183–197, 219–228).

[7] 1815 waren in Frankreich 7.000 von 50.000 kirchlichen Stellen vakant; in manchen Diözesen waren sogar ^{1}/$_{3}$ oder die Hälfte der Stellen unbesetzt (nach Sheryl Kroen, Politics and Theater. The Crisis of Legitimacy in Restoration France, 1815–1830, Berceley u. a. 2000, 83 f.).

[8] Betroffen waren 3.000 Jesuiten; 84 Kollegien und 64 weitere französische Niederlassungen wurden geschlossen (nach Rita Haub, Die Geschichte der Jesuiten, Darmstadt 2007, 93). Den Anlass hierzu lieferte eine Finanzaffäre um den Missionsoberen der Jesuiten P. *Antoine La Valette*, der daraufhin aus dem Orden entlassen wurde (Näheres bei Haub 92 f.). – Nachdem die Jesuiten 1766

vor als verlängerter Arm des Papsttums und verschwörerische Organisation galt[9] (vgl. unten **KAR 13** INFOBOX Jesuiten). Namentlich deren Volksmissionen, die oft Politik und Religion miteinander vermengten, forderten den Angriff der Liberalen förmlich heraus; auch die unter Leitung von Jesuiten gebildeten und unter König *Karl X.* (1824–1830) mindestens 6 Millionen Mitglieder beiderlei Geschlechts zählenden **Marianischen Kongregationen**, denen auch Laien der höheren Gesellschaftsschichten angehörten, waren ihnen ein Dorn im Auge, insbesondere die 1801 durch den Pariser Domherrn und Exjesuiten *Jean Baptiste Bourdier-Delpuits* (1736–1811) gegründete, bald weitverbreitete und später unter dem Namen »*La Congrégation*« bekannte Vereinigung[10].

Um die jesuitische Spiritualität auch Laien zugänglich zu machen, sammelte der Flame *Jan Leunis* SJ (1536–1584) 1563 am Römischen Jesuitenkolleg eine Studentengruppe als erste Marianische Kongregation, die 1584 von Gregor XIII. unter Erhebung zur Mutterkongregation (»Prima Primaria«) aller Marianischen Kongregationen (früher: Congregationen →MC; Sodalitäten) kanonisch errichtet wurde. Mit der Ausbreitung der Gesellschaft Jesu in Europa, Asien, Afrika und Amerika erfassten die bruderschaftsähnlichen Marianischen Kongregationen über die Bildungselite weitere Stände, Berufs- und Altersgruppen (1576: 30.000 Mitglieder) und waren eine wichtige Hilfstruppe der Kath. Reform und der Jesuitenmission. Die Kongreganisten (Sodalen; ab 1751 auch Katholikinnen), in Frankreich als »Jesuiten in kurzen Röcken« (frz.: *jesuites à robe courte*) bezeichnet, stellten sich unter den Schutz der Gottesmutter Maria und verpflichteten sich zu täglichem Gebet, Gewissenserforschung und Hl. Messe, wöchentlicher Zusammenkunft, regelmäßigem Sakramentenempfang, karitativer Tätigkeit, zur Teilnahme an Prozessionen, Wallfahrten u.a. Ab der Mitte des 19. Jahrhunderts kam es im Zeichen des Ultramontanismus (↗ **KAR 13** INFOBOX Ultramontanismus) zu einem fast explosionsartigen Wachstum der Marianischen Kongregationen mit baldigem Verblassen der ursprünglichen Ziele und Strukturen, wodurch sie zu bloßen Vereinen frommer Innerlichkeit und Marienverehrung herabsanken. Die Apostolische Konstitution »*Bis saeculari*« (1948) und Impulse des Zweiten Vatikanums bewirkten jedoch eine Wiederbelebung der ignatianischen Spiritualität mit dem Kerngedanken der Einheit von Leben und Glauben, die 1967 in neuen »Allgemeinen Grundsätzen« und im neuen Namen »*Gemeinschaft Christlichen Lebens*« (GCL) offiziellen Ausdruck fand. Bedeutsam sind bis heute die Marianischen Männer-Kongregationen (MMC), z.B. in Altötting (2012: 12.000 Sodalen).

Lit.: Manfred Eder, Art. Marianische Kongregationen, in: RGG⁴ 5 (2002) 807f. (Lit.).

auch in Spanien verboten worden waren, erfolgte 1773 ihre allgemeine Aufhebung durch Papst *Clemens XIV.*, der sich dem Druck des französischen Hofes beugte. Dass die Jesuiten seit dem 16. Jahrhundert beständige Zielscheibe zeichnerischer Angriffe waren, belegt anschaulich das den Zeitraum von 1568 bis 1785 umfassende Buch von Michael Niemetz, Antijesuitische Bildpublizistik in der Frühen Neuzeit. Geschichte, Ikonographie und Ikonologie, Regensburg 2008.

[9] Zum Mythos einer Jesuitenverschwörung, der – namentlich in Frankreich – neben den Mythen eines Freimaurer- und eines Judenkomplotts zum Repertoire der Verschwörungstheorien des 19. Jahrhunderts gehörte, ausführlich Michel Leroy, Le mythe jésuite. De Béranger à Michelet, Paris 1992 (zu den Volksmissionen 30–36); ders., Mythe, religion et politique: La »légende noire« des Jésuites, in: Lusitania Sacra (Lissabon), 2. Serie, 12 (2000) 367–376; Geoffrey Cubitt, The Jesuit Myth. Conspiracy Theory and Politics in Nineteenth-Century France, Oxford 1993.

[10] Vgl. hierzu Plongeron (wie Anm. 3) 676; Leroy, Le mythe (wie Anm. 9) 36–51.

Dies war in groben Umrissen die Situation zur Zeit der Entstehung unserer Karikatur, die wir nun eingehend betrachten wollen.

2. Zur Karikatur

Die vom Pariser Verlag L'Huillier im September 1819 gedruckte und in der Pariser Nationalbibliothek erhaltene Radierung eines anonymen Karikaturisten ist mit folgenden drei Zeilen aus dem Refrain des 7-strophigen Liedes »Les [diables] missionnaires« (dt.: Die [Teufels-]Missionare)[11] aus der Feder des damals berühmten französischen Lyrikers und Liedtexters *Pierre-Jean de Béranger* (1780–1857)[12] untertitelt:

Vite, Souflons, Souflons, Morbleu!	Schnell, laßt uns blasen, blasen – zum Donnerwetter!
Éteignons les lumières,	Löschen wir die Lichter aus,
Et rallumons le feu.«	Und schüren wir das Feuer.

Dieses erstmals im Februar 1819 in der antiklerikalen Pariser Zeitschrift *La Minerve française* (dt.: Die französische Minerva)[13] erschienene populäre Lied stellt in starker

---

[11] Nur im ersten Druck 1819 (siehe unten Anm. 14) heißt der Titel des Chansons »Les diables missionnaires«, in allen späteren Drucken dagegen wurde der Titel verkürzt zu »Les missionnaires« und damit entschärft.

[12] Nach engagierten, aber erfolglosen Versuchen als Epiker, Dramatiker und seriöser Lyriker entdeckte *Béranger* sein Talent, auf bekannte Melodien neue Texte zu dichten. Schlagartig bekannt wurde er 1813 durch das verdeckt politische Chanson »Le Roi d'Yvetot«, das dem ruhmsüchtigen Eroberer Kaiser Napoleon (den er später zum Volkshelden verklärte!) den König als weisen und gutmütigen Herrscher gegenüberstellte. Unter Ludwig XVIII. schrieb er satirische Chansons gegen aus der Emigration zurückgekehrte Adelige als Nutznießer der Restauration, aber auch gegen neureiche Bürger, opportunistische Militärs und allzu beflissene Jesuiten. Dass Béranger König und Kirche nicht schonte, trug ihm 1821 und 1828 zwei Gefängnisstrafen ein, die seine Popularität und Beliebtheit noch erhöhten (1821 hatten v. a. »Les diables missionnaires« Anstoß erregt; vgl. hierzu Leroy, Le mythe [wie Anm. 9] 53 [mit Anm. 56], 359; Rolf Reichardt, Intermediale Wechselspiele. Lieder versus Bilder in Frankreich zwischen Revolution und Restauration, in: Sabine Heiser / Christiane Holm [Hgg.], Gedächtnisparagone – Intermediale Konstellationen [= Formen der Erinnerung 42], Göttingen 2010, 191–213, hier: 204–206). Sein Stern begann jedoch zu sinken, als er sich nach der Julirevolution von 1830 dem »Bürgerkönig« *Louis-Philippe* (1830–1848) anschloss und sich dadurch der vorteilhaften Oppositionellenrolle beraubte. 1848 noch zum Abgeordneten der Nationalversammlung gewählt, gilt der Pariser Handwerkersohn als der erfolgreichste und volkstümlichste Liederdichter Frankreichs in der ersten Hälfte des 19. Jahrhunderts. Vgl. zu Béranger und seinem Œuvre Vera Quintus, Karikatur als Wirkungsmittel im oppositionellen Chanson Bérangers (= Trierer Studien zur Literatur 9), Frankfurt a. M. u. a. 1983; ferner: Jan O. Fischer, Pierre-Jean Béranger. Werk und Wirkung (= Neue Beiträge zur Literaturwissenschaft 11), Berlin (Ost) 1960 (tendenziös!); Heinz Thoma, Die öffentliche Muse. Studien zur Versdichtung und zum Lied in Frankreich (1815–1851), München 1986, 57, 61–68. Quintus stuft die Chansons Bérangers, der »stets bemüht« war, »nicht als Atheist zu gelten« (a. a. O. 57; Fischer 167 rechnet ihn den Deisten zu), als »besondere Spezies der Gebrauchsliteratur« ein und erkennt ihnen nur »vergleichsweise bescheidene lyrische Qualitäten« zu (a. a. O. 25 bzw. 153).

[13] Benannt nach der römischen Göttin Minerva, die seit dem 3. Jahrhundert v. Chr. mit der griechischen Göttin Athene gleichgesetzt und als Göttin der Weisheit, der Dichter und Ärzte, der

LES MISSIONNAIRES.

(11) Zwei (Jesuiten-)Missionare mit großem Missionskreuz und vielen Rosenkränzen; auf der Fahne das bis heute als Wappenzeichen der Jesuiten verwendete Jesus-Kürzel »IHS«. Illustration von *Grandville* (eigentlich: *Jean Ignace Isidore Gérard*, 1803–1847) zu Bérangers Chanson *»Les missionnaires«*.

Überzeichnung die Volksmissionare – unter denen Béranger sich offenbar ausschließlich die Jünger des hl. Ignatius, also Jesuiten (↗ KAR 13 INFOBOX), vorstellt – als »heuchlerische Teufel« (frz.: *diables cafards*) mit versteckten Schwänzen dar, unterwegs im Auftrag des Satans (statt im Auftrag des Herrn!). Habgierig, ja simonistisch (Verkauf von Gebeten! ↗ KAR 25 INFOBOX Simonie) wollten sie – so Béranger – die Menschen (vor allem des weiblichen Geschlechts) mit Trug und Aberglauben gewinnen, den neuen Lehren der Philosophen dagegen den Kampf ansagen, den Protestanten mit Intoleranz begegnen und Frankreich wieder zu den »guten alten Zeiten« des Feudalwesens zurückführen, in denen der Altar über dem Thron, also die geistliche Gewalt über der weltlichen, stand[14].

Aus den drei Zeilen des Refrains dieses scharf jesuitenfeindlichen Liedes[15] bzw. des Untertitels unserer Karikatur ergibt sich die Zweiteilung des anspielungsreichen Bildes: Links im Vordergrund knien zwei junge Jesuiten vor einem offenen Feuer. Der vordere facht mit einem Blasebalg (beschriftet mit »Mand.[ament] de M.M. les Vicaires géneraux« = Hirtenbrief der Herren Generalvikare) die lodernden Flammen weiter an,

Handwerker und Künstler verehrt wurde. – Die Zeitschrift *La Minerve française* weist grundsätzlich keine Abbildungen auf; daher ist auch unsere Karikatur – wie verschiedentlich behauptet (so zuerst von Jules Champfleury, Histoire de la Caricature sous la République, l'Empire et la Restauration, Paris ²1877, 333) – dort nicht abgedruckt.

[14] *La Minerve française* 5 (1819) 521–523 (auch online verfügbar). Übersetzung des Refrains vom Verfasser; für Hilfe bei der Übersetzung der Strophentexte sei Herrn Studiendirektor a.D. *Peter Abart* herzlich gedankt. Vgl. zu diesem Lied Bérangers Quintus (wie Anm. 12) 62 f., 70, 74, 76 f., 87, 90, 93 f., 100, 109 f., 182 (Anm. 110); Leroy, Le mythe (wie Anm. 9) 34 (hier fälschlicherweise April statt Februar 1819 als Erscheinungsmonat des Liedes), 127, 167, 186 f.; Fischer, Béranger (wie Anm. 12) 61 f. – In dieselbe Kerbe schlägt Béranger in seinem Lied *»Les révérends Pères«* (dt.: Die hochwürdigen Väter) vom Dezember 1819, in dem er die Jesuiten als »geistliche Spione« (frz.: *pieux mouchards*; vgl. oben Anm. 9) tituliert, die die *»Charte«* (wie in der Karikatur dargestellt: siehe das Folgende!) zu verbrennen beabsichtigen.

[15] In Anbetracht der Tatsache, dass die Volksmissionare auch einen »Krieg gegen den Tanz« führten (vgl. Sevrin [wie Anm. 3] I 272–284: *»Guerre a la danse«*) stellt es eine besondere Ironie Bérangers dar, dass der Liedtext auf eine fröhliche, beliebte Tanzmelodie im ⁶/₈-Takt (*»Le cœur à la danse«*) gesungen werden sollte.

Hierbei handelt es sich um den Hirtenbrief vom 9. Februar 1817 zur am Aschermittwoch, dem 19. Februar 1817, beginnenden Fastenzeit (Fastenhirtenbrief), herausgegeben von den Pariser Generalvikaren, weil der Stuhl des – hierfür eigentlich zuständigen – Erzbischofs von Paris jahrelang vakant war[16]. Da sie kurz zuvor erfahren hatten, dass mehrere Buchhändler die Neuherausgabe der gesammelten Schriften von *Voltaire* und *Rousseau* (zu ihnen unten S. 65 f.) in Angriff genommen hatten (in der Tat erschienen allein 1817 vier neue Editionen aller Werke Voltaires und zwei Editionen aller Werke Rousseaus[17]), nahmen sie in diesem Hirtenbrief in scharfer Form Stellung zu diesen Hauptvertretern der französischen Aufklärung, denen sie u. a. vorwarfen, die Jugend verdorben und die Bevölkerung gegen die Obrigkeit aufgebracht zu haben. Polemische Reaktionen in Form von Liedern, Schmähschriften und Spottgedichten folgten auf dem Fuß.

Lit.: Ernest Sevrin, Les Missions religieuses en France sous la Restauration (1815–1830), 2 Bde., Paris 1948–1959, hier: I 263–265; Martyn Lyons, Fires of Expiation: Book-Burnings and Catholic Missions in Restoration France, in: French History 10 (1996) 240–266, hier: 251.

während der hintere mit der gleichen Absicht ins Feuer hineinbläst und ein Blatt hineinlegt, auf dem steht: »*Charte constitutionelle*« (Verfassung [von 1814]; das Übrige ist nur Gekritzel in zwei Spalten, um den Verfassungstext anzudeuten). Im Feuer befinden sich bereits mehrere Bücher – auf den beiden vorderen steht »*Enseignement Mutuel*« (dt.: wechselseitiger Unterricht)

---

[16] *Jean-Siffrein Maury* (1746–1817), seit 1771 Generalvikar der Diözese Lombez (Gascogne), setzte sich in der Französischen Revolution als Abgeordneter der Generalstände für die Wahrung der kirchlichen Rechte ein und fungierte als Berater König Ludwigs XVI. Nach der Ratifizierung der Verfassung von 1791 emigrierte er und fand Zuflucht in Rom, wo ihn Pius VI. 1794 zum Bischof von Montefiascone (Mittelitalien) und zum Kardinal ernannte. Nach der Anerkennung des französischen Kaiserreiches durch Pius VII. huldigte 1804 auch Maury Napoleon und kehrte 1805 zurück nach Frankreich, dem Bonaparte 1809 den (beim Wiener Kongress 1815 wiederhergestellten) Kirchenstaat einverleibte. Gegen den Willen des Papstes, der die Bestätigung verweigerte, 1810 zum Erzbischof von Paris ernannt, ordnete sich Maury bedingungslos den kirchlichen Plänen Napoleons unter, den er schon 1809 bei der Scheidung von seiner Frau Joséphine unterstützt hatte. Nach dessen Sturz 1814 nach Rom ausgewiesen und suspendiert, wurde Maury – weil er die (kurzzeitige) Rückkehr Bonapartes begrüßte – sechs Monate auf der Engelsburg gefangengehalten. Vom Papst gezwungen, auf das Bistum Montefiascone zu verzichten, beschloss er seine Tage im Kloster San Silvestro zu Rom. Sein Nachfolger war der zehn Jahre ältere *Alexandre-Angélique de Talleyrand-Périgord* (1736–1821), der seit 1777 als Erzbischof von Reims amtierte. Wie Maury bei der Franz. Revolution ein Verfechter der kirchlichen Rechte, emigrierte er 1790 nach Deutschland und kehrte erst 1814 mit Ludwig XVIII. nach Frankreich zurück. Nach seinem Verzicht auf das Erzbistum Reims ernannte ihn Pius VII. am 28. Juli 1817 zum Kardinal und am 1. Oktober 1817 zum Leiter des Pariser Erzbistums, das er allerdings erst 1819 in Besitz nahm. Von 1814 bis 1819 musste das katholische Paris somit ohne Oberhirten auskommen. Näheres zu Maury bei Johannes Madey, Art. Maury, in: BBKL 16 (1999) 1006 f., zu Talleyrand-Périgord, Cousin des bekannteren französischen Außenministers Charles-Maurice de Talleyrand-Périgord, bei dems., Art. Talleyrand-Périgord, in: BBKL 11 (1996) 481 f. (jeweils Lit.); zu Pius VI. und Pius VII. vgl. **KAR 2** INFOBOX Papsttum.

[17] Nach Lyons (wie Anm. 4) 251, 263, 265.

Die schon im 16. Jahrhundert anzutreffende Idee des wechselseitigen Unterrichts wurde erst an der Wende vom 18. zum 19. Jahrhundert durch zwei voneinander unabhängige Briten zu einer mächtigen pädagogischen Bewegung. Der eine war der schottische Erzieher und anglikanische Priester *Andrew Bell* (1753–1832), der die Methode während eines zehnjährigen Aufenthaltes (1787–1796) im ostindischen Madras kennenlernte, der andere der Engländer *Joseph Lancaster* (1778–1838), der sie in ähnlicher Form wenig später in der von ihm gegründeten Schule im Londoner Vorort Southwark anwendete und sie auch in Nord- und Südamerika verbreitete, so dass bei seinem Tod weit über 1.000 Schulen nach seinen Prinzipien arbeiteten. Die *Bell-Lancastersche-Methode* (*Monitorialsystem*) – übrigens auch beschrieben im Roman »Der grüne Heinrich« von *Gottfried Keller* (1819–1890) – funktionierte folgendermaßen: Nach ihren Fähigkeiten wurden alle Schüler einer Schule in Klassen und diese wiederum in kleinere Abteilungen eingeteilt. Jeder Abteilung stand ein Schüler aus einer höheren Abteilung als Aufseher (Monitor) vor; diesen Monitoren waren die Aufseher einer ganzen Klasse (Hauptmonitoren) und schließlich einer der besten Schüler, der unmittelbar dem Lehrer unterstand, als Obermonitor vorgesetzt. Der Lehrer ordnete an, die Monitoren führten die Anordnungen aus und erstatteten Bericht. Da der ganze Unterricht in einem einzigen großen Schulraum stattfand, legte die sog. Kehrordnung »fest, welche Schülergruppen zu welcher Zeit in den Bänken zu sitzen und schriftlich zu arbeiten und welche sich den Wänden des Schulzimmers entlang zum mündlichen Unterricht aufzustellen hatten. Am Ende einer Unterrichtsphase wechselten die Schüler die Lernorte.« Diese Methode hatte den Vorteil, dass ein einziger Lehrer mehrere hundert Schüler unterrichten konnte und dass die Schüler an eine strenge Ordnung gewöhnt wurden, bewährte sich aber bei komplizierteren Lehrgegenständen, die über Lesen, Schreiben und Rechnen hinausgingen, nicht. Überdies bemängelten die Kritiker die oft mechanisierten Lehrformen und den militärischen Drill. Dennoch verbreitete sich das Modell zu Beginn des 19. Jahrhunderts in verschiedene Länder, so auch ab 1814 nach Frankreich unter den Namen »*école mutuelle*« oder »*enseignement mutuel*« (1837: 1.557 derartige Schulen). Während die französischen Liberalen im Monitorialsystem eine Chance zur Laifizierung des Schulwesens sahen, wurde es von der katholischen Kirche genau aus diesem Grund und weil es eine bedrohliche Konkurrenz für die Schulen der »*Frères des Écoles chrétiennes*« (siehe oben S. 48) bildete, von Anfang an entschlossen bekämpft. 1824 erließ Papst Leo XII. ein generelles Verbot, die Methode (die in Deutschland nur geringen Widerhall fand) an katholischen Schulen anzuwenden. In den 30er Jahren des 19. Jahrhunderts begann die Zahl der »Lancasterschulen« und der nach Bell arbeitenden Einrichtungen (1832: 12.000) v. a. wegen mangelnder Effizienz rasch zu sinken; mancherorts konnten sie sich in Mischformen noch wenige Jahrzehnte behaupten. Bereits am Ende des 19. Jahrhunderts war der wechselseitige Unterricht nahezu vergessen. Historisch bedeutsam war er dennoch, weil er die Entwicklung des modernen Schulwesens beschleunigt und die Notwendigkeit einer systematischen Lehrerbildung deutlich gemacht hat.

Lit.: Pierer's Universal-Lexikon, Bd. 2, Altenburg 1857, 545 f.; Hans-Ulrich Grunder, Art. Lancasterschulen, in: Historisches Lexikon der Schweiz, Bd. 7, Basel 2008, 559 f. (mit Abb.; Zitat: 560); Carlo Jenzer, Die Schulklasse. Eine historisch-systematische Untersuchung (= Explorationen. Studien zur Erziehungswissenschaft 2), Bern u. a. 1991, 301–350 (Graphiken, Lit.); die einschlägige Passage aus dem »grünen Heinrich« ist ebd. 313 abgedruckt.

und »*Philosophie*« –, davor liegen weitere mit den Titeln (von links nach rechts) »*Droit Public*« (Öffentliches Recht), »*Physique Chimie*« (Physik [und] Chemie),

»*Mathematiques*« (Mathematik), »*Astronomie*« und (aufgeschlagen) »*Hautes Sciences*« (Hohe Wissenschaften). Aus den Flammen steigen als Schriftzüge auf die »*Doctrine chrétienne*« (Christliche Lehre), »*Missions*«, »*Mandaments*« et »*Conférences*« ([Volks-]Missionen, Hirtenbriefe und Vorträge).

Der Karikaturist befürchtet also das Ende der Natur- und Rechtswissenschaften und eine Rückkehr zur klerikalen Bevormundung früherer Zeiten, in der die Geistlichkeit wieder das Sagen hat und der einfache Gläubige – auf verschiedene Weise christlich belehrt (Volksmissionen, Hirtenbriefe und Vorträge) – in einer ausschließlich passiven Rolle ohne Einflussmöglichkeiten bleibt. Genau dies stand aber nicht zu befürchten: Der napoleonische *Code civil* (1804), »diese Bibel einer laizistischen Gesellschaftsstruktur«, blieb bestehen, und der Klerus erlangte weder seine bürgerliche Vorrangstellung zurück noch die eingezogenen Kirchengüter. »Er mußte sich mit der Stellung begnügen, die ihm Napoleon zugedacht hatte, nämlich die Stellung vom Staat besoldeter Beamten.«[18] Das ist auch der Grund, warum der Jesuit in unserer Karikatur die konstitutionelle Charta dem Feuer überantwortet. Über ihm stößt vor einer dunkel dräuenden Wolke ein Dämon (oder gar Luzifer selbst?) im Adamskostüm und mit Fledermausflügeln vom Himmel herab; in der Rechten hält er ein Bündel Schlangen, in der Linken die Fackel der Zwietracht (»*Discorde*«), mit der er offensichtlich das Feuer der Jesuiten noch schüren möchte. Beim Rauch der Fackel sind vier Begriffe zu lesen (von unten nach oben): »*Dîmes*« (Kirchenzehnte), »*Privilèges*« (Privilegien), »*Droits Féodaux*« (Feudalrechte) und »*Division des Familles*« (Spaltung der Familien)[19]. Aus dem Allerwertesten des Dämons weht eine (sicher übelriechend gedachte) Fahne mit der Aufschrift »*Drapeau blanc: par M ...*«. Dieser »M« ist der Dramatiker und Journalist Alphonse Louis Dieudonné Martainville (1776–1830). Er war Chefredakteur der royalistischen Zeitung *Le Drapeau blanc* (Die weiße Fahne)[20], deren politisches Programm der Karikaturist in den genannten vier Schlagworten zusammenfasst. Die »Spaltung der Familien« bezieht sich auf den gelegentlichen religiösen Fanatismus einzelner Familienmitglieder in einer Gesellschaft mit verschiedenen Konfessionen, der (v. a. in den unteren Bevölkerungsschichten und nicht selten im Zusammenhang mit Volksmissionen) zu interfamiliärem Streit und schlimmerem führte. Wahrscheinlich sollte mit diesem

---

18   Beide Zitate: Bertier de Sauvigny (wie Anm. 6) 222.
19   Die Schürung der Zwietracht, die (Wiederherstellung der alten) Feudalrechte und die Spaltung der Familien, die hier dem teuflischen Dämon zugeschrieben werden, bezieht Béranger im Gedicht »*Les missionnaires*« (siehe oben Anm. 14) unmittelbar auf die Jesuiten (1. Strophe, 4. Zeile; 5. Strophe, 4. Zeile; 4. Strophe, 2. Zeile).
20   Das Motto des ab Juli 1819 täglich erscheinenden Presseorgans war »*Vive le Roi! ... quand même*« (Es lebe der König! ... trotz allem«). Auf Martainville, der die Regierung des damaligen französischen Königs Ludwig XVIII. (1814–1824) gleichwohl für zu liberal hielt, wurde am 3. Juli 1819 ein offensichtlich politisch motiviertes Attentat verübt, bei dem die linke Hand des Chefredakteurs zerschmettert wurde (vgl. die – auch digital verfügbare – Allgemeine Zeitung [München], Nr. 193 v. 12. Juli 1819, 770 [Frankreich]). 1822 wurde *Félicité de Lamennais* (1782–1854), ein Vorkämpfer des Ultramontanismus, Herausgeber des *Drapeau blanc*.

Stichwort auch der spektakuläre **Fall Calas** in den sechziger Jahren des 18. Jahrhunderts in Erinnerung gerufen werden.

Der älteste Sohn Marc-Antoine der hugenottischen Familie Calas (↗ die nächste INFO-BOX Dragonaden!) im katholischen Toulouse (Frankreich) hatte sich 1761 erhängt (wohl weil er sein Jurastudium beendet hatte, aber als Protestant seinen Beruf nicht ausüben konnte). Um ihm ein christliches Begräbnis zu sichern (als Selbstmörder wäre er nur verscharrt worden), band sein Vater *Jean Calas* (*1698) den Leichnam los, legte ihn auf den Boden und täuschte so einen Mord vor. Nachdem er zunächst unter Eid berichtet hatte, den ausgestreckten Leichnam seines Sohnes gefunden zu haben, widerrief er die Aussage und erzählte den tatsächlichen Hergang. Man glaubte ihm jedoch nicht, vielmehr entstanden Gerüchte, Marc-Antoine habe wie sein Bruder Pierre zum Katholizismus übertreten wollen, sei jedoch von seinem Vater erwürgt worden, um diese neuerliche »Schande« zu verhindern. In einem dubiosen Prozess wurde der bis zuletzt seine Unschuld beteuernde Vater schuldig gesprochen, gefoltert und 1762 hingerichtet. Zuvor war der angeblich ermordete Sohn zum Märtyrer verklärt und – obwohl er kein Katholik war – in einem pompösen katholischen Begräbnis beigesetzt worden. Voltaire erfuhr vom **Fall Calas** zunächst in der offiziellen Version und empörte sich über den religiösen Fanatismus von Jean Calas. Als er aber durch einen dritten Sohn der Familie den wahren Sachverhalt erfahren hatte, setzte er sich seit 1763 in Briefen und Pamphleten, Flug- und Denkschriften[21] vehement für die Wiederaufnahme des Verfahrens ein und erreichte tatsächlich eine Rehabilitierung des Hingerichteten, der 1765 posthum von hundert Richtern in Versailles einstimmig freigesprochen wurde; König Ludwig XV. entschädigte die Familie zudem mit einem hohen Schmerzensgeld. Der für den ersten Prozess verantwortliche Toulouser Stadtrichter dagegen wurde abgesetzt und beging später Selbstmord.

Lit.: Voltaire, Die Affäre Calas, hg. v. Ingrid Gilcher-Holtey, Berlin 2010; Helene Luise Köppel, Die Affäre Calas, Berlin 2008 (Thriller mit Voltaire-Zitaten und einem Anhang zu den historischen Fakten).

Hinter dem Dämon mit wehendem Haar sieht man in der linken Ecke eine Gestalt in Bischofsgewändern, die den obersten der Bischöfe, also den Papst (damals *Pius VII.* ↗ KAR 2 INFOBOX Papsttum), darstellen soll. Der Papst personifiziert die streitende und mit dem Bösen im Bund stehende Kirche *(ecclesia militans)*; mit der Rechten schwingt er einen Säbel mit der Aufschrift »Dragonnades« (**Dragonaden**),

Seit 1681 wurden in Frankreich unter dem »Sonnenkönig« *Ludwig XIV.*, der die religiöse Einheit in seinem Reich wiederherstellen wollte, zwangsweise Dragoner (= berittene Infanterie) in Ortschaften und Häusern der Hugenotten (= Name der französischen Calvinisten, abgeleitet wohl von frz. »aignos« = [Schweizer] Eidgenossen) einquartiert, um die Bewohner zum Übertritt zum katholischen Glauben zu nötigen (*»Conversions par logements«*). Diese Zwangseinquartierungen nannte man Dragonaden. 1685 wurde zudem das Edikt von Nantes (1598; ↗ unten INFOBOX Bartholomäusnacht!) widerrufen,

---

21   Seine wichtigste Schrift hierzu war die 1763 unter Pseudonym erschienene, aber leicht als Werk Voltaires erkennbare »Abhandlung über die Toleranz: Bei Gelegenheit des Todes von Jean Calas« *(Traité sur la tolérance: A l'occasion de la Mort de Jean Calas).*

wodurch die Ausübung des Calvinismus (durch den Reformator von Genf [Schweiz] Johannes Calvin gegründete, besonders rigorose Richtung innerhalb des Protestantismus, auch reformierte Kirche genannt) unter Strafe stand. Im Anschluss kam es zu weiteren Verfolgungen, so dass insgesamt über 200.000 Hugenotten aus Frankreich auswanderten und andere, die konvertiert waren, sich in einen Geheimprotestantismus flüchteten. Französische Bischöfe und auch Innocenz XI. begrüßten zwar die Konversionen zum katholischen Glauben, missbilligten aber das harte Vorgehen Ludwigs XIV., so dass der Papst also gerade nicht den Dragonersäbel schwang.

Lit.: Luzian Pfleger, Art. Dragonaden, in: LThK[1] 3 (1931) 439; Hermann Tüchle, Aufhebung des Edikts von Nantes, in: Louis J. Rogier u.a. (Hgg.), Geschichte der Kirche III, Einsiedeln u.a. 1965, 196–200 (Lit.: 385).

und mit der Linken streckt er dem Betrachter ein Blatt Papier entgegen mit den Worten »Bulles« (**Bullen**),

Der Begriff »Bulle« (von lat. *bulla:* Kapsel) bezeichnete zunächst ein beidseitig geprägtes, durch eine Schnur an einer Urkunde befestigtes Metallsiegel (v.a. aus Gold oder Blei), ehe ab dem 13. Jahrhundert die mit derartigen Siegeln versehenen Urkunden selbst so benannt wurden. Päpstliche Bullen (heute nur mehr für feierlichste Erlasse verwendet) enthielten meist allgemeine Dekrete oder bedeutsame Entscheidungen. In unserem Kontext sind sicher *Bann- und Ketzer-Bullen* gemeint mit Maßnahmen gegen Häresie (z.B. 1184 die Bulle Lucius' III. »*Ad abolendam*« und 1484 die »Hexenbulle« Innocenz' VIII. »*Summis desiderantes affectibus*«) oder gegen einzelne als Häretiker eingestufte Personen (z.B. 1520 und 1521 die Bullen »*Exsurge Domine*« bzw. »*Decet Romanum Pontificem*« mit der Androhung und Aussprechung des Banns gegen *Martin Luther* oder 1570 die Bulle Pius' V. »*Regnans in excelsis*« mit der letzten Exkommunikation eines regierenden nichtitalienischen Staatsoberhauptes in Gestalt der katholikenfeindlichen englischen Königin *Elisabeth I.*).

»*Croisades*« (Kreuzzüge; ↗ KAR 12), »*Vêpres Siciliennes*« (**Sizilianische Vesper**)

Der Bruder des französischen Königs Ludwig IX. des Heiligen, *Karl I. von Anjou* (1227–1285), dem die Römische Kurie 1265 in der Nachfolge der Staufer das Königreich Sizilien als Lehen übertragen hatte, hoffte, unter *Martin IV.* (1281–1285), dem »französischsten aller Päpste des 13. Jahrhunderts«[22], seine hochfliegenden Pläne verwirklichen zu können: Er wollte von Sizilien aus nicht nur als König von Jerusalem die Levante beherrschen, sondern auch das Lateinische Königreich von Byzanz wiederherstellen. Der am Ostermontag (30. März) 1282 in Palermo während der Vesper ausgebrochene Aufstand gegen die französischen Beamten Karls, die sich durch Willkür und Ausbeutung den Hass der Sizilianer zugezogen hatten, machte seine überzogenen Machtträume jedoch in einem Blutbad zunichte, das als »Sizilianische Vesper« in die Geschichte einging. Mit Hilfe König *Peters III. von Aragón*, der aufgrund seiner Heirat mit einer Stauferprinzessin auch Erbansprüche geltend machen konnte, wurden die Franzosen von der Insel vertrieben. Peter selbst ließ sich in Palermo zum König von Sizilien krönen; Karl von Anjou verblieb hierdurch nur mehr der festländische Teil seines Königreiches mit der Hauptstadt Neapel. Da Sizilien ja päpstliches Lehen war, zog der Aufstand kirchliche

---

22 Hans Wolter, Das Papsttum unter dem Einfluß der Anjou, in: Jedin III/2, 298–306, hier: 301.

Zensuren sowohl gegen das Haus Aragón als auch gegen Sizilien nach sich, die erst Papst *Bonifaz VIII.* 1295 aufhob.

Lit.: Steven Runciman, Die Sizilianische Vesper. Der Volksaufstand von 1282 und die europäische Geschichte im 13. Jahrhundert, München ²1976.

und »Saint-Barthélemy« (**Bartholomäusnacht**).

In der Nacht vom 23. auf den 24. August 1572, dem Fest des hl. Apostels und Märtyrers Bartholomäus, wurden in Paris und in der französischen Provinz auf Befehl der Mutter des französischen Königs, *Katharina von Medici*, ca. 15.000 bis 20.000 *Hugenotten*, d. h. französische Calvinisten, ermordet. Anlass für dieses Verbrechen, das deshalb auch Pariser Bluthochzeit genannt wird, war die Vermählung der Schwester des französischen Königs Karl IX., *Margarethe von Valois*, mit dem Hugenotten *Heinrich von Bourbon-Navarra*, dem späteren französischen König Heinrich IV., am 18. August 1572. Hierdurch wollte Karl die Aussöhnung von Katholiken und Hugenotten besiegeln, die herrschsüchtige Königinmutter jedoch wähnte ihren Einfluss am Hof gefährdet. »Getäuscht durch irreführende Berichte, sah Papst Gregor XIII. in diesen nicht aus religiösen Beweggründen, sondern aus skrupelloser Machtgier herbeigeführten Ereignissen« der Bartholomäusnacht »die Vereitelung eines hochverräterischen Anschlags auf den König und einen Sieg über den Calvinismus«. Daher ließ er ein »*Te Deum*« im Petersdom singen und nahm an einem Dankgottesdienst in der französischen Nationalkirche »*San Luigi dei Francesi*« in Rom teil. Die Bluttat der Bartholomäusnacht führte zu einer Fortsetzung der 1562 begonnenen Hugenottenkriege, bis im *Edikt von Nantes 1598* den französischen Calvinisten eine beschränkte Religionsfreiheit zugestanden wurde.

Lit.: Klaus Ganzer, Art. Bartholomäusnacht, in: LThK³ 2 (1994) 46 (Zitate ebd.).

Der Karikaturist ruft mit diesen Stichworten historische Ereignisse in Erinnerung, die den Ruf der Kirche im Urteil der Nachwelt belasteten, jedoch – wie wir gesehen haben – zumindest teilweise zu Unrecht.

Auf der rechten Seite des Bildes sind zwei weitere Jesuiten und zwei Weltgeistliche zu sehen. Alle vier Kleriker haben schwarze Krallenfüße mit Schwimmhäuten wie der Kormoran, der sich als stattlicher, in großen Schwärmen auftretender Vogel mit schwarz glänzendem Gefieder zum Vergleich mit den Jesuiten anbot, ja, der hinterste Weltgeistliche mit großer vorspringender Nase hat auch nahezu den Kopf eines Kormorans[23]. Die Geistlichen sind dabei, mit an langen Stielen befestigten großen Kerzenlöschern, d. h. überdimensionalen **Löschhütchen**, die Flammen zu löschen[24],

---

[23]   Die Deutungen Rolf Reichardts, dass die dargestellten Geistlichen alle »Verbrecher-Physiognomien« hätten und »in militärischer Formation« aufträten, können nicht überzeugen (Intermediale Wechselspiele. Lieder versus Bilder in Frankreich zwischen Revolution und Restauration, in: Sabine Heiser / Christiane Holm [Hgg.]., Gedächtnisparagone – Intermediale Konstellationen [= Formen der Erinnerung 42], Göttingen 2010, 191–213, hier: 206).

[24]   Die Jesuiten wurden damals sogar als »Ritter vom Löschhütchen« (frz.: *chevaliers de l'éteignoir*) bezeichnet (nach Leroy, Mythe [wie Anm. 9] 164).

Bis zum Ende des 18. Jahrhunderts war das Kerzenhand- oder Kerzenstandlicht die einzige Form der Beleuchtung innerhalb von Gebäuden, sei es in Kirchen, Palästen oder einfachen Häusern, und bis zum Ende des 19. Jahrhunderts neben Gas- und Petroleumlicht immer noch die gebräuchlichste.

Zum Entfachen des Kerzenlichts diente ein Zündholz bzw. Kienspan und zum Löschen schon seit dem Mittelalter das Löschhütchen, das man in Frankreich »éteignoir«, in Italien »estintore« und in England »extinguisher« nannte[25]. So kann es nicht überraschen, dass das alltägliche und jedem geläufige Paar *Kerzenlicht und Löschhütchen* am Ende des 18. Jahrhunderts für die Karikatur entdeckt wurde. Die Initialzündung hierfür bildete die Französische Revolution von 1789, die dem »Licht der Aufklärung« zum Durchbruch verhalf. Schier über Nacht verwandelten sich Kerzenlicht und Löschhütchen in aussagekräftige politische Symbole: *Kerzenlicht* für Aufklärung, Revolution, Erkenntnis, Fortschritt, Freiheit und Neuerung, letztlich

(12) (Geistliche) Löschhütchenfamilie (französischer Titel: »Famille des éteignoirs«). Im Hintergrund weitere Löschhütchen-Gestalten, Windmühlen (als Symbole der Rückständigkeit) und Missionskreuze (in der Mitte).

Synonym für die lichte Moderne; *Löschhütchen* dagegen für Gegenaufklärung und -revolution, Obskurantismus, Antiliberalismus, Engstirnigkeit, Rückständigkeit und Ignoranz, letztlich Synonym für das »finstere Mittelalter«. Anschließend bevölkerten sie in vielen Variationen über ein Jahrhundert lang die europäische Karikatur, ehe die technische Revolution des elektrischen Lichts in Gestalt der ein- und ausschaltbaren Glühbirne das berühmte Duo wieder in der Versenkung verschwinden ließ.

Lit.: Fischer, Licht 10–14 und hinterer Umschlag; Rolf Reichardt, Light Against Darkness: The Visual Representations of a Central Enlightenment Concept, in: Representations (Berkeley) 61 (1998) 95–148 (jeweils mit zahlreichen Bildbeispielen).

die über den Büsten berühmter Männer des 18. Jahrhunderts (»*Dix huitième Siècle*«; mit einer Ausnahme: Montaigne) brennen und das aufklärende geistige Licht symbolisieren, das sie verbreiten. Allerdings sind diese Geräte hierzu unbrauchbar, weil sie bei genauerem Hinsehen aus dem Papier verschiedener konservativer und royalistischer Zeitungen (*[Le] J[ourn]al des Débats, [Le] Conservateur, [La] Gazette [de France]* und *[La] Quotidienne*[26]) gemacht sind. Diese Blätter stehen also nach Über-

[25] Letztere Begriffe gehen auf das lat. *ex(s)tinctor* zurück, das wörtlich »Auslöscher« oder »Tilger« und im übertragenen Sinn »Vernichter« oder »Unterdrücker« bedeutet. »Solche auf Gewaltförmigkeit verweisenden Konnotationen lagern sich am Rande eines denkbar unscheinbaren Dinges an und machen es zu einer schlummernden Metapher« (Fischer, Licht 12).

[26] Das bis 1944 erscheinende *Journal des Débats* wurde 1789 nach Ausbruch der Französischen Revolution zur Berichterstattung über die Sitzungen des französischen Nationalkonvents gegründet und war in der Zeit der Restauration und der Juli-Monarchie die meistgelesene französische Zeitung. – Der nur von 1818 bis 1820 existierende *Conservateur* (dt.: Erhalter, Bewahrer) vertrat

zeugung des Karikaturisten gegen solch große Geister auf verlorenem Posten und werden ihrerseits verbrennen.

15 Namen von mit einer Ausnahme (Franklin) französischen Gelehrten sind in zwei Spalten auf dem mit Rutenbündeln und Eichenkränzen als Symbolen der Französischen Revolution[27] verzierten Altar der Republik zu lesen: Fénélon, Condorcet, Franklin, Buffon, Dalembert (= d'Alembert), Lavoisier, Monge, Condillac, Voltaire, Rousseau, Montesquieu, Montaigne, Helvétius, Raynal, Mably. Damit versammelt die Karikatur »so ziemlich alles, was sich in Frankreich im Hinblick auf die Fortschritte des Wissens, der Wahrheit und Vernunft einen Namen gemacht hatte. Dies sind, aus liberaler Sicht, die besten Traditionen Frankreichs«[28]. Von den als Büste Dargestellten sind eindeutig Voltaire (vorne rechts) und Rousseau (links daneben) identifizierbar. Bei der Büste links neben Rousseau handelt es sich wohl um Helvétius, bei derjenigen rechts hinter Voltaire vermutlich um d'Alembert.

Die meisten der 15 Genannten sind Philosophen und Schriftsteller, darunter sogar vier katholische Geistliche. Der ranghöchste unter letzteren ist François **Fénélon** de Salignac de la Mothe (1651–1715) als Erzbischof von Cambrai (ab 1695), der in seiner Schrift »*Explication des Maximes des saintes sur la vie intérieure*« (Erklärung der Maximen der Heiligen über das innere Leben, 1697) ausführte, dass ein normales christliches Leben zu mystischen Gnaden führen könne, und der deshalb bei König und Papst als Quietist in Misskredit geriet.

> Der Begriff *Quietismus* (von lat. *quietus* = ruhig) ist eine ursprünglich polemische Bezeichnung für eine Richtung der Mystik in der katholischen Kirche des 17. und 18. Jahrhunderts, deren Spiritualität auf die »Seelenruhe« als höchstes Ziel ausgerichtet war. Der Mensch solle sich des aktiven Wollens und sittlichen Strebens enthalten, um Raum zu schaffen für die mystische Vereinigung mit dem Göttlichen im Menschen. Der sichere und schnelle Weg hierzu sei das innerliche Gebet (»Gebet der Ruhe«). Die Abwertung

einen ultraroyalistischen Standpunkt (mit der Forderung nach Aufhebung des Code civil, aber auch des Konkordats) und zählte den bedeutenden Dichter und Staatsmann *François René Vicomte de Chateaubriand* (1768–1848) zu seinen Redakteuren. – Die *Gazette* (ab 1762 *Gazette de France*) war die erste Zeitung und das älteste »Printmedium« Frankreichs überhaupt und erschien von 1631 bis 1915. Lange Zeit fungierte sie als Presseorgan der königlichen Regierung. – Die royalistische Zeitung *La Quotidienne* (dt.: Die Tägliche) wurde 1790 aus der Taufe gehoben und fusionierte 1847 mit zwei anderen Zeitungen. Die daraus neuentstandene Zeitung erhielt den Namen *L'Union monarchique* (dt.: Monarchische Vereinigung), 1848 zu *L'Union* verkürzt.

[27] Bündel aus Birken- oder Ulmenruten, lat. *fasces*, wurden, durch rote Bänder oder Lederriemen zusammengehalten und mit einem Richtbeil gekrönt, in der Öffentlichkeit den hohen römischen Beamten von Liktoren (Amtsdienern) als Zeichen ihrer Amts- und Strafgewalt vorangetragen (bei Konsuln waren es 12, bei Prätoren 6 und bei Diktatoren 24 *fasces*). Da sich den französischen Revolutionären die altrömische Republik als Vorbild und Ideal anbot, übernahmen sie die Rutenbündel samt den Eichenlaubkränzen – in der Antike militärische Ehrenzeichen – als aussagekräftige Symbole in ihre politische Zeichensprache. Im 20. Jahrhundert wurden die *fasces* von der Bewegung *Benito Mussolinis* in Italien als Abzeichen übernommen, wovon sich das Adjektiv »faschistisch« und das Substantiv »Faschismus« ableiten.

[28] Fischer, Licht 92.

äußerer Frömmigkeitsformen und der Heilsvermittlung durch die Kirche (die auch im Gegensatz zur klassischen Mystik steht) machte den Quietismus, der v. a. in den romanischen Ländern Italien, Spanien und Frankreich verbreitet war, verdächtig und rief das kirchliche Lehramt auf den Plan. In Frankreich kam es zum Streit zwischen Erzbischof Fénélon, einem gemäßigten Quietisten, und dem wortgewandten Bischof von Meaux, *Jacques-Bénigne Bossuet* (1627–1704). Während sich Bossuet auf die Unmöglichkeit berief, die Gottesliebe von der Selbstliebe zu trennen, betonte Fénélon, dass es darauf ankomme, die Gottesliebe von aller Verunreinigung durch die Selbstsucht zu befreien, wie sie sich in der menschlichen Hoffnung auf irdischen oder himmlischen Lohn für die Liebe zu Gott ausdrücke. Papst *Innocenz XII.* (1691–1700) schrieb über diese Kontroverse: »*Erravit Camaracensis excessu amoris Dei; peccavit Meldensis defectu amoris proximi* (es irrte der aus Cambrai [sc. Fénélon] aus einem Übermaß an Gottesliebe; es versündigte sich der aus Meaux [sc. Bossuet] durch einen Mangel an Nächstenliebe).«

Lit.: Anthony Meredith, Art. Quietismus, in: TRE 28 (1997) 41–45 (Zitat: 43); Hans Schneider, Art. Quietismus, in: RGG⁴ 6 (2003) 1865–1868 (Lit.); Jacques Le Brun, Art. Bossuet, in: LThK³ 2 (1994) 612 f. (Lit.); Jean Meyer, Art. Bossuet, in: RGG⁴ 1 (1998) 1714.

Nachdem *Innocenz XII.* 1699 23 Sätze aus der genannten Schrift für »anstößig« (aber nicht formell für häretisch) erklärt hatte, unterwarf sich Fénélon sofort dem päpstlichen Urteil[29].

Priester war auch der Jesuitenschüler Guillaume-Thomas François **Raynal** (1713–1796), dessen berühmte und vielgelesene Schrift »Die Geschichte beider Indien« (Amsterdam 1770)[30] im Jahre 1772 verboten wurde, weil sie sich für Menschenrechte einsetzte und Kritik an der französischen Kolonialpolitik übte. Die zweite Auflage (Den Haag 1774) wurde sofort auf den »Index der verbotenen Bücher« gesetzt (↗ **KAR 14** INFOBOX), die dritte, erschienen 1780 in Genf, verbrannt.

---

29 Die 23 Sätze des diesbezüglichen päpstlichen Breves »Cum alias ad apostolatus« vom 12. März 1699 sind vollständig abgedruckt in DH 2351–2374 (lat. und dt.). – Näheres zu Fénélon, der ab 1689 auch als Erzieher der Enkel Ludwigs XIV. tätig war, bei Gerda von Brockhusen, Art. Fénélon, in: LThK³ 3 (1995) 1231; speziell zur »Explication« siehe dies., Art. Explication des Maximes des saintes sur la vie intérieure, in: Eckert, Lexikon 304–306. Zu Fénélon und der ihn stark beeinflussenden Mystikerin *Jeanne-Marie Bouvière de la Mothe Guyon* (1646–1717) siehe außerdem Joseph Bernhart, Fénelon und Frau von Guyon, in: ders., Gestalten christlicher Mystik und Spiritualität. Mit einem Anhang: Schriften und Beiträge zur christlichen Spiritualität aus den Jahren 1908–1954, hg. v. Manfred Weitlauff, Weißenhorn 2004, 463–508.

30 Der vollständige Titel lautet: »Histoire philosophique et politique des établissements et du commerce des Européens dans les deux Indes (dt.: Philosophische und politische Geschichte der Besitzungen und des Handels der Europäer in den zwei Indien). Mit den »zwei Indien« meinte Raynal Asien als das östliche Indien und die Karibik sowie Amerika als das westliche Indien. Raynal legte mit diesem zehnbändigen Werk – gestützt auf ein internationales Netz von Informanten und unterstützt durch den ungenannten Mitverfasser *Denis Diderot* – die erste umfassende Geschichte der europäischen Expansion nach Übersee vor und zudem die erste politische Kritik des Kolonialismus. Indem als Sklaven nicht allein die aus Afrika in die Karibik verschleppten Plantagenarbeiter, sondern auch die in feudaler Abhängigkeit lebenden französischen Bauern erscheinen, übt Raynal zugleich indirekte, aber eindringliche Kritik am *Ancien Régime* in seinem Heimatland. In deutscher Sprache gibt es eine Auswahlausgabe dieses Werkes: Guillaume Raynal / Denis Diderot, Die Geschichte beider Indien (= Die andere Bibliothek 42), hg. v. Hans-Jürgen Lüsebrink, Berlin 2013.

Nach seiner Flucht aus Frankreich fand er Aufnahme in Preußen bei Friedrich dem Großen, ehe er 1784 nach Frankreich zurückkehrte[31]. Der dritte »Abbé« ist Gabriel Bonnot de *Mably* (1709–1785), Sekretär des Kardinals und Erzbischofs von Lyon *Pierre Guérin de Tencin*[32]. Obwohl Mably bessere politische und gesellschaftliche Verhältnisse nicht durch Revolution, sondern durch Einsicht und ständige Reformen herbeiführen wollte, übte seine Vision eines Staates mit Gewaltenteilung, Volkssouveränität und Gütergemeinschaft großen Einfluss auf die geistigen Führer der Französischen Revolution aus[33]. Mably war der ältere Bruder des Philosophen Etienne Bonnot de *Condillac* (1714–1780), der 1741 zum Priester geweiht wurde und eine Pfründe in Les Mureaux (40 km westlich von Paris) innehatte, aber den geistlichen Beruf nicht ausübte. Auf ihn geht der sog. *Sensualismus* zurück, wonach die Sinneswahrnehmung die einzige Erkenntnisquelle ist. Außerdem behauptete der in den Jahren 1758 bis 1767 als Erzieher des späteren Herzogs Ferdinand I. von Parma (1751–1802) tätige Abbé von Mureaux im Anschluss an den englischen Philosophen *John Locke*, dessen Ideen er in Frankreich verbreitete[34], dass der Mensch sein eigener Schöpfer sei und über ein – zumindest prinzipiell – nicht begrenztes Potential an Selbstentwicklung verfüge. Da dies natürlich diametral der kirchlichen Lehre vom Menschen als erlösungsbedürftigem Geschöpf Gottes widersprach, konnte er posthumer Verketzerung sicher sein.

Wer waren die übrigen? Da ist zum einen der Jesuitenschüler Antoine Marquis de *Condorcet* (1743–1794), einer der letzten großen Geister unter den französischen Aufklärern und Vertreter eines uneingeschränkten Fortschrittsglaubens. Condorcet forderte für das öffentliche Unterrichtswesen, zu dem er ein noch heute aktuelles Grundmodell entwarf, Unabhängigkeit von der Kirche; ebenso engagierte er sich für die Einführung des Frauenwahlrechts sowie die Abschaffung des Sklavenhandels samt Gleichberechtigung von Menschen schwarzer Hautfarbe. Er war Anhänger der Französischen Revolution und 1792 Vizepräsident der Nationalversammlung. Nach dem Sturz der Girondisten und der Machtübernahme durch die Jakobiner (↗ KAR 1 INFOBOXEN Jakobiner bzw. Girondisten) musste er untertauchen, wurde jedoch 1794 erkannt, inhaftiert und tags darauf tot in seiner Zelle gefunden. Es ist ungeklärt, ob Vergiftung, Erschöpfung oder Selbstmord die Ursache war. International bekannt machten Condorcet, nach dem seit 1935 ein Mondkrater benannt ist, mathematische und astronomische Studien[35].

31 Zu ihm siehe Gilles Bancarel / François-Paul Rossi, Guillaume-Thomas Raynal. Philosophe des lumières, Toulouse 1996.
32 Näheres zu Tencin (1679–1758) bei Philippe Martin, Art. Tencin, in: LThK³ 9 (2000) 1334.
33 Weiteres zu Mably bei Thomas Schleich, Aufklärung und Revolution. Die Wirkungsgeschichte Gabriel Bonnot de Mablys in Frankreich (1740–1914) (= Sprache und Geschichte 5), Stuttgart 1981; Johnson Kent Wright, A Classical Republican in Eighteenth-Century France. The Political Thought of Mably, Stanford 1997.
34 Zu Locke (1632–1704) siehe Rolf W. Puster, Art. Locke, in: RGG⁴ 5 (2002) 480 f., zu Condillac Josef Rauscher, Art. Condillac, in: LThK³ 2 (1994) 1291 f.
35 Vgl. zu Condorcet Josef Rauscher, Art. Condorcet, in: LThK³ 2 (1994) 1292; Heinz-Hermann

Der Amerikaner Benjamin *Franklin* (1706–1790), der sich vor seiner politischen Karriere schon als Mann der »*Physique*« (Erfindung des Blitzableiters!) Ruhm erworben hatte, spielte durch seinen Einsatz für die Selbständigkeit Nordamerikas und als Mitunterzeichner der Unabhängigkeitserklärung (1776) eine wesentliche Rolle bei der Gründung der USA, die als Musterbeispiel für eine funktionierende Demokratie betrachtet wurde und Europa zur Nachahmung herausforderte. Dass sein Name somit für die gelungene politische Umsetzung der Ideale der Aufklärung stand und er zudem von 1776 bis 1785 Gesandter in Paris war, erklärt, warum ihn der Karikaturist als einzigen Ausländer unter 14 Franzosen für würdig befunden hat, in die erlauchte Reihe der großen Geister des 18. Jahrhunderts aufgenommen zu werden[36].

Der vielseitige Naturforscher Georges-Louis Leclerc Comte de *Buffon* (1707–1788), ab 1739 Verwalter des Königlichen Botanischen Gartens (heute: *Jardin des Plantes*) in Paris, verfasste eine auf 50 Bände angelegte und auch ins Deutsche übersetzte Naturgeschichte (Originaltitel: »*Histoire naturelle, générale et particulière*«, 1749–1789), die ihm internationales Renommee verschaffte. In Konflikt mit der Kirche geriet er durch seine Theorie, dass die Erde nicht durch einen Schöpfungsakt, sondern aus der Kollision eines Kometen mit der Sonne entstanden sei und dass die Bewegungen der Planeten nicht durch göttliche Einwirkung, sondern allein durch die Gesetze der Mechanik zu erklären seien. Auch bezweifelte als erster offen das aus der Bibel errechnete Alter der Erde (ca. 6000 Jahre[37]) – er selbst schätzte es (immer

---

Schepp, Antoine de Condorcet (1743–1794), in: Hans Scheuerl (Hg.), Klassiker der Pädagogik, Bd. 1, München ²1991, 159–169 (mit Abb.).

[36] Näheres zu Franklin, dem ersten bedeutenden amerikanischen Wissenschaftler, bei Jürgen Overhoff, Benjamin Franklin. Erfinder, Freigeist, Staatenlenker, Stuttgart 2006; Wolfgang Schreier, Art. Franklin, in: Wußing 201 f. (jeweils mit Abb.).

[37] Gemäß dem aufgrund diverser Zahlenangaben in der Bibel festgelegten jüdischen Kalender beginnt die Erdgeschichte (umgerechnet auf unseren bürgerlichen Kalender) am Sonntag, dem 6. Oktober 3761 v. Chr. um 23.11 Uhr und 20 Sekunden; demnach hat im Herbst 2017 das Jahr 5778 des jüdischen Kalenders begonnen. Allerdings differieren zu manchen Ereignissen die Angaben der Bibel, so dass sich verschiedene (und allesamt fiktive!) Zeitpunkte für die Schöpfung der Welt ermitteln lassen. Näheres bei Jürgen Werlitz, Das Geheimnis der heiligen Zahlen. Ein Schlüssel zu den Rätseln der Bibel, Wiesbaden ⁴2011, 100–104. Noch Naturwissenschaftler der frühen Neuzeit kamen bei ihren Berechnungen des Erdalters zu ganz ähnlichen Ergebnissen, so etwa Johannes Kepler (1571–1630), der den Beginn der Welt auf das Jahr 3993 v. Chr. setzte. – Aus gegenwärtiger theologischer Sicht ist mit *Odil Hannes Steck* dazu zu sagen: »Wer versucht, diese Schöpfungstexte des Alten Testaments heute zu Verständnis zu bringen, [...] muß ihrem quasi-naturwissenschaftlichen Mißverständnis ebenso wehren wie simpler Apologetik; denn der Intention nach sind diese Aussagen völlig offen für gewandelte naturwissenschaftliche Einsichten. [...] Das siebentägige Schöpfungsgeschehen in Gen 1 [...] steht nicht im Text, weil die Priesterschrift« – abgekürzt mit P, eine der Textschichten des Pentateuch, d. h. der ersten fünf Bücher der Bibel – »riesige Entstehungszeiträume in ihrem antiken Unwissen genetisch so lächerlich kurzzeitig gedacht hätte, sondern deshalb, weil eine wesentliche Bestimmung der Lebensführung Israels, die Sabbatwoche, ihren Grund schon in der anfänglichen Ordnung göttlichen Schöpferwirkens hat [...]. An sinnhaften Ordnungen in der Lebenswelt, nicht an genetischen Herleitungen ist P interessiert« (Welt und Umwelt, Stuttgart u. a. 1978, 109 bzw. 108).

noch viel zu niedrig) auf 80.000 Jahre[38] – wofür er sich 1751 vor der Theologischen Fakultät der Universität Paris verantworten musste. Buffon stellte außerdem die Hypothese auf, dass sich alle Lebewesen aus kleinsten Teilchen entwickelt hätten und klimatische Veränderungen hierbei eine Rolle spielten. Nach vergleichenden Untersuchungen der Anatomie vermutete er richtig, dass Affe und Mensch einen gemeinsamen Stammbaum haben[39].

Jean-Baptiste Le Rond *d'Alembert* (1717–1783), ein Cousin Condillacs, hatte u. a. Theologie studiert, ehe er sich den Naturwissenschaften zuwandte, wo ihm fundamentale Erkenntnisse (z. B. auf den Gebieten der Mechanik, Analysis und Zahlentheorie) gelangen. Außerdem war er gemeinsam mit dem Schriftsteller und Philosophen *Denis Diderot* (1713–1784) Herausgeber der umfassenden, 33-bändigen »*Encyclopédie*« – zugleich Zusammenfassung des Gesamtwissens der Menschheit und Instrument kritischen Vernunftgebrauchs[40]. Für sie verfasste er viele mathematische und physikalische Stichworte und eine programmatische Einleitung (*Discours préliminaire*), in der er eine von Condillac beeinflusste sensualistische Erkenntnistheorie vertritt und die Existenz Gottes leugnet. Seine Schrift »*De la destruction des Jésuites en France*« (1765; dt.: Über die Zerschlagung der Jesuiten in Frankreich) zeigt ihn als radikalen, antiklerikal eingestellten Aufklärer[41].

Antoine Laurent de *Lavoisier* (1743–1794) gilt als Begründer der modernen Chemie und war der Erste, der erkannte, dass Wasser eine chemische Verbindung von Sauerstoff und Wasserstoff ist. Als einer der verhassten Generalsteuerpächter wurde er in den Wirren der Französischen Revolution der Veruntreuung bezichtigt und guillotiniert[42].

Der damals soeben erst verstorbene Mathematiker Gaspard Comte de Péluse *Monge* (1746–1818) ist der Begründer der darstellenden Geometrie und der *École Polytechnique* in Paris (1794). Als begeistertem Anhänger der Französischen Revolution wurden ihm nach 1789 hohe Ämter übertragen, so 1792/93 dasjenige des Marineministers. 1816 als exponierter Republikaner und Vertrauter Napoleons aus allen Ämtern und Würden entlassen, starb er verarmt und in geistiger Umnachtung[43].

---

38 Hannelore Bernhardt, Art. Buffon, in: Wußing 102 f. (mit Abb.), hier: 102. – Tatsächlich beträgt das Alter der Erde etwa 4,5 Milliarden Jahre.
39 Zu Leben und Werk Buffons siehe neben Bernhardt, Buffon (wie Anm. 38) Jacques Roger, Buffon. Un philosophe au Jardin du Roi, Paris 1989; ders., A Life in Natural History, Ithaca/London 1997 (engl. Ausgabe).
40 Näheres bei Roy Porter, Kleine Geschichte der Aufklärung, Berlin 1991, 61–63.
41 Zu d'Alembert siehe Ulrich Kronauer, Art. Alembert, in: RGG⁴ 1 (1998) 281 f.; Hubert Laitko, Art. Alembert, in: Wußing 17 f. (Abb.).
42 Über Lavoisiers wissenschaftliche Tätigkeit informiert ausführlich Hubert Laitko, Art. Lavoisier, in: Wußing 350 f. (Abb.).
43 Weiteres zu Monge bei Peter Schreiber, Art. Monge, in: Wußing 413 (Lit.); Stephanie Fröba / Alfred Wassermann, Die bedeutendsten Mathematiker, Wiesbaden ²2013, 79–82.

»Kaum ein Einzelner hat dem Einfluß des Christentums, besonders der katholischen Kirche, je so geschadet wie **Voltaire** [eigentl. François Marie Arouet, 1694–1778],

> Der seit 1719 durch den nachmals einflussreichsten Schriftsteller Europas im 18. Jahrhundert verwendete Name »Voltaire« ist vermutlich ein Anagramm[44] von »Arouet l[e] j[eune]« (= der junge Arouet; u = v, j = i).

der Briefe ab 1762 mit ›*Ecrasez l'infâme!*‹, d. h. ›Zermalmt die Ruchlose!‹ unterzeichnete. [...] In seiner antichristlichen Propaganda zog er sämtliche Register von kritischer Argumentation über beißende Ironie bis hin zu geschmacklosester Blasphemie«[45], wenn er etwa die konsekrierte Hostie als »Gott aus Teig« (frz.: *dieu de pâte*) bezeichnete und mit Gossenvokabular deren Weg bis zur Ausscheidung aus dem Körper der Gläubigen verfolgte. Überhaupt beleidigten seiner Meinung nach die katholischen Dogmen (wie dasjenige der **Transsubstantiation**)

> Im Rahmen der Abgrenzung des katholischen Glaubensverständnisses gegen häretische Bewegungen des Mittelalters wurde auf dem 4. *Laterankonzil von 1215* die bis heute gültige Abendmahlslehre (Eucharistielehre) der katholischen Kirche dogmatisiert (Kap. 1) und zwar in der Weise, dass Christi Leib und Blut im Sakrament des Altars unter den Gestalten von Brot und Wein wirklich gegenwärtig (real präsent) sind (→*Realpräsenz*), wenn durch göttliche Macht das Brot in den Leib und der Wein in das Blut *wesensverwandelt* (lat.: *transsubstantiatus*) sind. Dies meint der Begriff Transsubstantiation. Bereits der Reformator Martin Luther (1483–1546) hatte die Transsubstantiationslehre abgelehnt.

in ihrer »Absurdität« die menschliche Vernunft und die Gottheit gleichermaßen. Dabei »fehlte ihm jedes Gespür dafür, wie tief seine beißend ironische, oft bewußt böswillige und unflätige Kritik Christen verletzen mußte. Um sich aus Verwicklungen zu befreien, Gegner zu schädigen und zu Geld zu kommen, scheute er auch vor Lüge, Täuschung und Verleumdung nicht zurück.«[46] So kann es nicht verwundern, dass der einstige Jesuitenschüler Voltaire in den Augen der Kirche nicht nur einer der maßgeblichen Aufklärer war, sondern der »Antichrist der Aufklärung«[47] schlechthin. Er selbst stufte sich als Deist (Theist) ein, der an eine höchste – allerdings wenig an den Belangen der Menschen interessierte – Intelligenz glaube, und bezeichnete alles, was über den jedes persönliche Eingreifen Gottes und jegliche Offenbarung leugnenden Deismus hinausgeht, als Aberglauben (frz. *superstition*).

Der im selben Jahr wie Voltaire gestorbene und ebenfalls als Deist einzuschätzende Jean-Jacques **Rousseau** (1712–1778) war Moralphilosoph, Literat und Komponist. Er verfasste kulturhistorische Abhandlungen über Kunst, Politik und Er-

---

[44] Unter einem Anagramm versteht man die Umstellung von Buchstaben oder Silben eines oder mehrerer Wörter, um z. B. Wortspiele oder – wie hier – ein Pseudonym zu bilden.

[45] Günter R. Schmidt, Art. Voltaire, in: TRE 35 (2003) 286–290, hier: 286 (Hervorhebung von »Voltaire« durch den Verf.). Zu Voltaire siehe außerdem Horst Günther, Voltaire. Leben und Werk in Texten und Bildern, Leipzig 1994 (mit Abb.); Jürgen von Stackelberg, Voltaire, München 2006.

[46] Schmidt, Voltaire (wie Anm. 45) 287.

[47] Porter (wie Anm. 40) 46. Vgl. auch ebd. 12 f., 47, 53–55.

Le Phénix renaissant de ses cendres!

(13) Anläßlich der Neuauflage der Gesammelten Werke Voltaires und Rousseaus ab 1816 (↗ oben INFOBOX Hirtenbrief) wurden im Rahmen der Jesuitenmission in Bourges im März und April 1817 Verbrennungen dieser »schlechten Bücher« (frz.: *mauvais livres*) veranstaltet. In der hierauf bezogenen Pariser Karikatur vom 6. Mai 1817, einer kolorierten Radierung, umtanzen Studenten in Bourges, dargestellt als dumme und gänzlich unreife Esel (einer sogar mit Gehlernhilfe), die sich an den Händen bzw. Hufen halten, einen Holzstoß, auf dem aufklärerische Schriften u. a. von Rousseau (bei dem roten Buch handelt es sich um dessen Bildungsroman »*Émile*«) und Voltaire (das aufrecht stehende grüne Buch ist dessen *»Dictionnaire philosophique«*) im Feuer liegen. Davon unbeeindruckt erhebt sich der Phönix der Philosophie, »auferstehend aus seiner Asche« (frz.: *renaissant de ses cendres*), und fliegt einem dem Parthenon auf der Athener Akropolis gleichenden Musentempel entgegen. Vgl. hierzu Sevrin (wie Anm. 3) I 262–272, bes. 266; Lyons (wie Anm. 4), bes. 242, 251, 256 f., 263–266; McMahon 184 f. (sw-Abb.); Leroy, Le mythe (wie Anm. 9) 31.

ziehung, die erheblichen Einfluss auf die Französische Revolution, aber auch auf die deutsche Romantik und die neue Pädagogik hatten. Die Gesellschaft seiner Zeit hielt der Pessimist Rousseau für völlig verdorben, womit für ihn auch das Urteil über die Kirche gesprochen war[48].

---

[48]   Näheres bei Béatrice Durand, Rousseau, Stuttgart 2007; Günther Mensching, Rousseau zur Einführung, Hamburg ³2010; Michel Soëtard, Jean-Jacques Rousseau. Leben und Werk, München 2012.

Der Staatstheoretiker Charles de Secondat Baron de la Brède et de *Montesquieu* (1689–1755) verfasste 1748 mit seiner Schrift »*L'esprit des lois*« (dt.: Der Geist der Gesetze) ein Hauptwerk der politischen Aufklärung, das u. a. nach Attacken der Jesuiten, die auf die göttliche Legitimation von Herrschaft verwiesen, 1751 auf den »Index der verbotenen Bücher« gesetzt wurde (↗ KAR 14 INFOBOX). Seine Idee der Gewaltenteilung in Legislative (Gesetzgebung), Judikative (Rechtsprechung) und Exekutive (Regierungsgewalt) unterstützte die Französische Revolution und bereitete den modernen Verfassungsstaat vor. Kirchenkritisch äußerte er sich v. a. in seinem Werk »*Lettres Persanes*« (dt.: Persische Briefe, 1721), in dem er sich eines persischen Reisenden bediente, um den Papst als Magier zu verunglimpfen[49].

Neben Franklin als Nichtfranzosen fällt Michel Eyquem de *Montaigne* (1533–1592) als Persönlichkeit einer anderen Zeit aus dem Rahmen. Aus zwei Gründen hat der Karikaturist den Späthumanisten wohl aufgenommen: »Einmal kann er als der eigentliche Begründer einer neuzeitlichen weltmännischen Laienphilosophie gelten, zum anderen kündigt sich in seiner skeptischen Frage *Que sais-je?* [dt.: Was weiß ich?] etwas von der intellektuellen Unruhe an, die ein hervorstechender Zug der Aufklärung wurde.«[50]

Das einzige Werk, das zu Lebzeiten von Claude Adrien *Helvétius* (1715–1771), einem extrem sensualistisch eingestellten Vertreter der Aufklärung, erschien, wurde auf Betreiben der Jesuiten und auf Befehl des Parlaments als religionsfeindlich und staatsgefährdend öffentlich verbrannt. Es handelte sich um »*De l'esprit*« (dt.: Vom Geist, 1758), in dem Helvétius die Auffassung vertrat, dass der Mensch von Natur aus gut, aber durch Kirche (»Priesterbetrug«) und Staat verdorben sei. Als Atheist war er davon überzeugt, dass dem Menschen nach Beseitigung aller »metaphysischen Hirngespinste« der Weg zum Glück offen stehe[51].

Wenn wir uns ein letztes Mal in die Karikatur vertiefen, sehen wir in der Bildmitte im Hintergrund auf dem Katheder der »*École de Droit*« (Juristische Fakultät [der Universität Paris]) einen Gelehrten, dem die Zuhörer mit gezogenen Hüten zujubeln, während erneut ein Priester mit einem überdimensionalen Löschhütchen hinzueilt, um die Lehre des freien Rechts zu unterdrücken[52]. Darüber bzw. dahinter ist eine Prozession mit Fahnen zu sehen, die sich von links auf einen Hügel mit drei

49 Weiteres zu Montesquieu bei Helmut Stubbe-da Luz, Montesquieu, Reinbek 1998; Michael Hereth, Montesquieu zur Einführung, Hamburg 1995 (ND Wiesbaden 2005 unter dem Titel: Montesquieu. Eine Einführung).

50 Fischer, Licht 89. – Zu ihm siehe Werner Raupp, Art. Montaigne, in: BBKL 14 (1998) 1272–1283 (Lit.); Peter Burke, Montaigne zur Einführung, Hamburg ³2004; Sarah Bakewell, Wie soll ich leben? oder Das Leben Montaignes in einer Frage und zwanzig Antworten, München ⁴2013.

51 Zu Helvétius vgl. Ian Cumming, Helvetius. His life and place in the history of educational thought, London 1955 (ND London/New York 1998).

52 Champfleury (wie Anm. 13) 335 und Leroy, Le mythe (wie Anm. 9) 165, behaupten, es handle sich bei dem Mann auf dem Katheder um einen Jesuiten. Dies ist sicher nicht zutreffend, denn warum sollte dann ein Priester mit Löschhütchen seine Rede verhindern wollen?

großen Kreuzen zubewegt, während auf der rechten Seite ein ganzer Wald von Kirchtürmen zu erkennen ist. Letzteres ist sicherlich als Anspielung auf die wiedererstarkte katholische Kirche zu verstehen, ersteres als Hinweis auf die damals stattfindenden Volksmissionen, zu deren Abschluss ab 1815 jeweils unter großer Anteilnahme der Gläubigen[53] in einer mehrstündigen feierlichen Zeremonie mit Prozession und unter »*Vive la Croix!*«[54]-Rufen bis zu 20 Meter hohe, kostspielige Kreuze errichtet wurden[55].

3. Resumee und Ausblick

»Frankreich – so warnt die« das Chanson Bérangers komprimierende »Karikatur – steht die Vernichtung des Aufklärungserbes, die Machtübernahme durch die Jesuitenpartei und der Rückfall in die finstersten Zeiten des Klerikalismus bevor.«[56] Diese drastische Warnung war sicherlich übertrieben, aber gewiss ist, dass sich in der Zeit der Restauration in Frankreich eine Kluft auftat zwischen dem wiederhergestellten, zu Triumphalismus und Intoleranz neigenden Katholizismus einerseits und dem sich mit beeindruckenden Fortschritten auf naturwissenschaftlichem Gebiet verbindenden geistigen Erbe von Aufklärung und Revolution andererseits. Als in der Zeit der Julimonarchie (1830–1848) die Intoleranz – jetzt mit umgekehrten Vorzeichen! – und ein heftiger Antiklerikalismus wiedererwachten, kam es u.a. in den Jahren 1830 bis 1832 zu mindestens 110 Auseinandersetzungen um die seit 1815 errichteten Missionskreuze, die daraufhin oft entfernt oder in Kircheninnenräume versetzt wurden[57].

Langfristig zogen sich – wie im Deutschland des 19. Jahrhunderts (↗ KAR 6) – auch in Frankreich die Christen vor der bedrohlich empfundenen Moderne zurück. »Die Säkularisierung der Welt wurde in erster Linie als Entchristlichung wahrgenommen und die Freiheit des Menschen negativ als Entwurzelung und Bindungslosigkeit gedeutet.«[58]

L   Jules Champfleury [eigentl. Jules François Felix Husson], Histoire de la Caricature sous la République, l'Empire et la Restauration, Paris ²1877, 331–341 (auch online verfügbar); Fischer,

---

53   So fanden sich z.B. in Carcassonne 20.000, in Cherbourg 25.000 und in Avignon 40.000 Menschen ein (nach Sevrin [wie Anm. 3] I 321).

54   Dt.: Es lebe das Kreuz!

55   Hierzu ausführlich Sevrin (wie Anm. 3) I 314–329 (»La plantation de Croix«); J. Michael Phayer, Politics and Popular Religion: The Cult of the Cross in France, 1815–1840, in: Journal of Social History 11 (1978) 346–365, hier: 347–351.

56   Fischer, Licht 94.

57   Zu den Unruhen um Missionskreuze, denen der Ausbruch der Cholera in Frankreich 1832 ein Ende setzte, siehe Phayer (wie Anm. 55) 351–358 (mit Graphik und Karte); anschließend wurden mancherorts wieder neue Kreuze errichtet (allerdings ohne Durchführung einer Volksmission; vgl. a.a.O. 358–361 mit Karte).

58   Plongeron (wie Anm. 3) 679.

Licht[59] 10–14, 86–96; Piltz 111; Vera Quintus, Karikatur als Wirkungsmittel im oppositionellen Chanson Bérangers (= Trierer Studien zur Literatur 9), Frankfurt a. M. u. a. 1983, 36; Bernard Plongeron u. a., Von Napoleon zu Metternich, in: ders. (Hg.), Aufklärung, Revolution, Restauration (1750–1830) (= Die Geschichte des Christentums. Religion – Politik – Kultur 10), Freiburg i. Br. u. a. 2000, 621–703, hier: 671–679; Rolf Reichardt, Intermediale Wechselspiele. Lieder versus Bilder in Frankreich zwischen Revolution und Restauration, in: Sabine Heiser / Christiane Holm (Hgg.)., Gedächtnisparagone – Intermediale Konstellationen (= Formen der Erinnerung 42), Göttingen 2010, 191–213, hier: 202–208, 212 f.; ders., Light Against Darkness: The Visual Representations of a Central Enlightenment Concept, in: Representations (Berkeley) 61 (1998) 95–148, hier: 131 f.

K   anonym (kolorierte Radierung).

Q   Bibliotheque nationale Paris, Cabernet des Estampes, Dépôt le 17 septembre 1819, Sammlung De Vinck 10302 (http://gallica.bnf.fr/ark:/12148/btv1b6955650r.f1 [28. Okt. 2013]) (farbig); Champfleury 333; Michel Leroy, Le mythe jésuite. De Béranger à Michelet, Paris 1992, 165 (Tafel III); Fischer 87 (Abb. 44); Rolf Reichardt, Light Against Darkness: The Visual Representations of a Central Enlightenment Concept, in: Representations (Berkeley) 61 (1998) 95–148, hier: 132 (Abb. 26); ders., Intermediale Wechselspiele. Lieder versus Bilder in Frankreich zwischen Revolution und Restauration, in: Sabine Heiser / Christiane Holm (Hgg.), Gedächtnisparagone – Intermediale Konstellationen (= Formen der Erinnerung 42), Göttingen 2010, 191–213, hier: 207 (Abb. 6) (jeweils sw).

---

[59] Es sei darauf hingewiesen, dass Fischers ansonsten sehr instruktive Ausführungen in manchen Aussagen und Zitaten dem umfangreichen Aufsatz »Die Jesuiten in Europa seit Auflösung des Ordens durch Clemens XIV.«, in: Die Gegenwart. Eine encyklopädische Darstellung der neuesten Zeitgeschichte für alle Stände 2 (1849) 237–286, 628–681, folgen, der aber keineswegs, wie Fischer (Licht 221, Anm. 224) angibt, anonym erschienen ist, sondern laut Anm. *) zu Beginn des Aufsatzes (ebd. 237) von S[amuel] Sugenheim (1811–1877) stammt. Diesem jüdischen Autor eignete eine dezidiert jesuiten- und kirchenfeindliche Einstellung, die sich z. B. in heftiger Polemik gegen die Volksmissionen (»jesuitischer Missionsunfug«: ebd. 641, vgl. 644) und Marianischen Kongregationen (»zur Ablagerung aller Elemente des Mis[s]vergnügens«: ebd. 645) entlud. Überdies beruhen dessen Werke – obgleich er in obengenannter Anmerkung als »Quellenforscher« bezeichnet wird – allesamt nicht auf eigenen archivalischen Studien, sondern ausschließlich auf der Kompilation gedruckter Literatur, so auch die 1847 erschienene zweibändige »Geschichte der Jesuiten in Deutschland 1540–1773«. Näheres bei Rudolf Jung, Art. Sugenheim, in: ADB 37 (1894) 136–138.

5. Ein Dunkelmann der Märzrevolution
(1848)

Ein Dunkelman.

(14)

Wie ist mir doch so thränerlich,
Maria – Magdalenerlich,
So Lammes – Blutspur – Sucherlich,
So Alle – Welt – Verflucherlich,
So Kreuzesholz – Umkriecherlich,
So Jungfrau – Duften – Ri[e]cherlich,

So Siegesfahnen – Lämmerlich,
So Sündvoll Katzenjämmerlich
So die Vernunft – Verketzerlich,
So Pfaffenhaft – Aufhetzerlich,
So dusterlich und schwummerlich
Und Alle - Welt – Verdummerlich !

1. Beschreibung und Deutung

Die anonyme Münchner Karikatur zeigt einen nach Art der damaligen Zeit gekleideten älteren und verhärmt wirkenden Geistlichen mit rotem Wams, schwarzem
Käppchen, Gebetbuch und Rosenkranz (hierzu **KAR 16** INFOBOX Rosenkranz),
der in ganz ähnlicher Haltung vor dem Betrachter kniet wie auf dem großen Bild
hinter ihm Maria Magdalena. Vor einem Kreuz, einer Bibel und einem Totenschä-
del tut diese mit aufgelöstem Haar und entblößtem Oberkörper Buße.

> Die in der abendländischen Kirche seit dem 6. Jahrhundert vollzogene Gleichsetzung der
> Maria von Magdala (Maria Magdalena), einer Jüngerin Jesu, mit Maria von Betanien und
> der namenlosen Sünderin, die Jesus in Lk 7,36–50 die Füße salbt, hat zu einer reichen
> Ikonographie geführt. Vor allem im Barock wurde sie als halbnackte, meist jugendlich
> schöne Büßerin in heroischer Landschaft (oder einer Höhle) zum bevorzugten Typus
> künstlerischer Darstellung (Rubens, van Dyck) mit den Hauptattributen des *Totenschä-
> del*s als Vanitas-Symbol (Symbol der menschlichen Vergänglichkeit) und des *Kruzifix*es
> als Gegenstand ihrer Versenkung in die Leiden Christi und als Symbol ihrer Liebe zum
> Herrn.
>
> Lit.: Regina Radlbeck-Ossmann u. a., Art. Maria 2), in: LThK³ 6 (1997) 1340–1343 (Lit.); Welt und
> Umwelt der Bibel 13 (2008) H. 2 (Maria Magdalena); Imbach, Eingeweide 130–133.

Darauf beziehen sich auch die ersten beiden von zwölf Versen des kommentierenden
Textes, die allesamt auf »-lich« enden. Die anschließenden Zeilen bringen ebenfalls
die Zerknirschung und Bußbereitschaft des »Dunkelmannes« zum Ausdruck: Er
möchte der blutigen Spur des Lammes – also Christus in seinem Leiden – folgen,

> Die Betrachtung von Tod und Auferstehung Jesu im Licht der jüdischen Pessach-Über-
> lieferung (Ex 12,1–30) führte zur allegorischen Deutung des Osterlammes auf das Opfer
> Christi (1 Kor 5,7).

dabei alle(s) Welt(liche) verfluchen und das Kreuz Jesu als Ausdruck demütiger Verehrung umkriechen. Wenn es dann aber heißt, dem Mann sei »so Jungfrau-Duften-
Richerlich«, dann denkt man nicht nur an die schon im Mittelalter als duftende Rose
gepriesene Jungfrau Maria[1], sondern nimmt auch im nächsten Raum, der Küche,
eine sehr dralle Frau wahr, die am Herd vor einem großen Kochtopf steht, aus dem
(sicherlich Essensduft verströmender) Dampf steigt. Dem Bußvorhaben könnten
also sowohl von kulinarischer wie erotischer Seite Hindernisse entgegenstehen.

Das »Siegesfahnen-Lämmerlich« ist auch bildlich dargestellt durch ein auf
einem kleinen Postament hinter dem Knieenden stehendes Osterlamm mit Sieges-
fahne.

Keine Entsprechung im Text hat dagegen die Schmerzensmutter Maria, die
gleich neben dem Osterlamm am rechten Bildrand auf einer hohen Säule als von
sieben Schwertern (davon vier sichtbar) durchbohrte, blau gekleidete Figur mit Heiligenschein steht.

---

[1] Vgl. Margot Schmidt / Silke Egbers, Art. Rose, in: MarL 5 (1993) 548–552.

Die biblische Grundlage für die Bezeichnung und Verehrung Marias als Schmerzensmutter *(Mater dolorosa)* ist die Weissagung Simeons, dass Marias Seele ein Schwert durchdringen wird (Lk 2,35), und die Szene der johanneischen Leidensgeschichte, in der Maria mit dem Lieblingsjünger unter dem Kreuz steht (Joh 19,25–27). In der Marienfrömmigkeit wurden diese beiden Begebenheiten mit fünf weiteren zu den *sieben,* durch Schwerter dargestellten *»Schmerzen« Mariä* summiert: Flucht nach Ägypten (Mt 2,13–15), dreitägiger Verlust Jesu (Lk 2,41–52), Kreuzweg, Abnahme vom Kreuz und Grablegung Jesu (Mk 15,20–47 parr.).

Lit.: Josef Finkenzeller u. a., Art. Schmerzensmutter (Mater dolorosa), in: MarL 6 (1994) 28–35, bes. 28, 33.

Bemerkenswert sind zwei Arrangements, die Widersprüchliches bzw. nicht Zusammengehöriges miteinander verbinden, nämlich

*   zum einen die Kombination von Zeitung (»Volks Bote«) und Protestschreiben in der Manteltasche, denn eine »Adresse gegen die Grundrechte«[2] richtet sich auch gegen die im März 1848 gewährte Pressefreiheit, die Organe wie einen »Volks-Boten« erst ermöglichte[3],

Die wichtigsten *»Märzforderungen«* waren neben der Pressefreiheit die Glaubens- und Gewissensfreiheit, die Lehr- und Versammlungsfreiheit, die Einführung von Geschworenengerichten, das allgemeine Männerwahlrecht und die Wahl verfassungsgebender Versammlungen.

*   und zum anderen der auf eine damals hochaktuelle *kirchliche* (und übernationale) Angelegenheit anspielende Papierbogen »Authentischer Nachweis über die unbefleckte Empfängnis«,

Nachdem bereits 1843 eine in mehrere Sprachen übersetzte und in katholischen Kreisen vielbeachtete Untersuchung des damaligen Kardinalstaatssekretärs *Luigi Lambruschini* (1776–1854; amt. 1836–1846) alles zusammengetragen hatte, was für die Unbefleckte Empfängnis *(Immaculata Conceptio)* Mariens sprach, war Papst *Pius IX.,* ein großer Marienverehrer, von Beginn seines Pontifikats (1846) an entschlossen, die seit Jahrhunderten in der theologischen Diskussion befindliche Frage durch eine lehramtliche Entscheidung zum Abschluss zu bringen. So berief er am 1. Juni 1848 eine Kommission von 19 Theologen, von denen jeder um Erstellung eines diesbezüglichen Gutachtens ersucht

---

[2]   Über die Grundrechte beriet die Nationalversammlung in der Frankfurter Paulskirche ab 3. Juli 1848 monatelang, ehe man am 27. Dezember 1848 ein Gesetz der *»Grundrechte des deutschen Volkes«* verabschiedete, das der Reichsverfassung vom 28. März 1849 angefügt wurde. Unter § 14 heißt es in diesem Gesetz: »Jeder Deutsche hat das Recht durch Wort, Schrift, Druck und bildliche Darstellung seine Meinung frei zu äußern.« Die Verfassung von 1849 ist niemals in Kraft getreten, aber die deutschen Verfassungen von 1919 und 1949 lehnten sich in vielen Formulierungen an die Beschlüsse von 1848/49 an. Vgl. hierzu Theodor Schieder, Vom Deutschen Bund zum Deutschen Reich 1815–1871 (= Gebhardt Handbuch der deutschen Geschichte 15), München ¹⁶1999, 89 (Lit.); Günter Wollstein, Revolution von 1848 (= Informationen zur politischen Bildung 265), Bonn 2006 (ND 2010), 34 f. (Zitat: 34; mit Gegenüberstellung: »Grundrechte 1848 und heute«).

[3]   Näheres zur Pressefreiheit, zu den genauen Terminen ihrer Gewährung im März 1848 in den einzelnen deutschen Ländern und zu den Reaktionen darauf, die zu ihrer erneuten Einschränkung führten, bei Dussel, Tagespresse 41–58, bes. 42.

wurde, und 1849 bat er die Bischöfe der Welt um Stellungnahme. Von 603 Oberhirten, die antworteten, sprachen sich 546 für eine Dogmatisierung der Unbefleckten Empfängnis Mariens aus, die dann am 8. Dezember 1854, also etwa sechs Jahre nach Entstehung der Karikatur, erfolgte. Pius IX. definierte in der Bulle »*Ineffabilis Deus*«, dass die Gottesmutter Maria durch die Erlösungsverdienste Jesu Christi vom Augenblick ihrer Empfängnis in ihrer Mutter (Anna) an vor jeglichem Makel der Erbsünde bewahrt blieb. Bedeutsam war zudem, dass Pius hier – gleichsam in einem Testlauf für das Unfehlbarkeitsdogma von 1870 – demonstrativ von der päpstlichen Unfehlbarkeit Gebrauch machte, indem er die neue Glaubenslehre allein festlegte und die Bitte einiger Bischöfe um Erwähnung ihrer Zustimmung abwies.

Lit.: Georg Söll, Mariologie (= Handbuch der Dogmengeschichte III 4), Freiburg i.Br. u.a. 1978, 164–215; Michael Seybold u.a., Art. Unbefleckte Empfängnis, in: MarL 6 (1994) 519–532; Eder, Kirchengeschichte 186.

der in einem mit dem *politischen* (und nationalen) Zeichen der Kokarde versehenen Zylinderhut steckt.

Die Kokarde, eine Anstecknadel mit einer Rosette aus Papier oder Stoff, war bereits seit Beginn des 18. Jahrhunderts als militärisches Zeichen etabliert, ehe sie im Zusammenhang mit dem Umsturz in Frankreich 1789 zum revolutionären Symbol schlechthin wurde. Ab 1793 waren alle Franzosen verpflichtet, in der Öffentlichkeit an Kleidung oder Hut die Kokarde zu tragen, meist nach den Pariser Stadtfarben (blau-rot) und dem Weiß des bis dahin regierenden französischen Herrschergeschlechts der Bourbonen in den Farben blau-weiß-rot, die sich auch auf der 1794 zur offiziellen Nationalflagge deklarierten Trikolore finden. In anderen Ländern bald ebenfalls verbreitet, wurde die Kokarde in den jeweiligen Nationalfarben an der Kopfbedeckung getragen, so bei der Märzrevolution 1848 von den Befürwortern eines deutschen Nationalstaates in schwarz-rot-gold, von anderen aber auch in den jeweiligen Landesfarben (im Falle Bayerns also in weiß-blau).

Ebenfalls mit Kirche und Politik, aber auch mit Geld haben schließlich die Gegenstände zu tun, die am Boden verteilt sind: »Capitel-Buch«, »Hypotheken« und »Oesterreichische Banknoten«. Ersteres bezeichnet ein Buch zur Eintragung von Urkundenabschriften, Beschlüssen und Verhandlungsprotokollen eines Kapitels, wobei es sich in unserem Fall um ein Land- oder Ruralkapitel handeln muss, d.h. um die Geistlichkeit eines Dekanats (= Zusammenschluss mehrerer benachbarter Pfarreien eines Bistums zwecks pastoraler Kooperation) bzw. deren Sitzungen zur Besprechung von Dekanatsangelegenheiten.

Mit »Hypotheken« ist angedeutet, dass die Kirche dank stetig fließender milder Gaben und frommer Stiftungen schon seit dem Mittelalter in der Lage war, Kreditbedürftigen zinslos oder gegen mäßigen Zins Geld zur Verfügung zu stellen, seit der Frühen Neuzeit in Form einer (verzinsten) Hypothek[4]. Waren die Klöster zunächst

---

[4] Hierzu Arthur Cohen, Die Verschuldung des bäuerlichen Grundbesitzes in Bayern von der Entstehung der Hypothek bis zum Beginn der Aufklärungsperiode (1598–1745), Leipzig 1906, 226–231.

»Großdeutsche« Lösung: mit Preußen und Österreich unter habsburgischer Krone

»Kleindeutsche« Lösung: ohne Österreich unter preußischer Krone

(15) Groß- oder kleindeutsch? Zwei Modelle für ein künftiges Deutsches Reich

v. a. Kreditgeber des Adels, so galten die Barschaften der Kirchengemeinden noch im 19. Jahrhundert als Kreditfonds der bäuerlichen Bevölkerung[5]. Daher ist davon auszugehen, dass auch bei unserem Pfarrherrn Bauern der Umgebung Hypotheken aufgenommen hatten.

Die Erwähnung österreichischer Banknoten verweist darauf, dass der Priester unserer Karikatur sich so wie viele bayerische und katholische Abgeordnete des ersten frei gewählten deutschen Parlaments in der Frankfurter Paulskirche 1848 als »Großdeutscher« verstand, d. h. als Verfechter eines geeinten Deutschlands, zu dem auch diejenigen Länder des Habsburgerreiches gehören sollten, die eine deutschsprachige Bevölkerung hatten, insbesondere natürlich das (den Bayern stammverwandte) Kernland Österreich.

Die »großdeutsche Lösung« scheiterte daran, dass die Regierung in Wien an der Erhaltung des österreichisch-ungarischen Gesamtstaates festhielt. Demgegenüber erachteten die »Kleindeutschen«, die sich u. a. aus norddeutschen Protestanten und Liberalen (↗ KAR 6) rekrutierten, eine Koexistenz Preußens und Österreichs in einem Staat für unmöglich und konnten sich einen starken deutschen Staat nur unter der bereits gewohnten Führung Preußens und damit unter Ausschluss Österreichs vorstellen.

Lit.: Ernst Rudolf Huber, Deutsche Verfassungsgeschichte seit 1789, Bd. II: Der Kampf um Einheit und Freiheit 1830 bis 1850, Stuttgart u. a. ³1988, bes. 791–807; Günter Cordes, Art. Großdeutsche bzw. Kleindeutsche, in: Taddey 487f. und 670.

Dagegen spricht nicht die weiß-blaue Kokarde am Zylinder, da in den Beratungen um einen künftigen deutschen Staat die Auflösung der größeren deutschen Länder nie ernsthaft zur Debatte stand und Bayern deshalb auch in einer großdeutschen Lösung als eigenständiges Königreich hätte weiterbestehen können.

Die ersten sechs der zwölf Verse stammen – mit zwei Abweichungen – von dem Wiener Redemptoristen **Anton Passy** (1788–1847), einem Schüler **Clemens Maria Hofbauer**s:

<hr>

[5]   Im steigenden 19. Jahrhundert übernahmen allmählich Banken wie die 1835 eröffnete Bayerische Hypotheken- und Wechselbank diese Aufgabe. Unter den Gründen für deren Errichtung wurden ausdrücklich »die allgemein herrschenden Klagen über den Mangel an billigen Darlehen für die Landwirtschaft« genannt (Franziska Jungmann-Stadler, Die Gründung der Bayerischen Hypotheken- und Wechselbank 1834/35, in: Zeitschrift für bayerische Landesgeschichte 60 [1997] 889–924, hier: 900).

Zur Verbreitung der 1732 durch *Alfons Maria von Liguori* (1696–1787) gegründeten Priesterkongregation der *Redemptoristen* (Liguorianer) jenseits der Alpen wurde 1788 der Österreicher Clemens Maria Hofbauer (hl., 1751–1820, Redemptorist seit 1784) zum Generalvikar des Ordens ernannt. Durch seine charismatische Art wurde er zum Mittelpunkt eines Romantiker-Kreises *(Hofbauer-Kreis)*, der im Sinne einer restaurativen kirchlichen Erneuerung wirkte. Diesem Kreis gehörten auch die Brüder *Georg* (1784–1836) und Anton Passy an. Letzterer, seit 1820 Redemptorist, wurde 1821 zum Priester geweiht und avancierte durch vielseitige schriftstellerische Tätigkeit (u. a. Erzählungen, Novellen, Gedichte, Lieder, Dramen, Andachts- und Gebetbücher) bald zu einem bedeutenden Literaten der katholischen Wiener Romantik.

Lit.: Manfred Eder, Art. Redemptoristen, in: RGG⁴ 7 (2004) 141; Otto Weiß, Art. Hofbauer, in: LThK³ 5 (1996) 196; Schatz, Säkularisation 64 f.; Eduard Hosp, Erbe des hl. Klemens Maria Hofbauer. Erlösermissionäre (Redemptoristen) in Österreich 1820–1951, Wien 1953, 556–565; Gertrud Palocsay, Anton Passy (1788–1847). Leben und Wirken eines Historikers und Publizisten der katholischen Romantik, Diss. masch. Wien 1968.

> »Wie ist mir doch so thränerlich,
> Maria-Magdalenerlich,
> So Christi-Blutspur-Sucherlich
> So Alle-Welt-Verflucherlich
> So Seitenhöhl durchkriecherlich
> So Jungfrau-duften-riecherlich.«[6]

Während die erste Änderung (Zeile 3: »Christi« statt »Lammes«) die Aussage nicht verändert, weist die zweite (Zeile 5: »Seitenhöhl durchkriecherlich« statt »Kreuzesholz-Umkriecherlich«) in die barocke Passionsfrömmigkeit zurück, in der die durch den Lanzenstich (Joh 19,34) entstandene »Seitenhöhle« des Gekreuzigten nicht nur katholischer –, sondern auch evangelischerseits Gegenstand inniger Verehrung war.[7] Die restlichen Verse scheinen dagegen Neudichtung zu sein, zunächst noch ganz im Stil des Vorherigen, wobei das »Sündvoll Katzenjämmerlich« bereits eine ironische Note enthält. Damit ist aber die Palette der Bußformen erschöpft, und der anonyme Verfasser schildert nun die Kehrseite, die seiner Ansicht nach aus solch einer verstaubten Frömmigkeit folgt: Der Gebrauch der Vernunft wird verketzert, es wird nach Art der Pfaffen (seit der Reformation gebrauchte verächtliche Bezeichnung

---

[6] Zit. nach dem mit »Anton Passy Liguorianer« unterzeichneten Text auf einem Schmuckblättchen aus dem Goethe- und Schiller-Archiv Weimar, Bestand Bertuch, Sign. GSA 06/5646. Es handelt sich hierbei um eine zeitgenössische Abschrift unbekannter Hand im Comptoir des Weimarer Verlegers Friedrich Justin Bertuch (1747–1822), abgelegt unter dem Bezug »Eingegangene Manuskripte zu Zeitschriften«.

[7] Diese Art der Frömmigkeit spielte im evangelischen Pietismus des 18. Jahrhunderts und insbesondere in der Herrnhuter Brüdergemeine eine Rolle. Vgl. Karl-Heinz zur Mühlen, Art. Kreuz VI., in: TRE 19 (1990) 765 f.; Elisabeth Schneider-Böklen, »Amen, ja, mein Glück ist groß«. Henriette Louise von Hayn (1724–1782) – eine Dichterin des Herrnhuter Pietismus, Diss. Marburg 2005 (Volltext in: http://archiv.ub.uni-marburg.de/diss/z2006/0115/; Druckfassung: Herrnhut 2009), 92 (»mariamagdalenerlich«). Vgl. dazu auch die Gedichttitel unten in Anm. 9. Über Wesen und Geschichte des Pietismus informiert Martin H. Jung, Pietismus, Frankfurt a. M. 2005 (zu Buße und Nachfolge Christi: 90 f.).

für Geistliche) aufgehetzt und alle Welt verdummt. Eben weil das Licht und die Klarheit der Vernunft fehlt, ist ihm »dusterlich und schwummerlich«, d.h. düster und schwummrig (= bange).

Das komplette Gedicht, »ein brillantes Beispiel religionskritischer Polemik«[8], war auch in zahlreichen Zeitungen jener Zeit abgedruckt[9] und diente als Vorbild weiterer poetisch-satirischer Werke gleichen Zuschnitts, wie z.B. folgendem über den Fuldaer **Piusverein**:

> Nachdem der Mainzer Domkapitular und Kirchenpolitiker *Adam Franz Lennig* am 23. März 1848 in Mainz den ersten, nach Papst Pius IX. (1846–1878) benannten »Piusverein *für religiöse Freiheit*« zur Wahrung und Förderung katholischer Interessen gegründet hatte, bildeten sich in den folgenden Monaten in ganz Deutschland an die 400 weitere solcher Vereine mit fast 100.000 Mitgliedern. Zur Koordinierung der Bestrebungen fand im Oktober 1848 in Mainz die erste, von 83 Vereinen beschickte Generalversammlung der Piusvereine statt, aus der die bis 1932 jährlich (heute alle vier Jahre) abgehaltenen »*Katholikentage*« hervorgingen.
>
> Lit.: Heinz Hürten, Art. Katholikentage, in: TRE 18 (1989) 37–40 (Lit.); Manfred Eder, »Die Katholiken und die moderne Zeit«. Deutsche Katholikentage ab 1848 und der Osnabrücker Katholikentag 1901, in: Raimund Lachner / Georg Steins (Hgg.), Weite wagen. Theologische Anstöße zum Osnabrücker Katholikentag (= Vechtaer Beiträge zur Theologie 14), Berlin 2008, 113–154, bes. 115–121.

»Mir wird so missethäterlich,	So Armesünder-fühlerlich,
So Rosenkranz-abbeterlich,	So Leidenschaft-abkühlerlich,
So Litaneien-sagerlich,	So Sündenlast-bekennerlich,
So Bußcostüme-tragerlich,	So Bruderschaften-rennerlich,
So zwei-Portionen-esserlich,	So Jesuiten-späherlich,
So Lebenslauf-verbesserlich,	So Zöllner-Pharisäerlich.«[10]

---

8   Martin Henkel / Rolf Taubert, Die deutsche Presse 1848–1850. Eine Bibliographie (= Deutsche Presseforschung 25), München u.a. 1986, 40, Anm. 45.

9   Z.B. *Rheinische Blätter*. Literarische Beilage zur Mannheimer Abendzeitung, Nr. 77 vom 13. Juli 1844, 616 (»Pietistischer Monolog«; mit Verweis darauf, dass die *Ulmer Schnellpost* dieses »ergötzliche Gedicht« aus dem Blatt *Der Dorfbarbier* [Leipzig] übernommen habe); *Neue Kölnische Zeitung* vom 17. Febr. 1849 (»Pietistischer Stoßseufzer«; zit. nach Henkel/Taubert [wie Anm. 8] 40); *Finessen-Sepperl*. Ein Blatt für schlechte Witze und Dummheiten sowie für höhere und niedere Politik (München), Nr. 8 vom 30. März 1849, 32 (»Der Dunkelmann«); *Der Zuschauer an der Pegnitz* (Nürnberg), Nr. 58 vom 15. Mai 1849, 232 (»Pietistischer Monolog«).

10 *Wacht auf!* (Fulda) vom 12. Sept. 1849, zit. nach Henkel/Taubert (wie Anm. 8) 40; vgl. 188. Ebd. 40f. ist noch eine weitere Variation aus der gleichen Fuldaer Zeitung vom 2. Okt. 1849 zitiert, die sich gegen die antidemokratisch und antirepublikanisch gesinnten Verfechter der kurhessischen konstitutionellen Monarchie richtet. Deren Anfang und Ende lauten: »*Mir wird so reichsverfasserlich, / So Demokraten-hasserlich, / So Volksfreiheiten-dieberlich, [...] So Republik-besiegerlich, / Am Ende doch nicht kriegerlich.*«

Wir haben gesaet in dürrer Zeit;   *Und droht unsrer Saat auch Verderben heut —*
Wir haben gepflegt mit Emsigkeit,   *— Wir werden doch ärndten in guter Zeit!*

(16)   *Wir haben gesaet in dürrer Zeit,*   *Und droht unsrer Saat auch Verderben heut –*
       Wir haben gepflegt mit Emsigkeit,   *– Wir werden doch ärndten in guter Zeit!*

Ein zweifellos der »Fundamentalopposition« (= dritte Gruppe nach Scheidgen; siehe folgende Seite!) zugehöriger, aber – laut Untertitel – optimistischer Jesuit mit einem Löschhütchen (↗ KAR 4) an einer langen Stange unter dem Arm (um revolutionäre, demokratiefreundliche Bestrebungen auszulöschen) gießt vor zahlreich versammelter Geistlichkeit (erkennbar an Beffchen ↗ KAR 2 INFOBOX und [ev.] Halskrause) mit einer großen Gießkanne konservative christliche Zeitschriften, um ihr Wachstum zu fördern und »in guter Zeit« Früchte der kirchlichen Saat ernten (»ärndten«) zu können. Namentlich genannt sind (mit Zeitungen umhüllte Männer, von links):

* »*Hengstenberg Kirchen-Zeitung*«, d. h. die vom luth. Theologen *Wilhelm Hengstenberg* (1802–1869) herausgegebene restaurative *Evangelische Kirchenzeitung* (Berlin, 1827–1930),
* »*Bayard, der Kämpfer für u. s. w.*« = Bayard, der Kämpfer für Gott, König und Vaterland. *Blätter zur Beförderung der wahren Volksinteressen* (Leipzig, 1846–1848), benannt nach *Pierre du Terrail*, Chevalier de Bayard (um 1473–1524), dem berühmten »Ritter ohne Furcht und Tadel« (mit [Gift-]Spritze),
* die katholischen »*Histo[risch]-politi[schen] Blät[t]er*« (München, 1838–1923),
* ein »*Volksblatt*« (wobei es schon damals mehrere Zeitungen dieses Titels gab) und
* die »*Adelszeit[ung]*«, die wohl die *Zeitung für den Deutschen Adel* (Leipzig) meint, welche allerdings nur 1840–1844 erschienen ist (und deshalb unbegossen abseits steht).

Rechts vorne ist ein Zensor mit großer Perücke und Federkiel zu sehen, dessen Gesicht eine Schere bildet (am Pult: »*Instruction für die Censur*«, links davor eine Flasche »*Rote Tinte*« für Zensurierungen) und dahinter der von ein paar Schafen umgebene prächtige Thron des Stellvertreters Jesu Christi (IHS = Jesuskürzel; Papstkreuz ↗ KAR 2 INFOBOX), der aber leer ist, da der Papst – im Herbst 1848 vor der Revolution aus Rom geflohen – im Exil weilte (↗ KAR 8 INFOBOX Papst Pius IX.). Anonyme Karikatur aus *Der Leuchtturm* (damals Braunschweig), 1848.

2. Wie dunkel ist unser Mann?

Hermann-Josef Scheidgen unterscheidet im Hinblick auf die Revolution von 1848/49 und die Märzerrungenschaften drei verschiedene Gruppen innerhalb des deutschen Klerus: »Die erste, die den kleinsten Anteil ausmachte, sympathisierte offen mit den Zielen der Revolution und beteiligte sich teilweise sogar an ihr. Eine zweite Gruppierung verhielt sich abwartend oder kritisch gegenüber der Revolution, setzte sich jedoch durch die von der März-Revolution vorgegebenen Regelungen des kirchlichen Lebens engagiert für die kirchlichen Belange ein und propagierte die ›Freiheit der Kirche‹. Die letzte Gruppierung lehnte die Revolution in jeglicher Hinsicht ab. Sie verfolgte politisch restaurative Tendenzen und gab sich theologisch in der Regel äußerst konservativ.«[11] Der Kleriker in unserer Karikatur muss sicherlich der zweiten Gruppierung zugerechnet werden. Er ist ganz offensichtlich unschlüssig und hin- und hergerissen zwischen der religiösen Tradition, insbesondere einer ausgeprägten – möglicherweise durch die damals in vielen Orten Bayerns durchgeführten Volksmissionen (↗ **KAR 4** INFOBOX) der Redemptoristen befeuerten[12] – Bußfrömmigkeit, und den durch die Märzrevolution von 1848 eröffneten Perspektiven. Eigentlich vom »alten Schlag« und deshalb ein Feind der Aufklärung (= Dunkelmann, Obskurant), scheint er doch »angekränkelt« zu sein von den Märzfreiheiten und heimlich mit diesen neuen, jedoch damals nur kurzlebigen Errungenschaften zu liebäugeln[13].

L   Wolfram Siemann, Die deutsche Revolution von 1848/49, Frankfurt a. M. 1985 (ND 2009); Hermann-Josef Scheidgen, Der deutsche Katholizismus in der Revolution von 1848/49. Episkopat – Klerus – Laien – Vereine (= Bonner Beiträge zur Kirchengeschichte 27), Köln 2008, 203–304 (»Der Klerus«); Hermann Reiter, Die Revolution 1848/49 in Bayern, Bonn 1998.

K   Anonym (München).

Q   Fuchs II, nach 16; http://www.payer.de/religionskritik/schuldbekenntnis.htm (20. Mai 2015) (jeweils farbig).

---

[11]   Hermann-Josef Scheidgen, Der deutsche Katholizismus in der Revolution von 1848/49. Episkopat – Klerus – Laien – Vereine (= Bonner Beiträge zur Kirchengeschichte 27), Köln 2008, 203.

[12]   Clemens Jockwig, Die Volksmission der Redemptoristen in Bayern von 1843 bis 1873. Dargestellt am Erzbistum München und Freising und an den Bistümern Passau und Regensburg. Ein Beitrag zur Pastoralgeschichte des 19. Jahrhunderts, in: Beiträge zur Geschichte des Bistums Regensburg 1 (1967) 41–408, bes. 84f., 173f., 338f., 348–351.

[13]   Meinungs- und Pressefreiheit erfuhren durch Zensur und Polizeispitzel bereits ab 1849 Einschränkungen, und 1851 hob der restituierte Deutsche Bund die »*Grundrechte des deutschen Volkes*« wieder auf. Vgl. hierzu Lothar Gall u. a., Fragen an die deutsche Geschichte. Ideen, Kräfte, Entscheidungen von 1800 bis zur Gegenwart (Ausstellungskatalog), Bonn ⁵1980, 177.

6. Kirche und moderne Zeit – zwei Welten begegnen sich

(17. Sept. 1868 bzw. 1869)

(17) Priester, hebt euch hinweg, ich kann mit dem Zuge nicht ausweichen!

1. Beschreibung

Die in einer italienischen (1868) und einer deutschen Fassung (1869) existierende Karikatur mit dem Titel »Das ökumenische Konzil« (ital.: »*Il Concilio Ecumenico*«)[1] zeigt auf der linken Seite den vorderen Teil einer sich vor einer Weiche befindenden Dampflokomotive. Auf ihr steht ganz vorne ein bärtiger Mann in Arbeiterkleidung. In der Linken hält er eine Fahne, auf der die drei Worte »WISSENS[C]HAFT«, »FORTSCHRITT« und »ZUKUNFT« (bzw. ital.: »SCIENZA«, »PROGRESSO« und »AVVENIRE«) zu lesen sind. Mit der rechten Hand macht er eine ausgreifende Bewegung, die der Untertitel erläutert: »Priester, hebt euch hinweg, ich kann mit dem Zuge nicht ausweichen!« (ital.: »*Levita, togliti di costì, chè io non posso deviare il convoglio*«). Hinter dem Arbeiter, bei dem es sich somit um den Lokomotivführer handelt, steht als allegorische Gestalt »Frau Wissenschaft« mit einem technischen Instrument (Senklot?) sowie einem halb aufgerollten und mit einer Grundrisszeichnung versehenen Blatt in Händen und verleiht den Worten des Mannes Nachdruck. Ist schon die Eisenbahn ein starkes und im 19. Jahrhundert oft verwendetes Symbol für das mit der Industrialisierung und dem Fortschritt in Naturwissenschaft und Technik angebrochene neue Zeitalter, so nicht minder die Telegraphenmasten und -drähte, die sich hinter der Szene in verschiedene Richtungen verzweigen und die moderne Welt vernetzen.

> Nachdem der englische Ingenieur *James Watt* bereits 1769 ein Patent auf eine Dampfmaschine erhalten hatte, baute der Ingenieur *George Stephenson* 1814 in England die erste betriebsfähige Dampflokomotive und eröffnete 1825 die erste Eisenbahnstrecke der Welt (Stockton – Darlington). Die erste öffentliche Eisenbahnlinie Deutschlands wurde 1835 auf der nur sechs Kilometer langen Strecke von Nürnberg nach Fürth in Betrieb genommen. Zwei Jahre zuvor, also 1833, richteten der Mathematiker *Carl Friedrich Gauß* und der Physiker *Wilhelm Weber* die erste praktisch verwendbare Telegraphenverbindung ein. Dem allgemeinen Gebrauch zugänglich wurde die Telegraphie durch die Erfindung des Morseapparates 1837.

Welch ein Kontrast zur rechten Hälfte des Bildes! Quer über die beiden Gleise steht hier ein einachsiger Holzkarren, gezogen von einem Esel mit Scheuklappen. Auf dem Karren scheint sich auf den ersten Blick der vom Lokomotivführer Angesprochene zu befinden, allerdings nicht in Gestalt eines einfachen katholischen Priesters, sondern vielmehr in Person des obersten Priesters, des Papstes, in liturgischen Gewändern mit der Tiara auf dem Kopf (↗ KAR 29) und einem Stab mit Papstkreuz in der Linken (↗ KAR 2). Doch rasch bemerkt man, dass es sich nur um eine vogelscheuchenartige Strohpuppe handelt, in deren leerem linken Ärmel besagter Stab steckt. An den rechten Ärmel dagegen ist eine Prozessionsfahne mit der Aufschrift

---

[1] »1869 wurde die Karikatur ins Deutsche ›übersetzt‹ und lieferte so ein Exempel der wechselseitigen Beobachtung der Kulturkämpfer und des medialen Transfers antiklerikaler Bilder« (Borutta, Antikatholizismus 136). Zu beachten ist allerdings, dass der Kulturkampf in Deutschland erst 1871 begann.

»ÖKUMENIS[C]HES KONCIL« (bzw. »*CONCILIO ECUMENICO*«) angebunden[2]. Auf dem Wagen sind zudem noch zwei Jesuiten (mit den damals getragenen typischen Kalabreser-Hüten; ↗ **KAR 7**) und zwei schwarze Schweine zu erkennen; weitere Jesuiten haben sich hinter dem Papstkarren versammelt. Vor und neben dem Vehikel schließlich drängt sich eine Schafherde, wobei nur ein Schaf ganz vorne und der rechts liegende Schafbock den Blick auf den Zug gerichtet haben, alle anderen Tiere der Herde schauen hingegen nach hinten.

2. Deutung und Bewertung

Die Grundaussagen der Karikatur sind eindeutig: Die katholische Kirche ist nicht nur antiquiert und hat keinen Anschluss mehr an die moderne Zeit, sie ist ihr sogar hinderlich, indem sie dem unter vollem Dampf stehenden Fortschritt den Weg versperrt. Dass der Papst nicht in Gestalt des damals regierenden Nachfolgers Petri auftritt (*Pius IX.*, 1846–1878), sondern nur als Puppe, soll sicherlich ausdrücken, dass das Papsttum zwar noch in äußerer Pracht dasteht, innerlich aber strohern und hohl ist und der Gegenwart nichts mehr zu sagen hat, nicht einmal in einem Ökumenischen Konzil, wie es im Vatikan vom 8. Dezember 1869 bis 19. Juli 1870 abgehalten wurde (Vatikanum I). Darin und möglicherweise auch in der Abwendung vieler Arbeiter von der in der Sozialen Frage zu wenig aktiven Kirche (siehe unten S. 84–86) gründet wohl die distanzierte Anrede durch den Lokomotivführer als »Priester« und nicht als »Heiliger Vater« (sie fehlt in der italienischen Version). Um den Papst geschart sind in der Überspitzung der Karikatur nur mehr die Jesuiten, die sich in einem zusätzlichen, vierten Gelübde zum Gehorsam gegenüber dem Papst verpflichten (↗ **KAR 9**), und die ganz treuen Schäflein, die sog. Ultramontanen, die ihren Blick unbeirrbar auf den Papst richten.

> Der Begriff »Ultramontane« ist von jenen katholischen Gläubigen abgeleitet, die von Norden her beständig auf das »*ultra montes*« (lat. für: jenseits der Berge [= Alpen]) gelegene Rom blickten, um sich in Lehre und Praxis strikt am Papst auszurichten, fand aber ebenso auf Südeuropäer Anwendung.
>
> Lit.: Klaus Unterburger, Art. Ultramontanismus, in: RGG⁴ 8 (2005) 705–708.

In der Tat begab sich die katholische Kirche im Laufe des 19. Jahrhunderts immer stärker in ein selbstgewähltes Ghetto. Bereits mit *Gregor XVI.* (1831–1846) hatte die scharfe, vom Geist autoritärer Defensive geprägte Abgrenzung zwischen dem Katholizismus und den geistigen wie politischen Anliegen der modernen Welt begonnen. Von diesem Papst an »gab es eine kontinuierliche kirchenamtliche Ablehnung

---

[2] Nicht ganz korrekt ist folgende Beobachtung Boruttas: »Während das päpstliche Banner still steht, flattert seine Fahne [d. h. diejenige des Arbeiters] im vorwärtstreibenden Fahrtwind« (Borutta, Antikatholizismus 136). Zwar ist die Fahne auf der *fahrenden* Lokomotive natürlich wesentlich stärker in Bewegung, aber auch die linke untere Ecke der Prozessionsfahne auf dem *stehenden* Karren ist durch einen Luftzug etwas angehoben.

dessen, was Aufklärung und Revolution auf ihre Fahnen geschrieben hatten: Liberalität und Individualität, Gewissensfreiheit und freie Presse, Demokratisierung und Wandel überhaupt standen unter dem Geruch des einem echten Glauben Abträglichen und von daher zu Verurteilenden und zu Bekämpfenden«[3]. Sein Nachfolger *Pius IX.* galt aufgrund gemäßigter Reformen im Kirchenstaat zunächst als liberal, kehrte aber nach üblen Erfahrungen im Revolutionsjahr 1848 und einigen Monaten des Exils (↗ KAR 8) in allem zum Kurs Gregors zurück und sperrte sich fortan gegen zeitgemäße kirchliche, nicht aber gegen technische Neuerungen.

Dass sich Pius IX. nicht gegen technische Neuerungen sperrte, beweist die Tatsache, dass dieser Papst noch im Jahr seines Regierungsantritts (1846) den Bau von Eisenbahnstrecken in den damaligen, immerhin noch über 40.000 km² großen Territorien des Kirchenstaates anordnete. Aufgrund der erwähnten turbulenten Ereignisse 1848/49 verzögerte sich jedoch das Projekt, so dass der Papst die erste Bahnfahrt eines Nachfolgers Petri während seines Exils auf Einladung des Königs beider Sizilien (d. h. Siziliens und Neapels), *Ferdinand II.* (1830–1859), am 8. September 1849 von Portici nach Pagani (beide Städte nahe Neapel) unternahm. Seit 1856 gab es dann eine eigene päpstliche Eisenbahn, und am 6. Oktober 1859 fand die erste Eisenbahnfahrt eines Papstes im Kirchenstaat statt: Sie führte Pius IX. mit einer Geschwindigkeit von 40 km/h in 28 Minuten auf dem ersten fertiggestellten Teilstück von Rom zur 19 km entfernten Bahnstation des Weinstädtchens Frascati, von wo aus er sich in seine Residenz Castelgandolfo (↗ KAR 24) begab. – Nach Abschluss der Lateranverträge 1929 (↗ KAR 25) wurde der Vatikan über einen neuerbauten Bahnhof und einen rund 250 Meter langen doppelten Schienenstrang mit dem italienischen Eisenbahnnetz verbunden. Innerhalb des Vatikanstaates verlaufen die Schienen auf einer Länge von 370 Metern und enden in einem Rangiertunnel. Da der Vatikan, der mit insgesamt 0,86 km Länge die wohl kürzeste Staatsbahn der Welt besitzt, seit 1870 weder eigene Züge noch das erforderliche Personal hat (↗ KAR 7), muss dies alles bei Bedarf vom italienischen Staat (der allerdings seinerzeit 29 Lokomotiven und zahlreiche Waggons konfisziert hatte!) entliehen werden. So stellte der italienische Staatspräsident 1962 einen Sonderzug für die Pilgerfahrt *Johannes' XXIII.* nach Loreto und Assisi zur Verfügung (↗ KAR 25). Insgesamt wurde der Bahnhof in den gut 80 Jahren seiner Existenz erst ein halbes Dutzend Mal von Päpsten benutzt; ansonsten dient der Bahnanschluss dem Schienengüterverkehr.

Lit.: Maurizio Panconesi, Le ferrovie di Pio IX. Nascità, sviluppo e tramonto delle strade ferrate dello Stato Pontificio (1846–1870) (= Storia dei trasporti pubblici 66), Cortona 2005; Ulrich Nersinger, »Stählerne Rosse«. Eisenbahnen im Kirchenstaat und im Vatikan, in: ders., Die Päpste zu Lande, zu Wasser und in der Luft, Bonn 2006, 105–124; Jürgen Erbacher, Art. Bahnhof, Vatikanischer, in: Erbacher 49 f.; Antonio Martini, Art. Bahnhof, Vatikanischer, in: Del Re, Vatikanlexikon 55–58.

So erließ Pius IX. 1864 die Enzyklika »*Quanta cura*«, die in feierlichem Ernst »die modernen Irrtümer« verurteilte, so etwa den Rationalismus, den Sozialismus, vor

---

[3]   Joachim Schmiedl, Das Konzil und die Orden. Krise und Erneuerung des gottgeweihten Lebens, Vallendar-Schönstatt 1999, 79. – Zu Gregor siehe Rudolf Lill, Art. Gregor XVI., in: RGG⁴ 3 (2000) 1261 f.

allem aber den modernen Fortschrittsglauben, weil er die Laisierung aller Institutionen und die unbeschränkte Freiheit des Glaubens und der Presse propagiere. Der Enzyklika beigefügt war der »*Syllabus errorum*«, ein »Verzeichnis von achtzig der hauptsächlichsten« Irrtümer unserer Zeit«. U. a. wurde hier die Forderung der Religions- und Meinungsfreiheit verworfen und als letzte These diejenige, dass der Papst sich mit dem Fortschritt, dem **Liberalismus**

> Ursprüngliches Ziel der wesentlich in der europäischen Aufklärung wurzelnden geistigen und politischen Bewegung des **Liberalismus** (von lat. *liber:* frei) war die Befreiung des einzelnen Menschen »aus Zwängen, die sich in autoritären Machtverhältnissen, überlieferten Weltanschauungen und sozialen Gewohnheiten darstellten« (Hans Vorländer). Demgegenüber entwarf der Liberalismus, der sich als politischer Begriff erst in der ersten Hälfte des 19. Jahrhunderts durchsetzte, »das Bild einer neuen Gesellschaft, deren grundlegende Prinzipien individuelle Freiheit und rechtliche Gleichheit sind« (Hans Vorländer). Zu seinem ideologischen Kern zählte dabei die Weltlichkeit des Staates. Dies konnte in der Praxis Glaubensfreiheit und religiöse Toleranz, aber auch die im Kulturkampf erfolgte Bekämpfung kirchlicher Kompetenzen und Ansprüche (↗ KAR 8 + 9) als »Klerikalismus« bedeuten. Konfliktträchtig war insbesondere die von der Aufklärung herrührende Vorstellung einer unbegrenzten und bedingungslosen Autonomie des Individuums, weswegen die Kirche im Liberalismus den Hauptverantwortlichen für den Zerfall der alten Ordnungen und den Inbegriff der Kirchenfeindlichkeit erblickte. »Die Kirche sah in ihm die Büchse der Pandora, aus der nicht nur die Nöte der Kirche, sondern alle gesellschaftlichen, wirtschaftlichen und sozialen Probleme der Zeit entsprungen seien« (Victor Conzemius). Den deutschen Katholizismus prägte bis in die Weimarer Zeit eine scharf antiliberale Haltung, und die deutschen Katholiken wählten keine der in ihren Programmen stark voneinander abweichenden liberalen Parteien, wodurch den Rechts- wie Linksliberalen von vornherein ein Drittel der Bevölkerung als potentielle Wähler und Mitglieder wegfiel. Im 20. Jahrhundert verlor der Liberalismus rasch an Terrain gegenüber den christlichen und sozialistischen Parteien, in die gleichzeitig liberales Gedankengut Eingang fand.
>
> Lit.: Dieter Langewiesche / Hans Vorländer, Art. Liberalismus I und II, in: TRE 21 (1991) 73–83 (Zitate: 83 bzw. 78); Jens Flemming, Art. Liberalismus, in: Manfred Asendorf u.a., Geschichte. Lexikon der wissenschaftlichen Grundbegriffe, Reinbek bei Hamburg 1994, 412–415; Victor Conzemius, Art. Liberalismus III. Kirche und Liberalismus, in: LThK³ 6 (1997) 890–892 (Zitat: 891).

und der modernen Kultur versöhnen und anfreunden könne und solle[4].

Ein weiterer Höhepunkt in dieser Entwicklung war das 20. **Ökumenisch**e Konzil (***Erstes Vatikanum*** 1869/70)

> »**Ökumenisch**« (von griech. *oikumene* = der ganze bewohnte Erdkreis) bedeutet im Zusammenhang mit einem Konzil eine allgemeine, die gesamte Weltkirche betreffende und repräsentierende Versammlung. Eine solche war das Erste Vatikanum im Blick auf den Katholizismus zweifellos. Aber war das Konzil auch ökumenisch im heute geläufigen, modernen Sinn des Strebens nach interkonfessioneller Verständigung und Einigung? In

---

[4]   Der vollständige Wortlaut der Enzyklika »*Quanta cura*« und des »*Syllabus errorum*« ist lateinisch und deutsch in DH 2890–2980 abgedruckt.

der Tat war man im Verlauf der Konzilsvorbereitungen übereingekommen, die Kirchenversammlung im Vatikan zum Anlass zu nehmen, die Kontakte mit den getrennten Christen neu zu knüpfen. So appellierte ein päpstliches Schreiben vom 8. September 1868 an die Bischöfe der *Ostkirchen*, zur Einheit mit Rom zurückzukehren und dann am Konzil teilzunehmen. Die starke Betonung des päpstlichen Primatsanspruchs (↗ KAR 7), die vorherige Veröffentlichung des Briefes in der Presse und weitere Ungeschicklichkeiten und unglückliche Umstände machten das Unterfangen jedoch zu einem Debakel.

An die *Protestanten* und *Anglikaner* (englische Staatskirche) erging mit Datum vom 13. September 1868 ebenfalls ein Schreiben. Schon die spätere Datierung sollte zum Ausdruck bringen, dass man die Kirchen aus der Reformation, die nach katholischer Auffassung keine gültig geweihten Bischöfe besitzen, nicht auf eine Stufe mit den orthodoxen Kirchenoberhäuptern stellen wollte. Es handelte sich auch nicht um eine Einladung zum Konzil, sondern um eine Aufforderung, »aus Anlaß des kommenden Konzils die eigene Position angesichts der Zerrissenheit des Protestantismus zu überdenken, sich aus einem Zustand zu erheben, in welchem sie ihres Heiles nicht sicher sein können und in den einen Schafstall Christi zurückzukehren«[5]. Da der Papst keinerlei Entgegenkommen seinerseits in Aussicht stellte, waren die − v.a. aus Deutschland erfolgten − Reaktionen fast durchweg ablehnend.

»So endete, unter ökumenischem Gesichtspunkt betrachtet, die römische Initiative mit einem allseitigen totalen Mißerfolg. In der leidvollen Geschichte der Beziehungen zwischen den getrennten Christen erscheint sie als einer der bedauerlichsten Fälle von verpaßter Gelegenheit.«[6]

Lit.: Klaus Schatz, Die Einladungen an die Nichtkatholiken und ihr Fiasko, in: ders., Vaticanum I 1869−1870, Bd. I, Paderborn u. a. 1992, 126−132; Manfred Heim, Art. Konzil bzw. Art. ökumenisch, in: Heim, Ablass 251 f. bzw. 302; Eder, Kirchengeschichte 213 f., 217.

mit den vom Papst selbst gewünschten und forcierten Entscheidungen vom 18. Juli 1870 bezüglich seines *universalen Iurisdiktionsprimats* (rechtlicher Vorrang des Bischofs von Rom vor allen anderen Bischöfen der Welt und damit Besitz der obersten, absoluten Gewalt in der ganzen Kirche) und seiner Unfehlbarkeit (Infallibilität).

Unfehlbarkeit oder Infallibilität (von lat. *infallibilis* = unfehlbar) besitzt der Papst dann, wenn er »›*ex cathedra*‹ spricht, das heißt, wenn er in Ausübung seines Amtes als oberster Hirte und Lehrer aller Christen kraft seiner höchsten Apostolischen Autorität entscheidet, daß eine *Glaubens- oder Sittenlehre* von der gesamten Kirche festzuhalten ist [...] Solche Definitionen des Römischen Bischofs« sind »*aus sich*, nicht aber aufgrund der Zustimmung der Kirche *unabänderlich.*«[7] Entgegen der Befürchtungen v. a. von politischer Seite wurde die Unfehlbarkeit keineswegs häufig, sondern bis heute nur ein einziges Mal in Anspruch genommen, nämlich *1950*, als *Papst Pius XII.* das *Dogma von der leiblichen Aufnahme Mariens in den Himmel* (Mariä Himmelfahrt) verkündete.

Kein Thema auf diesem Konzil war dagegen die **Soziale Frage**, d. h. die schwerwiegenden gesellschaftlichen Probleme, die industrielle Revolution, Bevölkerungs-

[5] Zit. nach Klaus Schatz, Vaticanum I 1869–1870, Bd. I, Paderborn u. a. 1992, 129 (Hervorhebungen weggelassen).
[6] Roger Aubert, Vaticanum I (= Geschichte der ökumenischen Konzilien XII), Mainz 1965, 64.
[7] Zit. nach DH 3074 (Hervorhebungen vom Verf.).

(18) Siehe S. 86!

explosion, Verstädterung und Massenverarmung (Pauperismus) in Europa aufgeworfen hatten. Der Bischof der Schweizer Diözese St. Gallen, *Karl Johann Greith*
(1807–1882, reg. ab 1863), schrieb nach dem Konzil an einen österreichischen
Amtsbruder: »Wie besser wäre es gewesen, man hätte im Konzil sich vorerst mit
den großen sozialen Fragen beschäftigt, um den dürstenden Fluren der Kirche er-
frischenden Thau zu bringen, als eine Frage zum Entscheide zu bringen, die unter
dem gläubigen Volke weder den katholischen Glauben noch die Frömmigkeit und
Sittlichkeit direkte mehrt, dagegen Zahllose mit Unmuth erfüllt und die Feinde zum
Kampfe auf Leben und Tod herausruft.«[8] So wandten sich gerade die Arbeiter in
Scharen von der Kirche ab und den wirksameren marxistischen Verbänden zu. Erst

---

[8]   Gemeint war die Unfehlbarkeitsdefinition, gegen die sich Greith auf dem Konzil zweimal dezidiert aussprach. – Greith an Josef Feßler, Bischof von St. Pölten und Konzilssekretär, 3. April
1871, zit. nach Klaus Schatz, Vaticanum I 1869–1870, Bd. III, Paderborn u. a. 1994, 256. Näheres
zu Greith bei Johannes Duft, Art. Greith, in: Gatz, Bischöfe I 254–258 (Schriften und Lit.).

1891 und damit Jahrzehnte zu spät erfolgte durch die Sozialenzyklika »*Rerum nova-rum*« die erste päpstliche Stellungnahme zur Arbeiterfrage, in der *Leo XIII.* (1878–1903) die Lage der Arbeiterschaft zu Recht als »sklavenähnliches Joch« bezeichnet und als Heilmittel eine staatliche Sozialpolitik, die Selbsthilfe der Arbeiter und die unverzichtbare Mithilfe der Kirche innerhalb des kapitalistischen Systems empfiehlt.

Der Vorwurf der Rückständigkeit, der Abkoppelung von der gesellschaftlichen Entwicklung und der Einigelung in das eigene katholische Milieu, den der Karikaturist mit Nachdruck erhebt, war somit durchaus berechtigt (und konnte im wesentlichen bis zum Zweiten Vatikanum erhoben werden). Daher greift die auf S. 85 abgedruckte italienische Karikatur aus dem Jahre 1907[9], in der Papst *Pius X.* (1903–1914) und sein Kardinalstaatssekretär *Raffaele Merry del Val*[10] die (durch Augen, Nase, Mund und Hände fast menschlich dargestellte) Modernismus-Lokomotive mittels ihrer Hirtenstäbe und papierenen Stellungnahmen aufhalten wollen[11], auf eine ganz ähnliche Bildkonstruktion mit der **Eisenbahn** als Symbol des Fortschritts zurück (zum Modernismus ↗ KAR 14 + 15).

Böswillig ist dagegen in unserer Hauptkarikatur die Darstellung der zwei schwarzen Schweine, die nur im Originalformat (31 × 21 cm) deutlich erkennbar sind. Moralische Verfehlungen, die hierdurch dem Klerus unterstellt werden (»Schweinepriester«), gab es zu allen Zeiten der Kirchengeschichte, aber keineswegs besonders ausgeprägt in den Jahren um das Erste Vatikanum. So ist dieses Detail dem damals v. a. in Italien im Zuge der dortigen nationalen Einigung *(Risorgimento)* grassierenden Antiklerikalismus (↗ KAR 7) geschuldet. Auch hier standen die Priester (und insbesondere ihr oberster) nach Ansicht vieler Italiener dem Fortschritt im Wege.

L   Borutta, Antikatholizismus 134–136. – Klaus Schatz, Kirchengeschichte der Neuzeit II, Düsseldorf ³1999 (ND 2008), 65–95; Eder, Kirchengeschichte 185–190, 195–198; Thomas Nipperdey, Religion im Umbruch. Deutschland 1870–1918, München 1988, 9–51.

K   Giulio Gonin (1868); dt. Version 1869.

Q   Lo Spirito Folletto (Mailand) 8 (1868) 300 f. (Nr. 381 v. 17. Sept.) (ital.; Großformat); Fuchs II, nach 200 (dt.; Großformat); Spadolini, nach 134 (Abb. 31; ital.); Kaldewey/Wener 254 (ital.); Keim/Seitz, Um Himmels willen 83 (dt.); Eder, Kirchengeschichte 187 (ital.); Borutta, Antikatholizismus 135 (Abb. 7; ital.).

---

[9]   Aus: *Il Pasquino* (Turin), Nr. 51/1907. Die von *Domenico Gaido* geschaffene Karikatur ist betitelt »*Il Modernismo*« (Der Modernismus) und wird durch folgenden Untertitel kommentiert: »*Ci vogliono altro che dei pastorali et dei sassi di carta per arrestare il progresso!*« (Übers.: Man braucht mehr als Hirtenstäbe und Steine aus Papier, um den Fortschritt aufzuhalten!). Siehe hierzu Claus Arnold, Absage an die Moderne? Pius X. und die Entstehung der Enzyklika *Pascendi* (1907), in: Theologie und Philosophie 80 (2005) 201–224, hier: 201; Borutta, Antikatholizismus 136, und Anmerkung 11.

[10] Zu Raffaele Merry del Val (1865–1930), der von 1903 bis 1914 Staatssekretär Pius' X. war, siehe Josef Gelmi, Art. Merry del Val, in: LThK³ 7 (1998) 149.

[11] Die am Boden liegenden Papierrollen sind beschriftet mit den Worten (von oben nach unten) »*Allocuzioni*« (Allokutionen, Ansprachen), »*Bolla*« (Bulle), »*Enciclica*« (Enzyklika) und »*Protesta*« (Protest). Vgl. dazu Heribert Schmitz, Art. Verlautbarungen des Apostolischen Stuhls, in: LThK³ 10 (2001) 691–693.

7. Pius IX. und der Peterspfennig
(1870)

Die belgische Karikatur trägt die Überschrift: »UNE TIARE S.V.P. [= s'il vous plait]«, also »Eine Tiara bitte« (↗ **KAR 29**). Ein an seiner Kopfbedeckung, dem **Kalabreser**, als Jesuit erkennbarer Kleriker am linken Bildrand

> Der Kalabreser ist ein nach seiner Heimat Kalabrien (Süditalien) benannter Filzhut mit breiter Krempe, der viele Variationen erfuhr. 1848 wurde er sowohl von italienischen Freiheitskämpfern als auch vom bekannten badischen Märzrevolutionär *Friedrich Hecker* (1811–1881) getragen, später bezeichnete man sogar bestimmte Damenstrohhüte als Kalabreser.

hält eine Fahne mit derselben französischen Aufschrift in den Händen. Obgleich der den Fahnenstiel bekrönende Milchtopf den Text zu unterstreichen scheint, dass der Papst keine Tiara besitze, ja sich statt dessen sogar mit einem Topf begnügen müsse, trägt der als (diebische) Elster dargestellte Pontifex *(Pius IX.)* neben einem mit den Petrusschlüsseln gezierten Umhang sehr wohl eine Tiara. In der Hand hält er eine bereits gut mit Löffeln und Geschmeide gefüllte Spendenbüchse für den Peterspfennig (franz.: *Denier de St. Pierre*; lat.: *Denarius* oder *Census Sancti Petri*; ital.: *Obolo* oder *Denaro di San Pietro*; engl. *Peter's Pence*); mehrere weiße Tauben bringen weitere Schmuckstücke herbei. Ein feister Bettelmönch, der sein eigenes Sammelgefäß beiseite gestellt hat, kniet vor Pius IX. und küsst ihm den rechten seiner prachtvollen, mit je einem Kreuz versehenen Schuhe, wobei er sich mit der linken Hand an dessen dünnem Vogelbein festhält. Ein rechts im Hintergrund stehender Bischof (erkennbar an Mitra und Krummstab) verfolgt das Geschehen lächelnd. Der Untertitel zu dieser Karikatur enthält eine Aufforderung Pius' *(»Pie«)*: »*Dépouillez-vous de vos richesses en expiation de vos pechés*« (franz. für: Entäußert euch eurer Reichtümer zur Sühne für eure Sünden). Die geschäftige Szenerie wird jedoch empfindlich gestört durch Jesus Christus (*»Le Christ«*), der – mit Dornenkrone und Heiligenschein ausgestattet – aus einer Wolke auf den entsetzt und mit offenem Mund zu ihm hinaufstarrenden Papst herabblickt und unter heftigen Tränen ausruft: »*Violà ce qu'ils font de la religion!*« (franz. für: Das ist es, was sie aus der Religion machen!)

Die Karikatur geißelt also die Einhebung des Peterspfennigs durch Pius IX. als eine von Christus selbst verurteilte, einer rechtverstandenen religiösen Praxis zuwiderlaufende und zudem völlig überflüssige Aktion, da der Erlös der Finanzierung dessen dienen soll, was der Papst ohnehin schon besitzt, nämlich eine prunkvolle Tiara. Hat also der Papst die von Jesus Christus gestiftete Religion durch sein Ersuchen um den Peterspfennig tatsächlich pervertiert – und worum handelt es sich hierbei überhaupt?

Der **Peterspfennig** »ist die älteste, umgloseste und heute die bedeutendste Einnahmequelle des Heiligen Stuhls«[1]. »Erfunden« wurde er in England, dessen Christianisierung erst 40 Missionare einleiteten, die Papst *Gregor I. der Große* (590–604) 596/97 auf die Insel entsandte. Viele bekehrte Engländer (Angelsachsen) unternah-

---

[1] Hartmut Benz, Finanzen und Finanzpolitik des Heiligen Stuhls. Römische Kurie und Vatikanstaat seit Papst Paul VI. (= VSWG Beiheft 108), Stuttgart 1993, 79.

men eine Pilgerreise nach Rom, so König *Cædwalla von Wessex* (685/86–688), der sich nach seiner Abdankung 689 von Papst *Sergius I.* (687–701) in der Ewigen Stadt taufen ließ und zehn Tage später starb. Sein Nachfolger *Ine von Wessex* (688–726), der sein Leben nach der Resignation ebenfalls in Rom beschloss, – möglicherweise aber auch erst ein späterer englischer König – erhob zur Unterstützung angelsächsischer Rompilger, für die Ende des 8. Jahrhunderts eine eigene Pilgerherberge, die »Schola Saxonum«, errichtet wurde[2], von jeder Familie seines Reiches eine Jahressteuer von einem Penny. Im 10. und 11. Jahrhundert wurde die »*Romescot*« (Rom-Steuer), »*Romfeoh*« (Römergeld) oder »*Hearthpenny*« (*hearth* = Herd, Feuerstelle) genannte Abgabe, die mittlerweile auch anderen Zwecken zufloss (z. B. Kirchen und Armen in Rom), zunächst als Kopfsteuer, dann als Grundzins und schließlich aufgrund der Lehenstheorie (Konstantinische Schenkung!) als Rekognitions-, d. h. Anerkennungszins für Besitz und Oberhoheit des Hl. Stuhles englandweit eingehoben,

Indem der Frankenherrscher Pippin d. J. (741–768) als Gegenleistung für seine Erhebung zum König »von Gottes Gnaden« (lat.: *gratia Dei rex*) dem Papst Stephan II. von den Langobarden eroberte Gebiete (Dukat von Rom, Exarchat Ravenna) übertrug, war der »Kirchenstaat«, die weltliche Herrschaft der Päpste, geboren. Um diesen ungewöhnlichen Tatbestand einer päpstlichen Landesherrschaft zu »erklären«, dürfte die *berühmteste Fälschung des Mittelalters* entstanden sein, die sog. Konstantinische Schenkung (*Donatio Constantini*).

Nach diesem Dokument habe der römische Kaiser *Konstantin I. d. Gr.* (306–337) aus Dankbarkeit für seine angebliche Taufe und Befreiung vom Aussatz durch Papst *Silvester I.* (314–335) dem Nachfolger Petri den (sich in Wirklichkeit erst allmählich entwickelnden) Primat (Vorrang; von lat. *primus* = der Erste) über alle anderen Kirchen übertragen, ihm seinen Besitz in Rom sowie kaiserliche Insignien und Vorrechte verliehen und Macht und Befehl über ganz Italien und den Westen des Römischen Reiches mitsamt den Inseln zugesichert, so dass sich die Länder, die sich zur Römischen Form des Christentums bekehrt hatten (dies war für England ab 664 der Fall), fortan in einem Lehensverhältnis gegenüber dem Hl. Stuhl befunden hätten. Konstantin selbst habe aus Respekt vor dem priesterlichen Vorrang und dem Haupt der Religion des himmlischen Kaisers seine Residenz nach Byzanz (Konstantinopel; heute Istanbul) verlegt. »Denn es ist nicht recht«, so die Begründung, »daß dort, wo der himmlische Machthaber den ersten Priester und das Haupt der christlichen Kirche eingesetzt hat, auch der irdische Kaiser seine Macht ausübt.« Mindestens seit der Mitte des 11. Jahrhunderts allgemein für echt gehalten, diente dieses Privileg den Päpsten

*   nicht nur zur *Begründung des Kirchenstaates*,
*   sondern auch zur Untermauerung des im Mittelalter immer wieder erhobenen *Anspruchs auf die geistliche Weltherrschaft.*

Erst namhafte Humanisten des 15. Jahrhunderts haben die Konstantinische Schenkung als *Fälschung* nachgewiesen. Es sollte aber bis zum 19. Jahrhundert dauern, bis sich diese Erkenntnis allgemein durchgesetzt hatte.

---

[2]   Sie lag auf halbem Wege zwischen dem Vatikan und der Engelsburg. Andere auswärtige Nationen (Franken, Friesen, Langobarden) besaßen ebenfalls solche »Schulen« in Rom, in denen man u. a. auch spirituelle und religiöse Unterweisung sowie Unterricht in Fremdsprachen erhalten konnte.

Näheres bei Eder, Kirchengeschichte 69, 74–77 (Zitat: 76); J. J. Ignaz von Döllinger, Papstfabeln des Mittelalters, München 1863 (ND Kettwig 1991), 51–99.

und zwar jährlich am 1. August (Petri Kettenfeier).

Bis zur Kalenderreform 1969 beging die katholische Kirche das Fest Petri Kettenfeier *(S. Petri ad Vincula)* in Erinnerung an den Jahrestag der Weihe der Basilika »St. Peter zu den Ketten« auf dem Esquilin in Rom unter *Sixtus III.* (432–440). In dieser Kirche werden bis heute jene Ketten verehrt, die der Apostel Petrus im Kerker getragen habe (vgl. Apg 12,6 f.). Bestimmend war aber bald weniger der Festinhalt als der Festtermin: Mit dem 1. August verbanden sich abergläubische Vorstellungen, soll doch an diesem Tag der Teufel in die Hölle gestürzt worden sein. Dies wiederum hat wohl damit zu tun, dass Anfang August in Gestalt von Gewittern und Unwettern nicht selten »der Teufel los ist«, weswegen der 1. August als Unglückstag galt, an dem man nichts Neues beginnen sollte. In unserem Zusammenhang spielte aber wahrscheinlich viel eher eine Rolle, dass man im alten England und Irland am 1. August eine Art von Erntefest beging, womit sich der Obolus für den Nachfolger des Apostels Petrus gut verbinden ließ.

Lit.: Becker-Huberti, Lexikon 328; Paul Sartori, Art. Petri Kettenfeier, in: Bächtold-Stäubli 6 (1935) 1530 f.

Im 11. und 12. Jahrhundert wurde der Peterspfennig auch in zahlreichen weiteren europäischen Ländern eingeführt (nicht in Deutschland, Frankreich und Spanien), im 15. und 16. Jahrhundert (Reformation!) jedoch allgemein wieder abgeschafft, nachdem noch der Neubau des Petersdoms daraus unterstützt worden war.

Den Peterspfennig im Sinne einer völlig freiwilligen Spende der Gläubigen gibt es erst seit der zweiten Hälfte des 19. Jahrhunderts. Im Zuge der italienischen Einigungsbewegung *(Risorgimento)* wurden dem Königreich Italien in den Jahren 1859/ 60 die Romagna, Umbrien, die Marken und Benevent einverleibt. Damit hatte der Kirchenstaat, der sich schon seit seiner Wiederherstellung durch den Wiener Kongress 1815 in wirtschaftlichen Schwierigkeiten befand, die wohlhabendsten Provinzen, 72 % seines Territoriums und 80 % seiner Bevölkerung verloren und war auf den mittelalterlichen Kern zusammengeschrumpft. Um die Funktionsfähigkeit des Kirchenstaates und die Arbeit des Papstes auch nach dem Verlust der ökonomischen Basis zu gewährleisten, wurden ab 1859 diverse Initiativen ins Leben gerufen. So legte man zwischen 1860 und 1866 insgesamt fünf päpstliche Anleihen auf, die dank bischöflicher Werbung knapp 25 Mio. Scudi einbrachten[3]. Die Wiederbelebung des Peterspfennigs ging jetzt von Frankreich aus. Dort hatte bereits 1849, anlässlich des Exils des Papstes in Gaëta (↗ **KAR 8** INFOBOX Pius IX.), der damalige Wortführer des französischen Katholizismus, *Charles-René Comte de Montalembert* (1810– 1870), vor der Adelsversammlung in Paris die Frage aufgeworfen: »Hat das katho-

---

[3] Bis Juni 1866 war die Währung im Kirchenstaat der »*Scudo Romano*«, anschließend die »*Lira Pontificia*«, die ca. 0,19 Scudi wert war. Der Wert eines Scudo ist in den letzten Jahren seiner Gültigkeit mit etwa 5,35 französischen Francs anzusetzen (nach Hartmut Benz, Der Peterspfennig im Pontifikat Pius['] IX. Initiativen zur Unterstützung des Papsttums [1859–1878], in: RQ 90 [1995] 90–109, hier: 92, Anm. 10), die wiederum (in grober Schätzung) 2 € unserer Währung entsprechen.

lische Frankreich schon nicht die Ehre, dem Papst Exil zu gewähren, soll es da nicht wenigstens durch Taten seine Anteilnahme beweisen?«[4] Dennoch gingen in den folgenden Jahren nur vereinzelt Spenden in Rom ein, bis um die Jahreswende von 1859 auf 1860 in Paris und Gent (Belgien) erste Gesellschaften zur Sammlung des Peterspfennigs für den bedrängten Kirchenstaat und seinen päpstlichen Herrscher gegründet wurden. Noch 1860 folgten die »*Arciconfraternità di San Pietro*« (Erz-bruderschaft von Sankt Peter) und die St. Michaelsbruderschaft in Wien, die sich rasch auch in andere österreichische, italienische und deutsche Diözesen (Münster, Paderborn, Köln, Trier, Ermland) ausbreitete. Ihre Mitglieder verpflichteten sich, durch tägliche Gebete (Vater unser, Ave Maria, Glaubensbekenntnis) und eine mo-natliche Spende von mindestens drei Kreuzer bzw. zwei Pfennig den Nachfolger Petri ideell und materiell zu unterstützen[5]. Nach einer Flaute von 1863 bis 1866 waren die Spendengelder (von 1867–1870 fast 40 Mio. Lire) durch die Einberufung des Ersten Vatikanums für 1869 und durch die Feiern des Goldenen Priester- und Primizjubiläums Pius' IX. am 10. und 11. April 1869 angestiegen,

> *Giovanni Maria Mastai-Feretti* – so sein bürgerlicher Name – war am 10. April 1819 mit 27 Jahren in Rom zum Priester geweiht worden und hatte tags darauf in der römischen Kirche St. Anna seine erste Hl. Messe (Primiz, von lat. *primitiae*: Erstlinge) gefeiert. Der erste feierliche Gottesdienst eines Neupriesters nach der mit dem weihenden Bi-schof konzelebrierten Messe, heute meist in der Heimatgemeinde oder – bei Ordens-priestern – in der Ordensgemeinschaft gefeiert, wurde theologisch als geistliche Hoch-zeit des Primizianten (Bräutigam) mit der Kirche (Braut) gedeutet. »Die Wertschätzung der Primiz und v. a. des Primizsegens gilt nicht allein dem katholischen Priestertum, sondern speist sich auch aus der Vorstellung, daß die erstmalige Aktivierung übertrage-ner Vollmachten besondere Gnaden erwirkt.« Ein Primizsegen, so hieß es früher, sei es wert, ein paar neue Schuhsohlen durchzulaufen (sich also von weither auf den Weg zu machen), schrieb man ihm doch sogar Heil- und Wunderkräfte zu.
>
> Lit.: Franz Schubert / Rudolf Kriß, Art. Primiz, in: LThK[1] 8 (1936) 476 f.; Winfried Haunerland, Art. Primiz, in: LThK[3] 8 (1999) 594 (Zitat) (jeweils Lit.).

ehe am 20. September 1870 durch die Besetzung des Kirchenstaates seitens italie-nischer Truppen die weltliche Herrschaft des Papstes bis zum Abschluss der Late-ranverträge 1929 ihr Ende fand. Pius IX. verfügte nun über keinerlei Staatseinnah-men mehr, war aber auch aller finanziellen Bürden eines Territorialherren ledig. Da der Papst, der sich fortan als »Gefangener im Vatikan« verstand (und auf Bildern als elender Gefangener der bösen Italiener dargestellt wurde[6]), die ihm vom italie-

---

[4]   Zit. nach Corrado Pallenberg, Die Finanzen des Vatikans, Wien u. a. 1968, 44. – Näheres zu Mon-talembert, der später gegen den offiziellen Kurs der Kirche Stellung nahm, weswegen sich Teile des »Syllabus errorum« von 1864 gegen ihn richteten, bei Klaus Schatz, Art. Montalembert, in: TRE 23 (1994) 270 f.

[5]   »Anders als beim Zeichnen der päpstlichen Anleihen wurde der größte Teil des Peterspfennigs von den einkommen[s]schwachen Bevölkerungsschichten sowie der niederen Geistlichkeit bei-gesteuert« (Benz, Peterspfennig [wie Anm. 3] 102).

[6]   »In vielen europäischen Ländern, besonders in Deutschland und Irland, verteilten Priester in der Gemeinde Bilder an ihre Gläubigen, auf denen der Hl. Vater im Elend dargestellt war, aus-

nischen Staat ausgesetzte Jahresrente ausschlug, war er mehr denn je »auf den Peterspfennig als Liebesgabe aus der katholischen Welt angewiesen«, wie Kardinalstaatssekretär *Giacomo Antonelli* (1806–1876, amt. 1848–1876) bereits am 5. Dezember 1870 in einem Rundschreiben an alle Nuntien schrieb[7]. In den ersten beiden Jahren nach dem Zusammenbruch des Kirchenstaates waren aufgrund ungünstiger Verhältnisse in den bis dahin besonders gebefreudigen Ländern die nach Rom überwiesenen Spenden rückläufig. So machte sich in Deutschland und Belgien der Kulturkampf negativ bemerkbar (↗ KAR 8 + 9), und Frankreich musste nach dem Frieden von Versailles, der den Deutsch-Französischen Krieg 1870/71 beendete, die exorbitant hohe Summe von fünf Milliarden Francs als Kriegskosten an Preußen zahlen. Dennoch blieb Frankreich auch nach 1870 das Land mit den höchsten Überweisungen des *Denier de St. Pierre*, der sich im Pontifikat Pius' IX. auf insgesamt rund 165 Mio. Lire belief und es dem Papst ermöglichte, die Haushalte des Vatikans ohne italienische Unterstützungszahlungen auszugleichen und die Unabhängigkeit der Kurie zu sichern.

Obgleich Pius IX. (und ebenso sein Nachfolger Leo XIII.[8]) somit ganz offensichtlich auf den Peterspfennig angewiesen war, nahm in Italien, wo man allzu lange unter der weltlichen Herrschaft der Päpste gelitten und im Papsttum die größte Hürde auf dem Weg zur nationalen Einigung gesehen hatte, der Antiklerikalismus zusehends aggressivere Formen an. Zwischen 1870 und 1880 wurde im italienischen Parlament wiederholt der Vorschlag eingebracht, den Peterspfennig per Gesetz, ja z. T. sogar mit Polizeigewalt zu verbieten. Um die Spender in Italien keinen bürokratischen Schikanen auszusetzen, wurden ihre Namen schon ab 1866 nicht mehr veröffentlicht[9]. In Belgien war das seit jeher hohe Spendenaufkommen – besonders dank der »*Association catholique de St. Pierre*« in Gent – stabil geblieben; allerdings zeigte sich auch hier ein militanter Antikatholizismus, wie er in unserer belgischen

---

gestreckt auf einem dürftigen Strohlager in einem finsteren Verlies. Sie erhärteten damit die Legende, der Papst sei Gefangener der bösen, ungläubigen Italiener und lebe in fürchterlicher Armut. Natürlich hatte die Darstellung nur symbolischen Charakter, aber sie wurde von vielen Gläubigen wörtlich genommen, und ihre Opfergaben flossen dem Hl. Stuhl als Einkommen zu« (Pallenberg [wie Anm. 4] 45).

7   Benz, Peterspfennig (wie Anm. 3) 104.

8   Leo sah die Finanzen des Vatikans in einem Motuproprio von 1880 in »*una condizione disastrosa*« (ital. für: in einem verheerenden Zustand). Zur diesbezüglichen Situation des Hl. Stuhls in den auf Pius IX. folgenden Pontifikaten vgl. Hartmut Benz, Von Leo XIII. zu Pius X. Die wirtschaftliche Lage des Vatikans zu Beginn des 20. Jahrhunderts, in: Römische Historische Mitteilungen 37 (1995) 193–224 (zum Peterspfennig 212–219).

9   Überhaupt begann nun der Vatikan »seine finanziellen Angelegenheiten mit einem undurchdringlichen Mantel des Geheimnisses zu umgeben. Das übrige besorgten überkommene Zurückhaltung und Vorsicht, um […] bis heute die Legende vom unermeßlichen Reichtum des Hl. Stuhls und des Papstes als Großfinanzier zu erhalten« (Pallenberg [wie Anm. 4] 46 f.). Diese Geheimniskrämerei leistete allerdings diversen Mängeln und Missständen in der vatikanischen Finanzverwaltung Vorschub, denen Paul VI. im Zuge seiner Kurienreform von 1968 beizukommen suchte (vgl. a. a. O. 14 f.).

(20) *Erster Pilger:* »Hört Ihr den metallenen Klang da drinnen, geliebter Bruder? Mir scheint es, als klapperten unsere Peterspfennige.«
Zweiter Pilger: »O wie seid Ihr im Irrtum! Das ist das Geklirre der Ketten des erhabenen Gefangenen im Vatikan.«
Kirchenkritische Karikatur von 1872 aus der linksliberalen Zeitschrift *Reform* (Hamburg-Altona), die zwei Romwallfahrer mit (als Trinkgefäß verwendeten) Pilgermuscheln und Pilgerstab, -hut und Ränzlein zeigt sowie einen grinsenden Papst, der sich's gutgehen läßt (Weinflasche!) und sich am Peterspfennig bereichert (Säcke mit Millionenbeträgen!).

Karikatur von 1870 ebenfalls zum Ausdruck kommt. Noch 1917 schlug die dortige Zeitschrift *Le Siècle XX.* (Das 20. Jahrhundert) dem Parlament die Abschaffung des Peterspfennigs vor.

Angesichts stagnierender Erträge aus Grundbesitz und Anlagekapital ist der vom »*Ufficio di Obolo di San Pietro*«, einer Abteilung des Staatssekretariats, verwaltete Peterspfennig, der seit 1870 in allen Pfarreien der Welt als Gottesdienstkollekte am Fest der Apostelfürsten Petrus und Paulus (29. Juni, »Tag des Peterspfennigs«) oder am Sonntag zuvor oder danach gesammelt wird, aber neuerdings auch per Überweisung oder online gespendet werden kann, nach wie vor unverzichtbar, u.a. zur Deckung von Haushaltsdefiziten des Vatikans (2008: 900.000 €;

2009: 4,1 Mio. €[10]). Weithin unbekannt ist, dass »der Löwenanteil der finanziellen Lasten« des Zweiten Vatikanischen Konzils (1962–1965) ebenfalls aus Peterspfenniggeldern bestritten wurden[11]. Ungeachtet aller Neider und Missgünstigen damals und heute wird der Heilige Stuhl immer auf den Peterspfennig (2009: 65,2 Mio. €; 2013: 57 Mio. €[12]) angewiesen bleiben, solange er Einrichtungen wie Radio Vatikan oder die berühmten Vatikanischen Museen unterhält und vielfältige soziale, karitative und humanitäre Dienste leistet. So verwies Papst *Johannes Paul II.* im Jahre 2003 auf »die wachsenden Anforderungen des Apostolates, die Bedürfnisse der kirchlichen Gemeinschaften, insbesondere in den Missionsländern, sowie die Hilfsanträge, die uns von Völkern, Einzelpersonen und Familien in schwierigen Lebenssituationen erreichen. Viele erwarten vom Apostolischen Stuhl eine Unterstützung, die sie anderswo oft nicht finden können. Vor diesem Hintergrund stellt der Peterspfennig eine wirksame Beteiligung am Evangelisierungswerk dar«. Und sein Nachfolger *Benedikt XVI.* sagte bei einer Audienz im Februar 2006: »Der ›Peterspfennig‹ ist der bezeichnendste Ausdruck der Teilhabe aller Gläubigen an den wohltätigen Initiativen des Bischofs von Rom für die Weltkirche. Diese Geste hat nicht nur einen praktischen, sondern auch einen deutlichen symbolischen Wert als Zeichen der Einheit mit dem Papst und der Sorge für die Bedürfnisse der Brüder und Schwestern«[13].

L   Ole Jensen, Der Englische Peterspfennig und die Lehenssteuer aus England und Irland an den Papststuhl im Mittelalter, Heidelberg 1903; Corrado Pallenberg, Die Finanzen des Vatikans, Wien u. a. 1968, 42–52; Hartmut Benz, Der Peterspfennig im Pontifikat Pius['] IX. Initiativen zur Unterstützung des Papsttums (1859–1878), in: RQ 90 (1995) 90–109 (mit umfangreichem Zahlenmaterial); Thomas J. Reese, Im Inneren des Vatikan. Politik und Organisation der katholischen Kirche, Frankfurt a. M. ²1998, 310–312; Franz Kalde, Art. Peterspfennig, in:

---

10   Verlierer: Der Vatikan bleibt in den roten Zahlen, in: PNP, Nr. 158 vom 12. Juli 2010, 2; Heiliger Stuhl hat Haushaltsdefizit von vier Millionen Euro, in: KNA aktuell, Vatikan/Ausland/EU, Nr. 131 v. 13. Juli 2010 (*2009:* Einnahmen: 250 Mio. €; Ausgaben 254,1 Mio. €). Nach diesen Berichten hat die Vatikanbank IOR den Hl. Stuhl deshalb mit 50 Mio. € unterstützt. – Auch »während der schweren Finanzkrise des Vatikan unter Johannes Paul II. in den 1980er und 1990er Jahren« wurde der Peterspfennig »zum Stopfen von Finanzlöchern verwendet« (Medien: »Peterspfennig« 2014 teilweise »zweckentfremdet«, in: KNA aktuell, Vatikan/Ausland/EU, Nr. 253 v. 9. Nov. 2015, 32).

11   Pallenberg (wie Anm. 4) 50. Nach Benz, Finanzen (wie Anm. 1) 81, waren es sogar die gesamten Kosten des Zweiten Vatikanums.

12   Heiliger Stuhl hat Haushaltsdefizit von vier Millionen Euro, in: KNA aktuell, Vatikan/Ausland/EU, Nr. 131 v. 13. Juli 2010; Papst dankt Gläubigen für Peterspfennig, in: ebd., Nr. 122 v. 30. Juni 2014. Die größten Spendenbeiträge kamen 2009 aus den USA, Italien und Frankreich. Deutschland war in den letzten Jahren jeweils mit knapp 10 Mio. € beteiligt.

13   Beide Zitate nach: Der Peterspfennig heute, in: http://www.vatican.va/roman_curia/secretariat_state/obolo_spietro (20. Juli 2010). – Näheres zur finanziellen Situation des Vatikans in den letzten Jahrzehnten bei Benz, Finanzen (wie Anm. 1), speziell zum Peterspfennig (Gesamtsumme 1954: 10 Mio. Dollar, 1963–1971: je 3–5 Mio. Dollar, 1983: 17 Mio. Dollar) 79–83. »Allein 1967 erhielt Paul VI. etwa 30.000 Bittgesuche um finanzielle Unterstützung, von denen 6.000 durch Peterspfennigspenden entsprochen werden konnten« (ebd. 79); die übrigen wurden an päpstliche und kirchliche Organisationen weitergeleitet. Siehe hierzu Pallenberg (wie Anm. 4) 51 f.

LThK³ 8 (1999) 84 (Lit.); Johannes Schidelko, Für wohltätige Initiativen des Papstes. Peters-pfennig hilft Menschen und Ortskirchen in Not, in: KNA aktuell, Hintergrund, Nr. 120 v. 25. Juni 2012, 46 f.

K   anonym (Belgien).

Q   Grand-Carteret, Contre Rome 37.

1. Der Kontext: Kulturkampf in Deutschland

Kaum hatte der preußische Ministerpräsident und erste deutsche Reichskanzler *Otto Fürst von Bismarck* (1871–1890) das Reich geeint, brach er einen schweren Konflikt mit der katholischen Kirche vom Zaun, den sog. **Kulturkampf**.

> Der Begriff »Kulturkampf« geht auf den bedeutenden Pathologen und linksliberalen Politiker *Rudolf Virchow* (1821–1902) zurück, der am 16. Januar 1873 im Preußischen Abgeordnetenhaus bei der Beratung eines »Gesetzentwurfs über die Vorbildung und Anstellung der Geistlichen« sagte: »Ich habe die Überzeugung, es handelt sich hier um einen großen Kulturkampf«. Gut zwei Monate später verwendete Virchow diesen Ausdruck, der von der katholischen Presse »ironisch aufgenommen«, von der liberalen Presse aber »begeistert verteidigt« wurde, mehrmals in einem Wahlaufruf seiner Partei.
>
> Lit.: Karl Bachem, Vorgeschichte, Geschichte und Politik der deutschen Zentrumspartei, Bd. 3, Köln 1927 (ND Aalen 1968), 268 f. (Zitate: 269).

Über seine Motive ist viel spekuliert worden. »Sicher ist, daß ihm die konfessionellen Gegensätze zwischen Katholiken und Protestanten ziemlich gleichgültig waren; ihn trieb kein missionarischer Eifer, keine antikatholische Kreuzzugsstimmung. Ausschlaggebend für ihn war vielmehr die Tatsache, daß im Herbst 1870 mit dem Zentrum eine Partei entstanden war, die sich auf Anhieb als zweitstärkste Kraft im Reichstag etablieren konnte«[1], weil es ihr gelang, auch die unteren Volksschichten anzusprechen. Für die Nationalliberalen, die in dieser Angelegenheit mit Bismarck konform gingen, war die Gründung der Zentrumspartei ebenfalls ein Affront, aber nicht in erster Linie ein politischer, sondern v. a. ein weltanschaulicher, war doch ihre politische Konzeption – wie sich mehr und mehr zeigte – weltanschaulich bestimmt, weswegen die Liberalen eine Bindung an überzeitliche Normen und religiöse Autoritäten weitgehend ablehnten. In der dem Papst 1870 zuerkannten Unfehlbarkeit (Infallibilität; ↗ **KAR 6**) erblickten sie daher einen Herrschaftsanspruch des Papsttums über die staatliche Autorität und befürchteten – zu Unrecht – eine häufige Inanspruchnahme der Infallibilität.

Das Zentrum trug selbst dazu bei, solcherlei Befürchtungen zu schüren, indem es gleich beim Debüt im Reichstag am 30. März 1871 eine Adresse einbrachte, die das Deutsche Reich aufforderte, sich für die Wiederherstellung des Kirchenstaates einzusetzen. Die Liberalen sahen darin den Beweis, dass das Zentrum Weisungsempfänger des Papstes (also strikt ultramontan) sei und die Loyalität zu Rom über die Verpflichtung gegenüber der eigenen Nation stelle. »Bismarck wiederum wertete den Vorstoß des Zentrums als einen Angriff auf seine ureigenste Domäne, die Gestaltung der auswärtigen Politik.«[2] So entfesselte er im Sommer 1871 eine Pressekampagne mit Verdächtigungen und Beschimpfungen gegen die neue »klerikale Partei«, wie er sie nannte[3]. Dabei ließ er es aber nicht bewenden. Im Juni 1871 holte

---

[1] Volker Ullrich, Die nervöse Großmacht. Aufstieg und Untergang des deutschen Kaiserreichs, Frankfurt a. M. ²2014, 45 f.

[2] Ullrich (wie Anm. 1) 47.

[3] Zit. nach Rüdiger Drews, Ludwig Windthorst. Katholischer Volkstribun gegen Bismarck. Eine

Bismarck zum ersten Schlag aus, indem er die **Katholische Abteilung im preußischen Kultusministerium** auflöste und damit den Kulturkampf eröffnete.

Die Katholische Abteilung im preußischen Kultusministerium war 1841 nach dem *Kölner Ereignis (Kölner Kirchenstreit, Kölner Wirren)* eingerichtet worden, um ein einvernehmliches Verhältnis zwischen dem (evangelisch geprägten) preußischen Staat und der katholischen Kirche herzustellen. Das Kölner Ereignis war v. a. durch einen Streit um das Mischehenrecht ausgelöst worden. Die preußische Regierung unter König Friedrich Wilhelm III. hatte nämlich 1834 die Bischöfe der Kölner Kirchenprovinz – unter Umgehung Roms – zu einer *Geheimen Konvention* gedrängt, wonach bei einer Ehe zwischen einem katholischen und einem evangelischen Partner (»Mischehe«) der katholische Priester entgegen einem päpstlichen Breve von 1830 bei der Trauung auch dann aktive Eheassistenz (mit priesterlichem Segen und feierlichen Zeremonien) leisten musste, wenn der evangelische Partner sich weigerte, künftige Kinder katholisch erziehen zu lassen[4]. *Clemens August Droste zu Vischering* (1773–1845), Erzbischof von Köln seit 1836, missachtete jedoch diese (bei seinem Amtsantritt noch anerkannte) Vereinbarung, nachdem der Trierer Bischof seine Zustimmung zu ihr einen Tag vor seinem Tod widerrufen hatte. Hierauf ließ die Regierung Droste 1837 auf der Festung Minden inhaftieren. Gegen diese drastische staatliche Maßnahme, die in der Rheinprovinz und in Westfalen einen Sturm der Entrüstung auslöste, erhob Papst Gregor XVI. Protest, und die Bischöfe von Münster und Paderborn traten ebenfalls von der Konvention zurück. Mit seiner flammenden Kampfschrift »Athanasius«, die den um seines Glaubens willen vom römischen Staat verfolgten Kirchenvater *Athanasius von Alexandrien* (um 300–373) und den vom preußi-

---

Biografie, Regensburg 2011, 142. – Die Titulierung des Zentrums als »klerikale Partei« hat Bismarck allerdings nicht aus der Luft gegriffen, denn von 478 Abgeordneten der Zentrumsfraktion im Reichstag (1871–1918) waren 91 Geistliche, davon 53 Pfarrer und 16 Domherren, dazu kamen zahlreiche Kleriker in den Landtagen, insbesondere in der bayer. Kammer der Abgeordneten (10,9 %). Näheres bei Erwin Gatz, Priester als Partei- und Sozialpolitiker, in: ders. (Hg.), Der Diözesanklerus (= Geschichte des kirchlichen Lebens in den deutschsprachigen Ländern seit dem Ende des 18. Jahrhunderts – Die Katholische Kirche – IV), Freiburg i. Br. u. a. 1995, 376–398, hier: 381–385 (»Klerus und Zentrumspartei«); vgl. ferner Thomas Nipperdey, Deutsche Geschichte 1866–1918, Bd. II (Machtstaat vor der Demokratie), München 1992, 346 f.

[4] Erst »am 18. März 1966 schaffte der Vatikan die Exkommunikation für jene Katholiken ab, die gegen die damals gültigen kirchenrechtlichen Vorschriften für gemischtkonfessionelle Ehen [gemäß dem CIC/1917] verstießen; etwa, weil sie wegen ihres evangelischen Partners evangelisch heirateten; oder weil sie die Kinder einer solchen Verbindung nicht im katholischen Glauben erzogen« oder sie erst gar nicht katholisch taufen ließen. Anstöße zur betreffenden Instruktion der Glaubenskongregation mit dem Titel »*Matrimonii sacramentum*« (lat. für: Sakrament der Ehe), die gleichwohl das Bestreben der Kirche betonte, »dass Katholiken nur mit Katholiken eine Ehe eingehen« sollten, gaben zum einen die Durchmischung der Konfessionen in Europa infolge des Zweiten Weltkriegs und zum anderen die positiven Äußerungen des Zweiten Vatikanums über die nichtkatholischen Konfessionen (v. a. im Dekret über den Ökumenismus »*Unitatis Redintegratio*«). Auch nach dem CIC/1983 »verlangt eine Ehe zwischen einem Katholiken und einem Nichtkatholiken die ausdrückliche Erlaubnis des zuständigen Ortsbischofs; der katholische Partner muss die Gefahr des Glaubensabfalls ausschließen und sich für eine Erziehung der Kinder im katholischen Glauben einsetzen«, so dass »Mischehen« bis heute »nicht frei von ökumenischem Sprengstoff« sind (alle Zitate nach Thomas Jansen, Geschenk für alle Liebespaare. Vor 50 Jahren erlaubte der Vatikan gemischtkonfessionelle Ehen, in: KNA aktuell, Korrespondentenberichte, Nr. 51 v. 14. März 2016, 64).

schen Staat verfolgten Droste als Idealbilder katholischer Bischöfe in eine Reihe stellte, machte der an der Universität München lehrende Rheinländer *Joseph von Görres* (1776–1848), eine Symbolfigur des politischen Katholizismus, den Streit 1838 publik und bewirkte ein Solidarisierung der deutschen Katholiken. Erst nach dem Regierungsantritt Friedrich Wilhelms IV. kam es 1841 zu einem Kompromiss, in dem Rom von der Rückführung Drostes nach Köln Abstand nahm und im Gegenzug der preußische König auf die Geheime Konvention und das *Plazet*, d. h. die staatliche Veröffentlichungsgenehmigung für kirchliche Verlautbarungen, verzichtete und außerdem die obengenannte Abteilung im preußischen Kultusministerium einrichten ließ.

Für das weitere Schicksal des Katholizismus in Deutschland stellte das Kölner Ereignis eine entscheidende Wende dar, da die Katholiken – durch den »Athanasius« zum Kampf gegen polizeistaatliches Gebaren und für die kirchliche Freiheit ermutigt – fortan den Weg des freien gesellschaftlichen Zusammenschlusses einschlugen, wodurch sie ihre Rechte und Ansprüche gegenüber dem Staat wirksamer zu vertreten vermochten. Folgen dieser Wende waren aber auch eine stärkere ultramontane Ausrichtung des deutschen Katholizismus und eine Verschärfung der konfessionellen Gegensätze.

Lit.: Stefan Jordan, Art. Preußischer Kirchenstreit, in: RGG⁴ 6 (2003) 1638 f. (Lit.). – *Zu Droste:* Art. Droste zu Vischering, Clemens August Freiherr, in: DBETh I 326 (Lit.); *zu Athanasius:* Charles Kannengießer, Art. Athanasius der Große, in: LThK³ 1 (1993) 1126–1130; Manfred Clauss, Athanasius der Große. Der unbeugsame Heilige, Darmstadt 2016; Eder, Kirchengeschichte 54, 58; *zu Görres:* Hans Maier, Art. Görres, in: DBETh I 510 f. (Lit.).

Es folgte der (1876 nochmals verschärfte) sog. *Kanzelparagraph*, der Geistlichen verbot, in Ausübung ihres Amtes Angelegenheiten des Staates »in einer den öffentlichen Frieden gefährdenden Weise zum Gegenstand einer Verkündigung oder Erörterung« zu machen[5], und die Einführung der *staatlichen Schulaufsicht*, die den Einfluss der beiden Kirchen auf die Schulen ausschalten sollte.

Am 30. Januar 1872 hielt Bismarck im preußischen Abgeordnetenhaus eine Schmährede, die einer Kriegserklärung an das Zentrum gleichkam, verkündete er doch, er habe die Bildung der Zentrumsfraktion »nicht anders betrachten können als im Lichte einer Mobilmachung der Partei gegen den Staat«[6]. Zu Recht antwortete ihm daher der Sprecher der Zentrumsfraktion Ludwig Windthorst (1812–1891):

»Ich weiß nicht, was der Herr Ministerpräsident als Bekämpfung des Staates ansieht [...], aber, meine Herren, ich bin so frei anzunehmen, dass es noch nicht richtig ist, dass der Herr Ministerpräsident der Staat sei [...]. Ich kann ein eifriger Anhänger des Staates und des Vaterlandes sein, und doch mich in meinem innersten Gewissen genötigt finden, viele Maßregeln zu bekämpfen, und zwar energisch zu bekämpfen, welche der Herr Ministerpräsident einzuleiten für gut findet«[7].

Der Rechtsanwalt und vormalige Justizminister des Königreichs Hannover (1851–1853, 1862–1865) Ludwig Windthorst, der nach der Gründung der Zentrumspartei 1870 sehr

---

[5] Zit. nach Ullrich (wie Anm. 1) 48. – Der im Dritten Reich massiv missbrauchte Paragraph wurde erst 1953 aufgehoben.

[6] Zit. nach Lothar Gall (Hg.), Bismarck. Die großen Reden, Berlin 1981, 119. Die gesamte Rede ist a. a. O. 114–129 abgedruckt.

[7] Zit. nach Drews (wie Anm. 3) 150.

rasch zu ihren maßgebenden Köpfen zählte und nach dem frühen Tod des Mitbegründers *Hermann von Mallinckrodt* (1821–1874) zu deren unbestrittenem Führer aufstieg (ohne jemals Fraktions- oder Parteivorsitzender zu sein), war der bedeutendste Vertreter des politischen Katholizismus im 19. Jahrhundert und der gefährlichste parlamentarische Gegenspieler Bismarcks. Trotz seiner fast zwergenhaften Statur (1,50 m!), dünner Stimme und zunehmender Erblindung genoss er als »kleine Exzellenz«, wie ihn seine Anhänger liebevoll nannten, große Volkstümlichkeit.

Lit.: Hermann Meemken (Red.), Ludwig Windthorst 1812–1891. Christlicher Parlamentarier und Gegenspieler Bismarcks. Begleitbuch zur Gedenkausstellung aus Anlass des 100. Todestages, Meppen 1991; Rudolf Morsey, Art. Windthorst, in: LThK³ 10 (2001) 1226 f.; Rüdiger Drews, Ludwig Windthorst. Katholischer Volkstribun gegen Bismarck. Eine Biografie, Regensburg 2011 (Zitat: 12; Lit.).

2. Beschreibung und Deutung der Karikatur

Unsere Karikatur wird kommentiert durch den Satz:
>»Allen theilnehmenden Freunden und Feinden
>[unten:] die Anzeige, daß unsere Stiefmutter *Herrenhaus* nach langen Mühen
>glücklich von den *Kirchengesetzen* entbunden ist.«

Die »Stiefmutter Herrenhaus« sieht man am linken Bildrand in Gestalt eines ängstlich dreinblickenden Zentrumsführers *Ludwig Windthorst* unter einem Baldachin mit der Aufschrift »Herrenhaus« im Bett liegen,

Das Herrenhaus war die von 1855 bis 1918 existierende erste Kammer des preußischen Landtags, deren lebenslange Mitgliedschaft teils auf Standesprivileg (Vertreter von Adelsfamilien und des königlichen Hauses) und teils auf Berufung durch den Herrscher beruhte (z. B. Mitglieder verschiedener Korporationen). Die zweite Kammer des preußischen Landtags bildete das *Abgeordnetenhaus*, das aus gewählten Mitgliedern bestand.

neben dem am Boden eine leere Wiege steht. Das von der Stiefmutter entbundene (geborene) Kind selbst – die Maigesetze von 1873 –

Die vier, unter dem Protest der Bischöfe im Tagestakt beschlossenen preußischen Maigesetze von 1873 weiteten den Konflikt zwischen Kirche und Staat zum offenen Kirchenkampf aus, da in ihnen versucht wurde, der Kirche ein geschlossenes System staatlicher Kontrolle unter Eliminierung Roms aufzuerlegen. Die Gesetze im einzelnen:
I. *Das Gesetz über die Vorbildung und Anstellung der Geistlichen* vom 11. Mai 1873 schrieb vor, dass nur Deutsche mit Schulbildung an einem *deutschen* Gymnasium, einem dreijährigen Theologiestudium an einer *deutschen* Universität und nach Ablegung eines staatlichen »Kulturexamens« in Philosophie, Geschichte und deutscher Literatur[8] in Preußen

---

[8] Diese Vorschrift blieb katholischerseits reine Theorie, da kein einziger Student der katholischen Theologie dieses Examen ablegte. Vgl. Wilhelm Brüggebos, Kirchengeschichte, Ein Lehrbuch für den katholischen Religionsunterricht, bearb. v. Roman Mensing, Düsseldorf 1972, 175; Ernst Rudolf Huber, Deutsche Verfassungsgeschichte seit 1789, Bd. IV: Struktur und Krisen des Kaiserreichs, Stuttgart u. a. ²1982 (rev. ND 1994), 719.

Priester werden konnten, stellte die Knaben- und Priesterseminare unter staatliche Aufsicht und verpflichtete die kirchlichen Behörden bei Anstellung von Geistlichen dazu, dies dem Oberpräsidenten anzuzeigen, dem ein Einspruchsrecht eingeräumt wurde.

II. *Das Gesetz über die kirchliche Disziplinargewalt und die Errichtung des Königl. Gerichtshofs für kirchliche Angelegenheiten* vom 12. Mai 1873 beschränkte diese Disziplinargewalt auf *deutsche* Kirchenbehörden und schuf als Berufungsinstanz anstatt des Papstes den genannten Gerichtshof in Berlin, der auch befugt war, Bischöfe abzusetzen und Geistliche zu entlassen.

III. *Das Gesetz über die Grenzen des Rechts zum Gebrauche kirchlicher Straf- und Zuchtmittel* vom 13. Mai 1873 verbot alle gegenüber Kirchenmitgliedern angewandten kirchlichen Maßnahmen, die sich nicht innerhalb des rein religiösen Bereiches bewegten, insbesondere solche gegen Leib (körperliche Züchtigung), Vermögen, Freiheit oder bürgerliche Ehre (damit war auch die »*excommunicatio maior*«, d.h. der völlige Ausschluss aus der kirchlichen Gemeinschaft, untersagt).

IV. *Das Gesetz betreffend den Austritt aus der Kirche* vom 14. Mai 1873 erleichterte das Verlassen der katholischen oder einer anderen anerkannten Kirche dadurch, dass eine persönliche Austrittserklärung vor einem weltlichen Richter genügte.

Lit.: Huber, Verfassungsgeschichte IV (wie Anm. 8), 710–720; Wolfgang Schmierer, Art. Maigesetze, in: Taddey 794.

hält Bismarck in Gestalt einer zweigeteilten Tafel in die Höhe, sekundiert von dem für diese Gesetze verantwortlichen Kultusminister *Adalbert Falk* (damals ohne Bart; ↗ KAR 9). Bismarck ist dargestellt als Mose(s), von dem in drei breiten Strahlen (die die berühmten drei Haare ersetzen ↗ KAR 9) Licht ausgeht, als er mit den zwei Gesetzestafeln vom Berg Sinai zurückkehrt, wobei auf den Tafeln des Reichskanzlers anstatt der Zehn Gebote die vier, durch römische Ziffern bezeichneten neuen Kirchengesetze stehen.

> »Als Mose vom Sinai herunterstieg, hatte er die beiden Tafeln der Bundesurkunde in der Hand. Während Mose vom Berg herunterstieg, wußte er nicht, daß die Haut seines Gesichtes Licht ausstrahlte, weil er mit dem Herrn geredet hatte. Als Aaron und alle Israeliten Mose sahen, strahlte die Haut seines Gesichtes Licht aus, und sie fürchteten sich, in seine Nähe zu kommen. Erst als Mose sie rief, kamen Aaron und alle Sippenhäupter der Gemeinde zu ihm zurück, und Mose redete mit ihnen.« (Ex 34,29–31)

Da die konservative Fraktion des Herrenhauses von Anfang an keinen Zweifel daran gelassen hatte, dass sie den kirchenpolitischen Gesetzen energischen Widerstand entgegensetzen würde, kam es im April 1873 zu langwierigen Verhandlungen, ehe die Vorlagen mit einigen Änderungen dank der liberalen Mehrheit das Herrenhaus passierten, das in den Augen der Regierung in der Tat eine ungeliebte Stiefmutter war, weil deren Stellung hier weit weniger einflussreich war als im Abgeordnetenhaus, wo die Maigesetze eine große Mehrheit fanden.

Nicht nur Moses, sondern auch die Gesetze strahlen in unserer Karikatur Helligkeit aus, vor allem auf die zu Bismarcks Linken kreisförmig knienden katholischen Bischöfe, die sich im wahrsten Sinne des Wortes unter dem Pantoffel »*Rom*« (Ferse!), d.h. des Papstes, befinden. Rechts außen verkündet schließlich auf einem

Schriftband eine männliche, als »Adolph« bezeichnete Gestalt im Bischofsornat mit erklärender Geste und unter Bezugnahme auf die *»Kirchen-Gesetze«: »... verehren mich nicht«* (Schriftband oben und unten). Gemeint ist **Gustav Adolph von Hohenlohe-Schillingsfürst** (1823–1896), der jüngere Bruder des vormaligen bayerischen Ministerpräsidenten und Außenministers (1866–1870) sowie späteren preußischen Ministerpräsidenten und deutschen Reichskanzlers (1894–1900) Chlodwig Fürst zu Hohenlohe-Schillingsfürst (1819–1901). Gustav Adolph hatte **Papst Pius IX.** am 24. November 1848 auf der Flucht nach Gaëta bei Neapel begleitet, wo er 1849 die Priesterweihe empfing.

> Der seit 1846 regierende und als liberal geltende Papst Pius IX. schürte durch seine ersten Regierungsmaßnahmen und durch den wohlwollenden Umgang mit Angehörigen aller Parteien die in ihn gesetzten Reformhoffnungen. Doch als unter dem Eindruck der von Frankreich nach Italien übergreifenden Revolution von 1848 der Regierungschef des Kirchenstaates, Graf *Pellegrino Rossi*, am 15. November 1848 ermordet und Papst wie Kardinäle von Aufständischen bedroht wurden, stand Pius vor den Trümmern seiner Politik und musste Rom umgehend verlassen. »Frankreich hatte die Aufnahme und Einschiffung von Civitavecchia aus, Spanien die Flucht auf sein Gebiet angeboten, aber der Papst entschloß sich, dem Vorschlag des bayerischen Gesandten Graf Spaur zu folgen und sich von ihm auf neapolitanisches Gebiet nach Gaeta führen zu lassen. Während der französische Botschafter Harcourt im päpstlichen Kabinett laut vorlas, als sei er im lebhaften Zwiegespräch mit dem Hl. Vater begriffen, legte dieser einen schwarzen Talar an, eilte durch leerstehende Gemächer und geheime Treppen zum Hofe, wo die Gardisten nicht weiter auf ihn achteten. Auf Umwegen fuhr er dann zum Lateran und von dort nach Ariccia«, wo der Wagen des bayerischen Gesandten wartete. Schließlich gelangte er »während der Nacht über Terracina nach Gaeta«[9]. Während man in Rom am 9. Februar 1849 die Republik ausrief, verbrachte der Papst fast 17 Monate unter dem Schutz des Königs beider Sizilien (↗ KAR 9) in der kleinen Küstenfestung Gaëta im Exil, ehe er am 12. April 1850 mit Hilfe französischer Truppen nach Rom zurückkehren konnte. Als Konsequenz seines »Revolutionstraumas«[10] erfolgte eine radikale Wandlung Pius' IX., die für die weiteren drei Jahrzehnte seines Pontifikats bestimmend wurde. In allem kehrte er nun zum Kurs seines Vorgängers Gregor XVI. (1831–1846) zurück; unerbittliche Abwehr des weltanschaulichen und politischen Liberalismus (↗ KAR 9) war fortan die Devise des Papstes.

Anschließend päpstlicher Kammerherr und Geheimkämmerer, wurde Hohenlohe 1857 **Großalmosenier** und Titularerzbischof.

> Dem päpstlichen Großalmosenier (Almosenmeister, Elemosiniere), seit dem 16. Jahrhundert immer ein Titularbischof oder -erzbischof, obliegt die Almosenverteilung an Arme im Namen des Papstes. Als Direktor des Apostolischen Almosenamtes, das auch mehrere, dem Hl. Stuhl unterstellte Wohltätigkeitsinstitute betreut, gehört er bis heute zur Päpstlichen Familie *(Famiglia Pontificia)*.
> Näheres bei Niccolò Del Re, Art. Almosenamt, Apostolisches, in: Del Re, Vatikanlexikon 26–28.

---

[9]   Josef Schmidlin, Papstgeschichte der neuesten Zeit, Bd. 2, München 1934, 34.
[10] Hubert Wolf, Katholische Kirchengeschichte im »langen« 19. Jahrhundert von 1789 bis 1918, in: Kottje, Kirchengeschichte III 91–177, hier: 140.

Nachdem etliche Versuche, ihn auf einen deutschen Bischofsstuhl zu befördern, am Widerstand der »Ultramontanen« in den Domkapiteln und der »Hardliner« an der päpstlichen Kurie gescheitert waren, wurde er 1866 Kurienkardinal. Auf dem Ersten Vatikanum zur Minorität (d.h. zu den Gegnern einer Definition der päpstlichen Unfehlbarkeit) zählend und beständig, aber wenig erfolgreich darum bemüht, einen Beitrag zur Versöhnung von katholischer Kirche und moderner Welt zu leisten, lebte er nach dem Ende des Kirchenstaates (1870) in Deutschland.

Karbinal Gustav Adolph Prinz zu Hohenlohe-Schillingsfürst.

Am 25. April 1872 ließ Bismarck dem Papst mitteilen, Kaiser Wilhelm I. habe Kardinal Hohenlohe zum deutschen Botschafter beim Hl. Stuhl ernannt und bitte ihn um dessen Akkreditierung. Ein bayerischer Diplomat bezeichnete die Ernennung Hohenlohes als einen der »merkwürdigsten Schachzüge in jener Partie, welche seit mehr als einem Jahr zwischen dem Kanzler des Deutschen Reiches und der römischen Kurie gespielt wird«[11] (vgl. das *(22)* Schachspiel in KAR 9 !). Die geschickte Offerte Bismarcks brachte den Papst in arge Verlegenheit, denn stimmte er zu, dann regierte der Reichskanzler über seinen Botschafter in Rom mit; lehnte er aber ab, dann hatte Bismarck den gewünschten Vorwand zum (ohnehin vorgesehenen) Abbruch der diplomatischen Beziehungen. Der Papst verweigerte die Akkreditierung und provozierte hierdurch die erwartete Reaktion des sich formal im Recht befindenden Reichskanzlers, der übrigens in der hierüber stattfindenden Reichstagsdiskussion den später immer wieder zitierten Satz sagte: »Seien Sie außer Sorge: *Nach Canossa gehen wir nicht* – weder körperlich noch geistig!«[12]

---

[11]   Zit. nach Hubert Wolf, »Die liebenswürdigste aller Eminenzen«. Kardinal Gustav Adolf von Hohenlohe-Schillingsfürst (1823–1896), in: RQ 90 (1995) 110–136, hier: 129.

[12]   Zit. nach Gall, Bismarck (wie Anm. 6) 131. Die vollständige Rede vom 14. Mai 1872 ist a. a. O. 130–139 abgedruckt. Vgl. hierzu auch Friedemann Bedürftig, Art. Canossa, in: ders., Taschenlexikon Bismarck, München/Zürich 1998, 50 f.; Matthias Pape, Canossa als politisches Argument vom Humanismus bis zum Liberalismus, in: Wolfgang Hasberg / Hermann-Josef Scheidgen (Hgg.), Canossa. Aspekte einer Wende, Regensburg 2012, 186–203, hier: 202 f. – Bei der ersten diplomatischen Fühlungnahme Bismarcks mit dem Vatikan zur Beilegung des Kulturkampfes gut sechs Jahre später sagte der Reichskanzler allerdings zum Münchner päpstlichen Nuntius Erzbischof *Gaetano Aloisi Masella* (1826–1902; amt. 1877–1879): »›Ich bin bereit, Ihnen viel zu geben und auch ein wenig nach Canossa zu gehen, … man spricht bereits, daß ich mich auf dem Wege dahin befinde; und wenn ich nicht nach Canossa gegangen bin, so ist dieses zu mir gekommen‹ […] Als er das Canossa-Wort sprach, mußten ›beide ordentlich lachen‹, berichtete der Nuntius« (zit. nach Georg Franz, Kulturkampf. Staat und katholische Kirche in Mitteleuropa von der Säkularisation bis zum Abschluss des preußischen Kulturkampfes, München 1954, 249; siehe dazu Georg Franz-Willing, Kulturkampf gestern und heute. Eine Säkularbetrachtung 1871–1971, München 1971, 52 f.). Da dieses Treffen vom 29. Juli 1878 während einer Kur Bismarcks in Bad Kissingen stattfand, machte eine Karikatur im *Kladderadatsch* daraus »Canossingen« (Klad-

Der Gang Kaiser *Heinrichs IV.* (1056–1106) nach Canossa im Jahr 1077 zu Papst *Gregor - VII.* (1073–1085) war das *spektakulärste Ereignis innerhalb des Investiturstreits.* Auf der römischen Fastensynode von 1075 hatte Gregor nicht nur die Übertragung eines Kirchenamtes durch Laienhand im allgemeinen, sondern konkret die Investitur des Erzbischofs von Mailand durch den deutschen König verboten. Heinrich beantwortete die päpstliche Maßregel jedoch mit der eigenmächtigen Besetzung mehrerer italienischer Bistümer, von denen das sehr bedeutsame Erzbistum Mailand nicht einmal vakant war. Auf diese Weise herausgefordert, sandte der Papst an Heinrich ein Mahnschreiben und ließ für den Fall weiteren Ungehorsams dem König mündlich Bann (Exkommunikation) und Absetzung androhen. Nun lenkte Heinrich nicht etwa ein, sondern ging zum offenen Kampf über, indem er Gregor die Gewalt aberkannte und ihn zum Verzicht auf seine päpstliche Würde aufforderte. Gregor erwiderte den maßlosen Angriff dadurch, dass er auf der römischen Fastensynode im Februar 1076 den Kirchenbann über Heinrich verhängte, ihm die Ausübung der Regierungsgewalt untersagte und die königlichen Untertanen vom Treueid entband. Die Exkommunikation des Königs, ein bis dahin unerhörter Eingriff, sollte ihre Wirkung nicht verfehlen. Standen die deutschen Bischöfe nach wie vor geschlossen auf der Seite des Königs, so sahen die Territorialfürsten in der Bannung Heinrichs und in der Entbindung vom Treueid eine willkommene Gelegenheit, ihre eigene Position auszubauen. So beschloss man im Oktober 1076, sich dauernd von Heinrich abzuwenden, falls er nicht bis zum Jahrestag der Exkommunikation vom Bann gelöst sei; ein Reichstag zu Augsburg am Lichtmesstag (2. Februar) 1077 solle die Entscheidung treffen, und der Papst selbst als Schiedsrichter dort erscheinen.

Gregor nahm die Schiedsrichterrolle an und begab sich auf den Weg nach Deutschland. Nun eilte Heinrich, der um jeden Preis die Koalition zwischen Papst und Fürsten verhindern wollte, in kühnem Zug über die Alpen, um von Gregor die Absolution zu erlangen. Der Papst hatte sich auf die Nachricht vom Anrücken Heinrichs vorsichtshalber in die Festung Canossa am Nordhang des Apennin zurückgezogen, die der Markgräfin *Mathilde von Tuszien* (1046–1115) gehörte. Dort erschien der König Ende Januar 1077 an drei Tagen im Büßergewand und wartete bei klirrender Kälte (es war der kälteste Winter des 11. Jahrhunderts!) vor den Mauern auf Einlass, während in der Burg Mathilde von Tuszien und Abt *Hugo von Cluny* (1034–1109, amt. ab 1049!), Heinrichs Taufpate, den Papst um Milde anflehten. Erst am vierten Tag, dem 28. Januar 1077, entschloss sich Gregor, seines priesterlichen Amtes zu walten. Unter der Bedingung, dass sich Heinrich mit den Fürsten einige und dem Papst für den Fall einer Reise nach Deutschland freies Geleit gewähre, wurde er wieder in die kirchliche Gemeinschaft aufgenommen. Beigelegt wurde der Investiturstreit erst unter dem Nachfolger Heinrichs IV., seinem Sohn *Heinrich V.*, durch das *Wormser Konkordat von 1122,* einem Kompromiss, in dem die Investitur zwischen Kaiser und Kirche aufgeteilt wurde.

Lit.: Wilfried Hartmann, Art. Investiturstreit, in: RGG⁴ (2001) 212–214 (Lit.); Eder, Kirchengeschichte 95–100 (mit Graphiken und Abb.); *zu Gregor VII.:* Rudolf Schieffer, Papst Gregor VII. Kirchenreform und Investiturstreit, München 2010; *zu Mathilde von Tuszien:* Elke Goez, Mathilde von Canossa, Darmstadt 2012.

deradatsch 31 [1878] 504 [Nr. 47 v. 13. Okt.]: »In Liebe und Güte« [unten rechts]; vgl. Gross, Jesus 42 f. [mit Abb.], ferner Jürgensmeier 221 f.).

»Mit der Beschwörung des Canossa-Mythos war der Konflikt mit der katholischen Kirche zu einer Angelegenheit der nationalen Ehre geworden, in der es kein Zurückweichen mehr gab.«[13]

Der eigentlich Leidtragende dieser aufsehenerregenden Affäre war jedoch Hohenlohe, der sich – in der naiven Vorstellung, in einer Doppelfunktion als Kurienkardinal und deutscher Botschafter der Verständigung zwischen Kirche und Staat optimal dienen zu können – zwischen sämtliche Stühle gesetzt und des Vertrauens beider Seiten beraubt, ja sich unmöglich gemacht hatte. »Die Katholiken der Zentrumspartei betrachteten den Kardinal von da an als eine Art Judas.«[14] Dadurch fiel er auch als Vermittler im Kulturkampf aus, und die deutschen Bischöfe hielten sich – wie aus der Karikatur und den Worten »Adolphs« ersichtlich – von ihm fern. 1876 auf Drängen diplomatischer Kreise in Berlin nach Rom zurückgekehrt, gelang es Hohenlohe nicht, größeren politischen Einfluss zu gewinnen, da der ihm gewogene Kardinalstaatssekretär des neuen Papstes Leo XIII. (1878–1903), *Alessandro Franchi* (1819–1878), bereits nach fünf Monaten verstarb. Hartnäckig hielten sich Gerüchte über dessen Beseitigung durch die Jesuiten (↗ KAR 9), von deren Stichhaltigkeit Hohenlohe so überzeugt war, dass er in den letzten Lebensjahren den Messwein von seinem Sekretär vorkosten ließ, um nicht einer jesuitischen Vergiftung zum Opfer zu fallen[15].

L   Johannes B. Kißling, Geschichte des Kulturkampfes im Deutschen Reiche, 3 Bde., Freiburg i. Br. 1911–1916, bes. Bd. 2, 212–214; Ernst Rudolf Huber, Deutsche Verfassungsgeschichte seit 1789, Bd. IV: Struktur und Krisen des Kaiserreichs, Stuttgart u.a. ²1982 (rev. ND 1994), 645–831 (Kap. X. Der Kulturkampf); Volker Ullrich, Die nervöse Großmacht. Aufstieg und Untergang des deutschen Kaiserreichs, Frankfurt a.M. ²2014, 45–53; Imanuel Geiss, Art. Kulturkampf, in: ders., Geschichte griffbereit, Bd. 4 (Begriffe), Güterloh/München 2002, 776f. (Lit.); Hubert Wolf, »Die liebenswürdigste aller Eminenzen«. Kardinal Gustav Adolf von Hohenlohe-Schillingsfürst (1823–1896), in: RQ 90 (1995) 110–136 (Quellen und Lit.). – Weitere Lit. zum Kulturkampf bei KAR 9.

K   Wilhelm Scholz.

Q   Kladderadatsch 26 (1873) 250 (Nr. 23 v. 18. Mai) unten.

---

[13] Ullrich (wie Anm. 1) 50.

[14] »Les catholiques du *Zentrumspartei* considérèrent dès lors le cardinal comme une sorte de Judas« (Christoph Weber, Art. Hohenlohe 5. Hohenlohe-Schillingsfürst [Gustav Adolph, Prinz zu], in: Dictionnaire d'histoire et de géographie ecclésiastiques 24 [1993] 804–811, hier: 807 [Übers. v. Verf.]).

[15] Vgl. Wolf, Eminenzen (wie Anm. 11) 117 und 130f. sowie Hubert Wolf, Die Nonnen von Sant'Ambrogio. Eine wahre Geschichte, München ⁴2013, 405–410.

9. Der Kulturkampf in Deutschland –
ein Schachspiel zwischen Kanzler und Papst?
(16. Mai 1875)

(23)

Die oft reproduzierte, aber selten genauer erklärte Karikatur des Berliner *Kladdera-datsch* mit dem Titel »Zwischen Berlin und Rom« zeigt den preußischen Minister-präsidenten und ersten deutschen Reichskanzler *Otto Fürst von Bismarck* (1871–1890; weiße Figuren) und Papst *Pius IX.* (1846–1878; schwarze Figuren) am Höhe-punkt des Kulturkampfes bei einem fiktiven Schachspiel.

> Daß der Papst mit den schwarzen Figuren zieht, ist keineswegs ein Zufall, ist doch die Kleidung des christlichen Klerus (mit Ausnahme hoher Würdenträger) seit dem Mittel-alter in schwarz gehalten. Dies färbte auch auf die christlichen politischen Parteien ab, weswegen die Mitglieder von CDU und CSU auch heute noch als »die Schwarzen« be-zeichnet werden.

Die vier preußischen Maigesetze von 1873 (↗ **KAR 8**) wurden von den katholischen Bischöfen, Priestern und Ordensleuten mit passivem Widerstand und Boykott be-antwortet. In Reaktion darauf erfolgten im Frühjahr 1875 das »**Brotkorbgesetz**« und das »**Klostergesetz**«.

> Das (1880 aufgehobene) »Brotkorbgesetz« (eigentlich: Sperrgesetz) vom 22. April 1875 fror die staatlichen Finanzleistungen an die katholischen Diözesen, Einrichtungen und Priester ein, wobei insgesamt 16 Millionen Reichsmark einbehalten wurden. Auf diese Weise wollte man »den renitenten katholischen Geistlichen den Brotkorb höher hän-gen«[1], bis sich die Kirche den gesetzlichen Regelungen der (bis heute obligatorischen) Zivilehe, der Schulaufsicht und anderem gebeugt hätten. Das »Klostergesetz« hatte das Verbot und die Ausweisung aller nicht in der Krankenpflege tätigen katholischen Orden und Kongregationen aus Preußen zum Inhalt, was die Aufhebung von 296 Ordensnie-derlassungen mit fast 4.000 Mitgliedern bedeutete. Zwar datiert das Gesetz erst vom 31. Mai 1875, aber im preußischen Abgeordnetenhaus war die Gesetzesvorlage bereits am 10. Mai angenommen worden, so dass der Karikaturist das Klostergesetz schon ein-beziehen konnte.

Während Bismarck in unserer Karikatur sehr selbstbewusst und siegessicher auf Pius blickt, sinnt dieser – dezent lächelnd – über den nächsten Zug nach. Dabei fasst er sich mit der Rechten ans Kinn und hält mit der Linken den Fuß einer großen, barbusigen Frauenfigur (= Königin) mit der Aufschrift »*Encycl.[ica]*«. Darauf be-zieht sich auch der im Original beigegebene Dialog, den der Papst eröffnet:
»Der letzte Zug war mir allerdings unangenehm, aber die Partie ist deßhalb noch nicht verloren. Ich habe noch einen schönen Zug *in petto!* – Das wird auch der letzte sein, und dann sind Sie in wenigen Zügen matt – wenigstens für *Deutsch-land.*«
Die Enzyklika, die der Papst im Begriff ist »auszuspielen«, ist das Rundschreiben »*Quod numquam*« vom 5. Februar 1875, in dem Pius IX. den Kulturkampf in Deutschland verurteilt und die preußischen Kirchengesetze (einschließlich der Mai-gesetze) für ungültig erklärt. Des weiteren stehen ihm auf dem Schachbrett zur Ver-fügung

---

[1] Zit. nach Friedemann Bedürftig, Taschenlexikon Bismarck, München/Zürich 1998, 44 f.

- der als **Jesuit** dargestellte »*Syllab.(us errorum)*«, vor dem ein weiterer Jesuit mit der damals typischen Kopfbedeckung, dem breitkrempigen Kalabreser (↗ KAR 7), steht.

Da die überwiegend konservativ geprägten Jesuiten (↗ KAR 13) als Vorkämpfer des Papsttums – einer außerdeutschen Macht! – auftraten, erachteten Bismarck und seine liberalen Verbündeten diesen Orden, der bezüglich des Syllabus, der Unfehlbarkeit des Papstes und der *Römischen Frage* (= Frage der Wiederherstellung des 1870 verloren-gegangenen Kirchenstaates) den päpstlichen Standpunkt verfocht, nicht zu Unrecht als wesentliches Hindernis zur Erreichung eines ungeteilten preußisch-protestantischen Kaiserreichs mit einer nationalen, von Rom unabhängigen Kirche. Überdies wähnte man Zentrumspartei und Vatikan als jesuitisch gesteuert. Daher verbot das (erst 1917 wieder aufgehobene) *Jesuitengesetz* 1872 die »Gesellschaft Jesu« und »verwandte Or-den« (wie die Redemptoristen (↗ KAR 5 INFOBOX Passy/Hofbauer) auf dem Gebiet des Deutschen Reiches und löste deren Niederlassungen auf. Mindestens 775 der auch auf katholischer Seite wegen der angeblichen jesuitischen Doppelmoral und Verschlagenheit nicht allseits beliebten Jesuiten (↗ KAR 8: Hohenlohe-Schillingsfürst) mussten Deutsch-land verlassen und gingen vielfach in die Mission.

Lit.: Franck Damour, Der schwarze Papst. Der Mythos von der »geheimen Macht« der Jesuiten, Würzburg 2015; Albert Ebneter, Der Jesuitenorden, Zürich u. a. ²1984, bes. 65–83 (»Der umstrit-tene Orden«); Stefan Kiechle, Die Jesuiten, Freiburg i. Br. 2009, bes. 72–76 (»Heißt ›jesuitisch‹ nicht schlau, verschlagen und intrigant?«); Borutta, Antikatholizismus 201 (mit Abb. 20); http://www.jesuiten.org/profil/index.htm (»Klischees«); weitere Lit. oben S. 49 f. in Anm. 8 und 9.

1864 hatte Pius IX. die Enzyklika »*Quanta cura*« erlassen, die den Rationalismus, den Sozialismus und den modernen Fortschrittsglauben als »moderne Irrtümer« verurteilte und der als Anhang der »*Syllabus errorum*« beigefügt war. Dieses »Verzeichnis von achtzig der hauptsächlichsten Irrtümer unserer Zeit« verwarf u. a. die Religions- und Meinungsfreiheit sowie die Möglichkeit, dass der Papst sich mit dem Fortschritt, dem Liberalismus und der modernen Kultur aussöhnen könne (hierzu KAR 6). Der Syllabus brachte »den bis dahin latent vorhandenen Antiklerikalismus der satirischen Presse Berlins akut zum Ausbruch«[2].

- das als »Geist aus der Flasche« entweichende »**Interdict**.(*um [divinorum officio-rum]*).

Hierbei handelt es sich um die Androhung bzw. den Vollzug der strafweisen *Vorenthal-tung geistlicher Handlungen* (insbesondere Gottesdienste, Sakramentenspendungen und kirchliche Begräbnisse) gegenüber einzelnen Personen oder Personengruppen (*Per-sonal*-Interdikt) bzw. den Bewohnern eines Ortes oder Territoriums (*Lokal*-Interdikt). Das heutige Kirchenrecht (CIC/1983) kennt nur noch das Personal-Interdikt gegenüber Einzelpersonen.

Vgl. zu dieser Beugestrafe: Alban Haas, Das Interdikt nach geltendem Recht mit einem ge-schichtlichen Überblick (= Kanonistische Studien und Texte 2), Bonn 1929 (ND Amsterdam 1963); Wilhelm Rees, Die Strafgewalt der Kirche. Das geltende kirchliche Strafrecht – dargestellt auf der Grundlage seiner Entwicklungsgeschichte (= Kanonistische Studien und Texte 41), Ber-lin 1993, 131–133; Georg May, Art. Interdikt, in: TRE 16 (1987) 221–226.

---

[2] Koch, Teufel 525.

Im Falle des Kulturkampfs ist sicherlich die Androhung eines Lokal-Interdikts (für Preußen oder ganz Deutschland) gemeint, wie es im Hochmittelalter zum Schutz der kirchlichen Autorität gegen Angriffe weltlicher Machthaber eingeführt und bald auch im rein politischen Kampf zwischen Papst und Kaiser zur Anwendung gebracht wurde. Diese Zwangsmaßnahme diente v. a. dazu, durch die Empörung der vom Interdikt unschuldig Betroffenen (und damit von Heilsmitteln Ausgeschlossenen) moralischen Druck auf die Schuldigen auszuüben, hier durch die Katholiken auf die preußische bzw. deutsche Regierung.

- die mit »W« und (einem seitenverkehrten) »S« gekennzeichneten Politikerfiguren, die für zwei der namhaftesten Politiker der 1870 zur Vertretung katholischer Interessen gegründeten Zentrumspartei stehen, nämlich Ludwig **Windthorst** (↗ KAR 8) und Burghard Freiherr von **Schorlemer-Alst** (1825–1895). Beide waren im Kulturkampf erbitterte Gegner Bismarcks, der das Zentrum als Ansammlung von Reichsfeinden und Vorposten des eigentlichen »Heeres hinter den Alpen« (Papst und Kurie) betrachtete.

> Der Bauernvereinsführer Schorlemer-Alst war Vorsitzender der Zentrumspartei im Preussischen Landtag und langjähriger Reichstagsabgeordneter, der an der Seite Windthorsts die Kirchenpolitik Bismarcks bekämpfte, durch Unterstützung von Gesetzesvorhaben der Regierung in anderen Bereichen aber gelegentlich auch in Gegensatz zu seinem Parteifreund geriet.
>
> Lit.: Rudolf Morsey, Art. Schorlemer, v. 1) Burghard, in: NDB 23 (2007) 479 f.

- Die Figur mit der Bischofsmitra (= Bauer) schließlich steht für die dem Papst noch verbliebene geringe Zahl deutscher Bischöfe.

Die wichtigste Figur Bismarcks, für den der Karikaturist (wie beim Berliner *Kladderadatsch* üblich) ganz offensichtlich Stellung bezieht, ist zweifellos
- die **Germania** (= Königin) mit Schwert und einem mit dem Reichsadler versehenen Schild, die der Frauenfigur »*Encyclica*« gegenübersteht.

> Germania ist die in römischer Zeit als trauernde Gefangene und im Mittelalter als gekrönte Frauengestalt dargestellte Personifikation Germaniens, die im 19. Jahrhundert zum Sinnbild des 1871 geeinten Deutschen Reiches wird. Nicht gemeint ist dagegen die 1871 gegründete katholische Zeitung *Germania*, die bald das inoffizielle Parteiorgan des Zentrums bildete.

Vorteile im Schachspiel mit dem Papst suchte sich der Reichskanzler außerdem zu verschaffen durch
- eine mit »F« bezeichnete Figur (= Läufer), die den vollbärtigen preußischen Kultusminister *Adalbert (von)* **Falk** (1827–1900) symbolisiert und eine Fahne mit der Aufschrift »*Kloster-Gesetz*« hält,

Schachturnier zwischen Berlin und Rom

Die Partie, im vorigen Jahr begonnen, geht der Entwicklung entgegen. Man erwartet vom neuen Reichstag einige entscheidende Züge.

(24) In einer früheren Fassung unserer Karikatur zeigt Wilhelm Scholz Bismarck (hinten stehend als große, weiße Figur mit drei aufgestellten Haaren; dazu unten S. 112 f. mit »Haar-Barometer«) und den Papst (rechts mit Tiara hinter einem Kardinal) als Schachfiguren direkt in das Schachspiel zwischen Staat (Berlin) und Kirche (Rom) einbezogen (»*Execution*« = Vollzug [der Kulturkampfgesetze]). Die Bauern sind hier als Bürger (weiße Figuren) bzw. Mönche (schwarze Figuren) dargestellt, Kultusminister Falk (»Cultus«) scheint als Falke auf (Karikatur aus dem *Kladderadatsch*, 1874).

> Die liberale Kirchen- und Schulpolitik Falks, der von 1872 bis 1879 amtierte, wurde von den Katholiken erbittert bekämpft, aber auch von konservativen Protestanten und *Kaiser Wilhelm I.* (reg. 1861–1888) weithin abgelehnt. Der energische Jurist Dr. Falk, der den widerstrebenden Heinrich von Mühler abgelöst hatte, war der eigentliche Schöpfer der Kulturkampfgesetzgebung und neben Bismarck die treibende Kraft des Kulturkampfs überhaupt. Selbst der dem Protestanten Falk wohlgesonnene Biograph *Erich Foerster* merkte an: »Bei dem Vorgehen gegen die katholischen Orden und Klöster hat sich Falk wohl wirklich über die Linie fortreißen lassen, deren Innehaltung [= Einhaltung] der katholische Glaube fordern durfte.«
>
> Lit.: Erich Foerster, Adalbert Falk. Sein Leben und Wirken als preußischer Kultusminister, Gotha 1927 (Zitat: 701); Stephan Skalweit, Art. Falk, Paul Ludwig *Adalbert*, in: NDB 5 (1961) 6 f.

- ein Tintenfass (= Turm), das die Aufschrift »*Presse*« trägt und anzeigt, dass Bismarck die Printmedien in dieser Angelegenheit auf seiner Seite wusste[3], zumal

---

[3] Grundsätzlich hatte Bismarck ein sehr gespanntes Verhältnis zu großen Teilen der deutschen Presse, der er den Vorwurf machte, nicht die öffentliche Meinung zu repräsentieren. Andererseits nutzte er aber geschickt die Möglichkeiten, die sich durch gezielte Presseveröffentlichungen boten, so z. B. in der berühmten »*Emser Depesche*«, einem telegraphischen Bericht vom 13. Juli 1870

die schon länger vorhandene antikatholische Stimmung in der damaligen liberalen und (protestantisch-)nationalen Presse in Deutschland durch den »*Syllabus*« und die Beschlüsse des Ersten Vatikanums (1869/70) nochmals verstärkt worden war.

- mehrere Bauern in Gestalt von Paragraphen bzw. eine Figur mit dem seitenverkehrten Buchstaben »P« (= Polizei?), die auf weitere staatliche Gesetze verweisen.

Neben dem Schachbrett befindet sich auf der Seite Bismarcks eine mit dem Wort »*Internirt*« versehene Schachtel, die drei geschlagene schwarze Figuren (Bauern) mit Bischofsmützen enthält; eine weitere liegt neben der Schachtel. Sie verweisen darauf, dass zahlreiche preußische Bischöfe eingesperrt wurden (1874/75 waren von elf Bischöfen fünf inhaftiert, 1876 waren alle verhaftet oder ausgewiesen), weil sie die Maigesetze ignorierten. Vor allem wird wohl auf die damals besonders aktuellen Fälle der Oberhirten Heinrich **Förster** von Breslau (1853–1881), Konrad **Martin** von Paderborn (1856–1879) und Johann Bernard **Brinkmann** von Münster (1870–1889) angespielt.

Im März 1875 wegen seines Widerstandes gegen die Kulturkampfgesetze zur Amtsniederlegung aufgefordert, siedelte Förster am 6. Mai 1875 nach Jauernig im österreichischen Teil seines Bistums über, von wo aus er die Verwaltung seiner Diözese notdürftig fortsetzte, obwohl der staatliche Gerichtshof für kirchliche Angelegenheiten ihn am 6. Oktober 1875 für abgesetzt erklärte. 1881 starb er im Exil. – Der zu Eigenwilligkeiten neigende und dadurch die bischöfliche Abwehrfront bisweilen belastende Martin büßte vom 4. August 1874 bis 19. Januar 1875 in Paderborn und anschließend auf der Zitadelle in Wesel eine Gefängnisstrafe ab; schon am 5. Januar 1875 erfolgte die von ihm nicht anerkannte Amtsenthebung. Am 3. Mai 1875 in die Niederlande und 1876 weiter nach Belgien geflohen, versuchte er von dort aus seine Diözese mit Hilfe von Mittelsmännern zu leiten und starb 1879, als »Bekennerbischof« verehrt, im belgischen Exil. – Bischof Brinkmann, der zum harten Flügel des preußischen Episkopats gehörte und in Sachfragen unnachgiebig war, befand sich von 18. März bis 27. April 1875 im Kreisgefängnis Warendorf in Haft und wurde am 8. März 1876 für abgesetzt erklärt. Bereits am 13. Juli 1875 in die Niederlande geflohen, leitete er acht Jahre lang ebenfalls notdürftig durch Mittelsmänner sein Bistum, ehe sein Absetzungsurteil 1884 aufgehoben wurde und er – von Klerus und Volk triumphal begrüßt – zurückkehren und die Schäden des Kulturkampfes beseitigen konnte.

Erwin Gatz, Art. Förster, Heinrich, in: Gatz, Bischöfe I 200–203; ders., Art. Martin, Konrad, in: a. a. O. 478–481; Eduard Hegel, Art. Brinkmann, Johann Bernard, in: a. a. O. 73 f.; zu den übrigen Bischöfen siehe Huber, Verfassungsgeschichte IV (wie S. 100, Anm. 8) 727–729.

Insgesamt wurden allein in den ersten vier Monaten des Jahres 1875 »in Preußen 241 Kleriker, 136 Redakteure und 210 andere Katholiken zu Geld- und Haftstrafen verurteilt, 74 Wohnungen durchsucht, 55 Veranstaltungen aufgelöst, 20 Zeitungen

---

über eine Unterredung in Bad Ems zwischen dem preußischen König Wilhelm I. und dem französischen Botschafter in Berlin, den Bismarck so verkürzt und damit verschärft in der Presse publizieren ließ, dass Frankreich daraufhin den Krieg erklärte (Deutsch-französischer Krieg 1870/71).

konfisziert und 103 Personen interniert oder ausgewiesen«[4]. In den Jahren danach waren bis zu 1200 (= ¼) aller katholischen Pfarrstellen vakant.

Da Bismarck den Kulturkampf schon bald als aussichtslos erkannt hatte, wurde er unter Pius' kompromissbereiterem Nachfolger *Leo XIII.* (1878–1903) schrittweise beigelegt, nämlich

- durch drei Milderungsgesetze (1880–1883), die die Wiederbesetzung der Bistümer ermöglichten,
- durch die Wiederaufnahme diplomatischer Beziehungen zum Vatikan (1882)[5] und schließlich
- durch zwei Friedensgesetze (1886/87), die eine tragfähige Basis für eine künftige Koexistenz von katholischer Kirche und protestantischem Staat abgaben.

Dass die Kurie die Beilegung des Kulturkampfes in direkten Verhandlungen ohne Einbeziehung des Zentrums betrieb, traf Windthorst schwer.

Unsere Karikatur, die bei der Illustration des Themas »Kulturkampf« übrigens den Spitzenplatz einnimmt, reduziert die unter Beteiligung vieler und z. T. durchaus selbständiger Akteure ausgefochtene Auseinandersetzung[6] auf ein weithin »emotionsloses Spiel zweier Taktiker und Strategen«[7]. Ein deutlicher Hinweis, dass in Wirklichkeit heftige Emotionen im Spiel waren, sind allerdings die berühmten drei Haare Bismarcks, die »Bestandteil der internationalen Karikatur«[8] wurden, nachdem sie *Kladderadatsch*-Karikaturist Wilhelm Scholz 1863 als Markenzeichen des späteren »Eisernen Kanzlers« (neben dem Walrossschnauzer) ersonnen hatte[9]. Sie sind hier angriffslustig aufgestellt, während Scholz sie bei friedlicher Stimmung Bismarcks flach anliegend oder gekräuselt darstellte (siehe nebenstehende Abbildung).

L   Gross, Jesus 41 f.; Borutta, Gefühle 119 f., 140; Lammel 198. – Rudolf Lill, Der Kulturkampf in Preußen und im Deutschen Reich (bis 1878) bzw. Die Beilegung des Kulturkampfes in Preu-

---

4   Nipperdey, Geschichte II (wie S. 98, Anm. 3) 364–381 (Der Kulturkampf), hier: 375.

5   Siehe hierzu oben S. 103, Anm. 12.

6   So zeichnet der Karikaturist etwa »die Presse nicht als eigenständigen Protagonisten, sondern als willfähriges Instrument Bismarcks. Er unterschlägt damit auch den Beitrag des eigenen Blattes [d. h. des *Kladderadatsch*] zur Verschärfung des Konflikts« (Borutta, Gefühle 120). – Unter diesem Blickwinkel trifft die frühere Fassung der Karikatur (siehe S. 110) die Sache wohl besser.

7   Borutta, Gefühle 119.

8   Ursula E. Koch, *Le Charivari* (Paris), *Punch* (London) und *Kladderadatsch* (Berlin). Drei Satirejournale zwischen Kunst und Journalismus, in: Fischer/Vaßen, Karikaturen 17–61, hier: 59. – Eine ausländische Karikatur, die Bismarck mit den drei Haaren zeigt, ist bei Spadolini, vor 139 (Abb. 34), abgedruckt. Sie stammt aus der italienischen Zeitschrift *Il Pasquino* (Nr. 18/1882) und wurde von *Casimiro Teja* (1830–1897) gezeichnet.

9   »Nachdem Scholz zunächst den damals noch preußischen Minister durch die direkt auf die Glatze gepflanzte Spitze der preußischen Pickelhaube charakterisiert hatte, kam er 1863 auf die Idee, den spärlichen Haarwuchs durch drei einzelne, pronociert auf die Mitte des Schädels gesetzte Haare aufzubessern« (Langemeyer 127; vgl. auch Gerd Blum, Bismarck-Barometer. Militaristische Stereotype in Künstlerdarstellungen der Gründerzeit und des Wilhelminismus, in: Elisabeth Walde [Hg.], Bildmagie und Brunnensturz. Visuelle Kommunikation von der klassischen Antike bis zur aktuellen medialen Kriegsberichterstattung, Innsbruck u. a. 2009, 451–490, hier: 453). Zum Bismarckbild im *Kladderadatsch* ausführlich Schulz, Kladderadatsch 93–153.

(25) Das bismarcksche Haar-Barometer (Wilhelm Scholz, Holzstich aus dem *Kladderadatsch*, 1881)

ßen und im Deutschen Reich, in: Jedin VI/2, 28–48, 59–78; Gerhard Besier, Art. Kulturkampf, in: TRE 20 (1990) 209–230 (Lit.); Rudolf Lill (Hg.), Der Kulturkampf (= Quellentexte zur Geschichte des Katholizismus 10), Paderborn 1997; Eder, Kirchengeschichte 193–195.

K   Wilhelm Scholz (Holzschnitt).

Q   Kladderadatsch 28 (1875) 278 (Nr. 22/23 vom 16. Mai); Kessemeyer, Ereignis-Karikaturen 297; Koch, Teufel 525 (Abb. 280); Lammel 199 (Abb. 230); Jacques Gadille / Jean-Marie Majeur (Hgg.), Liberalismus, Industrialisierung, Expansion Europas (1830–1914) (= Die Geschichte des Christentums. Religion – Politik – Kultur 11), Freiburg i. Br. u. a. 1997, 455; Gerhard Dellmann / Josef Schölling, Geschichte. Von der Aufklärung bis 1945, Berlin o. J. [2001], 54; Fieberg; Kaldewey/Wener 265; Strötz, Tl. 1 (Umschlagabb.); Borutta, Gefühle 119 (Abb. 1; Hinweise auf weitere Abb.: 120, Anm. 3); Eder, Kirchengeschichte 194.

10. Ganz in schwarz mit einem Flammenschwert – eine Uniform für den Zentrumsmann?
(Juli 1884)

(26)

Eine ganzseitige, aus vier Karikaturen bestehende Darstellung ziert die letzte Seite der Juli-Ausgabe des sozialdemokratischen Satireblatts *Der Wahre Jacob* im Jahr 1884, kommentiert durch den als Überschrift und Untertitel aufgeteilten Satz »Zur Uniformirung der Reichstagsmitglieder« (unten:) »erlaubt sich der ›Wahre Jacob‹ ganz ergebenst obige Kostüme vorzuschlagen; zugleich kündigt er seine Bereitwilligkeit an, etwaige Abänderungen und Verbesserungen gratis zu liefern«. Die vier Männer auf diesen Karikaturen sind mit den Adjektiven »*conservativ*«, »*nationalliberal*«, »*ultramontan*« und »*freisinnig*« versehen. Bevor wir uns dem in obiger Karikatur dargestellten Mann mit dem Etikett »*ultramontan*« näher zuwenden, ist daher ein Blick auf die damalige Parteienlandschaft im Reichstag hilfreich.

1. Kurze Charakterisierung der Parteienlandschaft des Kaiserreichs

Nach der Reichsgründung von 1871 dauerte es einige Jahre, bis die Parteien der einzelnen deutschen Staaten zu gesamtdeutschen Parteien zusammengewachsen waren. Abgesehen von der Sozialdemokratie (die allerdings erst ab den 90er Jahren des 19. Jahrhunderts eine größere politische Rolle spielte ↗ **KAR 18** INFOBOX Sozialdemokratie) waren diese Parteien jedoch nicht fest organisiert, sondern »vielmehr lockere Vereinigungen von Honoratioren auf der Grundlage gleicher Weltanschauung«[1]. Auch die Fraktionen in den Parlamenten existierten nicht als Blöcke. Der einzelne Abgeordnete genoss weitreichende Unabhängigkeit und finanzierte auch seinen Wahlkampf selbst. Außerhalb der Parlamente manifestierten sich die politischen Parteien nur bei Wahlkämpfen (als lokale Wahlkomitees oder Wahlvereine) und in den großen, ihnen nahestehenden Zeitungen, so etwa das Zentrum in der »*Germania*« (Berlin) oder die Sozialdemokratie im »*Vorwärts*« (Leipzig bzw. ab 1891 Berlin)[2].

Mit der zunehmenden Ausdifferenzierung der wirtschaftlichen und sozialen Interessen bildeten sich große Interessensverbände, »die durch Zuschüsse zur Finanzierung der Wahlkämpfe und durch Beteiligung an der Aufstellung der Wahlkandidaten auf die Parteien einwirkten«[3], die sich nun zu fest organisierten Parteien umformten, was erstmals bei den Reichstagswahlen 1878 zu bemerken war. Da der Reichskanzler und die leitenden Minister der Einzelstaaten vom Kaiser oder den jeweiligen Landesfürsten ernannt wurden, hatte im Kaiserreich keine der deutschen Parteien die Aussicht, jemals zu regieren oder die politische Führung zu übernehmen. Sie hatte nur die Wahl, eine Regierung zu unterstützen oder zu ihr in Opposition zu stehen.

Unter den politischen Richtungen hatten in der Zeit der Reichsgründung die Liberalen die Nase vorn, wobei der deutsche Liberalismus nie aus nur einer Partei

---

[1]   Karl Erich Born, Von der Reichsgründung bis zum Ersten Weltkrieg (= Gebhardt Handbuch der deutschen Geschichte 16), München [16]1999, 25.

[2]   Diese Zeitschrift erscheint seit 1876 bis heute (mit Unterbrechungen von 1878–1890 durch das im Kulturkampf erlassene Sozialistengesetz und von 1933–1948 aufgrund des Dritten Reiches).

[3]   Born (wie Anm. 1) 26.

bestand. Zur Zeit unserer Karikatur repräsentierte die v. a. vom protestantischen Bildungsbürgertum und dem industriellen Großbürgertum gewählte *Nationalliberale Partei* (NLP; Wahl vom 27. Okt. 1881: 14,7 %; Wahl vom 28. Okt. 1884: 17,6 %) den rechten Flügel, die besonders von Handwerkern und Freiberuflern geschätzte *Fortschrittspartei* oder (ab 1884) *Deutsch-Freisinnige Partei* (DFP; 1881: 12,7 %; 1884: 17,6 %) den linken Flügel des Liberalismus. Das konservative Spektrum deckte in erster Linie die *Deutschkonservative Partei* (DKP; 1881: 16,3 %; 1884: 15,2 %) ab, die vom preußischen Landadel getragen war. Die Vertretung des politischen Katholizismus im Parlament bildete schließlich die nicht an bestimmte Gesellschaftsschichten gebundene *Zentrumspartei* (Z; 1881: 23,2 %; 1884: 22,6 %)[4]. »Wenn auch die Partei keine rein konfessionelle, sondern eine politische Partei sein wollte, so gab ihr doch die starke Betonung der kirchen- und kulturpolitischen Programmpunkte ein durchaus konfessionelles Gepräge«[5], das der Kulturkampf noch verstärkte (↗ KAR 8 + 9). Da das Zentrum nicht zentralistisch wie die liberalen Parteien, sondern föderalistisch eingestellt war, entstanden Verbindungen mit den Unzufriedenen im neuen Reich, so mit den Welfen, von denen unten noch ausführlich die Rede sein wird.

Diese vier Parteien[6] mit den damals meisten Mandaten im Deutschen Reichstag waren es, die der Karikaturist naheliegenderweise bei der »Uniformirung der Reichstagsmitglieder« als »Compagnien« (= Kompanien) I bis IV in Gestalt je eines

---

[4] Alle Zahlen nach Nipperdey, Geschichte II (wie S. 98, Anm. 3) 315. Ebd. auch Angaben zur Wahlbeteiligung sowie zur Stimmen- und Mandatsverteilung der kleineren Parteien bei den Reichstagswahlen von 1867 bis 1890 (a. a. O. 522 Gleiches für den Zeitraum von 1890–1912).

[5] Born (wie Anm. 1) 33. – Seit dem ausgehenden 19. Jahrhundert bildeten sich dann innerhalb der Zentrumspartei mit dem demokratischen und dem konservativen Flügel zwei rivalisierende Gruppierungen. Die Spannungen sollten sich noch vor dem Ersten Weltkrieg in einem heftigen Konflikt um die Frage von Konfessionalität oder Überkonfessionalität entladen (»Zentrumsstreit«), der in der Öffentlichkeit v. a. in Form des Gewerkschaftsstreits zum Austrag kam (vgl. Born 34 f. und KAR 16).

[6] Zusammen mit der bald stärker werdenden Sozialdemokratie waren es fortan fünf Parteien. »Schon in der Revolutionszeit von 1848/49 hatte sich das Fünfersystem der deutschen politischen Parteien herausgebildet, das bis in die 1920er Jahre, dann aber auf dem linken und rechten Flügel durch KPD und NSDAP in Frage gestellt, Bestand haben sollte. Rechts die Konservativen, zwischen ihnen und den Liberalen in der Mitte das katholische Zentrum, links der Sozialismus und der allmählich in ihm aufgehende bürgerliche Radikalismus« (Hans-Ulrich Wehler, Das Deutsche Kaiserreich 1871–1918 [= Deutsche Geschichte 9], Göttingen ⁷1994, 79). Vgl. hierzu unten KAR 18. – Nach dem am 24. März 1933 in Kraft getretenen »Ermächtigungsgesetz« gab es nur mehr ein Einparteienparlament der NSDAP (mit 661 Mitgliedern), das zwar formal weiterbestand (zwischen 1938 und 1942 fanden noch sechs Sitzungen statt, danach keine mehr), aber keinerlei Gesetzgebungskompetenz besaß und lediglich Hitler bei Grundsatzreden als scheindemokratische Bühne diente. Da sich die NSDAP-Abgeordneten stets im »Braunhemd« am Sitzungsort, der Berliner Krolloper, einfanden, haben wir im Dritten Reich eine vollständige, aber einheitliche »Uniformirung der Reichstagsmitglieder«, wie sie *Der wahre Jacob* sicher nicht im Sinn hatte. Vgl. hierzu Reinhart Beck, Art. Ermächtigungsgesetz, in: Zentner/Bedürftig, Lexikon 157 f.; Art. Reichstag: in: a. a. O. 485 (mit Abb.).

markanten Vertreters berücksichtigte[7]. Uns interessiert die dritte, ultramontane Kompanie.

2. Beschreibung und Deutung

Die Karikatur beherrscht ein älterer, stehender Mann in schwarzer Militäruniform mit breitkrempigem Hut, großen schwarzen Flügeln, großem Schild, Patronentasche am Gürtel und einem Flammenschwert. Der Kopf wird durch das Adjektiv »UL-TRAMONTAN« umrahmt (↗ KAR 6). Dieser, durch eine dicke Brille nach rechts blickende, untersetzte Mann soll zweifellos – obwohl nicht sehr gut getroffen – den damals 72jährigen *Ludwig Windthorst* darstellen, der seit 1874 unangefochtener Führer der katholischen Zentrumspartei war (↗ KAR 9). Das Wort »Centrum« ist im Mittelbereich des Schildes zu lesen, am rechten Kragenspiegel seiner Uniform steht »III. Compagnie«. Da das Zentrum den Gegnern als »klerikale Partei« galt (und in der Tat viele Kleriker als Abgeordnete im Reichstag und in den Landtagen aufwies)[8], ist Windthorst selbstverständlich ganz in schwarz gekleidet (↗ KAR 9) und trägt zudem den Kalabreser-Hut der Jesuiten (↗ KAR 7), um den angeblich gros-sen Einfluss der Gesellschaft Jesu auf das Zentrum anzudeuten (vgl. KAR 9). Die Flügel und das Flammenschwert verweisen auf den Erzengel Michael (↗ KAR 18), der in Gestalt Windthorsts für »WAHRHEIT RECHT FREIHEIT« (= Wahlspruch der Zentrumspartei) kämpft – und zwar mit solchem Eifer, dass er sich (offenbar, ohne es zu merken) seinen eigenen Flügel versengt (von dem Rauch aufsteigt). Dem traditionellen Repertoire antikirchlicher Polemik sind zwei der Schlagworte auf Schild und Patronentasche entnommen, nämlich »INQUISITION« und »HEXEN-BRENNEN«, die bis heute immer wieder zur Diffamierung der katholischen Kirche benutzt werden.

> Wie ist der Sachverhalt tatsächlich? Die vom 13. bis zum 19. Jahrhundert in verschiede-nen Institutionen bestehende Inquisition »ist ein von der lateinischen Kirche entwickel-tes Verfahren der Aufspürung und Aburteilung getaufter Irrlehrer und ihrer Anhänger zum Schutz der göttlichen Weltordnung und des ewigen Heils der Gläubigen« *(Kurt-Victor Selge)* und nur verständlich vor dem Hintergrund der als heilig und gottgestiftet betrachteten *christlichen Einheitsgesellschaft* des Mittelalters (siehe Graphik S. 121 oben), die man durch die im 12./13. Jahrhundert entstehenden häretischen Massenbe-wegungen (v. a. der Katharer) lebensgefährlich bedroht sah. Hatte man zunächst nur auf Anzeigen hin Untersuchungen eingeleitet, ordnete Rom 1184 die regelmäßige bischöf-liche Visitation zur Aufspürung Verdächtiger an. Da die Bischöfe diese Verordnung nicht

---

[7] Da der nationalliberale Politiker und (bis 1883) Fraktionsvorsitzende *Rudolf von Bennigsen* (1874– 1902; im [nicht abgebildeten] Karikaturenkarree rechts oben) mit Bismarck eng zusammenarbei-tete, läßt ihn der Karikaturist einen Schild mit dem Konterfei Bismarcks (mit den berühmten drei Haaren) vor dem Hintergrund der Reichsfarben (schwarz-weiß-rot) ans Herz drücken. Näheres zu Bennigsen bei Hans Herzfeld, Art. Bennigsen 1) Karl Wilhelm Rudolf v., in: NDB 2 (1955) 50– 52 (Lit.), und im Art. Bennigsen, Rudolf (Karl Wilhelm) von, in: DBE 1 (1995) 426 f.
[8] Vgl. hierzu oben S. 98, Anm. 3.

konsequent umsetzten, betraute Gregor IX. 1231 zusätzlich die neuentstandenen Bettelorden (insbesondere die Dominikaner) mit der Durchführung der *päpstlichen Inquisition*. Obgleich für Gewaltmaßnahmen (Folter, Strafvollstreckung) die weltliche Macht um Hilfe angerufen wurde (gemäß dem alten Grundsatz: »die Kirche vergießt kein Blut«), hat sich die römische Kirche in der Inquisition »von der altchristlichen Selbstverpflichtung, auf Gewalt in Religionsdingen zu verzichten, beschämend weit entfernt«. So ist es nur ein schwacher Trost, wenn man fairerweise hinzufügen muss: »Die Inquisition war nicht das, als was sie gemeinhin galt, verfuhr in Wirklichkeit rechtsbewußter und weniger grausam als die sonstige Justiz« *(Arnold Angenendt)*, so dass die Zahl der wegen Irrlehren Hingerichteten nur einen Bruchteil der Opfer des Hexenwahns ausmachte. Angesichts des in der Reformationszeit auch Italien erfassenden Protestantismus richtete Papst Paul III. 1542 eine Zentralinstanz für alle Länder ein, die »Hl. Kongregation der Universalen Inquisition« *(Römische Inquisition;* von 1478–1834 gab es außerdem die staatliche *Spanische Inquisition)*. Nach dem Ende des klassischen Inquisitionsverfahrens zu Beginn des 20. Jahrhunderts wurde diese Behörde 1908 in *Hl. Officium* (zur Wahrung von Glaubens- und Sittenlehre) und 1965 in *Hl. Kongregation für die Glaubenslehre* umbenannt.

Im 14. und besonders im 15. Jahrhundert dehnte sich das Inquisitionsverfahren auf weitere Glaubensverstöße aus, darunter Zauberei und Hexerei, die jetzt als häretischer Rückfall in den heidnischen Götzendienst behandelt wurden. Wegen des angeblich hierdurch an Mensch, Tier und Hab und Gut angerichteten Schadens wurde Bestrafung durch die weltliche Gerichtsbarkeit gefordert. Hexerei war damit ein spezifischer Verbrechenstatbestand, der das geistliche *und* das weltliche Gericht beschäftigte *(crimen fori mixti),* und galt als vierfaches Verbrechen, nämlich als *Blasphemie* (= Gotteslästerung), *Sodomie* (hier: Unzucht mit dem Teufel), *Zauberei* und *Ehebruch* (bei verheirateten »Hexen«) bzw. *Kuppelei*. Der Hexenwahn entlud sich in meist von den weltlichen Obrigkeiten ausgehenden Hexenverfolgungen, die wohl 50.000 bis 60.000 Menschenleben forderten (»Hexenbrennen«) und wesentlich ein Phänomen der Neuzeit, nicht des Mittelalters bildeten. Auslöser waren – wie bei den Judenverfolgungen – jeweils Krisensituationen (Seuchen, Kriege, Naturkatastrophen, Missernten, Feuersbrünste), in denen man nach Sündenböcken suchte. Nachdem im 17. und 18. Jahrhundert zögernd ein allmähliches Umdenken eingesetzt hatte, für das namentlich die Jesuiten *Adam Tanner* (1572–1632) und *Friedrich Spee von Langenfeld* (1591–1635) und auf evangelischer Seite *Christian Thomasius* (1655–1728) verantwortlich zeichneten, setzte der Sieg der Aufklärung dem Hexenwahn ein Ende.

Lit.: Kurt-Victor Selge, Art. Inquisition, in: EKL³ 2 (1989) 686–690 (Zitat: 686); Victor Conzemius, Die Inquisition als Chiffre für das Böse in der Kirche, in: Stimmen der Zeit 217 (1999) 651–668; Angenendt, Toleranz 232–319 (Zitate: 293; Lit.); Eder, Kirchengeschichte 168–171 (»Hexenverfolgungen«).

Wesentlich brisanter als diese »ollen Kamellen«, die gleichwohl bleibende Schandflecken der Kirchengeschichte sind, war seinerzeit das dritte Stichwort auf dem Schild: »SYLLABUS«. Gemeint ist der – schon mehrfach erwähnte – »Syllabus errorum« von 1864, ein Anhang zur Enzyklika »Quanta cura« Pius' IX., dessen vollständiger Untertitel ins Deutsche übersetzt lautet: »Verzeichnis von 80 der hauptsächlichsten Irrtümer unserer Zeit« (↗ **KAR 6 + 9**). Jeder der in diesem päpstlichen Dokument aufgelisteten Sätze wurde genauso »verworfen, geächtet und verurteilt«, also mit scharfem Bann belegt, wie die in der Enzyklika genannten »verkehrten

Meinungen und Lehren«[9]. Darauf beziehen sich fraglos die »BANNFLUCH-PA-TRONEN«, die Windthorst als Munition am Gürtel trägt, möglicherweise ergänzt gedacht durch weitere im Rahmen der Ketzerverfolgung ausgesprochene päpstliche und konziliare Bannflüche (↗KAR 4). Zusammengenommen mussten das marianische Dogma von 1854 (↗KAR 5 INFOBOX Unbefleckte Empfängnis), der *Syllabus* und die Unfehlbarkeitsdefinition von 1870 (↗KAR 6) jedem Sozialisten und jedem aufgeklärten Liberalen »als Symbole vatikanischer Irrationalität und Rückschrittlichkeit gelten«[10].

Schließlich bleibt noch die Aufschrift »WELFENHOSE«, die am rechten Hosenbein der »Perle von Meppen« (wie man Windthorst nach seinem Wahlkreis nannte) zu erkennen ist. Hierzu sei ein Zeitungsartikel jener Zeit zitiert: »Über die Welfenhosen, welche vor einigen Jahren durch alle Zeitungen spukten und dem Hause Hannover vielen Spott eintrugen, enthält ein Artikel in dem neuen Blatt ›Das Neue Blatt‹, welcher den Inhalt des Welfenmuseums [in Hannover][11] beschreibt, folgende interessante Notiz. Ein Herzog von der grubenhagen'schen Welfenlinie, wahrscheinlich der 1596 verstorbene Philipp II.[12], versetzte der Stadt Eimbeck [heute: Einbeck] einst in Geldnöthen einen Theil seiner Kleidungsstücke, löste sie aber nie wieder ein und sie wurden in Eimbeck als Seltsamkeit aufbewahrt. Kaum hörte König Georg V. (der Hi[e]tzinger) davon[13], so ließ er diese alten Kleider requiriren[14], eine Drahtpuppe damit bekleiden und diese im Welfenmuseum aufstellen. Dabei befanden sich denn auch die alten Hosen – die echten Welfenhosen.«[15]

Hinter diesem damals aktuellen und den meisten wohl geläufigen Sachverhalt verbirgt sich jedoch eine tiefere Ebene: die mittelalterliche Konkurrenz zweier be-

---

[9]   Beide Zitate aus DH 2896.
[10] Wehler, Kaiserreich (wie Anm. 6) 83.
[11] Hannover war seit 1636 die Residenz der Lüneburger Linie der Welfen, die 1692 die Kurwürde erlangte. – Heute geht es im Historischen Museum der Stadt Hannover v. a. in der Abteilung »Landesgeschichte« um die Welfen. Außerdem werden Führungen durch Hannover »Auf den Spuren der Welfen« angeboten.
[12] Das vom Ende des 13. Jahrhunderts bis 1596 bestehende Fürstentum Grubenhagen war das kleinste aller welfischen Teilfürstentümer, benannt nach der Burg Grubenhagen südlich der Stadt Einbeck, die eine herausragende Stellung im Fürstentum einnahm. Nach dem Tod des ohne Nachfolger verstorbenen Philipp II. (1533–1596; reg. ab 1595) wurde Grubenhagen von Herzog Heinrich Julius aus der Welfenlinie Braunschweig-Wolfenbüttel eingezogen. Genaueres zu dieser welfischen Nebenlinie bei Hans-Georg Aschoff, Die Welfen. Von der Reformation bis 1918, Stuttgart 2010, 40–42; Alfred Bruns, Art. Grubenhagen, in: Taddey 490.
[13] Der bereits mit 13 Jahren erblindete *Georg V.* (1819–1878) war von 1851 bis zur Annektierung seines Landes durch Preußen 1866 Herrscher des seit 1814 existierenden Königreichs Hannover (vgl. unten Anm. 16). Georg durfte sein Reich, auf das er formell nie Verzicht leistete, jetzt nicht mehr betreten und musste daher ins Exil gehen. Noch 1866 bezog er eine Villa im Wiener Vorort Hietzing (daher der Beiname »der Hietzinger«), die ihm Herzog Wilhelm August von Braunschweig zur Verfügung gestellt hatte. Dort richtete der entthronte König eine Art »Exilregierung« ein, ehe er 1871 in ein Palais im heutigen Wiener Stadtteil Penzing umzog. Näheres zu Georg V. und seinem Exil bei Aschoff, Welfen (wie Anm. 12) 251–263; Alfred Bruns, Art. Georg V., König von Hannover, in: Taddey 447.
[14] beschlagnahmen und herbeischaffen.
[15] Terpsichore. Belletristische Beilage zum Schweinfurter Tagblatt, Nr. 18 v. 3. März 1870, 72.

deutender deutscher Adelsgeschlechter, nämlich der Welfen und der Staufer, die der einstige Schlachtruf »Hie Welf! – Hie Waibling!« zum Ausdruck bringt. »Waibling« bezieht sich dabei auf das schwäbische Waiblingen, das seit dem späten 11. Jahrhundert eine Stauferstadt war. Die Staufer stellten von 1138 bis 1254 die deutschen Könige bzw. Kaiser, unter denen sich so bedeutende Herrscher wie Friedrich I. Barbarossa (1152–1190) und Friedrich II. (1212–1250) mit dem zeitgenössischen Beinamen »stupor mundi« (lat. für: Staunen der Welt) befanden. In Italien nannte man die Staufer – wiederum abgeleitet von Waiblingen – »Ghibellini« (Ghibellinen) und die Welfen »Guelfi« (Guelfen), wobei erstere naheliegenderweise die Parteigänger des Kaisers waren, letztere (zumindest überwiegend) Parteigänger des Papstes. Die Paarungen Ghibellinen/Kaisertreue bzw. Guelfen/Papsttreue überdauerten den Untergang der Staufer (1268) und sie überdauerten auch das Mittelalter, in dem das Gegenüber von Kaiser und Papst, also von (christlicher) weltlicher Gewalt (lat.: imperium, regnum) und geistlicher Gewalt (lat.: sacerdotium) – gelegentlich ein Miteinander (↗ KAR 25 Leo IX. und Heinrich III.), viel öfter aber (leider) ein Gegeneinander – die grundlegende Konstante von Politik und Gesellschaft bildete.

Die Welfen spielten auch in der deutschen und internationalen Politik der Neuzeit noch eine Rolle, da das welfische Haus Lüneburg 1692 zum Kurfürstentum Hannover aufstieg und 1714 den englischen Königsthron erbte. Als Viktoria, die Enkelin Georgs III. von Hannover, 1837 die Regentschaft in Großbritannien übernahm, kehrte der jüngste Sohn Georgs III., Ernst August, als König nach Hannover zurück, das nach dem Deutschen Krieg von 1866 Preußen einverleibt wurde[16]. 1869 konstituierte sich die meist kurz als »Welfen« bezeichnete Deutschhannoversche Partei (DHP), die sich die Wiederherstellung des Königreichs Hannover auf die Fahnen geschrieben hatte und denselben Wahlspruch wie die Zentrumspartei führte, nämlich »Für Wahrheit, Recht und Freiheit«. »Die wichtigste personelle Klammer zwischen den beiden politischen Gruppierungen war Ludwig Windthorst«[17], dem von seinen politischen Gegnern, namentlich Reichskanzler Bismarck, immer wieder vorgeworden wurde, ein »Welfe« zu sein, um ihm dadurch reichsfeindliche Bestrebungen zu unterstellen. »Die Grundlage für die Vorwürfe, Windthorst benutze die Zentrumspartei nur als ein Mittel, um eine von persönlichen und welfischen Interessen bestimmte Politik treiben zu können, bildeten seine hannoversche Herkunft, sein Eintreten für die vermögensrechtlichen Belange des hannoverschen

---

16 Georg V. von Hannover hatte sich nach längerem Lavieren in der 1865/66 geführten Auseinandersetzung zwischen Österreich und Preußen um die Vorherrschaft in Deutschland schließlich auf die Seite Österreichs gestellt, das jedoch am 3. Juli 1866 in der Schlacht bei Königgrätz entscheidend geschlagen wurde. Die kleine hannoversche Armee hatte bereits am 29. Juni 1866 kapituliert. Vgl. Aschoff, Welfen (wie Anm. 12) 256–260; Günter Cordes, Art. Deutscher Krieg, in: Taddey 257 f. – Zum folgenden siehe Günter Cordes, Art. Deutschhannoversche Partei, 1869–1933, in: Taddey 264.

17 Hans-Georg Aschoff, Welfische Bewegung und politischer Katholizismus 1866–1918. Die Deutschhannoversche Partei und das Zentrum in der Provinz Hannover während des Kaiserreiches (= Beiträge zur Geschichte des Parlamentarismus und der politischen Parteien 83), Düsseldorf 1987, 138.

Kirche und Staat

1. Mittelalter

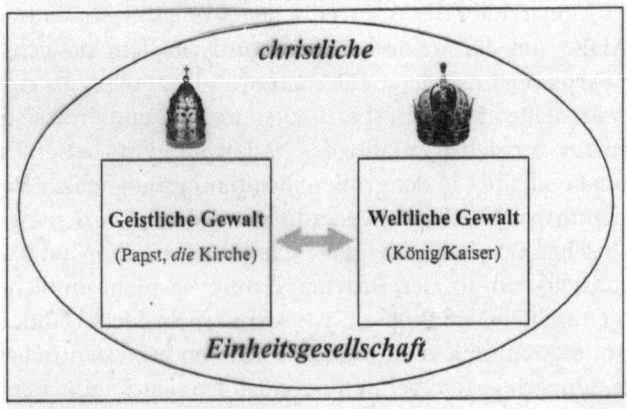

christliche

Geistliche Gewalt
(Papst, *die* Kirche)

↔

Weltliche Gewalt
(König/Kaiser)

Einheitsgesellschaft

2. Frühe Neuzeit
(16. – 18. Jahrhundert)

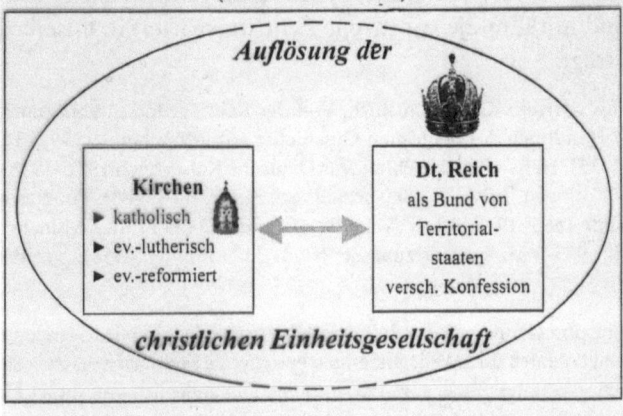

Auflösung der

Kirchen
► katholisch
► ev.-lutherisch
► ev.-reformiert

↔

Dt. Reich
als Bund von
Territorial-
staaten
versch. Konfession

christlichen Einheitsgesellschaft

3. Neueste Zeit
(19. Jh. bis zur Gegenwart)

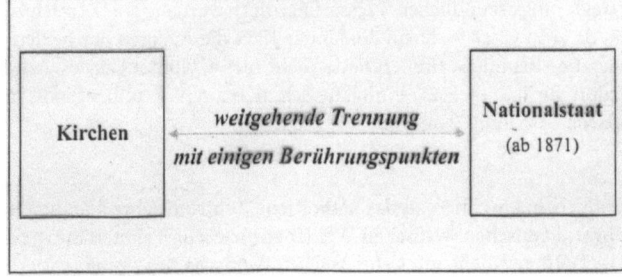

Kirchen

*weitgehende Trennung
mit einigen Berührungspunkten*

Nationalstaat
(ab 1871)

(27)

Königshauses, sein Protest gegen die unrechtmäßige Verwendung des Welfen-fonds[18], seine persönlichen Beziehungen zu den führenden Vertretern der wel-fischen Bewegung sowie seine Tätigkeit beim Entstehungsprozeß der Deutschhan-noverschen Partei.«[19] Da Windthorst zu keiner Zeit für eine Restauration der hannoverschen Monarchie oder des welfischen Königshauses eintrat, entfernte er sich in dem Maße von der welfischen Bewegung, in dem sie sich »als Deutsch-hannoversche Partei organisierte, die Restauration Hannovers als eigentliches poli-tisches Ziel herausstellte und einen spezifischen Rechts- und Proteststandpunkt ent-wickelte«[20]. Anfang der siebziger Jahre des 19. Jahrhunderts hatte Windthorst seine politische Heimat endgültig in der größere Betätigungsmöglichkeiten bietenden ka-tholischen Zentrumspartei gefunden, allerdings ohne seine Beziehungen zu den Ver-tretern der welfischen Bewegung abzubrechen. Dies war schon aufgrund der partei-politischen Konstellation in der Provinz Hannover nicht tunlich, »wo in den konfessionell gemischten Wahlkreisen, wie Osnabrück, Melle, Hildesheim, Duder-stadt-Göttingen, die Katholiken am Bündnis mit den protestantischen Welfen fest-halten mußten, um sich gegenüber den nationalliberalen Kandidaten behaupten zu können«[21]. Vielmehr schlossen sich in der Folgezeit auf Vermittlung Windthorsts fast alle Welfen als Hospitanten dem ihnen politisch nahestehenden Zentrum an, konnten sie doch wegen der geringen Abgeordnetenzahl der DHP keine eigene Fraktion bilden[22]. Vor diesem Hintergrund kann es nicht mehr überraschen, dass Windthorst (und mit ihm die papsttreue Zentrumspartei) in unserer Karikatur eine »Welfenhose« trägt.

L   *Zum Parteienspektrum:* Karl Erich Born, Von der Reichsgründung bis zum Ersten Weltkrieg (= Gebhardt Handbuch der deutschen Geschichte 16), München [16]1999, 25–40 (speziell zum Zentrum: 33–35); Hans-Ulrich Wehler, Das Deutsche Kaiserreich 1871–1918 [= Deutsche Ge-schichte 9], Göttingen [7]1994, 79–90 (speziell zum Zentrum: 83–85); Thomas Nipperdey, Deut-sche Geschichte 1866–1918, Bd. II (Machtstaat vor der Demokratie), München 1992, 311–358, 514–576 (Lit.: 923–925; speziell zum Zentrum: 337–351, 541–554); *zur Welfenfrage:* Hans-

[18]   Nach der Annexion Hannovers durch Preußen hatte sich in den Niederlanden eine aus früheren hannoverschen Soldaten und Wehrpflichtigen bestehende Freischar von etwa 800 Mann gebildet, die durch Georg V. unterstützte sog. *Welfenlegion.* Die angeblich von dieser kleinen Truppe für Preußen ausgehende Gefahr veranlasste Bismarck 1868 zur Beschlagnahmung des königlichen Privatvermögens in Höhe von 16 Mio. Talern, obwohl bereits 1867 ein Entschädigungsvertrag abgeschlossen worden war. Gemeinsam mit dem Privatvermögen des ebenfalls 1868 von Preußen enteigneten Kurfürsten von Hessen-Kassel, Friedrich Wilhelm I., bildete dieser »Welfenfonds« den sog. *Reptilienfonds,* aus dem u.a. die Bekämpfung welfischer Bestrebungen und die Unter-stützung der regierungsfreundlichen Presse finanziert wurden. Die Bezeichnung geht auf Bis-marck zurück, da er in einer Rede am 30. Januar 1869 die Agenten der beiden ehemaligen Sou-veräne als »bösartige Reptilien« tituliert hatte. Siehe hierzu Günter Cordes, Art. Welfenfonds und Art. Welfenlegion, in: Taddey 1327; Wolfgang Schmierer, Art. Reptilienfonds, in: Taddey 1053.
[19]   Aschoff, Welfische Bewegung (wie Anm. 17) 138 f.
[20]   A. a. O. 139.
[21]   A. a. O. 142.
[22]   Vor einem förmlichen Anschluss an das katholische Zentrum schreckte die DHP aus Rücksicht auf die meist protestantischen welfischen Wähler zurück. Zur weiteren Entwicklung des Verhält-nisses zwischen DHP und Zentrum siehe Aschoff, Welfische Bewegung (wie Anm. 17) 330 f.

Georg Aschoff, Welfische Bewegung und politischer Katholizismus 1866–1918. Die Deutsch-hannoversche Partei und das Zentrum in der Provinz Hannover während des Kaiserreiches (= Beiträge zur Geschichte des Parlamentarismus und der politischen Parteien 83), Düsseldorf 1987; Alfred Bruns, Art. Welfen, Familie, in: Taddey 1326 f.; Werner Hechberger / Florian Schuller (Hgg.), Staufer & Welfen. Zwei rivalisierende Dynastien im Hochmittelalter, Regensburg 2009.

K anonym.

Q Der wahre Jacob 1 (1884) 48 (Nr. 6: Juli); Alois Payer, Antiklerikale Karikaturen und Satiren X: Der wahre Jacob (1877–1933), in: http://www.payer.de/religionskritik/karikaturen10.htm (5. April 2012).

11. Teuflische Erscheinung

(17. Oktober 1896)

Wie den braven Tirolern der Freimaurerteufel Bitru erscheint.

(28)

1. Beschreibung

Auf einer mit einem großen Leinentuch verhängten provisorischen Bühne sind drei (an ihrer typischen Kleidung erkennbare) Jesuiten zu sehen. Zwei davon sind sozusagen ineinander »verschränkt«, um dem Publikum eine gekrümmte Teufelsgestalt mit großer Nase (gebildet durch einen Jesuitenhut), Hörnern (Jesuitenschuhe), Bocksfüßen (Arme und Hände des unteren Jesuiten) und Teufelsschwanz vorzugaukeln, wobei es sich bei letzterem um einen vom linken Arm des oberen Jesuiten geschickt gehaltenen Kuhschwanz handelt. Zur Wirkung kommt dieses akrobatische Duo durch den dritten, sitzenden Jesuiten, der es von hinten mit einer großen Laterne beleuchtet, so dass der erwünschte Schatten entsteht. Alle drei Jesuiten grinsen über das ganze Gesicht, während sich das vollbesetzte Auditorium beim Anblick des vermeintlichen Höllenwesens mit offenem Mund gruselt. Dass es sich beim Publikum um Tiroler handelt, geht aus dem Untertitel hervor: »Wie den braven Tirolern der Freimaurerteufel Bitru erscheint.« Den Anlass dieser Karikatur zeigt der Titel eines Gedichtes auf der Seite zuvor: »*Zum Antifreimaurerkongreß in Trient*«[1]. Dieser Kongress fand vom 26. bis 30. September 1896 in der österreichischen Stadt

---

[1] Jugend 1 (1896) 683 (Nr. 42 v. 17. Okt.). – Das mit »Dr. Thoma« gezeichnete satirische Gedicht (»Im Tiroler Dialekt«) aus der Feder des berühmten bayerischen Schriftstellers *Ludwig Thoma* (1867–1921; zu ihm unten S. 148 mit Anm. 41) schildert das teuflische Treiben der Freimaurer, dem aber nun Trient und die Jesuiten Einhalt geböten. Es lautet (hi[a]rzt = jetzt; nacht = dann):

»[1] Ja, Freundl Tiroler, hirzt wird es bald Licht
Hirzt kummt an den Tag die grausliche Gschicht,
Vom Höllteufel, woascht, von sellem Gankerl,
Der mueß in Trient bald auf's Anklagebankerl,
Dö Freimaurerei werd hirzt offenbor,
       Isch scho wohr!

[2] Sei Großmuetter nacht, Du hoscht es woll g'hört,
Sell hoben's beim helllichten Tog her beschwört,
Und richtig is s' auf an feurigen Karrn
Aus der höllischen Kuchel gen auffergfahrn,
In Stans hamm s' as g'seg'n mit die griesgraben Hoor,
       Isch scho wohr!

[3] Der Freimaureroberscht, der nimmt's bei der Hand,
Nacht tanzen's a wenig in der Stubn umanand,
Die G'söllen thean mit, die höllischen Zochen,
An Schwefel hat ma zwoa Stunden weit g'rochen,
War der Pfarrer net kemmen, war's heut no net gor,
       Isch scho wohr!

[4] Hiarzt woaß ma do gwiß, was a Freimaurer ischt,
Der Höllteufel selber! Hirzt hamm m'an derwischt,
Is guet, daß mar do d' Jesuiten no hamm,
Sell zwingen die höllischen Teufel scho z'samm,
Ja, d' Großmuetter selber, de fürcht si davor!
       Isch scho wohr!«

(29) Taxil und Teufel

Trient (Südtirol) statt, die 1919 durch den Frieden von Saint-Germain zusammen mit ganz Südtirol an Italien fallen sollte[2].

2. Deutung

Was aber haben die Freimaurer mit dem Teufel zu tun, und was hat es mit dem »*Freimaurerteufel Bitru*« auf sich? Um dies zu verstehen, müssen wir uns mit dem zwielichtigen Franzosen *Léo Taxil* bekanntmachen, der eigentlich *Gabriel-Antoine Jogand-Pagès* hieß. Geboren 1854 in Marseille, geriet der Sohn eines wohlhabenden Kaufmanns – obwohl von Jesuiten (!) streng katholisch erzogen – bereits in früher Jugend unter den Einfluss radikaler freidenkerischer Kreise und begann im Geheimen, die Symbole und Riten der Freimaurer zu studieren.

Hervorgegangen aus dem Bauhüttenwesen des Mittelalters mit freien (d. h. nicht zunftgebundenen) Steinmetzen und Maurern und deren geheimgehaltenen Symbolen und Bräuchen, sind die geistesgeschichtlichen Wurzeln der Freimaurerbewegung in der Aufklärung zu suchen. Durch die Aufklärung und das System des *Deismus*, d. h. einer Vernunftreligion, die am Glauben an den einen Gott als Weltschöpfer festhält, aber sein persönliches Eingreifen in der Welt und jegliche Offenbarung leugnet, drang das Bestreben in die Freimaurerei ein, eine allumfassende Menschheitsreligion und Menschenverbrüderung zu schaffen, frei von konfessioneller Bindung und doktrinärem Denken. So entstand 1717 aus vier Londoner Bauhütten (Logen) die erste weltanschauliche Großloge unter einem Großmeister, 1737 bildete sich die erste deutsche Loge in Hamburg. In Verbindung mit Ritterromantik, Mystizismus und allerlei anderem Gedankengut entstanden im 18. Jahrhundert neben den herkömmlichen Graden Lehrling, Geselle und Meister die sog. *Hochgrade*, die als Möglichkeit zur Weiterbildung besonders beflissener Mitglieder (= Brüder) gedacht waren. Den Freimaurern gehörten u. a. die Staatsmänner *Friedrich d. Gr., Wilhelm I., George Washington, Winston Churchill, Theodore* und *Frank-*

---

[2] Im Rahmen der Friedensverhandlungen von Versailles am Ende des Ersten Weltkriegs wurden 1919 Deutsch-Österreich in Saint-Germain-en-Laye Friedensbedingungen vorgelegt, die von der Österreichischen Nationalversammlung unter Protest angenommen wurden, so dass der Vertrag im Juli 1920 in Kraft treten konnte. Er bestätigte die Auflösung der Donaumonarchie Österreich-Ungarn und beschränkte Österreich, das den Zusatz »Deutsch« wegzulassen hatte, auf das deutsch besiedelte Kerngebiet, von dem jedoch Südtirol an Italien und die Randgebiete Böhmens und Mährens an die Tschechoslowakei abgetreten werden mussten. »Ein Anschluß an das Deutsche Reich wurde von der Zustimmung des Völkerbunds abhängig und damit unmöglich gemacht.« Näheres bei Günter Cordes, Art. Saint-Germain-en-Laye, Friede von, in: Taddey 1101 (Zitat; Lit.).

126

lin *D. Roosevelt* und *Gustav Stresemann*, die Dichterphilosophen *Lessing, Goethe* und *Herder* sowie die Komponisten *Haydn, Mozart* und *Liszt* an. Prominente Freimaurer unserer Tage sind der Astronaut *Edwin »Buzz« Aldrin* (Apollo 11) und der Schauspieler *Karlheinz Böhm*. Heute zählt die verschwiegene Gemeinschaft weltweit über 6 Millionen Mitglieder (darunter mittlerweile auch reguläre weibliche) in 40.000 Logen.

Die Freimaurerei erregte von Anfang an das Misstrauen der katholischen Kirche, die sie zwischen 1738 und 1918 in zwölf päpstlichen Stellungnahmen verurteilte und die Mitglieder wegen antiklerikaler Ziele und ihrer humanistisch-deistischen Weltanschauung exkommunizierte. Nachdem sich bereits durch den CIC/1917 eine Versachlichung der Beziehungen zwischen Freimaurerei und katholischer Kirche angebahnt hatte und ein jahrzehntelanger, durch das Zweite Vatikanum (1962–1965) geförderter Dialogprozess (unter Beteiligung etwa der Wiener Erzbischöfe *Theodor Kardinal Innitzer* [reg. 1932–1955] und *Franz Kardinal König* [reg. 1955–1985]) gefolgt war, erwähnt der CIC/1983 die Freimaurer nicht mehr und verbietet nur noch die Mitgliedschaft in Vereinigungen, die gegen die Kirche arbeiten (was nur auf einen Teil der Freimaurerlogen zutrifft). Eine Erklärung der Glaubenskongregation vom selben Jahr schärft allerdings das generelle (moralische) Verbot der Freimaurermitgliedschaft erneut ein, sieht als Sanktion aber nicht mehr die Exkommunikation, sondern »nur« den Ausschluss vom Kommunionempfang vor.

Lit.: Wilhelm Quenzer, Art. Freimaurer, in: TRE 11 (1983) 564–567; Reinhold Sebott, Art. Freimaurer, in: LThK[3] 4 (1995) 116–118; Eugen Lennhoff / Oskar Posner / Dieter A. Binder, Internationales Freimaurerlexikon, München [5]2006 (ND 2011) (zum Trienter Kongress 80 f., zum Verhältnis zur katholischen Kirche 454–459, zu Taxil 830 f.); Matthias Pöhlmann, Freimaurer. Wissen was stimmt, Freiburg i. Br. [2]2010.

Nach dem Deutsch-Französischen Krieg 1870/71 brach Jogand-Pagès jegliche Verbindung zu seiner Familie ab und gab in Marseille eine Reihe antikatholischer Zeitungen (z. B. *L'Anti-Clerical*) und Zeitschriften heraus. Bereits wiederholt mit schweren Geldstrafen belegt, änderte er jeweils nur den Namen des Blattes, bis sich Anfang 1876 aus insgesamt 13 Prozessen 8 Jahre Gefängnis angesammelt hatten. Um sich dieser Strafe zu entziehen, ging er ins Exil nach Genf, von wo er 1878 nach Erlass eines Amnestiegesetzes zurückkehrte. Von Montpellier siedelte Jogand-Pagès nach Paris über, eröffnete einen antiklerikalen Buchladen und begründete im März 1879 zusammen mit seiner gleichgesinnten Ehefrau die »Antiklerikale Bibliothek«. Im Rahmen dieser Reihe veröffentlichte er in den folgenden Jahren eine Anzahl meist überaus erfolgreicher Pamphlete, die harte Attacken gegen Papst *Pius IX.* und verschiedene Würdenträger der französischen Geistlichkeit enthielten und auf frei erfundenen Begebenheiten (meist sexuelle Verfehlungen) basierten (z. B. unter dem Pseudonym Sebastiano Volpi *»Les amours secrètes de Pie IX«*, dt.: Die heimlichen Liebschaften Pius' IX.; 1881–1884). Im Februar 1881 trat Jogand-Pagès in die Pariser Freimaurerloge *»Le Temple de l'honneur français«* ein, aus der er nach nur 7 Monaten im Lehrlingsgrad wegen Vergehens gegen die Freimaurerehre (unlautere Geschäfte) ausgestoßen wurde.

Fortan betonte er die Gegensätze, die zwischen Freidenkern und Freimaurern bestünden, gründete Freidenkervereine sowie antiklerikale Gesellschaften und schrieb weiterhin verleumderische Artikel für radikale Blätter, bis am 20. April 1884 die an alle Bischöfe der Welt gerichtete Enzyklika Papst *Leos XIII.* (1878–1903) »*Humanum genus*« erschien. Es handelte sich hierbei um einen Aufruf zum erbitterten Kampf gegen die Freimaurer-»Sekte«, der seinen unmittelbaren Anlass in der konkreten Situation des Papstes hatte. Isoliert im Vatikan, bewertete Leo die italienische Haltung bezüglich der »Römischen Frage« (↗ KAR 9 INFOBOX Jesuiten) nicht als Ergebnis eigener Fehler und widriger politischer Umstände, sondern als Resultat einer Verschwörung der Freimaurer, die er als die Sachwalter des Satans und Feinde der Kirche schlechthin ansah. Die aufsehenerregende Enzyklika brachte den ehemaligen Freimaurer Jogand-Pagès auf die Idee, das in antiklerikalen Kreisen Erprobte jetzt umgekehrt an den Katholiken zu versuchen, zumal er sich aufgrund neuerlicher Geldstrafen (wegen maßloser Ausfälle gegen Leo XIII., z. B.: *L'empoisonneur Léon XIII*, dt.: Der Giftmischer Leo XIII., 1883) in einer prekären finanziellen Lage befand. So begab er sich am 23. April 1885 in einer publikumswirksam inszenierten Bekehrung, die als Triumph der Gnade Gottes gefeiert wurde, zum Schein in den Schoß der katholischen Kirche zurück. Vom päpstlichen Nuntius in Paris dazu aufgefordert, seine schriftstellerische Tätigkeit in den Dienst der Kirche zu stellen, veröffentlichte der »aus dem Weihwasserkübel gekrochene Pornograph«[3] unter dem Pseudonym *Léo Taxil* fortan zahlreiche bestens illustrierte Bücher, die bis zu 45 Auflagen, sechsstellige Verkaufszahlen und Übersetzungen in mehrere Sprachen erfuhren – ins Deutsche durch den Tiroler Jesuiten und »Freimaurerexperten« *Hermann Gruber* (1851–1930; Pseudonym: Hildebrand Gerber)[4].

Das Rezept war gut durchdacht: Den Beschreibungen tatsächlicher Freimaurerrituale fügte Taxil Zitate aus den bisherigen päpstlichen Verlautbarungen gegen die Freimaurer bei und würzte das Ganze durch phantastische Eigenerfindungen sowie mit »*sex and crime*« (Orgien, Meuchelmorde). Anlässlich einer Privataudienz 1887 sprach ihm Leo XIII. seine Anerkennung für die Enthüllungsschriften aus, die er alle gelesen habe. Um seinen teilweise grotesken und vom Begründer der Science-Fiction-Literatur *Jules Verne* (1828–1905) inspirierten Erfindungen noch größere Glaubwürdigkeit zu verschaffen, gesellte sich Taxil scheinbar auf eigenen Füßen stehende Mitarbeiter bei, so den weitgereisten rheinländischen Schiffsarzt Dr. *Karl (Charles) Hacks* (*1851; Pseudonym: Dr. Bataille) und den Italiener *Domenico Margiotta* (*1858). Mittlerweile hatte Taxil – finanziell längst saniert – eine neue, angeblich in den USA gegründete Abart der Freimaurerei kreiert, den sog. *Palladismus*, ein Hochgradsystem (»Satanische Hochmaurerei«), in dem Sexorgien gefeiert würden und das im Geheimen die führende Rolle in dieser »Sekte« innehabe. Durch bischöfliche Belobigungen und begeisterte Besprechungen in der katholischen Presse ermuntert, ließ der »Jules Verne der Hölle«[5] eine fiktive Amerikanerin namens Miss

---

3   *La Réforme* (Brüssel), zit. nach Jörg Lanz-Liebenfels, Der Taxil-Schwindel. Ein welthistorischer Ulk. Nach den Quellen bearbeitet, Frankfurt a. M. 1906, 10. Zu *Jörg Lanz-Liebenfels* (1874–1954, eigentlich: Adolf Josef Lanz), von 1893 bis 1899 Zisterzienser, siehe Wilfried Daim, Der Mann, der Hitler die Ideen gab. Jörg Lanz von Liebenfels, Wiesbaden ³1994, bes. 188.

4   Näheres zu Gruber, der sich über längere Zeit von Taxil täuschen ließ, bei Heinrich Bacht, Art. Gruber, Hermann, in: NDB 7 (1966) 181 f.

5   Lanz-Liebenfels (wie Anm. 3), 5.

Diana Vaughan als Buchautorin auftreten, die sich, wie er selbst, von der Freimaurerei zum katholischen Glauben bekehrt habe. Sie »enthüllte« u. a. die »eigenhändigen« Unterschriften verschiedener Teufel, darunter diejenige des – sonst kaum bekannten – Teufels Bitru,

Unterschrift des Teufels Bitru.

Über ihre Gegenspielerin, die (ebenfalls von Taxil erfundene) palladistische Großmeisterin Sophie Walder, gab Diana Vaughan bekannt, sie sei vom »mächtigen und heiligen« Teufel Bitru mit einer Dänin gezeugt worden und sei die Urgroßmutter des Antichrist[6], der 1962 geboren werde. Walders Vater und Geliebter Bitru lasse sich in den Teufelslogen nur selten blicken, am 18. Oktober 1883 aber habe er sich höchstpersönlich in der Freimaurerloge von Rom eingefunden und seine Unterschrift hinterlassen. Der Bearbeiter der deutschen Ausgabe des Buches »Miss Diana Vaughan. Mémoires d'une ex-palladiste« (1896; dt.: Erinnerungen einer Ex-Palladistin)[7] schrieb über dieses kuriose »Teufelsautogramm«: »Man beachte die Unterschrift des Teufels, die seinem Wesen entspricht, Pfeile, Schwert, Stricke, Blitz, Kriegstrompete.«[8] Bisweilen sei Bitru auch in Gestalt eines Krokodils aufgetreten, das virtuos Klavier gespielt habe. Zum Beweis für den (frei erfundenen) Satanskult in den Freimaurerlogen präsentierte Taxil ein Stück vom Schwanz des Teufels Bitru, wie es auch in unserer Karikatur zu sehen ist.

Ein satirischer Nachruf auf Taxil in der Zeitschrift Jugend fasst dies in folgende Reime:

(30) Die vorgebliche Unterschrift des Teufels Bitru, tituliert als »Sanctus Daemon Primarius Praeses« (dt.: Heiliger Dämon [böser Geist], angesehener Herrscher).

(31) Das geflügelte, klavierspielende Krokodil

---

[6] Zu der vor allem aus Offb 12 entwickelten Vorstellung vom Antichrist (Gegenchristus) als einer widergöttlichen Geschichtsmacht, die der Wiederkunft Christi und dem Weltende vorausgehe und viele zum Glaubensabfall bringe (vgl. 1 Joh 2,18), siehe Sven S. Hartman u. a., Art. Antichrist, in: TRE 3 (1978) 20–50; Eder, Gnad 52, 111 f.

[7] Dr. Michael Germanus, Geheimnisse der Hölle oder: Miss Diana Vaughan, ihre Bekehrung und ihre Enthüllungen über die Freimaurerei, den Kultus und die Erscheinungen des Teufels in den palladistischen Triangeln, Feldkirch (Vorarlberg) 1896. – Lanz gibt als Auflösung dieses Pseudonyms einen »Priester Joseph Müller« an (Lanz-Liebenfels [wie Anm. 3] 87), der sich jedoch nicht verifizieren ließ. Wahrscheinlich handelt es sich um den Schweizer »Kräuterpfarrer« Johann Künzle (1857–1945), der den Pelikanverlag in Feldkirch, bei dem das Buch erschien, damals leitete.

[8] Zit. nach Lanz-Liebenfels (wie Anm. 3), 87.

»Nun begann er zu beschreiben,
wie es die *Freimaurer* treiben:
Diese Bande, fürchterlich,
Hat 'nen Teufel ganz für sich.
Bitru heißt das Höllentier,
Spielt als Krokodil Klavier, [...]
Tritt dazu voll Eleganz
Das Pedal mit seinem Schwanz,
Kurz: der böse Antichrist

Ist beinah ein zweiter Liszt.
Sowas bringt Moneten ein,
Drum konnt' Taxil nobel sein
Und spendierte, reich geworden,
Seinem lieben Jesu-Orden[9]
Eine Gabe voller Glanz,
Nämlich einen Teufelsschwanz,
Fügt, daß ihn kein Argwohn trifft,
Bei noch Bitrus Unterschrift.«[10]

Lit.: Thomas Raff, Der Teufel Bitru, der Taxil-Schwindel und der »Simplicissimus«, in: Quatuor Coronati. Jahrbuch (Bayreuth) 40 (2003) 217–234 (mehrere Abb., Lit.).

und gab bekannt, dass im Jahre 1995 der (1962 geborene) Antichrist erscheinen und der regierende Papst, ein konvertierter Jude, dann den Katholizismus abschaffen und stattdessen den Satanskult einführen werde. Nachdem 1896 allmählich Misstrauen bezüglich der Schriften der unsichtbaren Miss Vaughan entstanden war und der des Schwindels überdrüssige Karl Hacks sich seinem Schwager, dem Zentrums-Politiker und Verleger *Julius Bachem* (1845–1918; Herausgeber der *Kölnischen Volkszeitung*)[11], offenbart hatte, äußerten zwei von Bachem informierte Geistliche auf dem Ende September 1896 in Trient stattfindenden Internationalen Antifreimaurerkongress

Das Exekutivkomitee des von Taxil gegründeten Antifreimaurerbundes hatte am 28. August 1896 folgenden Aufruf erlassen: »Katholiken! Einst als das grüne Banner der Moslems im siegreichen Ansturm die christliche Welt bedrängte, hallte ein Ruf vom Vatikan aus von Straße zu Straße: ›Nach Venedig!‹ Das war der Ruf. [...] ›Nach Venedig!‹ riefen die edelmüthigen Kreuzfahrer des 11. Jahrhunderts. ›Nach Trient!‹ ruft heute der, dem der Triumph des Glaubens über die Anstürme der sektiererischen Gottlosigkeit am Herzen liegt. ›Nach Trient!‹ In die Stadt, welche das hochheilige Konzil in sich aufnahm, das den Protestantismus verdammte, den der modernen Freimaurerei würdigen Vorläufer im Kampfe gegen die Kirche, und nach Trient eilen wir, um auf die unduldsamen Provokationen der Sekte zu antworten, beginnen den neuen Kreuzzug, den antifreimaurerischen Kreuzzug, den der unsterbliche Leo XIII. ausruft!«[12] Bereits auf dem 43. Katholikentag in

---

9   Gemeint ist der Jesuitenorden.

10   Jugend 12 (1907) 329 (Nr. 16, Mitte April [ab 1901 keine Datumsangaben mehr]). Der Text stammt von *Karl Ettlinger* (1882–1939; Pseudonym »Karlchen«), die beigegebenen Zeichnungen erstellte – wie unsere Hauptkarikatur – *Arpád Schmidhammer*.

11   Zu ihm siehe Hugo Stehkämper, Art. Bachem, in: StL[7] 1 (1985) 505–507 (Lit.).

12   Zit. nach Paul von Hoensbroech, Das Papsttum in seiner sozial-kulturellen Wirksamkeit, Bd. 1, Leipzig ³1901, 368 f. – Der Aufruf nimmt Bezug auf den Ersten Kreuzzug (1096–1099), zu dem Papst Urban II. in einer glühenden Rede aufrief, allerdings nicht vom Vatikan, sondern von einer im November 1095 in Clermont (Südfrankreich) stattfindenden Synode aus. Überdies liefen die Reiserouten der ersten drei Kreuzzüge nicht über Venedig (↗ KAR 12). Das zweite angesprochene Ereignis ist das Reformkonzil von Trient (*Tridentinum*, 1545–1563), dessen Grundanliegen jedoch nicht die Verdammung des Protestantismus war, sondern die kirchliche Selbstbesinnung und -erneuerung. Hierzu stellte man die katholische Glaubenslehre den Lehren der Reformatoren gegenüber und sicherte durch eindeutige Lehrsätze die Glaubenssubstanz und die eigene theologische Identität (Näheres bei Eder, Kirchengeschichte 160–162). 1552 fanden sogar Einigungs-

Dortmund (23.–27. August 1896) war den deutschen Katholiken empfohlen worden, sich für den Trienter Kongress durch persönliche Teilnahme oder durch einen finanziellen Beitrag, in jedem Fall aber durch Gebet zu engagieren. Im bewusst gewählten, symbolträchtigen Ort des damals vorletzten Konzils fanden sich 1.100 Teilnehmer, darunter 36 Bischöfe, 50 bischöfliche Delegierte und über 700 weitere, zumeist italienische Geistliche ein. Den Vorsitz hatten Fürst *Karl zu Löwenstein* (1834–1921), Mitbegründer der Zentrumspartei und langjähriger Organisator der deutschen Katholikentage, sowie der vormalige Trienter Weihbischof und Generalvikar Fürsterzbischof *Johann Ev. Haller* von Salzburg (reg. 1890–1900) inne. Als Protektor des Kongresses, zu dem 61 Zeitungen ihre Korrespondenten entsandten, fungierte der Kardinalvikar von Rom, *Lucido Maria Parocchi* (1833–1903), nachmals Vizekanzler und Sekretär der römischen Inquisitionsbehörde. Papst *Leo XIII.* spendete in einem eigenen Breve seinen Segen.

Lit.: Der antifreimaurerische Congreß zu Trient, in: Historisch-Politische Blätter 118 (1896) 657–679, 719–733; Paul von Hoensbroech, Das Papsttum in seiner sozial-kulturellen Wirksamkeit, Bd. 1, Leipzig ³1901, 368–375.

schwerwiegende Zweifel, die auch der persönlich anwesende und mit Beifallsstürmen bedachte Taxil nicht ganz zerstreuen konnte. Eine vom Trienter Kongress zur Prüfung der Vaughan-Angelegenheit eingesetzte Kommission kam ebenfalls zu keinem Ergebnis. Schließlich versprach Vaughan, unter deren Namen Taxils Sekretärin mit Würdenträgern der Kurie korrespondierte, sich in allen Hauptstädten Europas zu zeigen, und lud auf den 19. April 1897, dem Vorabend des 13. Jahrestages der Enzyklika »*Humanum genus*«, nach Paris ein. Plötzlich erschien Leo Taxil selbst und erklärte vor den zahlreich anwesenden Klerikern, Freimaurern und europäischen sowie amerikanischen Journalisten, er habe 12 Jahre lang mit voller Absicht den katholischen Klerus einschließlich Papst und Kardinälen hinters Licht geführt. Der »größte Ulk des 19. Jahrhunderts«, wie Taxil seinen Schwindel selber nannte[13], sei für ihn eine ergötzliche Komödie und ein einträgliches Geschäft gewesen. Obgleich die *Kölnische Volkszeitung* nach dieser »fürchterlichen Lektion« forderte, schonungslos ein Ende zu machen »mit jener duseligen ›Religiosität‹, die unbesehen alles annimmt, was Phantasten, verdrehte Köpfe, Titel- und Ordensjäger, heuchlerische Konvertiten und gewissenlose Lügner als ›Enthüllungen, Geheimnisse, Offenbarungen, Weissagungen‹ u. s. w. auszugeben belieben«[14], versuchte man, den peinlichen Skandal zu vertuschen, kleinzureden oder die Schuld auf die Naivität deutscher und französischer Laien abzuwälzen, und setzte unbeirrt den Kampf gegen die Freimaurerei, die »Synagoge des Satans«, fort.

___

verhandlungen mit den in Trient anwesenden Protestanten statt. Die evangelisch-lutherische Kirche und die humanitäre Freimaurerbewegung historisch in eine Reihe zu stellen, wie dies im Aufruf geschieht, ist billige Polemik, aber in der damaligen konfessionellen Auseinandersetzung nicht ungewöhnlich.

[13] Zit. nach Paul Bräunlich, Der neueste Teufelsschwindel in der römisch-katholischen Kirche, Leipzig 1897, 3. – *Umberto Eco* (1932–2016) hat sich in seinem letzten Roman dieses Sujets angenommen: Der Friedhof in Prag, München 2011, 335–354 (»Taxil«), 355–388 (»Der Teufel im 19. Jahrhundert«).

[14] Beide Zitate nach Josef Hanauer, Fatima. »Erscheinungen« und »Botschaften«, Bad Honnef 1979, 63.

Taxil hingegen kehrte wieder zum Freidenkertum zurück und hielt fortan Vorträge über seine Erlebnisse mit der »unfehlbaren« Kirche, die er zum Narren gehalten und mit ihren eigenen Waffen – Leicht- und Wundergläubigkeit – geschlagen habe. Außerdem gab er eine Fülle spöttischer, derb-satirischer Schriften heraus, die das Motto trugen »*Tuons-les par le rire*« (dt.: Töten wir sie durch Gelächter) und mit übermütigen Widmungen an Bischöfe oder an den Papst zum Dank für die ihm erteilten Segnungen versehen waren. Durch seinen skrupellos in Szene gesetzten Schwindel vermochte der 1907 verstorbene Jogand-Pagès zwar erschreckende theologische Defizite und einen förmlichen Teufels- und Freimaurerwahn bei katholischen Kirchenmännern und Presseorganen offenzulegen, nicht jedoch den viel wichtigeren Anstoss zu geben für eine durchgreifende geistige Reform des Katholizismus.

L   Julius Bachem, Erinnerungen eines alten Publizisten und Politikers, Köln 1913, 161–175; Karl Buchheim, Ultramontanismus und Demokratie. Der Weg der deutschen Katholiken im 19. Jahrhundert, München 1963, 470–493; Alfonso di Nola, Der Teufel. Wesen, Wirkung, Geschichte, München 1990 (ND 1993), 418–421, 423, 427; Manfred Eder, Art. Taxil, in: BBKL 11 (1996) 585–591; Olaf Blaschke, Der Teufel ist ein geflügeltes Krokodil am Klavier. Mit Horrorgeschichten die Gläubigen gefoppt: Vor 100 Jahren erschütterte die Taxil-Affäre Europa, in: Süddeutsche Zeitung, Nr. 90 v. 19./20. April 1997.

K   Arpád Schmidhammer.

Q   Jugend 1 (1896) 684 (Nr. 42 v. 17. Okt.); Alois Payer, Antiklerikale Karikaturen und Satiren XXXVII: Jugend 1896–1940, in: http://www.payer.de/religionskritik/karikaturen37.htm (5. April 2012).

12. Kreuzfahrer unter sich
(29. Okt. 1898)

Unter der Überschrift »Palästina« sind auf diesem Titelblatt des *Simplicissimus*[1] in einer Art von Medaillon zwei vollständig gepanzerte und mit Schild und Schwert ausgerüstete Männer vor nächtlicher orientalischer Kulisse im Gespräch abgebildet, wobei sie das rötliche Kreuz auf den Schilden als Teilnehmer an einem Kreuzzug ausweist. Beide betrachten eine Mischung aus Pickelhaube und Tropenhelm, die der rechte Kreuzritter in der Hand hält. Dazu der kommentierende Text: »*Gottfried von Bouillon:* ›Lach' nicht so dreckig, Barbarossa! *Unsere* Kreuzzüge hatten doch eigentlich auch keinen Zweck.‹«

1. Die Kreuzzüge und die Rolle Gottfrieds und Barbarossas darin

Einen Zweck und ein Ziel hatten die von 1096 bis 1291 durchgeführten Kreuzzüge natürlich schon, auch wenn nach zwei Jahrhunderten alle zwischenzeitlich eroberten und verteidigten Territorien wieder an die Muslime verloren und somit die enormen Anstrengungen letztlich vergebens waren. Doch wie kam es überhaupt zu den Kreuzzügen, welchen Verlauf nahmen sie und welche Rolle spielten dabei der große, schlanke Kreuzfahrer (links), bei dem es sich somit um **Gottfried (IV.) von Bouillon** handelt, und der dickere Mann (rechts), der an der **Reichskrone** als Kaiser

> Die Reichskrone, eine von einem großen Kreuz dominierte Bügelkrone, war die Krone der Könige und Kaiser des Heiligen Römischen Reiches (Deutscher Nation) seit dem Hochmittelalter. Bei der Krönung wurde sie zusammen mit dem Szepter und dem Reichsapfel an den Herrscher übergeben. Neben dem Reichskreuz, dem Reichsschwert und der auf Joh 19,33–37 verweisenden, aber wohl aus dem 8. Jahrhundert stammenden Heiligen Lanze war die Reichskrone der wichtigste Bestandteil der *Reichskleinodien* (Reichsinsignien), die seit 1801 in der Schatzkammer der Wiener Hofburg aufbewahrt werden. Die mit Bildern biblischer Gestalten versehenen Platten der Krone, die die Sakralität des Herrschers als Kaiser von Gottes Gnaden zum Ausdruck bringen, sowie ihre imperiale Oktogonform (beides in der Karikatur nicht erkennbar) »versinnbildlichen das himmlische Jerusalem, als dessen Abbild das Hl. Reich« galt.
>
> Lit.: Helmut Trnek, Art. Reichsinsignien, in: LMA 7 (1995) 623–626 (Zitat: 624); (Johannes H. Emminghaus /) Joachim Kettel, Art. Lanze I. Heilige Lanze, in: LThK[3] 6 (1997) 645 f. (jeweils Lit.).

und am roten Vollbart als (**Friedrich I.**) **Barbarossa** (ital. für: Rotbart) erkennbar ist?

---

[1] *Friedrich Prinz* würdigt den *Simplicissimus* als »brillantes, künstlerisch hochkarätiges Kampfblatt der ›Prinzregentenzeit‹ gegen Scheinmoral, Spießertum und Kleinkariertheit jeglicher Couleur, aber auch gegen wilhelminisch-preußische Arroganz und dumpfen Klerikalismus« (Nachwort, in: Ludwig Thoma, Der Münchner im Himmel. Bayerische Geschichten, Düsseldorf 2009, 176–178, hier: 177). Victor Klemperer war überzeugt, dass zwar unter Wilhelm II. »offiziell noch absolutistische und moralische Strenge« waltete, »aber der wahre Beherrscher der öffentlichen Meinung war der ›Simplicissimus‹« (LTI. Notizbuch eines Philologen, Leipzig [15]1996, 27).

Zwei unterschiedliche geistige Kräfte waren es, die in der Kreuzzugsbewegung zur Wirkung kamen:
1. der *Gedanke der Wallfahrt zu den Geburtsstätten des Christentums* und
2. die *Losung des Heiligen Krieges*, des Ritterkampfes im Dienste der Kirche, zur Rückeroberung (und Behauptung) des Hl. Landes.

Da sich beides aufgrund der Vorschrift, dass Pilger keine Waffen tragen dürften, bisher gegenseitig ausgeschlossen hatte, war die Wirkung um so größer, als *Papst Urban II.* (1088–1099) diese Vorstellung über Bord warf und eine Vereinigung von Wallfahrt und heiligem Krieg schuf.

Die unmittelbare Veranlassung für einen Kreuzzug bildete der angesichts des türkischen Drucks auf Konstantinopel immer dringlicher werdende Hilferuf des byzantinischen Kaisers, und den eigentlichen Auftakt die glühende Rede, in der der Papst im November 1095 anlässlich der Synode von Clermont (Südfrankreich) zur Befreiung der dem Christentum heiligen Stätten, v. a. des seit 1071 von den Türken besetzten Jerusalem, aufrief. Der Widerhall war überwältigend. Immer wieder wurde Urban durch den Ruf »*Deus le volt!*« (altfranzösisch für: Gott will es!) unterbrochen, der zum Schlachtruf aller Kreuzfahrer werden sollte. Was die Massen besonders aufhorchen ließ, war die Gewährung des gleichen vollen Nachlasses der kanonischen Bußstrafen, wie ihn Jerusalempilger erwarben, was bald zu völliger Sündenvergebung vergröbert wurde. So machten sich noch vor Beginn des eigentlichen Kreuzzugs im sog. *Bauernkreuzzug* etwa 50.000 bis 70.000 Männer und Frauen aus den unteren Bevölkerungsschichten in 5 oder 6 großen Haufen nacheinander auf den Weg, ohne Vorbereitung und Ausrüstung und ohne eine Vorstellung, wie weit der Weg nach Jerusalem war, und metzelten in diversen Städten die dortigen Juden als vermeintliche Gottesmörder nieder, ehe sie von den Ungarn und Türken aufgerieben wurden, ohne das Hl. Land je zu erreichen.

Die kriegserfahrenen Ritter dagegen, denen der päpstliche Kreuzzugsappell ausschließlich gegolten hatte, brachen erst nach gründlicher Vorbereitung zum *1. Kreuzzug* (1096–1099) auf. Am 15. Juli 1099 fiel endlich Jerusalem, wo die Sieger unter den Muslimen ein Blutbad anrichteten und Juden bei lebendigem Leibe in einer Synagoge verbrannten.

Dem Aufruf Papst Urbans II. folgend, war Gottfried IV. von Bouillon (um 1060–1100), seit 1087 Herzog von Niederlothringen, 1096 als erster Reichsfürst mit seinen Brüdern Balduin und Eustach sowie 20.000 Mann zum Ersten Kreuzzug aufgebrochen, für den er seine Eigengüter einschließlich der Stammburg Bouillon verkauft hatte. 1099 maßgeblich an der Eroberung Jerusalems beteiligt, war Gottfried anschließend bis zu seinem frühen Tod erster Regent des wichtigsten Kreuzfahrerstaates Jerusalem. Erst sein Bruder und Nachfolger *Balduin* (reg. 1100–1118) ließ sich zum »König von Jerusalem« krönen, er selbst führte wohl nur den Titel »Beschützer des Heiligen Grabes« (lat.: *advocatus Sancti Sepulcri*). Die spätere Überlieferung verklärte Gottfried von Bouillon zum Ideal des christlichen Kreuzfahrers und Ritters.

Lit.: Georges Despy u. a., Art. Gottfried 9. Gottfried von Bouillon, in: LMA 4 (1989) 1598–1600 (Lit.).

(33) Friedrich Barbarossa an der Spitze seines Kreuzzugsheeres

Aus den eroberten Gebieten wurden insgesamt vier abendländische Kleinstaaten gebildet: neben dem Königreich Jerusalem das Fürstentum Antiochien sowie die Grafschaften Edessa und Tripolis.

Der Erfolg des Ersten Kreuzzuges kam für alle Beteiligten überraschend und wurde daher als Wille Gottes gedeutet. In Wirklichkeit konnten sich die Kreuzfahrer wohl deshalb militärisch durchsetzen, weil die muslimischen Herrscher dieses Unternehmen nicht richtig einzuschätzen wussten und es deshalb auch nicht sonderlich ernst nahmen. Es sollte fast eine Generation dauern, bis sie sich von diesem Schock erholt hatten und darangingen, die verlorenen Gebiete zurückzuerobern. 1144 gelang es dem Emir von Aleppo, Edessa einzunehmen und den dortigen Kreuzfahrerstaat auszulöschen. Dies war der unmittelbare Anlass für den gescheiterten *2. Kreuzzug* (1147–1149). In der Folgezeit fielen immer mehr Gebiete der Kreuzfahrerstaaten den Arabern in die Hände, wobei sich *Sultan Saladin* (1138–1193; reg. ab 1175) zum gefährlichsten Gegner entwickelte. Nachdem er das Kreuzfahrerheer im Juli 1187 bei Hattin vernichtend geschlagen hatte, nahm er im Oktober desselben Jahres Jerusalem ein. Der Fall Jerusalems führte zum *3. Kreuzzug* (1189–1192), der von den führenden europäischen Mächten getragen war. Auf diesem Kreuzzug, bei dem der Stauferkaiser Friedrich I. Barbarossa (um 1122–1190)[2], der als Herzog von Schwaben (seit 1147) bereits am 2. Kreuzzug teilgenommen hatte, an der Spitze des Kreuzfahrerheeres stand, ereilte den greisen Herrscher im kleinasiatischen Fluss Saleph (heute: Göksu/Anatolien) der Tod (wohl durch Herzinfarkt oder Schlaganfall).

Bereits den Zeitgenossen galt Friedrich »als Vorbild ritterlicher Gesinnung und als Erneuerer des Reichs«. Nachdem im »Volksbuch von Friedrich Barbarossa« (1519) die um seinen gleichnamigen Enkel *Friedrich II.* (reg. 1215–1250) gesponnene Sage von dem in das Kyffhäusergebirge (Thüringen) entrückten Kaiser auf ihn übertragen worden war[3],

---

[2]   Nachdem Friedrich seinem Onkel *Konrad III.* 1152 auf den Königsthron gefolgt war, wurde er beim ersten seiner sechs Italienzüge 1155 in Rom zum Kaiser gekrönt und betrieb fortan eine kraftvolle Politik zur Wiederherstellung des Reiches in seiner alten Größe. Dabei stieß er jedoch auf den zähen Widerstand der reichen Stadtrepubliken der Lombardei (Oberitalien), die sich zum lombardischen Bund zusammenschlossen und mit dem Papst verbündeten, der die Oberhoheit über die kaiserliche Würde durchzusetzen suchte. Nach wechselvollen Kämpfen söhnte sich Barbarossa mit dem Papst (Frieden von Venedig 1177) und den Mitgliedern des lombardischen Bundes (Frieden von Konstanz 1183) aus. Der tragische Konflikt mit seinem einflussreichen Cousin *Heinrich dem Löwen* (1129–1195), der Friedrich die Gefolgschaft verweigerte, endete mit der Absetzung des Welfen (zu Staufer und Welfen ↗ KAR 10) als Herzog von Sachsen und Bayern und der Zerschlagung seiner Hausmacht. 1186 gelang es dem Kaiser, seine Macht durch die Vermählung seines Sohnes *Heinrich* (VI.; reg. 1190–1197) mit Konstanze, der Erbin Siziliens, zu festigen.

[3]   Nach der *Kyffhäusersage* sitzt Barbarossa verzaubert in einer Berghöhle im Kyffhäuser auf einem elfenbeinernen Thron, während sein Bart die Tischplatte vor ihm umwuchert. Nur alle hundert Jahre erwache er und schicke seinen Diener aus, um nachzusehen, ob noch Raben um den Gipfel

entwickelte sich Friedrich Barbarossa im Zuge nationalstaatlicher Hoffnungen und Bestrebungen des 19. und 20. Jahrhunderts neben Karl d. Gr. zur Idealgestalt abendländisch-christlichen Herrschertums und zum volkstümlichsten Kaiser des Mittelalters.

Lit.: Hermann Bannasch, Art. Friedrich I., in: Taddey 395 f. (Zitat: 396); Knut Görich, Friedrich Barbarossa. Eine Biographie, München 2011; Camilla G. Kaul, Friedrich Barbarossa im Kyffhäuser. Bilder eines nationalen Mythos im 19. Jahrhundert (= ATLAS. Bonner Beiträge zur Kunstgeschichte NF 4), 2 Bde., Köln u. a. 2007.

Während der deutsche Kreuzzug durch den plötzlichen Tod des Kaisers völlig zusammenbrach, erreichten der englische König *Richard I. Löwenherz* und der französische König *Philipp II.* Akko(n), das anschließend ausgebaut werden konnte. Zudem gelang es in einem Vertrag mit Sultan Saladin, den Küstenstreifen von Askalon bis Antiochia zu sichern, nicht aber Jerusalem zu erobern. An der Rückeroberung Jerusalems scheiterten auch die folgenden vier Kreuzzüge. Im Jahre 1291 fiel die letzte den Christen noch verbliebene Stadt Akko, wodurch das Zeitalter der Kreuzzüge nach knapp zwei Jahrhunderten zu Ende ging.

Die Kreuzzüge, damals von christlicher Seite als angemessene Reaktion auf die jahrhundertelange aggressive Expansion des Islam betrachtet, sind aus heutiger Sicht im Christentum als einer Religion des Friedens nicht zu rechtfertigen. Andererseits lässt sich ihre positive welthistorische Wirkung schwerlich von der Hand weisen: »*Wäre Konstantinopel schon 1100 gefallen, dann hätte die enorme militärische Kraft der türkischen Heere Mitteleuropa vierhundert Jahre früher heimgesucht, dann wäre die vielfältige europäische Kultur wahrscheinlich nicht entstanden: keine freien städtischen Verfassungen, keine Verfassungsdebatten, keine Kathedralen, keine Renaissance, kein Aufschwung der Wissenschaften; denn im islamischen Raum entschwand das freie – griechische! – Denken eben in jener Epoche.*«[4]

2. Der lächerliche Helm und der »Kreuzzug« seines Besitzers

Wenn wir jetzt wieder auf unsere Karikatur blicken, stellt sich natürlich die Frage, was es mit der so gar nicht zu einem klassischen Kreuzfahrer passenden Kopfbedeckung auf sich hat, die der deshalb so schallend lachende Friedrich Barbarossa in der Rechten hält. Und um welche Art von Kreuzzug geht es hier?

Aus dem zeitlichen und geographischen Kontext (Oktober 1898 / Palästina) ergibt sich, wem dieser »preußische Tropenhelm« gehört und auf wen die Karikatur

---

des Berges kreisen. Erst wenn sie eines Tages verschwunden seien, werde er wiederkehren. Ende des 19. Jahrhunderts wurde diese Sage in Stein verewigt durch das 1896 (also zwei Jahre vor unserer Karikatur) eingeweihte Kyffhäuser-Denkmal mit einer 6,5 m hohen Figur des erwachenden Barbarossa, einem begehbaren 57 m hohen Turm mit 6,6 m hoher Reichskrone und einem 11 m hohen Reiterstandbild des deutschen Kaisers *Wilhelm I.* (reg. 1871–1888), zu dessen Ehren es errichtet wurde.

[4] Egon Flaig, zit. nach Angenendt, Toleranz 435; vgl. a. a. O. 419–441; Eder, Kirchengeschichte 100–105; Nikolas Jaspert, Die Kreuzzüge, Darmstadt ⁶2013; Paul M. Cobb, Der Kampf ums Paradies. Eine islamische Geschichte der Kreuzzüge, Darmstadt 2015.

somit gemünzt ist: Es ist *Wilhelm II.* (1859–1941), preussischer König und deutscher Kaiser von 1888 bis zum Ende des Kaiserreiches 1918.

Palästina war von 1516 bis 1918 Teil des türkischen Großreiches der Osmanen, allerdings mit einer kurzen Unterbrechung: 1831 war der Gouverneur der Provinz Ägypten, *Muhammed Ali*, von der Türkei abgefallen, weil er sich um den Lohn für seine Unterstützung des Sultans im griechischen Unabhängigkeitskrieg (1821–1829) geprellt sah, und hatte während der bis 1840 andauernden Okkupation Syriens und Palästinas dadurch das Wohlwollen der europäischen Mächte für seine Eroberungspolitik zu gewinnen gesucht, dass er diese Länder dem Einfluss Europas öffnete und religiöse Toleranz gewährte. Diese Politik setzten die Türken, als sie mit Hilfe der europäischen Mächte die Ägypter vertrieben hatten, notgedrungen fort, was den »sog. friedlichen Kreuzzug in das Hl. Land in Form missionarischer, philanthropischer und religiös-kultureller Aktivitäten der christlichen Kirchen und anderer religiöser Gemeinschaften Europas«[5] ermöglichte[5] und zu einem Anwachsen der Anzahl europäischer Christen von wenigen Dutzend auf etwa 5.000 Seelen (darunter ca. 3.000 Deutsche) führte. Erste Manifestation *deutscher* Präsenz im Hl. Land war die 1841 erfolgte Gründung eines anglikanisch-protestantischen

(34) Wilhelm II. in Tropenuniform dem in der Karikatur dargestellten (beim Einzug in Jerusalem trug der dagegen einen silberbeschlagenen mit angenähtem weißen Nackensch gekrönt von einem fliegenden Adle

Bistums in Jerusalem durch England und Preußen (unter Friedrich Wilhelm IV., einem Onkel Wilhelms II.), wobei Preußen trotz alternierender (= abwechselnder) Nomination der Bischöfe aufgrund der für England sehr günstigen Konditionen des Bistumsvertrages nur Juniorpartner war. »Diese offensichtliche Benachteiligung Preußens empfand Friedrich Wilhelm IV. in seinen romantisch verklärten kirchenpolitischen Bemühungen um die Wiedereinführung der apostolischen Kirchenverfassung indessen weniger gravierend, bot das Abkommen doch die erste Gelegenheit für einen deutschen Staat, im Hl. Land Fuß zu fassen und zukünftig am ›friedlichen Kreuzzug‹ der um Palästina rivalisierenden Mächte teilzunehmen«[6]. Jedoch wich »die romantische Unionsökumene des Anfangs«[7] nach wenigen Jahrzehnten einer deutsch-britischen Eifersucht, so dass der Bistumsvertrag 1886 aufgelöst wurde. An seine Stelle trat auf deutscher Seite die von

---

5   Horst Gründer, Die Kaiserfahrt Wilhelms II. ins Heilige Land 1898. Aspekte deutscher Palästinapolitik im Zeitalter des Imperialismus, in: Heinz Dollinger u. a. (Hgg.), Weltpolitik – Europagedanke – Regionalismus. Festschrift für Heinz Gollwitzer zum 65. Geburtstag am 30. Januar 1982, Münster 1982, 363–388, hier: 364. – »Nirgendwo sonst auf der Welt hat es je so viele Missionare auf so engem Raum wie zu dieser Zeit in Jerusalem gegeben« (Alex Carmel, Palästina im 19. Jahrhundert. Krise des Osmanischen Reiches und europäische Machtpolitik 1799–1914, in: Hendrik Budde / Andreas Nachama [Hgg.], Die Reise nach Jerusalem. Eine kulturhistorische Exkursion in die Stadt der Städte. 3000 Jahre Davidsstadt, Berlin o. J. [1995], 88–95, hier: 92).

6   Gründer, Kaiserfahrt (wie Anm. 5) 364 f.

7   Zit. nach Gründer, Kaiserfahrt (wie Anm. 5) 368.

Wilhelm II. 1889 ins Leben gerufene »*Evangelische Jerusalem-Stiftung*« als zentrale Einrichtung für alle deutsch-protestantischen Unternehmungen in Palästina.

Lit.: Alex Carmel, Palästina im 19. Jahrhundert. Krise des Osmanischen Reiches und europäische Machtpolitik 1799–1914, in: Hendrik Budde / Andreas Nachama (Hgg.), Die Reise nach Jerusalem. Eine kulturhistorische Exkursion in die Stadt der Städte. 3000 Jahre Davidsstadt, Berlin o. J. [1995], 88–95.

Und in der Person Kaiser Wilhelms II. sammelten »sich sowohl das religiöse, biblisch-archäologische und wissenschaftliche Interesse seiner Zeit am Hl. Land als auch die vielfältigen Morgenlandsehnsüchte und alldeutschen Nahostträumereien wie in einem Brennspiegel«[8]. Ein wesentliches Motiv für die erste und einzige Reise eines amtierenden deutschen Kaisers oder Königs der Neuzeit in das Heilige Land[9] war aber auch Wilhelms Wunsch nach »einer quasi sakralen Wiederbegründung und Überhöhung des noch jungen Kaisertums. Dessen Stationen sollten in einer Art heilsgeschichtlicher Legitimationskette von Jerusalem über Rom nach Berlin geführt werden. Auf die Wiedererweckung des alten ›heiligen römischen Reiches deutscher Nation‹ in abgewandelter Form durch ihn selbst hinzuweisen und das ›Gottesgnadentum‹ seiner Herrschaft zu bestätigen, war deshalb sicherlich die persönlich-dynastische Grundintention der bis ins letzte zeremonielle Detail genauestens inszenierten Palästinareise.«[10]

Der reisefreudige Herrscher aus dem alten Adelsgeschlecht der Hohenzollern[11] unternahm diese gut sechswöchige, durch das Londoner Reisebüro Thomas Cook & Son organisierte Fahrt[12] in den Orient vom 12. Oktober bis 26. November 1898[13] mit großem Gefolge und in Begleitung seiner Gemahlin *Auguste Victoria* (zu Schleswig-Holstein, 1858–1921), wobei das Heilige Land den Höhepunkt dieser Reise und

---

[8] A. a. O. 369 f.

[9] Als letzter Kaiser hatte 1228, also 670 Jahre zuvor, der Staufer *Friedrich II.* (1215–1250, Kaiser ab 1220) den Boden des Hl. Landes betreten, wobei es ihm gelang, 1229 durch Verhandlungen Jerusalem zurückzugewinnen, ehe es 1244 endgültig verlorenging. Näheres zum Kreuzzug Friedrichs 1228/29, der meist nicht unter die regulären Kreuzzüge gezählt wird, weil der Kaiser aufgrund von Streitigkeiten mit dem Papst um die Herrschaft in Italien damals exkommuniziert war, bei Jaspert (wie Anm. 4) 52 f. Jaspert verweist darauf, dass »das bizarre Schauspiel eines gebannten Kreuzfahrers, der im vollen Kaiserornat in der Grabkirche auftrat, dem Ansehen des Kreuzzugs und des Papsttums geschadet« habe (a. a. O. 53).

[10] Gründer, Kaiserfahrt (wie Anm. 5) 370. – Zur Vorstellung vom Gottesgnadentum bei Wilhelm II. siehe auch Thomas Hartmut Benner, Die Strahlen der Krone. Die religiöse Dimension des Kaisertums unter Wilhelm II. vor dem Hintergrund der Orientreise 1898, Marburg 2001, bes. 357–364.

[11] Zur Geschichte des 1061 erstmals erwähnten Geschlechts der Hohenzollern siehe Wilfried Beutter, Art. Hohenzollern, Familie, in: Taddey 575.

[12] »Die Firma war das weltweit angesehenste Reiseunternehmen, das als erstes Pauschalreisen mit ›All-inclusive-Angeboten‹ auf den Markt zu bringen vermochte und damit großen Erfolg hatte« (Benner [wie Anm. 10] 175).

[13] Eigentlich hätte die Reise bis zum 1. Dezember dauern sollen, aber »wegen der andauernd tropischen Hitze und des auf den Wegen liegenden fast fußhohen Staubes wurden die Ausflüge aufgegeben«, die man von Jerusalem aus hatte unternehmen wollen (Das deutsche Kaiserpaar im Heiligen Lande im Herbst 1898, bearb. v. Ernst Freiherr von Mirbach u. a., Berlin 1899, 272).

(35) Der letzte Kreuzzug
Friedrich Barbarossa: Gib acht, Willi, es ist eine gefährliche Sache. Ich bin im Flusse Saleph ertrunken. Sieh zu, daß du nicht im Champagner ersäufst (Karikatur aus *De Nederlandsche Spectator*, Den Haag, 1898).

seiner alljährlichen Reiseunternehmungen überhaupt bildete. Sie führte zunächst per Bahn von Berlin nach Venedig und von dort auf der durch zwei Kriegsschiffe begleiteten Yacht »Hohenzollern« nach Konstantinopel (heute: Istanbul), wo Wilhelm mit dem Herrscher des Osmanischen Reiches, Sultan *Abdul Hamid II.* (reg. 1876–1909), zusammentraf. Anschließend ging es weiter nach Haifa und dann auf dem Landweg über Caesarea und Jaffa nach Jerusalem, Beirut und Damaskus, wo der Kaiser die Omayyaden-Moschee mit dem Grab Saladins besuchte[14], sowie nach Baalbek (Phönizien) mit den Ruinen des spätantiken, von mehreren römischen Kaisern ausgebauten (und deshalb für Wilhelm bedeutsamen) Heiligtums von Heliopolis[15]. Der kaiserliche Reisezug, eine Karawane von über drei Kilometern (!) Länge, umfasste einschließlich der türkischen Begleitkommission insgesamt etwa 2.000 Personen, darunter 600 Soldaten, 600 Treiber, 60 Kellner und 12 Köche. Ganz offensichtlich war diese riesige Kavalkade mit 100 Wagen sowie 1.300 Pferden und Maultieren den mittelalterlichen Kreuzzügen nachempfunden. Zwar hätte man – wie die meisten Hl.-Land-Pilger – auch mit der Bahn von Jaffa nach Jerusalem fahren kön-

---

[14] Vgl. dazu Jonathan Phillips, Vor der Orientreise Wilhelms II. – Die Erinnerung an Saladin und die Kreuzzüge im Nahen Osten vom 15. bis zum 19. Jahrhundert, in: Felix Hinz (Hg.), Kreuzzüge des Mittelalters und der Neuzeit. Realhistorie – Geschichtskultur – Didaktik (= Historische Europa-Studien 15), Hildesheim u. a. 2015, 67–86.

[15] Näheres hierzu bei Benner (wie Anm. 10) 326–328.

nen, aber »ein Kreuzfahrer kommt eben hoch zu Roß oder zu Fuß, aber nicht im Eisenbahncoupé!«[16] Dem entsprach auch die Unterbringung der Reisegesellschaft in 230 Zelten. Für den Jerusalem-Aufenthalt schlug man, da die enge Altstadt das kaiserliche Gefolge nur mit Mühe hätte beherbergen können, vor den Toren ebenfalls ein Zeltlager auf, das aus zwei von Berlin herangeschafften Baracken und 125, z. T. vom Sultan gestellten Zelten bestand[17].

Die hl. Stadt Jerusalem wollte sich ihrerseits der hohen Ehre würdig erweisen: Man ließ für Wilhelm u. a. eigens Straßen bauen oder pflastern und eine Bresche in die Stadtmauer nahe dem Jaffator schlagen[18], um eine fahnengeschmückte, hebräisch und deutsch beschriftete Ehrenpforte zu errichten[19], durch die der Kaiser wiederum hoch zu Ross (nämlich auf seinem Schimmel »Kurfürst«) und unter den Klängen türkischer Militärmusik mit einer speziell für diese Reise geschneiderten leichten Tropenuniform in die Stadt einreiten konnte. Der eigentliche Zweck des aufwendigen Unternehmens war die Einweihung der protestantischen Erlöserkirche in Jerusalem am 31. Oktober 1898[20]. Dabei handelt es sich um einen neuromanischen Kirchenbau mit mächtigem Glockenturm in unmittelbarer Nähe der Grabeskirche, der – abgesehen vom Turm – eine Kopie der mittelalterlichen Kreuzfahrerkirche S. Maria Latina bildet, die genau an dieser Stelle (nur zwei Meter tiefer) gestanden hatte. Sie war eine der drei Kirchen gewesen, die der **Johanniterorden**

> Der »Orden des hl. Johannes vom Spital in Jerusalem«, kurz Johanniterorden *(Malteser)*, ging aus einer im 11. Jahrhundert Johannes dem Täufer geweihten Jerusalemer Pilgerherberge mit Hospital hervor und ist einer der drei großen geistlichen Ritterorden (neben dem Templer- und dem Deutschen Orden [zu letzterem ↗ KAR 3]). Sie alle widmeten sich den gleichen Aufgaben: Begleitung der Pilger zu den heiligen Stätten, Schutz der Pilger vor Überfällen durch Räuber und Muslime sowie Betreuung bei Krankheit und Unfall, später Verteidigung der heiligen Stätten und der Kreuzfahrerstaaten sowie Kampf gegen

---

[16] Benner (wie Anm. 10) 276.

[17] Vgl. hierzu die Abbildungen in Alex Carmel / Ejal Jakob Eisler, Der Kaiser reist ins Heilige Land. Die Palästinareise Wilhelms II. 1898. Eine illustrierte Dokumentation, Stuttgart u. a. 1999, 112 (einschließlich einer gedruckten »Eintritts-Karte zum Kaiserlichen Zeltlager in Jerusalem« mit handschriftlichem Zusatz »für Herrn Kammerdiener Schulze«).

[18] Entgegen der Behauptung, der Kaiser selbst habe den Abriss der Mauer befohlen, reagierte er vielmehr auf einen Bericht über dieses Vorhaben mit folgenden Zeilen: »Das soll inhibiert [= verhindert] werden; ich hoffe nicht, daß eine solche Barbarei wirklich gemacht wird« (zit. nach Carmel/Eisler [wie Anm. 17] 51). Ein paar Tage später beruhigte ihn der Botschafter bei der Hohen Pforte (d. h. der türkischen Regierung) per Telegramm, dass lediglich – wie seit Jahren geplant – eine niedrige Mauer neben dem Jaffator niedergelegt worden sei (vgl. Budde/Nachama [wie Anm. 5] 316 und 318: Faksimile des Telegramms vom 2. Okt. 1898).

[19] Auf deutsch waren die Namen des Kaiserpaares (»Wilhelm II.«, darunter »Augusta Victoria«) sowie ein Psalmzitat zu lesen: »Gesegnet der da kommt im Namen des Ewigen / Grüßen wir Euch aus dem Hause des Ewigen« (Ps 118,26). Eine großformatige Abbildung der von den Juden Jerusalems errichteten Pforte (Holzschnitt nach Photographie) findet sich bei Jürgen Krüger, Der neue Konstantin. Wilhelm II. in Palästina, in: DAMALS 32 (2000) H. 9, 74–79, hier: 74 f.

[20] Zum Datum des 31. Oktober siehe die übernächste INFOBOX! Zur Einweihung ausführlich Benner (wie Anm. 10) 292–301.

Muslime und Heiden. Mit dem Fall Akkos 1291 verloren die an ihrem roten Mantel mit achteckigem weißen Kreuz erkennbaren Johanniter ihre letzte Festung in Palästina und verlegten den Ordenssitz zunächst nach Zypern, dann nach Rhodos und 1530 schließlich nach Malta. Der Malteser-Orden, wie er sich jetzt nannte, hatte außerdem Besitzungen in verschiedenen europäischen Ländern, so in Deutschland (»Deutsche Zunge«), wo die Ballei[21] Brandenburg 1538 evangelisch wurde, organisatorisch aber beim katholischen Gesamtorden verblieb. Nachdem dieser um 1800 im Zeichen von Revolution und Säkularisation (↗ KAR 1–3) seine Besitzungen verloren hatte, bildete man in Deutschland auf evangelischer wie katholischer Seite neue Gemeinschaften, um die Ordenstradition fortzuführen. So wurde protestantischerseits 1852 eine (heute internationale) Vereinigung gegründet, die sich in Anlehnung an den ursprünglichen Namen »Johanniter-Orden« nannte und an die 1811 aufgelöste Ballei Brandenburg anknüpfte[22].

Lit.: Jürgen Sarnowsky, Die Johanniter. Ein geistlicher Ritterorden in Mittelalter und Neuzeit, München 2011; Thomas Freller, Die Johanniter. Vom Kreuzritter zum Samariter. Die Geschichte des Malteserordens, Gernsbach 2012.

im 12. Jahrhundert innerhalb eines umfangreichen Hospitalkomplexes errichtet hatte. Nachdem die Johanniter das Hl. Land verlassen hatten, verfiel der Komplex im Laufe der nächsten Jahrhunderte und stellte im 19. Jahrhundert das größte brachliegende Terrain (sog. Muristan-Grundstück[23]) innerhalb der Jerusalemer Altstadt dar. So lag es für den Großmeister des Johanniter-Ordens, der Wilhelm II. auch war, nahe, dem wiedergegründeten Orden direkt am Gründungsort erneut eine Kirche zu erbauen, zumal die 1898 302 Köpfe zählende deutschsprachige evangelisch-lutherische Gemeinde kein eigenes Gotteshaus besaß[24]. Nachdem sein Vater, der damalige preußische Kronprinz Friedrich Wilhelm und spätere deutsche Kaiser Friedrich III. (reg. 1888), 1869 bei einem Palästinabesuch anlässlich der Eröffnung des Suezkanals einen Teil des Geländes vom türkischen Sultan *Abdul Aziz* (reg. 1861–1876) zum Geschenk erhalten hatte, erfolgte am **31. Oktober** 1893 die feier-

---

[21] »Ballei« (Balley) nennt man die Provinz eines Ritterordens.

[22] Die (evangelische) *Johanniter-Unfallhilfe* und der (katholische) *Malteser-Hilfsdienst*, deren Autos uns heute des öfteren auf deutschen Strassen begegnen, wurden erst hundert Jahre später, nämlich 1952 bzw. 1953 gegründet.

[23] Der Name »Muristan«, das arabische Wort für Kranken- oder Irrenhaus, rührt daher, dass auf diesem Gelände in osmanischer Zeit Geisteskranke untergebracht waren (nach Benner [wie Anm. 10] 145, Anm. 29; Lit.!). – Eine Photographie von 1861 und eine Planzeichnung von 1864 zum Komplex von Grabeskirche und Muristan bietet Jürgen Krüger, Die Grabeskirche zu Jerusalem. Geschichte – Gestalt – Bedeutung, Regensburg 2000, 17 (Abb. 9) bzw. 31 (Abb. 22), zum heutigen Aussehen des Areals vgl. die Abb. auf S. 143.

[24] »Seit Errichtung des englisch-preußischen Bistums diente die anglikanische Christus-Kirche als Stätte der englischen und deutschen Gottesdienste. Der Hauptgottesdienst fand stets in englischer Sprache statt, deutsche Gottesdienste gab es nur am Nachmittag und dazu im Wechsel mit englischen« (Jan Stefan Richter, Die Orientreise Kaiser Wilhelms II. 1898. Eine Studie zur deutschen Außenpolitik an der Wende zum 20. Jahrhundert [= Studien zur Geschichtsforschung der Neuzeit 9], Hamburg 1997, 146). – Bereits 1858 war das 1851 gegründete »Preußische Hospiz« von den Johannitern übernommen worden. Zu dessen Geschichte ausführlich Jakob Eisler, Das Deutsche Johanniter-Hospiz in Jerusalem, Köln u. a. 2013 (speziell zu Wilhelms Reise und zu seinem Besuch des Hospizes am 3. November 1898: 82 [Abb. 26], 124–129, 139 [Abb. 53]).

(36) Die von Basarstraßen umgebene Jerusalemer Grabeskirche (Bildmitte) heute. Südlich davon (auf dem Luftbild: darüber) das Muristan-Grundstück, auf dessen größtem Teil ein griechischer Basar errichtet wurde, und links davon die Erlöserkirche (mit hohem Turm).

liche Grundsteinlegung[25], genau ein Jahr nach der Einweihung der im neugotischen Stil umgestalteten Wittenberger Schlosskirche[26].

Das Datum 31. Oktober ist weder in diesen beiden Fällen noch bei der 1898 erfolgten Einweihung der Erlöserkirche ein zufälliges, sondern vom protestantischen Herrscher bewusst gewählt: Es erinnert an den später vielfach in Bild und Film dargestellten Vorgang, wonach *Martin Luther* (1483–1546) am 31. Oktober des Jahres 1517 an die Tür der Schlosskirche zu Wittenberg seine 95 Thesen zum Ablass (↗ KAR 33) genagelt habe. Deshalb wird dieser Tag von evangelischen Christen bis heute als »Reformationstag« begangen und daher ließ der Kaiser auch die 95 Thesen in den Grundstein der Erlöserkirche einmauern. Ein Thesenanschlag ist nach dem gegenwärtigen Stand der Forschung jedoch historisch *nicht* haltbar; vielmehr ließ Luther die Ablassthesen brieflich den zuständigen Bischöfen und einigen Kollegen zukommen. Desungeachtet beginnt mit deren

---

[25]   Siehe hierzu Carmel/Eisler (wie Anm. 17) 41–50; Richter, Orientreise (wie Anm. 24) 145–154; Jürgen Krüger, Rom und Jerusalem. Kirchenbauvorstellungen der Hohenzollern im 19. Jahrhundert, Berlin 1995, 292 f.
[26]   Vgl. Carmel/Eisler (wie Anm. 17) 44.

Verbreitung und Veröffentlichung das umstürzende Ereignis der Reformation in Deutschland.

Lit.: Erwin Iserloh, Der Thesenanschlag fand nicht statt, in: Uwe Wolff, Iserloh. Der Thesenanschlag fand nicht statt (= Studia oecumenica Friburgensia 61), hg. v. Barbara Hallensleben, Basel 2013, 169–238; Volker Leppin, Der »Thesenanschlag« – viel Lärm um nichts?, in: a.a.O. 239–245 (aktuelle Stellungnahme von evang. Seite); Eder, Kirchengeschichte 144.

Damals meinte man, in der Baugrube die zweite, unter *Herodes d. Gr.* (reg. 40–4 v. Chr.) entstandene und seit langem gesuchte Jerusalemer Stadtmauer gefunden zu haben, was insofern von Bedeutung war, als im Rahmen der seinerzeitigen Leben-Jesu-Forschung

Der Begriff »Leben-Jesu-Forschung« ist eine zusammenfassende Bezeichnung für die nach dem Aufkommen der historisch-kritischen Forschung in der Aufklärung unternommenen wissenschaftlichen Versuche des 19. Jahrhunderts, das Leben Jesu aufgrund der Evangelien des Neuen Testaments zu rekonstruieren und zu beschreiben, wobei »erstmals protestantische und katholische Theologie in einen ernsthaften Dialog miteinander eintraten«. *Albert Schweitzer* (1875–1965) legte jedoch zu Beginn des 20. Jahrhunderts in seiner »Geschichte der Leben-Jesu-Forschung«[27] die Fragwürdigkeit dieses Unternehmens dar. Heute stellt man zwar erneut die Frage nach dem historischen Jesus, begnügt sich aber damit, authentische Worte Jesu (*ipsissima vox Jesu*) zu verifizieren und einige Begebenheiten aus dem Wirken Jesu chronologisch einzuordnen. Eine Biographie des Wanderpredigers Jesus nachzuzeichnen hat man aufgegeben.

Lit.: Franz Mußner, Art. Leben-Jesu-Forschung, in: LThK² 6 (1961) 859–864; Dieter Georgi, Art. Leben-Jesu-Theologie/Leben-Jesu-Forschung, in: TRE 20 (1990) 566–575; Jürgen Krüger, Die Grabeskirche zu Jerusalem. Geschichte – Gestalt – Bedeutung, Regensburg 2000, 13 f. (Zitat: 14).

Zweifel am richtigen Standort der Grabeskirche aufgetaucht waren. Die Frage war nämlich: »Wenn, wie die Evangelien berichteten, Jesus zur Kreuzigung vor die Stadt geführt wurde, wie konnte es dann sein, dass die Kirche, die den Kreuzigungsfelsen beherbergt, heute mitten in der Stadt liegt?«[28] Da die schriftlichen Zeugnisse zur Klärung dieser Frage nicht hinreichten, war man auf Erkenntnisse der Archäologie angewiesen. So setzte eine fieberhafte Suche nach der zur Zeit Jesu aktuellen, zweiten Stadtmauer ein, denn wenn es gelänge, den Verlauf dieser Mauer festzustellen und dadurch zu zeigen, dass das traditionelle Golgotha außerhalb der Stadt liegt, wäre – so war man sich bewusst – ein wesentlicher Teil des Beweises der Echtheit der Grabeskirche erbracht. Da die Wahrscheinlichkeit sehr hoch war, dass sich die gesuchte Mauer unter dem Muristan-Grundstück verbarg, glaubte man sie nun endlich gefunden zu haben. Obgleich sich diese Annahme schon wenige Jahre später als Irrtum herausstellen sollte[29], wurde der Grundstein genau über der Mauer gelegt und

---

[27] So der Titel ab der 2. Auflage 1906 (⁶1951). Die erste Auflage erschien 1902 unter dem Titel »Von Reimarus zu Wrede. Eine Darstellung der Leben-Jesu-Forschung«.

[28] Krüger, Grabeskirche (wie Anm. 23) 14.

[29] Vgl. Krüger, Grabeskirche (wie Anm. 23) 32. Erst anläßlich von Sanierungsmaßnahmen in der Erlöserkirche 70 Jahre später gewann man neue Erkenntnisse: »Die Analyse des Geländes bei der Mauer ergab, dass es sich offenbar um einen Steinbruch gehandelt hat, der in vorchristlicher Zeit

diese wie eine Reliquie umschlossen. Da es dadurch nicht mehr nur um eine Johanniterkirche ging, sondern um ein direkt mit Jesu Leben und Heilshandeln in Beziehung stehendes Gotteshaus, gab man ihm den Namen »Erlöserkirche«. Diese Kirche, deren 45,5 m hoher, von Wilhelm II. selbst entworfener Turm einen imposanten Rundblick über die Umgebung Jerusalems mit dem Toten Meer, den jordanischen Bergen und der Wüste Judäas ermöglicht, war eingebunden in ein dreiteiliges Bauprogramm des Kaisers im Hl. Land, das er mit der bereits 1893 vollendeten evangelisch-lutherischen Weihnachtskirche in Bethlehem begonnen hatte und mit der 1910 eingeweihten Himmelfahrtskirche auf dem Ölberg beschloss. Wilhelm baute also Kirchen an Orten, an denen schon der erste christliche Kaiser Konstantin Kirchenbauten in Angriff genommen hatte, um sich selbst als »neuen Konstantin« zu stilisieren und damit in die lange Reihe der christlichen Kaiser – zu denen natürlich auch Friedrich Barbarossa gehörte – einzuordnen. »Wenn die französische Presse Wilhelm II. in den Fußstapfen Barbarossas wandeln sah [...], so mochte [...] der ideologische Überbau des gesamten pompösen Unternehmens durchaus richtig erkannt sein; der realpolitische Gehalt« dieser Spekulation aber »war ziemlich gering«[30]. Denn während Barbarossa ein Kreuzfahrer in Waffen war, kam Wilhelm zu »einem friedlichen Kreuzzug«[31] ins Hl. Land, um als protestantischer Kaiser und *summus episcopus*[32] die Einheit des in verschiedene Landeskirchen geteilten Protestantismus »sowohl gegenüber dem seit dem Ende des Kulturkampfs gestärkten Katholizismus als auch gegenüber allen säkularen kirchenkritischen oder kirchenfeindlichen Kräften« zu demonstrieren[33] und dessen Einigung voranzutreiben. Dass er dabei jedoch nicht auf Konfrontation mit den Katholiken aus war, zeigte sich u. a. darin, dass er ihnen am Nachmittag des 31. Oktober 1898 seine »imperial-paritätische Gunst« erwies[34], indem er dem katholischen »Deutschen Verein vom Heiligen

---

aufgegeben worden war und zur Zeitenwende als Garten genutzt wurde. Ein größeres Gartengelände jedoch ist nur außerhalb der Mauer vorstellbar. [...] Was fehlt, sind eindeutige Hinweise auf die zweite Stadtmauer [...]. Nach den bisherigen Befunden ist es also möglich, aber durchaus nicht zwingend, dass wir in dem Felsen der Golgothakapelle den Sterbeort Jesu vor uns haben« (ebd.).

30   Gründer, Kaiserfahrt (wie Anm. 5) 374 f.
31   Krüger, Konstantin (wie Anm. 19) 79.
32   In den reformatorischen Kirchen übte der jeweilige Landesherr bis 1918 nicht nur die höchste weltliche, sondern als eine Art oberster Bischof *(summus episcopus)* auch die höchste kirchliche Gewalt aus. Vgl. hierzu Christoph Link, Art. Summepiskopat des Landesherren, in: RGG⁴ 7 (2004) 1866 f., sowie Heinrich de Wall, Art. Kirchenregiment, in: RGG⁴ 4 (2001) 1292–1294.
33   Benner (wie Anm. 10) 178. Vgl. Gründer, Kaiserfahrt (wie Anm. 5) 370 f. – Zum Folgenden siehe Benner a. a. O. 189–205; Carmel/Eisler (wie Anm. 17) 122.
34   Gründer, Kaiserfahrt (wie Anm. 5) 371. Gerade zu dieser Zeit war die Paritätsdebatte bezüglich der wichtigeren Beamtenstellen in Deutschland mit neuer Heftigkeit aufgebrochen, kämpften doch die seit der Säkularisation politisch und gesellschaftlich benachteiligten Katholiken, die sich nach der »protestantischen« Reichsgründung 1871 erneut in einer Inferioritäts- und zudem in einer Minoritätssituation befanden, immer noch um eine Gleichstellung mit den Protestanten (vgl. Karl Bachem, Vorgeschichte, Geschichte und Politik der deutschen Zentrumspartei, Bd. 9, Köln 1932 [ND Aalen 1968], 65–84 [= Kap. 2: »Die Vertretung der Katholiken in den höheren und höchsten Beamtenstellen Preußens und des Reiches seit Beendigung des Kulturkampfes«;

Lande«[35] ein von Sultan *Abdul Hamid II.* für 100.000 Reichsmark (zuzüglich Gebühren) erworbenes Grundstück auf dem Zionsberg am südlichen Rand der Altstadt zur freien Nutznießung übergab[36], auf dem ab 1900 die **Dormitio-Abtei** entstand.

> 1906, also acht Jahre nach der kaiserlichen Orientreise, trafen die ersten drei Mönche der süddeutschen Benediktinerabtei Beuron in Jerusalem ein und bezogen das Kloster, das an »Mariä Heimgang« (lat.: *Dormitio Mariae*) erinnern sollte. Denn nach kirchlicher Überlieferung befindet sich die Dormitio-Abtei (*Dormition Abbey*; jetzt auch: Hagia Maria Sion) nicht nur dort, wo das Letzte Abendmahl stattfand (*Coenaculum*) und der Versammlungsort der Apostel nach der Himmelfahrt Jesu war (Apg 1,13), sondern auch dort, wo – nach späterer Tradition – Maria entschlafen ist, um in den Himmel aufgenommen zu werden. 1910 eingeweiht, wurde das deutschsprachige Kloster 1926 zur Abtei erhoben. Unter der Leitung von Abt Dr. *Laurentius Klein* (1928–2002; amt. 1969–1979) gewann die Abtei v. a. dadurch an Bedeutung, dass Klein 1973 ein Theologisches Studienjahr für katholische und evangelische Studierende aus dem deutschsprachigen Raum einführte, das bis heute regen Zuspruch findet. Gegenwärtig besteht die Mönchsgemeinschaft aus rund 20 mitteleuropäischen Benediktinern.
>
> Lit.: Erwin Gatz, Katholische Auslandsarbeit und deutsche Weltpolitik unter Wilhelm II. Zur Stiftung der Dormition in Jerusalem (1898), in: RQ 73 (1978) 23–46; Laurentius Klein / Immanuel Jacobs (Hgg.), PRO MEMORIA. Das Studienjahr der Dormition Abbey auf dem Berg Sion in Jerusalem. Sammlung von Artikeln und Gastvorlesungen aus verschiedenen Studienjahren, Jerusalem 1983; Benedikt Schwank, Art. Dormitio-Abtei, in: LThK³ 3 (1995) 345 (Lit.).

Neben dem konfessionspolitischen ist hier auch der außenpolitische Aspekt zu sehen, war doch die Schenkung der Dormitio »dazu angetan, ein bedeutendes traditionelles Herrschaftsinstrument Frankreichs in der Levante, das Katholikenprotektorat« (das es Papst Pius IX. 1847 ermöglicht hatte, erstmals seit den Kreuzzügen das lateinische Patriarchat Jerusalem wieder zu besetzen), »zu unterminieren«[37].

Wie die Kreuzzüge des Mittelalters verfolgte somit auch die Reise des Jahres 1898 durchaus handfeste Zwecke[38]. Allerdings standen die Resultate beider Unternehmungen letztlich in keinem Verhältnis zum gewaltigen Aufwand.

Lit.!]). Den von Sympathie getragenen Bemühungen Wilhelms II. um eine Integration der deutschen Katholiken »kam allerdings der Reichs- und Kaiserenthusiasmus im katholischen Volksteil auf halbem Wege entgegen« (Gründer, Kaiserfahrt ebd.). Siehe hierzu Strötz, Tl. 2, 11–43, und Schatz, Säkularisation 181–188; vgl. auch Stefan Samerski (Hg.), Wilhelm II. und die Religion. Facetten einer Persönlichkeit und ihres Umfelds (= Forschungen zur brandenburgischen und preußischen Geschichte, Beiheft 5), Berlin 2001.

[35] Näheres zu diesem Verein, der 1895 aus dem Zusammenschluss des 1855 gegründeten »Vereins vom Hl. Grabe« und des 1879 ins Leben gerufenen »Palästinavereins deutscher Katholiken« entstanden war, bei Herbert Michel, Art. Deutscher Verein vom Heiligen Lande, in: LThK³ 3 (1995) 134 f. (Lit.).

[36] 1925 wurde das Grundstück auf den Erzbischöflichen Stuhl Köln übertragen.

[37] Gründer, Kaiserfahrt (wie Anm. 5) 375 f. – Näheres zur Geschichte des lateinischen Patriarchats ab 1847 bei Friedrich Heyer, 2000 Jahre Kirchengeschichte des Heiligen Landes. Märtyrer, Mönche, Kirchenväter, Kreuzfahrer, Patriarchen, Ausgräber und Pilger (= Studien zur Orientalischen Kirchengeschichte 11), Münster u. a. 2000, 249–271.

[38] Der greifbare politische Ertrag von Wilhelms Palästinareise lag »in der von vornherein intendier-

3. Konsequenzen einer gewagten Karikatur

Da Wilhelm II. auf öffentliche Kritik an seiner Person sehr empfindlich reagierte, hatte unsere von *Thomas Theodor Heine* gezeichnete Karikatur und ein ebenfalls auf die kaiserliche Orientreise bezogenes köstliches Spottgedicht von *Frank Wedekind* (1864–1918)[39], die der Nr. 31 des *Simplicissimus* den Namen »Palästina-Nummer« eintrugen, ein für die Zeitschrift wenig erfreuliches Nachspiel. Heine wurde festgenommen und wegen Majestätsbeleidigung zu einer halbjährigen Festungshaft verurteilt. Wedekind, der während der Premiere seiner Tragödie »Der Erdgeist« in

---

ten Vertiefung der deutschen Beziehungen zum osmanischen Reich und der internationalen Aufwertung des ›roten Sultans‹; denn Wilhelm II. scheute sich nicht, in Damaskus, wo er Saladins mehr gedachte als des Apostels Paulus, dem wegen Metzeleien an den christlichen Armeniern (und in Syrien) bei den übrigen europäischen Mächten diskreditierten Sultan der Türkei sowie den ›300 Millionen Mohammedanern‹, deren Kalif dieser war, zu versichern, dass der deutsche Kaiser ihnen ›zu allen Zeiten ein treuer Freund‹ sein werde« (Gründer, Kaiserfahrt [wie Anm. 5] 380). Wilhelm tat dies in der Hoffnung, für den Fall eines Krieges die Türkei als Verbündete gegen Russland an seiner Seite zu haben. Überdies avancierte der Kaiser unter dem Eindruck seiner Besichtigungen zum nachhaltigen Förderer der Biblischen Archäologie. Da er sich in Istanbul erfolgreich für Grabungsgenehmigungen in Baalbek und Babylon einsetzte, konnten deutsche Forscher bereits im Winter 1898/99 ihre Arbeit aufnehmen.

[39] In dem unter dem Pseudonym »Hieronymos« verfassten, sechsstrophigen Gedicht »*Im heiligen Land*« (Simplicissimus 3 [1898/99] 245 [Nr. 31 v. 29. Okt. 1898]) ließ Wedekind den biblischen König David aus dem Grabe steigen und zur Harfe greifen, um »dem Herrn der Völker« Wilhelm II. unter anderem folgende »Psalmverse« zu weihen:
»Willkommen, Fürst, in meines Landes Grenzen.
Willkommen mit dem holden Ehgemahl,
Mit Geistlichkeit, Lakaien, Excellenzen,
Und Polizeibeamten ohne Zahl.
Es freuen rings sich die histor'schen Orte
Seit vielen Wochen schon auf deine Worte,
Und es vergrößert ihre Sehnsuchtspein
Der heiße Wunsch, photographiert zu sein. [...]
Mit Stolz erfüllst du Millionen Christen;
Wie wird von nun an Golgotha sich brüsten,
Das einst vernahm das letzte Wort vom Kreuz
Und nun das erste deinerseits.
Der Menschheit Durst nach Thaten läßt sich stillen,
Doch nach Bewundrung ist ihr Durst enorm.
Der du ihr beide Durste zu erfüllen
Vermagst, seis in der Tropen-Uniform,
Sei es in Seemannstracht, im Purpurkleide,
Im Rokoko-Kostüm aus starrer Seide,
Sei es im Jagdrock oder Sportgewand,
Willkommen, teurer Fürst, im heilgen Land!«
Ein Faksimile der betreffenden Seite aus dem *Simplicissimus* bieten Carmel/Eisler (wie Anm. 17) 153 (Abb. 117); das ganze Gedicht ist abgedruckt bei Benner (wie Anm. 10) 273 f., Anm. 144, die Strophen 2, 3, 5 und 6 (in denen sich auch die hier zitierten Verse finden) bei Richter, Orientreise (wie Anm. 24) 300. Zu Wedekind siehe Ruth Florack, Art. Wedekind, Frank, in: GBBE 3 (2005) 2063.

Leipzig verhaftet werden sollte, konnte vor der Polizei zunächst durch einen Hinterausgang entkommen und anschließend mit dem Gründer und Verleger des *Simplicissimus*, *Albert Langen* (1869–1909), in die Schweiz fliehen. Er kehrte aber zu früh nach Deutschland zurück, wo er wie Heine wegen Majestätsbeleidigung zu sechsmonatiger Haft verurteilt wurde[40]. Beide büßten ihre Strafe auf der sächsischen Festung Königstein ab; Langen dagegen blieb Derartiges erspart, weil er die nächsten fünf Jahre in der Schweiz blieb. *Ludwig Thoma* (1867–1921), der von 1898 bis zu seinem Tod 832 Beiträge für den *Simplicissimus* verfasste und ab 1900 (nach dem Ausscheiden Wedekinds) als dessen Chefredakteur fungierte, war überzeugt, dass Wilhelms »unechte Heldenpose, die einem so häufig vor Augen gestellt wurde«, satirische Reaktionen provozieren *musste:* »Spott untergräbt keine echte Autorität, weil er sie nicht treffen kann, aber dem auf Äußerlichkeiten ruhenden, konventionell festgehaltenen, dem übertriebenen und angemaßten Ansehen tut er Abbruch, und das ist nicht schädlich, denn treffender Spott heilt unklare Verstimmungen, indem er mit einem Worte, mit einer Geste die Ursachen des Unbehagens aufdeckt.«[41]

L Horst Gründer, Die Kaiserfahrt Wilhelms II. ins Heilige Land 1898. Aspekte deutscher Palästinapolitik im Zeitalter des Imperialismus, in: Heinz Dollinger u. a. (Hgg.), Weltpolitik – Europagedanke – Regionalismus. Festschrift für Heinz Gollwitzer zum 65. Geburtstag am 30. Januar 1982, Münster 1982, 363–388; Christiane Schütz u. a., Das preußisch-deutsche Engagement – Die Hohenzollern und Jerusalem, in: Hendrik Budde / Andreas Nachama (Hgg.), Die Reise nach Jerusalem. Eine kulturhistorische Exkursion in die Stadt der Städte. 3000 Jahre Davidsstadt, Berlin o. J. [1995], 309–322 (mit Abb.); Jan Stefan Richter, Die Orientreise Kaiser Wilhelms II. 1898. Eine Studie zur deutschen Außenpolitik an der Wende zum 20. Jahrhundert (= Studien zur Geschichtsforschung der Neuzeit 9), Hamburg 1997 (*zur Karikatur:* 299 f.); Alex Carmel / Ejal Jakob Eisler, Der Kaiser reist ins Heilige Land. Die Palästinareise Wilhelms II. 1898. Eine illustrierte Dokumentation, Stuttgart u. a. 1999, bes. 127–148 (zahlreiche Abb. und Faksimiles sowie Lit.); Jürgen Krüger, Rom und Jerusalem. Kirchenbauvorstellungen der Hohenzollern im 19. Jahrhundert, Berlin 1995, 56–108, 189–200, 289–294; ders., Der neue Konstantin. Wilhelm II. in Palästina, in: DAMALS 32 (2000) H. 9, 74–79; ders., Die Grabeskirche zu Jerusalem. Geschichte – Gestalt – Bedeutung, Regensburg 2000, 13–16, 25–33; Thomas Hartmut Benner, Die Strahlen der Krone. Die religiöse Dimension des Kaisertums unter Wilhelm II. vor dem Hintergrund der Orientreise 1898, Marburg 2001 (*zur Karikatur:* 353 f. mit Anm. 72); Marcel Serr, Die Kaiserreise nach Palästina, in: Welt und Umwelt der Bibel 20 (2015) H. 1, 60; Thorsten Beigel / Sabine Mangold-Will (Hgg.), Wilhelm II. Archäologie und Politik um 1900, Stuttgart 2017.

K Thomas Theodor Heine.

Q Simplicissimus 3 (1898/99) 241 (Nr. 31 v. 29. Okt. 1898, Titelseite).

---

[40] Vgl. hierzu Gisold Lammel, Majestätsbeleidigung. Die Hohenzollern in der Karikatur, Berlin 1998, 62–69 (zu Wilhelm II.).

[41] Ludwig Thoma, Erinnerungen, München 1919, 219 f.; vgl. auch a. a. O. 215–221 mit Hintergründen zu Wedekinds Gedicht. Näheres zu Thoma bei Bernhard Gajek, Art. Thoma, in: LThK³ 9 (2000) 1504; Gertrud Rösch, Ludwig Thoma. Der zornige Literat, Regensburg 2012, und oben S. 125, Anm. 1.

13. Jesuitae ante portas![1]

(18. Februar 1902)

---

1. Beschreibung

Die mit der Ortsangabe »*An der deutschen Grenze*« überschriebene Karikatur zeigt im Vordergrund eine an den typischen Kalabreser-Hüten (↗ KAR 7) erkennbare fünfköpfige Gruppe von Jesuiten,

> Die Gesellschaft Jesu (lat.: *Societas Jesu*, SJ), deren Mitglieder meist kurz Jesuiten genannt werden, wurde durch den militärisch geprägten Spanier *Ignatius von Loyola* (1491–1556) gegründet und 1540 als streng zentralistisch aufgebauter Klerikerorden durch Papst *Paul III.* (1534–1549) bestätigt. Wie die Bettelorden kennen die Jesuiten keine Ortsgebundenheit (lat.: *stabilitas loci*), darüber hinaus aber auch kein gemeinsames Chorgebet und keine eigene Ordenstracht. Zu den üblichen Ordensgelübden (Armut, Keuschheit, Gehorsam gegenüber der Ordensregel und dem Klostervorsteher bzw. Ordensoberen) tritt als viertes der strikte Gehorsam gegenüber dem Papst. Bis 1600 waren die Jesuiten bereits in allen katholischen Ländern Europas vertreten (erste deutsche Niederlassung: Köln 1544) und wirkten entscheidend an der inneren Erneuerung der katholischen Kirche *(Kath. Reform)* und an ihrer Behauptung gegenüber dem Protestantismus *(Gegenreformation)* mit. Die Tätigkeitsfelder waren (und sind) u.a. Seelsorge, Predigt, (ignatianische) Exerzitien sowie Mission, v.a. aber das höhere Schulwesen (Gymnasien, Priesterseminare, Universitäten), bis die Gesellschaft Jesu, deren Einfluss auf Staat, Kirche und Gesellschaft mehrere europäische Länder als zu groß empfanden, 1773 durch Clemens XIV. aufgehoben wurde. Nach der Wiederherstellung 1814 als Vorkämpfer des Ultramontanismus angefeindet und bekämpft (↗ KAR 9), konnten sich die Jesuiten im 19. Jahrhundert dennoch behaupten und im 20. Jahrhundert weiter ausbreiten. In der Gegenwart ist die Gesellschaft Jesu nach wie vor eine der bedeutendsten katholischen Ordensgemeinschaften und mit 16.000 Mitgliedern weltweit verbreitet.
>
> Lit.: Rita Haub, Die Geschichte der Jesuiten, Darmstadt 2007 (auch als Hörbuch auf 2 CDs, 2010); Peter C. Hartmann, Die Jesuiten, München ²2008; John W. O'Malley, Eine kurze Geschichte der Jesuiten, Würzburg 2015; eine knappe, aber differenzierte Analyse zum Antijesuitismus, der zur Ordensaufhebung 1773 führte, bietet Markus Friedrich, Zenit der Macht und tiefer Fall: Der Preis des Erfolgs, in: DAMALS 46 (2014) H.10, 40–44.

die in loser Formation auf einer breiten Straße vor einem schwarz-weiß-rot (also in den Farben des Deutschen Reiches) gestrichenen Schlagbaum steht. Zu beiden Seiten der Schranke, an der ein Grenzpolizist mit einem auf dem Boden abgestellten Gewehr lehnt, setzen in den gleichen Farben gehaltene Steine die Grenze fort. Der den fünf Ordensmitgliedern in den Mund gelegte Kommentar lautet: »*Jedes Jahr einmal müssen wir so thun, als ob wir hinein wollten. Sonst merken sie, daß wir schon längst bei ihnen zu Hause sind.*« In der Tat: Hinter der Grenze – also in Deutschland – stehen vier weitere Jesuiten (ein dicker untersetzter und drei hagere dünne) von riesenhafter Größe, die selbst das am rechten Bildrand erkennbare Haus mit einem hohen, steil abfallenden Dach bei weitem überragen. Dies ist sicher so zu deuten, dass die Jesuiten nach Überzeugung des Karikaturisten im Jahre 1902 in deutschen Landen bereits in großer Zahl vertreten waren. Einer der mit wenig sympathischen Physiognomien dargestellten Ordensmänner ist nach vorne gebeugt, hat die rechte Hand am Querbalken des Schlagbaums und schickt sich offenkundig dazu an, ihn anzuheben, um die Ordensbrüder auf der anderen Seite der Grenze hereinzulassen, was der (in die Gegenrichtung blickende) Grenzbeamte angesichts seiner Kleinheit sicher nicht verhindern könnte.

2. Deutung

Wer aus der Karikatur nun schließen wollte, dass es damals eine strenge Grenzkontrolle auf den Straßen und in den Zügen oder gar ein Einreiseverbot für alle Jesuiten gegeben habe, ginge in die Irre. Lediglich ab dem Erlass des Jesuitengesetzes 1872 (↗ KAR 9) bis zum Ende des scharfen Kulturkampfes 1878 waren die Jünger des heiligen Ignatius so gut wie gar nicht in Deutschland präsent. Die deutsche Jesuitenprovinz befand sich in diesen Jahren sozusagen im Exil. Dies bedeutete, dass die Ausbildungsstätten in die Niederlande (Studienhaus Valkenburg, Noviziat in Blyenbeck, ab 1900 Jesuitenschule »Aloisiuskolleg« in Sittard) bzw. nach Österreich (ab 1896 Noviziat in Tisis bei Feldkirch in Vorarlberg, wo seit 1856 eine Jesuitenschule bestand) verlegt wurden. Alle diese Häuser lagen jedoch vor den Toren des Deutschen Reiches, manche nur wenige Gehminuten von der Grenze entfernt, und waren so Ausdruck der zuversichtlichen Hoffnung, bald wieder im vollen Umfang nach Deutschland zurückzukehren. Die Tätigkeit derjenigen Jesuiten, die ihre Ausbildung schon abgeschlossen hatten, verlagerte sich zum einen auf die wissenschaftlich-schriftstellerische Arbeit in Gestalt apologetisch gefärbter Bücher und Broschüren sowie der Jesuitenzeitschrift *Stimmen aus Maria Laach* (seit 1914 *Stimmen der Zeit*), die ebenfalls im Exil (Belgien, Luxemburg, Holland) erscheinen mußte. Das andere Standbein bildeten die Missionen, in denen um 1900 über die Hälfte der fertig ausgebildeten Jesuiten der deutschen Provinzen wirkten, und zwar v. a. in den USA (für deutsche Einwanderer [Buffalo-Mission] und für Indianer [Sioux-Mission in South Dakota]) und in Südbrasilien, aber auch in Indien, Dänemark, Schweden, Rhodesien (heute Simbabwe), Südchile und in der Deutschenseelsorge in Paris, Marseille, Mailand, Genua und anderen europäischen Metropolen[2]. Die Verbannung aus Deutschland (noch bis 1904 konnte einzelnen Jesuiten der – dauernde – Aufenthalt an bestimmten Orten polizeilich untersagt oder auch zugewiesen werden) hatte die jesuitischen Aktivitäten somit letztlich kaum eingeschränkt, sondern nur verlagert, und auch zahlenmäßig verursachte sie keineswegs einen Einbruch, sondern im Gegenteil einen Boom an Eintritten. Zählte die deutsche Provinz bei der Ausweisung 1872 775 Mitglieder, so waren es Anfang 1900 genau 1400. Allein im Jahrzehnt von 1890 bis 1900 nahm sie um ein Drittel zu und war schon seit 1881 die mitgliederstärkste innerhalb des Jesuitenordens überhaupt. Dass gerade die Jahre 1896 und 1897 mit 74 bzw. 93 Neueintritten den Höhepunkt in dieser Entwicklung bedeuteten[3], hing sicherlich mit dem 300. Todestag des »zweiten Apostels der Deutschen« Petrus Canisius SJ (1521–1597) zusammen, der 1897 feierlich begangen wurde.

---

2   Zu den Jesuitenmissionen ausführlich Schatz, Jesuiten II 167–256.
3   Alle vorstehenden Personalzahlen nach Klaus Schatz, Eine Momentaufnahme – Die Deutsche

Petrus Canisius (Pieter Kanijs, geb. in Nimwegen), der erste deutsche Jesuit (Eintritt: 1543), hatte sich im Deutschen Reich (Bayern, Österreich, Böhmen) in den Dienst von Kath. Reform und Gegenreformation gestellt und von 1556 bis 1569 als erster Provinzial der oberdeutschen Jesuitenprovinz zahlreiche Niederlassungen gegründet (u. a. München und Innsbruck). Seine bis ins 19. Jahrhundert verwendeten drei *Katechismen* (Großer, Kleiner, Mittlerer) waren im deutschen Sprachraum in über 200 Auflagen verbreitet. 1864 wurde Canisius selig-, 1925 heiliggesprochen und zum Kirchenlehrer erhoben.

Lit.: Rita Haub, Petrus Canisius. Botschafter Europas, Kevelaer 2004; Julius Oswald / Peter Rummel (Hgg.), Petrus Canisius – Reformer der Kirche. Festschrift zum 400. Todestag des zweiten Apostels Deutschlands (= Jahrbuch des Vereins für Augsburger Bistumsgeschichte 30), Augsburg 1996.

In Deutschland selbst setzten die *Volksmissionen* der Jesuiten (↗ **KAR 4** INFOBOX Volksmissionen) bereits 1881 wieder ein und waren seit dem Ende der neunziger Jahre des 19. Jahrhunderts zahlreicher als vor 1872. Zwar war dies offiziell eine durch das Jesuitengesetz verbotene Ordenstätigkeit, jedoch traten die Jesuiten nach außen nicht als solche auf – und die staatlichen, an einem Konflikt mit den Katholiken und ihrer gewichtigen politischen Vertretung, der Zentrumspartei, uninteressierten Behörden schauten fast immer weg (wie unser Grenzpolizist). Sie schritten nur dann ein, wenn sie von dritter Seite, z. B. durch den **Evangelischen Bund**, dazu gedrängt wurden.

1886 war angesichts des landeskirchlich und konfessionell zersplitterten Protestantismus und eines nach dem Kulturkampf erstarkten politischen Katholizismus der »Evangelische Bund zur Wahrung der deutsch-protestantischen Interessen« (so der vollständige Name) gegründet worden, der sich rasch zur größten evangelischen Vereinsorganisation in Deutschland entwickelte und 1914 über eine halbe Million Mitglieder zählte. Der Evangelische Bund bemühte sich durch umfangreiche Presse- und Verlagsarbeit sowie Versammlungtätigkeit um eine Einigung der evangelischen Landeskirchen und um ein klares Profil gegenüber der römisch-katholischen Kirche.

Lit.: Näheres zum Evangelischen Bund, dessen Leitspruch seit 1986 »evangelisch und ökumenisch« lautet, bei Reinhard Frieling, in: LThK³ 3 (1995) 1051 f.; Walter Fleischmann-Bisten, in: RGG⁴ 2 (1999) 1728–1731. Zur zeitgenössischen kath. Sicht vgl. auch Joseph Sauren, Art. Evangelischer Bund, in: LThK¹ 3 (1931) 887–889.

Seit der Wende vom 19. zum 20. Jahrhundert waren auch Vorträge von mit vollem Namen auftretenden Jesuiten in deutschen Großstädten wieder möglich, sofern sie nicht als religiöse, sondern als wissenschaftliche Vorträge deklariert wurden. Außerdem begann damals die dauerhafte Präsenz von Jesuiten in Großstädten des Reiches wie Berlin und Frankfurt a. M., wo jeweils noch kein Ordenshaus, jedoch eine zerstreut wohnende, aber sich von Zeit zu Zeit versammelnde Gemeinschaft entstand (sog. *Statio*).

Jesuitenprovinz 1900, in: Seliger Pater Rupert Mayer SJ. Informationen – Berichte – Gebetserhörungen (München), Folge 212 (Advent 2010), 14–16, hier: 15. – Zum Folgenden Näheres bei Schatz, Jesuiten II 266–298.

3. Wann fällt das Jesuitengesetz?

Nachdem das Zentrum schon seit längerem vergeblich für die Aufhebung des Jesuitengesetzes eingetreten war, änderte es im Jahre 1900 seine Taktik: Statt die noch
immer ein »heißes Eisen« darstellende Jesuitenfrage isoliert zu thematisieren, stellte
die Partei einen umfassenden »Toleranzantrag«, der die Forderung nach Aufhebung
aller Beschränkungen der Religionsfreiheit enthielt und damit auch der Einschränkungen für die Gründung von Ordensniederlassungen. Dieser Toleranzantrag, der
auch den evangelischen Freikirchen zugute gekommen wäre, erhielt dank der Unterstützung der Linksliberalen und der Sozialdemokraten (↗ **KAR 10 + 18**) zwar die
Mehrheit im Reichstag, scheiterte jedoch in der Vertretung der Fürsten, dem Bun-
desrat. So sollte es bis 1917 dauern, ehe – »als Lohn für die ›nationale Pflichterfül-
lung‹ der deutschen Katholiken im Weltkrieg« – endlich das Jesuitengesetz fiel[4], und
die Erfüllung der Anliegen des Toleranzantrages ließ sogar bis zur Einführung der
Weimarer Verfassung (Art. 124) im Jahre 1919 auf sich warten.

L   Klaus Schatz, Eine Momentaufnahme – Die Deutsche Jesuitenprovinz 1900, in: Seliger Pater
    Rupert Mayer SJ. Informationen – Berichte – Gebetserhörungen (München), Folge 212 (Ad-
    vent 2010), 14–16; Schatz, Jesuiten II (1872–1917) (*zur Karikatur*: 266).

K   Bruno Paul.

Q   Simplicissimus 6 (1901/02) 377 (Nr. 48 v. 18. Febr. 1902, Titelseite); Schatz, Momentaufnahme
    (s. o.) 15 (Kleinformat; farbig); Schatz, Jesuiten II 299 (ganzseitig, sw).

---

[4]   Schatz, Momentaufnahme (wie Anm. 3) 16. – Zu den Kontroversen um das Jesuitengesetz Schatz,
    Jesuiten II 298–321.

14. Modernistische Märtyrer
(3. November 1907)

I NUOVI MARTIRI DELLA CHIESA

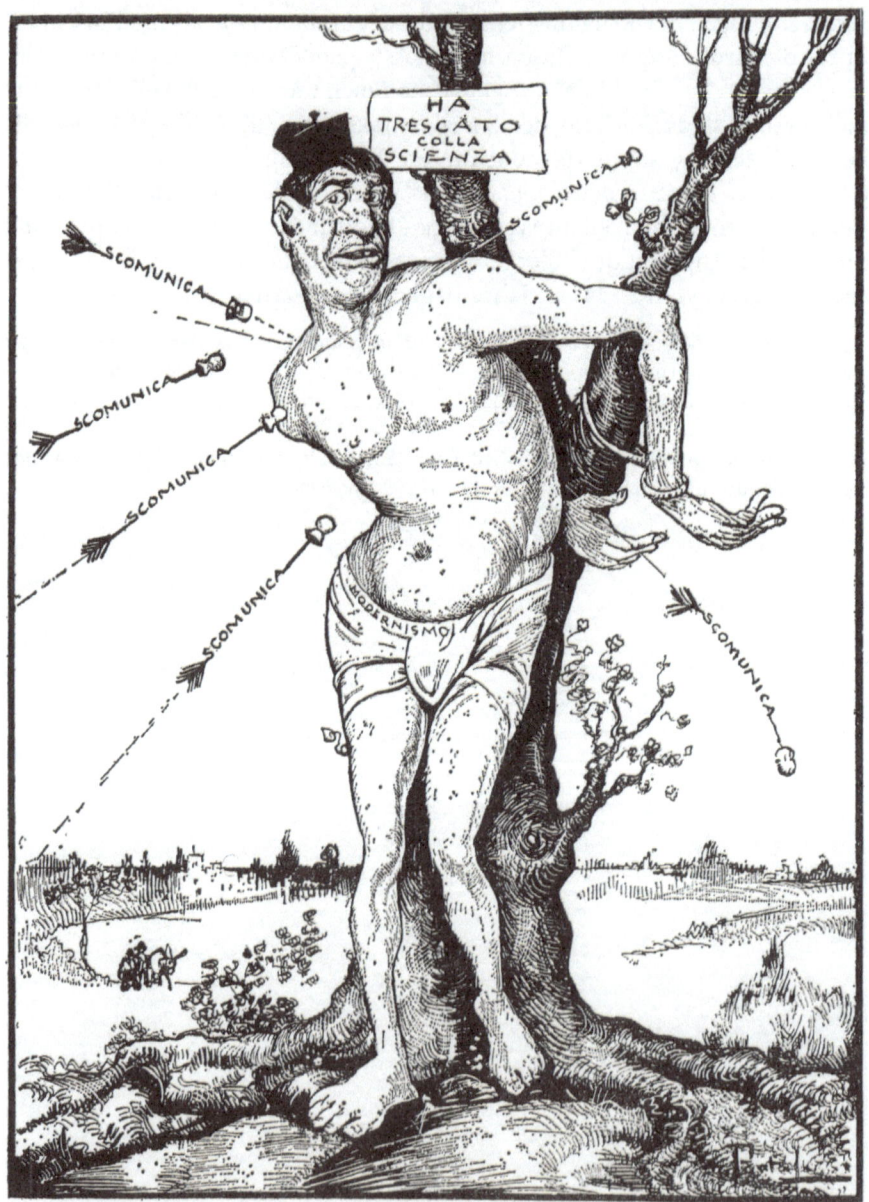

Niente paura! I dardi papali sono oggi molto... imbottiti.

(38)

1. Beschreibung

Ein an seiner Kopfbedeckung (Birett) als Kleriker erkennbarer, ansonsten nur mit einem Lendenschurz bekleideter Mann ist mit den Händen an einen in idyllischer Landschaft stehenden Baum gefesselt. Rechts über seinem Kopf hängt ein an die »INRI«-Tafel des Kreuzes Jesu erinnerndes Schild mit der italienischen Aufschrift *»Ha trescato colla scienza«* (dt.: Ich habe mich mit der Wissenschaft eingelassen), am oberen Saum seines Schurzes ist das Wort *»Modernismo«* (dt.: Modernismus) zu lesen, und die wie Sektkorken an Pfeilschäften aussehenden Geschosse, die ihn treffen oder an ihm vorbeizischen, sind beschriftet mit *»scomunica«* (dt.: Exkommunikation). Die Karikatur aus der sozialistischen italienischen Zeitschrift *L'Asino* trägt den Titel »Die neuen Märtyrer der Kirche« und wird durch folgenden Kommentar erläutert: »Keine Angst! Die päpstlichen Pfeile sind heutzutage sehr … gepolstert.«

2. Hintergrund

Die größte Krise der katholischen Kirche seit der Reformation verbindet sich mit dem Schlagwort *»Modernismus«*. Dieser Begriff fand erstmals lehramtliche Verwendung in der päpstlichen Enzyklika *»Pascendi (dominici gregis)«* vom 8. September 1907. Er war gerichtet gegen eine vor allem von akademischen Kreisen getragene Reformbewegung, die versuchte, die damalige Theologie und Kirche für die Errungenschaften und Herausforderungen der Moderne zu öffnen und mit ihr in einen für beide Seiten fruchtbaren Dialog zu treten. Denn die vorherrschende Theologie hatte sich in einem **neuscholastisch**en »Ghetto« – fern moderner Wissenschaftsmethodik – verschanzt,

Die Neuscholastik nahm die auf *Thomas von Aquin* (1224/25–1274) fußende scholastische Tradition des Mittelalters wieder auf, die in der von Jesuiten getragenen spanischen Barockscholastik um- und weitergebildet worden war. Sie hatte sich in Deutschland bis zur Aufklärung des 18. Jahrhunderts und in Spanien, Frankreich und Italien bis ins 19. Jahrhundert am Leben erhalten wie ein altes, fest verankertes Gleis, das nun vom neuen Bewusstsein der Zeit gleich einem Pflanzenteppich überwuchert wurde. Auf jenes konfessionell streng gebundene Gleis begab sich die Theologie zurück, um auf dieser zwar starren und vielfach rostig gewordenen, aber doch soliden Basis eine neue Schule aufzubauen. Maßgeblich wurde nun unter gänzlicher Vernachlässigung des Bibelstudiums das bereits Ventilierte und penibel Wiederholte und somit die Abschottung von den geschichtlich virulenten Gedanken und aktuellen Impulsen zugunsten einer Theologie »wie hinter geschlossenen Vorhängen«[1].

Lit.: Karl Otmar von Aretin, Papsttum und moderne Welt, München 1970, 93–104; Ulrich G. Leinsle, Einführung in die scholastische Theologie, Paderborn u. a. 1995, v. a. 336–342; Peter Walter, Art. Neuscholastik, Neuthomismus, in: LThK³ 7 (1998) 779–782.

---

[1] Bernhard Welte, Zum Strukturwandel der katholischen Theologie im 19. Jahrhundert, in: ders., Auf der Spur des Ewigen. Philosophische Abhandlungen über verschiedene Gegenstände der Religion und der Theologie, Freiburg i. Br. u. a. 1965, 380–409, hier: 403.

und die Kirche selbst war als geschlossene Kontrastgesellschaft und Gegenkultur zur neuzeitlichen Welt organisiert, vergleichbar einer Festung oder Wagenburg, die sich gegen anstürmende Feinde verteidigen muss. »Heraus aus dem Ghetto!« oder »Heraus aus dem Turm!«[2] waren daher die Schlagworte der Reformkatholiken, wie sich selber nannten. Sie waren überzeugt, dass das Wesen der katholischen Kirche nicht identisch ist mit seiner nachtridentinischen[3], durch das Erste Vatikanum (1869/70) nochmals verengten Ausprägung, sondern größer und weiter, und kämpften daher für eine verantwortungsbewusste zeitgemäße Erneuerung der Kirche. Von ihren Gegnern wurden die Reformkatholiken dagegen als »Modernisten« gescholten und schlimmer Häresie verdächtigt, hatte doch *Pius X.* (1903–1914) in dem genannten Rundschreiben »*Pascendi*« den Versuch unternommen, den Modernismus als einheitliches und in sich geschlossenes System zu umschreiben. Tatsächlich handelte es sich hier aber um eine idealtypische und daher unzutreffende Beschreibung von Gefahren in dogmatischen Begriffen, wie sie sich aus der Sicht des damaligen päpstlichen Lehramtes darstellten; der Modernismus war also letztlich ein »theologischer und kirchenpolitischer ›Pappkamerad‹«[4]. Die antimodernistische Kampagne führte seit 1907 zu einem zunehmend vergifteteren Klima der Angst unten und des Misstrauens oben, sie führte zur Ketzerriecherei in Deutschland und Frankreich, England und Nordamerika, Spanien und Italien und richtete sich selbst gegen Männer, deren Kirchlichkeit über jeden Zweifel erhaben war.

Mehr als in anderen europäischen Ländern blieb der Modernismus in *Italien* nicht auf die geistige Elite beschränkt, sondern hatte auch das Kirchenvolk erreicht, »standen doch für die Italiener immer auch die ›Römische Frage‹ und die nationale Einigung mit auf der Tagesordnung«[5]. Die Breitenwirkung dieser politisch gefärbten Form des Modernismus erschien Pius X. als besonders gefährlich und hinterhältig und als geeignet, die Autorität der kirchlichen Hierarchie und den unbedingten Gehorsam der Gläubigen gegenüber dem kirchlichen Lehramt nicht nur theoretisch zu hinterfragen, sondern praktisch zu untergraben.

---

[2] Dieses Schlagwort geht zurück auf einen Aufsatz (mit Nachtrag) von Julius Bachem: Wir müssen aus dem Turm heraus!, in: Historisch-politische Blätter für das katholische Deutschland 137 (1906) 376–386; ders., Nochmals: Wir müssen aus dem Turm heraus!, in: a.a.O. 503–513. Zu Bachem siehe oben S. 130 mit Anm. 11.

[3] Zum Konzil von Trient *(Tridentinum)* siehe oben S. 131, Anm. 12.

[4] Claus Arnold, Die Modernismuskrise in der katholischen Kirche. Welche Kirche? Welche Moderne?, in: Oliver J. Wiertz (Hg.), Katholische Kirche und Moderne (= Frankfurter Theologische Studien 73), Münster 2015, 67–89, hier: 86.

[5] Neuner, Streit 133. – Zur »Römischen Frage« ↗ KAR 9 INFOBOX Jesuiten.

3. Deutung

Die unübersehbar nach dem oft dargestellten Martyrium des hl. **Sebastian** gestaltete und hier konkret der Version des Renaissancemalers *Sodoma* nachgebildete Szene[6]

(39) Sodoma, Hl. Sebastian, Ölgemälde (1525).

Ausgangspunkt für die Verehrung des erstmals 354 erwähnten Märtyrers Sebastian ist eine Grabnische in der später nach ihm benannten Katakombe *S. Sebastiano* an der Via Appia, die durch die »*Basilica Apostolorum*« überbaut wurde (seit dem 9. Jh. *S. Sebastiano ad catacumbas* und eine der 7 Pilgerkirchen Roms). Über Sebastian selbst weiss man so gut wie nichts, die Legende des 5. Jahrhunderts machte ihn jedoch zum Anführer der Leibgarde Kaiser *Diokletians* (284–305), der wegen seines Einsatzes für das Christentum ein doppeltes Martyrium erlitten habe. An einen Baum gebunden soll er zunächst von zahlreichen Pfeilen numidischer Bogenschützen durchbohrt und für tot gehalten worden sein. Da er jedoch wieder gesundete, habe man ihn – als er Diokletian und seinen Mitkaisern die Sinnlosigkeit der Christenverfolgungen vorhielt – mit Keulen erschlagen und in die *Cloaca Maxima*, den römischen Abwasserkanal, geworfen. Schon im 4. Jh. in Rom, im 6. Jh. in Italien, Nordafrika und Spanien verehrt, wurde Sebastian aufgrund des ersten Teils seines Martyriums im Mittelalter zum Pestheiligen, da man die Pestseuche als pfeilartig »anfliegende Krankheit« einschätzte, außerdem u. a. zum Patron der Jäger, der Büchsenmacher und Schützenbruderschaften. Das Pfeilmartyrium inspirierte seit dem 15. Jh. zahlreiche große Künstler zu Akt- und Halbaktdarstellungen (u. a. Dürer, Perugino, El Greco und Rubens) und begründete durch Parallelisierung der Pest mit der HIV-Infektion in jüngster Vergangenheit ein gewisses Interesse homosexueller Männer für Sebastian, der zu den bekanntesten Heiligen überhaupt zählt (Festtag: 20. Januar).

Lit.: Francesco Scorza Barcellona, Art. Sebastian, in: LMA 7 (1995) 1658 f.; Hans Reinhard Seeliger, Art. Sebastian, in: LThK³ 9 (2000) 360 f.; Hartmut Kühne / Joseph Imorde, Art. Sebastian, in: RGG⁴ 7 (2004) 1085 (jeweils Lit.); *zu Diokletian:* Eder, Kirchengeschichte 28–30, 32 f. (mit Abb.).

---

[6] Dieses großformatige Ölgemälde (2,06 × 1,54 m), eines der berühmtesten Werke des italienischen Malers *Il Sodoma* (1477–1549; eigentl. Giovanni Antonio Bazzi), wird heute in der Galleria Palatina im Palazzo Pitti (Florenz) aufbewahrt. Der Beiname des von Leonardo da Vinci beeinflussten Künstlers rührt wohl von seiner Vorliebe für minderjährige Knaben her.

erweckt den Eindruck, die als Modernisten beschuldigten Theologen hätten nur ein »Martyrium light« erlitten. Sicherlich, sie wurden nicht mehr mit Pfeilen erschossen wie Sebastian, nicht mehr auf dem Scheiterhaufen verbrannt wie die Ketzer des Mittelalters und der Frühen Neuzeit, ihre physische Existenz also nicht unmittelbar vernichtet, aber sie wurden doch mit oft abwegigen Verdächtigungen und üblen Denunziationen eingedeckt, zu nervenaufreibenden Pressegefechten gezwungen und mit empfindlichen Kirchenstrafen (»päpstliche Pfeile«) belegt, die vom Entzug kirchlicher Ehrentitel (vgl. den Fall Albert Ehrhard in KAR 15) über die Suspension, die Absetzung, die Indizierung der Schriften eben bis zur Exkommunikation *(»scomunica«)* reichten. All dies bedeutete für nicht wenige Betroffene eine so starke Beschneidung der Wirkungsmöglichkeiten z.B. als Autor, Hochschullehrer oder Seelsorger, dass sie zumindest zu einer beruflichen, manchmal auch religiösen Neuorientierung führte[7] oder gar den vorzeitigen Tod verursachte und somit einer physischen Vernichtung immerhin nahekam (vgl. etwa den Fall Herman Schell; ↗ KAR 15). Übrigens gab es auch den Fall einer Verweigerung des kirchlichen Begräbnisses[8].

Aus dem recht stattlichen Kreis der italienischen »Modernisten« seien vier katholische Priester herausgegriffen[9]. Als den gefährlichsten Modernisten und Ketzer überhaupt erachtete der Papst **Romolo Murri** (1870–1944). Das Anliegen des 1893 geweihten Priesters war es, »die Errungenschaften der modernen Kultur und die

---

[7] So wandte sich der Bibelwissenschaftler *Thaddäus Engert* dem evangelisch-lutherischen Glauben zu (↗ KAR 15), und sein italienischer Fachkollege *Salvatore Minocchi* (1869–1943), der sich weigerte, eine Erklärung zu unterzeichnen, dass die Paradieseserzählung wortwörtlich zu verstehen sei, und deshalb suspendiert wurde, fand 1908 eine neue religiöse Heimat bei den Waldensern. »Die Waldenser stellen die älteste, bis zum heutigen Tag überlebende evangelisch geprägte Dissidentengemeinde in der westlichen Christenheit dar« (Paolo Ricca, Art. Waldenser, in: LThK³ 10 [2001] 952–955, hier: 952) und haben derzeit weltweit 45.000–50.000 Mitglieder (v.a. in Italien). Näheres zu Minocchi bei Weiß, Modernismus 103 f.

[8] Der bekannteste englischsprachige »Modernist«, der 1879 von der anglikanischen zur katholischen Kirche konvertierte Ire *George Tyrrell* (1861–1909), erhielt auf dem Sterbebett zwar bedingungsweise die Sterbesakramente (d.h. unter der Voraussetzung, dass er innerlich und vor seinem Gewissen den von ihm verlangten Widerruf geleistet hatte), aber der zuständige Bischof *Peter Amigo* von Southwark (Südengland; reg. 1904–1949) verweigerte ihm in Absprache mit Kardinalstaatssekretär *Raffaele Merry del Val*, dem Hauptgegner Tyrrells an der römischen Kurie (zu ihm oben S. 86, Anm. 10), das kirchliche Begräbnis, da er keinen formellen Widerruf geleistet hatte. Überdies wurde Tyrrells Freund, der französische Priester und Mystikforscher *Henri Bremond* (1865–1933), zeitweise vom Priesteramt suspendiert, weil er bei der Beerdigung, an der er ohne liturgische Kleidung teilnahm, Grabgebete gesprochen hatte. Näheres zu Tyrrell, der 1880 dem Jesuitenorden beitrat (Ausschluss 1906), 1906 vom Priesteramt suspendiert und 1907 exkommuniziert wurde, bei Arnold, Geschichte 69–76, bes. 74 (zu Bremond: 78–81); Weiß, Modernismus 86–92 u.ö.; Klaus-Gunther Wesseling, Art. Tyrrell, in: BBKL 12 (1997) 781–788 (Lit.).

[9] Es ist nicht sicher, ob der Karikaturist eine bestimmte Person abbilden wollte. Jedenfalls weist der Dargestellte eine gewisse Ähnlichkeit mit dem Priester *Dario Flori* (1869–1933; Pseudonym: Sbarra), einem Anhänger Romolo Murris auf, der aber selbst nicht gemaßregelt worden zu sein scheint. Vgl. Alessandra Covizzoli, Dallo sciopero delle trecciaiole al Canto del Biancofiore. Don Dario Flori »Sbarra«. Un propagandista popolare del pensiero sociale cattolico, Lucca 1983 (mit diversen Abb. Floris: 10, 37, 59, 66, 68).

nach seiner Überzeugung berechtigten Ansprüche des Sozialismus und der Demokratie mit der Kirche zu versöhnen«[10]. In diesem Sinne wollte er sich mit der von ihm 1905 gegründeten katholischen Partei »*Lega democratica nazionale*« (dt.: Demokratische Nationalliga) – vergleichbar der deutschen Zentrumspartei – angesichts der in Italien herrschenden Missstände aktiv an der politischen Gestaltung des Landes beteiligen. Während Joseph Schnitzer in Deutschland (↗ KAR 15) Murri als Lichtgestalt und Hoffnungsträger feierte, betrachtete Pius X. dessen Bestrebungen als Rebellion gegen die gottgewollte Ordnung und prangerte in der 1906 erlassenen Enzyklika »*Pieni l'animo*« an die italienischen Bischöfe den »unheilvollen Geist der Verwüstung« an[11], den die »Modernisten« in den jungen Klerus hineintrügen. Da Murri, Doktor der Philosophie und Theologie, seine Publikationstätigkeit nicht einstellte, erfolgte im April 1907 auf ausdrückliche Weisung des Papstes die Suspendierung vom Priesteramt. Als er 1908 gegen kirchliches Verbot für einen Sitz im römischen Parlament kandidierte und die Aufforderung des Bischofs seiner Heimatdiözese Fermo (Marken/Mittelitalien), sich den Anordnungen des Hl. Stuhls zu fügen, in schroffer Form zurückwies, wurde er exkommuniziert. Murri zog tatsächlich (für vier Jahre) in das Parlament ein, heiratete 1912 und arbeitete fortan als Journalist und Schriftsteller. Erst 1943 – ein Jahr vor seinem Tod –, als die Römische Frage gelöst, das Verbot politischer Betätigung für italienische Katholiken aufgehoben und Murri seit längerem verwitwet war, nahm ihn Pius XII. wieder in die Kirche auf.

Zwei weitere klingende Namen des italienischen Modernismus waren *Ernesto Buonaiuti* (1881–1946) und *Umberto Fracassini* (1862–1950), die 1907 in Reaktion auf die Enzyklika »*Pascendi*« anonym »*Il programma dei Modernisti*« (dt. Ausgabe: Programm der italienischen Modernisten, Jena 1908) veröffentlichten, in dem sie ihre Positionen verteidigten und feststellten: »Die Kirche und die Gesellschaft können sich nicht auf der Basis der Gedanken begegnen, die das Konzil von Trient beherrschten, und können sich nicht in dieser fremd gewordenen mittelalterlichen Sprache verstehen.«[12] Unmittelbar nach Erscheinen wurde diese Schrift durch ein Dekret vom 29. Oktober 1907 – dem unmittelbaren Anlass unserer Karikatur! – verurteilt[13] und deren Verfasser aus der kirchlichen Gemeinschaft ausgeschlossen, wobei jedoch eine Exkommunikation gegen unbekannt ein Widerspruch in sich selbst und damit ungültig war. Der 1903 zum Priester geweihte Buonaiuti, »ein glänzender Kopf«[14] (der allerdings schon 1906 gemaßregelt worden war[15]), konnte daher weiter

---

[10]   Neuner, Streit 36. Auszüge aus Murris Schriften finden sich a.a.O. 247–250, 420–425. Vgl. zu Murri außerdem Maurilio Guasco, Romolo Murri, in: Martin Greschat (Hg.), Die neueste Zeit III (= Gestalten der Kirchengeschichte 10,1), Stuttgart u.a. 1984, 150–162; Marion Wagner, Art. Murri, in: BBKL 6 (1993) 369 f. (jeweils Werke und Lit.).

[11]   Zit. nach Neuner, Streit 38.

[12]   Zit. nach Neuner, Streit 137 f. – Vgl. den Auszug aus dem Programm a.a.O. 368–377.

[13]   Acta Sanctae Sedis 40 (1907) 720.

[14]   Roger Aubert, Die Krise in Italien, in: Jedin VI/2, 467–474, hier: 469.

[15]   Buonaiuti lehrte seit 1904 Kirchengeschichte am römischen Seminar, wurde aber wegen als modernistisch eingestufter Artikel im Frühjahr 1906 zunächst zum Schweigen verurteilt und musste dann im Oktober desselben Jahres als Opfer der erwähnten Enzyklika »*Pieni l'animo*« seine Lehrtätigkeit aufgeben. Vgl. Helmut Goetz / Valdo Vinay, Art. Buonaiuti, in: TRE 7 (1981) 419–424;

in der Seelsorge tätig sein und Forschungen zur Alten Kirche betreiben, ehe er 1915 zum Professor für Kirchengeschichte an der römischen Universität »Sapientia« ernannt wurde. Im folgenden Jahrzehnt ereilte ihn dann doch noch mehrmals die Exkommunikation: 1921 mit der Begründung, dass er 1 Kor 11,17–34 (Die rechte Feier des Herrenmahls) falsch interpretiert und damit die wirkliche Gegenwart Christi in der Eucharistie (Realpräsenz) geleugnet habe, und – nach der Aufhebung des Urteils wegen einer lebensgefährlichen Erkrankung – nochmals 1924 (*excommunicatio minor*, d. h. Ausschluss von den Sakramenten), weil er angeblich seine Anschauungen erneut vertreten habe, sowie 1926 (*excommunicatio maior*, d. h. Ausschluss aus der kirchlichen Gemeinschaft überhaupt), weil er nicht auf seine Lehrtätigkeit verzichten wollte und es abgelehnt hatte, den Eid auf das neue Regime zu leisten[16]. Da kirchliche Diplomatie und faschistische Regierung kooperierten, wurde **Ernesto Buonaiuti** 1931 ohne Pensionsberechtigung aus dem Universitätsdienst entlassen. Dennoch blieb er bis zu seinem Tod 1946 der Kirche in Loyalität verbunden, selbst als ihm auch noch das Tragen der klerikalen Standeskleidung verboten wurde.

> Wie leicht man selbst als Unbeteiligter in den Ruch des Modernismus geraten konnte, belegt das Beispiel Angelo Roncallis, des späteren *Johannes XXIII.* (1958–1963). Während seiner Studienzeit am päpstlichen Seminar war er mit Ernesto Buonaiuti befreundet und blieb auch später mit ihm in Briefkontakt. Eine Postkarte Buonaiutis an Roncalli gelangte 1911 durch einen Denunzianten zum Hl. Offizium (heute Glaubenskongregation), das den zuständigen Bischof von Bergamo aufforderte, ihn zu überwachen, weil er »des Modernismus verdächtig« sei. Als sich Roncalli, zum Papst aufgestiegen, 1961 interessehalber seine Personalakte vorlegen ließ, fand er die Postkarte und die dazugehörige Notiz, der er erbost hinzufügte: »Ich, Johannes XXIII., Papst, erkläre hiermit, daß ich niemals Modernist war.«
>
> Lit.: Neuner, Streit 136 (Zitate); vgl. auch Oskar Schroeder, Aufbruch und Mißverständnis. Zur Geschichte der reformkatholischen Bewegung, Graz u. a. 1969, 195 f.; Arnold, Geschichte 123.

Der renommierte Bibelwissenschaftler Fracassini dagegen war »Rektor des Priesterseminars in Perugia, das unter seiner Führung zu einem Zentrum wissenschaftlicher moderner Theologie wurde, jedoch in Rom schon bald als Brandherd des Modernismus galt. 1910 ließ *Pius X.* Fracassini von seinen Ämtern entheben, mehr noch, er verlangte den Rücktritt des Erzbischofs von Perugia *Mattei-Gentili*[17] und ließ das Seminar schließen. Fracassini wurde Seelsorger bei den sozial Schwachen am Stadtrand, später erhielt er die Lehrerlaubnis als Privatdozent für Geschichte des Christentums in Rom und Florenz.«[18]

Friedrich Wilhelm Bautz, Art. Buonaiuti, in: BBKL 1 (1990) 813 f.; Manfred Weitlauff, Art. Buonaiuti, in: RGG⁴ 1 (1998) 1881.

[16] Vgl. hierzu und zum Folgenden Neuner, Streit 138 f.

[17] *Dario Mattei-Gentili* (1842–1912) war ab 1880 Bischof von Sarsina (Emilia-Romagna), ab 1891 Bischof von Città di Castello (Umbrien) und von 1895 bis zu seinem Tod Erzbischof der Hauptstadt Umbriens.

[18] Weiß, Modernismus 104. Zu Fracassini ausführlich Rocco Cerrato, Art. Fracassini, Umberto, in: Dizionario Biografico degli Italiani 49 (1997) 541–543 (Lit.).

Schließlich sei noch kurz der Schriftsteller **Antonio Fogazzaro** (1842–1911) vorgestellt, zu seiner Zeit ein Romancier von nationalem Rang, der mit zahlreichen in- und ausländischen Reformtheologen in engem Kontakt stand. Wie sie engagierte sich der einflussreichste italienische »Modernist« mit Leidenschaft für eine Öffnung der Kirche zur modernen Welt, vor allem in seinem von den Idealen des Philosophen *Antonio Rosmini-Serbati* (1797–1855)[19] beeinflussten Roman »Il santo« aus dem Jahre 1905 (dt.: Der Heilige, 1906; Leipzig [8]1908). Insbesondere zwei Szenen sahen reformkatholische Kreise als Spiegelbild der eigenen Bemühungen: Die eine schildert eine fiktive Versammlung der unter der literarischen Verfremdung leicht erkennbaren Häupter des europäischen Reformkatholizismus, die andere eine beeindruckende Audienz des »Heiligen« beim Papst. Als zweiter Franz von Assisi findet er das Gehör des Nachfolgers Petri

Franz(iskus) von Assisi machte sich 1210 mit einigen Gefährten zu Papst *Innocenz III.* (1198–1216) nach Rom auf, um die erste einfache Regel (»Urregel«) der Franziskaner bestätigen zu lassen. Der Papst verweigerte die Bestätigung zunächst, weil ihm die Regel zu streng erschien. Doch in der Nacht nach der Audienz soll Innocenz einen Traum gehabt haben: Die Lateranbasilika (die als die Hauptkirche der Christenheit die Kirche als ganze symbolisiert) schwankt in ihren Fundamenten und droht einzustürzen. Doch ein unscheinbarer Mann tritt hinzu und stützt den Bau. Innocenz erkennt in ihm Franz von Assisi und soll daraufhin der vorgelegten Regel die Zustimmung erteilt haben. Sowohl die Audienz als auch der Traum sind in eindrucksvollen, Giotto zugeschriebenen Gemälden im Langhaus der Oberkirche der Basilika *San Francesco* in Assisi dargestellt (»Franziskuslegende« in 28 Szenen, um 1300).

Lit.: Zu Franz von Assisi siehe Kaspar Elm u. a., Art. Franziskus 1, in: LMA 4 (1989) 830–835, und KAR 2 INFOBOX Franziskaner.

und brandmarkt als böse Geister, die sich in die Kirche eingeschlichen hätten: »Den Geist der Lüge, der sich den Erkenntnissen der Wissenschaft verschließt und deren Vertreter verurteilt, den Geist absolutistischer Macht, der väterliche Autorität in Diktatur verwandelt, den Geist des Geizes, der die Botschaft des Evangeliums verrät, und den Geist starrer Unbeweglichkeit, der jeden Fortschritt fürchtet und einstmals die Juden veranlasst hatte, Jesus zu verurteilen.«[20] Dem Papst rät er: »Halten Sie sich öffentliche Ratgeber, lassen Sie die Bischöfe häufig sich in Nationalkonzilen vereini-

---

[19] In seiner 1833 verfassten und 1848 veröffentlichten Reformschrift »*Delle cinque piaghe della Santa Chiesa*« (dt.: Die fünf Wunden der Hl. Kirche) bezeichnet *Rosmini-Serbati* als solche u. a. die Spaltung von Klerus und Laien, die unzureichende Ausbildung der Priester, die Ernennung der Bischöfe durch den Staat, anstatt sie wie in der Frühzeit der Kirche durch Klerus und Volk zu wählen, und den mangelnden Kontakt der Oberhirten untereinander. 1849 wurde dieses Buch indiziert, sein Verfasser 1887 posthum verurteilt. »Erst durch das II. Vatikanum wurde der tiefgläubige Gelehrte und kirchentreue Ordensmann, der mit seinen politischen Ideen wie kein anderer der Aussöhnung von Kirche und italienischem Nationalstaat den Weg geebnet hat, rehabilitiert« (Karl Hausberger, Art. Rosmini-Serbati, Antonio Conte di, in: Heim, Theologen 343 f., hier: 344). Die offizielle Aufhebung der Verurteilung durch die Glaubenskongregation ließ jedoch noch bis 2001 auf sich warten. Vgl. hierzu Hans-Anton Ederer, Ratzingers heimliches Geschenk an Italien, in: Publik-Forum 30 (2001) H. 20 (26. Okt.), 43 (mit Karikatur).

[20] Neuner, Streit 51.

gen, lassen Sie das Volk teilhaben an der Wahl der Bischöfe, indem Sie vom Volk geliebte und verehrte Männer auswählen! Und die Bischöfe sollten sich mit dem Volke vermischen nicht nur, um durch Triumphbögen einzuziehen und sich beim Klang der Glocken begrüßen zu lassen, sondern um die Menge kennen zu lernen und sie nach Christi Vorbild durch gutes Beispiel zu belehren, anstatt wie orientalische Fürsten in ihren bischöflichen Residenzen abgesondert zu bleiben, wie es ihrer so viele tun. Und lassen Sie ihnen all die Autorität, die mit Petri Autorität vereinbar ist!«[21] Der überaus erfolgreiche, in mehrere Sprachen übersetzte und in vielem noch heute aktuelle Roman wurde italienischen Neupriestern zur Primiz (↗ **KAR 7** INFOBOX) geschenkt, ja sogar von Kardinälen als wichtig und notwendig gewürdigt, ehe er bereits 1906 mit einer fadenscheinigen Begründung auf den »Index der verbotenen Bücher« gesetzt wurde.

Die von der kirchlichen Autorität wahrgenommene Zensur, d. h. die Überprüfung von Lehrmeinungen und insbesondere von Schriften und Büchern vor bzw. nach der Drucklegung, gründet in der Aufgabe, die christliche Offenbarung unverfälscht zu erhalten. Bei der *Bücherzensur* unterscheidet man zwischen zwei Formen, nämlich einer vorbeugenden *(Vorzensur)* und einer unterdrückenden (Nachzensur, *Bücherverbot*).
1. Die bis in die Zeit nach Erfindung des Buchdrucks (um 1450) zurückreichende und 1515 auf dem V. Laterankonzil verbindlich eingeführte *Vorzensur* wollte Veröffentlichungen glaubens- und sittengefährdender Schriften verhindern, weswegen alle Werke, die den christlichen Glauben berührten, nicht ohne kirchliche Druckerlaubnis (*Imprimatur* oder *imprimi potest*, lat. für: es darf/kann gedruckt werden) erscheinen durften (erkennbar am diesbezüglichen Vermerk meist auf der Rückseite des Titelblatts). Die kirchliche Vorzensur besteht bis heute, beschränkt sich aber seit 1975 auf Bibelausgaben und -übersetzungen, liturgische Texte und Gebetbücher, Katechismen und katechetische Schriften sowie Sammlungen kirchlicher Dekrete und Akten (vgl. CIC/1983 cc. 822–829).
2. Das *Bücherverbot* ächtete bereits erschienene Schriften in der Absicht, eine Gefährdung des ewigen Heils der Gläubigen zu verhindern. Es bewirkte, dass ein Buch weder gelesen noch behalten, weder gekauft noch verkauft, weder abgeschrieben noch neu gedruckt werden durfte (so etwa 1521 durch das Wormser Edikt für alle Schriften Martin Luthers angeordnet). Im Mittelalter wurde zudem manchmal auch die Verbrennung irrgläubiger Bücher verfügt. Von 1559 bis 1966 existierte der seit 1571 durch die Indexkongregation, seit 1918 durch das Hl. Offizium geführte »Index der verbotenen Bücher« (lat.: *Index librorum prohibitorum;* letzte Ausgabe 1948 mit rund 6.000 Einträgen; letzte Indizierung eines deutschen Buches 1955, letzte Indizierung überhaupt 1961). *»Wer als Katholik auf dem ›Index librorum prohibitorum‹ landete, dem wurde die Rechtgläubigkeit abgesprochen. Wer als Theologieprofessor indiziert wurde, für den bedeutete dies nicht selten das Ende der akademischen Karriere. Wer ein Buch las, das auf der ›schwarzen Liste‹ stand, verfiel der Strafe der Exkommunikation und riskierte damit sein ewiges Seelenheil. Wer ein solches Buch druckte, verkaufte oder erwarb, ohne auch nur einen Blick hineinzuwerfen, den traf dieselbe Sanktion. Nicht umsonst galt der Index als ›Friedhof katholischen Geisteslebens‹ und ›Schädelstätte der Geistesgrößen‹.«* 1965 reformierte Papst Paul VI. die (vorher Hl. Offizium benannte) Glaubenskongregation, die seither

---

[21] Zit. nach Neuner, Streit 261. Ebd. 258–264 ein umfangreicherer Auszug aus »Der Heilige«. Näheres zu Fogazzaro bei Karl Hausberger, Art. Fogazzaro, in: Heim, Theologen 127 (Lit.).

keine Verbote von Büchern, sondern nur mehr deren Missbilligung (lat.: *reprobatio*) aussprechen kann.

Lit.: Hubert Jedin / Othmar Heggelbacher, Art. Bücherzensur, in: LThK² 2 (1958) 741–744; Johannes O. Ritter / Hubert Bour, Art. Imprimatur, in: LThK³ 5 (1996) 441; Herman A. Schwedt / Wilhelm Rees, Art. Index der verbotenen Bücher, in: a.a.O. 445–448; Herman A. Schwedt, Art. Zensur II., in: LThK³ 10 (2001) 1426 f.; Hubert Wolf, Index. Der Vatikan und die verbotenen Bücher, München ³2007 (Zitat: 7 f.); Thomas Jansen, Was Katholiken nicht lesen durften. Vor 50 Jahren schaffte der Vatikan den Index ab, in: KNA aktuell, Hintergrund, Nr. 111 v. 13. Juni 2016, 52 f.

Überblickt man die geschilderten Fälle, so wird der Karikaturist dem Ernst der gerade in Italien intensiv betriebenen Modernistenbespitzelung und -verfolgung unter Pius X. offenkundig nicht gerecht, wenn er von »sehr gepolsterten« päpstlichen Pfeilen spricht.

L Arnold, Geschichte; Claus Arnold, Die Modernismuskrise in der katholischen Kirche. Welche Kirche? Welche Moderne?, in: Oliver J. Wiertz (Hg.), Katholische Kirche und Moderne (= Frankfurter Theologische Studien 73), Münster 2015, 67–89; Eder, Kirchengeschichte 198 f.; *speziell zu Italien:* Roger Aubert, Die Krise in Italien, in: Jedin VI/2, 467–474; Weiß, Modernismus 96–107; Neuner, Streit 36–39, 133–139; Oskar Schroeder, Aufbruch und Mißverständnis. Zur Geschichte der reformkatholischen Bewegung, Graz u. a. 1969, 195–235 (zu Buonaiuti), 273–318 (zu Murri).

K Rata Langa (= Gabriele Galantara).

Q L'Asino 16 (1907) Nr. 44 v. 3. Nov.; Candeloro 176.

15. Pius X. und die Modernistenramme
(23. Februar 1908)

Wie viele Wege führen nach Rom?

Nur einer! Aber die Schwierigkeiten, diesen glatt und eben zu halten, um die Gläubigen vor jedem Straucheln zu bewahren, werden immer größer. Einzelne besonders harte Kopfsteine widerstehen dem Stoß auch der schwersten Ramme.

(40)

1. Beschreibung

Auf einem gepflasterten, von großen rechteckigen Steinquadern gesäumten Weg durch die Vatikanischen Gärten steht vor dem Hintergrund der Peterskuppel *Pius X.* (1903–1914) in Chorrock und Pantoffeln und holt gerade aus, um mit einer überdimensionalen, tiaragekrönten Ramme, auf der von unten nach oben »*Encyclica*« geschrieben steht[1], einen aus dem Kopfsteinpflaster herausragenden Stein den anderen Steinen gleichzumachen. Der verbissene und wild entschlossene Gesichtsausdruck des Papstes, dem ein Schweißtropfen auf der Stirn steht, lässt vermuten, dass »*Schnitzer*« dem päpstlichen Furor nicht mehr lange wird standhalten können. Dem widerspricht jedoch der Untertitel, der auf die in der Überschrift gestellte Frage »Wie viele **Wege führen nach Rom**?« antwortet: »Nur *einer!* Aber die Schwierigkeiten, diesen glatt und eben zu halten, um die Gläubigen vor jedem Straucheln zu bewahren, werden immer größer. Einzelne besonders harte Kopfsteine widerstehen dem Stoß auch der schwersten Ramme.«

> Im römischen Weltreich der Antike gab es ein gut ausgebautes und gesichertes Schiffahrtswesen und Straßensystem (über 80.000 km!), was eine für damalige Verhältnisse unerhörte Mobilität über weite Distanzen ermöglichte. Im Zentrum dieses Wege- und Verkehrsnetzes stand die Hauptstadt Rom, auf deren *Forum Romanum* Kaiser *Augustus* im Jahre 20 v. Chr. eine vergoldete Bronzesäule errichten ließ, das »*Miliarium Aureum*«. Auf diesem »Goldenen Meilenstein« waren die Namen der Hauptstädte aller Provinzen des römischen Imperiums und ihre jeweilige Entfernung von Rom zu lesen. Vermutlich geht auf diesen Meilenstein die Übertragung des ursprünglich auf die griechische Hauptstadt Athen gemünzten Sprichworts »Alle Wege führen nach Rom« zurück. Greifbar ist es erstmals in der Sprichwortsammlung »*Parabolae*« von *Alanus ab Insulis* (Alanus von Lille; 1125/30–1203) in folgender lateinischer Form: »*Mille viae ducunt hominem per saecula Romam* (dt.: Tausend Wege führen den Menschen zu allen Zeiten nach Rom). Zugespitzt zu »Alle Wege ...« findet es sich erst 1694 in französischer Sprache bei *Jean de la Fontaine*.
>
> Nach dem Ende des Weströmischen Reiches (476) bezog sich das Sprichwort auf Rom als Mittelpunkt der *christlichen* Welt mit dem Sitz des Papstes, der den Anspruch erhob, der erste unter den Bischöfen der Welt zu sein (*Primat;* ↗ KAR 7). Angesichts der überragenden Machtposition, die der Papst – namentlich im Hochmittelalter (*Innocenz III.!*) – innehatte, konnte man mit Fug und Recht sagen, dass kein Weg an ihm vorbeiführte und dass er in allen wichtigen Angelegenheiten die letzte Instanz bildete (vgl. den Satz des Kirchenvaters *Augustinus* [Sermo 131,10]: *Roma locuta, causa finita;* dt.: Rom hat gesprochen, die Sache ist [endgültig] entschieden). Wenn der Karikaturist das Sprichwort abwandelt zu »Nur ein Weg führt nach Rom«, spielt er damit auf die damalige Engführung von Theologie und Kirche an (↗ KAR 14), wodurch den Gläubigen genau (und nicht zuletzt durch päpstliche Verlautbarungen) vorgeschrieben war, auf welchem strikt vorgegebenen (aber von manchem Theologen in Frage gestellten) Weg sie nach Rom, zum Stellvertreter Christi und damit letztlich zum Ewigen Heil gelangten.

---

[1] Gemeint ist die Enzyklika »*Pascendi*« von 1907. Näheres zu ihr und dem Hintergrund der »Modernistenramme« in KAR 14.

Lit.: Annette und Reinhard Pohlke, Alle Wege führen nach Rom. Deutsche Redewendungen aus dem Lateinischen, Düsseldorf/Zürich 2001 (ND Düsseldorf 2006), 163; Duden. Redewendungen (= Duden 11), Mannheim ²2002, 848.

2. »Modernistische« Pflastersteine

Wer war Schnitzer, und welche Männer verbergen sich hinter den übrigen sechs Namen, die über die bereits begradigten Pflastersteine verteilt sind?

a) Der Theologe *Joseph Schnitzer* (1859–1939), 1884 zum Priester geweiht, rang schon seit geraumer Zeit mit dem ihm aufoktroyierten neuscholastischen Credo und suchte in der unter Pius X. gegebenen Situation des antimodernistischen Kampfes ganz bewusst die Konfrontation mit der Kirchenleitung, um sich als »Märtyrer« zu stilisieren und seinen Abgang regelrecht zu inszenieren. Nachdem am 1. Februar 1908 zwei Artikel aus der Feder Schnitzers, nämlich ein von Ironie und Sarkasmus triefender Aufsatz zur Enzyklika »*Pascendi*«[2] und eine Rezension (Buchbesprechung) zu Heinrich Günters »*Legenden-Studien*« von 1906[3] erschienen waren, wurde der seit 1902 an der Universität München lehrende Professor für Dogmengeschichte, Symbolik und Pädagogik bereits am 6. Februar 1908 suspendiert, was den Anlass für unsere Karikatur gab. Entgegen anderslautender Beteuerungen des Betroffenen geschah dies vor allem wegen der genannten Rezension, in der Schnitzer konstatierte, dass nicht nur Heiligenviten, sondern auch die Evangelien und die dort gezeichnete Biographie Jesu legendarische Züge aufwiesen. Den Studenten verbot man daraufhin den Besuch seiner Vorlesungen. Trotz wiederholter Androhung wurde Schnitzer jedoch nicht exkommuniziert und auch keine seiner Schriften indiziert. 1913 erfolgte die Pensionierung und gleichzeitige Versetzung als Honorarprofessor an die philosophische Fakultät der Münchener Universität[4].

---

[2] Die Enzyklika Pascendi und die katholische Theologie, in: Internationale Wochenschrift für Wissenschaft, Kunst und Technik 2 (1908) 129–140.

[3] In: Süddeutsche Monatshefte 5 (1908) 209–216. – Nachdem das Buch *Heinrich Günters* (1870–1951), seit 1902 außerordentlicher Professor für Geschichte an der Universität Tübingen, im Mai 1906 erschienen war, hatte der Rottenburger Bischof *Paul Wilhelm Keppler* darum gebeten, in der dem Buch zugrundeliegenden Vorlesung von einer kritischen Behandlung der Heiligen- und Martyrerlegenden abzusehen, bis sich die infolge seines Buches zu erwartende Erregung (die dann gar nicht eintraf) gelegt haben würde. In der Münchner *Allgemeinen Zeitung* wurde jedoch berichtet, Keppler habe die Vorlesung des katholischen Historikers verboten. Dies führte zu einer Pressekampagne mit der Behauptung, das Vorgehen Kepplers sei ein Beispiel für den Eingriff der Kirche in die Freiheit von Forschung und Lehre an den deutschen Universitäten. Näheres zu Günter und seiner Schrift, der er weitere Studien zu dieser Thematik folgen ließ, bei Joachim Köhler, Heinrich Günters Legendenstudien. Ein Beitrag zur Erforschung historischer Methoden, in: Georg Schwaiger (Hg.), Historische Kritik in der Theologie. Beiträge zu ihrer Geschichte (= Studien zur Theologie und Geistesgeschichte des neunzehnten Jahrhunderts 32), Göttingen 1980, 307–337; zu Keppler siehe unten S. 170 mit Anm. 17.

[4] Zu Schnitzer ist grundlegend Manfred Weitlauff, Der »Fall« des Augsburger Diözesanpriesters und Münchener Theologieprofessors Joseph Schnitzer (1859–1939). In Erinnerung an die anti-

b) Anders als der Fall Schnitzer war derjenige des Exegeten **Thaddäus Engert** (1875–1945) gelagert. Da Engert den Widerruf seiner in einer Studie zur biblischen Urgeschichte enthaltenen »Ketzereien« verweigerte[5], wurde er am 2. November 1907 einstweilig suspendiert und am 7. Januar 1908 durch den Bischof von Würzburg endgültig seines Amtes als Benefiziat in Ochsenfurt am Main enthoben und überdies exkommuniziert. Er war damit das erste deutsche Opfer der Enzyklika »*Pascendi*« und außerdem der einzige deutsche »Modernist«, den die Strafe der Exkommunikation traf, was nicht zuletzt in der seit der sog. Schell-Commer-Affäre

(41) Joseph Schnitzer, Porträtzeichnung

Pius X. hatte ein Breve vom 14. Juni 1907 an den streng neuscholastisch orientierten Wiener Dogmatiker Ernst Commer (1847–1928) gerichtet, in dem er diesen für eine posthume Schmähschrift gegen Herman Schell überschwenglich belobigte und die Freunde Schells, die fast ausnahmslos zur Elite des katholischen Geisteslebens zählten, als Ignoranten in Glaubensangelegenheiten und als Rebellen gegen die päpstliche Autorität anprangerte. Der durch den Kölner Erzbischof *Antonius Kardinal Fischer* (reg. 1903–1912) initiierte und durch den Sekretär der Indexkongregation *Thomas Esser* OP (1850–1926) verfasste Papstbrief galt schon den Zeitgenossen als »ein schier unglaublicher Fauxpas des kirchlichen Lehramtes«[6].

Lit. *zu Commer:* Gisbert Greshake, Art. Commer, in: LThK³ 2 (1994) 1274; Otto Weiß, Modernismus und Antimodernismus im Dominikanerorden. Zugleich ein Beitrag zum »Sodalitium Pianum« (= Quellen und Studien zur neueren Theologiegeschichte 2), Regensburg 1998, 53–81, 85–88, 90–116; *zu Schell* siehe den Unterpunkt d), zu Fischer unten S. 177 f. mit Anm. 9.

besonders aufgeheizten Atmosphäre in Engerts Heimatbistum begründet lag. Nachdem er sich in den beiden folgenden Jahren als Chefredakteur des seit 1902 in München erscheinenden Organs der Reformkatholiken *Das zwanzigste Jahrhundert* (1909 umbenannt in *Das Neue Jahrhundert* und 1915 in *Freie Deutsche Blätter*) über

---

modernistischen Erlasse Papst Pius' X. vor hundert Jahren. Mit Quellen- und Dokumentenanhängen (= Jahrbuch des Vereins für Augsburger Bistumsgeschichte 44 [2010] II), Lindenberg 2011; vgl. ferner Weiß, Modernismus 315–336 u. ö.; Raimund Lachner, Art. Schnitzer, in: BBKL 9 (1995) 582–588.

[5] Die Urzeit der Bibel. I. Die Weltschöpfung. Mit einer allgemeinen Einführung in die Exegese, München 1907 (53 S.). Engert versuchte hier, »die geschichtlichen Tatsachen aus ihren mythischen Formen herauszuschälen« (a. a. O. 22) und »die religiöse Entwicklung Israels im Kontext der gesamten Kulturentwicklung des Orients ins Auge zu fassen« (Hausberger, Engert 44).

[6] Hausberger, Schell 402.

Wasser gehalten hatte, begann Engert im November 1909 an der Universität Jena mit dem Studium der evangelischen Theologie und trat im März 1910 in Weimar zum Protestantismus über. Nach Ablegung des Pfarramtskandidaten-Examens und der Eheschließung – ebenfalls noch 1910 – sowie Stationen in Gotha und Gossel war er von 1913 bis zu seiner Versetzung in den Ruhestand 1943 Pfarrer der Industriegemeinde Gräfenroda in Thüringen und ab 1937 zudem Dozent im Nebenberuf am Predigerseminar in Eisenach[7].

c) Der Bamberger Diözesanpriester *Josef Müller* (1855–1942) veröffentlichte im Herbst 1898 in Würzburg ein zweiteiliges, aufsehenerregendes Werk mit dem Titel *»Der Reformkatholizismus, die Religion der Zukunft«*, das »als Markstein in der katholischen Reformbewegung« begrüßt wurde[8] und dessen energischer Tonfall große Hoffnungen zu wecken vermochte: »Wir protestieren gegen die Versuche, uns von der Mitarbeit am modernen Geistesleben fern zu halten, und gegen die Verdächtigung unserer religiösen Gesinnung. Wir betrachten es als eine Schmach, immer hinter den Protestanten einherzuhinken, höchstens als Parasiten die Früchte zu stehlen, die wir nicht gepflanzt; wir betrachten es als nicht genügend, wenn die katholische Wissenschaft allenfalls ermuntert wird, ›die haltbaren Ergebnisse der fortschreitenden Forschung hinzunehmen‹ (nämlich wenn gar nichts mehr daran zu nörgeln ist); wir halten es vielmehr für unsere Pflicht und sind nach unseren Kräften bereit und bemüht, selbstthätig in die Aufgaben und Arbeiten der Zeit einzutreten, dieselben in gute Bahnen zu lenken und zu erhalten und glauben, so am meisten zur Ehre und Achtung der Kirche beizutragen.«[9] Des weiteren forderte Müller in seiner für römische Ohren allein schon durch ihren Titel provozierenden Schrift eine wissenschaftliche Vertiefung der katholischen Theologie, den Ausbau und die Vermehrung katholisch-theologischer Fakultäten, die Wiedereinführung der Synoden, eine stärkere Mitarbeit der Laien in der Kirche, vermehrte kirchliche Sozialarbeit, die Verbreitung der Heiligen Schrift im Volk, eine Reform der Klerusbildung sowie der Orden und anderes mehr. Besonderen Anstoß erregte Müllers scharfe Ablehnung der Scholastik und seine Kritik am Jesuitenorden, so dass es nicht verwundern konnte, dass die binnen kürzester Zeit vergriffene und 1899 in Zürich neu aufgelegte Schrift – obgleich sie sich in ihren Sachaussagen völlig im Rahmen der katholischen Glaubenslehre bewegte[10] – am 7. Juni 1901 auf den »*Index der verbotenen Bücher*« (↗ KAR 14 INFOBOX) gesetzt wurde. Zu dieser Zeit hatte der charakterlich schwierige und zum Grobianismus neigende Müller bereits die

---

7   Grundlegend ist zu Engert die 1996 erschienene Biographie von Karl Hausberger (Hausberger, Engert); vgl. außerdem Weiß, Modernismus 292–314 u. ö.

8   Josef Müller, Der Reformkatholizismus, die Religion der Zukunft. Für die Gebildeten aller Bekenntnisse dargestellt I, Zürich ²1899, VI. Der zweite Teil (»Die praktischen Reformen«) erschien ebenfalls 1899 in Zürich.

9   A. a. O. VII.

10   So befürwortete Müller z. B. uneingeschränkt das Unfehlbarkeitsdogma und konstatierte ohne Rücksicht auf die Bibelkritik seiner Zeit: »Der Pentateuch ist abgesehen von einigen leicht erkennbaren Zusätzen von Moses« (a. a. O. 21).

von ihm selbst redigierte Zeitschrift *Renaissance* ins Leben gerufen, für die er zu vieles selbst verfasste, dabei meist nur Aufgewärmtes bot und sich vor allem sehr häufig im Ton vergriff, so dass ihm nach posthumen, unbelegten Anschuldigungen gegen den Regensburger Bischof *Ignatius von Senestrey* (reg. 1858–1906) 1907 die Suspension angedroht wurde, falls er nicht sofort Widerruf leiste. Obwohl er dieser Forderung nachkam, legte man ihm das Verlassen der Erzdiözese München, wo er seinerzeit wohnte, nahe; auch die Zeitschrift *Renaissance* wurde noch 1907 eingestellt. Da er in der Nachbardiözese Augsburg ebenfalls keine Aufnahme fand, kehrte Müller ohne Aussicht auf eine Anstellung in sein Heimatbistum Bamberg zurück. In den folgenden Jahrzehnten sicherte er sich als Literarhistoriker und Predigtschriftsteller ein kümmerliches Auskommen, ehe er im Alter noch von der Rassenideologie des Nationalsozialismus verblendet wurde[11].

d) Große Bedeutung für die damalige kirchenpolitische Diskussion erlangte die Schrift des Würzburger Theologieprofessors **Herman Schell** (1850–1906)[12] »Der Katholicismus als Princip des Fortschritts« aus dem Jahre 1897, die innerhalb weniger Monate sechs Auflagen erlebte. Sie war ein Plädoyer für einen offenen und zeitgemäßen Katholizismus, für den Fortschritt als etwas »wesenhaft« Katholisches und erfüllt von konfessionellem und zugleich modernem Selbstbewusstsein. Nicht geistige Eunuchen sollten die Katholiken fortan mehr sein, sondern Welt und Wissenschaft »taufen«. Schell plädierte einerseits für einen innerlichen, »franziskanischen« Katholizismus und für das Eigenrecht einer nationalen, vom »romanischen« Geist abgesetzten Kultur und übte andererseits – wie Josef Müller – herbe Kritik am Skandal des katholischen Bildungsdefizits (nicht zuletzt beim Klerus, der sich hinter der Amtswürde des Messpriesters verschanze), an der ängstlichen und zugleich aggressiven Konzentration auf Polemik und Apologie, am Überhandnehmen von Marien- und Heiligenkult, an einer krankhaften »Verhimmelung alles Kirchlichen«[13] und an der Abschottung von der Welt. In engstem Zusammenhang mit diesen Phänomenen stand für Schell der sogenannte *Taxil-Schwindel*, der am Ostermontag des Jahres 1897 durch die spektakuläre Selbstentlarvung Leo Taxils endgültig auffliog

---

11   Zu Müller ausführlich Weiß, Modernismus 181–196, speziell zu den Vorwürfen gegen Senestrey 194 f.

12   Zu Schell grundlegend: Hausberger, Schell; zum folgenden bes. 132–176. Vgl. ferner Weiß, Modernismus 134–150 u. ö.; George E. Griener, Herman Schell and the Reform of the Catholic Church in Germany, in: Theological Studies 54 (1993) 427–454; Raimund Lachner, Art. Schell, in: BBKL 8 (1995) 1536–1547.

13   Herman Schell, Der Katholicismus als Princip des Fortschritts, Würzburg 1897, 54. – Zur Religiosität und Frömmigkeit im 19. Jahrhundert vgl. Peter Dinzelbacher (Hg.), Handbuch der Religionsgeschichte im deutschsprachigen Raum, Bd. 5 (1750–1900), Paderborn u. a. 2007, speziell zur Marien- und Heiligenverehrung 271–281 (Andreas Holzem); Anton Ziegenaus (Hg.), Das Marianische Zeitalter. Entstehung – Gehalt – Bedeutung (= Mariologische Studien 14), Regensburg 2002 (bes. die Beiträge von Joachim Schmiedl, Fritz Arnold und Kurt Küppers); Irmtraud Götz von Olenhusen (Hg.), Wunderbare Erscheinungen. Frauen und katholische Frömmigkeit im 19. und 20. Jahrhundert, Paderborn 1995.

und den ultramontanen Katholizismus in einer noch nie dagewesenen Weise diskreditierte und dem öffentlichen Spott preisgab ($\nearrow$ KAR 11).

Bereits ein Jahr später verdeutlichte und ergänzte Schell sein Programm durch die Schrift »*Die neue Zeit und der alte Glaube. Eine culturgeschichtliche Studie*«. Der historisch wenig beschlagene und zuweilen in einer gewissen Naivität befangene Schell war sich aber offenbar nicht vollständig im klaren darüber, dass der Vatikan sich just zu dieser Zeit »zum Abwehrkampf gegen alle modernen, freiheitlichen Regungen in der Kirche rüstete«[14], weswegen sein Vorstoß unweigerlich scheitern musste. »Es war Schell gegangen wie dem Anwalt, der seinen Klienten mit heißer Liebe weißwaschen will, da fällt ihm der Klient selber in den Arm, weist seinen Liebesdienst zurück und versichert dem Gerichtshof, er sei wirklich und wahrhaftig schwarz, ganz schwarz.«[15] 1899 kamen beide Broschüren samt seinen bisher völlig unbeanstandeten Werken »*Katholische Dogmatik*« und »*Apologie des Christentums*« auf den Index. Schell unterwarf sich, schrieb aber weiter (»*Christus. Das Evangelium und seine weltgeschichtliche Bedeutung*«, 1903) und entfaltete eine überaus rege Vortragstätigkeit, bis ihn 1906, zermürbt von den jahrelangen unablässigen Intrigen und Anfeindungen, ein früher Tod ereilte.

e) Ähnlich wie Schell, den Thomas Nipperdey treffend als den »*Küng der Jahrhundertwende*« bezeichnete[16], wirkte der Kirchenhistoriker **Albert Ehrhard** (1862–1940), der in seinem berühmten Werk »*Der Katholizismus und das zwanzigste Jahrhundert im Lichte der kirchlichen Entwicklung der Neuzeit*« (1901) zwischen den jeweiligen historischen Bedingungen und dem Katholizismus an sich unterschied und so für die Möglichkeiten der eigenen Zeit, für moderne Kultur und Fortschritt zu plädieren vermochte. Hierdurch sollte die Entfremdung von der Kirche überwunden und der Katholizismus wieder zur Kulturmacht geformt werden. Obgleich der Rottenburger Bischof *Paul Wilhelm von Keppler* (reg. 1898–1926) dem in 14 Auflagen erschienenen Buch Ehrhards das kirchliche *Imprimatur* ($\nearrow$ KAR 14) erteilt hatte, zog er wenig später (angestachelt durch den »Rembrandtdeutschen« *Julius Langbehn*) in einer polemischen Rede mit dem Titel »Wahre und falsche Reform« gegen die »Reformsimpel«, ihren »Margarinekatholizismus« und ihr »Salonchristentum« vom Leder[17] – und hatte dabei nicht zuletzt den damals in Freiburg i. Br. lehrenden Ehrhard im Visier. Trotzdem entging Ehrhard der Indizierung; lediglich

---

14 Weiß, Modernismus 142.
15 Johannes Kübel, Geschichte des katholischen Modernismus, Tübingen 1909, 44.
16 Thomas Nipperdey, Deutsche Geschichte 1866–1918, Bd. I (Arbeitswelt und Bürgergeist), München ²1991, 446. – Zu Küng $\nearrow$ KAR 24.
17 Zu Kepplers unausgegorener »Reformrede« und zum Intimfreund des Bischofs, *August Julius Langbehn* (1851–1907), dessen Hauptwerk »*Rembrandt als Erzieher. Von einem Deutschen*« (Leipzig 1890) bis 1938 90 Auflagen erlebte, Hausberger, Schell 297–302; Karl Hausberger, »Reformistae quoad intellectum confusi sunt, quoad mores mendaces«. Zur antimodernistischen Protagonistenrolle des Rottenburger Bischofs Paul Wilhelm von Keppler (1898–1926), in: Hubert Wolf (Hg.), Antimodernismus und Modernismus in der katholischen Kirche. Beiträge zum theologiegeschichtlichen Vorfeld des II. Vatikanums (= Programm und Wirkungsgeschichte des II. Vatikanums 2), Paderborn u. a. 1998, 217–239, hier: 224–231.

der Prälatentitel wurde dem absolut kirchentreuen Gelehrten 1908 nach kritischen Äußerungen zu den disziplinären Bestimmungen der päpstlichen Enzyklika »*Pascendi*« von 1907 zu seinem Leidwesen bis 1922 aberkannt[18].

f) *Heinrich Schrörs* (1852–1928), 1877 zum Priester geweiht, war seit 1886 Professor für Kirchengeschichte in Bonn. In überwiegend kritischen Beiträgen nahm er zu aktuellen, auch politischen Fragen Stellung. Nachdem Schrörs bzw. die Bonner Fakultät auf der einen und die Kölner Bistumsleitung auf der anderen Seite einen jahrelangen Kleinkrieg über die Art und Weise einer zeitgemäßen Klerusausbildung geführt hatten, provozierte der streitbare Kirchenhistoriker 1907 durch eine Denkschrift von beißender Schärfe (»*Kirche und Wissenschaft. Zustände an einer katholisch-theologischen Fakultät*« [= Bonn]), in der er dem Kölner Erzbischof *Antonius Kardinal Fischer* vorwarf, er wolle gar keine wirklich wissenschaftliche Ausbildung der jungen Priester, einen öffentlichen Konflikt (»Fall Schrörs«) mit dem sehr autoritär auftretenden Oberhirten, der daraufhin ein Besuchsverbot seiner Vorlesungen verhängte. Dadurch wurde die Angelegenheit jedoch zu einem Politikum, das den Universitätssenat sowie den Kultusminister auf den Plan rief und Fischer schließlich zum Nachgeben zwang[19].

g) Wer sich hinter dem teilweise vom päpstlichen Pantoffel verdeckten Wort »... *enkheimer*« verbirgt, ließ sich nicht ermitteln, da es keinen des Modernismus bezichtigten deutschen oder deutschsprachigen Theologen gibt, dessen Name auf diese Silben endet.

Bei allen Genannten handelte es sich um Priester, die mit dem kirchlichen Lehramt in Konflikt geraten waren – allerdings hatten nicht alle unmittelbar den Zorn des Papstes auf sich gezogen (wie die Karikatur suggeriert); manche waren »nur« von bischöflichen Maßregelungen betroffen.

L   Hausberger, Engert 82. – Arnold, Geschichte; Weiß, Modernismus; Neuner, Streit.
K   Arthur Johnson.
Q   Kladderadatsch 61 (1908) 32 (Nr. 8 v. 23. Febr.); Zentrums-Album 264; Hausberger, Engert 83.

---

[18]   Zu Ehrhard siehe Norbert Trippen, Theologie und Lehramt im Konflikt. Die kirchlichen Maßnahmen gegen den Modernismus im Jahre 1907 und ihre Auswirkungen in Deutschland, Freiburg i. Br. u. a. 1977, 110–182; Weiß, Modernismus 170–180 u. ö.; Georg Schöllgen, Art. Ehrhard, in: LThK³ 3 (1995) 513; Karl Hausberger, Art. Ehrhard, in: Heim, Theologen 113 f.
[19]   Näheres zu Schrörs bei Norbert M. Borengässer, Art. Schrörs, in: BBKL 15 (1999) 1259–1264; Norbert Trippen, Art. Schrörs, in: LThK³ 9 (2000) 271; zu Fischer siehe unten S. 177 f. mit Anm. 9.

16. Die Arbeiterfrage – ein kontroverses Thema in der Kirche

(16. Februar 1914)

Kardinal, bleib bei deinem Rosenkranz!

(Zeichnung von Wilhelm Schulz)

„Was weißt du von Arbeit?! Oder kannst du vielleicht katholische Schwielen von protestantischen unterscheiden?"

— 800 —

(42)

1. Beschreibung

Vor dem Hintergrund eines rotglühenden und rauchenden Eisenwalzwerkes, in dem ein Arbeiter (ganz links) mit einer Hebestange hantiert, stehen vier Arbeiter mit hochgekrempelten Ärmeln, umgebundener Schürze, Holzschuhen und Schlagmützen und strecken einem Bischof im liturgischen Ornat ihre schwieligen Hände entgegen. Der ganz in rot und weiß gekleidete Oberhirte blickt etwas ratlos zu den Arbeitern hin, die ihm zurufen (in der Fabrikhalle herrscht sicherlich großer Lärm): »*Was weißt du von Arbeit?! Oder kannst du vielleicht katholische Schwielen von protestantischen unterscheiden?*« Bekräftigt wird dies durch die Überschrift: »*Kardinal, bleib bei deinem Rosenkranz!*«

2. Deutung

Die Anrede des kirchlichen Würdenträgers als »Kardinal« und dessen Physiognomie verweisen auf den Breslauer Fürstbischof **Georg** *Kardinal von* **Kopp**.

> Geboren 1837 in Duderstadt bei Göttingen im katholischen Eichsfeld als zweites von sechs Kindern eines armen Leinwebers, besuchte Georg (seit 1906: von) Kopp das Gymnasium Josephinum in Hildesheim. Nach dem Abitur konnte er aus finanziellen Gründen nicht – wie beabsichtigt – Theologie studieren, sondern musste sich zunächst als Hilfstelegraphist bei der Eisenbahn verdingen, ehe er von 1858 bis 1861 an der Hildesheimer Phil.-Theol. Hochschule doch noch sein Studium zu absolvieren vermochte. 1862 zum Priester geweiht, war er Kaplan und Religionslehrer, dann Assistent im Hildesheimer Generalvikariat. Als der damalige Generalvikar *Daniel Wilhelm Sommerwer(c)k* (1821–1905), dessen Schüler Kopp am Gymnasium und im Priesterseminar gewesen war, 1871 zum Bischof von Hildesheim gewählt wurde, bestimmte er Kopp zu seinem Nachfolger und berief ihn in das Domkapitel. 1881 wurde der vom preußischen Kultusminister wegen seiner kirchenpolitischen Zurückhaltung vorgeschlagene Kopp zum Bischof von Fulda ernannt. Als Oberhirte entwickelte er sich jedoch bald zum engagierten Kirchenpolitiker mit starkem Einfluss in Rom und in der Fuldaer Bischofskonferenz, aber auch mit besten Beziehungen zu Berlin. So kann es nicht verwundern, dass Reichskanzler Bismarck sich bei Papst *Leo XIII.* (1878–1903) für die Transferierung Kopps auf den Breslauer Fürstbischofsstuhl einsetzte, was 1887 gegen das Votum der Zentrumspartei, deren Presse ihn als »Staatsbischof« diffamierte, auch gelang. Damit hatte der konservative und allen Demokratisierungsbestrebungen im deutschen Katholizismus ablehnend gegenüberstehende Kirchenmann, der 1893 zum Kardinal erhoben wurde, das reichste und flächenmäßig größte deutsche Bistum mit ca. 2,2 Millionen Katholiken übernommen.
>
> Lit.: Norbert Conrads, Art. Kopp, in: NDB 12 (1980) 570–572; Hans G. Aschoff, Kirchenfürst im Kaiserreich. Georg Kardinal Kopp, Hildesheim 1987; Erwin Gatz, Art. Kopp, in: Gatz, Bischöfe I 400–404.

Seit 1899 Vorsitzender der Fuldaer Bischofskonferenz[1] und kirchenpolitische Schlüsselfigur im deutschen Episkopat, hatte Kopp sich u. a. durch den Einsatz für

---

[1]   Zu ihr siehe unten S. 249, Anm. 1.

(43) Das großformatige Gemälde »*Das Eisenwalzwerk*« (158 × 254 cm), das Adolph von Menzel (1815–1905) nach intensiven Vorstudien (mit Anfertigung von über 100 detailgetreuen Bleistift-skizzen im oberschlesischen Industrierevier Königshütte) schuf und damit als erster deutscher Maler den Alltag der Fabrikarbeiter thematisierte.

die polnische Bevölkerung in seinem Bistum, für die Beilegung des Kulturkampfs (1871–1887; ↗ **KAR 8**) und für die Integration der Katholiken in die Gesellschaft des protestantisch dominierten Kaiserreichs durchaus Verdienste erworben – für die Mitbestimmungsbestrebungen der damaligen katholischen Arbeiterbewegung hatte er jedoch kein Verständnis. Dies macht unsere Karikatur unverblümt zum Thema. Die Arbeiter werfen Kopp daher (angesichts seiner Biographie nicht ganz zu Recht) vor, er habe keine Ahnung von den Zuständen in der Arbeitswelt jener Zeit, wobei dies nicht zufällig vor der Kulisse eines Eisenwalzwerkes geschieht. Die Roheisen-erzeugung stieg nämlich von 212.000 Tonnen im Jahr 1850 auf 17 Millionen Tonnen im Jahr 1913, was einen Anstieg um das 85fache (!) bedeutet. Dieser Produktions-zweig ist damit förmlich das Synonym für die rasante Industrialisierung in Deutsch-land und ebenso für das Industrieproletariat, dessen Zahl sich von 1882 (6,4 Mio. Arbeiter) bis 1907 (über 11 Mio. Arbeiter) fast verdoppelte[2]. Die in der Karikatur angedeutete und durch Adolph von Menzel bereits 1875 meisterhaft ins Bild gesetzte Maschinenhalle ist somit gleichsam die Kathedrale des technischen Zeitalters[3].

---

[2]   Die Zahlenangaben nach Hans Michael Kloth, Geniestreich eines Besessenen. Mit dem »Eisen-walzwerk« von 1875 schuf Adolph Menzel eine Ikone des Industriezeitalters, in: Spiegel Special Geschichte 1 (2007) 107.

[3]   Vgl. ebd.

Außerdem wird Kopp zum Vorwurf gemacht, er hebe auf konfessionelle Differenzen ab, obwohl man doch katholische und protestantische Schwielen nicht voneinander unterscheiden könne. Daher solle er sich aus dieser Thematik heraushalten und auf seine kirchlichen Funktionen beschränken, wofür das Stichwort »Rosenkranz« steht.

Das Rosenkranzgebet ist die katholische Ausprägung einer jahrtausendealten Methode, den Inhalt kurzer Gebete (sog. Stoßgebete) durch Wiederholung zu vertiefen und die von ihnen erhoffte Wirkung bei Gott zu steigern. Entdeckt wurde diese Art zu beten im Hinduismus und Buddhismus, so dass man bis heute in Asien Tausende von Menschen mit Gebetsschnüren sehen kann. Aus Asien übernahmen auch die ersten christlichen Mönche in Ägypten diese Gebetsart. In Mönchskreisen des Mittelalters entstand dann der Brauch, markante Psalmverse entsprechend der biblischen Zahl der Psalmen 150 × zu wiederholen; den einfachen Brüdern und des Lesens unkundigen Laien empfahl man als Psalmersatz zunächst das »Vater unser« (lat. *Pater noster*), gezählt mit Hilfe einer Paternosterschnur, seit der ersten Jahrtausendwende zunehmend das »Gegrüßet seist Du, Maria« (lat. *Ave Maria*). Eine Reihe von 150 »Ave Maria« ergab den Marienpsalter. Für ein Drittel davon, also 50 »Ave«, bürgerte sich ab dem 13. Jahrhundert nach dem Symbol Mariens, der Rose, der Name »Rosenkranz« (lat. *Rosarium*) ein. Die heutige Gliederung in fünf Zehnergruppen (Gesätze) durch ein dazwischentretendes »Vater unser« ist erstmals bei dem Kartäuser *Heinrich Egher von Kalkar* (1328–1408) sicher bezeugt. Im ausgehenden 15. Jahrhundert schließlich erhielt der Rosenkranz, den Ordensleute[4], Rosenkranzbruderschaften (ab 1475) und Ablässe (ab 1495) eifrig propagierten, die bis heute übliche Grundgestalt mit dem Apostolischen Glaubensbekenntnis zu Beginn und den bei jedem »Ave« eingefügten Sätzen zu einem Ereignis aus dem Leben Jesu oder Mariens ([Glaubens-]»Geheimnisse«). Es gibt den freudenreichen, schmerzhaften und glorreichen Rosenkranz, die zusammen wieder 150 »Ave« enthalten (der Wortlaut aller 3 × 5 »Geheimnisse« – ergänzt durch die trostreichen und die 2004 von Johannes Paul II. eingeführten lichtreichen »Geheimnisse« – findet sich neben der Grundgestalt des Rosenkranzes [Zeichnung!] im 2013 veröffentlichten »Gotteslob«, Nr. 4 [S. 38–40]). Den entscheidenden Durchbruch der Rosenkranzfrömmigkeit in der Gesamtkirche brachte der Sieg der christlichen Flotte über die Türken in der Seeschlacht bei Lepanto am 7. Oktober 1571, der der Wirkung des Rosenkranzgebetes zugeschrieben wurde. Seither findet am ersten Sonntag im Oktober das Rosenkranzfest statt, und Papst *Leo XIII.* bestimmte den Oktober zum Rosenkranzmonat. Nicht nur das verbreitetste katholische Volksgebet wird als Rosenkranz bezeichnet, sondern auch die in einem Kreuz endende Kette bzw. Schnur mit kleinen Kugeln (meist aus Holz oder Perlmutt), an der die einzelnen Gebete abgezählt werden; verschiedene Ordensgemeinschaften (z. B. Karmeliten [↗ KAR 3], Passionisten[5]) tragen einen Rosenkranz an ihrem Habit.

Lit.: Manfred Heim, Art. Rosenkranz, in: Heim, Ablass 363 f.; Andreas Heinz, Art. Rosenkranz III., in: LThK³ 8 (1999) 1303–1305 (Lit.); Johannes Paul II., Apost. Schreiben »*Rosarium virginis*

---

4   V. a. handelte es sich um Benediktiner, Dominikaner und Kartäuser (zu diesem seit 1084 bestehenden benediktinischen Eremitenorden siehe Eder, Kirchengeschichte 112).
5   Näheres zu diesem 1720 gegründeten Orden, dessen Mitglieder sich durch ein Sondergelübde zur Verehrung und Verkündigung des Leidens und Sterbens Jesu Christi verpflichten, bei Manfred Eder, Art. Passionisten, in: RGG⁴ 6 (2003) 976 f.

Mariae« über den Rosenkranz vom 16. Okt. 2002 (anlässlich des »Jahrs des Rosenkranzes« Okt. 2002 bis Okt. 2003).

3. Zum Hintergrund: Der Gewerkschaftsstreit (1900–1914)

Zu Beginn des 19. Jahrhunderts waren aufgrund der Säkularisation die traditionellen Fürsorgeeinrichtungen der katholische Kirche weithin niedergebrochen, durch umwälzende Entwicklungen in Wirtschaft (Industrialisierung) und Gesellschaft (Zerbrechen der Großfamilie als Solidargemeinschaft, Verstädterung, Bevölkerungsexplosion) aber andererseits neue, sich in den folgenden Jahrzehnten immer weiter verbreitende Nöte, namentlich Massenarbeitslosigkeit und Massenverarmung *(Pauperismus)*, entstanden. Die missliche soziale Lage der Arbeiter wurde dabei als seelsorgliche und karitative, nicht aber als sozialpolitische Aufgabe verstanden. Eine nur karitative Antwort auf die Soziale Frage war jedoch zu wenig, bildete letztere doch ein grundlegendes Problem der gesellschaftlichen Strukturen und der gerechten Ordnung, was aber nur wenige Katholiken erkannten. Selbst der Mainzer Bischof *Emmanuel Freiherr von Ketteler* (reg. 1850–1877), der einzige deutsche Oberhirte, der von sich aus auf sozial-karitativem Gebiet initiativ wurde, stieß erst Ende der sechziger Jahre des 19. Jahrhunderts, also am Vorabend des Kulturkampfes, zu einem neuen Umgang mit der Sozialen Frage vor, indem er »die Zähmung des Kapitalismus durch Zusammenschlüsse und Interessendurchsetzung der Arbeiter und durch gesetzliche Intervention des Staates in die Arbeitsverhältnisse« forderte[6].

Solche Zusammenschlüsse der Arbeiter gab es damals nur in Form katholischer Arbeitervereine (seit 1849[7]), die sich jedoch vornehmlich als Vereine zur Unterstützung (v. a. bei Krankheit) und zur religiös-sittlichen Betreuung ihrer Mitglieder verstanden; für den Arbeitskampf waren sie nicht geeignet. Ansonsten existierten nur marxistische, d. h. atheistisch-antikirchliche und daher für christliche Arbeiter nicht akzeptable Gewerkschaften. Nachdem die Enzyklika »Rerum novarum« Leos XIII. von 1891 (↗ KAR 6) das Recht der Arbeiter zu gewerkschaftlicher Interessenvertretung immerhin vorsichtig angedeutet hatte, gründete der katholische Bergmann August Brust 1894 in Essen den »Gewerkverein christlicher Bergarbeiter«, der die Keimzelle der sich jetzt rasch entfaltenden christlichen Gewerkschaftsbewegung bildete. Sie war grundsätzlich interkonfessionell, aber trotzdem zu 90 % katholisch, da

---

6   Karl Gabriel, Zwischen Caritas und Sozialpolitik. Franz Hitze, der Verband Arbeiterwohl und die duale Wohlfahrtspflege in Deutschland, in: ders. / Hermann-Josef Große Kracht (Hgg.), Franz Hitze (1851–1921). Sozialpolitik und Sozialreform, Paderborn u. a. 2006, 75–89, hier: 81. – Zum »Arbeiterbischof« *Ketteler* siehe Erwin Gatz, Art. Ketteler, in: LThK³ 5 (1996) 1413f.; Hubert Wolf, Art. Ketteler, in: RGG⁴ 4 (2001) 941 f. (jeweils Lit.); Hermann-Josef Große Kracht, Wilhelm Emmanuel von Ketteler. Ein Bischof in den sozialen Debatten seiner Zeit, Köln 2011; Eder, Kirchengeschichte 197 (mit Abb.).
7   Vgl. hierzu z. B. Michael Ammich, Die katholischen Arbeitervereine im Bistum Regensburg 1849–1939, Kallmünz/Köln 1991.

auf katholischer Seite eine stärkere Infrastruktur an Zubringervereinen und eine festere kirchliche Bindung der Arbeiter vorhanden war. Besonders auf dem »2. Kongress der christlichen Gewerkschaften« in Frankfurt a. M. im Juni 1900 (der 1. hatte 1899 in Mainz mit 48 Delegierten von 37 größtenteils lokalen »Gewerkvereinen« stattgefunden) mehrten sich die Stimmen derjenigen, für die auch der interkonfessionelle Charakter nur eine Zwischenstation war und denen als Fernziel die weltanschaulich neutrale Einheitsgewerkschaft vorschwebte. Solche Vorstöße waren freilich unklug, weil sie einerseits reine Zukunftsmusik waren und andererseits innerkirchlichen Argwohn gegenüber den christlichen Gewerkschaften weckten. Im nun folgenden Gewerkschaftsstreit ging es vordergründig um die Frage der Konfessionalität oder Interkonfessionalität. Hier standen sich zwei Richtungen gegenüber:

- Die eine war die sog. *Köln-Mönchengladbacher Richtung*, hinter der die kath. Arbeitervereine mit Sitz in Köln, der Volksverein (mit der Zentrale in Mönchengladbach)[8], die Mehrheit der Zentrumspartei und – nach einem Klärungsprozess, da nicht alle Bischöfe von Anfang an die Tragweite der Frage erfassten – die große Mehrheit des deutschen Episkopats unter *Kardinal Antonius Fischer*, dem Erzbischof von Köln (reg. 1903–1912)[9]. Diese Richtung vertrat das Prinzip der interkonfessionellen Gewerkschaften.

- Dagegen stand die *Berlin-Trierer Richtung*, die solche Gewerkschaften wegen der Gefahr des Glaubensabfalls und des religiösen »Indifferentismus« ablehnte und stattdessen nur katholische Arbeitervereine unter unmittelbarer kirchlicher Leitung gestatten wollte; letztere konnten dann »Fachabteilungen« quasi-gewerkschaftlicher Art haben. Hinter dieser Richtung standen die katholischen Arbeitervereine mit Sitz in Berlin und nur zwei Oberhirten, nämlich *Michael Felix Korum*, Bischof von Trier (reg. 1881–1921)[10], und *Kardinal Georg von Kopp*, Fürstbischof von Breslau (reg. 1887–1914), der – je länger, je mehr – zu deren herausragendem Exponenten wurde. Beide genossen allerdings in Rom besonderes Ansehen und wurden zudem unterstützt durch integralistische Kreise, für die der Gewerkschaftsstreit nur ein Glied im Kampf gegen Interkonfessionalismus, Laizismus, Liberalismus und Modernismus (↗ KAR 14 + 15) war.

---

8   Zum Volksverein, von dem Bernhard Hanssler sagte, er sei »so etwas wie der zweite Bildungsweg des deutschen Katholizismus« (Bernhard Hanssler, Vom katholischen Verein zum Zentralkomitee, in: ders. [Hg.], Die Kirche in der Gesellschaft. Der deutsche Katholizismus und seine Organisationen im 19. und 20. Jahrhundert, Paderborn 1961, 84–90, hier: 86), siehe besonders die umfassende Studie von Gotthard Klein, Der Volksverein für das katholische Deutschland 1890–1933. Geschichte, Bedeutung, Untergang (= VKZG B 75), Paderborn 1996; ferner: Helmut Josef Patt, Art. Volksverein I., in: LThK³ 10 (2001) 871 f. (Lit.). Der Volksverein, der 1914 über 800.000 Mitglieder zählte (darunter fast 42.000 Frauen), fand 1933 nicht nur wegen der Feindschaft des NS-Staates, sondern auch aufgrund innerer Krisen (finanzieller Zusammenbruch bereits 1928) sein Ende.

9   Näheres zu *Fischer*, der im Gewerkschaftsstreit »zwar keine führende, aber eine engagierte Rolle spielte«, bei Eduard Hegel, Art. Fischer, Antonius, in: Gatz, Bischöfe I 192–194 (Zitat: 194).

10 Zu *Korum* siehe Alois Thomas, Art. Korum, in: Gatz, Bischöfe I 406–409; Wolfgang Seibrich, Art. Korum, in: LThK³ 6 (1997) 391 f. (jeweils Lit.).

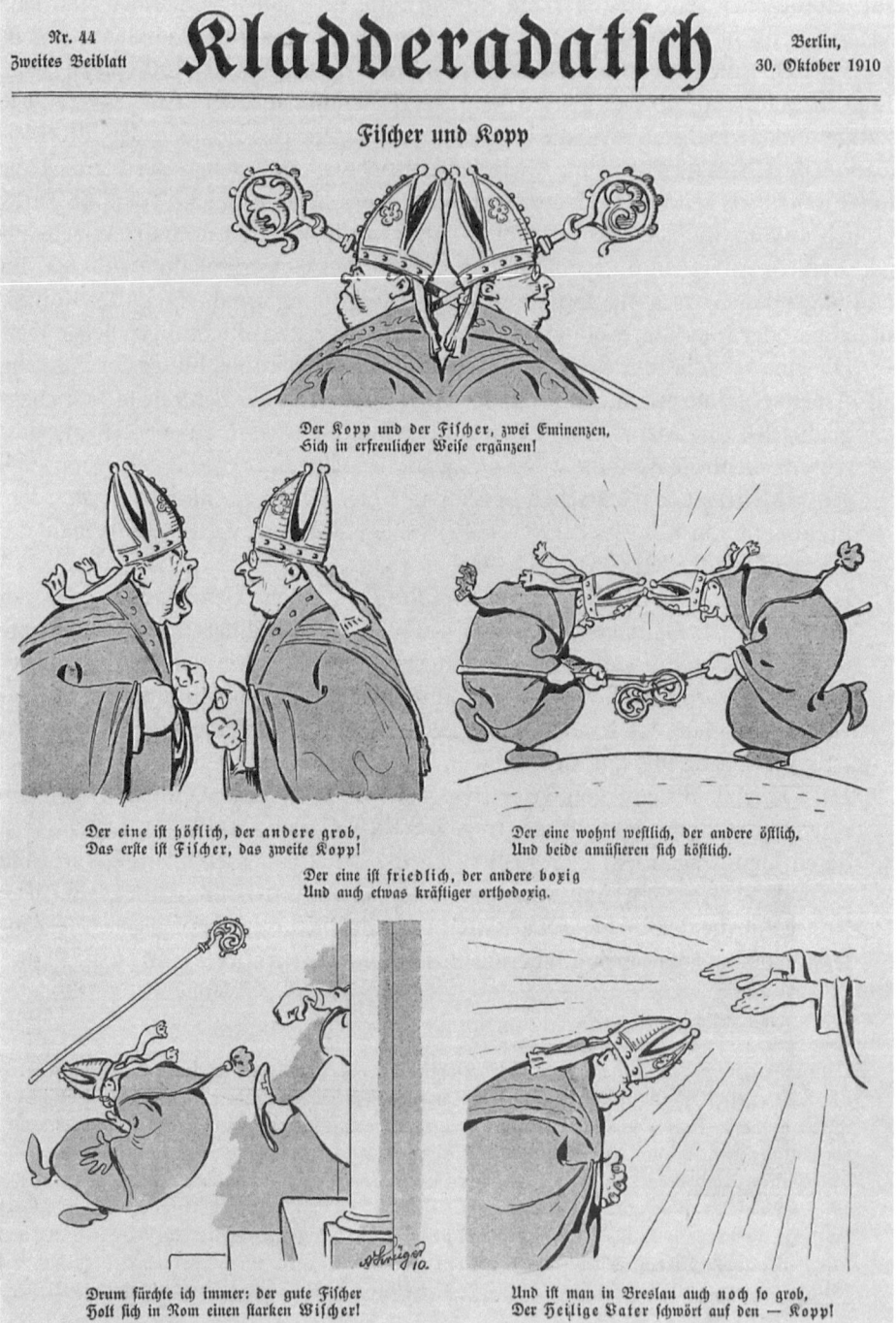

Nr. 44
Zweites Beiblatt

Kladderadatsch

Berlin,
30. Oktober 1910

Fischer und Kopp

Der Kopp und der Fischer, zwei Eminenzen,
Sich in erfreulicher Weise ergänzen!

Der eine ist höflich, der andere grob,
Das erste ist Fischer, das zweite Kopp!

Der eine wohnt westlich, der andere östlich,
Und beide amüsieren sich köstlich.

Der eine ist friedlich, der andere bozig
Und auch etwas kräftiger orthodoxig.

Drum fürchte ich immer: der gute Fischer
Holt sich in Rom einen starken Wischer!

Und ist man in Breslau auch noch so grob,
Der Heilige Vater schwört auf den — Kopp!

(44) Karikatur von Arthur Krüger im *Kladderadatsch*, 1910. Weitere Karikaturen zur Rivalität von Fischer und Kopp in: *Der Wahre Jakob* 27 (1910) 6834 (Nr. 634 v. 8. Nov.) und 6849 (Nr. 635 v. 22. Nov.; farbige Titelseite).

178

> »Vor dem Hintergrund einer negativen Sicht der Welt, besonders der modernen Welt, lehnt der Integralismus das Bemühen, den christlichen Glauben mit dem Denken der jeweiligen Zeit zu verbinden, als *Modernismus* ab, sucht auch profane Lebensbereiche weitestmöglich kirchlicher Entscheidungsgewalt zu unterstellen und wird so zu einem ›religiösen Totalitarismus‹[11]«. Einen Höhepunkt erreichte der Integralismus in der Modernismuskrise am Beginn des 20. Jahrhunderts.
>
> Lit.: Franz Josef Stegmann, Art. Integralismus, in: LThK³ 5 (1996) 549 f. (Zitat: 549 [Hervorhebungen vom Verf.]; Lit.).

Eigentlich ging es bei diesem Streit um die Existenzberechtigung christlicher Gewerkschaften überhaupt und insbesondere um die Frage, ob der Arbeiter berechtigt ist, die Verteidigung seiner Rechte unabhängig von kirchlich-hierarchischer Leitung selbst in die Hand zu nehmen. Während die Köln-Mönchengladbacher Richtung das Gewerkschaftsprinzip mit allen Konsequenzen, also auch dem Streikrecht, bejahte, hing die Berlin-Trierer Richtung dem hergebrachten patriarchalischen bzw. berufsständisch-korporativen Gesellschaftsmodell an. Bezeichnend ist hierfür ein Ausspruch des Trierer Bischofs Korum: »Auch wenn die Gewerkschaften nur katholische Mitglieder aufwiesen, die Leitung aber einem Arbeiter zuwiesen, müßten wir sie bekämpfen. Alles kommt darauf an, daß die katholischen Geistlichen die katholischen Arbeiter in der Hand behalten.«[12] Die Arbeitervereine sollten nach dieser Vorstellung als Rammbock gegenüber der Sozialdemokratie fungieren, aber nicht selbst für die Interessen der angeblich unmündigen Arbeiter kämpfen.

Wegen des komplexen Charakters der Auseinandersetzungen im Gewerkschaftsstreit vermied es Papst Pius X. so lange wie möglich, ein autoritatives Wort zu sprechen. Da sich aber seine Hoffnung auf eine innerdeutsche Beilegung des Konflikts nicht erfüllte und mehrere gewerkschaftsfreundliche Bischöfe sich an ihn gewandt hatten, erließ der Papst im September 1912 die Enzyklika »*Singulari quadam*«, die aber faktisch nichts entschied. Als Ideal wurden hier zwar die rein katholischen Arbeitervereine hingestellt, gegen Ende hieß es aber, dass in Verhältnissen wie den deutschen auch interkonfessionelle Gewerkschaften geduldet werden könnten (»*tolerari posse*«); nur müssten die katholischen Arbeiter in diesem Fall zugleich auch kirchlichen Arbeitervereinen angehören. »Ich weiß nicht«, klagte Kopp in einem Schreiben an Korum, »wie Rom davon ein Ende der Streitereien [er]hoffen kann. Im Gegenteil, der Krieg wird jetzt erst recht losgehen«[13], fuhr er fort und prophezeite somit neuerliche Differenzen unter den Bischöfen. In der Tat suchten die einen das »*tolerari posse*« möglichst weit auszudehnen, während die anderen

---

11 So der berühmte Sozial- und Wirtschaftsethiker *Oswald von Nell-Breuning* (1890–1991) in seinem Art. Integralismus, in: LThK² 5 (1960) 717 f., hier: 717.

12 Zit. nach Schatz, Säkularisation 202.

13 Kopp an Korum, 15. Okt. 1912 (zit. nach Horstwalter Heitzer, Georg Kardinal Kopp und der Gewerkschaftsstreit 1900–1914, Köln/Wien 1983, 210). – Kopp sträubte sich zunächst sogar dagegen, die Enzyklika überhaupt zu publizieren (vgl. a. a. O. 210 f.).

darauf hinwiesen, dass die eigentlichen Sympathien des Papstes doch offensichtlich bei der Berlin-Trierer Richtung lägen[14].

In Kreisen der christlichen Gewerkschaften kursierten damals Sprüche wie der folgende, bei dem sich die lateinische Endung des Titels der Enzyklika Leos XIII. dem Reim beugen musste:

>*Was schert uns Kopp und Korum,*
wir pfeifen auf >Rerum Novorum<!«[15]

Nachdem 1913 – nicht zuletzt wegen einer schweren Erkrankung Kopps – eine Zuspitzung des Gewerkschaftsstreites verhindert werden konnte, wurde die Krise in den ersten Monaten des Jahres 1914 (aus denen unsere Karikatur stammt) erneut akut. Im Januar 1914 kam es nämlich zu einer ernsten Auseinandersetzung zwischen Kardinal Kopp und dem Nachfolger Kardinal Fischers in Köln, *Felix von Hartmann* (reg. 1912–1919), der in einer Rede im Dezember 1913 auf der Generalversammlung der katholischen Arbeiter- und Knappenvereine seiner Erzdiözese überraschend eindeutig zur Förderung der christlichen Gewerkschaften aufgerufen hatte[16]. Kopp bezeichnete diese Rede Hartmanns, den er bis dahin für einen Gesinnungsgenossen gehalten hatte, als »größte Enttäuschung meines Lebens«[17]. Da er Rom, das das gespannte Verhältnis zur preußischen Regierung keiner weiteren Belastung aussetzen wollte, nicht zu einer Stellungnahme gegen Hartmann gewinnen konnte, ließ sich der Breslauer Oberhirte in seiner Verärgerung zu einer maßlosen Attacke auf seinen Kölner Amtsbruder hinreissen, indem er ihm in einem am 11. Januar 1914 anonym erschienenen Leitartikel in der integralistischen Zeitschrift *Klarheit und Wahrheit* Unkenntnis und Missbrauch der Enzyklika »*Singulari quadam*« vorwarf und ihn zu einem öffentlichen Schuldbekenntnis aufforderte[18]. Anschließend legte sich Kopp wegen der Interpretation dieses päpstlichen Rundschreibens – unter Berufung auf eine angebliche Anordnung des Kardinalstaatssekretärs *Raffaele Merry del Val*[19], in Wirklichkeit wohl auf integralistische Einflüsterungen

---

14 Der vollständige (deutsche) Text der Enzyklika vom 24. Sept. 1912 ist mit dem Begleitschreiben der Bischöfe abgedruckt in: Texte zur katholischen Soziallehre. Die sozialen Rundschreiben der Päpste und andere kirchliche Dokumente, hg. v. Bundesverband der Katholischen Arbeitnehmer-Bewegung (KAB) Deutschlands, Kevelaer/Köln ⁹2007, 51–59.

15 Zit. nach Rudolf Morsey, Adam Stegerwald, in: ders. (Hg.), Zeitgeschichte in Lebensbildern. Aus dem deutschen Katholizismus des 20. Jahrhunderts, Mainz 1973, 206–219, hier: 209.

16 Die Sympathien des Oberhirten hatten zunächst den katholischen Arbeiterorganisationen gehört, aber »die offiziell neutrale Haltung des Heiligen Stuhls und die päpstliche Enzyklika ›Singulari quadam‹ von 1912 ermöglichten es Hartmann, in Köln eine elastischere Position gegenüber der Christlichen Gewerkschaftsbewegung einzunehmen« (Eduard Hegel, Art. Hartmann, in: Gatz, Bischöfe I 287; vgl. a. a. O. 286–289). Zu dieser Rede vom 18. Dez. 1913 siehe Heitzer (wie Anm. 13) 225–227.

17 Zit. nach Heitzer (wie Anm. 13) 247.

18 Hierzu Rudolf Brack, Deutscher Episkopat und Gewerkschaftsstreit 1900–1914 (= Bonner Beiträge zur Kirchengeschichte 9), Köln/Wien 1976, 341–361; Heitzer (wie Anm. 13) 230 f., 253 f.

19 Näheres zum diesbezüglichen Schreiben des Kardinalstaatssekretärs vom 13. Jan. 1914, das immerhin als Aufforderung zu einer Reaktion Kopps verstanden werden konnte (obgleich dies Mer-

hin – auch noch in einem offenen Brief mit dem Paderborner Bischof *Karl Joseph Schulte* an[20].

Die Kontroverse hätte höchstwahrscheinlich noch weitere Kreise gezogen, wenn Kopp, der Hartmann auf dem Sterbebett »herzlich um Verzeihung« bat[21], nicht am 4. März 1914 seinem Leiden erlegen wäre. Der bayerische Gesandte in Berlin, Hugo Graf von Lerchenfeld-Köfering, schrieb dazu am 9. März 1914 an den bayerischen Ministerpräsidenten Georg Freiherr von Hertling: »Sowohl im Zentrum als im Auswärtigen Amt nimmt man an, dass das Hinscheiden des Kardinals Kopp ruhigere Zeiten bringen wird. Denn mehr und mehr wird bekannt, dass sich bei dem alternden Kardinal ein Bedürfnis zu herrschen entwickelt hatte, das keinen Widerspruch und keine Konkurrenz duldete. Wie mir versichert wird, ist die ganze letzte Aktion Kopps gegen die Kölner Richtung im Grunde gegen die Person des Erzbischofs von Köln gerichtet gewesen. Kopp wollte nicht, dass Herr von Hartmann Kardinal würde[22] und ist nicht davor zurückgeschreckt, den Erzbischof in Rom anzuschwärzen.«[23] Merry del Val war daher der Ansicht, dass es für die »Reinheit des Andenkens Kopps« besser gewesen wäre, »wenn der Tod ihm die Augen drei Monate früher geschlossen hätte«[24].

Der durch den Tod Kopps entschärfte Gewerkschaftsstreit, der den jungen christlichen Gewerkschaften und der katholisch-sozialen Bewegung insgesamt großen Schaden zufügte, erlosch vollends durch den Ausbruch des Ersten Weltkrieges am 1. August 1914 und den Tod Pius' X. am 20. August 1914. »Die endgültige Lösung des Gewerkschaftsstreites«, bei dem es letztlich erneut um eine Verhältnisbestimmung von Kirche und Welt ging[25], erfolgte allerdings erst fünf Jahre später, »als unter dem massiven Druck des Episkopates die Führung des Berliner Verbandes der Auflösung der Fachabteilungen und ihrer Überführung in die christlichen Gewerkschaften zum 31.12.1919 zustimmen mußte«[26]. Diese Entwicklung bestätigte die Enzyklika »*Quadragesimo anno*« Pius' XI. zum 40-jährigen Jubiläum von

ry del Val anschließend energisch bestritt), bei Heitzer (wie Anm. 13) 231 f., 237, 253 f. Zu Raffaele Merry del Val siehe oben S. 86, Anm. 10.

20 Näheres zu diesem ebenfalls in der Zeitschrift *Klarheit und Wahrheit* publizierten Brief vom 25. Jan. 1914 und seinen Folgen bei Brack (wie Anm. 18) 362–430; Heitzer (wie Anm. 13) 234–243. Zu *Schulte* (1871–1941), der ab 1920 Nachfolger Hartmanns in Köln war, siehe Ulrich von Hehl, Art. Schulte, Karl Joseph, in: LThK³ 9 (2000) 301 (Lit.).

21 Zit. nach Heitzer (wie Anm. 13) 253. Kopp tat dies in seinem letzten, am 1. März 1914 diktierten Brief.

22 Im Mai 1914 erhielt von Hartmann dennoch den Kardinalspurpur.

23 Zit. nach Ernst Deuerlein, Der Gewerkschaftsstreit, in: Theologische Quartalschrift 139 (1959) 40–81, hier: 76. – Zu *Lerchenfeld-Köfering* (1843–1925; amt. 1880–1918) siehe Martin Ott, Art. Lerchenfeld auf Köfering und Schönberg, Hugo Graf von, in: GBBE 2 (2005) 1166 f., zu *Hertling* (1843–1919; amt. 1912–1917, 1917/18 Reichskanzler) vgl. Winfried Becker, Art. Hertling, Georg (Friedrich) Graf von, in: a.a.O. 840.

24 So berichtete es der preußische Gesandte beim Hl. Stuhl, Otto von Mühlberg, am 13. März 1914 nach Berlin (zit. nach Heitzer [wie Anm. 13] 248, Anm. 228).

25 Vgl. Brack (wie Anm. 18) 3.

26 Heitzer (wie Anm. 13) 1, Anm. 1. Vgl. Brack (wie Anm. 18) 442 f.

»*Rerum novarum*«, die 1931 der Köln-Mönchengladbacher Richtung ausdrücklich recht gab.

L   Frank G. Hirschmann, Kardinal, bleib bei deinem Rosenkranz!, in: Herbert Uerlings u. a. (Hgg.), Armut – Perspektiven in Kunst und Gesellschaft, Darmstadt 2011, 396 f. – Horstwalter Heitzer, Georg Kardinal Kopp und der Gewerkschaftsstreit 1900–1914, Köln/Wien 1983; Ernst Deuerlein, Der Gewerkschaftsstreit, in: Theologische Quartalschrift 139 (1959) 40–81; Hans-Michael Körner, Staat und Kirche in Bayern 1886–1918 (= VKZG B 20), Mainz 1977, 186–190; Rudolf Brack, Deutscher Episkopat und Gewerkschaftsstreit 1900–1914 (= Bonner Beiträge zur Kirchengeschichte 9), Köln/Wien 1976; Thomas Nipperdey, Religion im Umbruch. Deutschland 1870–1918, München 1988, 51–62 (»Die Katholiken und die Soziale Frage«).
K   Wilhelm Schulz.
Q   Simplicissimus 18 (1914) 800 (Nr. 47 v. 16. Febr.); Herbert Uerlings u. a. (Hgg.), Armut – Perspektiven in Kunst und Gesellschaft, Darmstadt 2011, 396 (Nr. 140, Abb. 304; farbig).

Karikaturen Nr. 17–37

Von der Weimarer Republik bis zur Gegenwart

17. Der Abgesandte Gottes
(18. Juni 1931)

Von Gott gesandt . . .

(45)

1. Beschreibung

Die Karikatur aus dem liberalen Berliner *8 Uhr-Abendblatt*, der ersten Spätabend-zeitung der deutschen Hauptstadt, zeigt den an Gesicht, Haartracht und Oberlippenbärtchen eindeutig erkennbaren *Adolf Hitler* (1889–1945), der als barfüßiger Engel in der Luft schwebt und auf die Erde zuzustreben scheint. Angetan mit einem weiten Gewand, auf dem viele kleine Hakenkreuze und ein großes Hakenkreuz auf der Brust zu sehen sind,

> Das seit 1945 in Deutschland verbotene Hakenkreuz war das offizielle Symbol der NSDAP und des nationalsozialistischen Deutschlands. Seit dem 4. Jahrtausend v. Chr. nachgewiesen, taucht diese Form des Kreuzes als *Swastika* häufig in asiatischen Kulturen auf. In Indien und Japan gilt es noch heute als glückverheißendes und unheilabwehrendes Symbol des Sonnenrades. In der germanischen Volkskunst hielt sich das Hakenkreuz nach der Christianisierung als dekoratives Element, bis es im Zuge der deutschtümelnden Rückbesinnung des 19. Jahrhunderts nationalistische Kreise um den *Turnvater Jahn* (Friedrich Ludwig Jahn, 1778–1852) neu entdeckten. Als es später u. a. von Freikorpsverbänden übernommen wurde, bekam es einen eindeutig völkischen und antisemitischen Charakter. Daher entschied sich Hitler auf der Suche nach einem Symbol »von großer plakatmäßiger Wirkung« für das Hakenkreuz und konzipierte selbst die Hakenkreuzfahne, die seit 1920 offizielles Banner der NSDAP und seit 15. September 1935 alleinige Nationalflagge war. Sie wurde zum zentralen Propagandamittel und zum Objekt eines religionsähnlichen Kultes, wie er sich in dem Lied der Hitlerjugend (HJ) *»Unsre Fahne flattert uns voran«* ausdrückt.
>
> Lit.: Horst Heidtmann, Art. Hakenkreuz, in: Zentner/Bedürftig, Lexikon 234 f. (Zitat: 235); Stefanie Endlich, Art. Hakenkreuz, in: Benz, Enzyklopädie 552 f.

verkündet der NS-»Gottesbote« mit ausgebreiteten Armen seine Botschaft, während von ihm Lichtstrahlen ausgehen, deren rechtes Bündel die kleine Ortschaft im Hintergrund berührt.

2. Deutung

Wie kam es zur – in unserer Karikatur sicherlich ironisch gemeinten – Stilisierung Hitlers zum überirdischen Heilsbringer?

Seine Anfänge waren alles andere denn verheißungsvoll. In recht einfachen Verhältnissen aufgewachsen, hatte er die Schule wegen ungenügender Leistungen mit 16 Jahren verlassen müssen, war von der Wiener Kunstakademie zweimal abgewiesen worden und hatte danach jahrelang ein unstetes Leben geführt, wobei er in verschiedenen Männerheimen wohnte und sich als Postkartenmaler betätigte. Nachdem er 1913 Österreich verlassen und sich 1914 als Freiwilliger zum bayerischen Heer gemeldet hatte, wurde er im Ersten Weltkrieg mehrmals für seine Tapferkeit ausgezeichnet, jedoch nicht befördert, weil man ihm einen Mangel an Führungsqualitäten attestierte. Bald aber entdeckte er auf politischen Versammlungen sein rhetorisches Talent[1] und machte sich rasch einen Namen in der völkischen Bewegung. Seit 1922 in Anlehnung an den italienischen »Duce« *Benito Mussolini* (1883–1945)[2] als »Führer« der NSDAP bezeichnet, wuchs er in den nächsten Jahren zusehends in diese Rolle hinein, so dass seine Autorität kaum mehr ernsthaft in Frage gestellt wurde, was zu späteren Parolen wie »Führer befiehl, wir folgen Dir!« oder »Der Führer hat immer recht!« führte. Schon kurz nach der Wiedergründung der NSDAP im Jahre 1925 wurde es unter den Anhängern der NSDAP üblich, mit den Worten »Heil Hitler!« zu grüßen.

Das wohl anschaulichste Beispiel für die beginnende Ausformung eines »Hitler-Mythos«[3] ist folgende, von *Hans Frank*[4] berichtete Episode aus der »Kampfzeit«[5]: Hitler trat in einem Krankenhaus in Leipzig an das Sterbebett eines jungen SA-Mannes, der bei einer der damals zahlreichen Straßenschlachten mit Kommunisten schwer verletzt worden war. »*Da – ich kann es nicht anders schildern, um bei der Wahrheit zu bleiben – verklärten sich die Augen des Sterbenden und stockend, langsam sagte er zu Hitler:* ›*Daß Sie gekommen sind, ist schön. Ich danke Ihnen sehr. Nun ich Sie noch gesehen habe, sterbe ich gerne.*‹*«*[6] Welcher Christ erinnerte sich da nicht an den greisen Simeon, dem im Tempel von Jerusalem die ihm von Gott verheißene Begegnung mit dem Jesusknaben zuteil wurde: »Nun läßt du, Herr, deinen Knecht, wie du gesagt hast, in Frieden scheiden. Denn meine Augen haben das Heil gesehen, das du vor allen Völkern bereitet hast« (Lk 2,29 f.)?

Schon vor 1933 setzte in Partei und Volk eine Legendenbildung ein, die von Anfang an nicht nur profane Züge trug. Dazu trug nicht zuletzt der damals völlig neuartige und spektakuläre Wahlkampf Hitlers per Flugzeug unter dem symbolträchtigen (und an unsere Karikatur erinnernden) Motto »Hitler über Deutschland«

---

[1] Darüber berichtet Hitler (sicherlich stilisiert) in »Mein Kampf«: »Ich sprach dreißig Minuten, und was ich früher, ohne es irgendwie zu wissen, einfach innerlich gefühlt hatte, wurde nun durch die Wirklichkeit bewiesen: ich konnte reden!« (Adolf Hitler, Mein Kampf, München [886-890]1943, 390; ganz ähnlich bereits a. a. O. 235).

[2] Zu Mussolini siehe unten S. 198, Anm. 5.

[3] Vgl. Ian Kershaw, Der Hitler-Mythos. Führerkult und Volksmeinung, Stuttgart 1999; ders., Führer und Hitlerkult, in: Benz, Enzyklopädie 13–26.

[4] *Hans Frank* (* 1900), der am Hitlerputsch von 1923 beteiligt war, hatte vor 1933 oftmals als Hitlers Anwalt fungiert und war so zum obersten Rechtsberater der NSDAP aufgestiegen. Nach der Machtergreifung Hitlers wurde er bayer. Justizminister, Reichsminister ohne Geschäftsbereich (1934), außerdem u. a. Reichsleiter des Rechtsamts der NSDAP und schließlich 1939 Generalgouverneur Polens, das er als »Wandalengau« titulierte und als »Polenschlächter« rücksichtslos ausbeutete; noch brutaler ging er gegen die Juden vor. Nach dem Zusammenbruch des Dritten Reiches wandelte er seine Gesinnung, bezeichnete den zu erwartenden Schuldspruch des Internationalen Militärgerichtshofes als richtig und gerecht und konvertierte zum Katholizismus. Am 16. Oktober 1946 wurde er in Nürnberg als Kriegsverbrecher gehenkt. Näheres bei Joachim C. Fest, Hans Frank. Kopie eines Gewaltmenschen, in: Fest, Gesicht 286–299.

[5] Als »Kampfzeit« wurden im nationalsozialistischen Sprachgebrauch rückblickend die Jahre von der Gründung der NSDAP (1919, bis 1920 DAP) bis zur Machtübernahme Hitlers (1933) bezeichnet und gerne nostalgisch verklärt. Näheres im Art. Kampfzeit, in: Zentner/Bedürftig 301 f.

[6] Hans Frank, Im Angesicht des Galgens. Deutung Hitlers und seiner Zeit auf Grund eigener Erlebnisse und Erkenntnisse, München 1953, 103.

(46) Mitglieder des BDM (Bund Deutscher Mädel) erwarten kniend auf der blumengeschmückten Straße die Ankunft des »Führers«.

bei: »Während die ungezählten Parteien der Republik mit Plakaten und Reden für sich warben und gegeneinander hetzten, während ihre Redner mit der Eisenbahn durch Deutschland dampften, erhob sich Hitler über das konventionelle Wahlgetümmel, stieg mit seinem Flugzeug – Kennzeichen D 1720 – in den Himmel und schwebte hoch über den Wolken von Ort zu Ort, von einer Massenversammlung zur anderen. 5000, 15000, 50000, 100000 … bis zu 300000 Menschen harrten oft stundenlang aus, um ihren Führer zu bewundern. Auf seinen fünf Deutschlandflügen« – die beiden ersten fanden vom 3. bis 10. April und von 16. bis 24. April 1932 statt – »hörten ihn über zehn Millionen Menschen.«[7] Die aufsehenerregende Wirkung dieser Aktionen machte sich nochmals *Leni Riefenstahl* (1902–2003) in ihrem Propagandafilm »*Triumph des Willens*« über den Nürnberger Reichsparteitag 1934 zunutze. Hitlers dortige Ankunft aus der Luft ließ die berühmte Regisseurin durch moderne Filmtechnik »als Epiphanie eines höheren Wesens« erscheinen. Überhaupt war dieser mit 30 Kameraleuten aufwendigst produzierte Film ein eindrucksvolles Zeugnis des Führerkults: »Der ›Führer‹, Heerschau haltend vor unübersehbaren Marschsäulen, umweht von Fahnen, getaucht in Fackelschein und Flutlicht.«[8]

Ab der Machtübernahme Hitlers kannte seine Überhöhung – durch Propagandaminister *Joseph Goebbels* (1897–1945) nachhaltig unterstützt[9] – dann kaum noch Grenzen. Die Verehrung des »Führers« sollte durch den Hitler-Gruß (»deutscher Gruß«), dessen Unterlassung als Zeichen antinationalsozialistischer Gesinnung gewertet und z.T. geahndet wurde[10], und durch das Aufhängen

---

7 Christian Zentner (Hg.), Ein Volk, ein Reich, ein Führer. Zeitgeschichte in Wort, Bild und Ton 1933–1937, Herrsching 1989, 35. Siehe hierzu auch ebd. die Karte mit den Flugrouten der ersten zwei Flüge.

8 Beide Zitate aus: Art. »Triumph des Willens«, in: Zentner/Bedürftig, Lexikon 586. – Näheres zu Riefenstahl, die auch als Tänzerin, Schauspielerin und Fotografin erfolgreich war, bei Lutz Kinkel, Die Scheinwerferin. Leni Riefenstahl und das »Dritte Reich«, Hamburg/Wien ²2002, bes. 62–88.

9 Zu *Goebbels*, der Hitler vergötterte und sich als beherrschende Gestalt der NS-Medien- und Kulturpolitik ganz in seinen Dienst stellte, siehe Joachim C. Fest, Joseph Goebbels oder »Canaille Mensch«, in: Fest, Gesicht 119–138; Peter Longerich, Joseph Goebbels. Biographie, München 2010.

10 Näheres zu diesem Gruss, der seit 13. Juli 1933 für alle Beamten obligatorisch war, bei Hermann

oder -stellen eines Hitlerbildes in Klassenzim-
mern, Amtsräumen und Privatwohnungen in
jedem Deutschen Wurzeln schlagen[11]. Häufig
begegnet auch die Bezeichnung Hitlers als
Retter. So meinte *Hermann Göring* (1893–
1946), der zweite Mann des Dritten Reiches
und damals Minister für Luftfahrt, im Jahre
1934: »Als aber die Not am größten geworden
war, schenkte der Herrgott dem deutschen
Volke den Retter.«[12] Eine Umdichtung von
»*Stille Nacht, heilige Nacht*«, des bekanntesten
aller Weihnachtslieder, gipfelte in dem Vers:
»Hitler, der Retter ist da!«[13], und auf einem
Sonderpoststempel zu Weihnachten 1938
hieß es: »Unser Führer, der Retter ist da!«[14]
Der Vergleich mit Jesus Christus, der hier
deutlich anklingt, wurde häufig unternommen. So schrieb die dritte Klasse einer

(47) Ein Mädchen schmückt 1935 zum Erntedankfest
(1. Sonntag im Oktober) ein Führerbild mit Feldblumen.

Münchner Volksschule im März 1934 folgendes Diktat: »*Jesus und Hitler. Wie Jesus
die Menschen von der Sünde und Hölle befreite, so rettete Hitler das deutsche Volk vor
dem Verderben. Jesus und Hitler wurden verfolgt; aber während Jesus gekreuzigt wurde, wurde Hitler zum Kanzler erhoben. Während die Jünger ihren Meister verleug-
neten und ihn im Stiche ließen, fielen die 16 Kameraden für ihren Führer*[15]. Die

Weiß, Art. Deutscher Gruß, in: Benz, Enzyklopädie 470 f.; Kershaw, Hitler-Mythos (wie Anm. 3)
81.

[11] Hierzu und zum folgenden Heinz Schreckenberg, Ideologie und Alltag im Dritten Reich, Frankfurt a. M. u. a. 2003, 473–475, 490–495 (Abb.). – Dass diese Anstrengungen nicht vergebens waren, belegen die vielen enthusiastischen Briefe, die Hitler erreichten (nicht selten mit Gedichten,
Zeichnungen und Fotos): Henrik Eberle (Hg.), Briefe an Hitler. Ein Volk schreibt seinem Führer.
Unbekannte Dokumente aus Moskauer Archiven – zum ersten Mal veröffentlicht, Bergisch Gladbach 2007; Theresa Ebeling u. a. (Hgg.), »Geliebter Führer«. Briefe der Deutschen an Adolf Hitler,
Berlin 2011.

[12] Hermann Göring, Aufbau einer Nation, Berlin 1934, 31. – Zu *Göring*, dem 1940 der eigens für ihn
geschaffene höchste Dienstrang der deutschen Wehrmacht (»Reichsmarschall des Großdeutschen
Reiches«) verliehen wurde, siehe Joachim C. Fest, Hermann Göring. Der Zweite Mann, in: Fest,
Gesicht 103–118, Volker Knopf / Stefan Martens, Görings Reich. Selbstinszenierungen in Carin-
hall, Berlin 1999; Werner Maser, Hermann Göring. Hitlers janusköpfiger Paladin. Die politische
Biographie, Berlin 2000.

[13] Zit. nach Rudolf Zinnhobler, Nationalsozialismus als Religion, in: Theologisch-praktische Quartalschrift 127 (1979) 139–149, hier: 147 (146–149: »Apotheose des Führers«).

[14] Abb. bei Judith Breuer / Rita Breuer, Von wegen Heilige Nacht! Das Weihnachtsfest in der politischen Propaganda, Mülheim a. d. Ruhr 2000, 91. Eine andere Abwandlung von »Stille Nacht« und
weitere Beispiele für Umdichtungen christlicher Weihnachtslieder a. a. O. 86–90.

[15] Gemeint waren die 16 Opfer des misslungenen Hitler-Putsches von 1923, die der »Führer« 1935
»meine Apostel« nannte, wozu *Victor Klemperer* bemerkte: »Er muß natürlich vier mehr haben
als sein Vorgänger« (Victor Klemperer, LTI. Notizbuch eines Philologen, Leipzig [15]1996, 119).

Apostel vollendeten das Werk ihres Herrn. Wir hoffen, daß Hitler sein Werk selbst zu Ende führen darf. Jesus baute für den Himmel, Hitler für die deutsche Erde.«[16] Der NS-Lehrer, der solches diktierte, war also der Ansicht, dass Hitler letztlich der bessere und erfolgreichere Jesus sei. In der deutschen Hitlerjugend sang man folgendes blasphemische Lied:

> *»Wir sind die fröhliche Hitlerjugend,*
> *Wir brauchen keine christliche Tugend,*
> *Denn unser Führer ist Adolf Hitler.*
> *Er ist unser Erlöser und Mittler.«*[17]

Und in einem Gedicht der österreichischen Hitlerjugend mit dem Titel »*Bekenntnis zum Führer*« lauten die Schlussverse:

> *»... der reine Glaube, den du uns gegeben,*
> *durchpulst bestimmend unser Leben.*
> *Mein Führer, du allein bist Weg und Ziel!«*[18]

Der vor 2000 Jahren den Menschen sagte: »Ich bin der Weg, die Wahrheit und das Leben« (Joh 14,6), ist jetzt nicht mehr aktuell. An seine Stelle ist Hitler getreten, für den sogar das »*Vater unser*« (Mt 6,9–13; Lk 11,2–4) bearbeitet wurde:

> *»Adolf Hitler, du bist unser großer Führer,*
> *Dein Name macht die Feinde erzittern,*
> *Dein Drittes Reich komme,*
> *Dein Wille sei allein Gesetz auf Erden.*
> *Laß uns täglich deine Stimme hören,*
> *und befehle uns durch deine Führer,*
> *denen wir gehorchen wollen unter Einsatz*
> *unseres eigenen Lebens.*
> *Das geloben wir,*
> *Heil Hitler!«*[19]

---

[16] Zit. nach Johann Neuhäusler, Kreuz und Hakenkreuz. Der Kampf des Nationalsozialismus gegen die katholische Kirche und der kirchliche Widerstand, 2 Bde., München ²1946, hier: Bd. 1, 111 f. (auch bei Hans Müller, Der pseudoreligiöse Charakter der nationalsozialistischen Weltanschauung, in: Geschichte in Wissenschaft und Unterricht 12 [1961] 337–352, hier: 340).

[17] Zit. nach Müller, Charakter [wie Anm. 16] 341 (mit leichten Abweichungen auch bei Neuhäusler [wie Anm. 16] Bd. 1, 121). Dieses Lied wurde nach einem Bericht der Gestapo in Aachen vom 7. Juni 1935 von der HJ gesungen und war offenkundig weit verbreitet.

[18] Zit. nach Werner Hamerski, »Gott« und »Vorsehung« im Lied und Gedicht des Nationalsozialismus, in: Publizistik 5 (1960) 280–300, hier: 293, wo das von *Ingeborg Capra(-Teuffenbach)* (1914–1992) verfasste Gedicht vollständig abgedruckt ist. In einem anderen Gedicht (zit. nach Hamerski 294; dort vollständiger Text) heißt es über Hitler: »*Es gibt so viele, die dir nie begegnen, / und denen trotzdem du der Heiland bist.*«

[19] Zit. nach Müller, Charakter (wie Anm. 16) 341. – Vgl. auch die Tischgebete zu Adolf Hitler bei Romano Guardini, Der Heilbringer. In Mythos, Offenbarung und Politik. Eine theologisch-politische Besinnung, Zürich 1946, 43, und Neuhäusler (wie Anm. 16) Bd. 1, 251.

Der **Flüsterwitz** im Dritten Reich nahm sich ebenfalls des grotesken Konkurrenzdenkens Hitlers mit Christus an.

> Der wohl gelungenste derartige Flüsterwitz lautet so: *Eines Tages ließ sich Hitler in einem Boot von Hermann Göring insgeheim aufs Meer hinausrudern. »Reichsmarschall«, sagte er, als sie ein Stück weit draußen waren, »kann man uns vom Lande aus noch sehen?« – »Nein, mein Führer«, meldete Göring, nachdem er sich vergewissert hatte. Daraufhin stieg Hitler aus dem Boot und versuchte nach dem Vorbild Jesu auf dem Wasser zu wandeln. Natürlich versank er sofort, und Göring konnte ihn gerade noch am Kragen wieder ins Boot ziehen. Nachdem Hitler reichlich Wasser ausgespien hatte, klopfte er mit dem Fingerknöchel schulmeisterlich auf die Bootsbank und stellte fest: »Dann hat es der andere auch nicht gekonnt!«*
>
> Wiedergegeben in Anlehnung an Hans-Jochen Gamm, Der Flüsterwitz im Dritten Reich, München 1963, 121.

Obgleich Hitler 1942 in einem seiner Tischgespräche erklärte, dass er »zu einem Auftreten als Messias keine Eignung in sich spüre«[20], bescheinigte ihm einer seiner frühen Mentoren und Mitstreiter, *Dietrich Eckart* (1868–1923), noch vor dem Novemberputsch 1923, dass er einen »Messiaskomplex« habe[21]. Einen solchen hatte er in der Tat, sagte er doch in einer Rede am 18. Dezember 1926 in München, »das Werk, welches Christus angefangen habe, werde er (Hitler) zu Ende führen« (wobei er hier den Kampf »gegen den jüdischen Weltfeind« meinte[22] ↗ KAR 20).

Zur Selbststilisierung als zweiten Erlöser und Messias diente Adolf Hitler
*   zum einen eine betont sakrale und religiös gefärbte Sprache mit vielen Bibelzitaten, wie sie ihm aufgrund seiner starken katholischen Sozialisation für seine **Reden** und Schriften zur Verfügung stand,

> Nur zwei Beispiele aus Hitlers Reden:
> *   1936 rief er seinen alten Kampfgefährten zu: *»Ihr habt einst die Stimme eines Mannes vernommen, und sie schlug an eure Herzen, sie hat euch geweckt, und ihr seid dieser Stimme gefolgt. Ihr seid ihr jahrelang nachgegangen, ohne den Träger der*

---

[20] Tischgespräch vom 5. Mai 1942 (mittags) im Führerhauptquartier Wolfsschanze (zit. nach Henry Picker, Hitlers Tischgespräche im Führerhauptquartier, Frankfurt a.M. 1951 [ND Frankfurt a.M./Berlin 1993], 267). Vgl. hierzu besonders Guardini (wie Anm. 19) 40–44.

[21] »Der Mann entwickelt ja einen hoffnungslosen Fall von Größenwahn. Letzte Woche trabte er hier im Hof auf und ab mit seiner verdammten Peitsche und brüllte: ›Ich muß nach Berlin wie Jesus in den Tempel von Jerusalem und die Wucherer hinauspeitschen‹ und derlei Unsinn mehr. [...] Wenn er diesem Messiaskomplex freien Lauf läßt, wird er uns noch alle zugrunderichten« (Dietrich Eckart, zit. nach Joachim C. Fest, Hitler. Eine Biographie, Frankfurt a.M./Berlin 1973 [ND 1989], 1070, Anm. 1; vgl. auch a.a.O. 287 und die Bibelstelle Mk 11,15 parr.). Zu Eckart, dem Hitler »*Mein Kampf*« widmete und der ab 1921 Hauptschriftleiter des *Völkischen Beobachters* war, vgl. Sonja Noller, Art. Eckart, Johann *Dietrich*, in: NDB 4 (1959) 284 (Lit.); Wistrich, Wer war wer 62.

[22] Zit. nach [Adolf] Hitler, Reden, Schriften, Anordnungen. Februar 1925 bis Januar 1933, hg. v. Institut für Zeitgeschichte, 6 Bde. in 13 Teilbden., München u.a. 1992–2003, hier: II/1 (1992) 105 f. (Dok. 59).

Stimme auch nur gesehen zu haben; ihr habt nur eine Stimme gehört und seid ihr gefolgt.«[23] Die »Keimzelle« dieser Sätze ist unschwer im Johannes-Evangelium auszumachen, wo Jesus vor Pontius Pilatus sagt: »Jeder, der aus der Wahrheit ist, hört auf meine Stimme« (Joh 18,37).

- Und am Tag vor der Abstimmung über den im März 1938 erfolgten Anschluss Österreichs an das Deutsche Reich erklärte Hitler: »*Ich glaube, daß es [...] Gottes Wille war, von hier einen Knaben in das Reich zu senden, ihn groß werden zu lassen, ihn zum Führer der Nation zu erheben, um es ihm zu ermöglichen, seine Heimat in das Reich heimzuführen. Es gibt eine höhere Bestimmung, und wir alle sind nichts anderes als ihre Werkzeuge.*«[24] Es ist förmlich mit Händen zu greifen, dass ihm hierbei die Kindheitsgeschichte Jesu vor Augen stand, der mit seinen Eltern vor der Verfolgung des Herodes nach Ägypten floh, »denn es sollte sich erfüllen, was der Herr durch den Propheten gesagt hat: *Aus Ägypten habe ich meinen Sohn gerufen*« (Mt 2,15 unter Verwendung von Hos 11,1). Zu Recht schreibt daher Werner Reichelt: »Hitler brauchte keine Biographen, er war von Anfang an sein eigener Evangelist.«[25]

Lit.: Manfred Eder, Hitler und die Bibel. Anmerkungen zu einem merkwürdigen Verhältnis, in: Georg Steins / Franz Georg Untergaßmair (Hgg.), Das Buch, ohne das man nichts versteht. Die kulturelle Kraft der Bibel (= Vechtaer Beiträge zur Theologie 11), Münster 2005, 130–162 (mit weiteren Beispielen, Belegen und Analysen).

- und zum anderen verbarg Hitler ängstlich jede menschliche Schwäche: Er verzichtete auf Alkohol, Tabak und Fleisch und hielt seine Beziehungen zu Frauen weitgehend geheim, um den Eindruck zu erwecken, als stehe er über allen menschlichen Gefühlen, Leidenschaften und Unzulänglichkeiten und opfere sich in heroischer Weise ausschließlich im Dienst am deutschen Volke auf. Niemals auch zeigte sich Hitler in der Öffentlichkeit mit Brille oder duldete, dass »Brillen-Bilder« von ihm veröffentlicht wurden[26].

Die Resonanz blieb nicht aus: »Auf den Messias warteten die deutschen Massen. Wenn einer kam, der es zu sein behauptete und so klang, als könnte er es möglicherweise wirklich sein – konnte man sich leisten, ihn vielleicht umsonst gekommen sein zu lassen? Hier lag wahrscheinlich Hitlers intimstes Erfolgsgeheimnis.«[27]

Selbst im Frühjahr 1945, als alles schon verloren war, hielt Hitler noch an seiner Messias-Rolle fest; er fühlte sich jetzt wie Jesus in der Passion – von Judas verraten, von den Jüngern im Stich gelassen und zu Unrecht geschlagen (vgl. Joh 18,22 f.):

---

[23] Rede auf dem Nürnberger Reichsparteitag beim Appell der Politischen Leiter am 11. Sept. 1936 (zit. nach Max Domarus, Hitler. Reden und Proklamationen 1932–1945. Kommentiert von einem deutschen Zeitgenossen, 2 Bde. [Seiten durchgezählt], Neustadt a. d. Aisch 1962/63, 641).

[24] Wahlrede in der Halle des Wiener Nordwestbahnhofs am 9. April 1938 (zit. nach Domarus [wie Anm. 23] 849).

[25] Werner Reichelt, Das braune Evangelium. Hitler und die NS-Liturgie, Wuppertal 1990, 11.

[26] *Max Domarus* kommentierte dies ironisch mit dem Satz: »Der Gottmensch zeichnet sich nicht nur durch geistige, sondern auch durch körperliche Hellsichtigkeit aus!« (Domarus [wie Anm. 23] 19) – Zur Ernährung Hitlers vgl. Robert N. Proctor, Blitzkrieg gegen den Krebs. Gesundheit und Propaganda im Dritten Reich, Stuttgart 2002, 156–163 (»Der ›Führer‹ ißt«).

[27] Sebastian Haffner, Und führ' uns gleich ins 3. Reich. Volk, dein Retter ist da, in: Zentner, Volk (wie Anm. 7) 16–22, hier: 21 f. Zu Haffner ↗ **KAR 21** INFOBOX.

»Nichts bleibt mir erspart. Keine Treue, keine Ehre mehr. Keine Enttäuschung, kein Verrat ist mir erspart geblieben. Es gibt kein Unrecht, daß man mir nicht zugefügt hätte.«[28]

(48) Da Hitler hier eine Brille trägt, wurde das Foto von der Pressezensur verboten und durchgestrichen (Prag 1939).

L   Werner Reichelt, Das braune Evangelium. Hitler und die NS-Liturgie, Wuppertal 1990; Ian Kershaw, Der Hitler-Mythos. Führerkult und Volksmeinung, Stuttgart 1999; Ludolf Herbst, Hitlers Charisma. Die Erfindung eines deutschen Messias, Frankfurt a. M. 2011; Manfred Eder, Wenn das »Tausendjährige Reich« mehr als ein dutzendjähriges gewesen wäre … Nationalsozialistische Pläne und Visionen zu Kirche und Religion für die Zeit nach dem »Endsieg«, in: Saeculum 56 (2005) 139–168, bes. 154–158 (etwas veränderte Fassung: Hätte die Kirche nach dem »Endsieg« eine Zukunft gehabt? Pläne und Visionen zur Religion im »Tausendjährigen Reich«, in: Joachim Kuropka [Hg.], Streitfall Galen. Studien und Dokumente, Münster ²2007, 357–384, bes. 370–373); Marcel Atze, »Unser Hitler«. Der Hitler-Mythos im Spiegel der deutschsprachigen Literatur nach 1945, Göttingen 2003.

K   anonym.

Q   8 Uhr-Abendblatt (Berlin) vom 18. Juni 1931; Kurt Dietrich Schmidt, Einführung in die Geschichte des Kirchenkampfes in der nationalsozialistischen Zeit, hg. v. Jobst Reller, Hermannsburg 2009, vorderer Umschlag.

---

[28]   Hitler zur Pilotin *Hanna Reitsch* (1912–1979), die dem von ihr glühend verehrten »Führer« Ende April 1945 das ausgeschlagene Angebot gemacht hatte, ihn aus dem brennenden Berlin auszufliegen (zit. nach Fest, Hitler [wie Anm. 21] 1010).

18. Die NSDAP und das parlamentarische Riesenrad der Weimarer Republik
(18. Sept. 1932)

(49)

Die als Kommentar zu den Parlamentswahlen vom 31. Juli 1932 erschienene Karikatur des *Kladderadatsch* zeigt ein Riesenrad, bei dem jede Gondel einer anderen der im Deutschen Reichstag vertretenen Parteien gehört und in den jeweiligen Parteifarben gehalten ist. In der Mitte steht der **Deutsche Michel** mit der typischen Zipfelmütze auf dem Kopf, einer Pfeife im Mund und seinen Händen in den Hosentaschen.

> Der heute fast nur noch in Karikaturen verwendete Deutsche Michel ist eine seit 1541 nachweisbare nationale Personifikation der Deutschen, ähnlich der *Marianne* in Frankreich, dem *John Bull* in England oder *Uncle Sam* in den USA. Oft ist er als einfacher Bauer (-nbursche) mit Zipfelmütze dargestellt und symbolisiert einen ungebildeten und schläfrigen Menschen, im 19. und 20. Jahrhundert auch einen gutmütigen, obrigkeitshörigen Zeitgenossen, der vor allem seine Ruhe haben möchte. Michel ist die Kurzform von Michael, dem »Engelfürsten« (vgl. Dan 10,13.21 und 12,1), der (mittels Schwert oder Lanze) mit dem Teufel rechtet und kämpft (Jud 9, Offb 12,7) und beim Jüngsten Gericht die Seelen der zu Richtenden wägt. Das in der Normandie gelegene Heiligtum des Erzengels Michael, der Mont-Saint-Michel, zog seit dem 9. Jahrhundert insbesondere Wallfahrer aus Deutschland an, weswegen sie die Franzosen als »deutsche Michel« titulierten. In die Zeit der Christianisierung der Germanen im Frühmittelalter datieren auch die Anfänge St. Michaels als Schutzheiliger und Nationalpatron der Deutschen.
>
> Lit.: Annemarie Brückner, Art. Michaelsverehrung, in: TRE 22 (1992) 717–724; Peter Franz, Der deutsche Michel, in: Kurt Pätzold /Manfred Weißbecker (Hgg.), Schlagwörter und Schlachtrufe. Aus zwei Jahrhunderten deutscher Geschichte, Bd. 2, Leipzig 2002, 246–250; Joseph Bernhart, Zeit-Deutungen. Schriften, Beiträge und bislang unveröffentlichte Vorträge zu Problemen der Politik und Kultur aus den Jahren 1918–1962, komm. und hg. von Manfred Weitlauff und Thomas Groll, Weißenhorn 2007, 635–756 (Michael und seine Bedeutung in der deutschen Frömmigkeitsgeschichte).

Der Deutsche Michel lehnt, die Beine übereinander geschlagen, erschöpft und mit geschlossenen Augen an der Winde des Rades, das er mit einem großen Hebel drehen und damit wieder in Gang setzen könnte, aber sich offensichtlich eine »Auszeit« nimmt, nachdem er den Nationalsozialisten mit 37,3 % der Stimmen und 230 von 608 Sitzen eine komfortable Mehrheit beschert hat[1]. Das sich in der Endphase der Weimarer Republik immer schneller drehende Parteienkarussell auf dem »parlamentarischen Rummelplatz« hat hierdurch eine »Betriebsstörung«, die mit dem damals rechtslastigen *Kladderadatsch* vermutlich zahlreiche Wähler als »eine erfreuliche Erscheinung« bewerteten. Nach *Gisold Lammel* begab das Satireblatt »sich bereits in den zwanziger Jahren auf den Weg, der geradlinig zum III. Reich und II. Weltkrieg führte. Sein Eintreten für die bürgerlich demokratische Revolution von 1848 war vergessen worden, dafür hatten ihn Nationalismus, Chauvinismus und Antisemitismus paralysiert.«[2]

Wie konnte es dazu kommen, dass die Stärkung der NSDAP, ohne die fortan

---

[1] Am 6. November 1932 sollte freilich bereits die nächste Reichstagswahl stattfinden.

[2] Lammel 230. – Ganz ähnlich lautet das Urteil von *Klaus Schulz:* »Der K[ladderadatsch] brauchte nicht erst gleichgeschaltet zu werden, er war es schon« (Schulz, Kladderadatsch 201; vgl. a.a.O. 201–212: »Das Witzblatt [Kladderadatsch] im Dritten Reich«).

(50)

keine Regierungskoalition mehr denkbar war, als »erfreuliche Erscheinung« beurteilt wurde?

1. Zum historischen Hintergrund

Eine Finanz- und Spekulationskrise in den USA, die am »Schwarzen Freitag«
(29. Oktober 1929) mit dem Zusammenbruch der New Yorker Börse ihren Höhepunkt erreichte, wuchs sich aufgrund der internationalen Kredit- und Wirtschafts-
verflechtungen zu einer *Weltwirtschaftskrise* aus. Infolge der herrschenden Inflation,
der wegen des verlorenen Ersten Weltkriegs zu leistenden Reparationszahlungen
und eines tiefgreifenden Kapitalmangels traf die Weltwirtschaftskrise Deutschland
besonders schwer. Während die innerlich gefestigten Demokratien die Krise allmählich in den Griff bekamen, ohne die demokratische Gesellschaftsform in Frage zu
stellen, weitete sich die wirtschaftliche Schieflage hierzulande zu einer Krise des
parlamentarischen Systems aus. Angesichts eines Millionenheeres von Arbeitslosen
verbreitete sich die Auffassung, dass die aufgrund des Verhältniswahlrechts zersplitterten[3], oft zerstrittenen und bei den zahlreichen Reichstags- und Landtagswahlen

---

[3]   Im Gegensatz zum Mehrheitsprinzip, bei dem vorrangig die Hervorbringung einer Regierungs-
mehrheit angezielt wird, ist die Verhältniswahl darauf ausgerichtet, dass sich die Stimmenvertei-
lung möglichst exakt und repräsentativ in der Verteilung der Mandate spiegelt. Dies gibt kleinen

(51) Zwei Wahlplakate der KPD (links) bzw. NSDAP aus dem Jahr 1932 mit den Namen der Spitzenkandidaten (Ernst) Thälmann und (Adolf) Hitler

zudem häufig wechselnden demokratischen Kräfte (20 deutsche Regierungen in 14 Jahren!) nicht mehr in der Lage seien, die massiven Probleme zu lösen. Dieser Eindruck wurde dadurch verstärkt, dass an die Stelle der parlamentarischen Gesetzgebung immer mehr Notverordnungen des Reichspräsidenten traten und ab 1930 im Reich nur noch Minderheitsregierungen (Präsidialkabinette) zustande kamen. In dieser misslichen Lage wandte sich eine immer größer werdende Zahl von Wählern den mit Schuldzuweisungen und maßlosen Versprechungen für sich werbenden radikalen Parteien am rechten und linken Rand des Parteienspektrums (NSDAP und KPD[4]) zu, die jedoch keine Alternative innerhalb des parlamentarischen Systems der Weimarer Republik bieten, sondern dieses System untergraben und die Tätigkeit von Volksvertretung und Regierung stören und lahmlegen wollten.

In einem Leitartikel der Zeitschrift *Der Angriff*, dem offiziellen Presseorgan des Berliner NS-Gauleiters (und späteren Reichspropagandaministers) *Joseph Goebbels*, äußerte sich dieser im April 1928 ganz offen über die eigentlichen Ziele der NSDAP: *»Wir gehen in den Reichstag hinein, um uns im Waffenarsenal der Demokratie mit deren eigenen Waffen zu versorgen. Wir werden Reichstagsabgeordnete, um die Weimarer Gesinnung mit ihrer*

Parteien größere Chancen, in Parlamente einzuziehen, erhöht aber die Gefahr einer blockierend wirkenden Aufsplitterung der Abgeordneten, weswegen in der BRD eine Sperrklausel (»Fünf-Prozent-Hürde«) eingeführt wurde. Vgl. hierzu den Art. Verhältniswahl, in: Manfred G. Schmidt, Wörterbuch zur Politik, Stuttgart 1995, 1002.

[4] Zu beiden Parteien siehe die folgenden INFOBOXEN!

eigenen Unterstützung lahmzulegen. Wenn die Demokratie so dumm ist, uns für diesen Bärendienst Freifahrtkarten und Diäten zu geben, so ist das ihre Sache. Wir zerbrechen uns darüber nicht den Kopf. Uns ist jedes gesetzliche Mittel recht, den Zustand von heute zu revolutionieren. Wenn es uns gelingt, bei diesen Wahlen sechzig bis siebzig Agitatoren und Organisatoren unserer Partei in die verschiedenen Parlamente hineinzustecken, so wird der Staat selbst in Zukunft unseren Kampfapparat ausstatten und besolden. [...] Auch Mussolini ging ins Parlament. Trotzdem marschierte er nicht lange darauf mit seinen Schwarzhemden nach Rom[5]. [...] Wir kommen als Feinde! Wie der Wolf in die Schafherde einbricht, so kommen wir[6]. Jetzt seid ihr nicht mehr unter Euch! Und so werdet Ihr keine reine Freude an uns haben!«[7]

Wie angekündigt (↗ obige INFOBOX!) hatte das Parlament in den Jahren ab 1928 tatsächlich wenig Freude an den Nationalsozialisten. Um der Öffentlichkeit dessen Unfähigkeit vor Augen zu führen, unternahmen sie immer wieder Störaktionen wie die Anzettelung von Tumulten und Schlägereien, das demonstrative Singen von NS-Liedern oder den Auszug aus dem Sitzungssaal, um die Beschlussunfähigkeit zu erreichen. Dazu kam die exzessive Anwendung des Misstrauensantrags. Von Oktober 1930 bis Ende 1932 stellten die NSDAP, die KPD und die ebenfalls einen antidemokratischen Kurs verfolgende DNVP[8] insgesamt 59 Misstrauensanträge, um Regierungen oder einzelne Minister zu stürzen. NSDAP und KPD, die bei der Wahl am 31. Juli

---

[5]   *Benito Mussolini* (1883–1945) gründete 1919 die »*Fasci di Combattimento*« (Kampfbünde), die er 1921 in die »*Partito Nazionale Fascista*« (Faschistische Partei, PNF) umwandelte. Als deren Abgeordneter liess er am 28. Oktober 1922 seine Gefolgsmänner in Parteiuniform (mit schwarzen Hemden) den »Marsch auf Rom« unternehmen (er selbst fuhr mit dem Zug) und drängte den italienischen König *Viktor Emanuel III.* (reg. 1900–1946), der einen Bürgerkrieg vermeiden wollte, ihn mit der Regierungsbildung zu betrauen. Am 31. Oktober 1922 wurde er so Ministerpräsident einer Koalitionsregierung. Bis 1924 hatte der redegewaltige Mussolini als »Duce« (Führer) und »Capo del Governo« (Regierungschef) alle Macht des Landes in seiner Hand konzentriert und – wie später der »Führer« Hitler – einen Einparteienstaat errichtet. Näheres bei Walter Rauscher, Hitler und Mussolini. Macht, Krieg und Terror, Regensburg/Graz 2001, hier: 53–78.

[6]   Vgl. Joh 10,12.

[7]   Joseph Goebbels, Was wollen wir im Reichstag?, in: *Der Angriff* v. 30. April 1928, 1 f. – Einen Monat später äußerte er sich nochmals in ähnlicher Weise: »›Was geht uns der Reichstag an‹, schrieb er höhnisch im *Angriff*. ›Wir haben nichts mit dem Parlament zu tun. Wir lehnen es innerlich ab und stehen auch nicht an, dem nach außen hin kräftig Ausdruck zu verleihen. (...) Ich bin kein Mitglied des Reichstages. Ich bin ein IdI. Ein IdF. Ein Inhaber der Immunität, ein Inhaber der Freifahrtkarte. (Ein IdI) beschimpft das ›System‹ und empfängt dafür den Dank der Republik in Gestalt von siebenhundertfünfzig Mark Monatsgehalt‹« (Joseph Goebbels, IdI, in: *Der Angriff* vom 28. Mai 1928, zit. nach Ralf Georg Reuth, Goebbels, München 1990, 139). So konnte Goebbels 1934 mit Recht schreiben: »Wir Nationalsozialisten haben [...] niemals behauptet, daß wir Vertreter eines demokratischen Standpunktes seien, sondern wir haben offen erklärt, daß wir uns der demokratischen Mittel nur bedienen, um die Macht zu gewinnen, und daß wir nach der Machteroberung unseren Gegnern rücksichtslos alle Mittel versagen würden, die man uns in Zeiten der Opposition zugebilligt hatte« (Joseph Goebbels, Wesen und Gestalt des Nationalsozialismus [= Schriften der Deutschen Hochschule für Politik 8], Berlin 1934, 13). Zu Goebbels siehe oben S. 188, Anm. 9.

[8]   Zur DNVP siehe das Folgende (einschließlich INFOBOX)!

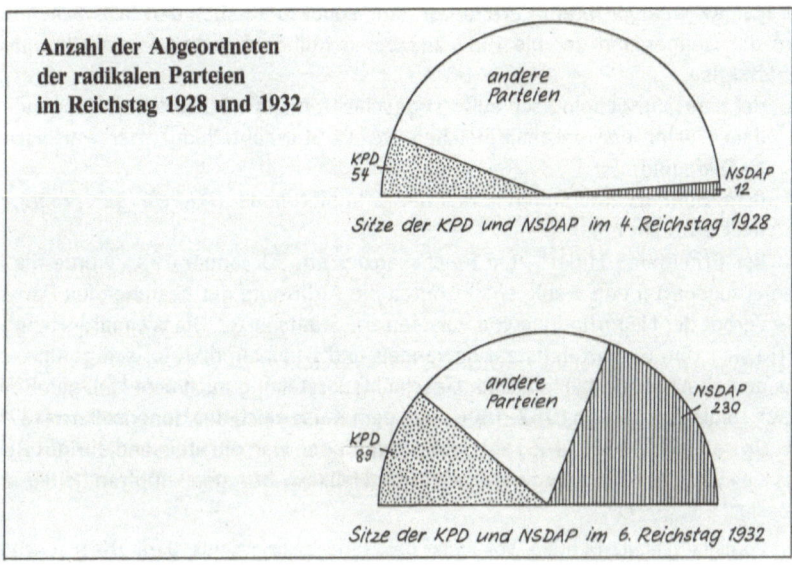

Anzahl der Abgeordneten
der radikalen Parteien
im Reichstag 1928 und 1932

andere
Parteien

KPD
54

NSDAP
12

Sitze der KPD und NSDAP im 4. Reichstag 1928

andere
Parteien

NSDAP
230

KPD
89

Sitze der KPD und NSDAP im 6. Reichstag 1932

(52)

1932 zusammen die absolute Mehrheit gehabt hätten (309 [230+89] von 608 Sitzen),
waren zwar wegen unüberbrückbarer inhaltlicher Differenzen nicht in der Lage, eine
Koalition zu bilden, sehr wohl aber dazu, das Weimarer Parlament zu einem »Rummelplatz« übelster Sorte zu machen und dadurch systematisch zu ruinieren.

2. Das Riesenrad der Parteien unter die Lupe genommen

In dem zum Stehen gekommenen Riesenrad ist die oberste, mit dem NS-Haken-
kreuz-Emblem versehene Gondel von jungen, jubelnden Nationalsozialisten in
brauner Uniform besetzt, die sich verständlicherweise sehr darüber freuen, dass sie
nunmehr die stärkste Fraktion im 6. Reichstag der Weimarer Republik stellen und
somit in der Tat obenauf sind. Deshalb ist dies die einzige Gondel, in der sich drei
Personen und zwei Fahnen statt nur einer befinden.

Die im Januar 1919 in München gegründete Deutsche Arbeiterpartei (DAP), im Jahr
darauf in Nationalsozialistische Deutsche Arbeiterpartei (NSDAP) umbenannt, wählte
1921 den im September 1919 beigetretenen, im österreichischen Braunau geborenen
Gefreiten *Adolf Hitler* (1889–1945) zu ihrem mit fast unbeschränkten Vollmachten aus-
gestatteten Vorsitzenden. Die Struktur und Organisation der rechtsradikalen Partei war
antidemokratisch, zentralistisch, autoritär und völlig auf den (seit 1922 so benannten)
»Führer« Hitler ausgerichtet. In den 20er Jahren noch eine unbedeutende Splitterpartei
(1928: nur 2,6 % der Stimmen), erwies sich Hitlers Taktik der Erringung der Macht auf
legalem, parlamentarischem Weg als sehr wirkungsvoll. So stieg sowohl die Zahl der
Wähler ab 1930 rapide an (1930: 18,3 %; 1932: 37,3 %, 1933: 43,9 %) als auch diejenige
der Mitglieder (1930: 400.000; 1931: 800.000; 1933: 1 Million). Diese Erfolge verdankte

die NSDAP weniger ihrem Parteiprogramm, sondern – neben den Schwächen und Fehlern der Gegner und der bis 1932 zu über 6 Millionen Arbeitslosen führenden Wirtschaftskrise –

- der massenpsychologisch äußerst geschickten und effektvollen Propaganda
- dem Terror der paramilitärischen SA (= Sturmabteilung), der Parteiarmee der NSDAP, und
- dem Bündnis mit anderen rechten Gruppierungen (»Harzburger Front«; ↗ unten INFOBOX DNVP).

Mit der Ernennung Hitlers zum Reichskanzler am 30. Januar 1933 wurde die NSDAP Regierungspartei und wenig später durch die Auflösung der bestehenden Parteien und das Verbot der Neugründung von Parteien zur Staatspartei. Die Weimarer Republik aber hatte sich zum Einparteienstaat gewandelt und zu einem diktatorisch geführten Reich, das gemäß nationalsozialistischer Geschichtsdarstellung nach dem Heiligen Römischen Reich Deutscher Nation (962–1806) und dem Kaiserreich der Hohenzollern (1871–1918) das *Dritte Reich* (1933–1945) auf deutschem Boden war, ein »tausendjähriges Reich«, an das sich von der NS-Propaganda geschürte Heilserwartungen knüpften (Hitler als neuer Messias! ↗ KAR 17)[9].

Lit.: Cornelia Schmitz-Berning, Vokabular des Nationalsozialismus, Berlin/New York 1998 (ND 2000), 156–160; Art. Drittes Reich, in: Zentner/Bedürftig, Lexikon 134 f.

Im Uhrzeigersinn schließt sich die in den Farben des Kaiserreichs (schwarz-weiß-rot) gehaltene Gondel der »D.N.V.P.« an, also der **Deutschnationalen Volkspartei**. Trotz der Nähe zur Nachbargondel blickt der mit Zylinder und Frack gehoben gekleidete Insasse mit einem Fernglas auf die »Braunhemden«, was wohl den großen Abstand der damals durchaus in eine ähnliche politische Richtung tendierenden DNVP (5,9 %, 37 Sitze) zur NSDAP zum Ausdruck bringen soll. Der abgebildete Herr stellt wohl den Parteivorsitzenden *Alfred Hugenberg* dar, der eine runde Brille und einen solchen Schnurrbart trug, wie er in der Karikatur erkennbar ist.

Die 1918 von Politikern unterschiedlichster Couleur (deutsch-konservativ, freikonservativ, christlich-sozial, alldeutsch-nationalliberal, antisemitisch) gegründete Deutschnationale Volkspartei (DNVP) war die stärkste bürgerlich-nationale Partei in der Weimarer Republik und verstand sich als monarchistische Interessenvertretung von Großgrundbesitz und Bürgertum. Unter dem Eindruck starker Verluste bei der Reichstagswahl 1928 (14,3 %, 73 Sitze; dagegen 1924: 19,5 %, 106 Sitze) wurde der Medienzar *Alfred Hugenberg* (1865–1951), der von 1909 bis 1918 Vorstandsvorsitzender der Krupp KG (Essen) gewesen war, zum Parteivorsitzenden gewählt. Er setzte sich zum Ziel, durch radikale Opposition und außerparlamentarische Wirksamkeit das parlamentarische System zugunsten eines autoritären zu beseitigen. Da die DNVP durch die Reichstagswahl 1930 auf 7 % (41 Abgeordnete) reduziert wurde, bildete Hugenberg zusammen mit dem antirepublikanischen Soldatenbund »Stahlhelm« und der NSDAP eine nationale Samm-

---

9 Interessanterweise hatte Hitler jedoch als Zeuge beim *Reichswehrprozess* »das alte Deutsche Reich« (= Kaiserreich) als erstes und die sonst als »Zwischenreich« betrachtete Weimarer Republik als zweites Reich bezeichnet, dem das erhoffte neue Reich als Drittes Reich folgen werde. Siehe die diesbezügliche Aussage Hitlers, zit. bei Peter Bucher, Der Reichswehrprozeß. Der Hochverrat der Ulmer Reichswehroffiziere 1929/30 (= Militärgeschichtliche Studien 4), Boppard am Rhein 1967, 268 f.

lungsbewegung, die 1931 als »*Harzburger Front*« auftrat, aber nicht über ein gemeinsames politisches Konzept verfügte. In der Illusion, Hitler für seine eigenen politischen Ziele einspannen zu können, setzte Hugenberg zu dessen Unterstützung den Propagandaapparat seines Medienkonzerns ein, machte ihn bei Industrie und Großbürgertum salonfähig und wurde dadurch zu einem der wichtigsten Wegbereiter der nationalsozialistischen Machtergreifung. Zunächst noch als Mehrheitsbeschafferin nützlich, verlor die DNVP nach Erlass des *Ermächtigungsgesetzes* vom 24. März 1933, das grundlegende Prinzipien der Demokratie und des Rechtsstaates außer Kraft setzte (Verfassungsmäßigkeit der Gesetze, Verantwortlichkeit der Regierung vor der Volksvertretung, Gewaltentrennung), jeglichen Einfluss. Hugenberg, im ersten Kabinett Hitler noch Minister, wurde am 27. Juni 1933 zum Rücktritt gezwungen und die DNVP gleichzeitig aufgelöst.

Als nächstes folgt die in den päpstlichen Farben gelb und weiß gestreifte Gondel der **Deutschen Zentrumspartei** (»Z.«) und ein beleibter höherer Kleriker mit Talar und Scheitelkäppchen (Pileolus) darin. Mit offenem Mund schaut er zur NS-Gondel hinauf. Vielleicht soll hier der (allerdings nicht so korpulente) »Zentrumsprälat« *Ludwig Kaas* dargestellt werden, der die Partei seit Dezember 1928 führte.

Das Wählerreservoir der 1870 gegründeten Deutschen Zentrumspartei (↗ KAR 9) beschränkte sich nahezu ausschließlich auf die Katholiken (1920: etwa 20 Mio. = 33 % der Deutschen), umfaßte aber als Volkspartei in der Mitte des Parteienspektrums (daher der Name) Mitglieder und Anhänger aus allen Gruppen der katholischen Bevölkerung. Das Zentrum lehnte den Umbruch von 1918 zwar ab, arbeitete jedoch maßgeblich an der Weimarer Reichsverfassung mit und gehörte bis 1932 in verschiedenen Koalitionen allen Reichsregierungen an. Die Spannungen innerhalb der Partei – mit Abspaltung der Bayerischen Volkspartei (BVP) 1920 – konnten nur durch eine verstärkte Betonung des weltanschaulichen (d. h. katholischen) Charakters der Partei und die erstmalige Wahl eines Geistlichen zum Parteivorsitzenden überbrückt werden. Es handelte sich dabei um *Ludwig Kaas* (1881–1952), von 1918 bis 1924 Professor für Kirchenrecht in Trier und seit 1920 Mitglied des Reichstages, der als langjähriger Berater des päpstlichen Nuntius Eugenio Pacelli (später Pius XII.) dem konservativen »römischen« Flügel seiner Partei angehörte. Nach dem Sturz von Reichskanzler Heinrich Brüning (Zentrum) im Mai 1932 befürwortete Kaas die Bildung einer Regierung der »nationalen Konzentration« unter Einschluss der Nationalsozialisten. Als Hitler die Macht übernommen hatte, setzte Kaas in seiner Fraktion die Zustimmung zum Ermächtigungsgesetz durch (↗ oben INFOBOX DNVP!) und war in Rom maßgeblich an der Ausarbeitung des Reichskonkordats vom 20. Juli 1933 beteiligt (↗ KAR 19). Da der »Führer« eine Beteiligung an der Regierungsarbeit nicht zuließ und seine Zusicherungen die Partei überflüssig zu machen schienen, löste sich das Zentrum bereits Anfang Juli 1933 selbst auf; Kaas blieb unter Wahrnehmung verschiedener Aufgaben (u. a. Kanonikus von St. Peter, d. h. Vermögensverwalter der Peterskirche und Leiter der Dombauhütte) bis zu seinem Lebensende im Vatikan.

Lit.: Rudolf Morsey, Art. Kaas, in: StL[7] 3 (1987) 273 f.; Martin Persch, Art. Kaas, in: BBKL 3 (1992) 907–915 (Lit.); Felix Nikolaus Bohr, Die Akte Kaas. Der Trierer Prälat im Fadenkreuz der faschistischen Geheimpolizei Italiens (1928–1941), in: imprimatur 44 (2011) H. 2/3 (26. März), 104–107.

Der durch seine rote Ballonmütze für Zeitgenossen leicht identifizierbare Herr in der Gondel der **Sozialdemokratischen Partei** (»S.P.D.«) darunter ist aufgestanden und deutet – offenbar laut rufend – auf den Deutschen Michel, den er zur Aktivität ermuntern möchte. Die rote Fahne an seiner Gondel weist 3 Pfeile auf, die das Symbol der 1931 von der SPD, den freien Gewerkschaften, dem Arbeiter-Turn- und Sportbund (ATSB) und dem politischen Kampfverband »Reichsbanner Schwarz-Rot-Gold« gegründeten »Eisernen Front« waren, dem Gegenbündnis bürgerlicher Kräfte zur »Harzburger Front« (↗ oben INFOBOX DNVP). Dass diese drei Pfeile, die

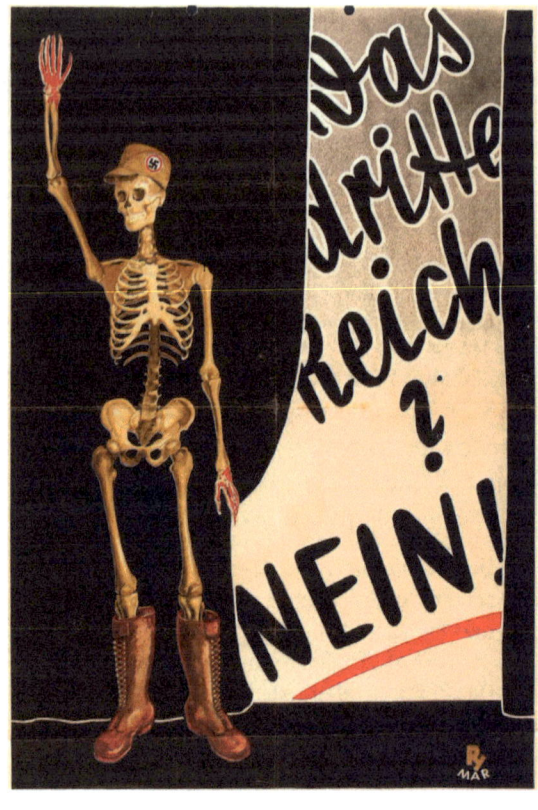

- für die drei Feinde der Demokratie (Kommunisten, Monarchisten, Nationalsozialisten), aber auch
- für die drei Säulen der Arbeiterbewegung (Partei, Gewerkschaften und Reichsbanner = Symbole für die politische, wirtschaftliche und physische Kraft der Eisernen Front)

(53) Wahlplakat der SPD von 1932 mit dem blutigen Skelett eines SA-Mannes als drastische Warnung vor der NSDAP

standen, nach unten zeigen, entspricht zwar den Originalfahnen und -emblemen, aber auch der sinkenden Bedeutung der SPD im Laufe der Weimarer Republik – namentlich durch Stimmenverluste an die KPD (1928: 29,8 %; 1932: 21,6 %; 1933: 18,3 %).

Die 1875 durch die Vereinigung des 1863 gegründeten Allgemeinen Deutschen Arbeitervereins und der 1869 ins Leben gerufenen Sozialdemokratischen Arbeiterpartei entstandene Sozialistische Arbeiterpartei benannte sich 1890 in Sozialdemokratische Partei (SPD) um. Sie war Mitbegründerin der Weimarer Republik, in der die SPD mit *Friedrich Ebert* (1871–1925) von 1919 bis 1925 den Reichspräsidenten und außerdem viermal den Reichskanzler stellte. Bis 1932 war sie die an Wählern wie an Mitgliedern (1931: über 1 Million) stärkste deutsche Partei. Als einzige Reichstagsfraktion stimmte die SPD geschlossen gegen das Ermächtigungsgesetz (↗ oben INFOBOX DNVP), ehe sie als »staats- und volksfeindliche Partei« am 22. Juni 1933 verboten wurde.

Lit.: Josef Felder, Warum ich Nein sagte. Erinnerungen an ein langes Leben für die Politik, hg. v. Nele Haasen, Zürich 2000 (ND Reinbek b. Hamburg 2002) (Josef Felder [1900–2000] war 1932/33 Reichstagsabgeordneter der SPD, 1934–1936 im KZ Dachau, 1957–1969 Bundestagsabgeordneter der SPD).

Die ganz unten befindliche Gondel der **Kommunistischen Partei Deutschlands** (»K.P.D.«) ist genauso rot wie diejenige der SPD, zusätzlich ist aber auch die Kleidung des darin stehenden Mannes ganz in rot gehalten. Er reckt die Fäuste nach oben, wobei man nicht weiß, ob er den Deutschen Michel oder die Nationalsozialisten meint (wahrscheinlich beide). Links neben ihm sitzt eine sehr alte, gebeugte Frau mit dunkler Brille und Stock in der Gondel, die zweifellos die damals 75jährige überzeugte Marxistin und Frauenrechtlerin *Clara Zetkin* (1857–1933) darstellen soll. Zunächst Mitglied der SPD, wurde sie 1917 aus Protest gegen die Politik ihrer Partei bei der Bewilligung der Kriegskredite Mitbegründerin der USPD (Unabhängige Sozialdemokratische Partei Deutschlands; eine Sammelpartei der Kriegsgegner, die sich 1922 wieder mit der SPD vereinigte), trat dann aber 1919 der KPD bei, für die sie von 1922 bis 1933 im Reichstag saß, obwohl sie vorwiegend in Moskau lebte und als begeisterte Anhängerin der russischen Oktoberrevolution von 1917 mit Lenin befreundet war. In ihrer Eröffnungsrede als Alterspräsidentin des Reichstags – darauf spielt der Karikaturist sicher an – forderte Zetkin im August 1932 unter tumultartigen Störungen von rechts eine »Einheitsfront aller Werktätigen, um den Faschismus zurückzuwerfen«, blieb jedoch ohne Resonanz[10].

> Bei der Kommunistischen Partei Deutschlands (KPD) handelt es sich um eine 1918 in Berlin gegründete linksextreme Partei, die sich seit dem Ende der 20er Jahre organisatorisch und politisch gänzlich an der Kommunistischen Partei der Sowjetunion (KPdSU) orientierte. In der »sozialfaschistischen« SPD sah sie ihren Hauptgegner, während sie die NSDAP völlig unterschätzte und dadurch eine gemeinsame Opposition der deutschen Arbeiterbewegung gegen den Nationalsozialismus verhinderte. Andererseits trugen die Straßenkämpfe und Saalschlachten, insbesondere mit der SA, wesentlich zur Brutalisierung der politischen Auseinandersetzungen in der Endphase der Weimarer Republik bei. Bei den Reichstagswahlen konnte die KPD ihren Stimmenanteil fast kontinuierlich von 2,1 % (1920) auf 16,9 % (November 1932) steigern, ehe nach dem von einem Einzelgänger aus Holland gelegten Berliner Reichstagsbrand vom 27. Februar 1933, den die NS-Propaganda den Kommunisten insgesamt zur Last legte, die meisten Abgeordneten und viele Mitglieder verhaftet wurden und die KPD selbst als erste deutsche Partei faktisch verboten war.

Die nun folgende Gondel der **Deutschen Staatspartei** ([D.]»St.P.«; vormals *Deutsche Demokratische Partei*, DDP), deren Farben diejenigen der Weimarer Republik und der heutigen Bundesrepublik sind, ist verwaist – nur eine Fahne und einen Schirm beherbergt sie noch. Die leere Gondel symbolisiert augenfällig den Niedergang dieser Partei, die bei der Weimarer Nationalversammlung 1919 mit 74 Sitzen drittstärkste Fraktion war und in der Wahl vom 31. Juli 1932 mit 1 % der Wählerstimmen gerade noch vier Sitze erhielt.

> Die DDP wurde 1918 als Sammelpartei für Links- und Nationalliberale gegründet, verschliss sich aber in verschiedenen Koalitionen und gab laufend nach links und namentlich an die DVP Stimmen ab. Überdies verlor sie früh führende Mitglieder wie den Mit-

---

10   Zit. nach Ruth Körner, Art. Zetkin, in: Benz/Graml, Lexikon 377.

begründer und Vorsitzenden *Friedrich Naumann* (1919), den berühmten Soziologen *Max Weber* (1920) und den 1922 von rechtsradikalen Offizieren ermordeten Außenminister *Walther Rathenau*. Der 1930 erfolgte Zusammenschluss mit dem Jungdeutschen Orden (Jungdo), einem nationalen, nach dem Vorbild des Deutschen (Ritter-)Ordens organisierten Kampfbundes, zur Deutschen Staatspartei (DStP) brachte keine Wende mehr für die nur noch von der liberalen Presse unterstützte Partei, die sich am 28. Juni 1933 unter nationalsozialistischem Druck selbst auflöste.

Besser sieht es bei der vorletzten, weiß-blau gestreiften Gondel aus. Sie hat einen in Tracht gekleideten und erstaunt bis resigniert auf den Deutschen Michel schauenden Bauern mit einem Ferkel als Insassen, denn die **Bayerische Volkspartei** (»B.V.P.«), eine Abspaltung von der Zentrumspartei, stützte sich neben dem katholischen Klerus und industriellen Kreisen insbesondere auf die bayerische Bauernschaft.

Gegründet 1918 durch die Bayerischen Christlichen Bauernvereine, ging die Bayerische Volkspartei (BVP) aus der bayerischen Landesorganisation der Zentrumspartei hervor. In Bayern sog sie das Zentrum auf und im Reich trat die BVP, die stets etwa 3–4 % der Stimmen (= 17–22 Sitze) auf sich vereinigte, in Konkurrenz zu ihm. 1925 setzte sie gegen das Zentrum die Wahl des Generalfeldmarschalls von Hindenburg zum Reichspräsidenten durch. 1922/23 und 1925–1932 war die BVP Regierungspartei, ehe sie sich am 4. Juli 1933 auflöste.

Lit.: Johann Kirchinger, Michael Horlacher. Ein Agrarfunktionär in der Weimarer Republik (= Beiträge zur Geschichte des Parlamentarismus und der politischen Parteien 159), Düsseldorf 2011 (Michael Horlacher [1888–1957] war 1924–1933 Reichstagsabgeordneter der BVP, 1933 und 1944 [KZ Dachau] kurzzeitig inhaftiert, 1946–1950 Präsident des Bayer. Landtags, 1949–1957 Bundestagsabgeordneter der CSU).

Mit dem Rücken zum Betrachter sitzt der schwarzgekleidete Vertreter der »D.V.P.«, der **Deutschen Volkspartei**, samt Fahne in seiner Gondel und blickt reg- und hilflos – so scheint es – wie die Herren von der DNVP und vom Zentrum zur NS-Gondel hinauf.

Ebenfalls 1918 gegründet, war die Deutsche Volkspartei (DVP) eine rechtsliberale, großbürgerliche Partei, die sich bewusst von der linksliberalen DDP (ab 1930 DStP) abgrenzte. Mit *Gustav Stresemann* (1878–1929), 1923 kurzzeitig Reichskanzler und dann von 1923 bis zu seinem frühen Tod Außenminister, verfügte die DDP über den profiliertesten Politiker der Weimarer Republik. Stresemanns Verständigungspolitik mit dem Ausland gereichte der Partei nach seinem Ableben im nationalistischen Klima jener Zeit allerdings zum Nachteil, so dass sie nicht nur die Unterstützung der Industrie, sondern auch die meisten Wähler verlor, was sich durch Anbiederung nach rechts 1932/33 noch beschleunigte. So sank die Zahl der Mandate von 45 im Jahr 1928 (8,7 %) auf 2 im März 1933 (1,1 %). Wie für die BVP war auch für die DVP der 4. Juli 1933 der Tag der Auflösung.

Lit.: Karl Dietrich Erdmann, Art. Stresemann, in: StL[7] 5 (1989) 363–365.

Aufs Ganze gesehen hatte sich in den zahlreichen Wahlen jener Zeit das Zentrum (mit BVP) als stabil erwiesen, während allen anderen bürgerlichen Parteien – von den liberalen Demokraten bis hin zur reaktionären DNVP – die Wähler dahin-

(54) Karikatur »Deutsches Verhängnis« von A. *Paul Weber*, die eindringlich vor Augen führt, daß Hitler und die NSDAP Deutschlands Untergang bedeuten (Radierung 1931/32, veröffentlicht als Illustration zu Ernst Niekisch, Hitler – ein deutsches Verhängnis, Berlin [1–3]1932)

schmolzen wie der Schnee in der Sonne. So gehörten die führenden Männer des Zentrums – außer Kaas waren dies die ehemaligen Reichskanzler *Heinrich Brüning* (1885–1970) und *Wilhelm Marx* (1863–1946) sowie der Arbeiterführer und stellvertretende Parteivorsitzende *Joseph Joos* (1878–1965) – neben dem Reichspräsidenten **von Hindenburg**

Paul von Beneckendorff und von Hindenburg (1847–1934), Kriegsteilnehmer 1866 und 1870/71, war 1911 als dienstältester deutscher General in den Ruhestand getreten, aber im Ersten Weltkrieg reaktiviert worden. Als Generalfeldmarschall und Oberbefehlshaber Ost errang er 1914 Siege gegen die überlegenen russischen Streitkräfte, wodurch er zum volkstümlichsten deutschen Heerführer aufstieg (»Held von Tannenberg« [Ostpreußen; Schlacht im August 1914]). Als populär gebliebene Symbolfigur der deutschen Rechten wurde von Hindenburg 1925 mit knapper Mehrheit vor Marx (Zentrum) zum Reichspräsidenten gewählt. Obwohl er die Weimarer Republik ablehnte, verhielt er sich weitgehend verfassungskonform, war aber als Militär in seinem Amt überfordert und immer auf politische Berater angewiesen. 1932 im Alter von 84 Jahren gelang seine Wiederwahl gegen die Kandidaten *Adolf Hitler* (NSDAP) und *Ernst Thälmann* (KPD; 1886–1944 [ermordet im KZ Buchenwald]), jedoch nur mit Unterstützung von »Sozis und Katholen« (d.h. SPD und Zentrum), wie von Hindenburg verächtlich formulierte. Lange sträubte sich der zusehends vergreisende Präsident, Hitler in die Regierungsverantwortung zu berufen, zog aber dann doch diesen Weg weiteren Wahlen und Verfassungsmanipulationen vor und hoffte, die »Naziflut« dadurch »kanalisieren« zu können.

Lit.: Winfried Baumgart, Art. Hindenburg, in: StL[7] 2 (1986) 1279f.; Art. Hindenburg, in: Zentner/ Bedürftig, Lexikon 257 (Zitate).

und Persönlichkeiten aus Finanzwelt, Industrie und Reichswehr zu den Eliten, die in der Krise der Jahre 1930 bis 1933 letztlich versagten. »Sie unterschätzten das Risiko einer Einbindung der Nationalsozialisten in die Ausübung der politischen Macht dramatisch. Der Kampf gegen die ungeliebte Republik war ihnen wichtiger als die

Abwehr der radikalen Systemveränderer der NSDAP. Vieles spricht dafür, dass Hitler gescheitert wäre, wenn man ihn noch ein paar Monate vom Kanzleramt ferngehalten hätte. Wie wir wissen, kam es anders.«[11]

L   Loch/Görres 122–125; Eder, Kirchengeschichte 202–204; zu allen genannten Parteien und Organisationen: Zentner/Bedürftig, Lexikon; Carola Stern u. a. (Hgg.), dtv-Lexikon zur Geschichte und Politik im 20. Jahrhundert, 3 Bde., München 1974.

K   Oskar Garvens.

Q   Kladderadatsch 85 (1932) 601 (Nr. 38 vom 18. Sept.); Zeman 72 (sw); Loch/Görres 124 (sw); Christian Zentner, Drittes Reich und II. Weltkrieg. Daten – Fakten – Hintergründe, Rastatt 1998, 99 (sw).

---

[11]   Ernst Piper, Kurze Geschichte des Nationalsozialismus. Von 1919 bis heute, Hamburg 2007, 109 (Satzfolge geändert).

19. Das Reichskonkordat und die österreichischen Bischöfe

(14. Januar 1934)

(55)

Vor einem großen Holzfass mit der Aufschrift »1933er KONKORDAT« sitzen in einem Weinkeller ein älterer, wohlbeleibter katholischer Priester und ein junger, schlanker SA-Mann in Dienstuniform (mit Braunhemd, Schulterriemen, Schaftstiefeln, Kappe und roter Armbinde, an deren nicht sichtbarer Außenseite sich das schwarze Hakenkreuz in weißem Kreis befindet)

> Die SA (Sturmabteilung) war die seit 1921 aus Freiwilligen gebildete und militärisch organisierte Kampf- und Schutztruppe der NSDAP (zu ihr ↗ KAR 18), die von Anfang an durch Saal- und Straßenschlachten sowie Terroraktionen für Aufsehen sorgte. Nach der Machtübernahme 1933 benötigte die Partei jedoch keine Kampftruppe mehr, so dass es zu heftigen Auseinandersetzungen über die künftige Rolle und Verwendung der SA kam, bis Hitler vom 30. Juni bis 2. Juli 1934 den Stabschef der SA, *Ernst Röhm* (1887–1934), und fast die gesamte Führungsriege dieser damals mit 4,5 Millionen Mitgliedern größten Gliederung der NSDAP unter dem Vorwand ermorden ließ, sie hätten mit dem Ausland konspiriert und einen Umsturz vorbereitet (*»Röhm-Putsch«*). Wirklicher Grund für diese Aktion, die die SA zugunsten der SS (Schutzstaffel) als Machtfaktor ausschaltete, waren diverse unliebsame Forderungen Röhms (u. a. nach weiterer innenpolitischer Umgestaltung und Vereinigung der SA mit der Reichswehr). Von da an hatte die SA, deren Mitgliederzahl jetzt rasch sank (1938: 1,2 Mio.), mit Ausnahme der Beteiligung an den antisemitischen Gewalttaten in der sog. Reichskristallnacht (9. November 1938) keine größere politische Bedeutung mehr.
>
> Lit.: Wolfgang Petter, Art. Sturmabteilung (SA), in: Zentner/Bedürftig, Lexikon 569 f., außerdem: vor 417 (Farbabb.), 465 (Dienstgrade); Kurt Schilde, Art. Sturmabteilungen (SA), in: Benz, Enzyklopädie 819–821, *zu Röhm:* Wistrich, Wer war wer 223–225 (Abb.).

gemütlich beisammen und prosten sich zu. Der Wein in ihren Gläsern und in der vor ihnen stehenden Flasche stammt zweifellos aus dem großen Fass und findet – wie aus den heiteren Mienen und insbesondere aus der anerkennenden Geste des Geistlichen erkennbar – großen Anklang bei Kirche und NS-Staat, die die beiden Protagonisten symbolisieren.

Das »1933er KONKORDAT« ist das *Reichskonkordat vom 20. Juli 1933*, das der Hl. Stuhl mit Deutschland schloss, zugleich der erste völkerrechtlich gültige Vertrag zwischen einer auswärtigen Macht und dem NS-Staat, was Hitler einen erheblichen Vertrauens- und Prestigegewinn im In- und Ausland einbrachte.

1. Der Weg zum Reichskonkordat

Bis 1930 ignorierte die Kirche die zunächst nur mäßig erfolgreiche nationalsozialistische Bewegung weithin. Als jedoch bei der Reichstagswahl dieses Jahres der Anteil der Nationalsozialisten an den Wählerstimmen auf 18,3 % anstieg und ihnen 107 Reichstagssitze verschaffte, sahen sich die deutschen Bischöfe zu öffentlichen Stellungnahmen gezwungen, in denen sie es zwar ausdrücklich ablehnten, sich »mit den staatspolitischen Zielen des Nationalsozialismus zu befassen«, die Katholiken aber vor dem Nationalsozialismus warnten, »solange und soweit er kulturpolitische Auffassungen kundgibt, die mit der katholischen Lehre nicht vereinbar sind«[1]. Unter anderem wiesen die Bischöfe die nationalsozialistischen Auffassungen über Kirche und Staat, Schule und Staat sowie Religion und Rasse als »schief und falsch«, ja »zum Teil als dem Christentum entgegengesetzt« zurück[2]. Bei dieser ablehnenden Haltung blieb es bis 1933.

Um die Zustimmung der katholischen Zentrumspartei zum Ermächtigungsgesetz zu erhalten (↗ KAR 18 INFOBOX DNVP) machte jedoch der Reichskanzler und »Führer« Adolf Hitler in seiner Regierungserklärung vom 23. März 1933 den Kirchen weitreichende Konzessionen: »*Die nationale Regierung sieht in den beiden christlichen Konfessionen wichtigste Faktoren der Erhaltung unseres Volkstums. Sie wird die zwischen ihnen und den Ländern abgeschlossenen Verträge respektieren; ihre Rechte sollen nicht angetastet werden. [...] Ihre Sorge gilt dem aufrichtigen Zusammenleben zwischen Kirche und Staat. [...] Ebenso legt die Reichsregierung, die im Christentum die un-*

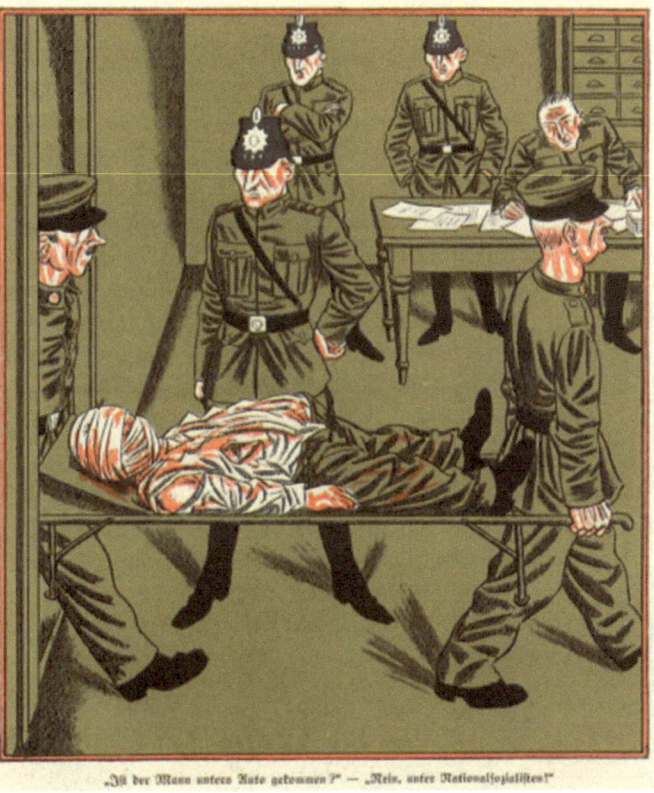

(56) »Ist der Mann unters Auto gekommen?« – »Nein, unter Nationalsozialisten!«
Erich Schilling geißelt in dieser eine Polizeiwache zeigende Karikatur mit dem Titel »*Berlin am Sonntag*« die Brutalität der SA bei den Saal- und Straßenschlachten, in die die meist sonntags stattfindenden politischen Kundgebungen und Aufmärsche der »Kampfzeit« nicht selten ausarteten (*Simplicissimus*, 1927).

erschütterlichen Fundamente des sittlichen und moralischen Lebens unseres Volkes sieht, den größten Wert darauf, die freundschaftlichen Beziehungen zum Heiligen Stuhle weiter zu pflegen und auszugestalten.«[3]

---

1 Beide Zitate aus: Die Erzbischöfe und Bischöfe von Bayern, Nationalsozialismus und Seelsorge. Pastorale Anweisungen für den Klerus bestimmt, 10. Febr. 1931, zit. nach Hans Müller (Hg.), Katholische Kirche und Nationalsozialismus, München 1965, 46–48, hier: 46 f. Das zweite Zitat wurde in die Kundgebung der Bischöfe der Kölner Kirchenprovinz vom 5. März 1931 übernommen (a. a. O. 49–52, hier: 50).

2 Kundgebung der Bischöfe der Paderborner Kirchenprovinz, 10. März 1931, zit. nach Müller, Kirche (wie Anm. 1) 53–56, hier: 56.

3 Zit. nach Georg Denzler / Volker Fabricius (Hgg.), Die Kirchen im Dritten Reich. Christen und Nazis Hand in Hand?, Bd. 2: Dokumente, Frankfurt a. M. 1988, 41 f.

Fünf Tage nach Hitlers Regierungserklärung, nämlich am 28. März 1933, nahmen die deutschen Bischöfe in einer hastig vorbereiteten und zuletzt vom Vorsitzenden der Fuldaer Bischofskonferenz, *Adolf Kardinal Bertram*[4], allein verantworteten Erklärung ihre Warnungen vor dem Nationalsozialismus zurück: *»Es ist nunmehr anzuerkennen, daß von dem höchsten Vertreter der Reichsregierung, der zugleich autoritärer Führer jener Bewegung ist, öffentlich und feierlich Erklärungen gegeben sind, durch die der Unverletzlichkeit der katholischen Glaubenslehre und den unveränderlichen Aufgaben und Rechten der Kirche Rechnung getragen, sowie die vollinhaltliche Geltung der von den einzelnen deutschen Ländern mit der Kirche abgeschlossenen Staatsverträge durch die Reichsregierung ausdrücklich zugesichert wird. Ohne die in unseren früheren Maßnahmen liegende Verurteilung bestimmter religiössittlicher Irrtümer aufzuheben, glaubt daher der Episkopat das Vertrauen hegen zu können, daß die [...] allgemeinen Verbote und Warnungen nicht mehr als notwendig betrachtet zu werden brauchen.«*[5]

Die nationale Euphorie hatte auch einen Großteil der deutschen Bischöfe erfasst, zumal sie im Nationalsozialismus einen Bundesgenossen sahen im Kampf gegen »die gottlosen bolschewistischen Machenschaften«, gegen »die weit um sich greifende Unsittlichkeit«[6] und andere Gefahren und einen neuerlichen Kulturkampf (↗ KAR 8 + 9) unbedingt vermeiden wollten[7]. Ungeachtet der schwerwiegenden Bedenken des damaligen Bischofs von Eichstätt (1932–1935), **Konrad Graf von Preysing**,

> **Konrad Graf von Preysing** (1880–1950; ab 1935 Bischof von Berlin, 1946 Kardinal) war der einzige unter den deutschen Oberhirten, der dem NS-Regime von Anfang an entschlossen Widerstand leistete. Am 31. Mai 1933 richtete er in Fulda ein Memorandum an seine Bischofskollegen, in denen er sie bat, in das seinerzeit in Vorbereitung befindliche

---

[4]   Näheres zu *Bertram* (1859–1945; 1906–1914 Bischof von Hildesheim und anschließend bis zu seinem Tod Fürstbischof bzw. Erzbischof von Breslau), der bis zum Zusammenbruch des Dritten Reiches an seiner völlig ineffizienten Eingabenpolitik festhielt, bei Bernhard Stasiewski, Art. Bertram, in: Gatz, Bischöfe I 43–47 (Lit.); ders. (Hg.), Adolf Kardinal Bertram. Sein Leben und Wirken auf dem Hintergrund der Geschichte seiner Zeit, Köln u. a. 1992; Ulrich von Hehl, Art. Bertram, in: RGG⁴ 1 (1998) 1335f.; Sascha Hinkel, Adolf Kardinal Bertram. Kirchenpolitik im Kaiserreich und in der Weimarer Republik (= VKZG B 117), Paderborn 2010.

[5]   Zit. nach Müller, Kirche (wie Anm. 1) 88. – Kardinalstaatssekretär *Eugenio Pacelli* (zu ihm ↗ KAR 21 INFOBOX) notierte hierzu am 31. März 1933: »Der Heilige Vater hat ... sich mit der Erklärung des Episkopats einverstanden erklärt und heißt sie gut« (zit. nach Hubert Wolf, Papst und Teufel. Die Archive des Vatikan und das Dritte Reich, München 2008, 192).

[6]   Beide Zitate nach Joachim Rohlfes / Hermann Körner, Historische Gegenwartskunde. Handbuch für den politischen Unterricht, Göttingen 1970, 228. – In aller Deutlichkeit bringt dies auch der Hirtenbrief der deutschen Bischöfe vom 8. Juni 1933 zum Ausdruck: »Nicht mehr also soll der Unglaube und die von ihm entfesselte Unsittlichkeit das Mark des deutschen Volkes vergiften, nicht mehr der mörderische Bolschewismus mit seinem satanischen Gotteshaß die deutsche Volksseele bedrohen und verwüsten« (zit. nach Müller, Kirche [wie Anm. 1] 168 [vollständiger Text: 163–173]; ebenfalls bei Hubert Gruber, Katholische Kirche und Nationalsozialismus 1930–1945. Ein Bericht in Quellen, Paderborn u. a. 2006, 83).

[7]   »Der deutsche Episkopat«, so Pacelli am 15. Juli 1933, »habe ihm einmütig signalisiert, das Reichskonkordat sei die ›letzte Hoffnung‹, um in Deutschland ›einen *Kulturkampf*, viel schlimmer als zu Bismarcks Zeiten, zu vermeiden‹« (zit. nach Wolf, Papst [wie Anm. 5] 201).

Hirtenwort vom 8. Juni 1933 kein Bekenntnis zur »neuen Ordnung« und zum »neuen Staat« aufzunehmen: *»Begründung: Der neue Staat wird von seinen Schöpfern mit der nationalsozialistischen Partei gleichgesetzt. Er hat somit, wie diese, Grundlagen, die mit unserer Weltanschauung nicht vereinbar sind. [...] Wir sind es dem katholischen Volke schuldig, ihm die Augen zu öffnen über die Gefahren für Glaube und Sitte, die sich aus der nationalsozialistischen Weltanschauung ergeben. [...] Heute wird den Worten Gott, Christus, Sittlichkeit, Recht ihr Sinn genommen und ihnen ein entleerter, besser gesagt verderbter Sinn gegeben.«*[8] Und am 20. Juli 1933 schrieb Preysing, der schon kurz nach der Machtergreifung Hitlers im Freundeskreis geäußert hatte, dass man sich nunmehr »in den Händen von Verbrechern und Narren« befinde[9], an den Regensburger Oberhirten Michael Buchberger (reg. 1927–1961): *»In banger Sorge [...] um die Zukunft der katholischen Kirche in Bayern [...] möchte ich die Haltung empfehlen: ›Principiis obsta‹!«*[10]

Lit.: Manfred Weitlauff, Art. Preysing, in: BBKL 7 (1994) 941–948; Josef Pilvousek, Art. Preysing, in: Gatz, Bischöfe II 88–92 (Lit., Abb.); Eder, Kirchengeschichte 203 (Abb.), 209 f.

legten sie im Hirtenbrief vom 8. Juni 1933 ein weitgehendes Bekenntnis zum neuen Staat ab. Erzbischof *Conrad Gröber* von Freiburg (reg. 1932–1948) verkündete im Oktober des Jahres gar in öffentlicher Rede, er stelle sich »restlos hinter die neue Regierung und das neue Reich«[11]. Hitlers Bereitschaft, in einem Vertrag mit der Kirche deren Rechte und Wünsche zu verbriefen, ließ die Bischöfe über viele Unannehmlichkeiten hinwegsehen.

Das (bis heute gültige[12]) *Reichskonkordat*

- sicherte der katholischen Kirche nämlich die Freiheit des Bekenntnisses und der öffentlichen Ausübung der katholischen Religion zu (Art. 1),
- garantierte das freie Besetzungsrecht der Kirche für alle Kirchenämter und Benefizien (Art. 14),
- sicherte den Bestand von Orden und religiösen Genossenschaften zu (Art. 15),
- gewährleistete das kirchliche Eigentum (Art. 17),
- sicherte den Erhalt der kath.-theol. Fakultäten an den staatlichen Hochschulen zu (Art. 19) und das Recht zur Errichtung neuer philosophischer und theologischer Lehranstalten für die Ausbildung des Klerus (Art. 20),

---

[8] Zit. nach Bernhard Stasiewski (Bearb.), Akten deutscher Bischöfe über die Lage der Kirche 1933–1945, Bd. 1 (1933–1934) (= VKZG A 5), Mainz 1968, 238 (Nr. 44); a. a. O. 239–248 (Nr. 45) der Wortlaut des angesprochenen Hirtenbriefes; auch bei: Walter Adolph, Kardinal Preysing und zwei Diktaturen. Sein Widerstand gegen die totalitäre Macht, Berlin 1971, 20.

[9] Zit. nach Adolph, Preysing (wie Anm. 8) 16.

[10] Dt.: Wehret den Anfängen! (Ovid, Remedia amoris 92) Zit. nach Ludwig Volk, Der Bayerische Episkopat und der Nationalsozialismus 1930–1934 (= VKZG B 1), Mainz ²1966, 118; leicht verändert auch bei Wolfgang Knauft, Konrad von Preysing. Anwalt des Rechts. Der erste Berliner Kardinal und seine Zeit, Berlin 1998, 53.

[11] Rede vom 10. Okt. 1933 in Karlsruhe, zit. nach Müller, Kirche (wie Anm. 1) 213. – Zu *Gröber* (1872–1948; 1931/32 Bischof von Meißen) siehe Erwin Gatz, Art. Gröber, Conrad, in: Gatz, Bischöfe II 210–212 (Lit.).

[12] Gemäß einem Urteil des Bundesverfassungsgerichts von 1957 behielt das Reichskonkordat von 1933 auch für die Bundesrepublik Deutschland seine Gültigkeit.

(57) Die Unterzeichnung des Reichskonkordats (von links nach rechts): Prälat *Ludwig Kaas, Franz von Papen* (dt. Vizekanzler), *Giuseppe Pizzardo* (Substitut [= Unterstaatssekretär] im päpstl. Staatssekretariat), *Eugenio Pacelli* (Kardinalstaatssekretär, ab 1939 Papst Pius XII.), *Alfredo Ottaviani* (Substitut im päpstl. Staatssekretariat, später Präfekt des Hl. Offiziums), *Rudolf Buttmann* (Ministerialdirektor im dt. Innenministerium), *Giovanni Battista Montini* (Minutent [= Sachbearbeiter] im päpstl. Staatssekretariat, ab 1963 Papst Paul VI.) und *Eugen Klee* (Botschaftsrat an der Dt. Botschaft beim Hl. Stuhl). In vielen Publikationen ist das Bild seitlich beschnitten, so daß Kaas, Montini und Klee fehlen.

- garantierte die Anerkennung des kath. Religionsunterrichts an den öffentlichen Schulen (Art. 21), die Beibehaltung und Neueinrichtung kath. Bekenntnisschulen (Art. 23) und die konfessionelle Lehrerbildung (Art. 24),
- sagte den Schutz der kath. Organisationen und Verbände zu, jedoch nur, wenn sie ausschließlich religiösen, kulturellen oder karitativen Zwecken dienten (Art. 31 schützte also z. B. nicht christliche Gewerkschaften und Arbeitervereine!), und
- untersagte allen Geistlichen und Ordensleuten die Mitgliedschaft in politischen Parteien sowie jede Tätigkeit für solche Parteien (Art. 32). Damit war der in den Jahrzehnten zuvor so vitale *politische Katholizismus* tot.

»Das Reichskonkordat war ein Pakt mit dem Teufel – darüber war man sich in Rom offensichtlich völlig klar –, aber es garantierte während des ›Dritten Reichs‹ die Seelsorge und den Bestand der katholischen Kirche.«[13]

---

[13] So *Hubert Wolf*, der fortfährt: »Die Kurie selbst zahlte dafür weder mit der Zustimmung des Zentrums zum Ermächtigungsgesetz noch mit der Aufhebung der Warnungen vor dem Nationalsozialismus. Diese Schritte gehen auf das Konto der deutschen Kirche« (Wolf, Papst [wie Anm. 5] 202). Vgl. dazu auch Thies Schulze, Spielräume und Zwangslagen vatikanischer Politik. Zum Reichskonkordat, 80 Jahre nach der Unterzeichnung, in: Stimmen der Zeit 231 (2013) 457–468 (Lit.). – Der vollständige Text des Konkordats ist abgedruckt bei Denzler/Fabricius (wie Anm. 3) 61–74 (Nr. 21); Gruber, Kirche (wie Anm. 6) 98–109 (Nr. 49; im Anschluss die Dankesschreiben der Vorsitzenden der Fuldaer bzw. Freisinger Bischofskonferenz, Bertram und Faulhaber, an Hitler: a. a. O. 110 f.).

2. Die österreichischen Bischöfe

Wenn wir nun zu unserer Karikatur zurückkehren, so ist dort links im Hintergrund ein hagerer Priester (Jesuit?) mit Petrus-Tonsur (kreisförmige Schur des Haupthaares) und finsterer Miene zu sehen, der sich mit einem überdimensionalen Korkenzieher daranmacht, das Weinfass mit dem »guten Jahrgang« anzubohren und somit »*Sabotage*« zu treiben. »Er kann's nicht lassen!« lautet der Untertitel des »angebräunten« *Kladderadatsch* zu dieser Karikatur, die sich – wie aus der in Klammern gesetzten Erläuterung unter dem Titel hervorgeht – auf ein konkretes kirchliches Schreiben bezieht: »*Österreichische Bischöfe haben in einem Hirtenbrief scharfe Angriffe gegen das neue Deutschland und den Nationalsozialismus gerichtet.*«

Der angesprochene Hirtenbrief datiert vom 21. Dezember 1933 und verurteilt die NS-Ideologie in der Tat mit scharfen Worten: »*Es ist eine unbestreitbare Tatsache, daß die deutschen Bischöfe schon vor Jahren einmütig den Nationalsozialismus vom religiösen und kirchlichen Standpunkt aus abgelehnt und verurteilt haben. Es ist ebenso unbestreitbare Tatsache, daß sie die Verurteilung der religiösen und kirchlichen Irrtümer des Nationalsozialismus ausdrücklich aufrecht erhalten haben, auch als sie nach der politischen Neuordnung in Deutschland sich der Regierung infolge amtlicher, feierlicher Zusicherung eines christlichen Rechtsverhältnisses zwischen Staat und Kirche entgegenkommend zeigen konnten. Auch das Konkordat zwischen Deutschland und dem Heiligen Stuhle berührte nur dieses **Rechts**verhältnis zwischen Staat und Kirche, war aber nicht im geringsten eine Anerkennung und Billigung der religiösen und kirchlichen Irrtümer des Nationalsozialismus. […] Alle Welt weiß, welch gespannte Verhältnisse zwischen Staat und Kirche im Deutschen Reich herrschen und zu welchen ernsten Besorgnissen sie berechtigten. […] Es darf daher nicht wundernehmen, wenn auch uns Katholiken Österreichs eine ähnliche berechtigte Sorge um die Religion erfüllt, falls der Nationalsozialismus bei uns zur Herrschaft käme; und die christliche Regierung Österreichs wahrt in ihrem Abwehrkampf gegen den Nationalsozialismus nicht nur ihre berechtigten politischen Rechte und Interessen, sondern errichtet gleichzeitig einen mächtigen Schutzdamm gegen das weitere Eindringen dieser religiösen Irrtümer.*«[14] Den Hintergrund dieses Mahnwortes, das die Grundwahrheiten des Christentums den Grundirrtümern des Nationalsozialismus (u. a. Rassenwahn und Rassen-Antisemitismus) gegenüberstellt, bildete also die Sorge der Oberhirten, der Nationalsozialismus könnte auch im eigenen Land Österreich an die Macht kommen.[15] Diese Sorge war um so größer, als es schon im Herbst die ersten Konkordatsverletzungen seitens des NS-Regimes gab, indem man entgegen

---

[14] Vollständiger Text in: Archiv für katholisches Kirchenrecht 114 (1934) 247–256, hier: 252 f.; Auszüge auch bei Ernst Deuerlein, Das Reichskonkordat. Beiträge zu Vorgeschichte, Abschluß und Vollzug des Konkordates zwischen dem Heiligen Stuhl und dem Deutschen Reich vom 20. Juli 1933, Düsseldorf 1956, 140 f., hier: 141.

[15] Die zentralen Gedanken stammen vom Linzer Bischof *Johannes Maria Gföllner* (reg. 1915–1941), der in einem Hirtenbrief mit dem Titel »Über wahren und falschen Nationalismus« bereits unmittelbar vor der Ernennung Hitlers zum Reichskanzler den Nationalsozialismus schroff abgelehnt hatte. Näheres hierzu bei Rudolf Zinnhobler, Die Haltung Bischof Gföllners gegenüber dem

Art. 4 bzw. 31 des Vertragswerkes durch Abonnentenabwerbung und Behinderung des Annoncengeschäftes katholische Zeitungen in Schwierigkeiten brachte oder zeitweise ganz verbot sowie katholische Vereine in ihren Aktivitäten einschränkte und bespitzelte. Zudem hatte Kardinal Bertram am 4. Oktober 1933 anlässlich seines **Ad-limina**-Besuches

> Die unter Papst *Sixtus V.* (1585–1590) zur Berichterstattung der Bischöfe über ihre Diözesen eingeführte »**Visitatio liminum**« oder »Visitatio ad limina (Apostolorum)« (lat. für: Besuch bei den Schwellen [der Apostel], d. h. bei den Gräbern der Apostelfürsten Petrus und Paulus in Rom), die von den selbstbewussten Fürstbischöfen der bis 1803 bestehenden deutschen Reichskirche (↗ KAR 2) kaum persönlich absolviert wurde, wird heute alle fünf Jahre von den fast 3.000 Diözesanbischöfen der Weltkirche, nach Nationen oder Regionen getrennt, angetreten.
>
> Lit.: Johann Hirnsperger, Art. Visitatio liminum (Apostolorum), in: LThK³ 10 (2001) 815 f. (Lit.).

gegenüber Pius XI. »die Entlassung katholischer Beamter, die Gefährdung der Sonntagsheiligung und Schwierigkeiten für katholische Theologiestudenten« beklagt[16].

Auf den österreichischen Weihnachtshirtenbrief, der die Katholiken Österreichs zur Unterstützung des »Abwehrkampfes« der Regierung Dollfuß aufrief[17], reagierte nicht nur der *Kladderadatsch*, sondern bereits am 28. Dezember 1933 (Nr. 362) der *Völkische Beobachter*, das Zentralorgan der NSDAP und seit der Machtübernahme

---

Nationalsozialismus, in: ders. (Hg.), Das Bistum Linz im Dritten Reich (= Linzer Philosophisch-theologische Reihe 11), Linz 1979, 61–73. Vgl. zum folgenden Müller, Kirche (wie Anm. 1) 74.

[16] Zit. nach Klaus Scholder, Die Kirchen und das Dritte Reich, Bd. 1 (Vorgeschichte und Zeit der Illusionen 1918–1934), Frankfurt a. M. u. a. 1977, 631. Die Massnahmen gegen die Zeitungen stufte Bertram bereits zu diesem Zeitpunkt »schlimmer als die Bedrückung der Presse im preussischen Kulturkampfe« ein (zit. nach ebd.). In den folgenden Jahren gab es immer wieder Verstöße des NS-Regimes gegen die Konkordatsartikel 15, 17, 19, 23 und 31 durch Verfolgung der kath. Jugendverbände und Standesorganisationen, eine Offensive gegen die kath. Bekenntnisschulen, Prozesse um angebliche Devisen- und Sittlichkeitsdelikte von Ordensgeistlichen (↗ KAR 20 INFOBOX), die Diskriminierung der kath. Caritas und anderes mehr (vgl. Bernd-Jürgen Wendt, Art. Konkordat, in: Zentner/Bedürftig, Lexikon 323 f., hier: 324).

[17] Der kleingewachsene, christlich-soziale Politiker *Engelbert Dollfuß* (1892–1934; Spitzname: Millimetternich), seit 1932 österreichischer Bundeskanzler und Außenminister, regierte seit März 1933 unter Ausschaltung des Parlaments autoritär und schloss ein neues Konkordat (1933/34) mit dem Hl. Stuhl. Gestützt auf das faschistische Italien verkündete er nach dem Verbot aller übrigen Parteien am 1. Mai 1934 den »Christlich-deutschen Bundesstaat Österreich«, einen autoritären Ständestaat auf der Basis der Soziallehre der päpstlichen Enzyklika »Quadragesimo anno« von 1931. Dollfuß wurde am 25. Juli 1934 in Wien bei einem nationalsozialistischen Putschversuch erschossen (dazu Helmut Schulz, Mord in Wien. Dollfuß tot – Nazis gescheitert, in: Christian Zentner [Hg.], Ein Volk, ein Reich, ein Führer. Zeitgeschichte in Wort, Bild und Ton 1933–1937, Herrsching 1989, 170–175 [mit ganzseitiger Farb-Karikatur und mehreren Fotos]). Näheres zu Dollfuß bei Fritz Fellner, Art. Dollfuß, in: DBE 2 (1995) 587, zum Ständestaat bei Dieter A. Binder, Der »Christliche Ständestaat« Österreich 1934–1938, in: Rolf Steininger / Michael Gehler (Hgg.), Österreich im 20. Jahrhundert. Ein Studienbuch in zwei Bänden, Bd. 1, Wien u. a. 1997, 203–256, zum Konkordat bei Erika Weinzierl-Fischer, Die österreichischen Konkordate von 1855 und 1933, München 1960, 181–249 (Konkordatstext: 258–271); zur Situation in Österreich von 1933 bis zum Anschluss an das Deutsche Reich 1938 vgl. auch Gerhard Hartmann, Kirche und Nationalsozialismus, Kevelaer 2007, 38–43.

gleichsam das Regierungsblatt, in einem Leitartikel auf der ersten Seite (»Offener Sabotageversuch am inneren Frieden in Deutschland«) und ebenso die NS-Regierung in einem Memorandum an den Hl. Stuhl vom 15. Januar 1934. Man sehe in diesem Hirtenbrief »eine allgemeine Kampfansage an den Nationalsozialismus und eine unbefugte Kritik an innerdeutschen Verhältnissen«, hieß es da, und witterte einen im Einvernehmen mit dem deutschen Episkopat unternommenen Versuch, den Art. 32 des Reichskonkordats (siehe oben S. 212!) durch eine Stellungnahme aus dem Ausland zu umgehen[18]. Letztere Mutmaßung war jedoch aus der Luft gegriffen.

L   Bernd-Jürgen Wendt, Art. Konkordat, in: Zentner/Bedürftig, Lexikon 323 f.; Thomas Brechenmacher (Hg.), Das Reichskonkordat 1933. Forschungsstand, Kontroversen, Dokumente (= VKZG B 109), Paderborn u. a. 2007; Heinz Hürten, Kurze Geschichte des deutschen Katholizismus 1800–1960, Mainz 1986, 209–232; ders., Deutsche Katholiken 1918–1945, Paderborn u. a. 1992, 231–271; Herbert Immenkötter, Die katholische Kirche und der Nationalsozialismus. Verurteilung – Vertrauen – Verweigerung, in: Johannes Hampel (Hg.), Der Nationalsozialismus, Bd. 1: Machtergreifung und Machtsicherung 1933–1935 (= Bayerische Landeszentrale für politische Bildungsarbeit A 72), München ³1994, 207–252; Hubert Wolf, Papst und Teufel. Die Archive des Vatikan und das Dritte Reich, München 2008, 145–203 (Lit.: 350 f.); Eder, Kirchengeschichte 202–204.
K   Oskar Garvens.
Q   Kladderadatsch 87 (1934) 33 (Nr. 3 v. 14. Jan.; Titelseite); Eisele 28 (sw); Christian Zentner (Hg.), Ein Volk, ein Reich, ein Führer. Zeitgeschichte in Wort, Bild und Ton 1933–1937, Herrsching 1989, 148 (farbig, aber kleinformatig).

---

[18]   Der Text des Memorandums ist abgedruckt bei: Dieter Albrecht (Bearb.), Der Notenwechsel zwischen dem Heiligen Stuhl und der deutschen Reichsregierung, Bd. 1 (= VKZG A 1), Mainz 1965, 37–44 (Zitat: 41 f.). – Prälat Kaas (↗ KAR 18), der das Wesen des Nationalsozialismus verkannte, hielt den Hirtenbrief des österreichischen Episkopats übrigens »in entscheidenden Partien für verfehlt« (Kaas an den Freiburger Erzbischof Conrad Gröber, 1. Jan. 1934, in: Stasiewski, Akten [wie Anm. 8], 495–498, hier: 497).

20. Erst Knoblauch, dann Weihrauch!
(Juli 1936)

(58)

Das Hetzblatt *Der Stürmer* und dessen Hauszeichner »Fips« (Philipp Rupprecht) sind bestens geeignet, um ein Beispiel für eine NS-Karikatur zu geben[1].

1. Beschreibung

Auf der zweiteiligen, mit dem Adjektiv »*Unfruchtbar*« betitelten Karikatur ist links eine junge katholische Ordensschwester im Habit (weißes Gewand und schwarzer Schleier) mit Brustkreuz, zum Gebet gefalteten Händen und hübschem Gesicht zu sehen, dahinter ein katholischer Kleriker in schwarzem Talar und schwarzem Scheitelkäppchen vor dem Hintergrund eines großen gezeichneten Kreuzes, das den Rest des linken Teils der Karikatur einnimmt; beide sehen sich nicht an, sondern blicken in unterschiedliche Richtungen am Betrachter vorbei. Rechts ist eine ebenfalls junge, hübsche Frau mit offenem, halblangem Haar in einem schulterfreien Kleid mit Zigarette im Mund und Weinglas in der rechten Hand abgebildet; das halbgefüllte Glas hält sie allerdings so schräg, dass von der Flüssigkeit etwas nach unten tropft – dies soll wohl darauf hinweisen, dass die Dame nicht mehr ganz nüchtern ist. Sie blickt freundlich nach hinten, wo ein Mann mittleren Alters dargestellt ist, der seine rechte Hand auf die von einer Stola bedeckten Schulter der Frau gelegt und ebenfalls eine Zigarette im Mund hat. Während der Geistliche im linken Bild durchaus ansprechende Gesichtszüge aufweist, wirkt der Mann auf dem rechten Bild trotz seiner eigentlich gepflegten Erscheinung mit dunklem Anzug, weißem Hemd, Krawatte und kurzgeschnittenem Haar aufgrund seiner Physiognomie (große Ohren und Nase, wulstige, schiefe Lippen, verkniffenem, nicht zur Frau, sondern auf den Betrachter gerichteten Blick) unsympathisch und wenig vertrauenswürdig. Dies wird dadurch unterstrichen, dass er – für einen Mann ungewöhnlich und übertrieben – nicht nur einen Ring am Ringfinger trägt, sondern noch einen zweiten am kleinen Finger seiner im übrigen deutlich dunkel behaarten Hand. Die Dame trägt dagegen nur einen Ring und ein dazu passendes Armband. In die rechte obere Ecke hat der Karikaturist einen großen Davidstern[2] gezeichnet.

Als Kommentar steht unter dem linken Teil der Karikatur »*Der Kirche zu eigen*«, unter dem rechten Teil »*dem Satan verschworen*«, darunter – auf alle zwei Teile bezogen – »*Und beide der Volksgemeinschaft verloren*«.

2. Deutung

Für eine korrekte Deutung der Karikatur gehen wir am besten vom Bild des Nationalsozialismus von der »deutschen Frau« bzw. dem »deutschen Mann« aus. Das Ideal der deutschen Frau war damals dasjenige der treusorgenden Hausfrau, Gattin

---

[1] Vgl. dazu Herwig Buntz, »Tat gegen Tinte«. Karikaturen im Nationalsozialismus, in: Praxis Geschichte 17 (2004) H. 1, 24 f.

[2] Zum Davidstern (Judenstern) Näheres unten Anm. 23.

und Mutter. Während die Frau, das »zweite Geschlecht«[3], in ihrer »kleinen Welt« Sorge für Familie, Haus und (nordisch-arische) Rasse tragen sollte, war der Mann in seiner »großen Welt« verantwortlich für Politik, Krieg, Erwerb und Gemeinschaft, sollte aber natürlich auch ein guter Familienvater sein. »Eine solche Arbeitsteilung verwies beileibe nicht bloß in die Vergangenheit, sondern auch, wie es in *Mein Kampf* hieß, in eine ›tausendjährige Zukunft‹, als deren Wahrer der völkische Staat auftrat.«[4] In den im November 1934 vom »Reichsausschuß für Volksgesundheit« herausgegebenen »Zehn Geboten für die Gattenwahl« heißt es u. a.:

>*2. Du sollst, wenn Du erbgesund bist, nicht ehelos bleiben.*
> *5. Wähle als Deutscher nur einen Gatten gleichen oder nordischen Blutes.*
> *[...]* Wo ungleiche Rassen sich mischen, gibt es einen Mißklang.
> *8. Heirate nur aus Liebe.*
> Geld ist vergänglich Gut und macht nicht dauernd glücklich.
> *9. Suche Dir keinen Gespielen, sondern einen Gefährten für die Ehe«[5].*

Demgemäß mußten die beiden hier dargestellten Arten von Frauen als der Volks-gemeinschaft verloren gelten, nämlich

- auf der einen Seite die Frau als enthaltsame Nonne hinter Klostermauern, ver-loren durch die Verführungskunst der Kirche (repräsentiert durch den Kleriker), und
- auf der anderen Seite die Frau als »Playgirl«, verloren durch die Verführungs-kunst des Judentums (repräsentiert durch einen offenbar reichen Juden[6]) und zudem noch in ungeziemender Weise dem Nikotingenuss hingegeben.

Nachdem sich zu Beginn des 20. Jahrhunderts erstmals eine größere Bewegung gegen das Rauchen organisiert hatte, wurde in den zwanziger Jahren auch innerhalb der Medi-zin die Kritik am Nikotingenuss immer lauter. 1924 erschienen gleich zwei Bücher, deren Autoren insbesondere die Frau, für die sich nach damaliger Auffassung das Rauchen ohnehin nicht schickte, von diesem Laster gefährdet sah. So stellte der Berliner Pharma-

---

3 »Daß Männer als das erste und Frauen als das zweite Geschlecht gelten, ist keine Erfindung der Nationalsozialisten. Im Sinne einer zeitlichen Abfolge kann sich diese Vorstellung auf die bib-lische Schöpfungsgeschichte berufen [vgl. Gen 2,7.15.18–24]. Aber auch wenn sie auf ein hierar-chisch geordnetes Verhältnis zwischen den Geschlechtern abhebt, hat sie eine lange, weit in die Vergangenheit zurückreichende Tradition. In allen Epochen abendländischer Geschichte waren Frauen nicht nur das zu spät gekommene, sondern auch das zurückgesetzte, das unterworfene Geschlecht. [...] Das Dritte Reich wich von diesem historischen Grundmuster nicht ab« (Ute Frevert, Frauen, in: Benz, Enzyklopädie 242–258 [Lit.], hier: 242). Vgl. auch Dorothee Klinksiek, Die Frau im Dritten Reich, in: Zentner/Bedürftig, Lexikon 187–189.

4 Alle Zitate nach Frevert (wie Anm. 3) 245. Emanzipation dagegen sei, so Hitler, »ein nur vom jüdischen Intellekt erfundenes Wort« (zit. nach Wolfgang Schneider, Frauen unterm Hakenkreuz, Hamburg 2001, 13).

5 Zit. nach Schneider, Frauen (wie Anm. 4) 49–51 (a. a. O. 49–52 der vollständige Text).

6 Einen Überblick über die Fülle von Vorurteilen gegenüber Juden von der Antike bis zur Gegen-wart gibt Peter Waldbauer, Lexikon der antisemitischen Klischees. Antijüdische Vorurteile und ihre historische Entstehung, Murnau a. Staffelsee 2007; speziell zum »reichen Juden« siehe das Kapitel »Juden und Geld« (a. a. O. 83–88: »Sind alle Juden reich?«, »Sind alle Juden geldgierig?« usw.).

zieprofessor *Louis Lewin* (1850–1929) die These auf, dass die emanzipierte »weibliche Blüte der Nationen« oft deswegen keine Kinder bekäme, »weil ihre durch unsinniges Zigarettenrauchen rauch- und nikotingeschwängerten Sexualorgane in chronische Reiz- und Entzündungszustände versetzt worden sind. Ein ganz anderes Feuer als das der Zigaretten sollen die Frauen als heimische Vestalinnen unterhalten! *Und schließlich ist doch der Mund des Weibes zur Betätigung von besserem geschaffen als, einer Esse gleich, zu rauchen und nach der Tabacsauce von Zigaretten zu riechen!*« Der Wiener Gynäkologe *Robert Hofstätter* (1883–1970) führte in seiner Schrift »Die rauchende Frau. Eine klinische, psychologische und soziale Studie« (Wien 1924) sogar Dutzende von Frauenkrankheiten, darunter »Menstruationskrämpfe, Gebärmutterschwund und Fehlfunktionen der Eierstöcke« auf die »Wirkungen des teuflischen Krautes« zurück. Daran anschließend befürchteten Hygieniker im Dritten Reich Schädigungen des Erbguts und eine Schwächung der Arbeitskraft, Krankenschwestern und Hebammen hingegen (zu Recht) negative Folgen für den »mütterlichen Organismus«. Tabakkonsum sei bei Frauen auch Ursache für Frigidität (bei Männern für Impotenz) und widerspreche der Reinheit des Körpers. Ja, das Rauchen (das auch als »Lungen-Masturbation« bezeichnet wurde) gehöre »unstreitig zu den zersetzenden Übeln einer vielfach überreif, ja faul gewordenen Zivilisation« und sei ein »Volksfeind« wie der Jude, der dieses Laster auch propagiere. Überhaupt wurde Rauchen und Trinken u. a. mit Juden und unsittlichen Frauen (siehe Karikatur!) assoziiert.

Lit.: Louis Lewin, Phantastica. Die betäubenden und erregenden Genußmittel. Für Ärzte und Nichtärzte, Berlin 1924 (Zitat: 320 f.); Robert N. Proctor, Blitzkrieg gegen den Krebs. Gesundheit und Propaganda im Dritten Reich, Stuttgart 2002, 205 f. (alle Zitate von Robert Hofstätter), 250 f. (Illustrationen); *zu Lewin und Hofstätter* siehe die Personenartikel in DBE 6 (1997) 364 und 5 (1997) 136.

Die beiden Männer widersprachen ebenfalls der gewünschten Sexualmoral, die ja weder von strikter Enthaltsamkeit (Zölibat; ↗ KAR 30) noch von ungezügelter Wollust geprägt sein sollte: »Der asexuelle Priester und der lüsterne Jude dienten als Extrembeispiele männlicher Sexualdevianz.«[7] Die Hauptfeinde des Nationalsozialismus bildeten also an erster Stelle die Juden und das Judentum insgesamt (dem Hitler übrigens den Charakter einer Religion absprach) und an zweiter Stelle die christlichen Kirchen als einzige nicht gleichgeschaltete Großorganisationen des Reiches und letzte, aber sehr gefährliche Störfaktoren auf dem Weg zur völkischen Gemeinschaft[8].

---

[7] Olaf Blaschke, »Wenn irgendeine Geschichtszeit, so ist die unsere eine Männerzeit.« Konfessionsgeschlechtliche Zuschreibungen im Nationalsozialismus, in: Manfred Gailus / Armin Nolzen (Hgg.), Zerstrittene »Volksgemeinschaft«. Glaube, Konfession und Religion im Nationalsozialismus, Göttingen 2011, 34–65, hier: 53.

[8] Vgl. Heinz Hürten, »Endlösung« für den Katholizismus? Das nationalsozialistische Regime und seine Zukunftspläne gegenüber der Kirche, in: ders., Katholiken, Kirche und Staat als Problem der Historie. Ausgewählte Aufsätze 1963–1992, hg. v. Hubert Gruber, Paderborn u. a. 1994, 174–189, hier: 180. – Hitler nötigte die jahrtausendealte Tradition und die »grandiose Organisation« der römisch-katholischen Kirche, der er selbst bis zum Lebensende angehörte, Respekt ab (Tischgespräch vom 31. März 1942, abends [zit. nach Picker, Tischgespräche (wie S. 191, Anm. 20) 171]; vgl. Domarus [wie S. 192, Anm. 23] 16 f.). Bereits in »Mein Kampf« hatte er voller Bewun-

Von den beiden Hauptfeinden Judentum und (katholische) Kirche handelt auch das neu-heidnische Kampflied »*Juden raus, Papst hinaus!*«, dessen Schlussverse folgendermaßen lauten:

> »*Papst und Rabbi sollen weichen,*
> *Heiden woll'n wir wieder sein,*
> *nicht mehr in die Kirche schleichen,*
> *Sonnenrad führt uns allein,*
> *Juden raus, Papst hinaus,*
> *aus dem deutschen Vaterhaus!*«

Lit.: Gerhard Besier, Die Kirchen und das Dritte Reich. Spaltungen und Abwehrkämpfe 1934–1937, Berlin/München 2001, 253 (Zitat); zum »Sonnenrad«, einem runden Hakenkreuzsymbol, siehe Rüdiger Sünner, Schwarze Sonne. Entfesselung und Mißbrauch der Mythen in Nationalsozialismus und rechter Esoterik, Freiburg i. Br. u. a. ²2003, bes. 30, 86 und die Umschlagabb. (Sonnenrad als Bodenornament im Obergruppenführersaal der Wewelsburg bei Paderborn).

»Erst Knoblauch, dann Weihrauch« – das war somit die Parole.[9]

a) Erst Knoblauch ...

Ziel der NS-Politik und -Propaganda war es von Anfang an, die Juden, die 1933 gerade einmal 0,76 % der Gesamtbevölkerung ausmachten, zu diskriminieren und aus Staat und Gesellschaft auszugrenzen. Dies führte in der Folge zu Vertreibung (seit 1935), wirtschaftlicher Ausplünderung (seit 1937) und Ghettoisierung (seit 1939) und schließlich zur »Endlösung der Judenfrage«, d. h. zum industriell organisierten Massenmord an fast 6 Millionen europäischen Juden (seit 1941; *Shoah* bzw. *Holocaust*[10]). Zur Rechtfertigung all dessen wurde u. a. wirtschaftlich und religiös

---

derung von der »unglaublich rüstigen Kraft«, der »staunenswerten Jugendlichkeit«, der »geistigen Schmiegsamkeit« und »stählernen Willenskraft« der katholischen Kirche gesprochen (Adolf Hitler, Mein Kampf, München [886-890]1943, 481). Die protestantische Kirche, die kein Gegner von Format für sie sei, verachtete er dagegen. Näheres hierzu bei Manfred Eder, Wenn das »Tausendjährige Reich« mehr als ein dutzendjähriges gewesen wäre ... Nationalsozialistische Pläne und Visionen zu Kirche und Religion für die Zeit nach dem »Endsieg«, in: Saeculum 56 (2005) 139–168, hier: 147–149.

[9] Zit. nach Hürten, »Endlösung« (wie Anm. 8) 180.

[10] »*Holocaust*« ist ein aus dem Englischen übernommenes griechisches Wort (*Holókauton* = Brandopfer, Ganzopfer), das in Deutschland seit der Ausstrahlung der gleichnamigen US-Fernsehserie (1979) gebräuchlich ist. Mittlerweile hat sich jedoch mehr der seit jeher von Juden und in Israel verwendete hebräische Ausdruck »*Shoah*« (Zerstörung, Katastrophe) eingebürgert. – Vgl. hierzu z. B. den knappen Überblick bei Werner Bergmann / Ulrich Wyrwa, Antisemitismus in Zentraleuropa. Deutschland, Österreich und die Schweiz vom 18. Jahrhundert bis zur Gegenwart, Darmstadt 2011, 97–108 (»Staatlicher Antisemitismus 1933/1938–1945«) und die Tabelle »Maßnahmen gegen Juden im Dritten Reich« bei Helmut Kurz, Katholische Kirche und Nationalsozialismus. Ein Lese- und Arbeitsbuch für den Religionsunterricht (= Beiträge zu Theologie, Kirche und Gesellschaft im 20. Jahrhundert 7), Berlin ²2008, 265–268 (insgesamt gab es etwa 2.000 antijüdische NS-Maßnahmen!).

argumentiert, weil man sich hierfür auf eine traditionelle religiös-wirtschaftliche Judenfeindschaft *(Antijudaismus)* stützen konnte, die z. B. in den Juden den **Satan** (Teufel) verkörpert sah.

Im Vorwort zu einem 1934 (also zwei Jahre vor unserer Karikatur) im Stürmer-Verlag (Nürnberg) erschienenen Büchlein, das aus »Vierundzwanzig Zeichnungen vom Stürmer-zeichner Fips« besteht und »Juden stellen sich vor« betitelt ist, schreibt *Julius Streicher* (1885–1946 [hingerichtet]), Gauleiter von Franken sowie Gründer und Herausgeber des *Stürmer:* »Das Urteil, das Jesus Christus über die Juden fällte, kennzeichnet das Volk der Juden für alle Zeiten: ›Ihr habt zum Vater nicht Gott, sondern den *Teufel.* Er war ein *Verbrecher und Menschenmörder* von Anfang an‹. (Joh VIII/44,45.[11]) [...] Juden stellen sich vor, von denen der Kämpfer von Nazareth sagte, ihr Vater sei der Teufel.« (S. 2f.) Die sich durch das Johannes-Evangelium hindurchziehende Auseinandersetzung Jesu mit seinen jüdischen Gegnern findet in der von Streicher zitierten Etikettierung der Juden als Teufelssöhne ihren dramatischen Höhepunkt und ihre äußerste Zuspitzung. So hat man diese Stelle denn auch als »wohl die antijudaistischste Äußerung des NT« bezeichnet[12]. Wie antijudaistisch ist sie wirklich? Vergegenwärtigen wir uns die histori-sche Situation: Das Johannes-Evangelium ist erst in den letzten Jahren des ersten nach-christlichen Jahrhunderts entstanden, also zu einer Zeit, in der die Zerstörung des jü-dischen Tempels im Jahre 70 n.Chr., die einen radikalen Neuanfang verlangt hatte, bereits gut zwanzig Jahre zurücklag. Die einzige jüdische Gruppierung, die das Fiasko des Krieges einigermaßen unbeschadet überstanden hatte und allein fähig war, sich mit den Römern langfristig zu arrangieren, war die starke Partei der gemäßigten Pharisäer, die als »Rabbinen« das Gesicht des Judentums für die folgenden Jahrhunderte prägen und durch die Hauptwerke der rabbinischen Literatur, die Mischna und den Talmud, das Überleben des Judentums erst ermöglichen sollten. Die christlichen Gemeinden standen also zur Zeit des Johannes einem wiedererstarkten, relativ einheitlichen Judentum unter pharisäischer Führung gegenüber. Wie zwischen feindlichen Brüdern wurde die theo-logische Auseinandersetzung geführt, bei der es für das Judentum um nichts Geringeres ging als um die Fundamente des Glaubens, waren doch die Christen dabei, das gemein-same jüdische Erbe exklusiv für sich zu beanspruchen. Auch von jüdischer Seite wurde dabei nicht nur mit theologischen Argumenten gefochten, wie schon die Paulusbriefe erkennen lassen. Die Schärfe der Auseinandersetzung im achten Kapitel des Johannes-Evangeliums, die bis zur völligen Verteufelung des Gegners reicht, erklärt sich also aus der Angst der johanneischen Gemeinde, die Identität zu verlieren, sowie aus dem Gefühl des eigenen Unvermögens, da das jüdische Volk die Botschaft Jesu in seiner Mehrheit nicht annahm. Abgrenzung gelingt um so leichter, je mehr der andere zum Feind, zum Satan, ja zum Bösen schlechthin deklariert wird.
Erstaunlich ist dieser Befund allerdings vor dem Hintergrund von Joh 4,22, wo es ohne Einschränkung heißt, dass das Heil von den Juden komme. Wiederholt ist dieser Satz deshalb als nachträgliche Einfügung oder als Randbemerkung eines Bibellesers auf-gefasst worden, die ein späterer Abschreiber mit in den Text genommen habe. Da sich der Begriff »das Heil« nur hier im Johannes-Evangelium findet, scheint der Vers jedoch

---

[11] Gemeint ist Joh 8,44f. In der Offenbarung des Johannes ist überdies zweimal die Rede vom jü-dischen Gotteshaus als »Synagoge des Satans« (Offb 2,9; 3,9). Hierzu Eder, Gnad 31.

[12] Jürgen Becker, Das Evangelium des Johannes. Kapitel 1–10, Gütersloh 1979 (= Ökumenischer Taschenbuchkommentar zum Neuen Testament 4/1), 304.

Vom Antijudaismus zum Antisemitismus
im Deutschland des 19. und 20. Jahrhunderts

traditioneller religiös-wirtschaftl. Antijudaismus

mit den Anschuldigungen:

- Verwerfung des Messias
- Gottesmord
- Wucher
- Ritualmord

↓

Juden
=
Sündenböcke
in Krisen-situationen

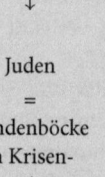

Aufklärung
↓
Forderung nach Neubestimmung der Stellung der Juden
↓
Emanzipation der Juden

→ wachsender Anteil von Juden in den Städten
→ sozialer Aufstieg
→ Präsenz in zukunftsträchtigen freien Berufen (Ärzte, Anwälte, Journalisten, Verleger, »Banker«) und in Parteien des linken Spektrums
↓
Spannungen, Konkurrenzdruck
↓
Juden = Sündenböcke

↔

naturwissenschaftliche Fortschritt

- Evolutionstheorien
- Darwinismus

↓

Sozialdarwinismu

angebliche Höher- und Minderwertigkeit von Rassen:

Juden als minderwertige Rasse

⇓
sozial, wirtschaftlich, politisch und kulturell argumentierender Antisemitismus

⇓
biologistisch-rassistischer Antisemitismus

Verstärkung und Aktualisierung des judenfeindlichen Potentials im späten 19. Jahrhundert
durch:
- wirtschaftliche und soziale Umwälzungen als Folge von Industrialisierung, Urbanisierung und Kapitalismus
- Große Depression (1873-1895)
- Zuwanderung von Juden aus Osteuropa

Moderner Antisemitismus des 20. Jahrhunderts *mit Betonung der rassistischen Judenfeindschaft,* der durch weitere verstärkende Faktoren nach dem Ersten Weltkrieg (Versailles, bolschewistische Bedrohung, Wirtschaftskrise und hohe Arbeitslosigkeit) zu Judenverfolgung und Shoah im Dritten Reich führt.

eher ein alter Überzeugungssatz zu sein, den der Evangelist aus eigener Glaubensüberzeugung in sein Werk aufnahm. Hätte die Christenheit nie vergessen, dass das Heil unwiderruflich von den Juden kommt, wäre eine Judenfeindschaft, die sich – wie Streicher – auf das Neue Testament beruft, wohl gar nicht möglich gewesen. So aber wurden ab dem 2. Jahrhundert n. Chr. judenfeindliche Haltungen grundgelegt, die die Kirchenväter (z. B. *Johannes Chrysostomos, Ambrosius oder Augustinus*) verfestigt, entfaltet und weitergegeben haben, so besonders die – im wesentlichen bis zur Erklärung *»Nostra Aetate«* (1965) des Zweiten Vatikanums aufrechterhaltenen – Auffassungen, *dass die Juden von Gott enterbt und ihr Bund mit ihm gekündigt sei (dass sie also nicht mehr das auserwählte Volk seien)* und dass **alle** Juden Christusmörder und damit Gottesmörder seien[13]. Dieser Vorwurf ist genauso absurd, wie wenn man alle Deutschen wegen des millionenfachen Judenmordes im Dritten Reich pauschal als Judenmörder bezeichnen würde.

Lit.: Günter Reim, Joh. 8,44 – Gotteskinder/Teufelskinder. Wie antijudaistisch ist »die wohl antijudaistischste Äußerung des NT«?, in: New Testament Studies 30 (1984) 619–624; Felix Porsch, »Ihr habt den Teufel zum Vater« (Joh 8,44). Antijudaismus im Johannesevangelium?, in: Bibel und Kirche 44 (1989) 50–57; Franz Mußner, Traktat über die Juden, München ³2009, 281–291.

Und weil die Hakennase ein gängiges Attribut in bildlichen Darstellungen des Satans war, wurde auch der Jude als sein Bundesgenosse[14] mit krummer Nase dargestellt (nachweisbar seit dem späten 13. Jahrhundert[15]).

Vor allem aber bediente man sich aus dem Repertoire des im 19. Jahrhundert um sich greifenden biologisch-rassistischen *Antisemitismus*[16]. So behauptete die natio-

---

13 Der wichtigste Teil der Erklärung des Konzils über die nichtchristlichen Religionen mit dem Titel »Nostra Aetate« (NA) ist das auf das Judentum bezogene 4. Kapitel, wo sich die Kirche zum ersten Mal öffentlich die paulinische Auffassung von der Rettung Israels zu eigen macht, wie sie in Röm 9–11 niedergelegt ist. Ausdrücklich zurückgewiesen wird hier die Vorstellung einer jüdischen Kollektivschuld am Tode Jesu oder einer »Verwerfung« der Juden als Volk und ebenso jeder Antisemitismus. Vgl. zu NA, der »kopernikanischen Wende im katholischen *Denken über die jüdische Religion und das jüdische Volk*« (Rabbiner Gilbert S. Rosenthal, zit. nach Kirchliche Umschau 17 [2014] H. 1, 53), Hans Hermann Henrix (Hg.), Nostra Aetate. Ein zukunftsweisender Konzilstext. Die Haltung der Kirche zum Judentum 40 Jahre danach, Aachen 2006; Andreas Renz, Die katholische Kirche und der interreligiöse Dialog. 50 Jahre »Nostra Aetate«. Vorgeschichte, Kommentar, Rezeption, Stuttgart 2014; Reinhold Boschki / Josef Wohlmuth (Hgg.), Nostra Aetate 4 – eine bleibende Irritation der theologischen Disziplinen, Paderborn 2015; Matthias Bahr / Reinhold Boschki, Nostra Aetate religionspädagogisch lesen, in: Katechetische Blätter 140 (2015) 101–105; Eder, Kirchengeschichte 217 f. sowie unten KAR 35 .
14 Zur Verbindung des Satans mit den Juden seit der Antike siehe Bernhard Lang, Der Teufel und die Juden, in: Herbert Haag (Hg.), Teufelsglaube, Tübingen 1974, 477–489; Léon Poliakov, Geschichte des Antisemitismus II (Das Zeitalter der Verteufelung und des Ghettos), Worms 1978, 38–54.
15 Die älteste erhaltene Darstellung ist eine Randzeichnung in einer Urkunde der Stadt Norwich (England) von 1288 (Profilkopf des Juden »Hake«; abgebildet bei Peter K. Klein, »Jud, dir kuckt der Spitzbub aus dem Gesicht!« Traditionen antisemitischer Bildstereotypen oder die Physiognomie des ›Juden‹ als Konstrukt, in: Helmut Gold / Georg Heuberger (Hgg.), Abgestempelt. Judenfeindliche Postkarten, Heidelberg 1999, 43–78, hier: 46 (Abb. 4).
16 Der 1879 im Umkreis des Schriftstellers *Wilhelm Marr* geprägte Begriff »Antisemitismus« ist insofern irreführend, als zur Sprachgruppe der Semiten nicht nur Juden, sondern z. B. auch Araber gehören. Antisemiten sind jedoch ausschließlich Judengegner. Vgl. zu diesem Begriff die ein-

nalsozialistische »Rassenkunde«, die ihrerseits auf dem pseudowissenschaftlichen Konstrukt des Sozialdarwinismus basierte[17], die Juden gehörten einer minderwertigen Rasse an, vor der es die Deutschen, die in der Mehrzahl der nordischen Rasse angehörten, zu schützen gelte. Bereits 1879 brachte dies der Berliner Historiker *Heinrich von Treitschke* (1834–1896) auf die griffige Formel »*Die Juden sind unser Unglück*«, die später die Fußleiste jedes *Stürmer*-Titelblattes »zieren« sollte. Träger der Rasse-Eigenschaften sei das Blut. Demgemäß heißt es im Parteiprogramm der NSDAP von 1920: »Volksgenosse kann nur sein, wer deutschen Blutes ist, ohne Rücksicht auf Konfession[18]. Kein Jude kann daher Volksgenosse sein.«

Zu den negativen jüdischen »Rasse-Eigenschaften« wurde gezählt (siehe unsere Karikatur mit einem Beispiel des von »Fips« geschaffenen »Stürmer-Juden«[19]!),

• dass der Jude über eine ausgeprägte sexuelle Energie verfüge, er also ein triebhafter Verführer vorzugsweise nichtjüdischer Mädchen und Frauen (d. h. »Rasseschänder«) sei[20], und

---

gehende Darstellung von Georg Christoph Berger Waldenegg, Antisemitismus: »Eine gefährliche Vokabel?« Diagnose eines Wortes, Wien u. a. 2003, und zur Geschichte des Antisemitismus folgende konzise Überblicke: Werner Bergmann, Art. Antisemitismus, in: Metzler Lexikon Religion. Gegenwart – Alltag – Medien, hg. v. Christoph Auffarth u. a., Bd. 1, Stuttgart/Weimar 1999, 70–77; ders., Geschichte des Antisemitismus, München ⁴2010.

17 Der Begriff »*Sozialdarwinismus*« bezeichnet eine Strömung der Sozialphilosophie, die die von Charles Darwin (1809–1882) beschriebene Evolutionstheorie der natürlichen Auslese in der Tier- und Pflanzenwelt auf die menschliche Gesellschaft übertrug. Darwins These von der Durchsetzung der jeweils bestangepassten Art (*»survival of the fittest«*) erfuhr hierbei eine Umdeutung zum Überleben des stärksten Individuums in der Gesellschaft bzw. der höchstentwickelten Kollektive (Rassen, Völker) gegenüber geringer entwickelten Kollektiven. Nur durch den medizinischen Fortschritt, Hygiene, sozialstaatliche Maßnahmen und Nächstenliebe am Leben gehaltene schwache und lebensuntüchtige Menschen sowie minderwertige Rassen (wie die Juden) würden sich jedoch stärker vermehren als Träger hochwertigen Erbguts. Dadurch – so die Sozialdarwinisten – degeneriere jedoch eine Rasse und könne sich im Kampf ums Dasein nicht mehr behaupten. »In Verbindung mit der Rassenanthropologie, die der nordischen Rasse einen naturgegebenen Führungsanspruch attestierte, und der Rassenhygiene, die eine allgemeine qualitative Verbesserung des menschlichen Erbguts anstrebte«, führten diese pseudonaturwissenschaftlichen Vorstellungen im Dritten Reich zu praktischen Konsequenzen, indem man einerseits züchterische Maßnahmen ergriff (»Aufartung«, »Aufnordung«) und erwünschte Geburten förderte (z. B. durch den Verein »Lebensborn«, der jedem SS-Mann die Zeugung von vier [auch außerehelichen] Kindern auftrug), und andererseits die »Ausmerze« schlechter Erbmasse durch Zwangssterilisation von Erbkranken, Ermordung von geistig und körperlich Behinderten (»Euthanasie« an »Lebensunwerten«) und Ausrottung von als rassisch minderwertig betrachteter Gruppen (v. a. der Juden) betrieb. Näheres bei Rolf Winau, Art. Sozialdarwinismus, in: Zentner/Bedürftig 546 (Zitat); Peter Widmann, Art. Sozialdarwinismus, in: Benz, Enzyklopädie 805 f. (Lit.); Markus Vogt, Art. Sozialdarwinismus, in: LThK³ 9 (2000) 751 (Lit.).

18 Dies drückt besonders drastisch der »stereotyp vorgetragene Slogan deutscher Gossenantisemiten« aus: »Was der Jude glaubt ist einerlei, in der Rasse liegt die Schweinerei!« Zit. nach Ludger Heid, »Was der Jude glaubt, ist einerlei …«. Der Rassenantisemitismus in Deutschland, in: Die Macht der Bilder. Antisemitische Vorurteile und Mythen, hg. v. Jüdischen Museum der Stadt Wien (Ausstellungskatalog), Wien 1995, 230–247, hier: 237.

19 Vgl. hierzu das Karikaturistenverzeichnis im Anhang unter »Rupprecht, Philipp«.

20 Gemäß dem *Blutschutzgesetz* von 1935, einem der »Nürnberger Gesetze«, war die Eheschließung

- dass der Jude hässlich sei. Zur Hakennase (»Nasenzinken«) waren nämlich im Laufe der Neuzeit, v. a. seit dem 19. Jahrhundert, eine ganze Reihe angeblicher äußerer Charakteristika der Juden gekommen (z. B. große Ohren, wulstige Lippen, krauses Haar, dem Tier nahestehende starke Körperbehaarung, krumme Beine, große Plattfüße), so dass man von einer eigenen Physiognomie des Juden sprach, an der er zu erkennen sei[21]. Warum aber musste man Juden dann kennzeichnen, im Mittelalter mit Judenhut, -fleck und -ring[22], im Dritten Reich mit dem gelben »Judenstern« (d. h. dem mit dem Wort »Jude« versehenen Davidstern[23])? Und warum gab es dann »Ehrenarier«[24] und die »Sei-

---

sowie der »außereheliche Verkehr zwischen Juden und Staatsangehörigen deutschen oder artverwandten Blutes« ein Straftatbestand, der als »Rassenschande« bezeichnet und mit Gefängnis und Zuchthaus geahndet wurde. Dahinter stand die Vorstellung, es »verderbe die deutsche Frau durch Geschlechtsverkehr mit einem Juden und ginge folglich dem deutschen Volk, der ›arischen Rasse‹, für immer verloren« (Julia Schwarz, Visueller Antisemitismus in den Titelkarikaturen des »Stürmer«, in: Jahrbuch für Antisemitismusforschung 19 (2010) 197–216, hier: 212; vgl. auch 213). Siehe hierzu auch die Art. Blutschutzgesetz bzw. Rassenschande in: Zentner/Bedürftig 79 f. und 467 (Zitat), sowie Katja Leiskau / Daniela Geppert, »Alte Thaler, junge Weiber sind die besten Zeitvertreiber«. Sexismus und Voyeurismus, in: Gold/Heuberger (wie Anm. 15) 205–214, bes. 209–212 (»Der Jude als Verführer«; Abb.); Christina von Braun, Antisemitische Stereotype und Sexualphantasien, in: Die Macht der Bilder (wie Anm. 18) 180–191.

[21] Siehe hierzu Klein, Jud (wie Anm. 15); Henry Wassermann, »Wenn ick betracht Ihr Nasen …«. Stereotype Darstellungen von Juden, Judentum und Israel in der neuzeitlichen Karikatur, in: Günther B. Ginzel (Hg.), Antisemitismus. Erscheinungsformen der Judenfeindschaft gestern und heute, Bielefeld 1991, 418–437; Sander L. Gilman, Der jüdische Körper: Gedanken zum physischen Anderssein der Juden, in: Die Macht der Bilder (wie Anm. 18), 168–179 (mit anderer Bebilderung auch in: Julius H. Schoeps / Joachim Schlör [Hgg.], Antisemitismus. Vorurteile und Mythen, München 1995, 167–179); ders., »Die Rasse ist nicht schön« – Nein, wir Juden sind keine hübsche Rasse!« Der schöne und der häßliche Jude, in: ders. u. a. (Hgg.), »Der schejne Jid«. Das Bild des jüdischen Körpers in Mythos und Ritual, Wien 1998, 57–74.

[22] Zur seit dem Vierten Laterankonzil von 1215 allgemein geltenden Kennzeichnungspflicht für Juden, die wesentlich zu ihrer zwangsweisen Isolierung und gesellschaftlichen Degradierung beitrug, siehe Eder, Gnad 72–74 mit Anm. 132 (Lit.) u. ö. (Register!).

[23] Zum aus zwei gleichen, ineinandergeschobenen Dreiecken (Hexagramm) gebildeten Davidstern als nationalem und religiösem Symbol des Judentums (seit 1897 auch Wahrzeichen des Zionismus) und als antijüdischem Schmähzeichen (»Judenstern«) ausführlich Elisabeth Fuchshuber-Weiß, Die Geschichte des Davidsterns, in: Freiburger Rundbrief NF 21 (2014) 162–170, 272–279, NF 22 (2015) 28–34; vgl. auch den Art. Judenstern, in: Zentner/Bedürftig 287 f. (jeweils mit Abb.), und Eder, Gnad 72 f. mit Anm. 132. Der gelbe »Judenstern« war seit 23. Nov. 1939 von allen Juden im besetzten Polen und ab 19. Sept. 1941 von allen jüdischen Personen über sechs Jahren im Deutschen Reich auf der linken Brustseite zu tragen; ab 13. März 1942 war er auch für Haus- und Wohnungstüren jüdischer Inhaber und Mieter vorgeschrieben.

[24] Hierzu Volker Koop, »Wer Jude ist, bestimme ich!« »Ehrenarier« im Nationalsozialismus, Köln u. a. 2014. Der bekannteste »Ehrenarier« war der Generalfeldmarschall und Generalinspekteur der Luftwaffe *Erhard Milch* (1892–1972). »Daß er jüdischer Abstammung war, stand seiner raschen Karriere nicht im Wege, da Göring kurzerhand Milchs Mutter überredete, eine Erklärung zu unterzeichnen, Milch sei ›arischer‹ Abstammung« (Wistrich, Wer war wer 187 f., hier: 187; mit Abb.). Übrigens stammt der oft Hermann Göring zugeschriebene Satz »Wer Jude ist, bestimme ich!« vom antisemitischen (und von Hitler bewunderten) Wiener Bürgermeister *Karl Lueger* (1844–1910).

tensprung-Arisierung«[25], ohne dass es sofort auffiel, dass die Betreffenden Juden waren?

b) ... dann Weihrauch!

Dass in der Nachkriegszeit die »Kirchenfrage« gelöst werden müsse, war für Hitler auch ohne die zunehmende Oppositionshaltung diverser katholischer wie evangelischer Kreise und Persönlichkeiten unzweifelhaft[26], denn dem weltanschaulichen Alleinvertretungsanspruch des Nationalsozialismus konnte der schwebende Zustand der letzten Vorkriegsjahre auf Dauer natürlich nicht genügen[27]. Hinsichtlich der Frage, mit welcher Strategie die Lösung der »Kirchenfrage« zu bewerkstelligen sei, vollzog Hitler von Winter 1941 bis zur Mitte des Jahres 1942 eine rasche und deutliche Radikalisierung. Noch im Oktober 1941 sprach er sich für ein langsames Absterben der Kirche aus: »Am besten, man läßt das Christentum langsam verklingen; ein langsames Ausklingen hat auch etwas Versöhnendes in sich: Das Dogma des Christentums zerbricht vor der Wissenschaft.«[28] Denn bei einer jetzt schon einset-

---

[25] Unter »Seitensprung-Arisierung« versteht man die (unzutreffende) Behauptung, der Sohn oder die Tochter eines jüdischen Ehepaares sei (nach dem Sprachgebrauch der »Nürnberger Gesetze«) nicht »Volljude«, sondern nur »Mischling ersten Grades«, weil nicht der Ehemann, sondern ein »arischer« Liebhaber der Vater sei. »Erfinder dieses Geniestreichs« ist der Osnabrücker Rechtsanwalt *Hans Calmeyer* (1903–1972), der als Leiter der »Entscheidungsstelle für Abstammungsfragen« in Den Haag (Niederlande) in Zusammenarbeit mit einem gleichgesinnten Anthropologen, der diese Behauptung durch Gutachten bestätigte, wohl etwa 7.000 niederländische Juden vor der Deportation in ein Vernichtungslager bewahrte. Gerettet wurde auf diese Weise z. B. der Arzt *Jonas Judas Groen* (1903–1990), dem das Gutachten bescheinigte, »Groen sehe zwar ›jüdisch‹ aus [...], körperliche Merkmale wie Mund, Lippen, Finger und Füße stimmten aber ›eindeutig‹ mit dem ›biologischen Vater‹ überein, einem Arier, mit dem sich die Mutter des Arztes eingelassen habe« (beide Zitate nach: Rechtsanwalt im Unrechtsstaat. Calmeyer-Ausstellung im Remarque-Zentrum Osnabrück, in: Neue Osnabrücker Zeitung v. 22. Jan. 2015). Näheres zu Calmeyer bei Mathias Middelberg, »Wer bin ich, dass ich über Leben und Tod entscheide?« Hans Calmeyer – »Rassereferent« in den Niederlanden 1941–1945, Göttingen 2015 (Lit.).
[26] Knappe Überblicke hierzu bieten Annalena Staudte-Lauber, Stichwort: Widerstand gegen Hitler, München ²1994, 37–56 (»Die Rolle der Kirchen«); Hans Maier, Christlicher Widerstand im Dritten Reich, in: Stimmen der Zeit 221 (2003) 165–172.
[27] Zu der im folgenden nur kurz behandelten »Kirchenfrage« ausführlich Eder, Reich (wie Anm. 8); Manfred Eder, Hätte die Kirche nach dem »Endsieg« eine Zukunft gehabt? Pläne und Visionen zur Religion im »Tausendjährigen Reich«, in: Joachim Kuropka (Hg.), Streitfall Galen. Studien und Dokumente, Münster ²2007, 357–384.
[28] Tischgespräch vom 14. Okt. 1941, mittags (zit. nach Heinrich Heim, Adolf Hitler. Monologe im Führerhauptquartier 1941–1944, hg. v. Werner Jochmann, Hamburg 1980 [ND München 2000], 83). Ähnliches ist unterm 14. Dez. 1941 in Goebbels' Tagebüchern zu lesen: »Sich einen Himmel vorzustellen oder zu wünschen, in dem die ewige Seligkeit in Halleluja-Singen besteht, das ist doch für einen Menschen des 20. Jahrhunderts geradezu absurd. Es ist klar, daß diese ganze Lehre im Laufe der Jahrzehnte einmal irgendwie ersetzt werden muß. Aber wir brauchen da gar nicht mit Zwang zu arbeiten, das kommt im Lichte der modernen Erkenntnisse ganz von selbst.« (Zit. nach Elke Fröhlich [Hg.], Die Tagebücher von Joseph Goebbels. Teil 2: Diktate 1941–1945, Bd. 2, München u. a. 1996, 507).

(60) Nach dieser *Stürmer*-Karikatur von »Fips« (März 1936) mit dem Titel »*Einflüsterungen des jüdischen Teufels*« und dem Untertitel »*Herr vergib ihnen.* [Abwandlung von: »Vater, vergib ihnen«, Lk 23,34] *Warum manche Pfaffen Großdeutschland hassen? Der Teufel versteht's, das muß man ihm lassen.*« steckt auch hinter der oppositionellen Haltung katholischer Priester der (an der Hakennase erkennbare) »jüdische Teufel« als Souffleur.

zenden Gewaltanwendung gegen die Kirche »würde das ganze Volk schreien: Wo ist der Ersatz? Sollen etwa meine Gauleiter ihren Lüsten entsagen, um Heilige zu werden?«[29] Im Februar 1942 wurde sein Ton geradezu ausfällig. Er bezeichnete die Kirche als »Kulturschande«, mit der man sich nicht mehr länger belasten solle, und die Pfarrer als »Krebsschaden«. »Wenn ich bloß so eine schwarze Minderwertigkeit daherkommen sehe! Das Hirn ist dem Menschen gegeben, um zu denken; wenn er denken will, wird er von so einer schwarzen Dreckwanze verbrannt!«[30] Bis zum

[29] Tischgespräch vom 14. Okt. 1941, mittags (zit. nach Heim, Monologe [wie Anm. 28] 85).
[30] Tischgespräche vom 8. (mittags) bzw. 20./21. Februar 1942 (zit. nach Heim, Monologe [wie Anm. 28] 272 bzw. 285).

Gehe hin und hüte meine —

DER OBER-
„HIRTE"

POLITIK

Mißbrauch von
Kindern und
Schwachsinnigen

Vergewaltigung
Sadistische
Orgien in Klöstern

Unzucht wider
die Natur in
Gotteshäusern

— Lämmer!

Zeichnung: Bogner

(61) Schmähkarikatur von *Walter Hofmann* (Pseudonym: Bogner) aus *Das Schwarze Korps* (1937), dem Organ der Reichsführung SS, zu den Sittlichkeitsprozessen: Dem sich statt um sein Hirtenamt um die Politik kümmernden Bischof entgeht, daß seine Herde nicht aus Lämmern (und Schafen), sondern aus Schweinen (= unmoralischen Priestern und Ordensleuten) besteht. Ober- und Untertitel sind eine Kombination zweier Bibelzitate aus dem Johannes-Evangelium, nämlich dem ersten Teil von »*Gehe hin und* sündige fortan nicht mehr« (Joh 8,11) und dem leicht abgeänderten »Weide (hier: *hüte*) *meine Lämmer*« (Joh 21,15)

Sommer 1942 steigerte sich sein Kirchenhass endgültig zu Vernichtungsphantasien: »Diesen Kampf der deutschen Geschichte werde ich endgültig einmal für immer zum Austrag bringen. [...] Dieses Reptil erhebt sich immer wieder, wenn die Staatsgewalt schwach wird. Deshalb muß man es zertreten.«[31]

---

[31] Tischgespräch vom 11. Aug. 1942 (zit. nach Heim, Monologe [wie Anm. 28] 337). Beim Tischgespräch vom 4. Juli 1942 hatte Hitler seiner Absicht Ausdruck verliehen, nach dem Krieg sofort

Wie dem Christentum und der Kirche im allgemeinen stand das NS-Regime von Anfang an auch den katholischen Orden feindlich gegenüber. »Die Orden sind der militante Arm der katholischen Kirche. Sie müssen daher von ihren Einflußgebieten *zurückgedrängt, eingeengt und schließlich vernichtet werden.*« Diese Geheimanweisung des Reichssicherheitsdienstes (SD) vom 15. Februar 1938[32] nannte unverblümt beim Namen, was man mit den Ordensgemeinschaften vorhatte, denen durch das Konkordat von 1933 (↗ **KAR 19**) die freie Niederlassung und Tätigkeit im ganzen Deutschen Reich zugesichert worden war. So hatte bereits seit 1935 die Wiedereinführung der Wehrpflicht den Männerorden die Nachwuchsgewinnung erschwert. Zur Erreichung des Endziels der Liquidierung der Orden wurden verschiedene Einzelmaßnahmen ergriffen: So kämpfte man gegen den Ordensgedanken im allgemeinen und gegen die katholischen Ordensgelübde im besonderen an, verdächtigte die Wirtschaftsführung sowie die Erziehungs- und Unterrichtsmethoden in den Klöstern, versuchte die Orden durch groß aufgemachte Prozesse um (bei Ordensleuten keineswegs überproportional häufige) Devisen- und Sittlichkeitsdelikte zu diffamieren

> Die NS-Machthaber verwandelten hierbei »in subtiler Form Kriminalprozesse auf dem Boden positiven Rechts in politische Schauprozesse mit propagandistisch-kirchenkämpferischem Hintergrund« (Petra Madeleine Rapp), wobei die Presse die Aufgabe hatte, »ein so abstoßendes Bild von der katholischen Kirche *in das Hirn der Massen zu hämmern,* dass der Leser sich voll Abscheu vor diesem *Geschwür am gesunden Volkskörper* von der Kirche abwende und für die politischen Ziele des [geplanten] Feldzuges aufnahmebereit werde« (Hans Günter Hockerts). So bildeten diese 1935 bis 1937 durchgeführten Schauprozesse, bei denen es regelmäßig um Devisen- und Sittlichkeitsdelikte ging, »die Generalprobe des III. Reiches, wieviel die deutschen Katholiken und ihre Führer heute schon vertragen«[33].
>
> Lit.: Petra Madeleine Rapp, Die Devisenprozesse gegen katholische Ordensangehörige und Geistliche im Dritten Reich. Eine Untersuchung zum Konflikt deutscher Orden und Klöster in wirtschaftlicher Notlage, totalitärer Machtausübung des nationalsozialistischen Regimes und im Kirchenkampf 1935/36 (Diss. masch.), Bonn 1981 (Zitat: 319); Hans Günter Hockerts, Die Sittlichkeitsprozesse gegen katholische Ordensangehörige und Priester 1936/37. Eine Studie zur nationalsozialistischen Herrschaftstechnik und zum Kirchenkampf (= VKZG B 6), Mainz 1971 (Zitat: 91); Johann Neuhäusler, Kreuz und Hakenkreuz. Der Kampf des Nationalsozialismus gegen die katholische Kirche und der kirchliche Widerstand, 2 Teile, München ²1946, hier: I 127–144; »Es stinkt zum Himmel«. Priesterprozesse, in: Christian Zentner (Hg.), Ein Volk, ein Reich, ein

---

das Konkordat aufzuheben und den Kirchen alle staatlichen Finanzhilfen zu entziehen (vgl. Picker, Tischgespräche [wie S. 191, Anm. 20] 415, 417). Propagandaminister Joseph Goebbels dagegen freute sich auf »kalt genießende Rache« (zit. nach Klaus Gotto u. a., Nationalsozialistische Herausforderung und kirchliche Antwort. Eine Bilanz, in: Klaus Gotto / Konrad Repgen [Hgg.], Kirche, Katholiken und Nationalsozialismus, Mainz 1980, 115; der Verweis auf ein »Dok. 18« in Anm. 24 ist übrigens irrig, da der Dokumentenanhang nur 17 Dokumente enthält, darunter keines von Goebbels).

[32] Zit. nach Johann Neuhäusler, Kreuz und Hakenkreuz. Der Kampf des Nationalsozialismus gegen die katholische Kirche und der kirchliche Widerstand, 2 Teile, München ²1946, hier: I 123.

[33] Deutsche Briefe, Nr. 28 vom 12. April 1935 (zit. nach Heinz Hürten [Bearb.], Deutsche Briefe 1934–1938. Ein Blatt der katholischen Emigration I, Mainz 1969 [= VKZG A 6], 309).

Führer. Zeitgeschichte in Wort, Bild und Ton 1933–1937, Herrsching 1989, 396–399 (Originalberichte zu den Sittlichkeitsprozessen aus dem *Völkischen Beobachter*, mit drei NS-Karikaturen).

und durch härteste Besteuerung wirtschaftlich zu erdrosseln. Ab Kriegsbeginn wurden viele Geistliche als Militärseelsorger und Sanitäter zu Heer und Marine eingezogen, wobei der geheime Anhang zum Reichskonkordat von 1933, der bei Geistlichen, die im priesterlichen Dienst unabkömmlich waren, die Möglichkeit der Befreiung vorsah[34], bei Ordensleuten keine Anwendung fand. Durch die Verhinderung des Klostereintritts (ab September 1940[35]) sowie den Zwang zum Militär- und Arbeitsdienst und zur Mitarbeit in Rüstungsbetrieben versuchten die NS-Schergen die Klöster noch stärker zu entvölkern, die gleichzeitig immer mehr für Umsiedler, nationalsozialistische Schulen, landwirtschaftliche NS-Musterbetriebe und ähnliches in Anspruch genommen wurden. In den Jahren 1940/41 griff man des öfteren einfachhin zum Mittel der Konfiszierung, so v. a. im »Klostersturm« des Sommers 1941[36]. Darüber hinaus war man bestrebt, die Ordensschwestern trotz katastrophalen Lehrermangels sukzessive aus den Schulen zu entfernen[37] und zugunsten der »Braunen Schwestern« der »Nationalsozialistischen Volkswohlfahrt« (NSV) auch aus der Hauskrankenpflege und aus Pflegeanstalten aller Art (Kindergärten und -horte, Altersheime, Krankenhäuser) zu verdrängen. Der Ausbruch des Zweiten Weltkrieges und sein für Hitlerdeutschland ungünstiger Verlauf ließ freilich

---

[34] Siehe den betreffenden Text bei Denzler/Fabricius (wie S. 209, Anm. 3) 73 f.; Gruber, Kirche (wie S. 210, Anm. 6) 109.

[35] Am 29. September 1940 erließ Reichsarbeitsminister *Franz Seldte* (1882–1947) »eine Verfügung, die unter Hinweis auf den Bedarf an Arbeitskräften für die Landesverteidigung das Alter für den Eintritt in ein Kloster auf 50 Jahre festsetzte. Die Arbeitsämter wurden gleichzeitig angewiesen, Eintrittswillige notfalls auf dem Weg der Dienstverpflichtung vom Klostereintritt abzuhalten« (zit. nach Marcel Albert, Die Orden im nationalsozialistischen und faschistischen Herrschaftsbereich, in: Erwin Gatz [Hg.], Klöster und Ordensgemeinschaften [= Geschichte des kirchlichen Lebens in den deutschsprachigen Ländern seit dem Ende des 18. Jahrhunderts – Die Katholische Kirche – VII], Freiburg i. Br. u. a. 2006, 311–350, hier: 334).

[36] »Insgesamt fielen dem Klostersturm mehr als 300 Einrichtungen zum Opfer«. Gemäß einer Gesamtstatistik des Erzbischöflichen Ordinariats Breslau vom 12. Aug. 1943 waren zwischen dem 1. Sept. 1939 und dem 1. Mai 1943 3.411 Einrichtungen (davon 1.942 klösterliche und 1.469 kirchliche) »›für anderweitige Zwecke‹ in Anspruch genommen« (Annette Mertens, NS-Kirchenpolitik im Krieg. Der Klostersturm und die Fremdnutzung katholischer Einrichtungen, in: Karl-Joseph Hummel / Christoph Kösters [Hgg.], Kirchen im Krieg. Europa 1939–1945, Paderborn u. a. 2007, 245–264, hier: 264, 245; vgl. auch dies., Himmlers Klostersturm. Der Angriff auf katholische Einrichtungen im Zweiten Weltkrieg und die Wiedergutmachung nach 1945 [= VKZG B 108], Paderborn u. a. 2006; Eder, Kirchengeschichte 208).

[37] »Die Hauptsorge des nationalsozialistischen Staates galt der Entfernung der Ordensleute aus dem Raum von Erziehung und Unterricht; denn hier konnten sie am nachhaltigsten auf die Jugend einwirken und der Entchristlichung des Volkes entgegenarbeiten. Dieses Vorhaben ist der Partei fast völlig gelungen. Die Beseitigung der Ordensfrauen aus dem Bereich der Fürsorge war im Vergleich dazu zweitrangig« (Maria Liobgid Ziegler, Das kirchliche Bildungs- und Fürsorgewesen in Bayern während des Dritten Reiches. Mit besonderer Berücksichtigung des Bistums Regensburg, in: Beiträge zur Geschichte des Bistums Regensburg 15 [1981] 257–313, hier: 303).

alle Spekulationen um den völligen Ersatz der Ordensfrauen durch NS-Schwestern zur Utopie werden[38].

3. Kurze Wertung

Die Zeichnungen aus der Feder von »Fips« verdienen eigentlich kaum mehr den Namen »Karikatur«, denn »es fehlte der Wille, mit dem satirischen Stift zu verspotten, zu karikieren. Seine einzige Absicht lag darin«, Hass und Abscheu gegen die Juden und gegen die Kirche »emotional zu schüren«[39].

L   Olaf Blaschke, »Wenn irgendeine Geschichtszeit, so ist die unsere eine Männerzeit.« Konfessionsgeschlechtliche Zuschreibungen im Nationalsozialismus, in: Manfred Gailus / Armin Nolzen (Hgg.), Zerstrittene »Volksgemeinschaft«. Glaube, Konfession und Religion im Nationalsozialismus, Göttingen 2011, 34–65, hier: 53 f.

K   Fips (= Philipp Rupprecht).

Q   Der Stürmer 14 (1936) Nr. 20 (Juli); Herbert Gutschera u. a., Kirchengeschichte – ökumenisch, Mainz 1992, 340; Gutschera, Geschichte 319; Heinz Hürten, Deutsche Katholiken 1918–1945, Paderborn u. a. 1992, nach 352 (Abb. 66; mit falscher Datierung); Joachim Kuropka (Hg.), Streitfall Galen. Studien und Dokumente, Münster ²2007, 367 (in beiden Ausgaben von Gutschera sowie bei Hürten und Kuropka ist jeweils das Kreuz im Hintergrund des linken Teils der Karikatur nicht zu erkennen); Manfred Gailus / Armin Nolzen (Hgg.), Zerstrittene »Volksgemeinschaft«. Glaube, Konfession und Religion im Nationalsozialismus, Göttingen 2011, 54.

---

38   Näheres zu den »Braunen Schwestern« (1936: 2.100) bei Eder, Helfen 401 f. mit Anm. 129, zur NSV bei Peter Hammerschmidt, Die Wohlfahrtsverbände im NS-Staat. Die NSV und die konfessionellen Verbände Caritas und Innere Mission im Gefüge der Wohlfahrtspflege des Nationalsozialismus, Opladen 1999; Art. Nationalsozialistische Volkswohlfahrt, in: Zentner/Bedürftig 411 f.

39   Manfred Rühl, Der Stürmer und sein Herausgeber (Diplomarbeit masch.), Nürnberg 1960, 139 (zit. nach Hermann Froschauer / Renate Geyer, Quellen des Hasses – Aus dem Archiv des »Stürmer« 1933–1945 [= Ausstellungskataloge des Stadtarchivs Nürnberg 2], Nürnberg 1988, 31).

21. Pius XII. im Sog der Vergangenheitsbewältigung

(16. März 1963)

Überall Bewältigung der Vergangenheit

Zeichnung: H. Holtzinger

„Schmort hier der Verdammte Hitler, Höllensohn? Gewisse Veröffentlichungen lassen es Uns geraten erscheinen, ihn um einen Persilschein zu ersuchen."

(62)

1. Beschreibung und Deutung

Schauplatz dieser Karikatur ist die Hölle, dargestellt als dunkle und heiße Höhle, an deren Eingang ein wohlgenährter, Zigarette rauchender Teufel (alias Satan oder Luzifer) lehnt[1]. An seinen Attributen ist er sofort als solcher erkennbar: zwei Bockshörner, ein langer, borstiger Schwanz, verkümmerte, fledermausartige Flügel und ein Bocksfuß (neben einem normalen Fuß); ein Lendenschurz ist seine einzige Bekleidung.

In der antiken Mythologie war Luzifer (lat. für: *Lichtträger*) der helle Morgenstern (= Planet Venus), der bei Anbruch des Tages am Horizont funkelt. Durch die Kombination zweier im Abstand von etwa 900 Jahren niedergeschriebener Bibelverse entstand im 4. Jahrhundert die christliche Vorstellung vom gefallenen Engel Luzifer (= Satan; hebr.: böser Engel, Widersacher, Feind):

- Jes 14,12: »Ach, du bist vom Himmel gefallen, du strahlender Sohn der Morgenröte.«
- Lk 10,18: »Da sagte er [= Jesus] zu ihnen: Ich sah den Satan wie einen Blitz vom Himmel fallen.«

Allerdings war die Jesaia-Stelle eine Metapher für das mächtige babylonische Reich, das kurz vorher gestürzt worden war, und keine Anspielung auf einen Engel, der sich bereits vor Erschaffung der Welt gegen Gott erhebt, deshalb verstoßen wird und fortan danach trachtet, die Menschen zum Bösen zu verleiten (erstmals in Gestalt der Schlange im Paradies).

Wie aber sah der verstoßene Luzifer bzw. Satan oder Teufel (von griech. *diabolos*: »Durcheinanderwerfer«, Entzweier, Verfeinder) aus? Bis zum Frühmittelalter gibt es – anders als bei Heiligen und biblischen Personen – in der Teufelsdarstellung keine allgemeinverbindliche Ikonographie. Doch dann wurde der Teufel zum Gegenstand schreckeneinflößender Imaginationen mit hohem Wiedererkennungswert: jetzt war er ein meist unbekleidetes, menschlich-tierisches Mischwesen mit Schwanz, Ziegen- oder Widderhörnern, Huf(en) oder Klaue(n), geflügelt oder ungeflügelt. Der Rückgriff auf die Darstellung heidnischer Dämonen versah ihn überdies mit einem fratzenhaften, mitunter hundeartigen Gesicht und einer platten oder korkenzieherartigen Nase und anderem mehr.

Lit.: Alfonso di Nola, Der Teufel. Wesen, Wirkung, Geschichte, München 1990 (ND 1993), 197–402, bes. 384; Charles Panati, Populäres Lexikon religiöser Bräuche und Gegenstände. Von Altar bis Yin und Yang, Frankfurt a. M. 1998 (ND München/Zürich 2002), 413–416, 419–421, 424 f.; Norbert H. Ott, Art. Teufel C I, in: LMA 8 (1997) 583–585.

---

[1] Explizite Aussagen zur Hölle sind im Neuen Testament spärlich; Erwähnungen eines ewigen Feuers – wie im nachstehenden Bibelzitat über das Weltgericht – setzen aber einen derartigen (in den frühchristlichen Apokryphen wie der Petrus-Apokalypse dann in drastischen Worten beschriebenen) Ort mit hohen Temperaturen voraus: »Weg von mir, ihr Verfluchten, in das ewige Feuer, das für den Teufel und seine Engel bestimmt ist!« (Mt 25,41; vgl. Mt 18,8)

Mit verschränkten Armen blickt er gelassen (oder gelangweilt?) in Richtung der vier mit Heiligenscheinen versehenen Männer, die auf den Treppenstufen des Höhlen- bzw. Hölleneingangs stehen. Anhand der Kleidung lassen sich allesamt als Kleriker identifizieren, wobei es sich bei dem rechten aufgrund des weißen Gewandes zweifellos um einen Papst handelt, bei dem linken dagegen wohl um einen Bischof. Die drei links stehenden und offenbar die Entourage des Papstes bildenden Geistlichen, von denen sich einer gerade den Schweiß von der Stirn wischt, sind untersetzt und recht beleibt, der Papst selbst dagegen, der kleine Engelsflügel auf dem Rücken trägt, ausgesprochen groß und hager, was keineswegs auf den zur Entstehungszeit der Karikatur regierenden Papst Johannes XXIII. (1958–1963; ↗ **KAR 25**) zutrifft (der zudem als Lebender nicht mit Flügeln dargestellt wäre), sehr wohl aber auf seinen Vorgänger Pius XII. (1939–1958).

(63) Zwei sehr unterschiedliche Kirchenmänner: Pius XII. und Johannes XXIII. (rechts als Kardinal)

Der aus einer angesehenen römischen Juristenfamilie stammende *Eugenio Pacelli* (1876–1958) studierte an der päpstlichen Universität Gregoriana, wurde 1899 zum Priester geweiht und promovierte 1901 zum Dr. theol. sowie 1902 zum Dr. iur. utr. (Doktor beider Rechte, d. h. des weltlichen und kirchlichen [kanonischen] Rechts). Bereits im Februar 1901 trat er in den Dienst das vatikanischen Staatssekretariats, war ab 1917 Titularerzbischof und Apost. Nuntius in München, ab 1920 zugleich Apost. Nuntius beim Deutschen Reich. Nach Abschluss des von ihm vorbereiteten Konkordats mit Bayern (1924) siedelte er nach Berlin über. 1929 wurde er Kardinal und 1930 päpstlicher Staatssekretär und war maßgeblich am Abschluss diverser Konkordate u. a. mit Deutschland (Reichskonkordat 1933) beteiligt. 1939 wurde Pacelli, der seit Jahrzehnten eng mit *Pius XI.* zusammengearbeitet hatte, in einem nur eintägigen Konklave zu dessen Nachfolger gewählt und war damit

• der erste Kardinalstaatssekretär seit 1667 (Clemens IX.) und
• der erste gebürtige Römer seit 1670 (Clemens X.)

auf dem Stuhl Petri. Durch diplomatische Aktivitäten eifrig darum bemüht, den Ausbruch des Zweiten Weltkriegs zu verhindern, ging es Pius XII. anschließend um humanitäre Hilfe und um die Wahrung strikter Neutralität aufgrund der traumatischen Erfahrung der fehlgeschlagenen Friedensinitiative Papst *Benedikts XV.* im Kriegsjahr 1917. Mit über 40 Enzykliken, zahlreichen Botschaften und Reden bezog Pius zu den meisten religiösen Grundsatzfragen der Zeit Stellung und umgab sich als Bewunderer deutscher

Tugenden und Kultur mit einer Reihe deutscher Mitarbeiter. »Nach seinem Tod kam aber Kritik an seinem autokratischen Regierungsstil, seinem theatralischen Gebaren und ärgerniserregendem Nepotismus auf.«

Lit.: Josef Gelmi, Art. Pius XII., in: LThK³ 8 (1999) 337 f. (Zitat: 338); Günther Wassilowsky, Art. Pius XII., in: RGG⁴ 6 (2003) 1374–1377; Wolfgang Benz, Art. Pius XII., in: ders. (Hg.), Handbuch des Antisemitismus. Judenfeindschaft in Geschichte und Gegenwart, Bd. 2/2, Berlin/München 2009, 644–646 (jew. Lit.); Hubert Wolf, Papst und Teufel. Die Archive des Vatikan und das Dritte Reich, München ³2012 (Register!).

Obwohl dessen Mund (wie bei allen abgebildeten Personen) geschlossen ist, sind ihm – allein schon aufgrund des **Pluralis majestatis** »Uns« –

Die bereits seit hellenistischer Zeit (4. Jahrhundert v. Chr.) bei regierenden Fürsten, später auch bei anderen Würdenträgern übliche Nennung der eigenen Person in Pluralform und Großschreibung hat ihren Grund darin, dass diese Autoritäten für ihre Untertanen bzw. Untergebenen sprachen. Der bis zu Paul VI. durchgängig auch von den Nachfolgern Petri verwendete Pluralis majestatis *(Pluralis majestaticus)*, letztlich Ausdruck der Macht, ist seit Johannes Paul I. (↗ KAR 23 INFOBOX) obsolet geworden und wird auch vom derzeitigen, sehr bescheiden auftretenden Papst Franziskus (↗ KAR 36) nicht mehr benutzt.

die Worte zuzuschreiben, die den Untertitel bilden: »*Schmort hier der Verdammte Hitler, Höllensohn? Gewisse Veröffentlichungen lassen es Uns geraten erscheinen, ihn um einen Persilschein zu ersuchen.*« Der angesprochene »Höllensohn« (↗ KAR 28) befindet sich hinter dem Teufel in einem großen Kessel, unter dem ein Feuer brennt. Nur bekleidet mit einem zu einem **Koppel** gehörigen Schulterriemen,

Das bei Uniformen zum Dienstanzug bzw. zur Feldbluse getragene Koppel (von lat. *copula:* Band), ein breiter Gürtel (Leibriemen), an dem militärische Ausrüstungsstücke befestigt werden konnten, wurde im Dritten Reich oft durch einen Schulterriemen ergänzt, wie ihn auch Hitler selbst gelegentlich getragen hat.

Abb.: Bildtafel »Uniformen«, in: Taschenbrockhaus zum Zeitgeschehen, Leipzig ²1942, nach 352; Wolfgang Benz, Geschichte des Dritten Reiches, München 2000, z. B. 29, 41, 51, 158, 196 (Hitler mit Koppel und Hundepeitsche 1934).

ist der von Dampf umgebene »Führer« an Schnauzbart und Scheitel sofort als solcher erkennbar. Verschmitzt blickt er aus dem Augenwinkel auf den betreten dreinschauenden Papst ob dessen Ersuchen um einen **Persilschein**.

Im Rahmen der von den vier Hauptsiegermächten (Alliierten) des Zweiten Weltkriegs betriebenen *Entnazifizierung*, die der »Entfernung aller mehr als bloß nominellen Mitglieder der NSDAP und ›aller Personen, die den alliierten Zielen feindlich gegenüberstehen‹, aus den öffentlichen und halböffentlichen Ämtern sowie aus Führungspositionen der Privatwirtschaft« diente, konnten diesbezüglich Verdächtige durch positive Aussagen von Opfern (z. B. KZ-Häftlingen) oder NS-Gegnern entlastet werden und dadurch von einer Strafe verschont bleiben. Im Volksmund wurde eine derartige Entlastungsbescheinigung (Freibrief, Ehrenerklärung) nach dem bekannten Waschmittel »Persil« als Persilschein bezeichnet, weil sie die Inkriminierten gleichsam rein und weiß wusch. Bald entwickelte sich ein weitverzweigtes Gefälligkeitssystem, das die ohnehin nicht unproblematische Durchführung der Entnazifizierung vollends diskreditierte und aushöhlte. Auf diese Weise gingen fast 98 % der Beschuldigten als »Entlastete« oder als bloße »Mitläufer« aus dem Entnazifizierungsverfahren hervor, und aufgrund eines Gesetzes von 1951 wurden sogar fast alle von der Entnazifizierung betroffenen Beamten wieder eingestellt.

Lit.: Reinhart Beck, Art. Entnazifizierung, in: Zentner/Bedürftig, Lexikon 154 f. (Zitat: 154 f.); Art. Persilschein, in: a.a.O. 441; Angela Borgstedt, Die kompromittierte Gesellschaft. Entnazifizierung und Integration, in: Peter Reichel u.a. (Hgg.), Der Nationalsozialismus – Die zweite Geschichte. Überwindung – Deutung – Erinnerung, München 2009, 85–114.

2. Der tiefere Sinn der Karikatur

Nach dem Zusammenbruch des Dritten Reiches 1945 blieb der Blick der Deutschen zum einen lange auf das Ende des Nationalstaates und auf die »deutsche Katastrophe« fixiert, zum anderen aber auf den Wiederaufbau, der so schnell und erfolgreich absolviert wurde, dass er als »Wirtschaftswunder« in die deutsche Geschichte einging. Die NS-Zeit wurde dagegen verdrängt, und die damals begangenen Verbrechen waren daher »noch weitgehend unsichtbar. Auschwitz, die frühbegonnene Entrechtung der Juden und die nach Kriegsbeginn auf die ost- und westeuropäischen Juden ausgedehnte Verfolgungs- und Vernichtungspolitik waren zwar im intellektuellen Diskurs präsent, nicht aber in der breiten Bevölkerung.« Erst seit den ausgehenden fünfziger Jahren, die das Ende der Adenauer-Ära einläuteten, »wurden die Gedächtnisbarrieren und Blickverengungen abgebaut«[2]; es fand nun in der Tat – wie es Horst Haitzinger in der Überschrift zu seiner Karikatur formuliert – »*Überall Bewältigung der Vergangenheit*« statt. Anstöße hierzu gaben der nun einsetzende Generationenwechsel (auch in journalistischer Hinsicht[3]), Studenten- und Jugend-

---

[2] Beide Zitate nach Peter Reichel u.a., Die »zweite Geschichte« der Hitler-Diktatur. Zur Einführung, in: ders. u.a. (Hgg.), Der Nationalsozialismus – Die zweite Geschichte. Überwindung – Deutung – Erinnerung, München 2009, 7–21, hier: 18. – So war es kein Zufall, dass Charlie Chaplins meisterhafter Spielfilm »Der große Diktator« von 1940 erst im September 1958 in die (west-)deutschen Kinos kam. Zu Chaplins größtem Erfolg vgl. Sabine Kleyboldt, Filmische Persiflage auf ein Schreckensregime. Vor 75 Jahren erschien »Der große Diktator« von Charlie Chaplin, in: KNA aktuell, Kultur und Medien, Nr. 233 v. 12. Okt. 2015, 36 f.; Sonja M. Schultz, Der Nationalsozialismus im Film. Von TRIUMPH DES WILLENS bis INGLOURIOUS BASTERDS, Berlin 2012, 388–390 u.ö.

[3] »Indem eine jüngere Journalistengeneration vom Konsensjournalismus ihrer Vorgänger Abschied nahm, griffen sowohl prominente Zeitschriften und Magazine als auch die überregionale und lokale Wochen- und Tagespresse zunehmend vergangenheitspolitische Themen auf [...]. Neue journalistische Gattungen wie ›soft features‹ [= anschauliche, unterhaltende Reportagen] oder Prominenten-Journalismus taten ihr übriges« (Mark Edward Ruff, »Katholische Kirche im Dritten Reich« – Kritik und Kritiker in der Adenauer-Ära, in: Wilhelm Damberg / Karl-Joseph Hummel [Hgg.], Katholizismus in Deutschland. Zeitgeschichte und Gegenwart [= VKZG B 130], Paderborn 2015, 25–38, hier: 31 f.).

proteste[4], der Eichmann- und der Auschwitzprozess[5] und nicht zuletzt Theater-skandale wie derjenige um **Rolf Hochhuths** Drama »**Der Stellvertreter**«, dem größten in der Geschichte der Bundesrepublik Deutschland.

Der 1931 in Eschwege (Hessen) als Sohn eines Schuhfabrikanten geborene Rolf Hochhuth hatte nach der mittleren Reife eine Buchhändlerlehre absolviert und ab 1950 in Augsburg, Kassel und München als Gehilfe in Buchhandlungen und Antiquariaten gearbeitet und als Gasthörer an den Universitäten Heidelberg und München Vorlesungen in Geschichte, Philosophie und Literatur besucht. Seit 1955 war er dann Verlagslektor beim Bertelsmann Lesering und gab Erzählanthologien und Werkausgaben berühmter Schriftsteller heraus. Als 1959 eine von Hochhuth edierte Wilhelm-Busch-Ausgabe eine

---

[4] Näheres zu den von der Studentenbewegung ausgehenden gesellschaftlichen Umbrüchen, die in den Osterunruhen des Jahres 1968 (mit dem Attentat auf den Studentenführer Rudi Dutschke) ihren ersten Höhepunkt finden sollten, bei Friedemann Bedürftig, Art. Studentenbewegung, in: ders., Lexikon Deutschland nach 1945, Hamburg 1996, 394–396; Ingrid Gilcher-Holtey, Die 68er Bewegung. Deutschland – Westeuropa – USA, München ⁴2008. Da die damalige »Kulturrevolution« mit ihrem antiautoritären und emanzipatorischen Grundansatz alles Etablierte in Frage stellte, konnte es nicht ausbleiben, dass auch die katholische Kirche sehr kritisch ins Visier genommen wurde – und zwar nicht nur von Außenstehenden, sondern auch von Katholiken (insbesondere der jüngeren Generation). Vgl. dazu Hugh McLeod, The Religious Crisis of the 1960s, Oxford 2007 (ND 2008, 2009, 2010); Schatz, Säkularisation 319 f.

[5] *Adolf Eichmann* (1906–1962) war seit 1939 als Judenreferent im Reichssicherheitshauptamt (RSHA) für die Deportation der Juden aus dem Deutschen Reich sowie allen annektierten und besetzten Gebieten in die Ghettos, Konzentrations- und Vernichtungslager zuständig und damit maßgeblicher Organisator des Holocaust. Nachdem der 1941 zum SS-Obersturmbannführer beförderte Schreibtischtäter zunächst in Deutschland untergetaucht und ihm dann 1950 die Ausreise nach Argentinien gelungen war, lebte er bis 1960 unter dem Namen Ricardo Klement in Buenos Aires, ehe ihn der israelische Geheimdienst dort aufspürte und nach Israel entführte. Von Februar bis Dezember 1961 fand in Jerusalem der weltweit beachtete Eichmann-Prozess statt, in dem sich der Angeklagte nicht ungeschickt als einflusslosen Befehlsempfänger darstellte. Desungeachtet verurteilte das Oberste Gericht Israels Eichmann zum Tode und ließ ihn am 1. Juni 1962 hinrichten. Seine Leiche wurde verbrannt, die Asche außerhalb israelischer Küstengewässer ins Meer gestreut. Näheres zu Eichmann und zum Eichmann-Prozess, der der Erörterung und Erforschung des Holocaust nachhaltige Impulse verlieh, bei Wistrich, Wer war wer 62–64 (mit Abb.); Bettina Stangneth, Eichmann vor Jerusalem. Das unbehelligte Leben eines Massenmörders, Zürich/Hamburg 2011; Markus Weingardt, Gewissenlos gewissenhaft. Eichmann: der Mensch, der Prozess, die Wirkung, in: Tribüne 39 (2000) H. 154, 153–165; Hannah Arendt, Eichmann in Jerusalem. Ein Bericht von der Banalität des Bösen, München 1964; Peter Krause, Der Eichmann-Prozess in der deutschen Presse, Frankfurt a. M./New York 2002. – Der von 1963 bis 1965 in Frankfurt a. M. stattfindende *1. Auschwitzprozess* (dem 1965/66 und 1967/68 zwei weitere folgen sollten) war der erste Meilenstein innerhalb der gegen Ende der 1950er Jahre schleppend einsetzenden *deutschen* Verfolgung von NS-Verbrechen (die »Nürnberger Prozesse« waren Gerichtsverfahren der Alliierten) und der größte Strafprozess der deutschen Nachkriegsgeschichte überhaupt. Er »bewirkte in der Bundesrepublik politisch wie gesellschaftlich eine Zäsur im Umgang mit der nationalsozialistischen Vergangenheit und in der Wahrnehmung des Holocaust«. Nach 154 Prozesstagen und der Vernehmung von 360 Zeugen wurden fast alle der 20 im Vernichtungslager Auschwitz tätig gewesenen Angeklagten (zumeist SS-Offiziere) zu z. T. lebenslangen Zuchthausstrafen verurteilt. Weiteres bei Dagi Knellessen, Art. Auschwitz-Prozess, in: Enzyklopädie jüdischer Geschichte und Kultur, hg. v. Dan Diner, Stuttgart/Weimar 2011, 202–207 (mit Abb., Lit.; Zitat: 202).

Auflage von einer Million Bänden erreicht, belohnte ihn Verleger Reinhard Mohn mit drei Monaten Sonderurlaub, die der Protestant Hochhuth für eine Romreise nutzte. Bereits 1958 war er auf das unten angeführte Zitat Ernst von Weizsäckers (↗S. 242) gestoßen und hatte sich daraufhin gefragt: »Wieso konnte jemand, der sich für den Stellvertreter Gottes auf Erden hält, die Schnauze halten, als in seiner eigenen Stadt Rom 8000 Menschen nach Auschwitz deportiert wurden? Diese Frage habe ich zuerst gestellt. Andere hätten die Frage stellen können. Das hätte ein italienischer Katholik schreiben müssen, nicht ein deutscher Protestant.«[6] In Rom betrieb er Studien für sein literarisches Debut, ein von Schillers »Don Carlos« inspiriertes Drama in fünf Akten mit dem Titel »Der Stellvertreter«, das 1961 veröffentlicht werden sollte. Da die Konzernleitung den Druck des als zu provokant empfundenen Werkes abbrechen ließ, erschien es jedoch erst im Februar 1963 im Rowohlt-Verlag, zeitgleich mit der Uraufführung (20.2.) der Freien Volksbühne im Theater am Kurfürstendamm (Berlin) unter der Regie von *Erwin Piscator*. Letztere, bei der Dieter Borsche Pius XII. spielte, löste die bis dahin größte und nachhaltigste Theaterdebatte in Deutschland aus, in anderen europäischen Ländern kam es gar zu Tumulten während und nach den Aufführungen. Über Jahre hinweg wurden die kritischen Thesen Hochhuths in Tageszeitungen, Magazinen, Radio- und Fernsehsendungen verbreitet, diskutiert und analysiert und der bis dahin völlig unbekannte 32-jährige Schriftsteller zum Gewissen seiner Generation hochstilisiert[7]. Als Buch wurde »Der Stellvertreter« bis heute allein in deutscher Sprache etwa 2 Millionen Mal (!) verkauft, als Bühnenstück bis 1972 von mehr als 60 Theatern in 26 Ländern aufgeführt und überdies 2002 durch *Constantin Costa-Gavras* mit bekannten Schauspielern wie Ulrich Tukur, Ulrich Mühe und Sebastian Koch verfilmt (siehe das Kinoplakat auf S. 240). Im Jahre 2012 gab es außerdem eine Neuinszenierung am Münchner Volkstheater durch dessen Intendanten *Christian Stückl* (seit 1987 auch Leiter der Oberammergauer Passionsspiele), bei deren Premiere Hochhuth anwesend war. Trotz zahlreicher weiterer Schriften und Bühnenstücke – z.B. »Juristen« (1979) über die deutsche Militärjustiz, »Wessis in Weimar« (1993) über die deutsche Wiedervereinigung oder »McKinsey kommt« (2004) über die massenhafte Entlassung von Arbeitskräften in der deutschen Wirtschaft – blieb der in 17 Sprachen übersetzte »Stellvertreter« der größte Erfolg von Rolf Hochhuth, der seit 1963 als freier Autor in Basel (Schweiz) lebt.

Lit.: Mark Edward Ruff, Die Auseinandersetzungen um Rolf Hochhuths »Stellvertreter«. Ein Historisierungsversuch, in: Hubert Wolf (Hg.), Eugenio Pacelli als Nuntius in Deutschland. Forschungsperspektiven und Ansätze zu einem internationalen Vergleich (= VKZG B 121), Paderborn 2012, 111–125 (v.a. zur kath. Reaktion); Karl-Heinz Wiest, »Der Stellvertreter« – Ein Stück und seine Wirkung, in: Rottenburger Jahrbuch für Kirchengeschichte 2 (1983) 202–247; Thomas Brechenmacher, Der Dichter als Fallensteller. Hochhuths Stellvertreter und die Ohnmacht des Faktischen – Versuch über die Mechanismen einer Geschichtsdebatte, in: Michael Wolffsohn / Thomas Brechenmacher (Hgg.), Geschichte als Falle. Deutschland und die jüdische Welt, Neu-

---

[6]   Rolf Hochhuth, »Der Papst verschwieg die Juden« (Interview mit Alan Posener), in: Die Welt vom 1. Nov. 2010 (http://www.welt.de/kultur/history/article10664579/Rolf-Hochhuth-Der-Papst-verschwieg-die-Juden.html; 27. Febr. 2016).

[7]   Nach Ruff (wie Anm. 3) 33 (ebd. in Anm. 41 und 42 zahlreiche Beispiele von Medienberichten). *Nadine Ritzer* konstatierte: »Nicht durch seine literarische Qualität, sondern durch seine moralische Kompromisslosigkeit und die Aktualisierung verdrängter Vergangenheit provozierte ›Der Stellvertreter‹ einen Skandal« (Alles nur Theater? Zur Rezeption von Rolf Hochhuths »Der Stellvertreter« in der Schweiz 1963/1964 [= Religion – Politik – Gesellschaft in der Schweiz 41], Fribourg 2006, 233).

ried 2001, 217–257; Nadine Ritzer, Alles nur Theater? Zur Rezeption von Rolfs Hochhuths »Der Stellvertreter« in der Schweiz 1963/1964 (= Religion – Politik – Gesellschaft in der Schweiz 41), Fribourg 2006; Reinhart Hoffmeister (Hg.), Rolf Hochhuth. Dokumente zur politischen Wirkung, München 1980, 21–79 (mit einem Leserbrief Kardinal Giovanni Battista Montinis [= Paul VI.] und Hochhuths Antwort darauf: 41–46); Dorothea Kraus, Art. Rolf Hochhuth: Der Stellvertreter, in: Torben Fischer / Matthias N. Lorenz (Hgg.), Lexikon der »Vergangenheitsbewältigung« in Deutschland. Debatten- und Diskursgeschichte des Nationalsozialismus nach 1945, Bielefeld ³2015, 173–175 (jew. Lit.); Die Christen, der Stellvertreter und die Lebenslügen. Rolf Hochhuth: Warum ich die Katholiken so sehr getroffen habe (Gespräch mit Karl-Josef Kuschel), in: Publik-Forum 20 (1991) H. 23 (15. Nov.), 28–32; Axel Schildt / Detlef Siegfried, Deutsche Kulturgeschichte. Die Bundesrepublik – 1945 bis zur Gegenwart, München 2009, 234 f.; Birgit Lahann, Hochhuth. Der Störenfried, Bonn 2016; zur Verfilmung: Sonja M. Schultz, Der Nationalsozialismus im Film. Von TRIUMPH DES WILLENS bis INGLOURIOUS BASTERDS, Berlin 2012, 269, 351 f., 516; zur Neuinszenierung: Christine Dössel, Und was sagt eigentlich Gott? Christian Stückl ringt mit dem Glauben – und übt mit Rolf Hochhuths Stück »Der Stellvertreter« mehr als Papstkritik, in: Süddeutsche Zeitung, Nr. 22 v. 27. Jan. 2012, 13.

Auf ihn spielt der Untertitel unserer Karikatur an, in deren Mittelpunkt *Pius XII.* (Eugenio Pacelli) steht. Und dieser Papst ist auch mit dem »Stellvertreter« gemeint. Bei Hochhuth wird er von einem fiktiven Jesuiten namens Riccardo Fontana bestürmt, öffentlich gegen den NS-Judenmord zu protestieren. Zwar ist es eine grobe Verzeichnung, wenn er Pius sagen lässt, er – der Papst – sei »von brennender Sorge«[8] um seine Fabriken und andere Betriebe (Kraftwerke, Bahnhöfe, Talsperren) erfüllt[9], aber dass der Papst sich weigert, die Bitte Fontanas zu erfüllen, der sich daraufhin als Zeichen der Solidarität einen Judenstern an die Brust heftet und sich mit den deportierten römischen Juden in das KZ Auschwitz begibt[10], ist historische Tatsache.

---

[8]   Dies ist eine deutliche Anspielung auf die *Enzyklika Pius' XI.* »*Mit brennender Sorge*« von 1937. In dieser deutschsprachigen Enzyklika hatte der Papst aus dem vorsichtigen Entwurf des Münchner Erzbischofs *Michael Kardinal von Faulhaber* (1917–1952) eine »Verurteilung der nationalsozialistischen Kirchenpolitik vor der Weltöffentlichkeit« (Heinz Hürten, Deutsche Katholiken 1918–1945, Paderborn u. a. 1992, 372) geformt. Scharf griff Pius darin die NS-Weltanschauung sowie den »Götzenkult« für Blut, Rasse und deutsches Volk an und betonte, die Offenbarung Gottes gelte allen Völkern und Nationen. Auch die massiven Verletzungen des Reichskonkordats von 1933 nannte der Papst beim Namen, nicht jedoch die Verfolgung politisch Andersdenkender, die Praxis der Rassenpolitik (v. a. gegen die Juden), die Unfreiheit der Presse oder das System des Terrors. Als Antwort auf das in allen Pfarreien verlesene oder verteilte Rundschreiben erfolgten eine Protestnote und diverse Rachemaßnahmen; die ins Auge gefasste Kündigung des Konkordats blieb hingegen aus.

[9]   Schon die zeitgenössische Theaterkritik beklagte, »auch wenn sie zum gesamten Stück positiv stand, fast unisono die Verzerrung des Papstes« (Karl-Heinz Wiest, »Der Stellvertreter« – Ein Stück und seine Wirkung, in: Rottenburger Jahrbuch für Kirchengeschichte 2 [1983] 202–247, hier: 207 [Beispiele ebd. in Anm. 42], vgl. 245; siehe auch Ritzer [wie Anm. 7] 235). *Jan Berg* verweist hierzu auf »die Information Hochhuths, Grundlage seiner Schilderung der kriegsgewinnlerischen Aktivitäten des Vatikan sei ein Bericht des Magazins ›Der Spiegel‹ gewesen« (Hochhuths »Stellvertreter« und die »Stellvertreter«-Debatte. »Vergangenheitsbewältigung« in Theater und Presse der sechziger Jahre, Kronberg/Ts. 1977, 55).

[10] Rolf Hochhuth, Der Stellvertreter. Ein christliches Trauerspiel, Reinbek ⁴¹2012, 255–379 (4. und 5. Akt), bes. 258 (Zitat), 288–290, 309 f. – *Thomas Brechenmacher* weist darauf hin, dass Auschwitz »das eigentliche Thema des *Stellvertreter*« darstellt, »nicht der Papst – auch wenn die öffentliche Debatte die Aufmerksamkeit auf ihn konzentrierte – sondern Auschwitz, die Frage nach der

(64) Plakat zum Film »Der Stellvertreter«, in dem die Sonne, die durch ein Kirchenfenster (mit Tiara und dem Namen Pius' XII.) scheint, ein Hakenkreuz auf den Boden zeichnet (»Amen« lautet der franz. Originaltitel des Films).

Bereits 1941 und nochmals 1943 bat nämlich der Bischof der Reichshauptstadt Berlin, *Konrad von Preysing*[11], – ganz ähnlich wie Fontana – Pius XII. inständig, aber

---

Möglichkeit eines äußersten Bösen und der Verantwortung aller […] zu verantwortlichem Handeln fähigen Menschen. Insofern eignet dem Titel *Der Stellvertreter* eine schillernde Mehrschichtigkeit, die weit über eine nur denunziatorische Charakteristik Pacellis als des versagenden ›Stellvertreters Gottes auf Erden‹ hinausweist« (Der Dichter als Fallensteller. Hochhuths Stellvertreter und die Ohnmacht des Faktischen – Versuch über die Mechanismen einer Geschichtsdebatte, in: Michael Wolffsohn / Thomas Brechenmacher [Hgg.], Geschichte als Falle. Deutschland und die jüdische Welt, Neuried 2001, 217–257, hier: 240 f.).

[11] Zu Preysing, der Pius XII. (Eugenio Pacelli) bereits seit dessen Zeit als päpstlicher Nuntius in

vergeblich, offen zur Vernichtung der europäischen Juden Stellung zu nehmen, von der man in Rom spätestens seit Oktober 1942 sichere Kenntnis hatte[12]. Aus der Weihnachtsansprache des Jahres 1942 stammt denn auch die einzige öffentliche Äußerung des Papstes zum Holocaust, in der er das Schicksal beklagte von »Hunderttausenden, die persönlich schuldlos, bisweilen nur um ihrer Volkszugehörigkeit oder der Abstammung willen dem Tode geweiht oder einer fortschreitenden Verelendung preisgegeben sind«[13]. Zwar meinte Pius mit dieser Formulierung »ans Äußerste des für ihn Möglichen gegangen zu sein, um den diplomatischen Bewegungsspielraum der Kurie nicht zu riskieren und weiterhin für die Rettung von Juden tätig sein zu können«[14]. Jedoch nannte dieser indirekte, verklausulierte Satz weder die Täter beim Namen noch verurteilte er sie. Auch das Wort »Jude« nahm Pius öffentlich nie in den Mund – weder hier noch bei anderen Gelegenheiten während des ganzen Zweiten Weltkriegs[15]. So schadete diese Ansprache dem NS-Regime letztlich nicht[16].

Selbst als nach der Besetzung Roms durch deutsche Truppen im September 1943 die große jüdische Gemeinde Roms unmittelbar gefährdet war, öffneten zwar *nach* der Judenrazzia (16. bis 18. Oktober 1943) alle exterritorialen Besitzungen des Vatikans mit Billigung des Papstes ihre Tore, wodurch ein Teil der untergetauchten und flüch-

---

München (1917–1919) kannte, siehe oben KAR 18 INFOBOX. Dank seiner diplomatischen Begabung erfreute sich Preysing hoher Wertschätzung bei Pacelli, der ihn in den zwanziger Jahren (als er zugleich auch als Nuntius in Berlin akkreditiert war) einige Male zur diskreten Mitarbeit heranzog. Mit über 80 an Pius gerichteten und 18 von ihm empfangenen Schreiben kann Preysing in den Jahren 1939 bis 1944 als der wichtigste Briefpartner und Informant des Papstes im deutschen Episkopat gelten. Die beiden Kirchenmänner standen bis zum Tode Preysings 1950 miteinander in Verbindung.

[12] Dabei hatte er schon 1933 als Kardinalstaatssekretär notiert, nachdem mehrere hohe jüdische Würdenträger Papst Pius XI. (1922–1939) über »antisemitische Exzesse in Deutschland« berichtet hatten, »es könnten Tage kommen, in denen man sagen können muß, dass in dieser Sache etwas gemacht worden ist« (zit. nach Wolf, Papst [wie S. 210, Anm. 5] 205). – Zum Wissen des Papstes um die Dimension des Judenmordes vgl. die aufschlussreichen Ausführungen des damaligen Büroleiters des Jüdischen Weltkongresses in Genf, Gerhart M. Riegner (1911–2001), in dessen Memoiren: Niemals verzweifeln. Sechzig Jahre für das jüdische Volk und die Menschenrechte, Gerlingen 2001, 157–172 (»Die katholische Kirche«); siehe hierzu ferner Wiest (wie Anm. 9) 241; Thomas Brechenmacher, Der Vatikan und die Juden. Geschichte einer unheiligen Beziehung vom 16. Jahrhundert bis zur Gegenwart, München 2005, 214 f.

[13] Zit. nach René Schlott, Ad maiora mala vitanda. Das Leben von Papst Pius XII. und die NS-Diktatur, in: Philipp Thull (Hg.), Christen im Dritten Reich, Darmstadt 2014, 164–173, hier: 167 f.

[14] Wolf, Papst (wie S. 210, Anm. 5) 206. Zum »uneigentlichen« Sprechen des Papstes siehe a. a. O. 205 f. und Brechenmacher, Vatikan (wie Anm. 12) 210–213.

[15] Vgl. Rolf Hochhuth, »Der Papst verschwieg die Juden« (Interview mit Alan Posener), in: Die Welt vom 1. Nov. 2010 (http://www.welt.de/kultur/history/article10664579/Rolf-Hochhuth-Der-Papst-verschwieg-die-Juden.html; 27. Febr. 2016).

[16] Dies bestätigt die Tagebucheintragung des deutschen Propagandaministers *Joseph Goebbels* vom 26. Dezember 1942: »Die Weihnachtsrede des Papstes ist ohne jede tiefere Bedeutung. Sie ergeht sich in Gemeinplätzen, die bei den Regierungen der kriegführenden Länder mit vollkommenem Desinteressement aufgenommen werden« (zit. nach Elke Fröhlich [Hg.], Die Tagebücher von Joseph Goebbels. Teil 2: Diktate 1941–1945, Bd. 6, München u. a. 1996, 508).

tigen Juden in der Ewigen Stadt dem sicheren Tod entging, aber zu einem öffentlichen Protest sah sich Pius, »der mehr öffentlich redete als je ein Papst zuvor«[17], auch jetzt nicht imstande[18]. Daher konnte ihm der deutsche Botschafter beim Hl. Stuhl, *Ernst von Weizsäcker* (1882–1951), am 28. Oktober 1943 bescheinigen, er habe »sich, obwohl dem Vernehmen nach von verschiedenen Seiten bestürmt, zu *keiner demonstrativen Äußerung gegen den Abtransport der Juden aus Rom hinreißen lassen*« und »*auch in dieser heiklen Frage alles getan, um das Verhältnis zu der Deutschen Regierung und den in Rom befindlichen deutschen Stellen nicht zu belasten*«[19]. Diese Aussage Weizsäckers gab übrigens den Anstoß für die Abfassung des »Stellvertreters« durch Hochhuth[20].

Zu Recht schreibt **Sebastian Haffner**

> **Sebastian Haffner**, geboren 1907 in Berlin als Sohn eines Schuldirektors unter dem Namen *Raimund Pretzel*, studierte Rechtswissenschaften in Berlin und promovierte 1934 in Paris zum Dr. jur. Da er zu Beginn des Dritten Reiches Zeuge gewesen war, wie jüdische Juristen von SA aus dem Berliner Kammergericht entfernt wurden und sich altgediente Richter aus Sorge um ihre Pensionsansprüche den Fehlurteilen junger NS-Juristen anschlossen, zog er es vor, auf eine juristische Karriere zu verzichten und seinen Lebensunterhalt überwiegend als Journalist zu verdienen. Um nicht Propaganda für das Regime betreiben zu müssen, schrieb er in erster Linie für Modezeitschriften und für das Feuilleton diverser Zeitungen. Da sich seiner Ansicht nach jeder in Deutschland lebende Mensch, auch wenn er unpolitisch tätig war, in den Dienst der Nationalsozialisten stellte,

---

17 Hans Küng, Sieben Päpste. Wie ich sie erlebt habe, München u.a. 2015, 47. Siehe auch a.a.O. 40–51.

18 Vgl. den aktuellen Forschungsstand hierzu bei Klaus Kühlwein, Pius XII. und die Judenrazzia in Rom, Berlin ²2013, bes. 207–243, 283–327.

19 Zit. nach Léon Poliakov / Joseph Wulf, Das Dritte Reich und seine Diener, Berlin 1956 (ND Wiesbaden 1989), 85 (ebd. der vollständige Wortlaut dieses Briefes an das Auswärtige Amt Berlin).

20 Hochhuth antwortete auf die Frage »Wie kamen Sie auf dieses Thema?«: »Durch Hitlers letzten Botschafter beim Heiligen Stuhl, Ernst von Weizsäcker, Vater des späteren Bundespräsidenten [Richard von Weizsäcker (1920–2015), amt. 1984–1994], der in einem fast triumphierenden Brief aus dem Vatikan ans Auswärtige Amt schrieb, und ich zitiere: ›Der Papst hat sich, obwohl von vielen Seiten bestürmt, zu keiner demonstrativen Äußerung gegen den Abtransport der Juden aus Rom hinreißen lassen.‹ Damit sei das unangenehme Problem, so Weizsäcker wörtlich, ›liquidiert‹ (Rolf Hochhuth, »Der Papst verschwieg die Juden« [Interview mit Alan Posener], in: Die Welt vom 1. Nov. 2010 [http://www.welt.de/kultur/history/article10664579/Rolf-Hochhuth-Der-Papst-verschwieg-die-Juden.html; 27. Febr. 2016]; diesen Brief hatte Hochhuth in der [aus insgesamt vier Bänden bestehenden] Dokumentensammlung von Poliakov/Wulf [wie Anm. 19] entdeckt). Näheres zu *Ernst von Weizsäcker*, Staatssekretär im Auswärtigen Amt und SS-Brigadeführer, der u.a. wegen bürokratischer Mitwirkung an der Deportation von 6.000 französischen Juden nach Auschwitz 1949 im Nürnberger Wilhelmstraßen-Prozess (hierzu: DAMALS 48 [2016], H. 5, 35) als Kriegsverbrecher zu 7 Jahren Haft verurteilt wurde (1950 vorzeitig entlassen), bei Wistrich, Wer war wer 290 f. (mit Abb.); vgl. zu ihm und seinen beiden Söhnen Richard und Carl Friedrich (1912–2007, Physiker und Philosoph), auch Martin Wein, Die Weizsäckers. Geschichte einer deutschen Familie, Stuttgart ⁵1990, 204–340, 411–535; Ulrich Völklein, Die Weizsäckers. Macht und Moral – Porträt einer deutschen Familie, München 2004.

emigrierte er 1938 nach England, wo er 1940 sein Buch »*Germany: Jekyll & Hyde*« veröffentlichte, ein handbuchartiges Soziogramm des NS-Staates (dt. erst 1996). Da Pretzel vermutete, dass sein Werk der Aufmerksamkeit der Gestapo nicht entgehen würde, verwendete er, um seine Angehörigen in Deutschland zu schützen, das dann lebenslang beibehaltene Pseudonym »Sebastian Haffner«, zusammengesetzt aus einem Vornamen des von ihm verehrten *Johann Sebastian Bach* (1685–1750) und dem Beinamen zweier Werke von *Wolfgang Amadeus Mozart* (1756–1791), der Serenade Nr. 7 in D-Dur, KV 250 (»Haffner-Serenade«) und der Symphonie Nr. 35 in D-Dur, KV 385 (»Haffner-Symphonie«). Der britische Premierminister *Winston Churchill* (1874–1965, amt. 1940–1945, 1951–1955) war von Haffners Schrift so beeindruckt, dass er sie den Ministern seines Kriegskabinetts zur Pflichtlektüre machte. Zunächst für *Die Zeitung* und dann für den *Observer* als Journalist tätig, ließ sich Haffner nach dem Krieg in Großbritannien einbürgern und kehrte 1954 als Korrespondent des *Observer* nach Berlin zurück. Nach einem Zerwürfnis wegen der Berlin-Frage verließ er 1961 den *Observer* und schrieb fortan für eine Reihe deutscher Zeitungen und Zeitschriften, so von 1962 bis 1975 eine wöchentliche Kolumne für den *Stern*. Neben häufigen Fernsehauftritten machten Haffner auch Sachbuchveröffentlichungen zur Geschichte des 19. und 20. Jahrhunderts bekannt, insbesondere seine eindrucksvolle Gesamtanalyse »*Von Bismarck zu Hitler. Ein Rückblick*« (1987) und sein brillanter Essay »*Anmerkungen zu Hitler*« (1978), der vielfach ausgezeichnet wurde. Haffner, der die Fähigkeit besaß, komplizierte historische Zusammenhänge einem breiten Publikum verständlich zu machen, aber in seinem langen Leben auch zahlreiche radikale Meinungswechsel vornahm, starb 1999 im Alter von 91 Jahren.

Lit.: Sebastian Haffner, Geschichte eines Deutschen. Die Erinnerungen 1914–1933, Stuttgart/München [9]2001 (1939 verfasst, erst posthum aufgefunden); Uwe Soukup, Ich bin nun mal Deutscher. Sebastian Haffner. Eine Biographie, Berlin 2001; Jürgen Peter Schmied, Sebastian Haffner. Eine Biographie, München 2010; Joachim [C.] Fest, Der fremde Freund. Die Widersprüche des Sebastian Haffner, in: ders., Begegnungen. Über nahe und ferne Freunde, Reinbek [2]2006, 21–54.

im Hamburger Wochenmagazin *Stern* vom 7. April 1963 über Pius XII.: »*Niemand bestreitet […], daß er im stillen mißbilligte und daß es einige zehntausend Juden gibt, die diskreter päpstlicher Hilfe ihr Leben verdanken*[21]. *Aber genügt das für den Stellvertreter Christi auf Erden? Darum geht der Streit, der sich an Hochhuths Drama entzündet hat.*« Zwar sei es fraglich, ob ein solcher Protest erfolgreich gewesen wäre. »*Aber ist das entscheidend? Darf der Stellvertreter Christi auf Erden wie ein weltlicher Staatsmann nur dann etwas tun, wenn er Aussicht auf Erfolg hat? Ich weiß, die katholische Kirche ist nicht nur der mystische Leib Jesu, sondern auch die Erbin Roms. Sie gehört zu beiden Welten. Darin liegt ihre Größe und ihre Problematik. Denn diese Kirche kann und will in der Welt wirken. Darum muß der Papst **auch** Politiker sein. Aber darf er **nur** Politiker sein? Darf er **immer** nur rechnen und wägen? Gibt es nicht*

---

[21] Die von Pinchas E. Lapide (Rom und die Juden. Papst Pius XII. und die Judenverfolgung, Freiburg i. Br. u. a. 1967 [Bad Schussenried [4]2005], 359, Anm. 189) angegebene (und von Verteidigern Pius' XII. seither immer wieder angeführte) Zahl von »mindestens 700.000« Juden, »zu deren Rettung die katholische Kirche beigetragen hat«, ist mit Sicherheit viel zu hoch gegriffen. Thomas Brechenmacher bezeichnet sie als »grotesk übertrieben« und konstatiert: »Ein Schätzwert von etwa 100 000 wird der Realität deutlich näherkommen« (Brechenmacher, Vatikan [wie Anm. 12] 218).

auch Fälle, in denen er sprechen muß, auch wenn damit gar nichts gebessert oder manches noch verschlimmert wird oder werden könnte?[22] *Muß er nicht einfach sprechen, damit das Gebot Gottes und die Stimme der Nächstenliebe nicht verstummt in der Welt? Wenn nicht er, wer sonst soll sprechen in schlimmer Zeit? [...] Die Nachwelt wird immer wieder ihr Auge auf jenen Papst richten und sich über sein Schweigen wundern. Es mag viele Gründe für dies Schweigen gegeben haben, vielleicht sogar einen oder zwei gute. Und doch beginnt man jetzt schon zu fühlen, daß alle diese Gründe für die Situation zu klein waren*« und »*daß von Pius XII. nur sein Schweigen zu diesen Taten übrigbleiben wird. Die Geschichte wird ihn kennen als den Papst, der schwieg.*«[23]

Haffner sollte mit seiner Prognose recht behalten. Bis zu Hochhuths »Stellvertreter« mit dem treffenden Untertitel »Ein christliches Trauerspiel« hatte Pius XII. in weiten Kreisen als der von Haitzinger gezeichnete Unschuldsengel gegolten, d. h. als Papst, der sich in seinem Verhalten den Juden gegenüber nichts habe zuschulden kommen lassen, war er doch selbst von jüdischer Seite dafür belobigt worden[24]. Seither jedoch blieb er trotz vieler Verteidigungsversuche in der Kritik[25],

---

[22] »›Ad maiora mala vitanda‹, um Schlimmeres zu verhindern, so begründete er immer wieder sein Schweigen.« (Schlott [wie Anm. 13] 168; vgl. auch Kühlwein [wie Anm. 18] 241, 322 f.; Brechenmacher, Vatikan [wie Anm. 12] 206). Aber was sollte den Juden noch Schlimmeres widerfahren als die gnadenlose, ja industrielle Ermordung?

[23] Sebastian Haffner, Der Papst, der schwieg (zit. nach Fritz J. Raddatz [Hg.], Summa iniuria oder Durfte der Papst schweigen? Hochhuths »Stellvertreter« in der öffentlichen Kritik, Reinbek bei Hamburg 1963, 233–235, hier: 234 f. – Bereits 1945 hatten übrigens kommunistische Widerstandsgruppen von London aus das »Schweigen des Papstes« zu den Untaten des NS-Regimes angeprangert (nach Ruff [wie Anm. 3] 30), und 1950 äußerte der bedeutende jüdische Historiker *Léon Poliakov* (1910–1997) seinen Schmerz darüber, »daß die hohe geistliche Autorität des Vatikans es nicht für notwendig erachtete, einen deutlichen und feierlichen Protest zu erheben, der durch die Welt gegangen wäre – obwohl man nicht sagen kann, daß es für dieses Schweigen keine treffenden und gültigen Beweggründe gegeben hätte« (zit. nach Brechenmacher, Vatikan [wie Anm. 12] 227). – Vgl. zum folgenden Brechenmacher, Dichter (wie Anm. 10) 235–237.

[24] So hatte etwa *Elio Toaff* (1915–2015), Großrabbiner der jüdischen Gemeinde Roms (amt. 1951– 2002) beim Tode Pius' XII. 1958 gesagt: »Mehr als alle anderen haben wir Gelegenheit gehabt, die Güte und Edelmütigkeit des Papstes während der Jahre der Verfolgung und des Schreckens kennenzulernen. In einer Zeit, da es schien, daß für uns keine andere Hoffnung mehr bestand« (zit. nach Ludwig Schmitt, Der Papst und die Judenverfolgung, in: Raddatz [wie Anm. 23] 154 f., hier: 155; vgl. Ritzer [wie Anm. 7] 162–164; Brechenmacher, Vatikan [wie Anm. 12] 226). Sein Vorgänger *Israel Zolli* (eigentl. Zoller; 1881–1956; amt. 1939–1945) war 1945 mit seiner ganzen Familie zum Katholizismus konvertiert und hatte nach dem Taufnamen des Papstes (*Eugenio* Pacelli) den Vornamen »Eugenio« gewählt (in seinen Memoiren betonte Zolli jedoch, dass er zwar tiefe Ehrfurcht für das Wirken des Papstes empfinde, aber nicht aus Dankbarkeit ihm gegenüber seinen Glauben gewechselt habe; vgl. Eugenio Zolli, Der Rabbi von Rom. Die Autobiographie, hg. v. Alberto Latorre, München 2005, 254–265, bes. 254, 265). Der Mitbegründer und langjährige Präsident des Jüdischen Weltkongresses (WJC), *Nahum Goldmann* (1895–1982), würdigte Pius XII. in seinem Kondolenzschreiben genauso positiv (vgl. Wiest [wie Anm. 9] 228) wie die israelische Außenministerin *Golda Meir* (1898–1978; »Als in dem Jahrzehnt des nationalsozialistischen Terrors unser Volk ein schreckliches Martyrium überkam, hat sich die Stimme des Papstes für seine Opfer erhoben« [zit. nach Schlott (wie Anm. 13) 169) oder der israelische Botschafter in Italien,

Selbst sein Nachfolger übte Kritik. In einem Aufsatz zu Johannes XXIII. berichtet *Hannah Arendt* (1906–1975) über den Papst, »daß man ihm in den Monaten vor seinem Tod Hochhuths ›Stellvertreter‹ zu lesen gab und ihn dann fragte, was man dagegen tun könne. Worauf er geantwortet haben soll: ›Dagegen tun? Was kann man gegen die Wahrheit tun?‹« Dieses Diktum wurde, »soweit zu sehen, von niemandem angezweifelt«[26].

Lit.: Hannah Arendt, Der christliche Papst. Bemerkungen zum »Geistlichen Tagebuch« Johannes XXIII., in: Merkur. Deutsche Zeitschrift für europäisches Denken 20 (1966) 362–372 (Zitat: 367); *zu Arendt* siehe Thomas Wild, Hannah Arendt. Leben, Werk, Wirkung, Frankfurt a. M. 2006.

die sogar soweit ging zu behaupten, er sei »Hitlers Papst« gewesen[27], weswegen Pius in unserer Karikatur den darob verschmitzt lächelnden »Führer« um einen Persilschein ersucht. Auch wenn Pius der Kommunismus (Bolschewismus) zweifellos als das noch größere Übel erschien[28], konnte davon keine Rede sein[29]. Der Makel, nicht das ihm Mögliche und damit zu wenig getan zu haben, blieb aber an ihm haften und verhindert möglicherweise auch in Zukunft die seit 1965 – »auch in Reaktion auf den ›Stellvertreter‹«[30] – angestrebte Seligsprechung des Pius-Papstes[31].

Eliahu Sasson (1902–1978), der an die Anstrengungen des verstorbenen Papstes erinnerte, »um die Juden […] gegen die rassistischen Verfolgungen durch die Nationalsozialisten zu verteidigen« und sie »aus den Händen der Nazis« zu retten (zit. nach Brechenmacher, Vatikan 226). Andererseits fehlte es auch nicht an zustimmenden jüdischen Stimmen zu Hochhuths Werk (siehe Wiest 229 f.).

[25] Überblicke zu den Argumenten der Befürworter und der Kritiker des Verhaltens Pius' XII. bieten José M. Sánchez, Pius XII. und der Holocaust. Anatomie einer Debatte, Paderborn u. a. 2003 (mit Sympathien für die Befürworter), und Ritzer (wie Anm. 7) 126–166, 229 f.

[26] Wiest (wie Anm. 9) 218.

[27] So lautet der Originaltitel des Buches von John Cornwell über Pius XII.: Hitler's pope. The secret history of Pius XII., London 1999; anders der Titel der deutschen Übersetzung: Pius XII. Der Papst, der geschwiegen hat. – Zu den von Cornwell und in seinem Gefolge von Daniel Jonah Goldhagen (Die katholische Kirche und der Holocaust. Eine Untersuchung über Schuld und Sühne, Berlin 2002 [Register!]) zusammengetragenen (und z. T. an den Haaren herbeigezogenen) Anklagepunkten gegenüber Pius XII. vgl. Hanspeter Oschwald, Pius XII. Der letzte Stellvertreter. Der Papst, der Kirche und Gesellschaft spaltet, Gütersloh 2008, 245–266 (»Der Schweiger«).

[28] »Die während seiner Nuntiaturzeit in Bayern [1917–1919] erfolgte unmittelbare Konfrontation mit den revolutionären Wirren der Münchner Räterepublik nach dem Ende des Ersten Weltkrieges übte eine starke Wirkung auf Pacelli aus und prägte seine lebenslange antikommunistische Einstellung« (Schlott [wie Anm. 13] 165).

[29] »Von einer irgend gearteten Sympathie für den Nationalsozialismus kann zu keinem Zeitpunkt die Rede sein, und auch die These von einer Koalition zwischen Vatikan und nationalsozialistischem Deutschland zur Bekämpfung des Bolschewismus darf auf sicherem Quellenfundament in den Bereich des Mythos verwiesen werden« (Brechenmacher, Vatikan [wie Anm. 12] 208; vgl. auch a. a. O. 169–171).

[30] Schlott (wie Anm. 13) 171.

[31] »Den Seligsprechungsprozess für Pius XII. legte der Vatikan zuletzt aus ›politischen‹ Überlegungen auf Eis. Überdies fehle noch der Nachweis eines Wunders auf Fürsprache des Pacelli-Papstes, so Franziskus«, der dazu aufforderte, »die Umstände zu würdigen«, unter denen Pius XII. gehandelt habe, und dann anfügte: »Ich sage nicht, dass er keine Fehler gemacht hat […] Er hat ein paar gemacht. Auch ich mache viele Dinge falsch« (Franziskus will Vatikan-Archive zu NS-Zeit öffnen lassen, in: KNA Vatikan/Ausland/EU, Nr. 230 v. 28. Nov. 2014, 7 f., hier: 8).

L   Josef Pilvousek, Die katholische Kirche vom Ersten Weltkrieg bis zur Gegenwart, in: Hubert Wolf (Hg.), Ökumenische Kirchengeschichte, Bd. 3, Darmstadt 2007, 271–349, hier: 308–310; Dominik Burkard, Pius XII. – der »schweigende Papst«? Plädoyer für eine differenzierte Betrachtung, in: ders. / Erich Garhammer (Hgg.), Christlich-jüdisches Gespräch – erneut in der Krise? (= Würzburger Theologie 5), Würzburg 2011, 11–75; Mark Edward Ruff, »Katholische Kirche im Dritten Reich« – Kritik und Kritiker in der Adenauer-Ära, in: Wilhelm Damberg / Karl-Joseph Hummel (Hgg.), Katholizismus in Deutschland. Zeitgeschichte und Gegenwart (= VKZG B 130), Paderborn 2015, 25–38, hier: 30–33.
K   Horst Haitzinger.
Q   Simplicissimus 68 (1963) 174 (Nr. 11 v. 16. März 1963).

22. Ein deutscher Kardinal (nein, zwei!) als Mitgestalter des Konzils

(1. Dezember 1963)

(65)

1. Beschreibung

Vor der Kulisse der Peterskirche sieht man im Vordergrund zwei schräg hintereinander marschierende, sogleich am **Galero** erkennbare Kardinäle,

> Der Galero (Kardinalshut) ist ein großer, flacher, purpurroter Hut mit breiter Krempe, von dem seitlich Quasten (ital.: *fiocchi*) herabhängen (bei Frings links des Kopfes zu sehen). Der Galero entstand aus einem niedrigen Pilgerhut mit breitem Rand und war seit dem 13. Jahrhundert als Kopfbedeckung von Kardinälen üblich, nachdem Papst *Innocenz IV.* (1243–1254) beim Konzil von Lyon 1245 erstmals 13 neuernannten Kardinälen rote Seidenhüte aufgesetzt hatte. Seit 1591 erhielten den Hut, der bis dahin nur an Weltgeistliche verliehen wurde, auch Kardinäle aus dem Ordensstand. Die Galeri wurden 1969 von Papst Paul VI. abgeschafft (und durch das Birett [↗ KAR 14] bzw. das Scheitelkäppchen [*Pileolus*] ersetzt), zieren aber bis heute die Wappen der Kardinäle mit der ursprünglichen Zahl von je 15 an beiden Seiten herabhängenden Quasten. Durch seine purpurrote Farbe verweist der Galero (wie die übrigen roten Bestandteile des Kardinalsornats) darauf, dass Kardinäle bereit sein sollen, notfalls auch ihr Blut für den Papst zu vergießen.
>
> Lit.: Dieter Philippi (Hg.), Sammlung Philippi. Kopfbedeckungen in Glaube, Religion und Spiritualität, Leipzig 2009, 11–14 (Pileolus bei Kardinälen), 36–84 (Birett) und 119 (Galero).

beide mit konzentrierter Miene und identischer Haltung der linken, streng nach unten gerichteten Hand. Ihnen folgt eine ganze Phalanx von Bischöfen mit einheitlichem Ornat, großen Mitren und gefalteten Händen, die sich nur durch ihre Gesichter unterscheiden und die ganze Breite des Bildes einnehmen. Der einen militärischen Befehl wiedergebende Untertitel »*Im Gleichschritt! Maarrsch! – Frings, zwei, drei, vier – Frings, zwei, drei, vier!*« stellt im zweiten Teil eine Abwandlung von »Links, zwei, drei, vier« dar. Damit ist bereits klar, um wen es sich bei dem vordersten Kardinal mit der fest geschlossenen Rechten handelt, nämlich um **Josef Frings**, Erzbischof von Köln und langjähriger Vorsitzender der Fuldaer Bischofskonferenz,

> Geboren 1887 in Neuss am Rhein als zweites von acht Kindern eines Webereibesitzers studierte Josef Frings Theologie an den Universitäten Innsbruck, Freiburg i. Br. und Bonn und wurde 1910 zum Priester geweiht. Nach einer dreijährigen Kaplanszeit in Köln-Zollstock und Studienaufenthalten in Rom und Freiburg i. Br. promovierte er 1916 mit einer neutestamentlichen Dissertation zum Dr. theol. Nach weiteren Stellen als Hilfslehrer, Rektor des Waisenhauses in Neuss und in der Seelsorge (ab 1924 Pfarrer in Köln-Braunsfeld) war Frings von 1937 an Regens des Kölner Priesterseminars, bis er – für die Öffentlichkeit überraschend – 1942 zum Erzbischof von Köln gewählt wurde. Unter den Herausforderungen seines 27 Jahre währenden Episkopats sollte der bis dahin wenig hervorgetretene Frings zu einer bedeutenden kirchlichen Führungspersönlichkeit für Deutschland und die Gesamtkirche werden. Als Kölner Oberhirte – im Februar 1946 gemeinsam mit Galen und Preysing zum Kardinal kreiert – setzte er u. a. Marksteine durch den Wiederaufbau des Kölner Doms und weiterer 163 zerstörter Kirchen, durch das weltkirchliche Pilotprojekt einer Partnerschaft seines Sprengels mit dem Erzbistum Tokyo (1954) und durch die Initiative zur Gründung des Bistums Essen (1958) für das

Ruhrgebiet. Seit 1945 als Nachfolger Kardinal Bertrams (↗KAR 19) Vorsitzender der Fuldaer Bischofskonferenz, setzte er sich für die Freilassung der deutschen Kriegsgefangenen ein, war Protektor für die Flüchtlingsfragen, unternahm zahlreiche Besuche bei Bischöfen anderer Länder und gründete die beiden Hilfswerke »Misereor« (1959) und »Adveniat« (1961) (↗KAR 37 INFOBOX Missio). Vor allem deswegen war Frings, der 1969 zurücktrat und 1978 mit 91 Jahren völlig erblindet starb, zwar nicht der einflussreichste, aber der wohl angesehenste Konzilsvater des Zweiten Vatikanums überhaupt, insbesondere unter den Bischöfen der »Dritten Welt«. Insgesamt lässt sich über ihn sagen:*»Frings war kein Mann großer, richtungweisender Ideen oder tiefsinniger Spekulation, kein mitreißender Redner, sondern ein Vertreter der praktischen Vernunft, dem eine einfache, allen verständliche Sprache zu eigen war, der trotz seiner Ängstlichkeit in Gewissensfragen keine Kontaktschwierigkeiten kannte, Humor und Volkstümlichkeit besaß, musisch begabt und sportlich geübt war, ein weltoffener, geistiger und geistlicher Mensch. Gleichwohl wäre dem Episkopat von Frings kein überdurchschnittlicher Erfolg beschieden gewesen, hätte er nicht die Gabe besessen, die richtigen Ratgeber zu wählen und sich deren Gedanken und Vorschläge zu eigen zu machen.«* Zu diesen Ratgebern zählten sein langjähriger Generalvikar *Joseph Teusch* (1902–1976) sowie die Konzilsberater *Hubert Jedin* und *Joseph Ratzinger.*

Lit.: Eduard Hegel, Art. Frings, in: Gatz, Bischöfe II 287–290 (Zitat; Lit.); Norbert Trippen / Clemens Carl, Art. Frings, in: Quisinsky/Walter 110 f.; Norbert Trippen, Josef Kardinal Frings (1887–1978), 2 Bde. (= VKZG B 94 bzw. 104), Paderborn u. a. ²2003 bzw. 2005. *Zu Jedin* siehe unten Anm. 8, *zu Ratzinger* ↗KAR 33 + 35 und unten S. 266, Anm. 10.

und dass die vielen rosa gekleideten Bischöfe dieser Bischofskonferenz angehörten.

Der zweite Kardinal links hinter ihm ist anhand des Gesichts eindeutig als Julius Döpfner zu identifizieren, seit 1961 Erzbischof von München und Freising und ab 1965 Nachfolger von Frings als Vorsitzender der Fuldaer bzw. Deutschen Bischofskonferenz[1].

1913 in Hausen bei Bad Kissingen (Unterfranken) als viertes von fünf Kindern in kleinbürgerlichen Verhältnissen geboren, verlor Julius Döpfner bereits früh Vater und Mutter (1923 bzw. 1934). Ab 1933 studierte er in Würzburg und Rom Philosophie und Theologie

---

[1] Auf ihrer Vollversammlung am 2. März 1966 gaben sich die deutschen Bischöfe ein Statut und errichteten damit die Deutsche Bischofskonferenz. Die offensichtlichste Veränderung gegenüber der seit 1848 existierenden Fuldaer Bischofskonferenz bestand darin, dass ihr jetzt nicht mehr nur die Diözesanbischöfe, sondern auch alle Weihbischöfe, Koadjutoren und Titularbischöfe mit Stimmrecht angehörten. Außerdem wurden verschiedene Bischöfliche Kommissionen (z. B. die Pastoralkommission oder die Kommission für Schule und Erziehung) und ein Sekretariat eingerichtet. Neben einer mindestens jährlichen Vollversammlung (normalerweise gibt es eine Frühjahrs- und eine Herbstversammlung) trafen sich die Diözesanbischöfe, für die die Stärkung der Bischofskonferenz eine erhebliche Mehrbelastung bedeutete, fortan monatlich im »Ständigen Rat«. Eine wichtige Ergänzung bildete schließlich die 1968 erfolgte Gründung des »Verbands der Diözesen Deutschlands« (VDD) als Rechtsträger der Bischöfe in finanziellen und wirtschaftlichen Angelegenheiten. Näheres zur neuen Rolle der Deutschen Bischofskonferenz bei Joachim Schmiedl, Dieses Ende ist eher ein Anfang. Die Rezeption des Zweiten Vatikanischen Konzils durch die deutschen Bischöfe (1959–1971), Paderborn 2014, 162–165; zur Geschichte der Fuldaer bzw. Deutschen Bischofskonferenz siehe Erwin Gatz, Art. Deutsche Bischofskonferenz, in: LThK³ 3 (1995) 120 f. (Lit.).

und wurde 1939 zum Priester geweiht. Nach weiteren Studien in Rom promovierte er dort 1941 zum Dr. theol. und kehrte anschließend in sein Heimatbistum zurück, wo er bis 1944 Kaplan in Großwallstadt und Schweinfurt war. Die ihm angebotene Habilitation lehnte er ab, weil er nichts anderes als Pfarrer sein wollte. Ab 1945 wirkte er als Präfekt bzw. Subregens im Würzburger Priesterseminar, bis er 1948 mit erst 34 Jahren zum Bischof von Würzburg ernannt wurde. Persönlich anspruchslos, keine Belastung scheuend und – im Gegensatz zu Frings – jeglichem oberhirtlichen Standesdünkel abhold, richtete Döpfner sein Augenmerk auf die sozialen Nöte in seinem Bistum und wurde 1953 von der Fuldaer Bischofskonferenz zum Beauftragten für die Seelsorge an den Heimatvertriebenen bestellt. 1957 transferierte ihn Papst Pius XII. auf den exponierten Bischofsstuhl des Diasporabistums Berlin, und Papst Johannes XXIII. kreierte ihn 1958 zum Kardinal. Johannes, der Döpfner 1961 zum Erzbischof von München und Freising ernannte, rühmte den Unterfranken als einen Mann »von hervorragender Frömmigkeit, scharfem Geist, großer Sach- und Menschenkenntnis«. Nach dem Zweiten Vatikanum, das Döpfner entscheidend mitgestaltete, wurde er in mehrere vatikanische Kongregationen und päpstliche Kommissionen berufen und wirkte überaus engagiert als Vorsitzender der Deutschen Bischofskonferenz. 1971 bis 1975 war er in dieser Eigenschaft Präsident der Würzburger Synode, die sich der Umsetzung der Konzilsbeschlüsse in die Bistümer der Bundesrepublik Deutschland annahm. Dank Döpfners Autorität und Integrationskraft gelang es, die starken Spannungen unter den Synodenteilnehmern abzubauen und diverse Zerreißproben zu meistern, was ihm großen Respekt und am Ende des »deutschen Konzils«[2] stehende Ovationen einbrachte. Allerdings rieb sich Döpfner durch diesen enormen Einsatz förmlich auf und starb schon 1976, acht Monate nach dem Ende der Würzburger Synode, mit 62 Jahren an den Folgen eines Herzinfarkts. Döpfner, der wohl bedeutendste deutsche Bischof des 20. Jahrhunderts, hat das Erscheinungsbild des katholischen Deutschland in der Nachkriegszeit nachhaltig geprägt, durch die vielfältige Übernahme gesamtkirchlicher Verantwortung aber auch weit darüber hinaus Spuren hinterlassen.

Lit.: Klaus Wittstadt, Art. Döpfner, in: LThK³ 3 (1995) 336 f. (Zitat: 337); ders., Julius Kardinal Döpfner (1913–1976). Anwalt Gottes und der Menschen, München 2001; Anton Landersdorfer, Art. Döpfner, in: Gatz, Bischöfe II 386–394; Peter Pfister (Hg.), Julius Kardinal Döpfner (1913–1976). Daten und Bilder zu seinem Wirken in Würzburg, Berlin und München (= Schriften des Archivs des Erzbistums München und Freising 17), Regensburg 2013 (mit zahlreichen sw-Abb. und einem biographischen Porträt von Anton Landersdorfer: 17–48); Art. Döpfner, in: DBETh 1 (2005) 314; Stephan Mokry, Art. Döpfner, in: Quisinsky/Walter 94 f. Weitere Lit. speziell zu Döpfners Wirken im Kontext des Konzils unten in Anm. 24 und 27.

Überdies verfügte Deutschland damals nur über diese beiden Purpurträger.

Die ganze Szene ist überschrieben mit »*Ein Kampf in Rom*«.

Es gibt nur zwei Anlässe, bei denen so viele deutsche Oberhirten gleichzeitig in Rom sind, nämlich

---

[2] »Das deutsche Konzil« lautete der Titel eines 1975 in Freiburg i. Br. erschienenen Buches des Journalisten *Manfred Plate* (zu ihm Clemens Carl, in: Quisinsky/Walter 219 f.) über die Würzburger Synode.

- die »*visitatio liminum*« bzw. »*visitatio ad limina (Apostolorum)*« (↗ KAR 19 INFOBOX) oder
- ein Konzil. Die Entstehungszeit der Karikatur verweist uns auf letzteres, denn von 1962 bis 1965 fand in Rom das Zweite Vatikanische Konzil statt, das wichtigste Ereignis für die katholische Kirche im 20. Jahrhundert.

2. Deutung

»Auf Grund meiner Stellung gebühren mir der Rang und die Stellung eines Generals!«[3] Mit diesen Worten legte Frings im Juli 1945 Protest ein gegen die ungebührliche Behandlung seitens der britischen Militärbehörden. Man hatte ihn nämlich entgegen den diplomatischen Gepflogenheiten in das Regierungsgebäude der Engländer in Köln einbestellt (wohl um ihm zu verdeutlichen, wer jetzt im Rheinland das Sagen hatte), anstatt ihn in seiner damaligen Wohnung in Köln-Hohenlind aufzusuchen (die erzbischöfliche Residenz in Köln war seinerzeit nicht bewohnbar). Diese Anekdote verdeutlicht sehr gut die eine Seite von Frings' Naturell: Die hohe Auffassung von der Würde und Verantwortung seines Kirchenamtes[4]. Persönlich jedoch war er bescheiden und im wahrsten Sinne des Wortes ein Mann des Volkes, was insbesondere in seinem Engagement für die in den Nachkriegsjahren notleidende deutsche Bevölkerung zum Ausdruck kam und sich bis heute – vor allem im Rheinland – mit dem Begriff »**fringsen**« verbindet.

> Durch seine in der Kirche St. Engelbert zu Köln-Riehl gehaltene Silvesterpredigt 1946, die bis zum Konzil seine berühmteste Ansprache blieb, erleichterte Kardinal Frings seinen Gläubigen, denen es im »Hungerwinter« 1946/47, dem kältesten Winter seit Jahrzehnten, an fast allem gebrach, das Gewissen. Er verkündete nämlich von der Kanzel: »*Wir leben in Zeiten, da in der Not auch der einzelne das wird nehmen dürfen, was er zur Erhaltung seines Lebens und seiner Gesundheit notwendig hat, wenn er es auf andere Weise, durch seine Arbeit oder durch Bitten, nicht erlangen kann.*« Obwohl Frings noch einen (allerdings oft unterschlagenen) Appell zur Beherzigung des 7. Gebots hinzugefügt hatte (»Aber ich glaube, daß in vielen Fällen weit darüber hinausgegangen worden ist, und da gibt es nur einen Weg: unverzüglich unrechtes Gut zurückgeben, sonst gibt es keine Verzeihung bei Gott.«), kam es zu Protesten der englischen Besatzungsmacht und auch von katholischen Moraltheologen, so dass er der Druckfassung seiner Predigt eine Fußnote beigab, in der er seinen Freibrief zum »organisieren«, wie man den Diebstahl von Lebenswichtigem wie Kartoffeln oder Brennholz damals nannte, auf Fälle »höchster

---

[3]   Zit. nach Alexander Brüggemann, Weg weisender Konservativer. Vor 25 Jahren starb der Kölner Kardinal Josef Frings, in: KNA Aktueller Dienst, Porträt Nr. 159 v. 16. Dez. 2003. Vgl. zum Folgenden Josef Kardinal Frings, Für die Menschen bestellt. Erinnerungen des Alterzbischofs von Köln, Köln 1973, 46 f.

[4]   Eine ähnliche Anekdote besagt, dass der britische Oberkommandierende Frings einbestellt hatte und ihn im Vorzimmer »schmoren« ließ. Nach gebotener Frist meinte er zu dessen Sekretär: »Sagen Sie dem General, ich hätte schon warten können – aber der Kardinal nicht«, verließ das Büro und fuhr ab (nach KNA aktuell, Das Thema: 8. Mai 1945, Nr. 85 v. 5. Mai 2015, 45).

oder quasi-höchster Not« einschränkte[5]. Außerdem ließ er verbreiten, dass er hierbei vor allem an die (deutschen) Kohlen auf Zügen der Alliierten gedacht habe – was fortan weidlich ausgenutzt wurde. Damit war ein neues Verbum geboren, dessen Bedeutung das »Wörterbuch der deutschen Umgangssprache« noch 1987 so umschrieb: »fringsen intr in der Not zur Selbsthilfe greifen, auch bei offenem Verstoß gegen behördliche Anordnungen«[6].

Übrigens ersuchte Frings am 8. Oktober 1965 in einem schriftlich abgegebenen Votum zur Pastoralen Konstitution über die Kirche in der Welt von heute »Gaudium et spes« (GS) des Zweiten Vatikanums um eine Änderung, die ausgerechnet das »fringsen« betraf. Er beantragte nämlich, dass der Satz »Die aber in äußerster Not leben, haben das Recht, sich das Notwendige aus den Reichtümern der anderen zu besorgen« (GS 69), gestrichen werde. Als Begründung führte er u. a. an: »In dieser Verallgemeinerung bringt der Satz die Gefahr mit sich, dass er nicht recht verstanden wird und deshalb zum Irrtum führt und die Gewissen irreleitet und einen Missbrauch hervorruft, dessen Konsequenzen nicht leicht begrenzt werden.« Erfolg war ihm bei diesem Vorstoß jedoch nicht beschieden; der Satz blieb in der Pastoralkonstitution.

Lit.: Josef Kardinal Frings, Für die Menschen bestellt. Erinnerungen des Alterzbischofs von Köln, Köln 1973, 56 f.; Helmar Meinel, Nachkriegszeit: »Fringsen« war kein Freibrief, in: Spiegel online v. 30. Mai 2008 (nichtbelegte Zitate im 1. Absatz); Michael Karger, Kardinal Frings sprach sich auf dem Konzil gegen das »Fringsen« aus, in: Mitteilungen. Institut Papst Benedikt XVI. 6 (2013) 157 f. (Zitat im 2. Absatz: 157).

Am 20. Oktober 1962 – also gut eine Woche nach der Konzilseröffnung (11. Oktober) – hatte die schwedische Autorin und damalige Konzils-Korrespondentin *Gunnel Vallquist* (1918–2016) geschrieben: »*Man kann jetzt bereits eine ›Spitzengruppe‹ unter den ›Großen‹ unterscheiden: Die Kardinäle König (Wien), Frings (Köln), Alfrink (Utrecht), Döpfner (München), Léger (Montréal), Montini (Mailand), Bea (Sekretariat für die Einheit), Suenens (Malines-Brüssel), Liénart (Lille). Ihre Namen tauchen immer wieder auf, mit wem man auch spricht.*«[7] Sowohl Frings als auch Döpfner hatten sich jedoch schon im Vorfeld einen Namen gemacht.

a) Frings und das Zweite Vatikanum

Frings gehörte nämlich bereits ab 1960 der Zentralen Vorbereitungskommission an und war einer der zehn Präsidenten dieser Kirchenversammlung (↗ unten INFO-BOX Moderatoren). Als Vorsitzender der Fuldaer Bischofskonferenz hatte er Ein-

---

[5] Zit. nach: Kirche: Deutsche Welle. Kardinal Frings, in: Der Spiegel, Nr. 50 v. 11. Dez. 1963, 40–56, hier: 45.

[6] Heinz Küpper, Wörterbuch der deutschen Umgangssprache, Bd. 1, Hamburg 1963, 179; ders., Wörterbuch der deutschen Umgangssprache, Stuttgart 1987, 257. In letzterer Ausgabe war zur Erläuterung angefügt: »Ist der Anlaß auch längst vergessen, so ist die Vokabel doch bis heute geläufig« (ebd.).

[7] Gunnel Vallquist, Das Zweite Vatikanische Konzil, Nürnberg 1966, 19. Vallquist war 1939 zum Katholizismus konvertiert.

fluss auf die zwar zahlenmäßig nicht sehr starke, aber gewichtige Gruppe von Oberhirten aus dem deutschen Sprachraum (einschließlich der deutschsprachigen Missionsbischöfe). In allen vier Sitzungsperioden (die jeweils im Herbst stattfanden) ergriff er das Wort – insgesamt 19 mal –, wobei er wegen seiner klaren und offenen Sprache, seines geschliffenen Lateins und der prägnanten Kürze seiner (aufgrund zunehmender Erblindung auswendig gelernten) Statements stets große Aufmerksamkeit fand. Entscheidend für den gesamten Konzilsverlauf war gleich seine erste Intervention, die er aufgrund von Gesprächen mit dem Konzilienhistoriker *Hubert Jedin* (1900–1980)[8] am 13. Oktober 1962 unmittelbar nach Eröffnung des Konzils gleichzeitig mit Kardinal *Achille Liénart* von Lille unternahm. An diesem Tag erklärte nämlich der Konzilssekretär, Erzbischof *Pericle Felici*, den völlig überraschten Konzilsvätern, dass jetzt bereits die Konzilskommissionen (in denen die Aus- und Umarbeitung und die definitive Fassung der Entwürfe erfolgte) gewählt werden sollten. Zugleich bekamen sie eine Liste mit den Namen derjenigen Konzilsväter, die den vorbereitenden Kommissionen angehört hatten. Bei einer solchen Wahl wären in einer Versammlung von 2.500 Teilnehmern, die untereinander noch kaum Kontakt gefunden hatten, die meisten Stimmen zwangsläufig auf die Mitglieder der vorbereitenden Kommissionen gefallen. Hierdurch hätten die späteren Dekrete sicherlich – wie von Felici und der übrigen Kurie gewünscht – die Linie der vorbereiteten Texte fortgeführt und kaum eine wesentliche Neuerung gebracht. Zuerst wurde Kardinal Liénart, sodann Kardinal Frings das Wort erteilt. Beide erklärten (Frings allerdings in verständlicherer Form[9]), dass man sich noch zu wenig kenne; man

---

[8] Jedin schilderte die Hintergründe im Rückblick so: »Obwohl Kardinal Frings an der Abfassung der Geschäftsordnung nicht direkt beteiligt war, hatte er während der Vorbereitungszeit mich mehrmals nach Köln eingeladen, um einschlägige Fragen, die sich aus den Erörterungen der vorbereitenden Zentralkommission ergaben, mit mir zu besprechen, weil ich kurz vorher einen Aufsatz über die Geschäftsordnungen des Tridentinums und des Vaticanums I veröffentlicht hatte [= Hubert Jedin, Die Geschäftsordnung der beiden letzten ökumenischen Konzilien in ekklesiologischer Sicht, in: Catholica 14 (1960) 105–118]. Mir war von Anfang an klar, dass angesichts der zu erwartenden Teilnehmerzahl des Vaticanums II das Plenum des Konzils noch weniger als auf den früheren Konzilien bei der Formulierung der Dekrete mitwirken könne, die wichtigste Arbeit mithin in den Kommissionen zu leisten sei, auch wenn die letzten Entscheidungen dem Plenum vorbehalten wurden, wie es dann ja auch geschah. Meine Bemerkungen von damals sollten nach der Eröffnung des Konzils am 11. Oktober 1962 eine von mir nicht vorausgeahnte Folge haben« – nämlich die anschließend im Haupttext geschilderte Intervention Frings' (Hubert Jedin, Kardinal Frings auf dem Zweiten Vatikanischen Konzil, in: Gabriel Adriányi [Hg.], Festgabe für Bernhard Stasiewski zum 75. Geburtstag, Leverkusen-Opladen/Bonn 1980, 9–16, hier: 9). – Näheres zu *Jedin*, einem der weltweit angesehensten Kirchenhistoriker des 20. Jahrhunderts, in seiner Autobiographie (Hubert Jedin, Lebensbericht. Mit einem Dokumentenanhang hg. v. Konrad Repgen [= VKZG A 35], Mainz ³1988) sowie bei Konrad Repgen, Hubert Jedin (1900–1980), in: Jürgen Aretz u.a. (Hgg.), Zeitgeschichte in Lebensbildern. Aus dem deutschen Katholizismus des 19. und 20. Jahrhunderts, Bd. 7, Mainz 1994, 175–191, 301f.; ders., Art. Jedin, in: Quisinsky/Walter 141f. (mit Abb.); Alexander Brüggemann, Papst der Kirchenhistoriker. Zum 100. Geburtstag des Kirchenhistorikers Hubert Jedin, in: KNA ÖKI (Porträt), Nr. 25 v. 13. Juni 2000, 3–6; Wilhelm Damberg, Art. Jedin, in: RGG⁴ 4 (2001) 396f.

[9] Hubert Jedin schrieb hierzu: »Liénart war von vielen nicht verstanden worden, Frings fand allgemeine Zustimmung« (Jedin, Frings [wie Anm. 8] 10).

möge deshalb den Konzilsvätern Zeit zur Beratung geben und erst anschließend die Kommissionen wählen. Da dies allgemeinen Applaus im Plenum fand, stimmte die Konzilsleitung zu, die Wahlen um drei Tage zu verschieben[10]. Von deutsch-französischer Seite wurde nun in Zusammenarbeit mit nichteuropäischen Bischofskonferenzen eine internationale Liste erstellt, die bei den Kommissionswahlen am 16. Oktober die überwältigende Mehrheit der Stimmen erhielt. Nur durch den Papst, der gemäß dem Konzilsreglement ein Drittel der Kommissionsmitglieder ernannte und die Kontinuität mit der Vorkonzilsarbeit gewahrt wissen wollte, wurde dieses Ergebnis wieder ein wenig ausgeglichen[11].

Größtes Aufsehen erregte auch die von der *Deutschen Tagespost* (Würzburg) als »Kampf der Titanen« bezeichnete Auseinandersetzung mit dem Präfekten des Hl. Offiziums, Kurienkardinal *Alfredo Ottaviani*[12], die zugleich erneut ein Duell zwischen der für notwendige Reformen aufgeschlossenen Konzilsmehrheit und der auf dem Hergebrachten beharrenden Konzilsminderheit (Coetus internationalis Patrum) darstellte.

Unter den konservativen Konzilsvätern gab es zunächst den »harten Kern« des Dreigestirns der italienischen Kardinäle *Giuseppe Siri* (Erzbischof von Genua), *Ernesto Ruffini* (Erzbischof von Palermo) und *Alfredo Ottaviani*. Aus Enttäuschung über den Konzilsverlauf formierte sich 1963 eine größere Vereinigung konservativer Kräfte, nämlich der sog. Coetus internationalis Patrum (Internationale Konzilsvätergruppe), dem etwa 250 Mitglieder, also rund 10% der Konzilsväter angehörten, v. a. Brasilianer und Franzosen, aber auch Italiener (wie die drei gerade genannten Kardinäle), Spanier und weitere Lateinamerikaner. Gründer und Seele der Gruppierung war der Erzbischof von Diamantine in Brasilien, der Steyler Missionar *Geraldo de Proença Sigaud* (1909–1999), und sein Hauptmitarbeiter war der Missionserzbischof *Marcel Lefebvre* (1905–1991), der 1969 die Piusbruderschaft gründete (↗ KAR 35). Hauptziel des *Coetus*, dem zweifellos die Sympathien der Kurie gehörten, war die Erhaltung der Kirche in ihrer traditionellen Gestalt auf der Basis des päpstlichen Lehramts und Primats und die Verhinderung von jeglichem **aggiornamento** (ital. für: »Verheutigung« der Kirche, damit sie den Anforderungen der Zeit gerecht werden kann; *aggiornamento* meint also keine billige Anpassung an den Zeitgeist!).

Lit.: Hilari Raguer, Das früheste Gepräge der Versammlung, in: Alberigo, Geschichte II 201–272, hier: 232–237; Philippe J. Roy, Art. De Proença Sigaud, Lefebvre, Ruffini bzw. Siri, in: Quisinsky/Walter 88 f., 164–166, 234 f., 255 f. (mit Abb. zu Ruffini und Siri); Manfred Eder, Art. Lefebvre, in: RGG⁴ 5 (2002) 174 f.

---

10 Vgl. hierzu Paul Knopp, Joseph Kardinal Frings, Erzbischof von Köln. Beiträge zum Konzil (= Libelli Rhenani 43), Köln 2012, 121 f. (mit Frings' kurzer Rede im Wortlaut: dt. 121, lat. 259).

11 Nach Klaus Schatz, Kirchengeschichte der Neuzeit II, Düsseldorf ³1999 (ND 2008), 177 f. – Zu *Pericle Felici* (1911–1982, ab 1967 Kardinal) siehe Massimo Faggioli, Art. Felici, in: Quisinsky/Walter 103 f., zu *Achille Liénart* (1884–1973) Giuseppe Alberigo, Art. Liénart, in: LThK³ 6 (1997) 927.

12 Zit. nach: Kirche: Deutsche Welle (wie Anm. 5) 40.– Zu *Alfredo Ottaviani* (1890–1979), der sich als Bischofswahlspruch »Semper idem« gewählt hatte (lat. für: [Gott ist] Immer der Gleiche; »idem« lässt sich aber auch als Neutrum verstehen, dann hieße es: »Immer das Gleiche«), siehe Massimo Faggioli, Art. Ottaviani, in: Quisinsky/Walter 204 (mit Abb.).

Ausgelöst wurde die Auseinandersetzung durch eine zehnminütige Rede über die römische Kurie, die Frings am 8. November 1963 im Rahmen der Debatte über das Schema »De episcopis« (dt.: Über die Bischöfe) hielt[13]. Darin bemängelte er u. a., dass es zu viele in der Kurie residierende Bischöfe gebe, sei doch das Bischofsamt kein Ehrenposten. Zudem könnten viele kuriale Aufgaben anstatt durch Priester von Laien wahrgenommen werden. Vor allem aber kritisierte er die Tätigkeit des Hl. Offiziums (ab 1965: Kongregation für die Glaubenslehre), also derjenigen Behörde, der Ottaviani (von 1959 bis 1968) vorstand. Wörtlich sagte Frings, dass die Vorgehensweise dieser Kongregation »in vielem nicht unseren Zeiten entspricht, der Kirche zum Schaden gereicht und für viele skandalös ist (**Applaus in der Aula**). Ich weiß natürlich, wie belastend, schwierig und dornig die Aufgabe derer ist, die viele Jahre hindurch im Hl. Offizium arbeiten, um die geoffenbarte Wahrheit zu schützen; aber es scheint mir erforderlich zu sein, dass auch in diesem Dikasterium niemand des rechten oder nicht rechten Glaubens angeklagt, beurteilt oder verurteilt wird, wenn er nicht vorher gehört worden ist, wenn er nicht vorher die Argumente, die gegen ihn oder das Buch, das er geschrieben hat, sprechen, erfahren hat, wenn ihm nicht vorher Gelegenheit gegeben worden ist, sich selbst oder sein Buch, das ihm zum Verhängnis zu werden scheint, zu korrigieren.«[14] Wie der Spiegel in einem großen Artikel über Kardinal Frings vom 11. Dezember 1963 konstatierte, hatte dieser damit »in wohlgesetzter Rede den schärfsten Angriff vorgetragen, den je in diesem Jahrhundert ein Glied der römischen Kirche gegen die Kurie führte«[15] – und dafür frenetischen Beifall erhalten. Anschließend gratulierte man ihm von allen Seiten zu seinen Ausführungen, woraus Frings zu Recht schloss, dass er vielen aus dem Herzen gesprochen hatte, »die sich vom Heiligen Offizium ungerecht oder unwürdig behandelt wußten«[16]. Ottaviani, der sich selbst als »carabiniere della Chiesa« (ital. für: Polizist der Kirche) bezeichnete[17], rief in seiner Antwort vom selben Tage mit hochrotem Kopf und zitternden Händen »altissime protestor!« (dt.: ich protestiere mit lautester Stimme!) in die Aula. Aber seine Erwiderung war, wie der Münsteraner Weihbischof Heinrich Tenhumberg in sein Konzilstagebuch notierte, »gereizt, unsachlich, ohne Argumente: er versucht die unwürdigen und ungerechten Praktiken des Heiligen Offiziums hinter der Autorität des Heiligen Vaters zu verstecken. Als er den Hl. Vater erwähnt[,] erhält er einigen Beifall, am Ende der Rede nicht mehr. Die meisten Väter

---

[13] Daraus resultierte schließlich das Dekret über die Hirtenaufgabe der Bischöfe in der Kirche »Christus Dominus« vom 28. Okt. 1965.

[14] Zit. nach Knopp, Frings (wie Anm. 10) 157 f. (lat. 276). – Natürlich kommt Frings in seinen Erinnerungen auf diese Rede zu sprechen (Frings, Menschen [wie Anm. 3] 273), wobei er sich hier am etwas von der Rede abweichenden schriftlich eingereichten Text orientiert (vgl. Knopp, Frings 158–160, hier: 159; lat. 277 f., hier: 277), der auch die Befragung des Ortsordinarius (also des zuständigen Bischofs) zu dem betreffenden Geistlichen oder seinem Buch vorsieht. Außerdem heißt es hier, die Vorgehensweise des Hl. Offiziums sei »für viele Nichtkatholiken skandalös« (Hervorhebung vom Verf.).

[15] Kirche: Deutsche Welle (wie Anm. 5) 40.

[16] Frings, Menschen (wie Anm. 3) 274.

[17] Zit. nach Wolfgang Beinert, Das Zweite Vatikanische Konzil. Hintergründe – Gründe – Grundlage, in: Una Sancta 65 (2010) 57–71, hier: 65.

(66) Beim Konzil (1963): Döpfner und Frings (rechts) im Gespräch

sind über seine Rede empört.«[18] Gleichwohl war Frings verunsichert und fragte Jedin nach seiner Meinung. Dieser antwortete: »›*Sie können ganz beruhigt sein, alle katholischen Gelehrten der ganzen Welt, die diesen Namen verdienen, stehen auf Ihrer Seite.*‹ *Die Antwort beruhigte ihn sichtlich. Noch am gleichen Abend forderte der Papst ihn auf, Vorschläge für eine Reform der höchsten Glaubensbehörde zu machen.*«[19] Bereits am 18. November 1963 unterbreitete Frings Papst Paul VI. (↗ KAR 25) Vorschläge für ein gerechtes Verfahren vor dem Hl. Offizium in einem Promemoria (Denkschrift)[20].

Und noch etwas ist wohl Frings zu verdanken, nämlich dass die von der Kurie betriebene Absetzung der Erklärung über die Religionsfreiheit *(Dignitatis humanae)* von der Tagesordnung verhindert wurde und sie daher am 7. Dezember 1965 als eines der letzten Konzilsdokumente verabschiedet werden konnte.

b) Döpfner und das Zweite Vatikanum

Schon im Herbst 1959 hatte Döpfner als Bischof von Berlin unter dem Titel »*Consilia et Vota*« Erwägungen für das zu Jahresbeginn angekündigte Konzil niedergeschrieben, die ganz auf der Linie des »*aggiornamento*« Johannes' XXIII. lagen und für die Mitwirkung der Laien an der kirchlichen Sendung, für eine Dezentralisierung in der Kirche und für liturgische Reformen plädierten. Döpfners »Berliner Votum« fand nicht nur Eingang in das gemeinsame Antwortschreiben der Fuldaer Bischofskonferenz vom April 1960, sondern wurde später in Teilen auch Allgemeingut des Zweiten Vatikanums. So verwundert es nicht, dass er auf dem Konzil von Anfang an eine zentrale Rolle spielte, »ja als behutsamer, zugleich immer um einen Ausgleich zwischen den divergierenden Gruppierungen bemühter Reformer zu den stärksten Antriebskräften der Kirchenversammlung werden sollte«[21]. Nachdem Döpfner bereits

---

[18]   Beide Zitate nach Heinrich Tenhumberg, Als Weihbischof auf dem Konzil. Tagebuchnotizen 1962–1965, hg. v. Joachim Schmidl, Münster 2015, 73 (Eintragung vom 9. Nov. 1963). – Zu *Tenhumberg* (* 1915), der von 1958 bis 1969 Weihbischof in Münster und anschließend bis zu seinem Tod 1979 Bischof von Münster war, siehe Wilhelm Damberg, Art. Tenhumberg, in: Gatz, Bischöfe II 411–414; Tenhumberg, Weihbischof 13–23.

[19]   Jedin, Lebensbericht (wie Anm. 8), 212.

[20]   Dessen zentrale Passage ist abgedruckt bei Norbert Trippen, Josef Kardinal Frings (1887–1978), Bd. 2 (= VKZG B 104), Paderborn u. a. 2005, 386 f. Vgl. zum Folgenden a. a. O. 562.

[21]   Anton Landersdorfer, Art. Döpfner, in: Gatz, Bischöfe II 386–394, hier: 390.

- ab 1960 *Mitglied der vorbereitenden Zentralkommission* gewesen war, wobei er in 34 scharfsinnigen und z. T. auch scharfzüngigen Wortmeldungen die meist sehr konservativen Textvorlagen *(Schemata)* kritisiert hatte,
- ab November 1961 *Mitglied in der Kommission für technisch-organisatorische Angelegenheiten* und
- und ab September 1962 *Mitglied in der Kommission für außerordentliche Angelegenheiten,*
- berief ihn Papst Paul VI. im Dezember 1962 in die *Koordinierungskommission,* wo er sich mit dem sog. »Döpfner-Plan« für eine Straffung der Sitzungen und Themen stark machte, und
- im September 1963 schließlich in den Viererkreis der **Moderatoren** des Konzils.

> Neben Döpfner fungierten die Kardinäle
> - *Léon-Joseph Suenens* (1904–1996), Erzbischof von Mecheln (Belgien),
> - *Giacomo Lercaro* (1891–1976), Erzbischof von Bologna (Italien), und
> - *Gregor Petrus Agagianian* (1895–1971), Patriarch der armenisch-katholischen Kirche und Präfekt der Kongregation für die Evangelisierung der Völker (= Propaganda-Kongregation),
>
> als **Moderatoren**. Nachdem sich die Koordination des Konzils durch zehn (!) Präsidenten in der ersten Sitzungsperiode als überaus schwierig erwiesen hatte, gelang es Paul VI. zu Beginn seines Pontifikats, durch Einführung von vier Moderatoren eine handlungsfähige Konzilsleitung zu schaffen, wobei Agagianian als konservativer Kurienkardinal Außenseiter blieb. Die (nunmehr 12) Präsidenten bildeten fortan den sog. Präsidialrat.
>
> Lit.: Klaus Wittstadt, Art. Suenens, in LThK³ 9 (2000) 1093; Giuseppe Alberigo, Art. Lercaro, in: LThK³ 6 (1997) 845; Clemens Carl, Art. Agagianian, in: Quisinsky/Walter 33 f.

In dieser herausragenden Funktion nahm er Einfluss auf die Ausrichtung und den Ablauf der Kirchenversammlung, durch seine stark beachteten und stets kompetenten Wortmeldungen (Interventionen) aber auch auf deren inhaltliche Gestaltung und arbeitete eng mit den oben von Gunnel Vallquist aufgezählten Kardinalskollegen zusammen. Insgesamt 16 Mal ergriff Döpfner das Wort, wobei er sich auf die wesentlichsten und meist auch umstrittenen Themen konzentrierte (»u. a. Aufgaben der Kirche und der Bischöfe, zeitgemäßer Vollzug der Liturgie, Wesen und Wirken der Offenbarung, verschiedene Lebensformen und Lebensstände in der Kirche«[22]). Wegweisend war sein Plädoyer für den Ständigen Diakonat, der 1967 eingeführt wurde[23].

---

[22] Stephan Mokry, Art. Döpfner, in: Quisinsky/Walter 94. – Unter den »top ten« der Konzilsintervenierenden nehmen Frings und Döpfner allerdings nur die Plätze 4 und 5 ein: »Die meisten Beiträge stammen [...] vom Paderborner Erzbischof Lorenz Jaeger, der insgesamt 31 Mal – 12 Mal mündlich und 19 Mal schriftlich – seine Position zu Gehör brachte. Seiner Position als Relator beim Laiendekret und der Pastoralkonstitution verdankt der Essener Bischof Franz Hengsbach seine Platzierung auf Platz 2 mit 22 Interventionen. Der theologische Vordenker der deutschen Bischöfe war der kurz vor dem Konzil zum Bischof von Mainz ernannte Dogmatiker und Ökumeniker Hermann Volk (19 Interventionen)« (Joachim Schmiedl, Die deutschen Bischöfe während des Konzils. Wie das Zweite Vatikanum die deutsche katholische Kirche veränderte, in: Cristianesimo nella storia [Bologna] 34 [2013] 69–91, hier: 72).
[23] Siehe unten S. 307, Anm. 23. Auch die Einführung der Laienräte auf Pfarrei- und Diözesanebene

Erholung von seinen kraftraubenden Konzilsaktivitäten fand der passionierte Bergsteiger bei Wanderungen und Touren in der mittelitalienischen Bergwelt[24].

Insgesamt zeigte sich auf dem Konzil sehr rasch – und dies veranschaulicht auch unsere Karikatur –, dass Döpfner mit Frings »eine Art Doppelspitze der deutschen Bischöfe bildete; das lag neben inhaltlichen Übereinstimmungen wohl auch daran, dass Döpfner durch seine Stellung und Funktionen – Kardinal und schließlich Erzbischof sowie Vorsitzender der Berliner Ordinarienkonferenz[25] und danach der Freisinger Bischofskonferenz[26] – dem Vorsitzenden der Fuldaer Bischofskonferenz Frings auf gleicher Augenhöhe begegnen konnte.«[27]

L Eder, Kirchengeschichte 185–199 (zur Vorgeschichte des Zweiten Vatikanums), 212–221 (zum Konzil selbst); Manfred Eder, »Frische Luft, die uns wahrhaftig nottut«. Das Zweite Vatikanum (Vorgeschichte – Verlauf – Wirkungsgeschichte) mit Seitenblicken auf Joseph Bernhart, in: Jahrbuch des Vereins für Augsburger Bistumsgeschichte 47 (2013) 1–68; Joseph Famerée, Frings – Ottaviani: Das Duell zwischen Mehrheit und Minderheit auf seinem Höhepunkt, in: Alberigo, Geschichte III 150–157; zu Frings und Döpfner siehe die Literaturhinweise in den jeweiligen INFOBOXEN sowie Anm. 24.

K Manfred Oesterle.

Q Simplicissimus 68 (1963) 753 (Nr. 48 v. 1. Dez., Titelseite); Kirche: Deutsche Welle. Kardinal Frings, in: Der Spiegel, Nr. 50 v. 11. Dez. 1963, 40–56, hier: 54 (sw).

(ab 1967) und der pastoralen Laienberufe (1971 erste Aussendung von Pastoralreferenten) sind wesentlich seiner Initiative zu verdanken. Vgl. Stephan Mokry, Art. Döpfner, in: Quisinsky/Walter 94 f.

[24] Weiteres zu Döpfners Wirken im Kontext des Konzils bei Peter Pfister (Hg.), Julius Kardinal Döpfner und das Zweite Vatikanische Konzil. Vorträge des wissenschaftlichen Kolloquiums anläßlich der Öffnung des Kardinal-Döpfner-Konzilsarchivs am 16. November 2001 (= Schriften des Archivs des Erzbistums München und Freising 4), Regensburg 2002; Klaus Wittstadt (Hg.), Julius Döpfner. Konzilskorrespondenz. Eine Auswahl, Würzburg 2002; Guido Treffler (Bearb.), Julius Kardinal Döpfner. Konzilstagebücher, Briefe und Notizen zum Zweiten Vatikanischen Konzil (= Schriften des Archivs des Erzbistums München und Freising 9), Regensburg 2006, sowie unten in Anm. 27.

[25] Da sich nach dem Mauerbau im August 1961 die deutsche Teilung verfestigte und die Behörden der DDR die Teilnahme der ostdeutschen Bischöfe an den Vollversammlungen der Fuldaer bzw. Deutschen Bischofskonferenz (siehe oben Anm. 1) verhinderten, führten die pastoralen Erfordernisse zu eigenen Versammlungen der DDR-Bischöfe, zunächst unter dem Namen »Berliner Ordinarienkonferenz« und ab 1976 bis zur Wiedervereinigung 1990 als »Berliner Bischofskonferenz«. Vgl. hierzu: Geschichte der Deutschen Bischofskonferenz, in: http://dbk.de/ueber-uns/geschichte-dbk/ (20. Mai 2015).

[26] Seit 1873 gab es in Bayern eine eigenständige achtköpfige Bischofskonferenz, die sich erst in der Bedrängnis des Dritten Reiches wieder mit der Fuldaer Konferenz zusammenfand. Nach dem Zweiten Weltkrieg lebte die Freisinger Bischofskonferenz als regionales Gremium jedoch wieder auf und existiert bis heute. Näheres hierzu bei Eder, Helfen 324–326 mit Anm. 848 (Lit.).

[27] Stephan Mokry, »Schema adhuc non plene satisfacit …«. Notizen zu Kardinal Julius Döpfners Wirken auf dem Zweiten Vatikanischen Konzil unter besonderer Berücksichtigung der Kirchenkonstitution Lumen gentium, in: Andreas Batlogg u. a. (Hgg.), Erneuerung in Christus. Das Zweite Vatikanische Konzil (1962–1965) im Spiegel Münchener Kirchenarchive, Regensburg 2012, 47–68, hier: 52.

23. Freude über einen Nicht-Italiener
(17./18. Okt. 1978)

»Der Chef hat sich wieder einmal
ein Wunder einfallen lassen!«

(67)

Vorstehende Karikatur zeigt die drei in ihrer Physiognomie gut getroffenen und am Schulterumhang, der Mozzetta, mit ihren Namen versehenen Päpste *Johannes XXIII.* (Angelo Giuseppe Roncalli, 1958–1963; zuvor Patriarch von Venedig ↗ KAR 25), *Paul VI.* (Giovanni Battista Montini, 1963–1978, zuvor Erzbischof von Mailand ↗ KAR 25) und **Johannes Paul I.** (Albino Luciani, 1978, zuvor ebenfalls Erzbischof von Mailand),

Albino Luciani, 1912 als Sohn eines überzeugten Sozialisten und einer strenggläubigen Katholikin geboren und in bescheidenen Verhältnissen aufgewachsen, wurde 1958 von Johannes XXIII. zum Bischof der kleinen, seinem Heimatbistum Belluno benachbarten Diözese Vittorio Veneto ernannt, wo er sich durch die leutselige und volksnahe Art seiner Amtsführung großer Beliebtheit erfreute. Auf dem Zweiten Vatikanum spielte er nur eine untergeordnete Rolle, doch machte sich Luciani in der italienischen Bischofskonferenz als aktives Mitglied der Kommission für die Glaubensdoktrin einen Namen. 1969 durch Paul VI. zum Erzbischof und Patriarchen von Venedig ernannt, wahrte der mit Vorliebe im einfachen schwarzen Priesterrock auftretende Luciani auch hier den engen Kontakt zur Bevölkerung, insbesondere zur Unterschicht. So kann es nicht überraschen, dass der Patriarch, der für kirchliches Gepränge wenig übrig hatte, Gemeindepfarrer dazu ermunterte, kostbare Gefäße und sonstige Pretiosen der Kirche zugunsten der Armen zu verkaufen, und dass er 1971 den reichen Kirchen des Westens vorschlug, ein Prozent ihrer Einkünfte an die mittellosen Kirchen der Dritten Welt abzuführen. Während seiner neun Jahre in Venedig schrieb der 1973 zum Kardinal erhobene Luciani für die Monatsschrift »*Messaggero di S. Antonio*« (Sendbote des hl. Antonius) eine Reihe launiger und humorvoller, zum Teil auch bissiger Briefe an historische Gestalten (z. B. Charles Dickens, Kaiserin Maria Theresia oder Hippokrates), aber auch an fiktive Figuren (wie Pinocchio), die 1976 in Buchform unter dem Titel »*Illustrissimi*« (ital. für: Berühmtheiten; dt. Titel: »Ihr ergebener ... Albino Luciani. Briefe an Persönlichkeiten«, München 1978) erschienen und zugleich Zeugnis geben von seiner konservativen theologischen Ausrichtung. Obgleich außerhalb Italiens und auch in der römischen Kurie kaum bekannt, wurde Albino Luciani 1978 bereits am ersten Tag des Konklaves (26. August) im dritten Wahlgang zum Papst gewählt, wohl nicht zuletzt deswegen, weil sich die Mehrheit der Kardinäle keinen politischen, kurialen oder intellektuellen Papst wünschte, wie es sein Vorgänger Paul VI. gewesen war, sondern einen »Seelsorger-Papst«. Nach der Wahl Lucianis herrschte im Kardinalskollegium fast uneingeschränkte Freude, da der Mann mit dem gewinnenden Lächeln als »Kandidat Gottes« angesehen wurde. Durch seinen Namen Johannes Paul I., den ersten Doppelnamen in der Geschichte des Papsttums, versuchte der neue Pontifex seinem Bestreben Ausdruck zu verleihen, die progressiven Qualitäten Johannes' XXIII. und die traditionellen des Montini-Papstes in sich zu vereinen, was die römische Tageszeitung *Vita* zum Kommentar animierte: »Viel Johannes und wenig Paul«. Am 27. August verkündete Johannes Paul I., der sein Pontifikat unter den Schutz Mariens stellte, den Kardinälen sein Programm, wobei diese Ansprache »die erste wirkliche, nicht auf fromme Rhetorik und allgemeine Appelle beschränkte Programmrede eines neugewählten Papstes war« (David A. Seeber). Hierbei nannte er sechs Schwerpunkte, darunter die kontinuierliche Umsetzung der Beschlüsse des Zweiten Vatikanischen Konzils, die Fortsetzung der ökumenischen Bestrebungen und des Dialogs sowie die Förderung des Friedens in der Welt. Bei der Amtseinführung verzichtete der neue Papst – seiner Abneigung gegen allen Pomp treu bleibend – auf Krönung und Inthronisation und ließ sich lediglich mit dem Pallium als Zeichen seines Hirten-amtes bekleiden. Überdies vermied er den *Pluralis majestatis* (↗ KAR 21 INFOBOX) und sprach stets in der Ich-Form zu den Gläubigen, deren Herzen er während seines kurzen Pontifikats durch seine unkomplizierte, bescheidene und freundliche Art im Sturm ge-wann. Am späten Abend des 28. September 1978 erlag Johannes Paul bei der Bett-lektüre einiger Papiere mit persönlichen Aufzeichnungen im Alter von 65 Jahren einem Herzinfarkt. Die rasch aufkeimenden Gerüchte und Legendenbildungen bezüglich eines gewaltsamen Todes[1], die durch eine ungeschickte Nachrichtenpolitik des Vatikans und den Verzicht auf eine Autopsie geschürt wurden, entbehren jedoch der Grundlage. Viel-mehr ist davon auszugehen, dass der bereits seit längerem herzkranke Papst den hohen physischen und psychischen Belastungen und der starken Isolierung, die sein Amt mit sich brachte, nicht gewachsen war. So konnte der »lächelnde Papst«, der auch von Nicht-katholiken betrauert wurde, seine Vision von einer Kirche der Armen und für die Armen nicht mehr verwirklichen.

Lit.: Josef Gelmi, Art. Johannes Paul I., in: LThK³ 5 (1996) 978 f.; Schwaiger, Papsttum 373–396 (Abb.); Manfred Eder, Art. Johannes Paul I., Papst, in BBKL 16 (1999) 817–822 (Lit.); Regina Kümmer, Papst Johannes Paul I. begegnen, Augsburg 2008; David A. Seeber, Johannes Paul II., in: Martin Greschat (Hg.), Das Papsttum II. Vom Großen Abendländischen Schisma bis zur Ge-genwart, Stuttgart u. a. 1984 (ND 1993), 327–342, hier: 331–333 (Abb.; Zitat: 331).

die in heiterer Stimmung und mit kleinen Flügeln versehen auf einer Wolke, d. h. im Himmel, beisammen stehen; ein lächelnder Putto steuert auf einer Miniharfe die passende Begleitmusik bei. Der wohlbeleibte Johannes XXIII. hält eine aufgeschla-gene Zeitung in Händen, wobei er und seine beiden Nachfolger auf eine der beiden Innenseiten blicken. Hier ist offenkundig Näheres zu lesen über die große Titel-schlagzeile »*Nach 455 Jahren ein Nicht-Italiener Papst!*« Kommentiert wird die Ka-rikatur durch den wohl von Paul VI. gesprochenen Satz: »*Der Chef* [= Gott] *hat sich wieder einmal ein Wunder einfallen lassen!*«

Anlass für die Entstehung der Zeichnung ist die am 16. Oktober 1978 erfolgte Wahl *Johannes Pauls II.* (Karol Jozef Wojtyła [gesprochen: Wojtiua], zuvor Erz-bischof von Krakau ↗ KAR 24–27) zum Papst, die nicht völlig unerwartet, aber doch überraschend erfolgte.

Im Vorfeld des Konklaves vom Oktober 1978 unternahm der damals 72jährige Kardinal *Giuseppe Siri* von Genua (↗ KAR 22 INFOBOX Coetus internationalis patrum) große An-strengungen, seine mutmaßlich letzte Chance auf den Stuhl Petri wahrzunehmen. Er war 1958 »der offensichtliche Erbfolger von Pius XII. gewesen«[2], aber bei keiner der folgen-den Papstwahlen zum Zug gekommen. Während nach Beginn des Konklaves Siris Stern jedoch rasch sank und andere (nichtitalienische) Kardinäle keine Mehrheit auf sich ver-

---

[1] Insbesondere ist hier das in 40 Sprachen erschienene Buch des britischen Journalisten *David A. Yallop* zu nennen, der behauptete, Johannes Paul I. sei an vergifteten Medikamenten gestorben und hinter diesem Mord stecke die Vatikanbank, die Mafia und eine Freimaurerloge (↗ KAR 11): Im Namen Gottes? Der mysteriöse Tod des 33-Tage-Papstes Johannes Paul I. Tatsachen und Hin-tergründe, München 1984. Das wenig seriöse Werk Yallops erreichte eine Gesamtauflage von 6 Mio. Exemplaren.

[2] Carl Bernstein / Marco Politi, Seine Heiligkeit Johannes Paul II. Macht und Menschlichkeit des Papstes, München 1997, 188; siehe auch a. a. O. 201.

sammeln konnten, trat aufgrund des Einsatzes des Wiener Kardinals *Franz König* (1905–2004; reg. 1956–1985) bald ein polnischer Kandidat in den Vordergrund. Nach seinen Gründen für dieses Engagement zugunsten Karol Wojtyłas gefragt, antwortete König im Rückblick: *»Ich habe Johannes Paul II. als damaligen Weihbischof* [ab 1953] *und später als Erzbischof von Krakau* [ab 1964] *wiederholt getroffen, ihn gekannt und sehr geschätzt. Meine Eindrücke und Kenntnisse haben mich auf den Gedanken gebracht: Man könnte doch jemanden zum Papst wählen, der zwar aus dem europäischen Umfeld stammt, aber ganz andere Erfahrungen mit sich bringt, der zum Beispiel von jenseits des Eisernen Vorhangs*[3] *kommt.«* Als König in einem Gespräch mit dem Primas Polens, dem Erzbischof von Gnesen und Warschau, *Stefan Kardinal Wyszyński* (1901–1981; reg. ab 1948), Wojtyła ins Gespräch brachte, meinte dieser: »Der kommt gar nicht in Frage. Der ist ja noch viel zu jung« (Wojtyła war damals 58 Jahre alt). »Und dann«, so König, »kam das Konklave. Ich konnte viele andere von meiner Meinung überzeugen. Sie kennen ja das Resultat.« Im 8. Wahlgang wurde Karol Wojtyła zum Papst gewählt und schloss sich in der Namenswahl seinem kurzregierenden Vorgänger an. Dass sich mancher Kardinal nach so langer Zeit gar keinen anderen Papst als einen Italiener mehr vorstellen konnte, zeigt folgende Anekdote: Im Gemurmel vor den entscheidenden Wahlgängen hörte Kardinal *Mario Casariego* (Guatemala) statt des Namens Wojtyła das ähnlich klingende, aber italienische *»bottiglia«* (dt.: Flasche) und wollte nun Näheres über diesen ihm unbekannten Kandidaten »Bottiglia« erfahren …

Lit.: Franz Kardinal König, »Europas Christen sind müde«. Interview mit Martin Riedlaicher, in: PNP, Nr. 265 v. 13. Nov. 1999, 3 (Zitate); Erika Weinzierl / Johann Weißensteiner, Art. König, in: Gatz, Bischöfe II 570–576 (Lit.); Jan Kopiec, Art. Wyszyński, in: LThK³ 10 (2001) 1342 (Lit.); http://www.katholisch.de/aktuelles/aktuelle-artikel/sportlich-und-schlagfertig (9. Mai 2016; Anekdote).

Rechnen wir 455 Jahre zurück, so befinden wir uns im Herbst 1523, in dem **Hadrian VI.** nach nur gut anderthalbjährigem Pontifikat verstarb (9. Jan. 1522 – 14. Sept. 1523). Hadrian, mit bürgerlichem Namen Adrian Florensz Boeyens, stammte aus dem heute niederländischen Utrecht, das damals aber eine Stadt des Heiligen Römischen Reiches Deutscher Nation war, weswegen Hadrian, der sich selbst als Deutscher bezeichnete, meist als deutscher Papst (und damit als letzter deutscher Papst vor Benedikt XVI.) gezählt wird. Hadrians asketische, von ernstem Reformwillen beseelte Persönlichkeit stand in herbem Kontrast zu seinen Vorgängern, dem sittenlosen *Alexander VI.* (1492–1503; ↗ KAR 28), dem machtbewussten *Julius II.* (1503–1513; ↗ KAR 28) und dem verschwenderischen *Leo X.* (1513–1521; ↗ KAR 29), weswegen er in der Kurie völlig isoliert und bei den Römern äußerst unbeliebt war. In die Geschichte eingegangen ist Hadrian VI. durch sein eindrucksvolles und zugleich

---

[3] Der zuerst durch den britischen Staatsmann Winston Churchill 1946 gebrauchte Begriff (*»Iron Curtain«*) ist eine Metapher für die befestigten und streng bewachten Grenzen zwischen Ost- und Westeuropa (und insbesondere durch Deutschland) im Kalten Krieg, der Periode scharfer Spannungen und Konfrontationen zwischen der USA und der UdSSR (samt Verbündeten). Durch die Aufhebung der Grenzsperren Ungarns nach Österreich und den Fall der Berliner Mauer (beides 1989) erhielt der »Eiserne Vorhang« erste Risse und fiel mit dem Zusammenbruch des Kommunismus 1991. Vgl. Imanuel Geiss, Art. Eiserner Vorhang und Art. Kalter Krieg, in: ders., Geschichte griffbereit, Bd. 4 (Begriffe), Gütersloh/München 2002, 1025 f.

bedrückendes **Schuldbekenntnis**, das er dem Legaten *Francesco Chiericati*[4] im Herbst 1522 auf den Nürnberger Reichstag mitgab.

(68) Hadrian VI. nach einem Gemälde von Jan van Scorel, 1523

> Hadrian trug ihm auf, in diesem Schuldbekenntnis zu sagen, »daß wir es aufrichtig bekennen, daß Gott diese Verfolgung der Kirche geschehen läßt wegen der Sünden der Menschen und am meisten derjenigen der Priester und Prälaten der Kirche. [...] Wir wissen wohl, daß auch bei diesem Heiligen Stuhl schon seit einer Reihe von Jahren viel Verabscheuungswürdiges vorgekommen ist: Mißbräuche in geistlichen Sachen, Übertretungen der Gebote, ja, daß sich alles zum Schlechteren verkehrt hat. So ist es nicht zu verwundern, daß die Krankheit sich vom Haupt auf die Glieder, von den Päpsten auf die anderen niedrigeren Prälaten verpflanzt hat. Wir alle (d.h. Prälaten und Geistliche), sind von unseren Wegen abgewichen. [...] Deshalb sollst Du in unserem Namen versprechen, daß wir allen Fleiß anwenden wollen, damit zuerst dieser [= der päpstliche] Hof, von dem vielleicht all diese Übel ihren Anfang genommen, reformiert werde; dann wird, wie von hier die Verderbnis auf alle übergegangen ist, auch von hier die Gesundung aller beginnen. Dafür Sorge zu tragen, erachten wir uns umso mehr verpflichtet, weil offensichtlich die ganze Welt eine solche Reform begehrt. Wir haben nie nach der päpstlichen Würde getrachtet [...], gern hätten wir die Papstwürde ausgeschlagen; nur die Furcht vor Gott, die Legitimität der Wahl und die Gefahr eines Schismas haben uns zur Übernahme des obersten Hirtenamtes veranlaßt. Wir haben also die höchste Würde auf uns genommen nicht aus Herrschsucht oder zur Bereicherung unserer Verwandten[5], sondern um dem göttlichen Willen zu gehorchen, um Gottes entstellte Braut, die katholische Kirche, zu reformieren, um den Bedrückten Beistand zu leisten, um gelehrte und tugendhafte Männer, deren Talente schon lange Zeit brach lagen, emporzuheben und zu fördern, und überhaupt alles zu tun, was einem guten Hirten und wahren Nachfolger des heiligen Petrus zu tun gebührt. Doch soll sich niemand wundern, daß er nicht auf einen Schlag alle Irrtümer und Mißbräuche durch uns beseitigt sieht; denn die Krankheit ist zu tief eingewurzelt und nicht einfach, sondern vielfältig und verschiedenartig. Zu deren Behandlung muß daher Schritt für Schritt vorgegangen und zuerst den schweren und gefährlichen Übeln begegnet werden, damit wir nicht dadurch, daß wir alles gleichzeitig reformieren wollen, alles noch mehr verwirren. Alle plötzlichen

---

4   Näheres zu Chiericati (Chieregati), der ab 1522 Bischof von Teramo war, bei Klaus Jaitner, Art. Chiericati 2), in: LThK³ 2 (1994) 1040.

5   Hadrian spricht hier den Nepotismus der Päpste an, der in einer durch Familie und Klientel organisierten Gesellschaft durchaus legitim war, im 15. Jahrhundert aber exzessive Formen annahm. Zum *Nepotismus* (von lat. *nepos* = Neffe), der Begünstigung und Bevorzugung von päpstlichen Verwandten (unter denen sich meist Neffen befanden), siehe die differenzierten Ausführungen bei Wolfgang Reinhard, Art. Nepotismus, in: LThK³ 7 (1998) 738 f.

Veränderungen (sagt Aristoteles) sind gefährlich in einem Staatswesen; wer allzu heftig schneuzt, ruft Nasenbluten hervor.«

Lit.: Vollständiger lat. Originaltext der Instruktion Hadrians VI. für Chiericati in: Deutsche Reichstagsakten unter Kaiser Karl V., Bd. 3, bearb. v. Adolf Wrede (= Deutsche Reichstagsakten JR 3), Göttingen ²1963, 393–399 (Nr. 74), hier: 397 f.; Übers. vom Verfasser. Die Verlesung des Schuldbekenntnisses vor den Ständen erfolgte am 3. Januar 1523.

»Die Wirkung dieses großartigen Schuldbekenntnisses war freilich gleich Null«[6], zumal für die hier vom Papst angekündigte schrittweise und behutsame Reform keine Zeit mehr blieb; denn 1517 – also fünf Jahre zuvor – hatte die Reformation mit der Veröffentlichung der 95 Ablassthesen Martin Luthers[7], der die Nachfolger Petri pauschal als »Papstesel« (siehe nebenstehende Abb.!) und »Antichrist« verunglimpfte[8], bereits begonnen.

Als Folge der vielen Enttäuschungen – jedoch nicht aufgrund übermäßigen Biergenusses, wie ihm der zeitgenössische Historiker *Paolo Giovio* (1483–1552) in seiner »*Vita Adriani*« unterstellte! – segnete der edle Papst schon nach einer Amtszeit von kaum 20 Monaten das Zeitliche. So blieben die großen Hoffnungen, die viele Reformfreunde in Hadrian VI. gesetzt hatten, ohne sein Verschulden unerfüllt. Dies bringen die wehmütigen Worte der Inschrift auf seinem Grabmal in der deutschen Nationalkirche *Santa Maria dell'Anima* (Rom) zum Ausdruck.

Der auf ihn selbst zurückgehende, an *Plinius d. Ä.* (23/24–79 n.Chr.; Historia naturalis VII 106) angelehnte lateinische Denkspruch auf Hadrians Epitaph (Grabmal) lautet: »*Proh dolor! Quantum refert in quae tempora vel optimi cuiusque virtus incidat!*« (Dt.: Oh Schmerz! Wie viel hängt davon ab, in welche Zeiten auch des besten Mannes Wirken fällt!)

Lit.: Vollständiger Text der Grabinschrift mit Übers., Abb. und ausführlichem Kommentar in: Deutsche Inschriften online, DIO 3, Nr. 89 (http://www.inschriften.net/santa-maria-dell-anima/inschrift/nr/dio003–0089.html#content; 15. Mai 2015).

Die Römer indes brachten dem Leibarzt Hadrians eine Ovation; sie bekränzten seine Haustür und schrieben darauf: »Dem Befreier des Vaterlandes. Der Senat und das Volk von Rom.«[9] Und sie waren sich wohl recht einig, dass sie nun sehr lange keinen ausländischen Papst mehr haben wollten …

Dass mit Johannes Paul II. nach über viereinhalb Jahrhunderten wieder ein Mann zum Nachfolger Petri bestimmt worden war, der nicht aus Italien stammte und zudem der erste Pole (und überhaupt der erste Slawe) der Papstgeschichte war, mochte daher in der Tat wie ein Wunder erscheinen, sind doch die Nichtitaliener

---

6   Karl Hausberger, Deutsche Päpste – Päpste in Deutschland, Abensberg 2008, 11.
7   Zum Ablass ↗ KAR 33 .
8   Zu Luthers Gleichsetzung nicht nur einzelner, ihm kritikwürdig erscheinender Päpste mit dem Antichrist, sondern der Institution des Papsttums überhaupt, siehe Gottfried Seebaß, Art. Antichrist IV, in: TRE 3 (1978) 28–43, hier: 28–31; vgl. auch Eder, Kirchengeschichte 147. Zur Antichristvorstellung generell siehe oben S. 129, Anm. 6.
9   Zit. nach Hausberger, Päpste (wie Anm. 6) 11.

(69) Just 1523 wurde von *Martin Luther* und seinem Mitstreiter *Philipp Melanchthon* (1497–1560) ein Büchlein mit dem Titel *»Deutung der czwo grewlichen* [= zwei gräßlichen] *Figuren Bapstesel zu Rom und Munchkalb zu Freyberg«* veröffentlicht, in dem Melanchthon den in einem Holzschnitt von Lucas Cranach d. Ä. dargestellten »Papstesel«, ein angeblich 1496 tot im Tiber zu Rom gefundenes Tier mit Eselskopf, Schuppen, weiblichen Brüsten, Vogel- und Pferdefuß, als Hinweis Gottes auf den baldigen Untergang des dekadenten Papsttums deutet (im Hintergrund links die päpstliche Engelsburg und eine Fahne mit den päpstlichen Schlüsseln (vgl. Mt 16,19), rechts ein Gefängnis des Kirchenstaates [*Torre di Nona*]). Luther dagegen deutet das »Mönchskalb«, eine entfernt an einen Mönch in Kutte erinnernde Kalbsmißgeburt von 1522 in Freiberg (Sachsen), als göttlichen Fingerzeig für das moralisch verderbte und deshalb ebenfalls dem Untergang geweihte Mönchtum. Beide Reformatoren argumentieren zur Stützung ihrer Ansichten mit der damals weitverbreiteten abergläubischen Vorstellung, Gott offenbare in naturwidrigen Wesen seine Meinung und Vorhaben. 1545 erschien das Schmähbild des »Papstesels« nochmals auf einem Flugblatt mit folgendem Text Luthers: *»Was Gott selbs von dem Bapstum helt / Zeigt dis schrecklich bild hie gestelt: / Dafür jederman grawen solt / Wenn ers zu hertzen nemen wolt.«* (in heutigem Deutsch: Was Gott selbst vom Papsttum hält / Zeigt das hier vorgestellte schreckliche Bild / Davor es jedermann grausen sollte / Wenn er es sich zu Herzen nehmen wollte.)

ohnehin sehr rar in der langen Liste der Päpste. Immerhin finden sich in dieser Liste neben Hadrian VI. und Benedikt XVI. sechs weitere **Päpste aus Deutschland** (wobei allerdings alle zusammen den Stuhl Petri kaum mehr als 21 Jahre inne hatten und Benedikt mit gerade einmal 7 Jahren und 10 Monaten der am längsten regierende war), mehrere Spanier, einige Franzosen – so durchgängig in der Zeit des Exils von Avignon (1309–1377; als letzter Franzose bis heute *Gregor XI.*, 1370–1378) –, ein Engländer (*Hadrian IV.*, 1154–1159), ein Portugiese (*Johannes XXI.*, 1276/77) und während des Großen Abendländischen Schismas als Papst des Konzils von Pisa (1409) ein gebürtiger Kreter (*Alexander V.*, 1409/10; zuvor Erzbischof von Mailand), wobei die Insel Kreta damals freilich zur Republik Venedig gehörte.

2013 kam es allerdings zu einem neuerlichen kleinen Wunder, als mit dem Argentinier Jorge Bergoglio erstmals ein Lateinamerikaner, also ein Papst aus der »Neuen Welt«, auf den Stuhl Petri gewählt wurde ↗ KAR 36.

L   Joseph Gelmi, Die Päpste in Kurzbiographien. Von Petrus bis Franziskus, Mainz ³2013; Markus Graulich, Hadrian VI. Ein deutscher Papst am Vorabend der Reformation, Paderborn u. a. 2016; Stefan Samerski, Johannes Paul II., München 2008; Eder, Kirchengeschichte (Register).

K   Horst Haitzinger

Q   tz (17./18. Okt. 1978); Rainer A. Krewerth (Hg.), Papst Johannes Paul II. in Deutschland. Sein Leben. Seine Reisen. Sein Wirken. Seine Kirche, Offenburg 1980, 141; Publik-Forum 11 (1982) H. 20 (8. Okt.), 19; Nies 11.

---

[10] *Joseph* Alois *Ratzinger* (*1927), 1951 zusammen mit seinem Bruder Georg (später Domkapellmeister und Leiter der Regensburger Domspatzen) zum Priester geweiht, lehrte Dogmatik und Fundamentaltheologie an der Hochschule Freising (ab 1954) und war anschließend Professor für Fundamentaltheologie an der Universität Bonn (ab 1959) sowie für Dogmatik an den Universitäten Münster (ab 1963), Tübingen (ab 1966) und Regensburg (ab 1969). 1977 wurde der brillante Theologe zum Erzbischof von München und Freising ernannt und 1981 zum Präfekten der Kongregation für die Glaubenslehre (Rom) berufen. Weiteres zur Biographie Ratzingers (seit 1977 Kardinal), der als enger Berater Johannes Pauls II. fungierte, bei Anton Landersdorfer, in: Gatz, Bischöfe II 394–396 (Schriften und Lit.).

24. Die »Ketzer« Küng und Galilei
(Dez. 1979)

»Geduld, lieber Küng, in spätestens 350 Jahren sind
Sie Ihren Maulkorb wieder los!«

(70)

1. Beschreibung

Zur Rechten sieht man einen (anhand der Karikatur nicht identifizierbaren) Mann stehen, der einen großen Maulkorb trägt, von dessen Verschlussriemen ein Schild mit der Aufschrift »*Kongregation*« herabhängt. In der linken Hand hält er eine Mappe mit Schriftstücken. Sein Blick richtet sich auf einen in der Luft schwebenden Mann mit weißem Bart, dessen untere Körperhälfte von einer Wolke verdeckt wird. Wolke und Flügel weisen ihn als Verstorbenen aus, der die himmlische Seligkeit erlangt hat. Dass es sich hierbei um (Galileo) Galilei handelt, geht (neben der Physiognomie) aus der Schrift auf seiner Brust hervor, ebenso die Lebensdaten, die man kennen muss, um die Pointe der Karikatur zu verstehen. Unter dem rechten Arm hält er eine Art von Diplom mit zwei Siegeln und der Aufschrift »REHABILITIE-RU[NG] 1979«. Mit erhobenem Zeigefinger, aber freundlicher Miene spricht Galilei dem mundtot gemachten Mann vor ihm Mut zu: »*Geduld, lieber Küng, in spätestens 350 Jahren sind Sie Ihren Maulkorb wieder los!*«

2. Deutung

a) Hans Küng

Hans Küng, 1928 in Sursee/Schweiz geboren, wurde 1954 zum Priester geweiht und war ab 1960 Professor für Fundamentaltheologie, ab 1963 für dogmatische und ökumenische Theologie und von 1980 bis zur Emeritierung 1996 fakultätsunabhängiger Professor für ökumenische Theologie sowie Direktor des Instituts für ökumenische Forschung an der Universität Tübingen. Darüber hinaus nahm er Gastprofessuren in Basel sowie an verschiedenen Universitäten der USA wahr. Während des Zweiten Vatikanischen Konzils (1962–1965) war er als theologischer Berater (*Peritus*) des Rottenburger Bischofs *Carl Joseph Leiprecht* (reg. 1949–1974) tätig[1]. Bereits seit 1957 gab es die Akte »399/57i« (= Akte **399** des Jahres 1957 der Indexabteilung für verbotene Bücher [↗ **KAR 14** INFOBOX Index der verbotenen Bücher) beim Hl. Offizium (ab 1965: Kongregation für die Glaubenslehre), die »Akte Küng«. Damals hatte er in seiner Pariser Doktorarbeit »Rechtfertigung. Die Lehre Karl Barths und eine katholische Besinnung« (Einsiedeln ⁴1964; ND München 1986) dargelegt, dass die Lehrunterschiede zwischen Katholiken und Protestanten in der Frage der Rechtfertigung eigentlich nicht groß sind, ja dass die Rechtfertigungslehre beide Konfessionen sogar zusammenführen könne.

> Der Begriff »Rechtfertigung« bezeichnet *Gottes Heilshandeln am einzelnen Menschen* (gewirkt durch Jesus Christus im Hl. Geist), das diesem aus Gnade (d.h. unverdient) und aufgrund des Glaubens an dieses Heilshandeln Befreiung von den Sünden und innere Erneuerung schenkt. Hierdurch ist dem solchermaßen Gerechtfertigten nach katholischem Verständnis der über die Gemeinschaft der Kirche (Sakramentenempfang) und

---

[1] Zu *Leiprecht* (1903–1981) siehe Hubert Wolf, Art. Leiprecht, in: Gatz, Bischöfe II 470–473 (Lit.).

die Bewährung in Taten der Liebe (gute Werke) führende Weg zum Ewigen Leben eröffnet. Der Mensch kann sich seine Rechtfertigung, d. h. sein Bestehen vor Gott, somit zwar nicht aus eigener Kraft verdienen, aber er kann aktiv daran mitwirken (vgl. Jak 2,14–16). Genau dies bestritten die Reformatoren. Nach *Martin Luther* (1483–1546), der den Jakobusbrief als »stroherne Epistel« titulierte, wird der Mensch allein durch seinen Glauben (lat.: *sola fide*) gerechtfertigt, näherhin durch sein gläubiges Vertrauen auf Gott (Fiduzialglaube, von lat. *fiducia* = Vertrauen). Darüber hinaus kann er nichts beitragen (gute Werke sind nur [notwendige] Früchte des Glaubens), sondern alles andere geschieht allein durch die Gnade Gottes (lat. *sola gratia*).

GOTT

sola gratia   ↓   ↑   *sola fide*

MENSCH

Erst im Rahmen der ökumenischen Bewegung des 20. Jahrhunderts lockerten sich die jahrhundertealten Frontstellungen. Ein Meilenstein auf dem Weg zu einer gegenseitigen Annäherung ist die am 31. Oktober 1999 in Augsburg[2] unterzeichnete »*Gemeinsame Erklärung zur Rechtfertigungslehre*«, die die Übereinstimmung zwischen der römisch-katholischen und der evangelisch-lutherischen Kirche in den Grundwahrheiten dieser Lehre herausstellte und die verbleibenden Unterschiede als nicht mehr kirchentrennend einstufte. Diese Erklärung bestätigt somit die von *Hans Küng* vertretene Position, wonach »die früher als kirchentrennend dargestellten Unterschiede« – »teils durch theologische Weiterentwicklung, teils durch genauere Interpretationen« – »hinfällig geworden« seien.

Lit.: Georg Kraus, Art. Rechtfertigung, in: Wolfgang Beinert (Hg.), Lexikon der katholischen Dogmatik, Freiburg i. Br. u. a. ²1988, 434–436; Adam Seigfried, Ein Meilenstein der Ökumene. Übereinstimmung »in Grundwahrheiten der Rechtfertigungslehre«, in: Theologisch-Praktische Quartalschrift 148 (2000) 185–198, 301–309 (mit 14 Schaubildern); Otto Hermann Pesch, Art. Rechtfertigungslehre, in: Alf Christophersen / Stefan Jordan (Hgg.), Lexikon Theologie. Hundert Grundbegriffe, Stuttgart 2004, 250–253; Gerhard Sauter, Art. Rechtfertigung VI. Das 19. und 20. Jahrhundert, in: TRE 28 (1997) 336–352 (Zitate: 344).

1970 schwoll Küngs Akte merklich an, als er die Schrift »*Unfehlbar? Eine Anfrage*« veröffentlichte und dadurch eine jahrelange hitzige Debatte über die auf dem Ersten Vatikanum (1869/70) definierte Unfehlbarkeit des Papstes auslöste[3]. Auch die Bücher »*Die Kirche*« (1967) und »*Christ sein*« (1974) führten zu intensiven theologi-

---

[2]   Sowohl Datum als auch Ort dieses Ereignisses waren symbolgeladen, denn am letzten Oktobertag jeden Jahres begehen die Protestanten in Erinnerung an den Thesenanschlag Luthers am 31. Oktober 1517 (der allerdings nicht stattgefunden hat ↗ KAR 12 INFOBOX 31. Oktober) den Reformationstag, und in Augsburg fanden mehrere im Kontext der Reformation wichtige Reichstage statt, so v. a. derjenige von 1530, auf dem das »Augsburger Bekenntnis« (*Confessio Augustana*), die erste bedeutende Bekenntnisschrift des Luthertums, vorgestellt wurde, und derjenige von 1555, auf dem der »Augsburger Religionsfriede« zwischen Katholiken und Lutheranern zustandekam. Näheres hierzu bei Eder, Kirchengeschichte 153–157.

[3]   Siehe hierzu Karl Rahner (Hg.), Zum Problem Unfehlbarkeit. Antworten auf die Anfrage von Hans Küng (= Quaestiones disputatae 54), Freiburg i. Br. u. a. 1971; Hans Küng (Hg.), Fehlbar? Eine Bilanz, Zürich u. a. 1973.

schen Fachdiskussionen[4] und beschäftigten die römischen Glaubensbehörden. Da die Anfragen und Beanstandungen vonseiten Roms und der deutschen Bischofskonferenz[5] den mediengewandten »Starprofessor« weithin unbeeindruckt ließen und auch zahlreiche Vermittlungsversuche des Bischofskonferenzvorsitzenden *Julius Döpfner* (↗ KAR 22 mit INFOBOX) sowie der Professorenkollegen (und späteren Kardinäle) *Karl Lehmann* (↗ KAR 31) und Walter Kasper[6] nichts fruchteten, geriet er immer mehr in Misskredit. Zwei Einlassungen Küngs im Jahr 1979 brachten das Fass schließlich zum Überlaufen:

- das umfangreiche Geleitwort zu August B. Haslers 1979 erschienenem Buch »*Wie der Papst unfehlbar wurde*«[7], in dem er u. a. schrieb, dass das Erste Vatikanische Konzil (1869/70) »in vielem […] mehr einem gut organisierten und manipulierten totalitären Parteikongress als einer freien Versammlung freier Christenmenschen« glich und dass das kirchliche Lehramt selbst »in bestimmten definierten Situationen« nur »vielleicht« nicht irren könne[8], und

- seine Kritik am ersten Jahr des neuen Papstes, die unter dem Titel »Ein Jahr Johannes Paul II. Versuch einer Zwischenbilanz als Anfrage« am 13. Oktober 1979 in der *Frankfurter Allgemeinen Zeitung* (FAZ) und in den folgenden Tagen

---

[4]   Gesammelte Stellungnahmen in: Hermann Häring / Josef Nolte (Hgg.), Diskussion um Hans Küng »Die Kirche«, Freiburg i. Br. u. a. 1971; Hans Urs von Balthasar u. a., Diskussion über Hans Küngs »Christ sein«, Mainz 1976.

[5]   Vgl. z. B.: Erklärung zu dem Buch »Christ sein« von Professor Dr. Hans Küng, 17. November 1977 (= Die Deutschen Bischöfe 13), Bonn 1977.

[6]   *Walter Kasper* (* 1933) war Professor für Dogmatik in Münster (ab 1964) und Tübingen (ab 1970), von 1989 bis 1999 Bischof von Rottenburg-Stuttgart und anschließend bis 2010 Sekretär bzw. Präsident (ab 2001) des Päpstlichen Rates zur Förderung der Einheit der Christen und damit oberster Ökumene-Beauftragter des Vatikans. Überdies gab Kasper, der 2001 zum Kardinal erhoben wurde, die dritte Auflage des LThK (1993–2001) heraus.

[7]   Dieses Buch ist gleichsam eine Volksausgabe seines zwei Jahre zuvor veröffentlichten zweibändigen Werkes »Pius IX. (1846–1878), Päpstliche Unfehlbarkeit und 1. Vatikanisches Konzil. Dogmatisierung und Durchsetzung einer Ideologie (= Päpste und Papsttum 12), Stuttgart 1977. – Zu *Hasler*, der bereits 1980 im Alter von nur 43 Jahren verstarb, siehe den Nachruf von Otto Weiß: Dogma und Geschichte. Zum Tod von August Bernhard Hasler, in: Christ in der Gegenwart 32 (1980) 228 (Nr. 28 v. 13. Juli). *Freddy Derwahl* schilderte die Hintergründe so: »Haslers Buch war, nach der Ablehnung durch den Benziger Verlag in Zürich, schließlich in Küngs Hausverlag Piper in München erschienen. Küng hatte ursprünglich eine ihm von der ›FAZ‹ angebotene Rezension des Buches abgelehnt, sich dann jedoch sogar zu einem Vorwort bereit erklärt. Haslers Recherche war nicht von der Qualität, dass nach ihr die reichlich dokumentierte Geschichte des Ersten Vatikanischen Konzils hätte umgeschrieben und das Dogma gekippt werden müssen. Küng hätte in der ›FAZ‹ eben dieses schreiben können – und die Brücke, auf die man rechts und links des Ufers wartete, wäre gebaut gewesen. Stattdessen goss er noch einmal Benzin ins Feuer. Rasch stellten seine Leser in Kurie und Bischofskonferenz fest, dass der Inhalt dieses Vorwortes ›noch schlimmer‹ sei als Küngs eigenes Buch ›Unfehlbar? Eine Anfrage‹« (Der mit dem Fahrrad und der mit dem Alfa kam. Benedikt XVI. und Hans Küng – ein Doppelporträt, München 2006, 254; vgl. zu diesem Buch: Hans Küng, Umstrittene Wahrheit. Erinnerungen [bis 1980], München 2007, 30).

[8]   Hans Küng, Zum Geleit. Der neue Stand der Unfehlbarkeitsdebatte, in: August Bernhard Hasler, Wie der Papst unfehlbar wurde. Macht und Ohnmacht eines Dogmas, München/Zürich 1979, XIII-XXXVII, hier: XXIV bzw. XVII. Vgl. hierzu den Abschnitt »Ein riskantes Geleitwort – ein strategischer Fehler?« in: Küng, Wahrheit (wie Anm. 7) 540–544.

in zahlreichen renommierten Tageszeitungen des Auslands wie *Le Monde* (Paris; 17.10.), *New York Times* (19.10.) und *El País* (Madrid; 21.10.) erschien[9].

So entzog die römische Glaubenskongregation Hans Küng – und darauf bezieht sich unsere Karikatur! – mit Datum vom 15. Dezember 1979 die kirchliche Lehrbefugnis (lat.: *Nihil obstat*)[10]. Kurioserweise sagte er am gleichen Tag in einem Interview, er rechne nicht mit Strafmaßnahmen aus Rom, und brach zum Skifahren nach Lech am Arlberg (Österreich) auf. Nach weltweiten Reaktionen und vielen Solidaritätsbekundungen aus dem In- und Ausland in den ersten Monaten des Jahres 1980, die aber nicht zu einer Wiedererlangung der Lehrbefugnis führten, wurden der Lehrstuhl und das Institut Küngs aus der Kath.-Theol. Fakultät ausgegliedert und direkt dem Präsidenten der Universität Tübingen unterstellt[11].

(71) Hans Küng im Mai 1980 auf Kreta mit einer damals gerade erschienenen Dokumentation zu seinem eigenen Fall (vgl. Anm. 10).

1990 initiierte Küng in der Überzeugung, dass es keinen Weltfrieden ohne Religionsfrieden geben könne, das *Projekt Weltethos* und war von 1995 bis 2013 Prä-

---

9 Zum Inhalt dieses Zeitungsartikels, durch den sich der Papst nach Meinung Küngs »persönlich angegriffen« fühlte, siehe Küng, Wahrheit (wie Anm. 7) 569–573 (Zitat: 573); Derwahl (wie Anm. 7) 253; alle Publikationsorte sind zusammengestellt bei Hermann Häring / Karl-Josef Kuschel (Hgg.), Hans Küng. Weg und Werk. Chronik, Essays, Bibliographie, München ²1981, 254 (Nr. 238).

10 Hierzu ausführlich Norbert Greinacher / Herbert Haag (Hgg.), Der Fall Küng. Eine Dokumentation, München 1980; ferner: Ludwig Bertsch / Medard Kehl (Hgg.), Zur Sache. Theologische Streitfragen im »Fall Küng«, Würzburg 1980; Karl Forster, Zum Fall Küng. Fragen und Antworten, Donauwörth 1980; Leo Scheffczyk, Kursänderung des Glaubens? Theologische Gründe zur Entscheidung im Fall Küng, Stein am Rhein ²1980. – Im »gemeinsamen Kanzelwort der deutschen Bischöfe« vom 7. Jan. 1980 heißt es: »*Sehr viele Briefe, Gespräche, Gesprächseinladungen seitens des Apostolischen Stuhles und der Bischöfe konnten nicht erreichen, daß Professor Küng den notwendigen Beitrag zur Klärung der strittigen Punkte leistete. Weil Professor Küng erkennen ließ, daß er bereit sei, seine Aussagen zu überprüfen, hat die römische Glaubenskongregation am 15. Februar 1975 auf einen Widerruf verzichtet und ihn statt dessen ermahnt, seine Meinungen, die mit dem kirchlichen Lehramt nicht übereinstimmen, nicht zu wiederholen. Professor Küng hat sich nicht daran gehalten. In einer Veröffentlichung von 1979 deutet er den Nichtentzug der kirchlichen Lehrerlaubnis als Zeichen dafür, daß sich das kirchliche Lehramt seiner Sache in Fragen der Unfehlbarkeit selber nicht sicher sei. Damit sahen sich Papst und Bischöfe genötigt, zu handeln. Sie mußten feststellen: Solange Professor Küng der verbindlichen Lehre der Kirche widerspricht, kann er nicht im Auftrag der Kirche Theologie lehren. Hier von einer Menschenrechtsverletzung oder von Inquisitionsmethoden zu sprechen, ist unsachlich.*« (Greinacher / Haag a.a.O. 158–162, hier: 160 f.). Vgl. auch die »Erklärung der deutschen Bischöfe« vom selben Tag (ebd. 162–169).

11 Näheres bei Küng, Wahrheit (wie Anm. 7) 623–665 (mit Abbildungen); Häring/Kuschel (wie Anm. 9) 35, 193–211; Derwahl (wie Anm. 7) 229 f.

sident der »Stiftung Weltethos« (Tübingen/Zürich)[12]. Bis heute meldet sich der streitbare Theologe, der alle priesterlichen Vollmachten behielt, unermüdlich schriftlich und mündlich und meist kirchen- und papstkritisch zu Wort. Da er am 13. März 2000 im »Deutschlandfunk« erklärt hatte, »er würde sich über eine Rehabilitierung zu seinen Lebzeiten – nicht erst 350 Jahre nach dem Tod wie bei Galileo Galilei – sehr freuen«[13], keimte bei Hans Küng (dem Johannes Paul II. nie eine Audienz gewährt hatte!) diesbezüglich sicher Hoffnung auf, als ihn Papst *Benedikt XVI.* – sein ehemaliger Tübinger Kollege[14] – am 24. September 2005, also nur wenige Monate nach dem Konklave, zu einem vierstündigen Gespräch in seiner Sommerresidenz Castelgandolfo empfing.

> Seit Papst *Urban VIII.* (1623–1644) die dortige, 1596 von *Clemens VIII.* (1592–1605) erworbene Burg 1628 zu einem Papstpalast umbauen ließ, entflohen die meisten Nachfolger Petri von Juli bis September – zumindest zeitweise – der Sommerhitze Roms in das rund 25 km südöstlich der Ewigen Stadt gelegene Castelgandolfo (Castel Gandolfo). Die Päpstliche Sommerresidenz oberhalb des Albaner Sees umfasst heute drei repräsentative Villen (Apostolischer Palast, Villa Cybo, Villa Barberini) sowie weitere Gebäude, Park- und Gartenanlagen und eine Sternwarte. Zu Beginn des Pontifikats von Johannes Paul II. (1978–2005) finanzierten Katholiken aus den USA dem sportlichen Pontifex ein überdachtes Schwimmbad[15]. Mit einer Fläche von 55 Hektar ist dieser exterritoriale Besitz des Hl. Stuhls größer als der Vatikanstaat am Tiber. Knapp die Hälfte des Geländes wird seit 1929 für einen Bauernhof mit Obst- und Olivenbäumen (*Fattoria Pontificia*)

---

12 Unter »Weltethos« versteht Küng einen Grundkonsens bezüglich verbindlicher Werte, Maßstäbe und Grundhaltungen, die von allen Religionen trotz ihres Wahrheitsanspruchs und unterschiedlicher Lehren bejaht und auch von Nichtgläubigen mitgetragen werden können. Konkret werden folgende vier unverrückbare Verpflichtungen (»Weisungen«) namhaft gemacht:
– Verpflichtung auf eine Kultur der Gewaltlosigkeit und der Ehrfurcht vor allem Leben
– Verpflichtung auf eine Kultur der Solidarität und eine gerechte Wirtschaftsordnung
– Verpflichtung auf eine Kultur der Toleranz und ein Leben in Wahrhaftigkeit
– Verpflichtung auf eine Kultur der Gleichberechtigung und der Partnerschaft von Mann und Frau.
Nur durch dieses globale Ethos, das Küng unter Rückgriff auf die Philosophie Immanuel Kants entwickelte, sei das Überleben der Menschheit möglich. Näheres bei Hans Küng, Projekt Weltethos, München/Zürich 1990; ders. (Hg.), Ja zum Weltethos. Perspektiven für die Suche nach Orientierung, München/Zürich 1995; ders., Wozu Weltethos? Religion und Ethik in Zeiten der Globalisierung, Freiburg i. Br. 2002; ders., Handbuch Weltethos. Eine Vision und ihre Umsetzung, München/Zürich 2012.

13 Papst-Bitte: Insgesamt positives Echo in Deutschland, in: KNA, Aktueller Dienst Inland, Nr. 51 v. 14. März 2000, 2. – Anlass für diese Äußerung war das – von Küng als »halbherzig« bezeichnete – Schuldbekenntnis Johannes Pauls II. vom Vortag (12. März), bei dem der Papst anlässlich des damaligen Hl. Jahres (↗ KAR 33 INFOBOX) um Vergebung für Fehler und Sünden von Christen (nicht der Kirche!) in der Kirchengeschichte bat (Zitat ebd.).

14 Ratzinger und Küng lehrten von 1966 bis 1969 systematische Theologie in Tübingen und trafen sich in diesen Jahren jeweils donnerstags zu einem gemeinsamen Abendessen ohne Beteiligung weiterer Kollegen (nach Derwahl [wie Anm. 7] 155 f. unter Berufung auf John L. Allen).

15 Als ein Journalist Johannes Paul II. auf die Baukosten ansprach, antwortete der Papst: »Der Pool ist sicher wesentlich günstiger als ein neues Konklave« (nach: http://www.katholisch.de/aktuelles/aktuelle-artikel/sportlich-und-schlagfertig; 9. Mai 2016).

genutzt. Während des Zweiten Weltkriegs öffnete *Pius XII.* (1939–1958) das Refugium ein halbes Jahr lang für Verfolgte, bis die deutschen Besatzer am 4. Juni 1944 aus Rom abzogen. Etwa 12.000 Menschen fanden damals in den weitläufigen Gebäudlichkeiten und Gärten Zuflucht; im Schlafzimmer des Papstes wurde sogar eine Entbindungsstation untergebracht, in der ca. 40 sog. Papstkinder zur Welt kamen. Pius XII. und auch *Paul VI.* (1963–1978) sind in Castelgandolfo gestorben. Papst Franziskus lehnte 2013 einen Sommeraufenthalt am Albaner See mit der Begründung ab, dies sei »zu viel Luxus in Zeiten, in denen sich viele Italiener keinen Urlaub leisten können«, und außerdem warte zu viel Arbeit im Vatikan auf ihn. Auch die folgenden Sommer verbrachte Franziskus in Rom[16] und verzichtete schließlich im Herbst 2016 endgültig auf seine Sommerresidenz, die dadurch zum Museum wurde. Nachdem bereits seit März 2014 der Park und ab September 2015 der Apostolische Palast Castelgandolfos von Besuchergruppen und Einzelgästen besucht werden konnte, sind seit 21. Oktober 2016 auch die päpstlichen Privatgemächer zur Besichtigung freigegeben.

Lit.: Jürgen Erbacher, Art. Castel Gandolfo, in: Erbacher 95–97; Philippe Chenaux u.a. (Hgg.), Opus Iustitiae Pax. Eugenio Pacelli – Pius XII. (1876–1958), Regensburg ²2009, hier: 159; Agathe Lukassek, Castelgandolfo rüstet sich für den Papst. Im Juli zieht Benedikt XVI. in seine Sommerresidenz um, in: KNA aktuell, Korrespondentenberichte, Nr. 124 v. 2. Juli 2011; Stichwort: Castel Gandolfo, in: KNA aktuell, Nr. 126 v. 3. Juli 2012, 28; Christoph Schmidt, »Das kostet uns Tausende«. Castel Gandolfo leidet unter der Abwesenheit des Papstes, in: KNA aktuell, Korrespondentenberichte, Nr. 137 v. 19. Juli 2013, 23 f. (Zitat: 23); Papst öffnet Park seines Sommersitzes für Besucher, in: KNA aktuell, Kultur und Medien, Nr. 44 v. 4. März 2014, 18; Papst öffnet Castel Gandolfo für Besucher, in: PNP, Nr. 239 v. 15. Okt. 2016, 18.

Benedikt würdigte Küngs Anstrengungen im Dialog der Religionen und im Dialog zwischen Glaube und Naturwissenschaft; man trat jedoch in dieser »freundschaftlichen persönlichen Unterredung« (Küng) nicht in einen Disput über die strittigen Lehrfragen ein[17] – und auch beim Entzug der Lehrbefugnis ist es seither geblieben.

Der aufsehenerregende »Fall Küng« – und ebenso der »Fall Boff«, auf den die Karikatur 1985 ohne optische Veränderungen umgemünzt wurde[18] – ist mit demjenigen Galileis allerdings insofern nicht vergleichbar, als es sich bei Küng und Boff um Theologen mit abweichenden theologischen Meinungen, bei letzterem um einen Naturwissenschaftler und dessen damals neuen naturwissenschaftlichen Erkenntnisse handelt – und spätestens mit der Enzyklika »*Divino afflante spiritu*« von 1943 hat die Kirche davon Abstand genommen, aus der Bibel naturwissenschaftliche Er-

---

[16] »Urlaub machen ist für Franziskus keine Frage des Ortswechsels. Ihm reicht ein veränderter Tagesablauf. ›Ich ändere den Rhythmus. Ich schlafe mehr, lese die Dinge, die mir gefallen, höre Musik, bete mehr. Das ist für mich Erholung‹, erklärte er im August 2014« (Thomas Jansen, Der Stadtneurotiker. Papst Franziskus macht am liebsten zuhause Urlaub, in: KNA, Das Thema: Urlaub, Nr. 137 v. 19. Juli 2016, 29 f., hier: 29).

[17] Stefan Orth, Persona grata. Benedikt XVI. hat Hans Küng in Castelgandolfo empfangen, in: HerKorr 59 (2005) 544 f.; Eberhard von Gemmingen (Hg.), Habemus Papam. Benedikt XVI. Die Chronik des Pontifikats 2005/2006. Bilder, Texte, Dokumente, Leipzig 2006, 94 f. (Papst trifft Küng).

[18] Der Karikaturist Horst Haitzinger ersetzte lediglich im Untertitel den Namen »Küng« durch den Namen »Boff«. Zum »Fall Boff« ↗ KAR 27 .

(72) Galileo Galilei. Porträt des flämischen Malers Justus Sustermans (1636)

kenntnisse gewinnen zu wollen[19]. Doch was hat es nun mit dem »Fall Galilei« auf sich?

b) Galileo Galilei

Der italienische Mathematiker, Philosoph und Physiker Galileo Galilei hatte nach niederländischem Vorbild ein Fernrohr konstruiert und auf dem Campanile von San Marco in Venedig installiert. Mit diesem Fernrohr gelangen ihm bahnbrechende astronomische Entdeckungen (z. B. der Mondgebirge und der Jupitermonde), die er 1610 in seinem Buch *»Sidereus Nuncius«* (lat. für: Sternenbote) publizierte. Galileis Beobachtungen standen z. T. mit dem damaligen ptolemäischen, **geozentrischen Weltbild** in Widerspruch, insbesondere die Tatsache, dass der Planet Venus alle Phasen zeigte wie der Mond der Erde. Er folgerte daraus, dass das Weltbild des Ptolemäus falsch und dasjenige des Kopernikus (**heliozentrisches Weltbild**) richtig sein müsse, hatte aber hierfür noch keinen stringenten Beweis.

Das seit der Antike von *Aristoteles* (um 384 – um 322 v. Chr.) und *Claudius Ptolemäus* (um 100–160 n. Chr.) vertretene geozentrische Weltbild behauptet, alle Himmelskörper kreisten selbstleuchtend an kristallenen Sphären um die Erde. Der auf der Erde lebende Mensch ist der Mittelpunkt des Alls. Die Alltagserfahrung schien dieses Weltbild zu bestätigen: Die Sonne, der Mond, die Planeten und Sterne gehen auf und unter, während die Erde stillzustehen scheint. Das auf *Nikolaus Kopernikus* (1473–1543) zurückgehende heliozentrische Weltbild dagegen besagt, dass alle Planeten einschließlich der Erde um die Sonne kreisen und die Monde um die Planeten. Die Rolle des Menschen als »Krone der Schöpfung« schien durch dieses Weltbild in Frage gestellt, und die Bibel schien gegen die Naturwissenschaft zu stehen.

---

[19]   Vgl. hierzu Herbert Haag, Mein Weg mit der Kirche, Zürich 1991, 9–36 (»Streit um die Bibel unter fünf Päpsten«), bes. 32–34; Karl Hausberger, Dem Licht den Rücken gekehrt. Zu den antimodernistischen Rahmenbedingungen der katholischen Exegese zwischen 1870 und 1943, in: Johannes Frühwald-König u. a. (Hgg.), Steht nicht geschrieben? Studien zur Bibel und ihrer Wirkungsgeschichte (Festschrift für Georg Schmuttermayr), Regensburg 2001, 427–440. – Allerdings führte die Verurteilung Galileis durch die (katholische) Inquisition (siehe hierzu das Folgende!) zu einer Verlagerung der naturwissenschaftlichen Forschung »aus den katholischen Ländern in die protestantischen Staaten Nordeuropas. ›Außerdem entwickelten die Forscher eine Abneigung gegen Theorie und Weltanschauung‹, sagt [Prof. Dr. Jürgen] Renn [, Direktor des Max-Planck-Instituts für Wissenschaftsgeschichte in Berlin]. Seither lässt die Naturwissenschaft meist Experimente und Daten sprechen« (Christopher Schrader, Auf Umwegen zur Revolution. Galilei Galilei …, in: SZ, Nr. 38 v. 15./16. Febr. 2014, 22).

274

1615 veröffentlichte Galilei seine Argumente für das kopernikanische Weltbild, die bald in Kirchenkreisen in Rom kursierten. Im Februar 1616 wurde im Vatikan eine »Expertenkommission« einberufen, die jedoch keineswegs aus Mathematikern und Astronomen bestand, sondern ausschließlich aus Geistlichen, die zum Schluss kamen, dass das heliozentrische Weltbild töricht, philosophisch absurd und ketzerisch sei. Die Inquisitionsbehörde sprach daher eine Ermahnung aus und dekretierte, dass das neue Weltbild nur als reine Hypothese dargestellt werden dürfe[20]. Bis 1623 äußerte sich der gebürtige Pisaner nun nicht mehr zu den Weltbildern, sondern forschte über die Kometen. Seine Ergebnisse hielt er in einem Buch fest, das er Papst *Urban VIII.*, der als Kardinal (Maffeo Barberini) zu den Bewunderern Galileis gehört hatte, widmete und das dessen Gefallen fand[21]. Zu ihm reiste Galilei 1624, um ihn zu fragen, ob er auch über die beiden Weltsysteme ein Werk verfassen dürfe. Urban erklärte sich unter der Bedingung einverstanden, dass sich Galilei nicht für eines dieser Weltsysteme entschied. So entstand der 1632 vollendete »*Dialogo sopra i due massimi sistemi*« (ital. für: Dialog über die beiden hauptsächlichen Weltsysteme). In diesem Buch treten drei Personen mit Namen Simplicio,

(73) Simplicio, Salviati und Sagredo im angeregten Disput. Frontispiz des »Dialogs«, den Galilei dem Großherzog der Toskana, *Ferdinand II.* (reg. 1621–1670) aus dem Geschlecht der Medici, widmete, in dessen Diensten er als Hofmathematiker und -philosoph stand. »*Linceo*« (ital. für: Luchsäugiger, Scharfsichtiger) nannte sich Galilei, seit er 1611 das sechste Mitglied der wissenschaftlichen »*Accademia dei Lincei*« (heute die Akademie der Wissenschaften Italiens) geworden war.

---

[20] »Die Kirche hat offenbar ernsthafte Naturwissenschaft, solange sie ›nur‹ in Hypothesen vorgetragen wurde und keinen expliziten Zusammenhang zur biblischen Offenbarung herstellte, weitgehend toleriert. Unerbittlich verfolgt wurden dagegen Alchemie und andere pseudonaturwissenschaftliche Praktiken« (Hubert Wolf in seiner Rezension zu Ugo Baldini / Leen Spruit (Hgg.), Catholic Church and modern Science. Documents from the Archives of the Roman Congregations of the Holy Office and the Index, Vol. I, Tomes 1–4, Rom 2009, in: Theologische Revue 109 [2013] 150 f., hier: 150). Näheres zur Alchemie (Alchimie) bei Diethard Sawicki, Magie, Frankfurt a. M. 2003, 80–88.

[21] Zu Urban VIII., unter dem der Nepotismus (siehe oben S. 263, Anm. 5) nochmals einen Höhepunkt erreichte, siehe Dominik Burkard, Art. Urban VIII., in: RGG⁴ 8 (2005) 818 f.

Salviati und Sagredo auf. Während ersterer – den schon sein Name als einfältig charakterisiert – mit schwachen Argumenten für Aristoteles und Ptolemäus eintritt, macht sich Salviati – hinter dem sich Galilei selbst verbirgt – in glänzender Rede für Kopernikus stark, so dass es nicht überraschen kann, dass Sagredo, der Moderator des Gesprächs, meistens Salviati zustimmt[22]. Galilei hatte sich also bloß formal an die vereinbarte Neutralität gehalten, was natürlich auch der päpstlichen Zensurbehörde auffiel. Nur weil er sich eine unterwürfige Vorrede diktieren ließ, erhielt er schließlich die Druckerlaubnis. Dennoch brachte der »*Dialogo*« Galilei in Schwierigkeiten. Als er 1633 nach Rom zitiert wurde, gab er zu, etwas zu weit gegangen zu sein und bot an, nie mehr über Kosmologie zu schreiben. Doch seine Gegner redeten Urban VIII. ein, mit der Figur des Simplicio habe er den Papst karikieren wollen.

Obwohl die Lehre des Kopernikus nie als ketzerisch gebrandmarkt worden war – ja sogar die Grundlage der **Gregorianischen Kalenderreform** von 1582 gebildet hatte –

> Da nach dem seit 46 v.Chr. geltenden *Julianischen Kalender* das Jahr gegenüber dem Sonnenjahr um 11 Minuten und 14 Sekunden zu lang geworden war, hatten sich bis zum 16. Jahrhundert Frühlings-, Sommer-, Herbst- und Winteranfang um jeweils mehr als zehn Tage nach vorne verschoben. Nikolaus Kopernikus hatte dies 1543 exakt nachgewiesen. Daher ordnete Papst *Gregor XIII.* 1582 mit der Bulle »*Inter gravissimas*« eine Kalenderreform an, wonach zum Ausgleich vom 4. direkt auf den 15. Oktober 1582 gesprungen wurde (eigentlich sollte bereits am 1. Oktober gesprungen werden, doch dann wäre 1582 der Festtag des hl. Franz von Assisi am 4. Oktober ausgefallen, was die Franziskaner nicht hinnehmen wollten). Auch die Schaltjahrregelung wurde verbessert, indem statt in allen Säkularjahren nur noch in den durch 400 teilbaren ein Schalttag eingelegt wird (1600, 2000, 2400). Der Gregorianische Kalender, der erst wieder nach 3200 Jahren um einen Tag vom Lauf der Sonne abweichen wird, wurde von den katholischen Staaten sofort, von den meisten protestantischen Ländern – wegen antipäpstlicher Ressentiments – erst 1700 eingeführt, was in konfessionell gemischten Gebieten bis dahin große Verwirrung und Zwistigkeiten stiftete; einige Länder folgten sogar noch später (Großbritannien 1752, Schweden 1753, Finnland 1867, Albanien und China 1912, Bulgarien 1916, Russland 1918, Rumänien und Griechenland 1924, Türkei 1927). Die orthodoxe Kirche begeht ihr Osterfest bis heute nach dem alten Kalender.
>
> Lit.: Manfred Vasold, Die Gregorianische Kalenderreform. Eine Neuerung mit Hindernissen, in: Geschichte lernen 8 (1995) H. 48, 4–6; zu Franz von Assisi und den Franziskanern ↗ KAR 14 bzw. 3 INFOBOX.

und mittlerweile von *Johannes Kepler* (1571–1630) aufgegriffen worden war, wurde Galilei am 22. Juni 1633 nach umfassendem Widerruf verurteilt, allerdings nicht wegen Ketzerei, sondern wegen Ungehorsams gegen die Kirche. Dass er beim Verlassen des Gerichts »*Eppur si muove!*« (ital. für: Und sie bewegt sich doch!) gemurmelt habe, ist eine spätere Legende. Er erhielt dauerhaften Hausarrest, sein »*Dialogo*« wurde verboten und ihm untersagt, weiterhin über die Bewegung der Erde zu schreiben. Die letzten acht Jahre seines Lebens verbrachte der 1637 erblindete Galilei

---

[22] Sagredo bzw. Salviati sind die Namen verstorbener Freunde Galileis.

in seinem Landhaus (»*Villa il Gioiello*«) in Arcetri nahe Florenz in kirchlichem Gewahrsam und verfasste im Kreis von Schülern sein wichtiges Alterswerk zur Mechanik und den Fallgesetzen, die »*Discorsi*«.

Nachdem der Vatikan 1741 eine Gesamtausgabe der Schriften Galileis und die Errichtung eines Grabmals für Galilei in der Basilika Santa Croce in Florenz erlaubt hatte und 1835 der »*Dialogo*« vom Index gestrichen worden war, rollte Johannes Paul II. 1979 den »Fall Galilei« durch eine Kommission aus Theologen, Naturwissenschaftlern und Historikern neu auf (darauf nimmt unsere Karikatur Bezug) und verfügte 1984 die Veröffentlichung einer historisch-kritischen Edition der Prozessakten, von der 2009 eine ergänzte Neuausgabe erschien. Auf eine am 31. Oktober 1992 vor der Päpstlichen Akademie der Wissenschaften gehaltene Ansprache des Papstes, in der er die Leistungen Galileis würdigte, erfolgte am 2. November die formelle Rehabilitierung des berühmten Forschers, der als einer der Begründer der modernen Naturwissenschaften gilt. Im »Internationalen Jahr der Astronomie« 2009 feierten Naturwissenschaftler gemeinsam mit dem Präsidenten des Päpstlichen Kulturrates, Erzbischof *Gianfranco Ravasi*, gleichsam eine »Versöhnungsmesse« in der römischen Kirche Santa Maria degli Angeli e dei Martiri.

Seit dem beginnenden 18. Jahrhundert durchschneidet eine vom rechten Querhaus schräg durch den Raum verlaufende, knapp 45 Meter lange Bronzelinie (»*Linea Clementina*«, »*Gnomon* [griech. für: Zeiger] *Clementino*«) den Fußboden der ab 1561 erbauten Basilika Santa Maria degli Angeli e dei Martiri an der Piazza della Repubblica nahe dem Hauptbahnhof »*Roma Termini*«. Es handelt sich dabei um einen 1702 durch Papst *Clemens XI.* (1700–1721) feierlich eingeweihten (und nach ihm benannten) Meridian, ein Instrument zur exakten Bestimmung des Sonnenhöchststands am Mittag. Er stützt die These vom Erdumlauf um die Sonne, der Galilei etwa 70 Jahre zuvor abschwören musste, wobei es Clemens damals allerdings nicht um eine Aussöhnung mit Galilei ging, sondern um die Kontrolle der 1582 vorgenommenen päpstlichen Kalenderreform (↗vorhergehende INFOBOX!), insbesondere des wichtigen Ostertermins. Der hochpräzise Meridian, nach dem sich bis 1846 alle Turmuhren Roms richteten, ist ein Werk des Veroneser Naturwissenschaftlers und Historikers *Francesco Bianchini* (1662–1729), den Clemens XI. kurz nach seinem Amtsantritt zum Sekretär der Kalenderkommission berufen hatte. Eine nur zwei Zentimeter große Lochblende hoch oben in der Fassade des Gotteshauses projiziert, eingefasst in das päpstliche Wappen, die Sonnenscheibe auf den Kirchenboden. Mit einer Schwankung von einer halben Stunde (je nach Jahreszeit) kreuzt der Lichtfleck den Messstrahl und wechselt zur Sommer- und Wintersonnenwende die Richtung. Damit er auch beim steilsten Einfallswinkel funktioniert, scheute Bianchini nicht davor zurück, für den »*Gnomon Clementino*« den Wandfries unterhalb des »Lichtlochs« zu beschädigen. Um jede Ungenauigkeit durch Unebenheiten auszuschließen, ließ er ursprünglich außerdem über die volle Länge eine Wasserwaage einbauen. Neben der Kalenderfunktion zeigt der mit Tierkreiszeichen geschmückte Meridian, den die zuständige Pfarrei als »den kostbarsten Zeitmesser der Welt« bezeichnet, »die Durchgänge von Planeten und Sternen, erlaubt Berechnungen über die Lage der Erdachse und des geografischen Breitengrades« und bestätigt durch die wechselnde Größe der Sonnenprojektion auch die These Keplers von der Bewegung der Planeten nicht auf runden, sondern elliptischen Bahnen. Bei einer Sonnenfinsternis ist der sich zwischen Sonne und Erde hindurchbewegende Mond klar auf dem Boden der Kirche *Santa Maria degli Angeli e dei Martiri* (Hl. Maria von den Engeln und den Märtyrern) zu erkennen, die man deswegen für die *»Linea Clementina«* auswählte, weil sie in die Ruinen der um 300 n. Chr. errichteten Diokletians-Thermen hineingebaut ist und ihre Mauern deshalb keine Setzungen mehr erwarten ließen. Benannt ist die Basilika zum einen nach einer Vision, in der ein sizilianischer Priester eine Schar Engel über den Thermen hatte auffliegen sehen, und zum anderen nach den Todesopfern unter den angeblich 40.000 christlichen Zwangsarbeitern, die beim Bau der in nur acht Jahren fertiggestellten Thermen tätig gewesen seien.

Lit.: Burkhard Jürgens, Der kostbarste Kalender der Welt. Ein Meridian in Rom verbindet Galilei und die Kirche, in: KNA Korrespondentenberichte, Nr. 31 v. 13. Febr. 2014, 23 f. (die beiden Zitate: 24); ders., Eine Kirche für die Sonne. Der Meridian des Papstes zeigte der Welt das Osterdatum an, in: KNA Das Thema: Ostern, Nr. 74 v. 15. April 2014, 18 f.; Inka Schneider u. a., DuMont visuell Rom, Köln ³1997, 334 f. (Abbildungen!).

Ravasi sagte in seiner Predigt, »*Galilei habe Grenzen überschritten und neues Wissen erschlossen. Damit sei er für nachfolgende Generationen ein Bindeglied zwischen Glauben und Wissenschaft*«[23].

L   *Zu Küng:* Hermann Häring / Karl-Josef Kuschel (Hgg.), Hans Küng. Weg und Werk. Chronik, Essays, Bibliographie, München ²1981; Robert Nowell, Leidenschaft für die Wahrheit. Leben und Werk, Zürich 1993; Hans Küng, Erkämpfte Freiheit. Erinnerungen [bis 1968], München/ Zürich 2002; ders., Umstrittene Wahrheit. Erinnerungen [bis 1980], München/Zürich 2007; ders., Erlebte Menschlichkeit. Erinnerungen [bis 2013], München/Zürich ²2013; *zu Galilei:* Brigitte Falkenburg, Art. Galilei, in: RGG⁴ 3 (2000) 456; Enrico Bellone, Galilei – Leben und Werk eines unruhigen Geistes, Heidelberg ²2002; Burkhard Jürgens, Eine Geschichte von Mißverständnissen. Vor 450 Jahren wurde der Astronom Galileo Galilei geboren, in: KNA Korrespondentenberichte, Nr. 31 v. 13. Febr. 2014, 22 f.; *Küng über Galilei:* Hans Küng, Der Anfang aller Dinge. Naturwissenschaft und Religion, München ²2010, 18–20.

K   Horst Haitzinger.

Q   tz (Dez. 1979); Publik-Forum 9 (1980) H. 3 (8. Febr.), 20 (bzw. auf Boff bezogen: Publik-Forum 14 [1985] H. 16 [9. Aug.], 17); Nies 95.

---

[23]   Zit. nach Burkhard Jürgens, Eine Geschichte von Mißverständnissen. Vor 450 Jahren wurde der Astronom Galileo Galilei geboren, in: KNA aktuell, Korrespondentenberichte, Nr. 31 v. 13. Febr. 2014, 22 f., hier: 23. – Zu Ravasi (*1942), seit 2010 Kardinal, siehe den Art. Ravasi, Gianfranco Kardinal, in: Munzinger Online/Personen – Internationales Biographisches Archiv (http://www. munzinger.de/document/00000028613; abgerufen von nicht angemeldet am 26. Juni 2017).

25. Wenn der Papst auf Reisen geht
(wohl 1980)

(74)

1. Beschreibung und Deutung: Der »Reisepapst« des 20. Jahrhunderts

Ein Zeitungsverkäufer, der in zügigem Schritt an recht ratlos dreinblickenden Passanten vorübergeht, preist sein Blatt mit dem Ausruf »*Sensation! Papst diese Woche in Rom gesehen!*« an. Selbst wer nicht darüber informiert ist, aus welcher Zeit diese Karikatur stammt, aber ein wenig in der Papstgeschichte bewandert ist, weiß, dass hier nur ein Nachfolger Petri gemeint sein kann: *Johannes Paul II.* (Karol Jozef Wojtyła, 1978–2005). In seinem langen Pontifikat (dem zweitlängsten der Papstgeschichte nach Pius IX.) hat er insgesamt 104 große Reisen unternommen (davon drei nach Deutschland), dabei 129 von 194 Ländern der Erde und 697 Städte besucht und wurde von etwa 250 Millionen Menschen live gesehen. Niemandem in der bisherigen Weltgeschichte ist es gelungen, so viele Menschen zu mobilisieren wie Johannes Paul II. Insgesamt legte der Papst hierbei über 1,2 Millionen Kilometer zurück (= 30 × um die Erde oder 3 × von der Erde zum Mond) und war 582 Tage (= 6,4 % der Dauer seines Pontifikats) unterwegs. Dazu kamen noch 144 Pastoralreisen innerhalb Italiens, 740 Besuche innerhalb seiner Diözese Rom, über 300 Besuche römischer Pfarreien und seine Urlaubsaufenthalte. Aufs Ganze gesehen war Johannes Paul II., den die Abbildung auf der vom Verkäufer hochgehaltenen Zeitung in freundlich winkender Geste darstellt, somit mehrere Jahre seiner Regierungszeit nicht in Rom, so dass es zwar keine Sensation, aber auch keineswegs der Normalfall war, wenn man den Papst in der Ewigen Stadt sichtete.

»Das kommt mir so bekannt vor. Waren wir
nicht schon einmal hier?« »Gewiß, Heiliger Vater,
aber selten, ganz selten!«

(75) Johannes Paul II. blickt auf die Peterskirche in Rom und ist sich nicht sicher, ob er schon einmal da war – eine ganz andere Darstellung, aber die Aussage ist die gleiche wie in unserer Hauptkarikatur (Karikatur von Jupp Wolter, 1985)

In einem Interview von 1980 kommentierte Johannes Paul, von dem man immer wieder mutmaßte, er wolle sich wohl jetzt für die früheren Reisebeschränkungen im kommunistischen Polen schadlos halten, seine Reiselust so: »*Viele Menschen sagen, der Papst reise zuviel und in zu kurzen Abständen […] Ich denke, daß sie – menschlich gesehen – recht haben. Doch es ist die Vorsehung, die uns leitet; und diese drängt uns manchmal, Dinge* **ad excessum** [lat. für: über das Maß hinaus] *zu tun.*« Ein andermal meinte er: »*Wenn ich im Vatikan bliebe, wie es die Kurie gerne hätte, […] dann säße ich in Rom und schriebe Enzykliken, welche nur von einer Handvoll Leute gelesen würden. Wenn ich reise und zu den Menschen gehe, dann werde ich viele von ihnen treffen, einfaches Volk wie auch Politiker. Und sie werden mir zuhören. Andernfalls werden sie nie zu mir kommen.*«[1]

2. Der erste »Reisepapst« der Kirchengeschichte

Trotz seiner vielen Reisen ist Johannes Paul II. nicht der erste »Reisepapst« der Kirchengeschichte. Dieser Titel gebührt wohl dem deutschen Reformpapst *Leo IX.* (Bruno von Toul; 1049–1054), den sein Bemühen um eine durchgreifende Erneuerung der Kirche zu einem Engagement antrieb, wie man es »in dieser Form bisher von keinem Papst gesehen hatte«[2]. Nur etwa $1/3$ seines gut 5-jährigen Pontifikats verbrachte er in Rom und Umgebung, ansonsten war er beständig unterwegs. Sechs seiner Reisen führten Leo nach Süditalien, wo er mehrere Synoden abhielt, drei Reisen aber auch über die Alpen nach Norden, bei denen er jedesmal Deutschland mit seinem Besuch beehrte.

- Die erste dieser drei Reisen unternahm er vom Sommer bis zum Dezember 1049 nach Sachsen zu Kaiser Heinrich III. (1039–1056), seinem Cousin, und dann weiter über *Köln, Aachen, Lüttich* und

(76) Leo IX. (Buchmalerei aus der Benediktinerabtei Zwiefalten, 12. Jh.)

Trier in seine Bischofsstadt *Toul* sowie nach *Reims*, wo er die Reliquien des Bischofs Remigius von Reims († um 533) zur Ehre der Altäre erhob (↗unten die INFOBOX Heiligsprechung).

---

[1] Zit. nach Carl Bernstein / Marco Politi, Seine Heiligkeit Johannes Paul II. Macht und Menschlichkeit des Papstes, München 1997, 477 bzw. 475.

[2] Schwaiger, Päpste in Deutschland 143.

Vor der entscheidenden Schlacht gegen die Alamannen (496/97) habe der Frankenkönig *Chlodwig* – so berichtet der Geschichtsschreiber Gregor von Tours – auf Drängen seiner Frau Christus angerufen und für den Fall seines Sieges den Übertritt zum Christentum versprochen. Er siegte tatsächlich und ließ sich am Weihnachtsfest wohl des Jahres 498 taufen, und zwar von einem katholischen Bischof, vermutlich vom zuständigen Metropoliten Remigius von Reims in dessen Kathedrale. Die Taufe des Frankenherrschers Chlodwig und dessen Hinwendung zum katholischen Bekenntnis waren für den weiteren Gang der abendländischen Geschichte folgenschwer wie nur wenige Ereignisse zuvor und danach. Indem sich hierdurch – wie sich herausstellen sollte – das lebenskräftigste germanische Volk mit der zukunftsreichsten Richtung innerhalb des Christentums verband[3], wurde ein für die mittelalterliche Geschichte grundlegender Schritt getan und die *Voraussetzung für die Geburt des christlichen Abendlandes* geschaffen.

Lit.: Lutz E. von Padberg, Christianisierung im Mittelalter, Darmstadt 2006, 9–16; Gerhard Philipp Wolf, Art. Remigius v. Reims, in: LThK³ 7 (2004) 430 (Lit.).

Weitere Stationen waren *Verdun* und *Metz*, wo er jeweils eine Kirche einweihte, sodann *Mainz*, wo er eine deutsche Reichssynode abhielt, an der der Kaiser und über 40 Bischöfe (darunter sämtliche Erzbischöfe des Reiches) teilnahmen, *Altdorf* im Bistum Straßburg, *Andlau* im Elsass (Weihe der Klosterkirche und Translation der Gebeine der Klosterstifterin) und schließlich die damals hochberühmte Benediktinerabtei auf der Insel *Reichenau* im Bodensee[4] sowie *Donauwörth* (Bistum Augsburg), wo Leo am 3. Dezember 1049 die Kirche des Frauenklosters Hl. Kreuz konsekrierte[5].

- Ziele der zweiten Reise Leos über die Alpen im Spätherbst und Winter 1050/51 waren zunächst Burgund und Lothringen und hier speziell wiederum *Toul*, wo er die Reliquien seines Vorgängers auf dem Bischofsstuhl von Toul, *Ger(h)ard* (963–994), erhob und ihn dadurch heiligsprach.

Im ersten Jahrtausend der Kirchengeschichte erfolgte die Heiligsprechung (Kanonisation) eines Verstorbenen, der öffentliche Verehrung genoss, durch die Erhebung des Leibes bzw. der Gebeine (lat.: *elevatio corporis*) und deren Übertragung (lat.: *translatio corporis*) und Wiederbeisetzung in einem Altar im Beisein des zuständigen Ortsbischofs, wobei dem gläubigen Volk die *Vita* (Lebenslauf), d. h. ein Bericht über die großen Taten bzw. bei Märtyrern die erlittenen Torturen, vorgelesen wurde. Wegen aufkommender

---

[3]   Die katholische Richtung des Christentums stand damals in Konkurrenz mit dem nach dem Presbyter *Arius* (4. Jh.) in Alexandrien (Ägypten) benannten arianischen Christentum (hierzu Eder, Kirchengeschichte 53 f.), dem sich fast alle anderen germanischen Stämme angeschlossen hatten. Allerdings hatte das Christentum der Germanen mit den speziellen Merkmalen arianischer Theologie wenig zu tun. Der wesentliche Unterschied zum Glauben der römischen Bevölkerung bestand lediglich darin, dass die Lehre der katholischen Kirche von der Dreifaltigkeit *(Trinität)* als unbiblisch abgelehnt wurde.

[4]   Näheres zu diesem um 724 gegründeten Kloster, das bis zur Mitte des 11. Jahrhunderts Gelehrte von europäischem Rang vorweisen konnte, dann aber einen rapiden geistigen und wirtschaftlichen Niedergang erlebte, bei Alfons Zettler, Art. Reichenau, in: LThK³ 8 (1999) 983 f. (Lit.).

[5]   Näheres zu dem um 1040 gegründeten Benediktinerinnenkloster Hl. Kreuz in Donauwörth (ab dem frühen 12. Jahrhundert Benediktinerkloster), wo ein großer Kreuzpartikel aufbewahrt wurde, bei Martin Ruf, Art. Donauwörth, in: LThK³ 3 (1995) 334 f. (Lit.).

Missbräuche und um der bischöflichen Kultapprobation größeres Gewicht zu verleihen, wandte man sich zunächst in Einzelfällen an den Bischof von Rom. Die erste von einem Papst vorgenommene Heiligsprechung war diejenige des Bischofs *Ulrich von Augsburg* (936–973) im Jahre 993 durch *Johannes XV.* (985–996). Dass eine Heiligsprechung durch den Papst vorzunehmen ist, erlangte zwar erst 1234 Verbindlichkeit, aber der Umstand, dass der Nachfolger Petri die feierliche Erhebung zur Feier der Altäre persönlich vornahm, verlieh einer Heiligsprechung dennoch besonderes Gewicht.

Lit.: Winfried Schulz, Art. Heiligsprechung, in: LThK³ 4 (1995) 1328–1331; Arnold Angenendt, Heilige und Reliquien. Die Geschichte ihres Kultes vom frühen Christentum bis zur Gegenwart, Hamburg ²2007, 167–182; Markus Ries, Heiligenverehrung und Heiligsprechung in der Alten Kirche und im Mittelalter. Zur Entwicklung des Kanonisationsverfahrens, in: Manfred Weitlauff (Hg.), Bischof Ulrich von Augsburg 890–973. Seine Zeit – sein Leben – seine Verehrung. Festschrift aus Anlaß des tausendjährigen Jubiläums seiner Kanonisation im Jahre 993, Weißenhorn 1993, 143–167 (zu Ulrich vgl. die weiteren Beiträge in Teil II des Buches).

Nach Aufenthalten in *Trier* und *Augsburg* kehrte er wieder nach Italien zurück.

• Ein drittes Mal machte sich Leo im Spätsommer 1052 zunächst nach Ungarn auf, um bei *Pressburg* (heute: Bratislava/Slowakei) Frieden zwischen dem ungarischen König *Andreas I.* (1046–1060) und Kaiser *Heinrich III.* zu stiften. Sodann zog er mit Heinrich nach *Regensburg* weiter, wo man Anfang Oktober 1052 eintraf. Im Gefolge von Papst und Kaiser, die auf diese Weise die Eintracht von geistlicher und weltlicher Macht *(sacerdotium* und *imperium)* augenfällig demonstrierten (↗ **KAR 10** GRAPHIK oberer Teil), befanden sich die Bischöfe von Perugia, Silva Candida und Grado in Italien sowie die Oberhirten von Salzburg, Prag, Regensburg und Eichstätt (letzterer war Gebhard, der Leo als Papst *Victor II.* nachfolgte). Da man in Regensburg den Wunsch hatte, neben dem seit Jahrhunderten als Märtyrer verehrten irofränkischen Wanderbischof *Emmeram* († um 700) weitere anerkannte Heilige zu haben, erhob der Papst am 7. Oktober 1052 in Gegenwart des Kaisers und der genannten Kirchenfürsten den Leib des bedeutenden, seit seinem Tod als Heiligen verehrten Bischofs *Wolfgang* (972–994) aus seinem bisherigen Grab im südlichen Seitenschiff der Regensburger Emmeramskirche und übertrug ihn in die neue Krypta unter dem Westchor dieses Gotteshauses. Nachdem Leo IX. die bis heute bestehende romanische Wolfgangskrypta geweiht hatte, erhob er außerdem noch den Leib des irofränkischen Wanderbischofs *Erhard* († um 700) in der Niedermünsterkirche, so dass man nun in Regensburg mit Wolfgang (Hauptpatron), Emmeram und Erhard eine Trias an Bistumspatronen zur Verfügung hatte[6]. Nächste Station auf dieser

---

6   Näheres zu den Patronen (Schutzheiligen) des Regensburger Bistums bei Karl Hausberger, Geschichte des Bistums Regensburg, Bd. 1, Regensburg 1989, 22–24 mit Anm. 16 u. ö. (Emmeram), 25 f. mit Anm. 18 u. ö. (Erhard), 55–62, 72 f. mit Anm. 12 u. ö. (Wolfgang); Genoveva Nitz / Eugen Trapp, Die im Licht sind. Heilige und Patrone im Bistum Regensburg, Regensburg 2001, 8–31 (mit zahlreichen Abb.); speziell zu *Wolfgang*, der den Weg zur Eingliederung Ungarns in ein christliches Europa bahnte und mit der großherzigen Loslösung des böhmischen Missionsgebietes von seinem Bistum die Weichen für die Gründung des Bistums Prag stellte, vgl. auch Werner Chrobak, Der heilige Bischof Wolfgang. Geschichte – Legende – Verehrung, Kehl 1993 (Lit. und viele Abb.).

Reise war *Bamberg*, wo Leo seinem dort begrabenen deutschen Vorgänger **Clemens II.** (1046/47) seine Reverenz erwies.

Über *Lorsch* an der Bergstraße, *Tribur* bei Mainz, *Schaffhausen* und *Worms*, wo der Papst das Weihnachtsfest feierte, kehrte Leo schließlich wieder in die Ewige Stadt zurück.

Über die geschilderten Tätigkeiten hinaus gründete und visitierte Leo bei seinen Deutschlandaufenthalten zahlreiche Klöster, denen er insgesamt 47 Privilegien zuteil werden ließ, enthob unwürdige Bischöfe ihres Amtes und bekämpfte – insbesondere auf den im Deutschen Reich abgehaltenen Synoden – Priesterehe und **Simonie**.

»Das alles war etwas Neues und Ungewohntes; aber um so tiefer war die Wirkung, daß man den römischen Bischof persönlich seines hohenpriesterlichen Amtes walten sah, daß er aller Orten mahnend und ermutigend, zu lebendigem religiösen Eifer anspornend, bessernd und strafend vor die Gläubigen trat. War das Papsttum, zumal in den voraufgegangenen **trüben Jahrzehnten**,

---

[7]   Bereits vom Tode gezeichnet, richtete Clemens einen letzten Brief an das Bistum Bamberg, in dem er seinen Sprengel in einer förmlichen Liebeserklärung als »Unsere Freundin«, »Unsere Schwester«, Unsere Taube« und als »süßeste Braut« bezeichnete. Auszüge bei Schwaiger, Päpste in Deutschland 139–141; Josef Urban, Das Bistum Bamberg in Geschichte und Gegenwart, Tl. 1, Straßburg 1992, 29 (Zitate).

Das Papsttum war nach dem Tod des letzten Herrschers aus dem nach *Karl d. Gr.* (768–814) benannten Geschlecht der Karolinger seines Rückhalts am universalen Kaisertum beraubt. Rasch war es in den Parteiinteressen römischer Adelsgeschlechter versunken und – als gewöhnliches Territorialbistum – ein Spielball lokaler Gewalten geworden. Nicht zu Unrecht hat man darum für die trüben Jahrzehnte vom Ende des Karolingerreiches (911) bis zum Beginn der nach Papst *Gregor VII.* (1073–1085) benannten Gregorianischen Reform (1046) in der Kirchengeschichtsschreibung die Bezeichnung »*Saeculum obscurum*« (lat. für: finsteres, dunkles Zeitalter) geprägt. Gewiß gab es auch unter den etwa fünfzig Päpsten dieser Epoche durchaus würdige Männer; aber insgesamt war das Bild, das der römische Bischofsstuhl bot, der universalen Bedeutung des Papsttums ganz und gar nicht angemessen.

Lit.: Georg Schwaiger, Das Papsttum im »Dunklen Jahrhundert«, in: Manfred Weitlauff (Hg.), Bischof Ulrich von Augsburg 890–973. Seine Zeit – sein Leben – seine Verehrung. Festschrift aus Anlaß des tausendjährigen Jubiläums seiner Kanonisation im Jahre 993, Weißenhorn 1993, 53–68 (Lit.).

Alle Papstbesuche in Deutschland

Jahr	Papst	Orte (in der heutigen BRD)
799	Leo III.	Paderborn
805	Leo III.	Aachen
1012	Gregor VI. (Gegenpapst)	Pöhlde (Harz)
1020	Benedikt VIII.	Bamberg und Fulda
1049	Leo IX.	Köln, Aachen, Trier, Mainz, Reichenau, Donauwörth, Augsburg
1051	Leo IX.	Trier und Augsburg
1052/53	Leo IX.	Regensburg, Bamberg, Lorsch, Tribur, Schaffhausen, Worms
1054	Viktor II.	Mainz, Wahl zum Papst
1056/57	Viktor II.	Goslar, Speyer, Aachen, Regensburg
1147/48	Eugen III.	Trier
1414	Johannes XXIII. (Pisaner Linie)	Konstanz, Eröffnung des Konzils
1417	Martin V.	Konstanz, Wahl zum Papst
1782	Pius VI.	München, Altötting und Augsburg
1980	Johannes Paul II.	Köln, Brühl, Bonn, Mainz, Münster, Osnabrück, Fulda, München, Altötting
1987	Johannes Paul II.	Köln, Bonn, Münster, Kevelaer, Essen, Bottrop, Gelsenkirchen, Mülheim an der Ruhr, München, Speyer, Augsburg
1996	Johannes Paul II.	Paderborn und Berlin
2005	Benedikt XVI.	Köln, Bonn
2006	Benedikt XVI.	München, Altötting, Marktl, Regensburg, Freising
2011	Benedikt XVI.	Berlin, Erfurt, Etzelsbach (Eichsfeld), Freiburg i. Br.

(77)

zu einer schattenhaften Vorstellung herabgesunken, so gewann es nun für die Christenheit Leben und Wirklichkeit. Aus den zeitgenössischen Quellen ersehen wir, welch gewaltigen Eindruck dieses rastlose Wirken Leos IX. gemacht hat«, mit dem er auch seinen Primatsanspruch (↗ KAR 7) und seine Autorität als Papst nachdrücklich zur Geltung brachte, »und welche Begeisterung sein Auftreten erweckte.«[8] Stets strömten zu Leos Auftritten – wie fast 1000 Jahre später bei Johannes Paul II. – große Massen von Gläubigen aus der näheren und weiteren Umgebung[9], die der Papst aus Lothringen in vielen Predigten dank »der Gabe hinreißender Rede«[10] in seinen Bann zu ziehen verstand – ebenfalls wie Johannes Paul II.

3. Reisen der Päpste vor und nach Johannes Paul II.

Fast alle Vorgänger Johannes Pauls II. haben sehr viel weniger, nur kurze oder gar keine Reisen unternommen. Dies hatte bis ins 20. Jahrhundert natürlich v. a. mit dem hohen Zeitaufwand beim Überbrücken weiter Distanzen zu tun und mit der großen Beschwerlichkeit des Reisens – zu Pferd, auf der Sänfte,

> Von *Bonifaz VIII.* (1294–1303) ist überliefert, dass er »zu Pferde reiste, welches er mit Hilfe einer *predella* [lat./ital.; eigentl.: Altaraufsatz; hier: mobile Treppe, »Gangway«] bestieg«. Erkennbar war es an den roten Schabracken (Decken), denn bis 1465 durfte nur das Pferd des Papstes *rote* Decken haben. Bisweilen benutzte Bonifaz »aber auch eine Sänfte. 1302 entlohnt die Apostolische Kammer 12 *clerici*, welche die *carosse* des Papstes von Anagni nach Rom trugen« (ca. 75 km).
>
> Lit.: Agostino Paravicini Bagliani, Der Papst auf Reisen im Mittelalter, in: Detlef Altenburg u. a. (Hgg.), Feste und Feiern im Mittelalter. Paderborner Symposion des Mediävistenverbandes, Sigmaringen 1991, 501–514 (Zitate: 509); Ingeborg Seltmann, Zepter und Zügel. Unterwegs im Troß der mittelalterlichen Kaiser, Augsburg 1999, 32–34.

im ungefederten Wagen (ab dem 15. Jahrhundert in der gefederten Kutsche) oder wo möglich (da bequemer und schneller) per Schiff, in unwegigem Gelände aber auch zu Fuß[11]. Von 1870 bis 1929 gab es für die Reiseabstinenz darüber hinaus einen

---

[8] Seppelt III 19.
[9] Zur Heiligsprechung des Remigius von Reims 1049 waren so viele Gläubige (selbst aus der Bretagne, aus Spanien, England und Schottland) gekommen, dass keine Kirche der Stadt Reims sie alle fassen konnte (nach Schwaiger, Päpste in Deutschland 145).
[10] Seppelt III 19.
[11] Eine absolute Notlage war deshalb der Anlass für den ersten Papstbesuch auf deutschem Boden: Im Frühjahr 799 erschien *Leo III.* (795–816) schutzflehend vor Karl d. Gr. in *Paderborn*; in Rom hatten ihn nämlich Verwandte seines Vorgängers bei einer Bittprozession überfallen und schwer misshandelt, so dass er beinahe sein Augenlicht und seine Sprechfähigkeit verloren hätte. Um die handfesten Beschuldigungen – sie lauteten auf Meineid und Hurerei – zu überprüfen, ließ Karl den Papst unter starkem fränkischen Schutz im Spätherbst 799 nach Rom zurückgeleiten, wo fränkische Bischöfe und Adelige eine Untersuchung einleiteten. Am 22. Dezember 800 rechtfertigte sich Leo III. jedoch freiwillig und leistete einen Eid auf seine Unschuld. Ein derartiger Ausgang des Verfahrens lag zweifelsohne auch im Interesse Karls, weil er die Krönungssalbung seines Sohnes Ludwig (des Frommen) durch den Papst beabsichtigte. Als er aus diesem Anlass am

ganz konkreten Grund, nämlich die Tatsache, dass sich die Päpste, die vom Verlust des Kirchenstaates (1870) bis zu dessen Wiederherstellung in kleinster Form (0,44 km²) durch die Lateranverträge (1929) über kein Territorium geboten, als »Gefangene im Vatikan« betrachteten. Doch auch anschließend haben *Pius XI.* (Achille Ratti, 1922–1939) und sein Nachfolger *Pius XII.* (Eugenio Pacelli, 1939–1958) den Kirchenstaat nie verlassen. So war Johannes XXIII. (*Angelo Giuseppe Roncalli;* 1958–1963) der erste Papst, der ihn nach über einem Jahrhundert am 4. Oktober 1962 zu einer Reise nach Assisi und Loreto wieder verließ, um dort für das Gelingen des eine Woche später beginnenden Zweiten Vatikanischen Konzils (1962–1965) zu beten.

Angelo Giuseppe Roncalli wurde 1881 in Sotto il Monte bei Bergamo (Lombardei) als viertes von dreizehn Kindern eines Kleinbauern geboren. Nach der Bischofsweihe 1925 wirkte er im diplomatischen Dienst, wobei er zunächst Apost. Legat in Bulgarien, ab 1934 in der Türkei und Griechenland und ab 1944 päpstl. Nuntius in Paris war. 1953 erhob ihn Pius XII. zum Kardinal und drei Tage später zum Erzbischof und Patriarchen von Venedig. Schon bei seiner Ankunft in der Lagunenstadt sagte er zu den Gläubigen: *»Betrachtet euren Patriarchen nicht als Politiker oder als Diplomaten, sondern seht in ihm nur den Seelenhirten, der berufen ist, seine Sendung an den kleinen Leuten zu erfüllen gemäß dem Auftrag des Herrn.«*[12] Beim Konklave nach dem Tode Pius' XII. 1958 begünstigten Roncallis fortgeschrittenes Alter, seine Popularität, seine gewichtige Stellung als Patriarch von Venedig, seine große internationale Erfahrung, vor allem aber seine Eignung als Kompromisskandidat seine Wahl zum Papst nach vier Tagen im 11. Wahlgang. Den in der Papstgeschichte zwar häufigsten, aber seit dem Jahre 1410 – fast 550 Jahre! – nicht mehr gewählten Namen Johannes (ital. *Giovanni*) – suchte er sich u. a. deswegen aus, weil sein Vater so hieß und ebenso der Patron seiner Taufkirche in Sotto il Monte. Da der letzte Träger dieses Papstnamens 1415 vom Konzil von Konstanz abgesetzt und als Gegenpapst gezählt wurde, gibt es zwei Johannes-Päpste mit derselben Herrscherziffer »XXIII«. Nicht nur das wohlgenährte und untersetzte Äußere von Johannes XXIII. (siehe Abb. oben S. 234) war nach dem langen Pontifikat des »engelsgleichen« Pius XII. ganz ungewohnt, auch seine für alle verständliche Sprache war es. So sagte er einmal zu der auf dem Petersplatz versammelten Menge: *»Ich bin kein bedeutender Papst wie mein Vorgänger, ich bin kein schöner Papst – seht nur meine Ohren an –, aber ihr werdet es gut bei mir haben«*[13]. Daher suchte er mit offensichtlicher Freude am Umgang und Gespräch mit einfachen Menschen die Armenviertel der Großstadt Rom, ihre Fabriken, Spitäler und Gefängnisse auf. Eigentlich konservativ geprägt, schaffte er dennoch sofort den monarchischen Herrschaftsstil seines Vorgängers ab und behandelte die Bischöfe als wirkliche Mitarbeiter, nicht als bloße Befehlsempfänger; als erster Papst redete er die Christen anderer Konfessionen – und auch die Juden – als »Brüder« an. Als gelernter

---

Weihnachtstag 800 die Peterskirche betrat, setzte ihm Leo selbst eine Krone auf, und die Römer akklamierten den Frankenherrscher dreimal zum neuen Kaiser, eine der denkwürdigsten Szenen abendländischer Geschichte. Weiteres zu Leo III., der sich 805 nochmals an einem deutschen Ort bei Karl d. Gr. einfand, nämlich in dessen Hauptresidenz *Aachen*, bei Eder, Kirchengeschichte 82 f. (mit Abb.).

[12] Zit. nach Josef Gelmi, Die Päpste in Lebensbildern, Graz u. a. ²1989, 314.
[13] Zit. nach: »Wer glaubt, zittert nicht!«, in: Der gütige Papst. Johannes XXIII. (= PUR spezial 4/ 2000), Kißlegg 2000, 4–10, hier: 4.

Diplomat brachte er neuen Schwung in die Ostpolitik des Vatikans und vermittelte in der Kubakrise 1962 erfolgreich zwischen den im Kalten Krieg befindlichen Großmächten USA und UdSSR. Die herausragendste und nachhaltigste Leistung Johannes' XXIII. war aber das Weltereignis des *Zweiten Vatikanischen Konzils*, dessen Einberufung im Januar 1959 er einer plötzlichen Eingebung des Hl. Geistes zuschrieb. In seiner Eröffnungs-ansprache erteilte er allen Unglücksropheten, die den Untergang der Welt erwarteten, eine Absage und plädierte für eine offene, pastorale Ausrichtung des Konzils, die nicht auf die Verdammung von Irrtümern setzt, sondern sich den Fragen der modernen Welt stellt, um das Evangelium angemessen an sie zu verkünden. Davon erhoffte er sich – wie er sagte – einen »*Sprung nach vorn*« (ital.: *un balzo innanzi*)[14], ja ein neues Pfingsten[15]. Leider erlebte er nur noch die erste Sitzungsperiode (Herbst 1962). Treffend schrieb der Kölner Kardinal Frings: »*Ähnlich wie Moses das Gelobte Land nur aus der Ferne erblicken konnte, so sollte auch er die Vollendung seiner großen Idee des Konzils nur von ferne schauen.*« Nach monatelangem Leiden starb der Papst am 3. Juni 1963 mit 81 Jahren an Magenkrebs. Es hat keinen Papst in der Kirchengeschichte gegeben, der von der Weltöffentlichkeit so geliebt und betrauert wurde wie Johannes XXIII., den die Italiener bis heute »*il papa buono*« (dt.: guter, gütiger Papst) nennen. Man hatte ihn als Über-gangspapst gewählt, und das war er in der Tat, aber ein Papst des Übergangs in eine neue Ära der Kirche.

Lit.: Giuseppe Alberigo, Art. Johannes XXIII., in: TRE 17 (1988) 113–118; ders., Johannes XXIII. Leben und Wirken des Konzilspapstes, Mainz 2000; Schwaiger, Papsttum 310–343 (jeweils Lit.); Joseph Kardinal Frings, Nachruf auf Johannes XXIII., in: Die Friedensenzyklika Papst Johannes' XXIII. Pacem in Terris, Freiburg i. Br. u. a. 1963, 7–10 (Zitat: 9).

Nur neun große Reisen, die ihn allerdings in alle Kontinente führten (und damit auch nach Amerika, Afrika und Australien, wo zuvor noch nie ein Papst gewesen war), hat Johannes Pauls (Vor-)Vorgänger **Paul VI.** (*Giovanni Battista Montini*; 1963–1978) in seinem 15-jährigen Pontifikat unternommen (1964 Hl. Land und Libanon sowie Indien, 1965 New York/UNO, 1967 Portugal sowie Türkei, 1968 Ko-lumbien, 1969 Schweiz sowie Uganda, 1970 Fernost, u. a. Iran, Australien, Philippi-nen und Hongkong), wobei er seit 1814 – und damit nach genau 150 Jahren! – der erste Papst war, der Italien verließ.

Giovanni Battista Montini wurde 1897 in Concesio bei Brescia (Norditalien) als zweiter von drei Söhnen eines wohlhabenden Rechtsanwalts, Zeitungsverlegers und Politikers in eine großbürgerliche und tief religiöse Familie hineingeboren. Nach einer Ausbildung an der vatikanischen Diplomatenschule stieg Montini mit seiner vornehmen, stets höflichen sowie sehr arbeitsfreudigen und gewissenhaften Art im römischen Staatssekretariat die Karriereleiter empor und wurde als Substitut Chef der Staatskanzlei des Papstes und damit die rechte Hand von Kardinalstaatssekretär *Eugenio Pacelli*, der 1939 zum Papst (*Pius XII.*) gewählt wurde. Seit 1952 Pro-Staatssekretär, erfolgte 1954 die Ernennung zum Erzbischof von Mailand, der damals mit fünf Millionen Katholiken größten Diözese

---

[14] Zit. nach Sabine Demel, Art. Zweites Vatikanisches Konzil, in: Demel, Handbuch 651–658, hier: 652.

[15] Vgl. Giuseppe Alberigo, Versuch einer Charakterisierung des Konzils, in: Alberigo, Geschichte I 36–48, hier: 46.

der Welt. Dies war vorderhand natürlich eine Auszeichnung, jedoch war ihr offensichtlich ein Zerwürfnis mit dem Papst vorausgegangen, der Montini wohl aufgrund kirchenpolitischer Differenzen nicht mehr in seiner Nähe haben wollte und ihm auch die traditionell mit dem Mailänder Bischofsstuhl verbundene Kardinalswürde verweigerte, die Montini dann von Johannes XXIII. erhielt. Dies bedeutete auch, dass er im Konklave 1958 als Kandidat für den Stuhl Petri nicht in Frage kam. Während der ersten Sitzungsperiode des Zweiten Vatikanums positionierte sich Montini als ein moderates Mitglied der reformoffenen Konzilsmajorität und betonte die Bedeutung des von Johannes XXIII. eingeführten Begriffes »Aggiornamento« (ital. für: Verheutigung, Heutigmachen [der Kirche]) als Leitmotiv des Konzils[16]. Die Wahl des 65-jährigen Montini zum Papst am 21. Juni 1963 nach einem Konklave von nur zwei Tagen und fünf Wahlgängen bot keine Überraschung, sondern war vielmehr erwartet worden, auch von seinem Vorgänger Johannes. Paul VI. war ein Mann des Überlegens und der differenzierten Reaktionen, intellektueller und problembewusster als der aus einer einfachen bäuerlichen Frömmigkeit lebende Vorgänger, andererseits war ihm aber nicht dessen Herzlichkeit und Spontaneität gegeben.

Durch mehrere Interventionen in der dritten Sitzungsperiode (Herbst 1964) des Konzils zugunsten der konservativen Mehrheit mit dem Ziel möglichst einstimmiger Beschlüsse erlitt der bis dahin fast uneingeschränkt »progressive« Ruf Pauls VI. einen empfindlichen Dämpfer. Jetzt taucht erstmals in Pressekommentaren die Einschätzung des Papstes als »Zauderer« und seine Gegenüberstellung mit dem »mutigeren« Johannes XXIII. auf, der den ansonsten von ihm geschätzten Montini wegen seiner Zögerlichkeit selbst gelegentlich als »unseren Kardinal Hamlet von Mailand« bezeichnet hatte[17]. Noch mehr Popularität büßte Paul VI. 1968 durch seine Eheenzyklika mit dem Titel »Humanae vitae – Über die rechte Ordnung der Weitergabe des menschlichen Lebens« ein, in der er die traditionelle kirchliche Lehre zur Geburtenregelung bekräftigte und – unter Ignorierung mehrerer Fachgutachten – alle Formen einer »künstlichen« Empfängnisverhütung verbot (zuletzt bestätigt von Papst Franziskus durch das Nachsynodale Schreiben »Amoris laetitia« [Nr. 82, 222] vom 19. März 2016). Selten erregte ein päpstliches Lehrschreiben solch weltweite Aufmerksamkeit und fand zugleich innerkirchlich so kritische und zwiespältige Aufnahme wie »Humanae vitae« – nicht zuletzt im Blick auf das vom Zweiten Vatikanum legitimierte mündige Handeln des einzelnen Christen[18]. Die

---

[16] Über den theologischen Sinngehalt des (der Verwaltungssprache entlehnten) Begriffes »Aggiornamento« informiert umfassend die Dissertation von Michael Bredeck, Das Zweite Vatikanum als Konzil des Aggiornamento. Zur hermeneutischen Grundlegung einer theologischen Konzilsinterpretation (= Paderborner theologische Studien 48), Paderborn u. a. 2007; siehe auch Giuseppe Alberigo, Art. Aggiornamento, in: LThK[3] 1 (1993) 231, mit mehreren Beispielen für die Verwendung des Begriffs durch den Papst, der ihn schon ab 1953 als Patriarch von Venedig benutzt hatte (vgl. Bredeck 196), und KAR 22 INFOBOX Coetus internationalis Patrum.

[17] Nach Schwaiger, Papsttum 351; vgl. ferner Klaus Schatz, Kirchengeschichte der Neuzeit II, Düsseldorf [3]1999 (ND 2008), 185.

[18] Der lange Zeit als aussichtsreicher Kandidat für das Papstamt geltende Jesuit, Mailänder Erzbischof (1979–2002) und Kardinal Carlo M. Martini (1927–2012), der seine letzten Lebensjahre in Jerusalem verbrachte, sagte zur Wirkung von »Humanae vitae«: »Das Traurigste ist, dass die Enzyklika Mitschuld daran trägt, wenn viele die Kirche als Gesprächspartnerin oder Lehrerin gar nicht mehr ernst nehmen. Vor allem die Jugend in unseren westlichen Ländern kommt kaum noch auf die Idee, sich in Fragen, die mit Familienplanung oder Sexualität zu tun haben, an Vertreter der Kirche zu wenden. Ich gestehe, die Enzyklika Humanae Vitae hat leider auch eine negative Entwicklung ausgelöst. Viele Menschen haben sich von der Kirche entfernt und die Kirche von den

heftigen Reaktionen schockierten den Papst, den manche fortan nur noch »Pillenpaule« nannten und ihm den sofortigen Rücktritt nahelegten, derart, »dass er nie wieder eine Enzyklika verfasste«[19]. Überhaupt litt Paul VI., der 1964 die päpstliche Krone (Tiara) abgelegt hatte (↗ KAR 29 INFOBOX Tiara), stark an den nachkonziliaren, von der 68er-Bewegung natürlich noch geschürten Krisenerscheinungen und Umbrüchen, was seine Stimmung immer mehr verdüsterte. So sagte er in der Predigt bei einem Pontifikalamt am 29. Juni 1972, »*er habe das Empfinden, dass ›durch irgendeinen Spalt der Rauch des Satans in den Tempel Gottes eingedrungen sei [...]‹. Das ist der Zweifel, das Problematisieren, die Unruhe, die Unzufriedenheit, die Konfrontation.*«[20] Gerade die Pontifikatsjahre nach 1970 waren von körperlichen Gebrechen und sichtlicher Erschöpfung dieses im letzten sehr einsamen Nachfolgers Petri geprägt, der sich das Leben durch das Tragen eines mit scharfen Spitzen versehenen Büßergürtels um die Hüfte zusätzlich erschwerte. Nach einem vergeblichen Vermittlungsversuch für einen alten Freund, den von Terroristen entführten und dann ermordeten ital. Staatsmann *Aldo Moro* (1916–1978), und nach mehreren Herzattacken verstarb Paul VI. am 6. August 1978 im Alter von 80 Jahren.

Lit.: Jörg Ernesti, Paul VI. Die Biographie, Freiburg i. Br. u.a. 2015; Schwaiger, Papsttum 344–372; Karim Schelkens / Jürgen Mettepenningen, Art. Paul VI., in: Quisinsky/Walter 207–210. Zur Enzyklika Pauls VI. über den Zölibat (»*Caelibatus sacerdotalis*«) ↗ KAR 27.

Trotz seines hohen Alters zeigte sich der Nachfolger Johannes Pauls II., *Benedikt XVI.* (2005–2013), mit immerhin 31 Pastoralbesuchen innerhalb Italiens und 24 Auslandsreisen, die ihn bis nach Brasilien, Afrika und in die USA führten, recht reisefreudig. Auch der ebenfalls schon betagte Papst *Franziskus* hat allein in den ersten vier Jahren seines Pontifikats 17 Auslandsreisen unternommen, darunter nach Afrika, Südkorea, Brasilien, in die USA und auf die Philippinen.

L   Norbert Sommer, »Fliegender Fels«. Der Reisepapst Johannes Paul II., Berlin 2003; alle Auslandsreisen der Päpste Paul VI., Johannes Paul II., Benedikt XVI. und Franziskus sind im Internet aufgelistet; ***zu Leo IX.:*** Karl Mittermeier, Die deutschen Päpste. Benedikt XVI. und

---

Menschen. Es ist großer Schaden entstanden« (Kardinal Carlo M. Martini / Georg Sporschill, Jerusalemer Nachtgespräche. Über das Risiko des Glaubens, Freiburg i. Br. u. a. ⁴2009, 105; vgl. a. a. O. 105–108). – Zu einer ähnlichen Einschätzung kommt der Konzilsstenograph und frühere Wiener Weihbischof (1977–2008) *Helmut Krätzl* (* 1931), der zunächst an GS 50 (Gewissensverantwortung der Eheleute bzgl. der Zahl ihrer Kinder) erinnert und dann fortfährt: »*Aus dieser als Befreiung empfundenen Festlegung wurde die Einengung auf eine Methode der Empfängnisregelung, die für etliche nicht lebbar ist. In dieser Frage hat sich das Lehramt der Kirche sehr viel an Vertrauensverlust eingehandelt. Der Kirche wird heute in Fragen der Ehemoral weitgehend keine Kompetenz mehr zugeschrieben*« (Interview mit Dietmar Neuwirth, in: »Die Presse« [Wien] vom 6. Okt. 2012, zit. nach Imprimatur 45 [2012] 376; siehe auch Helmut Krätzl, Das Konzil – ein Sprung vorwärts. 50 Jahre Zweites Vatikanisches Konzil, Innsbruck 2012, 62–66, 113–118). Weiteres zu »*Humanae vitae*« in KAR 31 INFOBOX Königsteiner Erklärung.

[19]   Karim Schelkens / Jürgen Mettepenningen, Art. Paul VI., in: Quisinsky/Walter 207–210, hier: 210. – Paul VI. veröffentlichte in der Folgezeit zwar noch weitere Apostolische Schreiben wie »*Octogesima Adveniens*« zur katholischen Soziallehre (1971) oder »*Evangelii Nuntiandi*« zur Evangelisierung (1975), aber keine Enzykliken mehr.

[20]   Zit. nach: Von der »Selbstzerstörung« und vom »Rauch Satans«, in: Una Voce-Korrespondenz 30 (2000) 357 f., hier: 358.

seine deutschen Vorgänger, Kevelaer 2006, 75–92; Schwaiger, Päpste in Deutschland 142–147; Seppelt III 12–31.

K   Jan Tomaschoff

Q   Deutsches Allgemeines Sonntagsblatt (wohl 1980); Nies 43; Publik-Forum 15 (1986) H. 21 (24. Okt.), 26 (anläßlich der 31. Auslandsreise Johannes Pauls II. nach Frankreich vom 4.–7. Oktober 1986).

26. Blitze gegen die Kommunisten

(15. Januar 1981)

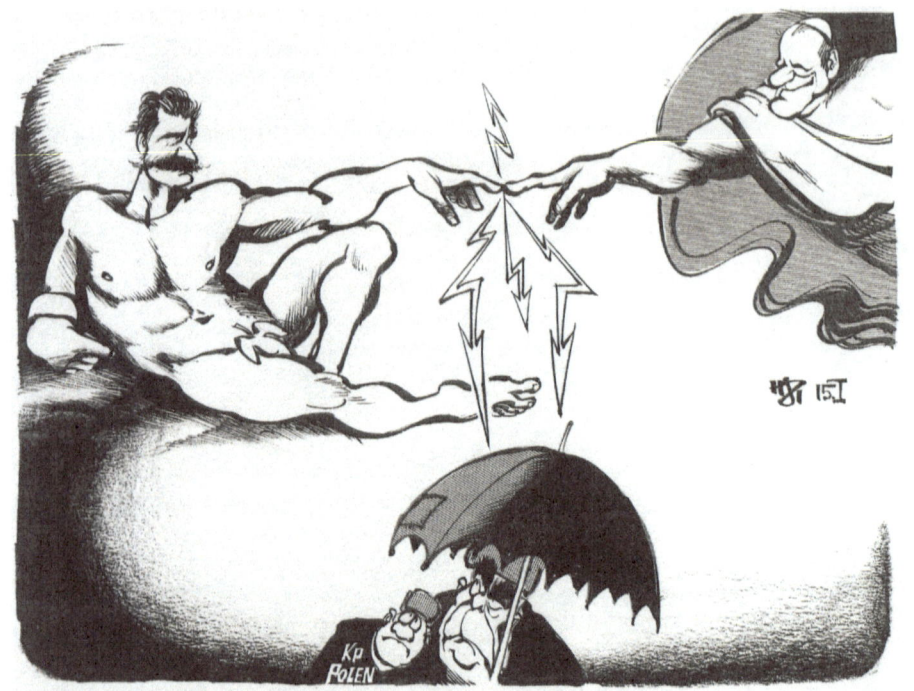

DIE SOLIDARITÄT IM VATIKAN   (FREI NACH MICHELANGELO)

(78)

1. Die Vorlage

Die durchdachte Komposition dieser Karikatur mit dem Titel »*Die Solidarität im Vatikan (frei nach Michelangelo)*« ist nur verständlich, wenn man »**Die Erschaffung Adams**« aus Michelangelos Deckenfresken (1508–1512) zum ersten Buch der Bibel (Genesis) in der Sixtinischen Kapelle in Rom kennt, mit dem der große Renaissance-Künstler eines der berühmtesten Werke der Kunstgeschichte schuf.

»Die Erschaffung Adams« schmückt eines der vier großen Mittelfelder an der 520 m² großen und seit 1990 wieder in leuchtenden Farben erstrahlenden Decke der (nach dem Erbauer Papst *Sixtus IV*. benannten) Sixtinischen Kapelle *(Cappella Sistina)* in der Südwestecke des mittelalterlichen Papstpalastes. Die übrigen drei Felder stellen die Erschaffung der Welt (Gen 1 und 2), den Sündenfall (Gen 3) und die Sintflut (Gen 7 und 8) dar. Das Fresko mit der Erschaffung des ersten Menschen (frei nach Gen 1, 26 f.; 2,7: »Gott [...] *blies in seine Nase den Lebensatem*«) ist ikonographisch von ganz neuer Art: Michelangelo stellt hier den Augenblick dar, in dem durch die Berührung des Schöpfers der erste Mensch Adam von Lebensgeist (Odem) beseelt ist und gerade die Augen öffnet (die Zeigefinger berühren sich nicht, der Kontakt muß also soeben bereits erfolgt sein).

Lit.: Ulrich Pfisterer, Die Sixtinische Kapelle, München 2013 (zur Decke: 42–80; zur Kapelle als Konklaveort [seit 1623]: 111 f.); Michelangelos Farbkosmos, in: Achim Bourmer u. a., Baedeker Rom, Ostfildern [17]2013, 298–301.

(79) Die »Erschaffung Adams« von Michelangelo Buonarroti (1475–1564) im Original

2. Beschreibung und Deutung der Karikatur

»Aufmunternd schmunzelnd läßt Papst Johannes Paul II. in der Rolle Gottvaters den zündenden Funken zu dem polnischen Gewerkschaftsführer *Lech Walesa* (*1943) überspringen«[1], der auf der linken Seite in der heroischen Pose des nackten Adam lagert – allerdings mit mächtigem Schnauzbart und einem großen Feigenblatt an entscheidender Stelle. Zugleich löst die Berührung der Zeigefinger des Katholiken Wałęsa (von Beruf Elektriker![2]) und des Oberhaupts der katholischen Kirche, Johannes Paul II., Blitze aus, vor denen die »KP POLEN« (= Kommunistische Partei Polens) – vertreten durch einen ängstlich zu dem Geschehen über ihm hinaufschauenden Parteigenossen – unter dem geflickten Schirm des verdrießlich dreinblickenden Parteichefs der KPdSU (und damit Staats- und Regierungsoberhaupt der **Sowjetunion**) *Leonid Breschnew* (1906–1982; reg. ab 1964) Schutz sucht. Beide tragen die bis heute gebräuchliche Russenmütze *(Uschanka)*.

> Nach dem Zweiten Weltkrieg geriet eine Reihe europäischer und asiatischer Länder in die Hegemonie der Sowjetunion (UdSSR) und gestaltete ihre Staats- und Gesellschaftsordnung nach sowjetischem Vorbild um. Dazu gehörten die ab 1955 im Militärbündnis des »Warschauer Pakts« mit der UdSSR zusammengeschlossenen Staaten Bulgarien, Tschechoslowakei (ČSSR), Polen, Rumänien, Ungarn und DDR (bis 1968 auch Albanien), die im Jargon des Ost-West-Konflikts (»Kalter Krieg«) »Ostblockstaaten« genannt wurden. Mit dem Zusammenbruch des Kommunismus, der sich in den achtziger Jahren schon andeutete (geflickter Schirm!), erfolgte 1991 die Auflösung des Warschauer Pakts, und 1999 traten als erste ehemalige Ostblockstaaten Polen, Ungarn und die Tschechische Republik (ein Teil der früheren ČSSR) dem westlichen Verteidigungsbündnis, der NATO, bei.
>
> Lit.: Imanuel Geiss, Art. Union der Sozialistischen Sowjetrepubliken (UdSSR), Art. Kalter Krieg, Art. Volksrepublik Polen, Art. NATO (North Atlantic Treaty Organization, Nordatlantikpakt), Art. Warschauer Pakt, in: ders., Geschichte griffbereit, Bd. 4 (Begriffe), Gütersloh/München 2002, 950–952, 1025 f., 1031, 1041 f., 1054 (jew. Lit.).

3. Die dramatischen historischen Vorgänge »hinter« der Karikatur

Bereits seit 1976 war es nach drastischen Erhöhungen der Lebensmittelpreise zu Streiks und zu Forderungen nach einer Liberalisierung des gesellschaftlichen Lebens in Polen gekommen. In diese für das dortige Regime krisenhafte Zeit fiel am 16. Oktober 1978 die überraschende Wahl des Erzbischofs von Krakau (seit 1964), *Karol Kardinal Wojtyła* (*1920 in Wadowice bei Krakau) zum **Papst** – und damit zum ersten Nachfolger Petri **aus Polen** und einem kommunistischen Land überhaupt in der Kirchengeschichte.

---

[1]   Jürgen Döring, in: Langemeyer 270. Korrekt muss es »Wałęsa« heißen.
[2]   Wałęsa arbeitete von 1961 bis 1966 als Elektromechaniker und war seit 1967 als Elektriker auf der Lenin-Werft in Danzig beschäftigt.

Während es neben den vielen italienischen Päpsten u. a. einige deutsche Bischöfe von Rom gegeben hat (↗ KAR 23), ist nicht nur aus Polen, sondern auch aus historisch so bedeutenden Ländern wie England (*Hadrian IV.*, 1154–1159) oder Portugal (*Johannes XXI.*, 1276/77) nur jeweils ein Pontifex gebürtig. Einen russischen Papst, wie ihn *Anthony Quinn* im Film *»In den Schuhen des Fischers«* (1968) so eindrucksvoll dargestellt hat, gab es dagegen noch nie.

Mit dem Amtsantritt Johannes Pauls II. am 23. Oktober 1978 und seiner triumphalen ersten Polenreise vom 2. bis 10. Juni 1979, auf der er eine »Erneuerung des Landes« anmahnte[3], nahm das Gewicht und der moralische Einfluss der katholischen Kirche, der noch heute fast 90 % der Bevölkerung angehören, in der polnischen Gesellschaft erheblich zu. Zugleich bedeutete dies eine Ermutigung der Opposition. Als es 1980 zu neuerlichen, wiederum durch die Wirtschaftslage ausgelösten Streiks kam, wurde in Danzig (poln.: *Gdańsk*) unter Arbeiterführer *Lech Wałęsa* ein überbetriebliches Streikkomitee gegründet, das als unabhängige Gewerkschaft *Solidarność* (dt.: Solidarität) Anerkennung fand und binnen kurzem mehrere Millionen Mitglieder hatte[4]. Die Gewerkschaftsbewegung *Solidarność* wurde von Anfang an kirchlich unterstützt, zumal sie auch Freiheit für die Arbeit der Kirche forderte. Priester betreuten die Streikenden, feierten Gottesdienste mit ihnen und betonten die Notwendigkeit eines christlichen Ethos. Nicht zuletzt hielt man die Arbeiter zu

---

[3]   Jan Kopiec, Polen, in: Erwin Gatz (Hg.), Kirche und Katholizismus seit 1945, Bd. 2 (Ostmittel-, Ost- und Südosteuropa), Paderborn u. a. 1999, 95–131, hier: 121.

[4]   *Lech Wałęsa*, 1980–1990 Vorsitzender der Gewerkschaft *Solidarność*, erinnerte sich in einem Interview im November 2014 an die damalige Rolle des Papstes: »Niemand hatte mehr daran geglaubt, dass es eine Chance gäbe, jemals aus diesem System herauszukommen. In dieser Zeit fragte ich die Mächtigen dieser Welt – Präsidenten, Premierminister, selbst Könige –, ob es diese Möglichkeit gäbe. Nicht einer von ihnen hat diese Chance für möglich gehalten, dass wir den Kommunismus besiegen könnten. Sie sagten, dass nur ein Nuklearkrieg die Macht der Sowjets brechen könne. Doch dann schickte uns der Himmel Johannes Paul II. Und aus 2000 Jahren Christentum erwuchs für mich wieder eine riesige Kraft. [...] Bis zur Wahl des polnischen Papstes hatte ich bereits 20 Jahre lang die Menschen zum Kampf aufgerufen. Leider waren wir bis dahin nur ein Häufchen von 20 verschworenen Leuten. Nachdem ein Pole Papst geworden war, hatten sich innerhalb von einem Jahr zehn Millionen hinter uns versammelt. Ich war weder klüger als andere, noch hatte ich mehr Geld, aber der Papst hat einfach das Volk geweckt, indem er sagte: ›Fürchtet euch nicht, wenn ihr euer Leben ändern wollt.‹ Die aufgewachten Menschen strömten in Scharen zu uns, zur Opposition, zur Solidarnosc. [...] Natürlich hat der Papst nur zum Beten und zum Glauben aufgerufen. Aber uns gelang es, unseren frommen Glauben für den Kampf zu nutzen. Es hat sich herausgestellt, dass unsere Glaubensbeseeltheit stärker war als alle Panzer und Soldaten. Wir sollten aber die Bedeutung des Papstes in dieser Zeit nicht überschätzen. Johannes Paul II. reiste schließlich nach unserer Revolution auch noch nach Kuba [im Jahre 1998]. Auch dort weckte er die Menschen. Aber in Kuba gab es keine Opposition, die das Volk zum Kampf geführt hat und ihn organisierte. In Polen haben wir die Worte des Papstes in die Tat umgesetzt. In Kuba gelang dies nicht« (Lech Wałęsa, »Ich wurde auserkoren, den Kommunismus zu zerschlagen« [Gespräch mit Andreas Öhler], in: Christ & Welt [Beilage zur Tageszeitung *Die Zeit*], Nr. 46 v. 6. Nov. 2014). Näheres zu Wałęsa, der 1983 den Friedensnobelpreis erhielt, bei Imanuel Geiss, Art. Leszek (Lech) Wałęsa, in: ders., Geschichte griffbereit, Bd. 2 (Personen), Gütersloh/ München 2002, 611 f. (Lit.).

Mäßigung und Loyalität an. Am 15. Januar 1981 stattete eine von Wałęsa angeführte Delegation der *Solidarność* dem polnischen Landsmann auf dem Stuhl Petri einen Besuch ab. Die längere Privataudienz im Vatikan, die Johannes Paul II. dem Arbeiterführer gewährte, wurde allgemein als Rückenstärkung für die aufständische Gewerkschaft im tiefkatholischen Polen gewertet. Nur wenige Monate nach diesem Ereignis, dem unsere Karikatur ihre Entstehung verdankt, sollte sich die Lage jedoch zuspitzen: Nachdem bereits das Attentat des Türken *Ali Ağca* (* 1958) auf Johannes Paul II. am 13. Mai 1981 einen tiefen Schock in Polen verursacht hatte, rief der damals neue polnische Regierungs- und Parteichef General *Wojciech Jaruzelski* (1923–2014; reg. 1981–1985; Staatsoberhaupt 1985–1990) am 13. Dezember 1981 den Kriegszustand aus, was zu einer Beeinträchtigung der Seelsorge, zu Verhaftungen und Internierungen, zum Verbot der Gewerkschaft *Solidarność* (bis 1989) und insgesamt zu einer Verzögerung der Demokratisierung um mehrere Jahre führte. Dass die Aufhebung des Kriegsrechts 1983 nicht auch die Repressalien gegen Kirche und Opposition beendete, zeigte schlaglichtartig der heimtückische Mord der Geheimpolizei an dem regimekritischen Warschauer Arbeiterseelsorger **Jerzy Popiełuszko** (* 1947) im Oktober 1984.

Der aus einfachen Verhältnissen stammende Jerzy Popiełuszko studierte von 1965 bis 1972 Theologie im kath. Priesterseminar Warschau, unterbrochen durch den Wehrdienst (1966–1968), den er in einer gefürchteten Sondereinheit für Priesteramtskandidaten ableisten musste. Nach der Priesterweihe 1972 und diversen Kaplansstellen war er Studentenseelsorger und ab 1980 Arbeiterseelsorger in der Warschauer Pfarrei St. Stanisław-Kostka. Seit der Ausrufung des Kriegszustands hielt er regelmäßige Gottesdienste für das Vaterland, prangerte die Verfehlungen des kommunistischen Regimes an und kritisierte scharf das Verbot der Gewerkschaft *Solidarność*. Im Dezember 1983 wurden Popiełuszko bei einer Wohnungsdurchsuchung Sprengstoffe, Granaten und Munition untergeschoben, damit man ihn aufgrund dieser angeblichen Beweise wegen Sabotage verhaften konnte. Bald wurde er jedoch auf Druck der Öffentlichkeit und auf Intervention des Warschauer Weihbischofs *Bronisław Dąbrowski* (1917–1997) freigelassen und begnadigt. Nachdem ihm drei Tage zuvor der Primas von Polen, Kardinal *Józef Glemp* (1929–2013; amt. 1981–2009), einen von ihm abgelehnten Studienaufenthalt in Rom angeboten hatte, wurde er am 19. Oktober 1984 durch drei Offiziere des polnischen Geheimdienstes aus dem Wagen entführt und mit Fäusten und Holzknüppeln schwer misshandelt. Anschließend band man ihm Steine an die Füße und ertränkte ihn im Weichsel-Stausee, wo seine Leiche am 30. Oktober 1984 gefunden wurde. Die Beisetzung Popiełuszkos in der Pfarrkirche seiner Gemeinde am 3. November 1984, an der etwa 600.000 Menschen teilnahmen, wurde zu einer Demonstration gegen die kommunistische Führung. Der mutige Priester wurde 2010 seliggesprochen; seit 2014 läuft der Heiligsprechungsprozess. Die drei Täter wurden gefasst und zu (später allerdings abgemilderten) Haftstrafen von 10 bis 25 Jahren verurteilt.

Lit.: Jan Kopiec, Art. Popiełuszko, in: LThK³ 8 (1999) 420 (Lit.).

Obgleich in den folgenden Jahren eine klare kirchliche Stellungnahme gegen die kommunistische Regierung gefordert wurde, sahen die polnischen Bischöfe ihre

Aufgabe im Ausgleich zwischen den Fronten, was auch der dritte Polenbesuch des Papstes 1987 zum Ausdruck brachte. Schließlich einigte man sich auf einen »Runden Tisch«, der u. a. die Abhaltung freier Wahlen beschloss. So fanden in Polen am 4. Juni 1989 die ersten Parlamentswahlen seit Kriegsende statt, an denen die Opposition ungehindert teilnehmen konnte. Ihr Sieg über die herrschenden Kommunisten brachte den Durchbruch für die Demokratie in Polen und verschaffte diesem Land eine Vorreiterrolle für die friedliche Revolution in ganz Mittel-Ost-Europa, die auch zum Fall der Berliner Mauer am 9. November 1989 führte. Bereits am 17. Mai 1989 hatte das polnische Parlament Gesetze über die Religionsfreiheit und über die katholische Kirche verabschiedet, die hierdurch erstmals seit 1945 einen klaren Rechtsstatus erhielt. Überdies verpflichtete sich die Regierung u. a. zur Rückgabe des nach 1950 beschlagnahmten Kirchenvermögens und zur Respektierung des Elternrechts auf religiöse Erziehung. Auch die diplomatischen Beziehungen zwischen Polen und dem Hl. Stuhl wurden wieder aufgenommen.

Mit dem Jahr 1990, in dem die polnische Republik die erste nichtkommunistische Regierung erhielt und Arbeiterführer Wałęsa für fünf Jahre Staatspräsident wurde, war die durch den Zerfall des Kommunismus geförderte Demokratisierung dauerhaft in die Wege geleitet. Dieser Zerfallsprozess eröffnete auch »der Katholischen Kirche die Möglichkeit zu fast unbeschränktem Wirken. Nach Jahrzehnten der Repression und Abdrängung in den Privatbereich konnte sie nun eine breit angelegte Tätigkeit beginnen, und dies um so mehr, als sie selbst zum Zerfall des Kommunismus beigetragen hatte.«[5] Zu den neuen Wirkungsfeldern, die sich der Kirche jetzt auftaten, gehörte der Zugang zu den staatlichen Medien und die Möglichkeit zur Gründung eigener Rundfunkstationen. Allein bis 1995 entstanden 32 katholische Radiosender in Polen, darunter das bis heute sehr umstrittene »Radio Maryja«, dessen Sendelizenz der polnischen Provinz des Redemptoristenordens gehört[6].

3. Resümee

Im Vergleich mit dem Original ist in unserer Karikatur aus der Erschaffung des Menschen durch den göttlichen Schöpfer »eine satirische Allegorie« geworden[7], in der sich zwei katholische Polen – der eine davon »Stellvertreter Christi« – solidarisieren und dadurch dem gemeinsamen kommunistischen und damit atheistischen Feind Furcht einjagen. Johannes Paul II., der seine Heimat insgesamt sechsmal be-

---

[5]   Jan Kopiec, Polen, in: Erwin Gatz (Hg.), Kirche und Katholizismus seit 1945, Bd. 2 (Ostmittel-, Ost- und Südosteuropa), Paderborn u. a. 1999, 95–131, hier: 127.
[6]   Vgl. z. B.: »Radio Maryja« wegen Diskriminierung verwarnt, in: KNA aktuell, Vatikan/Ausland/ EU, Nr. 90 v. 11. Mai 2011; Thomas Urban, Der Pater ist zurück. In Polen wirbelt Tadeusz Rydzyk, der Gründer des nationalistischen Senders Radio Maryja, die Politik wieder durcheinander, in: SZ, Nr. 161 v. 15. Juli 2011.
[7]   Jürgen Döring, in: Langemeyer 270.

suchte, wird somit – und sicherlich nicht ganz zu Unrecht[8] – als *Spiritus rector*, d.h. als geistiger Vater eines neuen Polen dargestellt[9]. Insofern ist also auch in dieser Abwandlung des Gemäldes Michelangelos durchaus ein schöpferisches Motiv enthalten[10].

L Langemeyer 270. – Adolf Karger u.a., Art. Polen, in: StL[7] 6 (1992) 274–280; Jerzy Kłoczowski, Art. Polen 10. und 11., in: TRE 26 (1996) 758–778, hier: 772–776, 778 (Lit.); Jan Kopiec, Polen, in: Erwin Gatz (Hg.), Kirche und Katholizismus seit 1945, Bd. 2 (Ostmittel-, Ost- und Südosteuropa), Paderborn u.a. 1999, 95–131 (Lit.); Holger Michael, Der schwarze Mythos. Die katholische Kirche Polens im 20. Jahrhundert. Ein politischer Rückblick, Berlin 2009, bes. 251–286 (aus atheistischer Sicht).
K Horst Haitzinger.
Q tz vom 15./16. Jan. 1981; Nies 24; Langemeyer 271 (Nr. 197).
(Eine Variation dieser Karikatur durch den Karikaturisten *Jürgen Tomicek* mit Fidel Castro und Benedikt XVI. anstelle von Lech Wałęsa und Johannes Paul II. erschien mit dem Untertitel »Fidels Beseelung« in: PNP, Nr. 75 v. 29. März 2012, 2).

---

[8]   Vgl. oben Anm. 4.
[9]   Interessant ist vor diesem Hintergrund die Einschätzung Karol Wojtyłas in einem polnischen Geheimdienstbericht von 1967: »Es scheint, als ob Politik nicht seine starke Seite wäre. Er ist zu sehr mit abstraktem Denken beschäftigt. (…) Es fehlen ihm Organisationstalent und Führungsqualitäten« (zit. nach Alexander Brüggemann, Eine Flasche auf dem Papstthron? Anekdoten um Karol Wojtyla / Papst Johannes Paul II., in: KNA, Das Thema: 10. Todestag Johannes Pauls II., Nr. 57 v. 23. März 2015, 43–45, hier: 44).
[10] Daher ist folgender Kommentar Jürgen Dörings zu dieser Karikatur nicht zutreffend: »Obwohl die Komposition Michelangelos in den Grundzügen korrekt übernommen wird, spielt der ursprüngliche Schöpfungsgedanke in der Karikatur überhaupt keine Rolle. Lediglich das formale Motiv wird zitiert, dessen Wahl allerdings angesichts des Gesprächs der beiden Polen im Vatikan treffend erscheint« (Langemeyer 270).

27. Johannes Paul II. und die Ramme des Lehramts
(vor 1996)

(80)

Bei dieser Karikatur handelt es sich um ein Remake der Zeichnung aus dem *Kladderadatsch* von 1908 ([KAR 15]). Die Szene als solche ist absolut identisch, es gibt nur drei wesentliche Unterschiede:

- Ein anderer Papst, bei dem es sich – obwohl an der Physiognomie nur schlecht erkennbar – um *Johannes Paul II.* handeln muss.
- Auf der Ramme steht statt »Encyclica« (mit der eine ganz konkrete, nämlich »Pascendi« von 1907 gemeint war) allgemein »Lehramt«.
- Statt sieben Namen sind nur zwei auf dem Kopfsteinpflaster zu lesen und dafür zusätzlich sechs Sachbegriffe.

Beginnen wir mit den beiden Namen und den damit verbundenen Fällen Boff und Küng!

1. Leonardo Boff

Der Befreiungstheologe Leonardo Boff (* 1938 in Concórdia/Brasilien), Sohn italienischer Einwanderer, trat 1959 in den Franziskanerorden ein und wurde 1964 zum Priester geweiht. Nach Studienjahren an verschiedenen europäischen Universitäten und der Promotion in München war er von 1970 bis 1991 Professor für Systematische Theologie an der brasilianischen Franziskaner-Hochschule Petrópolis. Bereits seit 1971 unter Beobachtung des Vatikans, wurde Boff nach Erscheinen seines Buches »*Kirche: Charisma und Macht*« (1981; dt. 1985), das sich gegen hierarchische Kirchenstrukturen wandte und eine eindeutig aufseiten der Unterdrückten stehende »Kirche der Armen« forderte, aber auch u. a. Kritik am Dogma und an der Sakramentenlehre der Kirche übte[1], im Jahre 1985 von Johannes Paul II. mit einem einjährigen Rede- und Publikationsverbot (»Bußschweigen«) belegt. Einen Monat vor Ablauf der Frist wurde das Verbot aufgehoben. Da Boff in den folgenden Jahren erneut kritische Artikel in der von ihm herausgegebenen wichtigsten katholischen Zeitschrift Brasiliens *Revista de Cultura Vozes* publizierte, so über den Zölibat (↗ hierzu unten unter 5. und [KAR 30]), die Machtausübung der römischen Kurie und die theologische Inkompetenz einiger brasilianischer Bischöfe, erhielt er 1991 Lehrverbot, musste die Herausgeberschaft der *Revista Vozes* niederlegen und Petrópolis verlassen. Im September 1991 verlautbarte Boff – mittlerweile der international bekannteste Vertreter der Befreiungstheologie –, dass er seinen Kampf gegen die Hierarchie der katholischen Kirche einstellen werde, trat im Juni 1992 aus dem Franziskanerorden aus und ließ sich in den Laienstand versetzen. Noch im selben Jahr übernahm er den eigens für ihn geschaffenen Lehrstuhl für Ethik und Spiritua-

---

[1] Im Zentrum des Konflikts zwischen Boff und der Glaubenskongregation stand also nicht – wie bei anderen Befreiungstheologen – der Vorwurf eines christlich verbrämten Marxismus, sondern eine Reihe seiner theologischen Thesen, v. a. sein Kirchenverständnis. Vgl. dazu: Notifikation der Kongregation für die Glaubenslehre zu dem Buch »*Kirche: Charisma und Macht. Versuch einer militanten Ekklesiologie*« von Pater Leonardo Boff OFM, 11. März 1985 (= Verlautbarungen des Apostolischen Stuhls 67), Bonn 1985; Michael Lauble (Red.), Der Fall Boff. Eine Dokumentation, Düsseldorf 1986.

lität an der staatlichen Universität Rio de Janeiro. Darüber hinaus nahm er diverse Gastprofessuren wahr, u. a. an der Universität Heidelberg. 2001 erhielt Boff in Würdigung seiner Erkenntnisse über den Zusammenhang zwischen menschlicher Spiritualität, sozialer Gerechtigkeit und ökologischer Verantwortung und seines jahrzehntelangen Engagements für die Armen den Alternativen Nobelpreis. In den letzten Jahrzehnten war er bestrebt, die Befreiungstheologie durch Einbeziehung ökologischer Fragen zu einer »Theologie des Lebens« weiterzuentwickeln. Boff, der nach wie vor Basisgemeinden und soziale Organisationen begleitet, lebt seit einigen Jahren in einem Naturschutzgebiet bei Petrópolis mit seiner Ehefrau, der Menschenrechtlerin Marcia Maria Monteiro de Miranda, und ihren sechs Kindern aus erster Ehe zusammen. Von seinen über 60 Büchern wurden viele ins Deutsche übersetzt.

2. Hans Küng ↗ KAR 24

Bei den sechs Sachbegriffen handelt es sich um Reizthemen, die in den letzten Jahrzehnten (mit Ausnahme der aus der Not geborenen Umstrukturierung der Pfarrorganisation) unter den Forderungen für eine Kirchenreform regelmäßig wiederkehren und an denen sich z. T. heftige Diskussionen entzündeten. Lediglich die Zulassung von Ministrantinnen (= 4.) ist mittlerweile erfolgt, und die viele Jahrhunderte lang verbotene Predigt von Nichtklerikern, um die es gleich im folgenden geht, ist zumindest in engem Rahmen möglich.

3. Laienpredigt

Das urchristliche Charisma der Heilsverkündigung kraft freier prophetischer Rede (vgl. 1 Kor 14) fand sein Ende im Kampf gegen die *Montanisten*, eine eschatologisch-rigoristische Sekte um den Phrygier *Montanus* (2. Hälfte des 2. Jahrhunderts), der als Ekstatiker neue Prophezeiungen des Hl. Geistes zu empfangen meinte[2]. So wurde schon seit dem 2. Jahrhundert die Predigt Sache des kirchlichen Amtes, Predigten von Laien dagegen waren nur mehr in Form einer Belehrung möglich. Dass frühmittelalterliche Synoden das Verbot der Laienpredigt wiederholt einschärften, belegt freilich auch, dass sie zumindest vereinzelt geübt wurde. Größere Bedeutung erlangte die Laienpredigt durch die Armutsbewegung des hohen Mittelalters, innerhalb derer immer wieder Wanderprediger ohne kirchliche Sendung auftraten, so etwa aus den Reihen der Waldenser und anderer ketzerischer Gruppierungen.

---

[2] Näheres hierzu bei William H. C. Frend, Art. Montanismus, in: TRE 23 (1994) 271–279 (Lit.); Justo L. González / Catherine Gunsalus González, Ketzerei für zwischendurch, Göttingen 2009, 71–84 (mit Karikaturen von Ron Hill).

Diese Sekte geht auf den Kaufmann *Petrus Waldes* (Valdès; † um 1206) von Lyon zurück, der um das Jahr 1176 seine Bekehrung erlebte. Nachdem er der Anweisung an den reichen Jüngling getreu seinen Besitz verschenkt hatte (vgl. Mt 19,21), konnte er mit seinem Ruf zur Armut bald eine große Gefolgschaft um sich scharen, provozierte aber durch die *Ignorierung des Verbots der Laienpredigt* kirchliches Vorgehen, das schließlich 1184 (?) zur Exkommunikation der Waldenser führte. Mit der Herausdrängung der Waldenser *aus* der Kirche radikalisierte sich ihre Kritik *an* der Kirche. So lehnten sie Heiligenverehrung, Fegfeuer und Gebete für die Toten ab, weil ihnen dies den Ernst der Forderung Gottes nach Vollkommenheit, die der Christ im irdischen Leben zu erlangen habe, aufzuweichen schien.

Lit.: Gabriel Audisio, Die Waldenser. Die Geschichte einer religiösen Bewegung, München 1996 (ND Augsburg 2001), bes. 15–53; Rolf Zerfaß, Der Streit um die Laienpredigt. Eine pastoralgeschichtliche Untersuchung zum Verständnis des Predigtamtes und zu seiner Entwicklung im 12. und 13. Jahrhundert (= Untersuchungen zur praktischen Theologie 2), Freiburg i. Br. u. a. 1974, 59–82, 211–224 u. ö. Vgl. auch oben S. 158, Anm. 7.

Daher bedrohte bereits das 4. Laterankonzil von 1215 alle, die sich ohne Ermächtigung des Apostolischen Stuhls oder des katholischen Ortsbischofs öffentlich oder privat das Amt der Predigt anmaßten, mit der Exkommunikation (cap. 3), ehe in den Dekretalen Gregors IX. *(Liber extra)* 1234 ein verbindliches Verbot der Laienpredigt ausgesprochen wurde. »Die moderne Frage nach der Möglichkeit *gottesdienstlicher* Laienpredigt ist im Mittelalter nicht gestellt und deshalb auch nicht entschieden worden. Anlass für das mittelalterliche Verbot waren vielmehr Laienaktivitäten im öffentlichen und halböffentlichen Raum, die mit dem Alleinvertretungsanspruch des kirchlichen Amtes kollidierten.«[3] Aufgrund dessen beschränkten sich etwa die Brüder des Franziskanerordens, der anfangs eine reine Laienbewegung war (↗ **KAR 3**), in ihrer öffentlichen Predigt auf Aufforderungen zur Buße und Ermahnungen zu einem sittlich einwandfreien Leben. Noch im CIC/1917 (c. 1342 § 2) war die rechtliche Möglichkeit zur Predigt auf Kleriker beschränkt, den Laien dagegen – auch wenn sie Ordensleute waren – ausdrücklich verwehrt. Das Zweite Vatikanum hat dieses strikte Laienpredigtverbot aufgehoben und begründete dies damit, dass die Laien kraft der Taufe auf ihre Weise Anteil am dreifachen Amt Christi (Priester, Prophet und König) hätten und deshalb durch ausdrückliche kirchliche Beauftragung zur Verkündigung des Wortes herangezogen werden könnten[4]. Gemäß dem Beschluss der Würzburger Synode war nach Maßgabe des Bischofs die Predigt von Laien bei besonderen Anlässen oder wenn kein Priester diese Aufgabe übernehmen konnte, auch innerhalb der Eucharistiefeier möglich[5], weswegen in unserer Karika-

---

[3]   Rolf Zerfaß, Der Streit um die Laienpredigt. Eine pastoralgeschichtliche Untersuchung zum Verständnis des Predigtamtes und zu seiner Entwicklung im 12. und 13. Jahrhundert (= Untersuchungen zur praktischen Theologie 2), Freiburg i. Br. u. a. 1974, 362.
[4]   Vgl. LG 31 und 33; AA 3 und 24; Lothar Ullrich, Art. Ämter Christi, in: LThK³ 1 (1993) 561–563.
[5]   Siehe den Beschluss »Die Beteiligung der Laien an der Verkündigung« vom 4. Jan. 1973 und das diesbezügliche Reskript der Kleruskongregation vom 20. Nov. 1973, in dem bestätigt wird, dass »im Hinblick auf die besondere Lage der Bistümer in der Bundesrepublik Deutschland, insbesondere angesichts des Priestermangels und dringlicher Bedürfnisse der Seelsorge [...] geeignete Laien in ergänzender oder subsidiärer Weise zur Predigt beim Gottesdienst beauftragt werden«

tur der Kopfstein »Laienpredigt« bis zur Nase aus dem Pflaster ragt. Jedoch wurden die diesbezüglichen, zeitlich befristeten Sonderrechte für die BRD unter *Johannes Paul II.* nicht mehr verlängert. Daher ist gegenwärtig die Predigt eines Laien gemäß CIC/1983 c. 766 nur in Wortgottesdiensten oder in drei sehr eng gefassten Ausnahmefällen innerhalb einer Eucharistiefeier möglich. Dabei handelt es sich um

- Gottesdienste in einer kleinen Gruppe (Gruppenmessen), bei denen ein geistliches Gespräch an die Stelle der Homilie tritt,
- Kindergottesdienste, bei denen eine katechetische Unterweisung an die Stelle der Homilie tritt, und
- Predigten als sog. *Statio* am Beginn der Messe, wenn der Zelebrant nicht in der Lage ist, eine Predigt zu halten.

Durch diese detaillierten Regelungen soll deutlich gemacht werden, dass die Predigt eines Laien diejenige eines geweihten Amtsträgers niemals wirklich zu ersetzen vermag. Die Homilie innerhalb der Eucharistiefeier ist dem Priester und Diakon vorbehalten, wobei von diesem Vorbehalt auch der Diözesanbischof nicht dispensieren kann[6]. Ein Laie predigt »nur« im Namen der Kirche, der Priester (und bis 2009 der Diakon[7]) dagegen in der Person Christi, des Hauptes der Kirche.

4. Ministrantinnen

»Eine Frau darf nicht als Meßdiener herangezogen werden, außer in Ermangelung eines Mannes und aus einem gerechten Grund sowie unter der Bedingung, daß die Frau nur von ferne Antwort gibt und in keiner Weise an den Altar herantritt.« So lautet der c. 813 § 2 des CIC/1917. In der hier ausgesprochenen Zurücksetzung der Frau spiegeln sich einerseits kultische Reinheitsvorschriften, wie sie etwa Lev 12 formuliert[8], andererseits kommt »klar die Minderbewertung der Frau zum Ausdruck, die damals generell sowohl in der Kirche wie auch in der Gesellschaft üblich war«[9]. Mit den wenigen und wenig konkreten, aber doch erheblich positiveren Aussagen des Zweiten Vatikanums (1962–1965) über die Frau in Gesellschaft und

---

können (in: Gemeinsame Synode der Bistümer in der Bundesrepublik Deutschland. Offizielle Gesamtausgabe, Bd. 1: Beschlüsse der Vollversammlung, Freiburg i. Br. u. a. [7]1989, 153–185, Zitat: 183 f.).

[6] So entschied der Päpstliche Rat zur Interpretation der Gesetzestexte auf Anfrage am 20. Juni 1987. Hierzu Franz Kalde, Authentische Interpretationen zum Codex Iuris Canonici I (1984–1994), Metten [2]1996, 20 f., 57 f. (Lit.).

[7] Durch die Neufassung der cc. 1008 f. des CIC/1983 im Jahre 2009 wurde dem Diakon das Handeln in der Person Christi abgesprochen. Näheres zu dieser theologisch problematischen Festlegung bei Sabine Demel, Art. Diakonat, in: Demel, Handbuch 107–112, hier: 108–111.

[8] In diesem alttestamentlichen Text heißt es, dass eine Frau nach der Geburt eines Knaben 7 Tage unrein ist und anschließend 33 Tage wegen ihrer Reinigungsblutung zu Hause bleiben soll, nach der Geburt eines Mädchens sei sie dagegen zwei Wochen unrein und solle 66 Tage wegen ihrer Reinigungsblutung daheim bleiben. Insgesamt stehen also 40 Tagen Zurückgezogenheit bei männlichen Geburten 80 bei weiblichen gegenüber.

[9] Sabine Demel, Art. MinistrantInnen, in: Demel, Handbuch 462–465, hier: 462.

Kirche[10] schien wohl ein prinzipielles Verbot des Altardienstes für Mädchen bzw. Frauen nicht länger vereinbar, so dass es in den CIC/1983 nicht übernommen wurde. Obgleich bereits seit den 70er Jahren zunehmend Mädchen als Ministrantinnen fungierten, stellte es offiziell erst *Johannes Paul II.* nach langen Erörterungen in das Ermessen des Ortsbischofs, auch weiblichen Messdienern diesen »wahrhaft liturgischen Dienst«[11] zu übertragen. Das diesbezügliche Schreiben der Kongregation für den Gottesdienst und die Sakramentendisziplin erging am 15. März 1994 an die Vorsitzenden aller Bischofskonferenzen. Dabei wird aber zugleich die »edle Tradition« der männlichen Ministranten in Erinnerung gerufen, die »eine ermutigende Entwicklung der Priesterberufe ermöglicht« habe[12]. Desungeachtet leisten in der Praxis – zumindest in Deutschland – seither Mädchen in großer Zahl (in nicht wenigen Pfarreien sogar in größerer als die Jungen) den Dienst am Altar.

5. Verheiratete Priester

Zu den Themen, die Paul VI. dem Zweiten Vatikanum entzogen hatte, gehörte der Zölibat. Kurz nach dem Konzil, nämlich in seiner Enzyklika »*Sacerdotalis coelibatus*« von 1967, schärfte der Papst die Verbindung von Ehelosigkeit und priesterlichem Dienst ein und wies alle Bestrebungen nach Aufhebung des Zölibats zurück. Dabei erhofften oder erwarteten damals viele Kleriker, darunter auch Bischöfe, das Ende des erst 1139 rechtlich und im 17. Jahrhundert praktisch durchgesetzten Pflichtzölibats (zur Geschichte des Zölibats ↗ KAR 30). Dazu nur eine besonders anschauliche, aber auch bittere Stimme eines Betroffenen:

»Der vielleicht gewichtigste Irrtum meines Lebens verblüfft, wenn ich davon erzähle, immer wieder die Zuhörer: Ich war zum Zeitpunkt meiner Priesterweihe davon

---

[10] Im Anschluss an die Enzyklika »*Pacem in terris*« (PT) Johannes' XXIII. von 1963, die die Neubewertung und neue gesellschaftliche Stellung der Frau als eines der »Zeichen der Zeit« ansprach (PT 41), verweist das Konzil mehrmals auf die größer gewordene Rolle der Frau in der Öffentlichkeit (v. a. in GS 60) und erwähnt deren Forderung nach Gleichstellung mit dem Mann (GS 9 und 29), kommt aber nur einmal kurz auf die Stellung der Frau in der Kirche zu sprechen, und zwar im Dekret über das Apostolat der Laien »*Apostolicam actuositatem*«: »Da heute die Frauen eine immer aktivere Funktion im ganzen Leben der Gesellschaft ausüben, ist es von großer Wichtigkeit, daß sie auch an den verschiedenen Bereichen des Apostolates der Kirche wachsenden Anteil nehmen« (AA 9). Näheres hierzu bei Margit Eckholt, »Ohne die Frauen ist keine Kirche zu machen!« Ein Zeichen der Zeit endlich wahrnehmen, in: Peter Hünermann (Hg.), Das Zweite Vatikanische Konzil und die Zeichen der Zeit heute, Freiburg i. Br. 2006, 103–115, hier: 103–107; Sabine Demel, Ungeliebte Kinder Gottes? Frauen in der katholischen Kirche, in: Stimmen der Zeit 222 (2004) 157–170, hier: 161 f. Kirchliche Dokumente zur Frauenfrage sind gesammelt bei Wolfgang Beinert (Hg.), Frauenbefreiung und Kirche. Darstellung, Analyse, Dokumentation, Regensburg 1987.

[11] Zweites Vatikanum, Liturgiekonstitution »*Sacrosanctum Concilium*« (SC) 29.

[12] Beide Zitate: AAS 86 (1994) 541 f. Dt. Übersetzung zit. nach Franz Kalde, Authentische Interpretationen zum Codex Iuris Canonici I (1984–1994), Metten ²1996, 37. Vgl. a. a. O. 35–38, 66 f. (Lit.). Vorausgegangen war eine auf Anfrage erfolgte Erklärung der genannten Kongregation vom 11. Juli 1992 (ebd. 34 f.).

überzeugt, den Zölibat nur wenige Jahre einhalten zu müssen. In den Jahren des Konzils – also in meiner Studienzeit – galt der Pflichtzölibat als überlebtes Gesetz. Seine Abschaffung schien unmittelbar bevorzustehen. Doch wenige Jahre nach dem Konzil bereitete ein päpstliches Schreiben den Hoffnungen und Wünschen einer ganzen Klerikergeneration eine schroffe Absage. Die Folgen sind bekannt: Ein Heiratsboom unter den Geistlichen mit dem Verlust eines Fünftels aller Priester weltweit und ein steiler Abfall des Priesternachwuchses in den Jahren nach 1968. [...] Dass die Kirchenleitung noch vierzig Jahre später lieber den extremen Priestermangel mit dem Absterben der Seelsorge riskiert, als ihren Geistlichen das zuzugestehen, was ihnen auch die Bibel nicht verwehrt und was selbst die Apostel hatten – nämlich ein normales Familienleben – erfüllt mich immer noch und immer wieder mit Zorn. Um es auf einen herben Nenner zu bringen: Den Päpsten war der männlich-zölibatäre Priester wichtiger als die Seelsorge. Den Irrtum über das baldige Ende des Pflichtzölibats haben viele meiner Kollegen mit schweren und manchmal unheilbaren Brüchen in ihrer Biographie bezahlt. Ich kenne nur wenige der in den Jahren nach dem Konzil ›abgesprungenen‹ (welch ein Wort!) Priester, die es nicht mit einem lebenslangen Schmerz bezahlt hätten. Und die meisten wären wohl auch samt Familie gute Seelsorger geblieben [...] und vor allem: Sie wären samt ihren Familien bessere – weil glücklichere – Priester geworden. Heute ist unser Beruf im Aussterben. Nur etwa einer von zehn Priestern, die aus Altersgründen oder durch den Tod ihren Dienst beenden, wird durch einen Neupriester ersetzt. Die Kirche bekommt – hört man immer wieder – die Priester, die sie verdient: Keine.«[13]

Der Autor dieser Zeilen ist der österreichische Priester, Schriftsteller und Musiker *Peter Paul Kaspar*, 1942 geboren und 1966 vom Wiener Erzbischof *Franz Kardinal König* in Wien zum Priester geweiht[14]. Dass die Aussagen Kaspars keineswegs übertrieben sind, belegen folgende Zahlen: Nach Angaben der Jesuitenzeitschrift *Civiltà Cattolica* haben in den letzten Jahrzehnten weltweit etwa 69.000 Priester (nach anderen Schätzungen 100.000 oder 120.000[15]) den Dienst quittiert, vor allem wegen Heirat, und nach Prognosen der deutschen Bistümer werden 2020 (!) zwei Drittel der heutigen Pfarrgemeinden keinen eigenen Priester mehr haben[16].

So wurde auf vielen Synoden seit dem Zweiten Vatikanum die Frage erörtert, ob man die Weihe verheirateter Kandidaten für das Priesteramt ermöglichen solle. Die *Würzburger Synode* (1971–1975) z. B. hat ausdrücklich anerkannt, »daß außerordentliche pastorale Notsituationen die Weihe von in Ehe und Beruf bewährten Männern [sog. *viri probati*] erfordern können«[17]. Eine solche Notsituation sahen

---

13   Peter Paul Kaspar, Meine Irrtümer, in: *Kirche In* (Wien) 24 (2010) H. 5, 36.

14   Von 1983 bis 2013 war Kaspar Akademiker- und Künstlerseelsorger der Diözese Linz, seit 1985 ist er Rektor der Ursulinenkirche in Linz. Vgl. zu ihm: Peter Paul Kaspar, 75, in: *Kirche In* 31 (2017) H 6, 15.

15   Harald Pawlowski ging 1997 von »insgesamt rund 100 000 Priestern« aus (Publik-Forum 26 [1997] H. 17 [12. Sept.], 40), Anton Grabner-Haider 2008 von ca. 120.000 verheirateten Priestern (Von Gott gewollt? Verheiratete katholische Priester und ihre Familien, Wien u. a. 2008, 57).

16   Thomas Sternberg, Fatale Selbstmarginalisierung. Zur Lage der katholischen Kirche Deutschlands, in: HerKorr 65 (2011) 559–564, hier: 560.

17   Die pastoralen Dienste in der Gemeinde. Beschluss, in: Gemeinsame Synode der Bistümer in der

bereits 1970 die prominenten Verfasser eines »Memorandums *zur Zölibatsdiskussion*« (u. a. Karl Rahner, Karl Lehmann, Walter Kasper und Joseph Ratzinger [!][18]),

> Die insgesamt neun Theologieprofessoren schrieben in diesem auf den 9. Februar 1970 datierten Memorandum in ihrer Eigenschaft als Konsultoren der Deutschen Bischofskonferenz unter anderem: »*Man muß ehrlich zugeben, daß die Enzyklika ›Sacerdotalis Coelibatus‹ vom 24. Juni 1967 über vieles nichts sagt, worüber hätte gesprochen werden müssen, und daß sie in manchem sogar hinter der Theologie des Zweiten Vatikanischen Konzils zurückbleibt [...]. Natürlich ist der Priestermangel nicht allein durch die Zölibatsverpflichtung bedingt, sondern hat auch viele andere und tiefer liegende Gründe. Es wäre aber dennoch falsch, daraus zu schließen, daß die beiden Dinge gar nichts miteinander zu tun hätten. Wenn ohne Modifizierung der Zölibatsgesetzgebung ein genügend großer Priesternachwuchs nicht zu gewinnen ist – und diese Frage ist auch für unser Land immer noch bedrohlich offen –, dann hat die Kirche einfach die Pflicht, eine gewisse Modifizierung vorzunehmen. Die Überzeugung, daß Gott auf jeden Fall genügend ehelose Priester durch seine Gnade zu allen Zeiten erwirken werde, ist eine gute und fromme Hoffnung, theologisch aber unbeweisbar und kann in diesen Überlegungen nicht der einzige, ausschlaggebende Gesichtspunkt bleiben. [...] Wir haben den deutschen Bischöfen keine Vorschriften zu machen. Wir haben aber das Recht und die Pflicht, in dieser notvollen Situation den Mitgliedern der Deutschen Bischofskonferenz auf Grund unseres Amtes als Theologen und unseres Auftrags als Consultoren in aller Ehrfurcht vor ihrem hohen und verantwortungsvollen Amt zu sagen, daß sie in der Zölibatsfrage eine neue Initiative ergreifen müssen und weder durch die bisherige Praxis der Kirche noch die Erklärungen des Papstes allein sich davon dispensiert halten dürfen.*«
>
> Zit. nach: Pipeline. Mitteilungsblatt des Aktionskreises Regensburg (AKR) 46 (2010) H. 2 (19. Dez.) (online im vollen Wortlaut unter: http://www.josef-bayer.de/akr/pipeline/210/zoelibat.htm [21. Mai 2012]); vgl. auch Rudolf Neumaier, Ratzingers Brandbrief. Bevor er Papst wurde, bezweifelte der Theologe den Zölibat, in: SZ, Nr. 22 v. 28. Jan. 2011.

und sie wird auch derzeit angesichts des inzwischen noch viel größer gewordenen Priestermangels in zahlreichen deutschen und weiteren Diözesen als gegeben betrachtet[19]. Daher richteten am 21. Januar 2011 verschiedene namhafte CDU-Politi-

---

Bundesrepublik Deutschland. Beschlüsse der Vollversammlung. Offizielle Gesamtausgabe I, Freiburg i. Br. u. a. ⁶1985, 597–636, hier: 628. Vgl. Peter Krämer, Art. Viri probati, in: LThK³ 10 (2001) 803 f.

[18] Zu *Karl Rahner* SJ (1904–1984), einem der einflussreichsten katholischen Theologen des 20. Jahrhunderts, der als Professor für Dogmatik und Dogmengeschichte in Innsbruck (1948–1964) und Münster (1967–1971) sowie für Christliche Weltanschauung und Religionsphilosophie in München (1964–1967; Nachfolger von Romano Guardini) lehrte und dem Zweiten Vatikanum als *Peritus* (offizieller Berater) der Kardinäle König (Wien) und Döpfner (München) entscheidende Impulse gab, Näheres bei Karl Lehmann, Art. Rahner 2), in: LThK³ 8 (1999) 805–808; Gisela Fleckenstein, Art. Rahner, in: BBKL 30 (2009) 1123–1127. Zu *Lehmann* ↗ KAR 31 mit Anm. 2 (S. 336), zu *Kasper* vgl. oben S. 270, Anm. 6, zu *Ratzinger* (Papst Benedikt XVI.) ↗ KAR 33 + 35 sowie S. 266, Anm. 10.

[19] Im Jahr 1980 betrug in Deutschland die Zahl derjenigen, die sich auf die Priesterweihe vorbereiteten (Seminaristen), 2368, dagegen 2001 1105, 2011 912 und 2015 nur mehr 573, die Zahl der Neupriester belief sich 1980 noch auf 252, 2001 auf 155, 2011 auf 108 und 2015 auf 58 (nach Wolfgang Picken, Priestermangel. Bedingungsfaktoren aus sozialwissenschaftlicher Sicht, in: Die

ker katholischen Glaubens, darunter Bundestagspräsident *Norbert Lammert* sowie die ehemaligen Ministerpräsidenten *Bernhard Vogel, Erwin Teufel* und *Dieter Althaus*, einen Brief an die deutschen Bischöfe mit der Bitte, »*viri probati*« zum Priesteramt zuzulassen. Sie schrieben: »*Alle, zum Teil durchaus berechtigten Gründe, an der bisherigen traditionsreichen, wenn auch nicht durch ein Gebot Christi unabweisbaren Praxis festzuhalten, wiegen unseres Erachtens nicht so schwer wie die Not vieler priesterloser Gemeinden, in denen die sonntägliche Messfeier nicht mehr möglich ist, und die wachsende Gefahr, dass die wenigen, noch zur Verfügung stehenden Priester, denen unsere Achtung und Solidarität gehört, sich in dem Bemühen, ständig zunehmender Belastung gerecht zu werden, aufreiben.*«[20] Die Bischofskonferenz erklärte hierzu, die Frage sei »von weltkirchlicher Tragweite und verlangt eine entsprechende Meinungsbildung und Entscheidung auf gesamtkirchlicher Ebene«[21], die bisher nicht erfolgt ist.

6. Diakonat der Frau

Hinsichtlich der ungleichen Beteiligungsmöglichkeiten von Männern und Frauen in der Kirche »war lange Zeit die ›Messdienerfrage‹ innerkirchlich ein symbolischer Ort, an dem diese Spannung virulent wurde; heute ist die Diakonatsfrage an diese Stelle gerückt«[22]. Mit der Frage der Zulassung von Frauen zum sakramentalen Diakonat, der durch das Zweite Vatikanische Konzil als eigenständige Weihestufe erneuert wurde[23], hat sich bereits die *Würzburger Synode* ausführlich beschäftigt. Um das Anliegen nicht durch einen direkten Vorstoß von vornherein zu gefährden, wurde das diesbezügliche Votum an den Papst abgeschwächt und nur darum gebeten, die Frage »entsprechend den heutigen theologischen Erkenntnissen zu prüfen« und »womöglich Frauen zur Diakonatsweihe zuzulassen«[24]. Dabei führte man v. a. folgende Argumente ins Feld:

neue Ordnung 59 [2005] 220–226, hier: 220; Leichter Anstieg der Priesterweihen, in: KNA aktuell Inland, Nr. 81 v. 25. April 2012; Katholische Kirche in Deutschland. Zahlen und Fakten 2015/16 [= Arbeitshilfen 287], hg. v. Sekretariat der Deutschen Bischofskonferenz, Bonn o. J. [2017], 42).

[20] Zit. aus der vollständigen Dokumentation des Schreibens in: »Eine außerordentliche pastorale Notsituation«. Katholische CDU-Politiker plädieren für Änderungen beim Zölibat, in: KNA aktuell Inland, Nr. 15 v. 22. Jan. 2011.

[21] Zit. nach: Bischöfe bereiten Deutschlandbesuch des Papstes vor, in: KNA aktuell Inland, Nr. 16 v. 25. Jan. 2011.

[22] Marianne Heimbach-Steins, Um der Kirche selbst willen. Ein Plädoyer für mehr Geschlechtergerechtigkeit, in: HerKorr 65 (2011) 129–134, hier: 133.

[23] Zu dem durch das päpstliche Motu Proprio »*Sacrum diaconatus ordinem*« vom 18. Juni 1967 eingeführten *Ständigen Diakonat* können junge Männer ab 25 Jahren, die sich zum Zölibat verpflichten, aber auch Männer reiferen Alters (ab 35 Jahren) zugelassen werden. Letztere dürfen verheiratet sein, wobei die Ehefrau zustimmen muss. Vgl. hierzu Joseph Weier, Art. Diakon IV., in: LThK³ 3 (1995) 182 f.

[24] Die pastoralen Dienste (wie Anm. 17) 634.

a) Die Stellung der Frauen im Jüngerkreis Jesu und in den neutestamentlichen Gemeinden sowie die Tatsache, dass »in den Ostkirchen und während der ersten christlichen Jahrhunderte vereinzelt auch in den Kirchen des lateinischen Ritus Frauen zu Diakoninnen geweiht« wurden[25].

b) Wichtiger noch als der Blick in die Kirchengeschichte war der Synode der Hinweis auf die pastorale Realität, wonach viele Frauen – nicht nur in Missionsgebieten – »eine Fülle von Tätigkeiten aus[üben], die an sich dem Diakonenamt zukommen«. Außerdem lasse es die Stellung der Frau in Kirche und Gesellschaft unverantwortlich erscheinen, »sie von theologisch möglichen und pastoral wünschenswerten amtlichen Funktionen in der Kirche auszuschließen«, und schließlich könne »die Hereinnahme der Frau in den sakramentalen Diakonat« für diesen und für das kirchliche Amt überhaupt eine Bereicherung bedeuten[26].

Im Gegensatz zur Priesterweihe, deren Öffnung für Frauen auch die lehramtlichen Dokumente der letzten Jahrzehnte kategorisch ausschlossen[27], hat sich das kirchliche Lehramt zum Frauendiakonat bisher nicht dezidiert geäußert, so dass eine positive Entscheidung – auf die katholische Frauen mittlerweile verstärkt drängen[28] –

---

[25] Vgl. hierzu Dietmar W. Winkler (Hg.), Diakonat der Frau. Befunde aus biblischer, patristischer, ostkirchlicher, liturgischer und systematisch-theologischer Perspektive (= orientalia – patristica – oecumenica 2), Wien/Berlin 2010; siehe auch Eder, Kirchengeschichte 26, 51 f.

[26] Alle Zitate nach: Die pastoralen Dienste (wie Anm. 17) 616 f.; vgl. auch die Einleitung von Walter Kasper a. a. O. 581–596, hier: 595 f.

[27] So v. a. das »Apostolische Schreiben von Papst Johannes Paul II. über die nur Männern vorbehaltene Priesterweihe« [»*Ordinatio Sacerdotalis*«] vom 22. Mai 1994 (mit: »Erklärung der Kongregation für die Glaubenslehre zur Frage der Zulassung der Frauen zum Priesteramt« vom 15. Okt. 1976) (= Verlautbarungen des Apostolischen Stuhls 117), Bonn 1994. Hier heißt es in Nr. 4: »*Obwohl die Lehre über die nur Männern vorbehaltene Priesterweihe sowohl von der beständigen und umfassenden Überlieferung der Kirche bewahrt als auch vom Lehramt in den Dokumenten der jüngeren Vergangenheit mit Beständigkeit gelehrt worden ist, hält man sie in unserer Zeit dennoch verschiedenerorts für diskutierbar, oder man schreibt der Entscheidung der Kirche, Frauen nicht zu dieser Weihe zuzulassen, lediglich eine disziplinäre Bedeutung zu. Damit also jeder Zweifel bezüglich der bedeutenden Angelegenheit, die die göttliche Verfassung der Kirche selbst betrifft, beseitigt wird, erkläre ich kraft meines Amtes, die Brüder zu stärken (vgl. Lk 22,32), daß die Kirche keinerlei Vollmacht hat, Frauen die Priesterweihe zu spenden, und dass sich alle Gläubigen der Kirche endgültig an diese Entscheidung zu halten haben*« (a. a. O. 6). Obgleich mit dem Anspruch hoher Verbindlichkeit vorgetragen, handelt es sich um keine unfehlbare und damit irreversible Lehre. Vgl. hierzu Bernhard Häring, »Haben wir ein neues Dogma?« Theologe Häring zur Diskussion um die Frauen-Ordination, in: Regensburger Bistumsblatt, Nr. 1 v. 7. Jan. 1996, 5 f. Gleichwohl hat auch Papst Franziskus darauf verwiesen, dass durch das Schreiben Johannes Pauls II. das letzte Wort zum Thema Frauenordination klar gesprochen sei. »Und dabei bleibt es« (zit. nach: Franziskus bleibt beim »Nein« zu Priesterweihe für Frauen, in: KNA aktuell, Vatikan/Ausland/EU, Nr. 211 v. 2. Nov. 2016, 26).

[28] Am 29. April 2012, dem Festtag der Kirchenlehrerin *Katharina von Siena* (1347–1380), feierten der *Katholische Deutsche Frauenbund* (KDFB) und die *Katholische Frauengemeinschaft* (kfd) gemeinsam mit dem *Zentralkomitee der deutschen Katholiken* (ZdK) in Ulm erstmals den »Tag der Diakonin«, um dieser – auch vom *Bund der Deutschen Katholischen Jugend* (BDKJ) unterstützten – Forderung Nachdruck zu verleihen und um an die Erklärung des ZdK vom November 2011 (»Für ein partnerschaftliches Zusammenwirken von Frauen und Männern in der Kirche«) zu erinnern. Die hl. Katharina wurde zur »Patronin« künftiger Diakoninnen gewählt »wegen der

(81) Nicht immer ist die Zusammenarbeit im Pfarrverbund völlig problemlos
(Karikatur von Thomas Plaßmann, *Publik-Forum*, 2015)

zumindest im Bereich des Möglichen liegt. Immerhin hat Papst Franziskus im Sommer 2016 eine je aus 6 Frauen und Männern bestehende Studienkommission eingerichtet, die den Diakonat für Frauen prüfen soll[29].

7. Pfarrgemeinden

Seit den neunziger Jahren des 20. Jahrhunderts wurde in vielen deutschen Diözesen angesichts des Rückgangs der Katholiken- und Priesterzahlen, der sinkenden Kirchensteuereinnahmen und der gesellschaftlichen Veränderungen über eine Zusammenlegung von Pfarrgemeinden zu Großpfarreien (»XXL-Pfarreien«, auch Pfarrverbünde, Seelsorgeeinheiten oder »Pastorale Räume« genannt) nachgedacht[30] und

---

Verbindung von Mystik, sozial-caritativem Engagement und klaren Worten in kirchlichen und politischen Fragen in ihrem Leben« (zit. nach: Katharina von Siena 1347–1380, in: http://www.frauenseelsorge-muenchen.de/index.php?id=40 [21. Mai 2012]; zu ihr Hanno Helbling, Katharina von Siena. Mystik und Politik, München 2000). Vgl. dazu: Katholische Frauen fordern zum »Tag der Diakonin« Weiheamt, in: KNA aktuell Inland, Nr. 80 v. 24. April 2012; Katholische Jugendverbände fordern Diakonat der Frau, in: a. a. O., Nr. 83 v. 27. April 2012; Katholische Frauen fordern Zulassung zum Diakonat, in: ebd.

29 Vgl. hierzu: Papst prüft Diakonat für Frauen, in: PNP, Nr. 110 v. 13. Mai 2016, 1; vgl. auch Carola Frentzen, Franziskus geht auf die Frauen zu, in: a. a. O., 2.

30 So sagte der Essener Bischof *Felix Genn* (reg. ab 2003; seit 2009 Oberhirte von Münster) 2006 in einem Interview: »Wo früher in einem Stadtteil fast nur Katholiken und Protestanten wohnten, sind sie heute vielerorts nur eine Minderheit. Die übrigen sind Muslime, Ungetaufte oder Chris-

dieses Vorhaben in einigen Sprengeln mittlerweile schon in die Tat umgesetzt, so dass bereits von 1990 bis 2010 ein Rückgang von 13.313 auf 11.524 Pfarreien (= 13,4 %) zu verzeichnen war[31]. In der Erzdiözese *Hamburg* entstanden z. B. aus 163 Kirchengemeinden 80 (Stand: 31. Dez. 2014)[32], im Bistum *Augsburg* aus 1000 Pfarreien 208 Seelsorgeeinheiten (Stand: 2015)[33], und im kleinen, erst 1958 aus den Diözesen Köln, Paderborn und Münster herausgeschnittenen Ruhr-Bistum *Essen*, wo die einschneidendste Strukturreform stattfand, wurden die 259 Gemeinden schon bis zum Jahr 2009 zu 43 Großverbünden zusammengeschlossen.[34] Im Bistum *Hildesheim* wurde der 2003 gefällte Beschluss »Eckpunkte 2020« bereits bis 1. November 2014 verwirklicht, was eine Reduzierung der Pfarreien von 350 auf 119 bedeutete[35], im Erzbistum *Berlin* sollen bis 2020 aus 105 Pfarreien 30 entstehen[36], und im Bistum *Aachen* bilden die vor wenigen Jahren (2011) noch 540 Pfarreien (31. Dez. 2014: 332) jetzt 71 »Gemeinschaften von Gemeinden« (GdG), die sich sowohl aus der Zusammenarbeit benachbarter, rechtlich selbständiger Pfarreien wie auch der Kooperation von in einer vereinigten Pfarrei aufgegangenen Gemeinden rekrutieren.[37] Diese drastische Einschmelzung von Pfarrgemeinden auf bis zu ⅙ des früheren Bestandes (Essen), die oft mit einer Reduzierung der Kirchen einhergeht (im Bistum Essen wurden 96 der 368 Gotteshäuser aufgegeben[38]), bringt die Gläubigen in eine ganz neue Situation: »*Bislang konnten die Katholiken mit der Lehre hadern und auf den Papst schimpfen – ihre Gemeinden waren Räume der guten Erfahrung, der Freiheit. Nun werden sie zu Großeinheiten zusammengelegt, von Pfarrern geleitet, die dem Kirchenvolk fremd sind. Und den Gläubigen bleibt die Abbrucherfahrung.*«[39] Ähnlich äußerten sich das Memorandum »*Kirche 2011 – Ein notwendiger Aufbruch*«

---

ten, die nur punktuell mit Kirche zu tun haben. Darum bündeln wir in Zukunft viele Gemeinden in einer Pfarrei. Christen müssen sich vernetzen, um vor Ort wieder eine Kraft darzustellen« (»In der Krise liegt eine Chance«. Warum Essens Bischof Felix Genn sein Bistum drastisch reformiert, in: KNA Interview, 13. April 2006). Im Ruhrbistum Essen ging die Zahl der Katholiken von 1,5 auf 0,9 Millionen (2011) zurück (laut Rheinische Post [RP] online v. 15. Okt. 2011).

[31] Nach: Katholische Kirche in Deutschland. Zahlen und Fakten 2010/11, hg. v. Sekretariat der Deutschen Bischofskonferenz (= Arbeitshilfen 249), Bonn o. J. (2012), 11 f.

[32] Gemäß Stichwort: Erzdiözese Hamburg, in: KNA aktueller Dienst, Nr. 252 v. 30. Dez. 2004; Erzbistum Hamburg in Kürze, in: www.erzbistum-hamburg.de/ebhh/Erzbistum/Daten_Fakten/index.php (11. Mai 2016).

[33] Nach: Kirche In (Wien) 26 (2012) H. 5, 13; http://www.bistum-augsburg.de/index.php/bistum/Bistum/Daten-Fakten (11. Mai 2016).

[34] Laut Stichwort: Bistum Essen, in: KNA aktuell, Nr. 208 v. 29. Okt. 2009.

[35] Nach: Zusammenführung von Pfarrgemeinden, in: http://www.bistum-hildesheim.de/bho/dcms/sites/bistum/seelsorge/pfarreien/gemeindefusion.html (21. Mai 2012); Gemeindefusionen im Bistum abgeschlossen, in: http://www.bistum-hildesheim.de/bho/dcms/sites/bistum/nachrichten.html?f_action=show&f_newsitem_id=20981 (8. Juni 2015).

[36] Nach: Kardinal Woelki: 2020 noch 30 Pfarreien im Erzbistum Berlin, in: KNA aktuell Inland, Nr. 12 v. 17. Jan. 2013, 8.

[37] Siehe KNA aktuell Inland, Nr. 19 v. 28. Jan. 2011; http://gdg-visitenkarten.kibac.de/ (12. Mai 2016; mit Nennung aller »Gemeindegemeinschaften«).

[38] So in Stichwort: Bistum Essen (wie Anm. 34).

[39] Matthias Drobinski, Verenas bedrohte Welt. Die Krise der Kirche beherrscht den 98. Katholikentag in Mannheim – von Aufbruchstimmung ist wenig zu spüren, in: SZ, Nr. 114 v. 18. Mai 2012.

vom 4. Februar 2011[40] und Kardinal Karl Lehmann im Jahre 2016[41]. Dass die Umstrukturierung jedoch nicht zwangsläufig scheitern muss, belegt der »Pastorale Raum Oberursel und Steinbach« (Diözese Limburg), in dem für jede der bisher acht Pfarreien (jetzt: Kirchorte) eine Bezugsperson (Priester, Diakon oder Pastoralreferent[in]) zur Verfügung steht, neben einem zentralen Pfarrbüro am Sitz des leitenden Pfarrers in den anderen Orten Gemeindebüros erhalten bleiben und der 16köpfige Pfarrgemeinderat (mit Ortsausschüssen für lokale Belange) aus je zwei Mitgliedern der acht Gemeinden besteht[42].

8. Homosexuelle

»*Schläft einer mit einem Mann, wie man mit einer Frau schläft, dann haben sie eine Greueltat begangen; beide werden mit dem Tod bestraft; ihr Blut soll auf sie kommen.*« So steht es in Lev 20,13 zu lesen[43]. Auch im Neuen Testament (vgl. vor allem Röm 1,24–27) werden homosexuelle Beziehungen als schwere Verirrung verurteilt – wenngleich ohne Ruf nach der Todesstrafe. »Die biblische Verurteilung der Homosexualität entstammt dem überholten Verständnis, wonach die Zuneigung zum gleichen Geschlecht ein menschlicher Willkürakt ist, der gegen die Natur verstößt.«[44] Auch noch kirchliche Dokumente der letzten Jahrzehnte argumentieren in dieser Weise: Heterosexualität ist natürlich, Homosexualität dagegen widernatürlich und »objektiv ungeordnet«[45], wenngleich nicht »alle, die an dieser Anomalie leiden, per-

---

40   Hier heißt es unter dem Stichwort »Gemeinde«: »Christliche Gemeinden sollen Orte sein, an denen Menschen geistliche und materielle Güter miteinander teilen. Aber gegenwärtig erodiert das gemeindliche Leben. Unter dem Druck des Priestermangels werden immer größere Verwaltungseinheiten – ›XXL-Pfarren‹ – konstruiert, in denen Nähe und Zugehörigkeit kaum mehr erfahren werden können. Historische Identitäten und gewachsene soziale Netze werden aufgegeben. Priester werden ›verheizt‹ und brennen aus.« Zit. nach Andreas Unfried u. a., XXL-Pfarrei. Monster oder Werk des Heiligen Geistes?, Würzburg 2012, 9; auch online unter: http://www.memorandum-freiheit.de (11. Juni 2012).

41   Lehmann sagte: »Diese Riesengemeinden XXL, das ist nicht unser Ding. Leibhaftigkeit, Personalität und Präsenz vor Ort gehören eigentlich gerade zur katholischen Kirche. Wo Menschen geboren sind, wo sie den Bund fürs Leben geschlossen haben, wo sie ihre Eltern betrauert haben, das ist ein Ort, der kann nicht ersetzt werden. Wenn man es dennoch tut und diesen Lebensraum künstlich erweitert und in weitere Räume verlagert, verliert man ungeheuer viel. Und es ist schon viel verloren gegangen« (Karl Lehmann, Mit langem Atem. Wege – Erfahrungen – Einsichten. Der Kardinal im Gespräch mit Markus Schächter, Freiburg i. Br. u. a. 2016, 134).

42   Näheres bei Unfried (wie Anm. 40), bes. Teil II und III.

43   Vgl. auch Lev 18,22.

44   Matthias Drobinski, Angst vor den Schwulen. Der Vatikan ruft zum Widerstand gegen die »Homo-Ehe« auf – ein Dokument der Verunsicherung, in: SZ, Nr. 175 v. 1. Aug. 2003.

45   Kongregation für die Glaubenslehre, Erwägungen zu den Entwürfen einer rechtlichen Anerkennung der Lebensgemeinschaften zwischen homosexuellen Personen, 3. Juni 2003 (= Verlautbarungen des Apostolischen Stuhls 162), Bonn 2003, 8 (Nr. 4, Abschnitt 3). Vgl. auch das Schreiben der Kongregation für die Glaubenslehre an die Bischöfe der katholischen Kirche über die Seelsorge für homosexuelle Personen vom 1. Okt. 1986 (= Verlautbarungen des Apostolischen

sönlich dafür verantwortlich sind«[46], denn – so der Katechismus der Katholischen Kirche – »sie haben diese Veranlagung nicht selbst gewählt; für die meisten von ihnen stellt sie eine Prüfung dar. Ihnen ist mit Achtung, Mitleid und Takt zu begegnen. Man hüte sich, sie in irgend einer Weise ungerecht zurückzusetzen.« Im selben Atemzug wird jedoch hinzugefügt, dass alle homosexuellen Menschen »zur Keuschheit gerufen« sind und sich in Selbstbeherrschung üben sollen, um sich »der christlichen Vollkommenheit« anzunähern[47]. Demgegenüber betont etwa der Freiburger Moraltheologe *Eberhard Schockenhoff*, dass diese Forderung nach strikter sexueller Enthaltsamkeit viele überfordert. *»Ich bezweifle, dass es das letzte Wort der Kirche sein kann, alle homosexuellen Handlungen gleich zu beurteilen, unabhängig vom Kontext. Wenn homosexuell empfindende Menschen eine feste, auf Solidarität und Dauer angelegte Beziehung eingehen, dann ist das ethisch wertvoll. Ihr Bemühen verdient Rückhalt und ein positives Echo der Kirche. Ich denke, in solchen Fällen muss das Urteil über homosexuelle Handlungen in den Hintergrund treten. Ich sage das auch, weil erkennbar immer mehr Gläubige auf Distanz zu einer kirchlichen Sexualmoral gehen, die ihnen insgesamt lebensfremd und lebensfeindlich vorkommt. Papst und Bischöfe sollten das ernst nehmen und nicht als Laxheit abtun.«*[48] Bezüglich der Homosexuellen ändert sich jedoch auch der nach der Familiensynode von 2014/15 und dem päpstlichen Abschlussdokument »Amoris laetitia« (lat. für: Freude der Liebe; Nr. 250) vom 19. März 2016 nichts.

L   **Zu Boff:** Harvey Cox, The Silencing of Leonardo Boff. The Vatican and the future of world Christianity, London ³1989; Horst Goldstein, Leonardo Boff. Zwischen Poesie und Politik, Mainz 1994; *zu Küng:* ↗ KAR 24 ; *zur Laienpredigt:* Rolf Zerfaß, Der Streit um die Laienpredigt. Eine pastoralgeschichtliche Untersuchung zum Verständnis des Predigtamtes und zu

---

Stuhls 72), Bonn 1986, 4 (Nr. 3, Abschnitt 2) u. ö., und den Katechismus der Katholischen Kirche, München u. a. 1993, 596 (Nr. 2357).

[46]   Kongregation für die Glaubenslehre, Erwägungen (wie Anm. 45), 7 (Nr. 4, Abschnitt 2).

[47]   Alle Zitate nach: Katechismus der Katholischen Kirche, München u. a. 1993, 596 (Nr. 2358). – Dass man sich noch vor wenigen Jahrzehnten nicht immer auf einen Appell an die Selbstbeherrschung beschränkte, belegen Berichte aus jüngster Zeit, wonach Kirchenvertreter in den Niederlanden in den 50er und 60er Jahren des 20. Jahrhunderts einige homosexuell veranlagte Jugendliche kastrieren ließen, »um sie von ihrer vermeintlichen Krankheit zu ›heilen‹«. Der inzwischen verstorbene Henk Heithuis z. B. habe 1956 Anzeige bei der Polizei erstattet, weil er in einem katholischen Jugendinternat sexuell missbraucht worden sei. »Statt ihm zu helfen, schickte die Polizei den damals 20-Jährigen in eine von der Kirche geführte psychiatrische Einrichtung. Dort beschuldigte man Heithuis, die Priester verführt zu haben, und ließ ihn kastrieren.« (Beide Zitate: Thomas Kirchner, Unselige Heiler. Die katholische Kirche der Niederlande soll die Kastration Homosexueller in Auftrag gegeben haben, in: SZ, Nr. 92 v. 20. April 2012)

[48]   Joachim Frank, Homosexuelle in der Kirche. Schwule Liebe »verdient Rückhalt«. Moraltheologe Eberhard Schockenhoff im FR-Interview über das Verhältnis der katholischen Kirche zur Homosexualität, in: Frankfurter Rundschau online v. 26. April 2010 (www.fr-online.de/politik/homosexuelle-in-der-kirche-schwule-liebe-verdient-rückhalt-,1472596,3026004.html). – In einer Erklärung der Piusbruderschaft hierzu heißt es, dass Schockenhoff »allein wegen dieser Aussage« die Lehrbefugnis entzogen werden müsse, »da er ›eindeutig dem Lehramt widerspricht‹ [...]. Dazu sagte Schockenhoff, es sei auch Aufgabe der Theologie, auf ›ungelöste Probleme hinzuweisen‹« (Piusbruderschaft zeigt Moraltheologen Schockenhoff an, in: KNA aktuell Inland, Nr. 83 v. 1. Mai 2010).

seiner Entwicklung im 12. und 13. Jahrhundert (= Untersuchungen zur praktischen Theologie 2), Freiburg i. Br. u. a. 1974, bes. 9 f., 364–371); ders., Art. Laienpredigt, in: LThK[3] 6 (1997) 605 f.; Sabine Demel, Art. Laienpredigt, in: Demel, Handbuch 431–435; *zu den Ministrantinnen und zum Frauendiakonat*: Adam Zirkel, Ist das Verbot der Meßdienerinnen heute noch berechtigt?, in: Klerusblatt 70 (1990) 146–148; Sabine Demel, Art. MinistrantInnen, in: Demel, Handbuch 462–465; dies., Art. Diakonat bzw. Weihesakrament, Ausschluß von Frauen, in: Demel, Handbuch 107–112 sowie 629–634, hier: 630; dies., Frauen und kirchliches Amt. Vom Ende eines Tabus in der katholischen Kirche, Freiburg i. Br. u. a. 2004, 30–41, 67–77; Dorothea Reininger, Diakonat der Frau in der Einen Kirche. Diskussionen, Entscheidungen und pastoral-praktische Erfahrungen in der christlichen Ökumene und ihr Beitrag zur römisch-katholischen Diskussion, Ostfildern 1999; Dietmar W. Winkler (Hg.), Diakonat der Frau. Befunde aus biblischer, patristischer, ostkirchlicher, liturgischer und systematisch-theologischer Perspektive (= orientalia – patristica – oecumenica 2), Wien/Berlin 2010; *zu den verheirateten Priestern*: Georg Denzler, Die Geschichte des Zölibats, Freiburg i. Br. u. a. [2]2016; Manfred Eder, »Altäre ohne Priester«. Rupert Kornmanns Gutachten zum Priestermangel aus dem Jahre 1816 im Kontext der bayerischen Kirchenpolitik der Ära Montgelas, in: Manfred Knedlik / Georg Schrott (Hgg.), Abt Rupert Kornmann von Prüfening (1757–1817). Ein Benediktinischer Gelehrter zwischen Aufklärung und Restauration (= Beiträge zur Geschichte des Bistums Regensburg, Beibd. 17), Regensburg 2007, 163–205, hier: 205; Karin Jäckel, Sag keinem, wer dein Vater ist! Das Schicksal von Priesterkindern. Berichte, Fragen, Zeugnisse, Bergisch Gladbach 2004; Anton Grabner-Haider (Hg.), Von Gott gewollt? Verheiratete katholische Priester und ihre Familien, Wien u. a. 2008; *zu den Pfarrgemeinden*: Bernd Overhoff, Parochialer Wandel in Deutschland. Linkliste zu den Strukturveränderungen in den deutschen Bistümer[n], Münster 2009 [pdf-Datei, abrufbar unter: https://www.uni-muenster.de/.../md/ .../linkliste_**parochialer_wandel**.pdf]; Andreas Unfried u. a., XXL-Pfarrei. Monster oder Werk des Heiligen Geistes?, Würzburg 2012; Ralph Sauer, Kirchenkrise – Chance der Laien, in: Elmar Kos (Hg.), Kirchenkrise als Chance, Berlin 2012, 97–113, hier: 109–111; Wolfgang Beinert, Priestermangel und Pfarreienstruktur, in: Stimmen der Zeit 234 (2016) 695–705; *zu den Homosexuellen*: Georg Denzler, Die verbotene Lust. 2000 Jahre christliche Sexualmoral, München/Zürich [3]1991 (ND Berlin 2013 mit verändertem Untertitel: 2000 Jahre kirchliche Sexualmoral), 197–209; Wunibald Müller, Größer als alles aber ist die Liebe. Für einen ganzheitlichen Blick auf Homosexualität, Ostfildern [2]2014; David Berger, Der heilige Schein. Als schwuler Theologe in der katholischen Kirche, Berlin [7]2017.

K Hubertus Leischner.
Q Müller, Um Himmels willen 62.

28. Wo sind die Päpste nach ihrem Tod?
(21. Juni 1996)

(82)

1. Beschreibung der drei Karikaturen

Eine ältere Dame mit originellem Hut ist offensichtlich soeben verstorben und in der Hölle angekommen *(Bild 1)*, erkennbar an den aufsteigenden Rauchwolken und den züngelnden Flammen im Vordergrund, vor allem aber an einem recht wohlgenährten Teufel, der mit seinen Hörnern und Flügelchen einem weitverbreiteten Klischee vom Aussehen solcher Höllenwesen entspricht (↗ KAR 21). Während der bebrillte Teufel mit einem dicken Füllfederhalter in einen Block schreibt, gibt die Dame, ein Taschentuch in Händen haltend und gleich darauf tränenreich schneuzend *(Bild 2)*, ihrer Enttäuschung Ausdruck, nach ihrem Tod nicht – wie erwartet – in den Himmel, sondern in die Hölle gelangt zu sein.

Eigentlicher Grund ihrer Betrübnis ist nach ihrem Bekunden jedoch nicht das eigene Schicksal (d.h. die ewige Verdammnis), sondern die Überzeugung, hier in der Hölle keinen Papst sehen zu können, worauf sie sich anscheinend sehr gefreut hatte. Der daraufhin seine Schreibtätigkeit unterbrechende und sie missmutig anblickende Teufel tröstet die Dame in *Bild 3* mit der durch eine Armbewegung bekräftigte Aussicht, ihr »*die anderen*« Päpste zu zeigen. War die Dame somit davon ausgegangen, dass alle Päpste bisher in den **Himmel** (oder zumindest in das Fegfeuer) gekommen waren, so ist die Pointe der Karikatur, dass ein (großer?) Teil der Inhaber des Stuhls Petri vielmehr in der **Hölle** weilt.

> Die Kirche bringt durch die Erhebung von Menschen zur Ehre der Altäre (Selig- oder Heiligsprechung ↗ KAR 25 INFOBOX) zwar zum Ausdruck, dass sich diese Menschen im **Himmel** befinden, behauptet aber von niemandem definitiv, dass er in der **Hölle** ist. »*Es ist eigenartig: Der Gedanke, dass Menschen wie Stalin oder Hitler – um die beiden Namen stellvertretend für eine stattliche Reihe zu nennen – nicht in der Hölle säßen, wirkt auf viele befremdlich. Dabei schweigt sich die kirchliche Lehre über Personen, die angeblich in der Hölle sind, beharrlich aus. Festzuhalten ist lediglich, dass es die Hölle gibt. Niemand behauptet, dass sie übervölkert sei, und man nennt, wie gesagt, keine Namen.*«
>
> Lit.: Bertram Stubenrauch, Was kommt danach? Himmel, Hölle, Nirwana oder gar nichts, München 2007 (Zitat: 247f.); Michael Langer / Ottmar Fuchs, Art. Hölle VII. Praktisch-theologisch, in: LThK³ 5 (1996) 235f.

2. Mutmaßungen über den Aufenthaltsort dreier Päpste der Kirchengeschichte

In der Tat gab es im Verlauf der Kirchengeschichte unter den insgesamt 266 Bischöfen von Rom zumindest einige Päpste, bei denen man vermuten kann, dass sie das Ewige Heil verfehlt haben, so etwa **Stephan VI.** (896/97), der im Januar 897 die schauerliche »*Leichensynode*« (lat.: *synodus horrenda*) abhielt. Da der Vorgänger *Formosus* (891–896) gegen seine Bedrücker aus dem mittelitalienischen Herzogtum Spoleto den deutschen König Arnulf von Kärnten (887–899) zu Hilfe gerufen und auch 896 zum Kaiser gekrönt hatte, nahmen die Spoletaner an ihm posthum ma-

(83) Papst *Stephan VI.* deutet anklagend auf die Leiche seines Vorgängers *Formosus*, dazwischen der Diakon, der für Formosus antworten mußte (Gemälde von Jean-Paul Laurens, 1870).

kabere Rache. Der von ihnen erhobene und völlig abhängige Papst Stephan, ein gebürtiger Römer und Sohn eines Presbyters, den Formosus selbst zum Bischof von Anagni geweiht hatte, ließ dessen nach neun Monaten bereits halbverwesten Leichnam ausgraben, in vollem päpstlichem Ornat auf einen Thron setzen und ihn in einem Schauprozess des Meineids, der Verletzung von Kirchengesetzen sowie unwürdiger Aspirationen auf den Stuhl Petri anklagen. Neben der Leiche stand ein Diakon, der für Formosus Rede und Antwort stand. Nachdem man den Angeklagten für schuldig befunden und alle von ihm vorgenommenen Weihen und Amtshandlungen für ungültig erklärt hatte, wurden der Leiche die Gewänder abgerissen, die Finger der Schwurhand abgehackt, die sterblichen Überreste durch die Straßen Roms geschleift und schließlich in den Tiber geworfen. Dieser barbarische Frevel blieb jedoch nicht lange ungesühnt: Schon wenige Monate später wurde Stephan VI. bei einem Volksaufstand durch empörte Anhänger des Formosus, die sich durch ein angeblich von dessen Leiche bewirktes Wunder und den als Gottesurteil betrachteten Einsturz der Lateranbasilika in Rom ermutigt sahen, abgesetzt, seiner päpstlichen Insignien beraubt und in den Kerker geworfen, wo man den Leichenschänder kurz danach erdrosselte.

Ein Tiefpunkt der Papstgeschichte war zweifellos auch mit dem Spanier **Alexander VI.** (*Rodrigo de Borgia*, 1492–1503) erreicht, der bereits als junger Kardinaldiakon 1460 von Pius II. einen scharfen, aber unbeachteten Verweis wegen seines skandalösen Lebenswandels erhalten hatte. Insgesamt zeugte er vor seinem Pontifikat mindestens neun Kinder mit verschiedenen, z. T. verheirateten Frauen und trachtete danach, seinen Sprösslingen zu reichen Besitzungen zu verhelfen. Durch schamlose Machenschaften zur Tiara gelangt, ließ er auch als Papst von Lustbarkeiten aller Art,

Zwei Söhne Alexanders stammen aus seiner Zeit auf dem Stuhl Petri, nämlich *Giovanni* (1498–1548) sowie *Rodrigo* (1503–1527), bei dessen Geburt sein Vater 72 Jahre alt war und noch im selben Jahr sterben sollte. Beider Mutter war wohl die verheiratete Schwester des Kardinals *Alessandro Farnese* (später *Paul III.*, 1534–1549), *Giulia Orsini* (1474–1524), deren Schönheit allgemein gepriesen wurde. An wirklichen (d.h. während des Pontifikats gezeugten) Kindern von Päpsten gibt es daneben nur noch ein weiteres und zwar den aus einer Beziehung mit einer 15-Jährigen hervorgegangenen Sohn von Papst *Sergius III.* (904–911), der sogar seinerseits als *Johannes XI.* (* um 910, reg. 931–936) den Papstthron bestieg – ein einmaliger Fall in der Kirchengeschichte.

Lit.: Alois Uhl, Die Päpste und die Frauen, Düsseldorf u.a. ²2006; ders., Papstkinder. Lebensbilder aus der Zeit der Renaissance, Düsseldorf u.a. ²2003 (ND München/Zürich 2008); Ludwig Schmugge, Kirche, Kinder, Karrieren. Päpstliche Dispense von der unehelichen Geburt im Spätmittelalter, Zürich 1995, 210–214 (Papstkinder); *zu Sergius III./Johannes XI.:* Seppelt II 346–349, 355–357; Josef Gelmi, Die Päpste in Lebensbildern, Graz u.a. ²1989, 87–90; John N. D. Kelly, Reclams Lexikon der Päpste, Stuttgart ²2005, 135f., 139f.; Klaus Herbers, Geschichte des Papsttums im Mittelalter, Darmstadt 2012, 201f.; *zu Alexander VI.* siehe auch L.

Familienintrigen und Mordkomplotten nicht ab und betraute eine seiner Töchter, die schöne *Lucrezia Borgia* (1480–1519), mit der Funktion einer päpstlichen Legatin und zweimal während seiner Abwesenheit von Rom mit der Wahrnehmung der offiziellen Kirchengeschäfte – selbst für damalige Begriffe ein Skandal. Obwohl als offizielle Todesursache Alexanders VI. Malaria angegeben wird, ist bis heute der Verdacht nicht ausgeräumt, er sei Opfer seines eigenen Giftanschlages auf einen Kardinal der Gegenpartei geworden.

Unter die enfants terribles der Papstgeschichte ist nicht zuletzt **Julius II.** (*Giuliano della Rovere*, 1503–1513) zu rechnen und zwar im wahrsten Sinne des Wortes, führte er doch nicht zu Unrecht den Beinamen »*Il Terribile*« (Der Schreckliche). Als Mensch jähzornig, halsstarrig und triebhaft (in seiner Kardinalszeit zeugte er drei Töchter), zeigte er sich als Papst rücksichtslos und gewalttätig, und sein Pontifikat war angefüllt mit Politik und kriegerischen Auseinandersetzungen, weswegen ihn Martin Luther später als »Blutsäufer« titulierte. So kann es nicht verwundern, dass gerade dieser Papst 1506 eine neue Leibwache zum persönlichen Schutz begründete, nämlich die mittlerweile über 500 Jahre bestehende Schweizergarde.

Auf Ersuchen Julius' II. wurden 1505 in Luzern und Zürich die ersten 150 der damals als besonders tapfer und zuverlässig geltenden Schweizer Legionäre zur Bewachung des Papstes und seiner Residenz rekrutiert und traten im Januar 1506 ihren Dienst an. Als eigentliche Geburtsstunde der Elitetruppe gilt der Kampf gegen die Übermacht der plündernden Söldner Kaiser Karls V. beim »*Sacco di Roma*«. 147 (von 189) Gardisten verloren am 6. Mai 1527 ihr Leben, als sie *Clemens VII.* (1523–1534) die Flucht in die Engelsburg ermöglichten, weswegen bis heute an diesem Tag die jährliche Vereidigung neuer, ausschließlich männlicher, katholischer, lediger, gut beleumundeter, mindestens 1,74 Meter großer und zwischen 19 und 30 Jahre alter Rekruten vorgenommen wird. Die Schweizergarde, die älteste noch existierende militärische Einheit der Welt, blieb als einzige bestehen, als Papst *Paul VI.* 1970 die drei übrigen vatikanischen Militärcorps auflöste. Die kleinste Armee der Erde erfüllt freilich gegenwärtig auch selbst keine militärischen Aufgaben mehr, sondern nimmt mit ihren 110, nur zum Teil in farbenprächtige Galauniformen gekleideten Mitgliedern[1] Kontroll-, Ordnungs-, Wach-, Nahschutz- und Ehrendienste wahr, während die Vatikangendarmerie mit etwa 130 Mann meist im Hintergrund bleibt.

Lit.: Robert Walpen, Die Päpstliche Schweizergarde. acriter et fideliter – tapfer und treu. Mit einem Vorwort von Papst Benedikt XVI., Paderborn 2005; Ulrich Nersinger, Soldaten des Papstes. Eine kleine Geschichte der Päpstlichen Garden, Stuttgart 2005; ders., Die Gendarmen des Papstes. Die Vatikanische Polizei im Kampf gegen Räuber, Revolutionäre und Vatileaks, Bonn 2013; Paul M. Krieg / Reto Stampfli, Die Schweizergarde in Rom, neu hg. v. Franz Brändle und Max Zingg, Zürich 2006.

Der florentinische Geschichtsschreiber *Francesco Guicciardini* (1483–1540) vermerkte, dass Julius II., der als einziger Papst der Kirchengeschichte persönlich in den Krieg zog (gegen Perugia und gegen Bologna – beide Male siegreich!), jedoch von einem Priester nichts an sich habe als den Rock und den Namen, und der berühmte Humanist *Erasmus von Rotterdam* (1469–1536) mokierte sich in seinem »*Lob der Torheit*« (1509) über die Kriegssucht des verlebten Greises[2] und schilderte in der wohl noch im Todesjahr 1513 entstandenen Satire »*Julius exclusus (e coelis)*«, wie Julius vor der verschlossenen Himmelstüre steht und vom Pförtner Petrus, der ihn einen »Unhold« (lat. *pestis*) nennt, nicht hineingelassen wird[3].

L   Seppelt II 337–342, IV 376–408; Josef Gelmi, Die Päpste in Lebensbildern, Graz u. a. ²1989, 84 f., 170–175; John N. D. Kelly, Reclams Lexikon der Päpste, Stuttgart ²2005, 129–132, 270–274; Klaus Herbers, Art. Formosus, in: LThK³ 3 (1995) 1357 f. (Lit.); Marie-Luise Heckmann, Der Fall Formosus. Ungerechtfertigte Anklage gegen einen Toten, Leichenfrevel oder inszenierte Entheiligung des Sakralen?, in: Stefan Weinfurter (Hg.), Päpstliche Herrschaft im Mittelalter. Funktionsweisen – Strategien – Darstellungsformen (= Mittelalter-Forschungen 38), Ostfildern 2012, 223–238; Sebastian Scholz, Art. Stephan VI., in: LThK³ 9 (2000) 969 (Lit.); Imbach, Eingeweide 28–31, 48 f.; Rudolf Reinhardt, Art. Alexander VI., in: TRE 2 (1978) 241–244 (Lit.); Klaus Ganzer, Art. Julius II., in: TRE 17 (1988) 444 f. (Lit.).
K   TOM (= Thomas Krüger)
Q   taz v. 21. Juni 1996.

---

1   Diese Uniformen gehen übrigens *nicht* – wie immer wieder behauptet – auf Michelangelo oder Raffael zurück, sondern wurden in Anlehnung an die im Mittelalter übliche Landsknechtstracht 1914 von Oberst *Jules Maxime Repond* (1853–1933, Gardekommandant 1910–1921) geschaffen.
2   »Der babst Julius der ander, ein so alt, doch krigsüchtig man, daß er jederman an einander hetzet« (Desiderius Erasmus, Das teur und künstlich Büechlin Morie Encomion das ist ein lob der torheit [...], verteutscht durch Sebastianum Franken, Leipzig 1884, 120–124 (Kap. 36), hier: 123 (Marginalie).
3   Siehe die zweisprachige Ausgabe des erstmals 1517 gedruckten Werkes: Erasmus von Rotterdam, Papst Julius vor der Himmelstür. Julius exclusus e coelis. Lateinisch – Deutsch, übers. v. Werner von Koppenfels (= Excerpta classica 26), Mainz ³2013; vgl. hierzu Peter Fabisch, Iulius exclusus e coelis. Motive und Tendenzen gallikanischer und bibelhumanistischer Papstkritik im Umfeld des Erasmus (= Reformationsgeschichtliche Studien und Texte 152), Münster 2008 (lat. Text: 501–541 [Zitat: 540]; dt. Inhaltsangabe: 39–51 [Zitat: 50]); Ulrich Pfisterer, Die Sixtinische Kapelle, München 2013, 7–9 (mit Holzschnitt: »Papst Julius II. vor der verschlossenen Himmelstür«, um 1521).

29. Strengkirchliche Hierarchie

(13. Sept. 1996)

(84)

Die aus vier Bildern bestehende Karikaturenfolge zeigt ausschließlich Begegnungen:

- Im *obersten Bild* begegnen sich ein Gläubiger (»Laie«) mit Aktentasche und ein Priester. Während ersterer ehrerbietig den Rücken krümmt und den Hut zieht, genügt dem Kleriker die rechte Hand zu einem herablassenden Gruß.
- In der *zweiten Zeichnung* trifft dieser Geistliche einen Bischof im Ornat. Jetzt ist er es, der sich in devoter Manier verbeugt und den flachen Priesterhut lüpft; der Bischof dagegen weist eine ähnliche Körperhaltung auf wie vorher der Priester, hält mit der Rechten den Bischofsstab und segnet den Priester mit der Linken.
- Im *dritten Bild* ist es am Bischof, Ehrerbietung zu zeigen und zwar vor dem an seiner Tiara erkennbaren Papst,

Seit *Bonifaz VIII.* (Benedetto Gaetani, 1294–1303) mit einem zweiten und seit *Clemens V.* (Bertrand de Got, 1305–1314) mit einem dritten Kronreif versehen, symbolisierte die Tiara *(triregnum)*, eine kegelförmige Haube, den Machtanspruch des Papstes, den folgende bei ihrer Überreichung im Rahmen einer feierlichen Krönungszeremonie gesprochenen Worte zum Ausdruck brachten: »*Empfange die dreifach gekrönte Tiara und wisse, daß Du der Vater der Fürsten und Könige, der Lenker des Erdkreises und der Stellvertreter Jesu Christi, unseres Erlösers, auf Erden bist.*« Der weltliche Charakter der seit dem ausgehenden 4. Jahrhundert nachweisbaren Tiara war offensichtlich, da sie nur bei öffentlichen Auftritten getragen wurde, bei Gottesdiensten und anderen liturgischen Handlungen dagegen die bischöfliche Mitra (Inful). Am 13. November 1964 legte Papst *Paul VI.* (1963–1978) die päpstliche Krone in einem feierlichen Akt auf dem Altar der Peterskirche in Rom ab – als Geschenk für die Armen, wie er verkündete[1] – und setzte damit einen Schlussstrich unter die weltlichen Herrschaftsansprüche des mittelalterlichen Papsttums.

Lit.: Niccolò Del Re, Art. Tiara, in: Del Re, Vatikanlexikon 780 f. (Lit.); Adolf Mörtl, Art. Tiara, in: Lexikon für kirchliches Kunstgut, hg. v. Arbeitskreis für Inventarisation und Pflege kirchlichen Kunstgutes, Regensburg 2010, 232 (jeweils Lit.).

---

[1] Konkret schenkte er die Tiara den amerikanischen Katholiken zum Dank für die großzügigen Spenden der Jahre zuvor an arme Länder und übergab sie fünf Tage später dem Erzbischof von New York *Francis Kardinal Spellman* (1889–1967; reg. ab 1939). Die Tiara wurde in der Patrickskathedrale in New York, im vatikanischen Pavillon der New Yorker Weltausstellung von 1964 und in Schaufenstern von Kaufhäusern ausgestellt. Und überall, wo die päpstliche Tiara gezeigt wurde, brachte sie Geld für karitative Zwecke in die Kassen des Vatikans (vgl. Guido Knopp / Theo Pischke, Paul VI. und die Pille, in: Guido Knopp [Hg.], Vatikan. Die Macht der Päpste, München 1997, 147–218, hier: 172 f.). 1968 übergab man sie schließlich der 1959 eingeweihten Basilika der Unbefleckten Empfängnis *(Basilica of the National Shrine of the Immaculate Conception)* in Washington, der größten katholischen Kirche und dem marianischen Nationalheiligtum Nordamerikas, wo sie noch heute in der Unterkirche zu bestaunen ist (Näheres hierzu bei Norman Tanner, Kirche in der Welt: Ecclesia ad extra, in: Alberigo, Geschichte IV 313–448, hier: 433–437; Ulrich Nersinger, Krone und Krönung der Päpste. Die Tiara ist das Zeichen des Papsttums par excellence, in: Kirchliche Umschau 4 [2001] H. 8, 18 f.). Nur zweimal verließ die Tiara Pauls VI., die der Designer *Valerio Vigorelli* gestaltet hatte, seither Washington, nämlich 1993, als sie anlässlich des Weltjugendtages in Denver (Colorado) dorthin gebracht wurde, und 2003, um bei der Ausstellung »Pracht und Prunk der Päpste« im Catharijneconvent im holländischen Utrecht gezeigt zu werden (nach KNA aktueller Dienst, Korrespondentenbericht vom 23. April 2005).

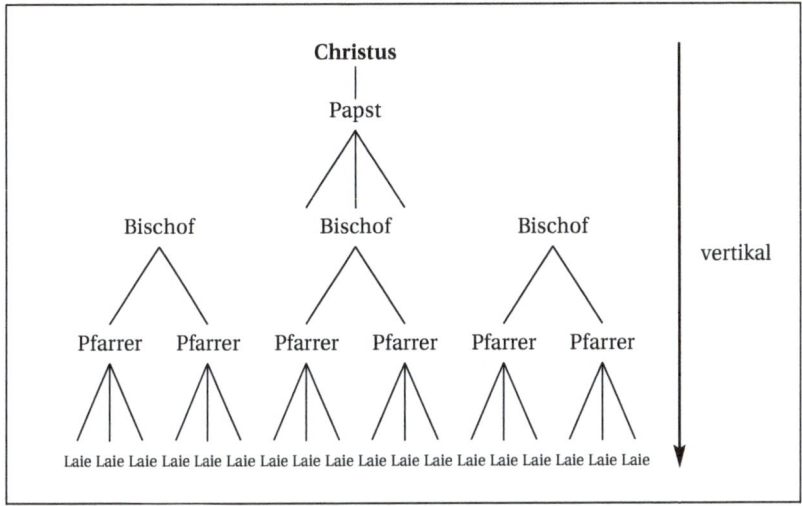

(85) Die *kirchliche Hierarchie* (Rangfolge; von griech. *hierarchía:* heilige Herrschaft), eine Pyramide, die seit der Durchsetzung des Primats in der Spätantike Gültigkeit hatte (mit Ausnahme der Ostkirche) und sich auch im Namen »Papst« ausdrückte (von lat. *papa:* Vater [aller Christen]). Erst das Zweite Vatikanum (1962–1965) versuchte (mit nur partiellem Erfolg) durch stärkere theologische (gemeinsames Priestertum aller Gläubigen: LG 10–12, 32–34) und praktische Gewichtung (Synoden, Räte) der unteren »Ränge«, die Hierarchie etwas »flacher« zu machen.

der exakt die gleiche zurückgebeugte Körperhaltung zeigt wie der Priester in der ersten Karikatur, jedoch im Gegensatz zu ihm keinerlei Anstalten macht, den Gruß des Bischofs, der seine Mitra (Inful) vom Kopf genommen hat und seinen Stab quer hält, auch nur ansatzweise zu erwidern.

Damit könnte die Karikaturenfolge ohne eigentliche Pointe enden, denn der Papst bildet seit der Spätantike bis heute die Spitze der irdischen kirchlichen (ab dem 16. Jahrhundert katholischen) Hierarchie.

- Doch als der **Nachfolger Petri** weiterschreitet, schlägt ihm im *vierten Bild* der Kreuzesbalken, unter dem er hindurchgeht, seine pompöse Kopfbedeckung vom Haupt. Auf einfache, aber im wahrsten Sinne des Wortes schlagende Weise macht der Karikaturist damit deutlich, dass es auch für den »**Pontifex maximus**« einen Größeren gibt,

Insgesamt neun *päpstliche Titel* führte das Päpstliche Jahrbuch (*Annuario Pontificio*) bis 2006 an:
1. *Bischof von Rom:* Zuallererst ist der Papst Bischof einer Ortskirche (Bistum/Diözese).
2. Nachfolger Petri (lat.: *successor Petri*). Gemäß der traditionellen theologischen Begründung des Papsttums war der erste im Apostelkollegium, der *Apostelfürst Petrus,*

- der Fels, auf den Christus seine Kirche bauen wollte (gemäß Mt 16,18; allerdings ist dies nach dem Befund der biblischen Exegese kein historisches Wort Jesu).
- der erste Bischof Roms (allerdings wissen wir nichts über die Rolle des Petrus in der römischen Gemeinde, und überdies gab es anfänglich nur Bischofskollegien, keine Einzelbischöfe als Vorsteher einer Ortskirche).
- der erste Bischof innerhalb einer seither lückenlos durchlaufenden römischen Bischofsreihe (was allerdings ein theologisches Konstrukt des 2. Jahrhunderts ist und nicht auf historischen Recherchen beruht).

3. *Stellvertreter Christi* (lat.: *vicarius Christi*): Seit dem 5. Jahrhundert vorkommender Papsttitel. Mit *Innocenz III.* (1198–1216), der sich auch »*arbiter mundi*« (lat. für: Schiedsrichter der Welt) nennt, wird er zum festen Titel der Päpste.

4. Pontifex maximus (lat. für: oberster Brückenbauer; auch: *summus Pontifex; Romanus Pontifex*): Dieser Titel ist ein aus der Titulatur der römischen Kaiser, die auch Priester des römischen Staatskults waren, übernommenes Ehrenprädikat der Päpste. Wie sich der Kaiser in dieser sakralen Funktion als oberster Brückenbauer von den Menschen zu den römischen Göttern betrachtete, so der Papst von den Menschen zum Gott des Christentums. Erstmalig von *Leo I. d. Gr.* (440–461) verwendet, wird er ab *Gregor I. d. Gr.* (590–604) fester und ausschließlicher Titel des Papstes.

5. *Primas Italiens:* Ein reiner Ehrentitel, der den Ehrenvorrang unter den (aufgrund vieler kleiner Bistümer zahlreichen) Bischöfen Italiens festschreibt (vgl. CIC/1983 c. 438).

6. *Erzbischof und Metropolit der römischen Kirchenprovinz:* Wie die ganze Weltkirche in Kirchenprovinzen mit jeweils einem Erzbistum (geleitet von einem Erzbischof = Metropolit) und mehreren zugehörigen Diözesen (geleitet von einem Diözesanbischof = Suffragan) eingeteilt ist, so auch die Kirchenprovinz Rom, wobei dem Erzbischof (Metropoliten) gewisse Rechte und Pflichten gegenüber den einfachen Bischöfen zukommen (vgl. CIC/1983 c. 436).

7. *Souverän des Vatikanstaates:* Ein völkerrechtlich-profaner Titel, der die Unabhängigkeit des Papstes als absoluter Monarch eines eigenen Staatsgebietes (Größe: 0,44 km^2) gegenüber weltlichen Mächten zum Ausdruck bringt.

8. *Diener der Diener Gottes* (lat.: *servus servorum Dei*«): Erstmals von *Gregor I. d. Gr.* verwendeter und wohl schönster Papsttitel, der den Dienstcharakter des Papstamtes betont (Lk 22,32: »stärke deine Brüder!«) und von Mk 10,44 abgeleitet ist (»wer von euch der erste – *primus* [→Primat]! – sein will, soll der Sklave – *servus!* – aller sein«).

9. *Patriarch des Abendlandes:* Von den Päpsten seit dem 7. Jahrhundert getragener Ehrentitel ohne Leitungsvollmacht, der sich von der alten Einteilung der Kirche in Patriarchate ableitet. Da es im Osten (Morgenland, Orthodoxie) vier Patriarchate gab (Antiochien, Alexandrien, Jerusalem, Konstantinopel), im Westen (Abendland) dagegen nur eines (Rom), stärkte dies das Selbstbewusstsein der Päpste und ihren Anspruch auf den Primat erheblich. Von *Benedikt XVI.* wurde dieser Papsttitel im Jahr 2006 als ökumenische Geste gegenüber den orthodoxen Kirchen abgelegt.

Lit.: Peter Krämer, Art. Päpstliche Titulaturen, in: LThK³ 7 (1998) 1343 f. (Lit.); Jürgen Erbacher, Art. Titel, Päpstliche, in: Erbacher 404 f.; Jochen Martin, Art. Pontifex Maximus, in: LThK³ 8 (1999) 416, Eder, Kirchengeschichte 42–44; 106.

vor dem er in Demut sein Haupt zu entblößen hat, nämlich vor Jesus Christus, dessen Erlösungstod das Holzkreuz symbolisiert, und wenn er jemals darauf vergessen sollte (wie der Tiaraträger auf dem vierten Bild), dann wird er (zumindest in unserer Karikatur) recht unsanft darauf aufmerksam gemacht.

Zugleich veranschaulicht diese Begegnung von Kreuz und Tiara, bei der das einfache Holz gegen den kostbaren Kopfschmuck siegt, dass ein Papst, der als prachtliebender und überheblicher weltlicher Herrscher auftritt, kein glaubwürdiger Stellvertreter des in seinem irdischen Leben armen und machtlosen Jesus sein kann. Beispiele für Päpste solchen Zuschnitts waren etwa **Urban VI.** (*Bartolomeo Prignano*, 1378–1389), der durch seine beleidigende Arroganz und kaum zu überbietende Vorstellung von der Höhe seines Amtes die Wahl eines zweiten Papstes (*Clemens VII.*, 1378–1394) provozierte und damit das *Große Abendländische Schisma* (1378–1417) auslöste,

> Der damalige Erzbischof von Bari (Süditalien) hatte sich durch eine Reihe positiver Eigenschaften – er galt als fromm, schlicht, ernst und gewissenhaft – und fundierte Kenntnisse im Bereich des Kirchenrechts und der Verwaltung durchaus für noch höhere Aufgaben angeboten, doch nun, da Urban VI. »plötzlich aus seiner Stellung von immerhin nur *mittelmäßiger Bedeutung zur höchsten Würde der Christenheit erhoben war, zeigten sich Eigenschaften seines Charakters, die ihn für seine hohe Stellung und die ungewöhnlich schwierigen Aufgaben, vor die er sich gestellt sah, denkbar ungeeignet erscheinen ließen und die unsägliches Unheil für die Kirche heraufführen halfen. Erfüllt vom Bewußtsein der Machtfülle seines hohen Amtes offenbarte Urban nun ein ins Ungemessene gesteigertes Selbstbewußtsein, das keinen Widerspruch duldete, das Ratschlägen und Vorstellungen gegenüber sich hartnäckig verschloß und das in einen geradezu pathologischen Eigensinn und Starrsinn ausartete. Jäh aufbrausend scheute er sich nicht, Kardinäle und Prälaten wie auch fürstliche Personen mit bewußter Rücksichtslosigkeit zu behandeln*[2]; *mit verletzenden Äußerungen und Vorwürfen, ja mit Beleidigungen und Schimpfworten sparte er nicht. Dieses maßlose Benehmen veranlaßte* [den Kurialbeamten und Geschichtsschreiber] *Dietrich von Niem* [um 1340–1418] *zu schreiben, er verdiene eher den Namen ›Turbanus‹*[3] *als Urbanus.*« In der Tat spricht einiges dafür, dass Urban in geistige Verwirrung und eine Art von päpstlichem Cäsarenwahn verfallen war, so dass man es den Kardinälen nicht verübeln kann, dass sie ihn für untragbar hielten und sich von ihm lossagten.
>
> Lit.: Seppelt IV 188–206 (Zitat: 191); Thomas Frenz, Das Papsttum im Mittelalter, Köln u. a. 2010, 55–57; Heribert Müller, Art. Urban VI., in: LThK³ 10 (2001) 458 f. (Lit.); Eder, Kirchengeschichte 124–129.

oder der weltlich gesinnte, verschwenderische und vergnügungssüchtige Medici-Papst **Leo X.** (*Giovanni de' Medici*, 1513–1521), auf den der Ausspruch zurückgeht: »*Laßt Uns das Papsttum genießen, da Gott es Uns verliehen hat*« – und darüber fatalerweise den Ernst der seit 1517 in die Öffentlichkeit getragenen Anfragen Martin Luthers übersah.

---

[2] Den Kardinälen soll er nur mehr eine Mahlzeit täglich zugestanden haben (nach Josef Gelmi, Die Päpste in Lebensbildern, Graz u. a. ²1989, 152).

[3] Ein Wortspiel, eigentlich müsste es im Lateinischen »*turbatus*« (Verwirrter) heißen.

(86) Paul VI. mit seiner bewußt modern gestalteten *Tiara*, die ihm
Gläubige seines früheren Erzbistums Mailand stifteten. Das futuris-
tische Zackenrelief am unteren Rand erinnert an eine Raketenforma-
tion und trug der Papstkrone den Beinamen »Raumschiff« ein.

*»»Einst hat Venus geherrscht, dann kam an die Reihe der Kriegsgott, nun beginnt der Tag,
hehre Minerva, für dich‹, stand in Anspielung auf die Pontifikate Alexanders VI., Julius' II.*[4]
*und Leos X. auf einem Triumphbogen anläßlich der feierlichen Besitznahme des Laterans
durch den neugewählten Papst* Leo X. *zu lesen. In der Tat hat Leo mit fürstlicher Groß-
zügigkeit die Künste gefördert«,* indem er Raffael mit dem Weiterbau der Peterskirche
und mit der Ausmalung der Stanzen (von ital. *stanza:* Zimmer) im vatikanischen Palast
beauftragte oder Michelangelo mit der Ausstattung der Grabkapelle der Medici in San
Lorenzo in Florenz. Berüchtigt ist Leo, der sich gerne von Possenreißern und Hofnarren
unterhalten ließ, aber auch für seine extensive Familienpolitik, eine überaus luxuriöse
Hofhaltung und eine wenig verantwortungsbewusste Regierung – wie es der Ausspruch
vom Genuss des Papsttums schon vermuten ließ. So kann es auch nicht verwundern,
dass der etwas oberflächliche Erlass vom 15. Juni 1520, durch den Martin Luther der
Bann angedroht wurde, beim päpstlichen Lustschloss Magliana nahe Rom beraten wur-

---

4   Zu beiden ↗ KAR 28 .

de, »wo der körperschwere Papst von einem Pferde herab gern der Sauhatz zusah«, wes- wegen »dem ›Genius des Ortes entsprechend‹ die Bulle gegen Luther mit den Worten anhebt: ›Erhebe Dich Herr [lat.: Exsurge Domine]: … ein wildes Schwein will Deinen Wein- berg verwüsten.‹«

Lit.: Seppelt IV 408–426; Josef Gelmi, Die Päpste in Lebensbildern, Graz u. a. ²1989, 175–178 (1. Zitat: 177 f.); Fuhrmann 157–159 (2. Zitat: 159); Gerhard Simon, Art. Leo X., in: TRE 20 (1990) 744–748 (Lit.); Eder, Kirchengeschichte 136, 144 f.

Deshalb hat Paul VI. zweifellos gut daran getan, die Tiara als Symbol der weltlichen Macht der Päpste abzulegen und nur mehr die bischöfliche Mitra zu tragen. Seither wurde kein Papst mehr mit der Tiara gekrönt, und *Benedikt XVI.* (2005–2013) hat die Tiara auch aus dem päpstlichen Wappen getilgt.

L   Bernhard Sirch, Der Ursprung der bischöflichen Mitra und päpstlichen Tiara (= Kirchen- geschichtliche Quellen und Studien 8), St. Ottilien 1975; Ulrich Nersinger, Krone und Krö- nung der Päpste, in: Kirchliche Umschau 4 (2001) Nr. 8, 18 f.
K   Jals (= Alfred J. Smolinski).
Q   Publik-Forum 25 (1996) H. 17 (13. Sept.), 34 (Querformat mit Nummerierung), und 26 (1997) H. 16 (29. Aug.), 26 (Hochformat).

30. Batman im Kampf für den Zölibat
   (12. Sept. 1997)

(87)

1. Beschreibung

Auf einer Parkbank sitzen ein junger Priester mit **schwarzem Talarrock (Soutanelle)** und **Kollar**

> Bezüglich der Priesterkleidung beschränkte sich die kirchliche Gesetzgebung bis ins 16. Jahrhundert auf Vorschriften gegen exzessiven Kleiderluxus. Erst der Franziskanerpapst *Sixtus V.* (1585–1590) befahl das Tragen eines *Talar*s, d. h. einer knöchellangen Tunika. Im 17. Jahrhundert wurde die auf Taille gearbeitete und vorne geknöpfte *Soutane* zur Regel, im Alltag der über die Knie reichende, hochgeschlossene Talarrock (Soutanelle) mit Kollar. Das Kollar (auch »römischer Kragen« oder »Priesterkragen«), abgeleitet wohl von lat. *collare* (Halsband), ist ein weißer, ringförmiger Stehkragen. Entgegen weitverbreiteter Meinung ist das Kollar kein Symbol eines Lebens im Zölibat, sondern nur Zeichen der Zugehörigkeit zum Klerus, denn neben zölibatär lebenden katholischen Priestern und Diakonen tragen es auch die 1967 in der katholischen Kirche eingeführten Ständigen Diakone, die verheiratet sein können, sowie evangelische und anglikanische Geistliche, die ohnehin an keinen Zölibat gebunden sind.
>
> Talar, Soutane und Soutanelle sind bei einfachen Geistlichen immer schwarz (bei Bischöfen violett, bei Kardinälen rot; bei beiden oft nur farbige Verzierungen zu schwarzer Kleidung). Beim Papst ist die Kleiderfarbe seit *Pius V.* (1566–1572) weiß. In den letzten Jahrzehnten wurden die genannten Kleidungsstücke immer mehr durch das Jackett ersetzt, entweder ebenfalls mit Kollar oder mit Pullover (mit rundem Halsabschluss) kombiniert. Heute tragen Priester außerhalb der Liturgie vielfach nur mehr ein Ansteckkreuz auf dezenter dunkler Kleidung.
>
> Lit.: Eduard Kammermeier, Art. Kleidung VI. (Klerikale Kleidung), in: LThK² 6 (1961) 326 f.; Martha Bringemeier, Priester- und Gelehrtenkleidung. Tunika/Sutane, Schaube/Talar. Ein Beitrag zu einer geistesgeschichtlichen Kostümforschung (= Rheinisch-westfälische Zeitschrift für Volkskunde, Beiheft 1), Münster 1974, 6–8, 94–98 (mit Abb.); Rupert Berger, Art. Priesterkleidung, in: LThK³ 8 (1999) 575.

und eine junge Frau in Rock und Bluse. Der Abstand zwischen beiden ist recht groß, doch darf angenommen werden, dass er sich durch gegenseitige Annäherung in naher Zukunft verringert hätte, wenn nicht soeben ein überirdischer Eingriff erfolgen würde, um dies zu unterbinden. Mit aufgerissenen Augen und abwehrend erhobenen Händen blicken Priester und Frau auf einen geflügelten Engel mit langem, hellem Gewand, der – grimmig auf den Geistlichen blickend und ihn mit dem Zeigefinger mahnend – mittels seines großen Schwertes dazwischenfährt, das er in der Linken hält und damit an den hl. Michael erinnert(↗ **KAR 18**). In dieser Situation ruft der Priester entsetzt aus: »*Oh Gott, der Zölibat-man!*«

Die Szene legt in scherzhafter Weise nahe, dass es einen eigenen Engel gibt, der für die Einhaltung des Zölibats zuständig ist. Zugleich handelt es sich natürlich um ein Wortspiel mit dem Namen »**Batman**«.

> Der Comic-Held »Batman« (dt.: Fledermausmann) wurde 1939 durch den Autor *Bill Finger* (1914–1974) und den Zeichner *Bob Kane* (1915–1998) erfunden und bildet die zweite Identität des fiktiven Milliardärs Bruce Wayne, dessen Name zusammengesetzt ist aus dem Gentilnamen des Königs von Schottland und Kämpfers für die schottische Un-

(88) Der Original-Batman

abhängigkeit, *Robert (the) Bruce* (1274–1329), und dem Nachnamen des verwegenen amerikanischen Nationalhelden General *»Mad« Anthony Wayne* (1745–1796). Da Bruce Wayne als Kind mitansehen muss, wie ein Straßenräuber seine Eltern in einer dunklen Gasse von Gotham City (Spitzname von New York) erschießt, legt er den Schwur ab, seine Heimatstadt von Verbrechen und Korruption zu säubern. Als er auf der Suche nach einem Symbol, das Gaunern Angst einflößen soll, eine Fledermaus sieht, die sich in seine Villa verirrt hat, gibt er sich den Namen »Batman« und legt sich das entsprechende Kostüm zu, einen Ganzkörperanzug mit wallendem Umhang und einer Fledermaus auf der Brust. Ist Wayne im sonstigen Leben ein reicher Schnösel und Frauenheld, so verwandelt er sich zum Kampf gegen das Böse in einen grimmigen »Dunklen Ritter«, der zwar – im Gegensatz zu anderen Comichelden wie »Superman« – über keine übernatürlichen Kräfte verfügt, aber mit eiserner Willenskraft und hoher Intelligenz ausgestattet ist und hart antrainierte Nahkampffertigkeiten sowie technische Hilfsmittel (z.B. das »Batmobil«) zum Einsatz bringt. Dabei leiten ihn trotz seiner Rachegefühle zwei Vorsätze, nämlich – traumatisiert durch die Ermordung seiner Eltern – keine Schusswaffe zu benutzen und möglichst niemanden zu töten. In Deutschland erfreute sich »Batman« erst lange nach seiner Erfindung größerer Popularität. Nach einem kurzen Intermezzo 1954 wurden die Comichefte hierzulande seit 1966 durchgehend verkauft und erfuhren die stärkste Nachfrage in den 70er und 80er Jahren. Seit den 90er Jahren finden Zeichentrickverfilmungen und Spielfilme (zuletzt: *Batman v[ersus] Superman: Dawn of Justice*, 2016), Fernsehserien und Videospiele mit »Batman« größeren Zuspruch als die Hefte.

Die Figur »Batman« diente auch als Vorlage für diverse Parodien. So heißt in einigen »Simpsons«-Comics das Alter ego von Bart, dem ältesten Sohn der Familie, »Bartman«, und das Satiremagazin *Titanic* kreierte 1989 anlässlich der Maueröffnung der DDR, bei der der langjährige deutsche Außenminister *Hans-Dietrich Genscher* (1927–2016; Amtszeit: 1974–1992; FDP) eine wichtige Rolle spielte[1], die Comicfigur »*Genschman*«, deren Erkennungszeichen Segelohren anstelle der Fledermausflügel von »Batman« waren. Der Schöpfer unserer Karikatur war also beileibe nicht der erste, der den Namen eines der beliebtesten Helden der Comicgeschichte für seine Zwecke abwandelte.

Lit.: Scott Beatty, Batman – Die Welt des dunklen Ritters, Stuttgart 2002; Lars Banhold, Batman – Konstruktion eines Helden, Bochum 2008; Andreas Fischer, Batmans letzte große Mission, in: PNP, Nr. 170 v. 25. Juli 2012, 6 (mit Überblick zu den Batman-Spielfilmen 1989–2008).

2. Zum Hintergrund: Der Zölibat in der Geschichte

Was hat es nun mit dem eigentlichen Thema dieser Karikatur, dem Zölibat (von lat. *coelebs/caelebs:* ehelos), auf sich? Wenn wir einen kurzen Blick in die Geschichte der aus religiösen Gründen gewählten Ehelosigkeit werfen, so ist zunächst festzuhalten, dass die meisten der Apostel Jesu verheiratet waren. Auch aus der Bibel lässt sich der Zölibat nicht unmittelbar ableiten; zwar wird an mehreren Stellen des Neuen Testaments das ehelose Leben in der Nachfolge Christi »um des Himmelreiches willen« angesprochen, aber immer nur als Empfehlung, nicht als Verpflichtung (vgl. 1 Kor 7,25–38; Lk 18,29; Mt 19,12). Erste rechtliche Bestimmungen reichen in das späte 4. Jahrhundert zurück und haben ihren Grund v. a. in der Vorstellung, dass die insbesondere für die Feier der Eucharistie erforderliche kultische Reinheit des Priesters durch den Geschlechtsverkehr mit seiner Frau beeinträchtigt werde[2]. Auf verschiedenen Synoden wurde bestimmt und später immer wieder (mit oft geringem Erfolg) eingeschärft, dass die höheren Kleriker (Majoristen)

---

[1] So erreichte Genscher im Spätherbst 1989 die Ausreiseerlaubnis für die in die Prager Botschaft der BRD geflüchteten DDR-Bürger.

[2] Dabei hatte Jesus die *kultische Reinheit*, derzufolge man durch Kontakt mit Körperstoffen (Blut, Sperma usw.) unrein wird, hintangestellt, um stattdessen die *moralische Reinheit* zu betonen (vgl. Mk 7,15.21–23). Siehe hierzu Hubertus Lutterbach, Der Pflichtzölibat. Mittelalterliche Religiosität in der Moderne?, in: Erich Garhammer (Hg.), Zölibat zwischen Charisma und Zwang, Würzburg 2011, 35–51, hier: 41; ähnlich: ders., Der Pflichtzölibat. Ausdruck voraufgeklärter Religiosität in aufgeklärten Zeiten?, in: Marianne Heimbach-Steins (Hg.), Kirche 2011: Ein notwendiger Aufbruch. Argumente zum Memorandum, Freiburg i. Br. 2011, 283–293, hier: 287.

Unter Majoristen versteht man in der katholischen Kirche (des lateinischen Ritus) Kleriker, die höhere Weihen (lat.: *ordines maiores*) empfangen haben und dadurch zu Breviergebet und Zölibat verpflichtet sind. Rangfolge von oben nach unten:

1. *Bischof*
2. *Priester*
3. *Diakon* (wö.: Diener)
4. *Subdiakon* (wö.: Unterdiener) [ab der Verpflichtung zum Zölibat im 12. Jh.]
   Die Aufgaben des Subdiakons (z. B. Epistellesung, Bereitung des Altars und Sorge um liturgische Gewänder und Geräte) wurden ab 1972 dem Lektor und Akolythen übertragen, so dass es den Subdiakon heute nur noch in einigen Ostkirchen gibt.

Minoristen (nicht zu verwechseln mit den Minoriten! ↗ KAR 3) nannte man dagegen diejenigen Kleriker, die niedere Weihen (lat. *ordines minores*) erhalten hatten. Diese vier (mit dem Subdiakonat fünf) Weihestufen wurden durch das Motu Proprio »*Ministeria quaedam*« Pauls VI. vom 15. August 1972 abgeschafft. Rangfolge von oben nach unten:
(5.) *Subdiakon* [bis zur Verpflichtung zum Zölibat im 12. Jh.]
4. *Akolyth* (auch Akoluth; wö.: Begleiter, Diener):
   Die Hilfsdienste am Altar, die heute Kinder und Jugendliche als Ministrant(inn)en wahrnehmen, wurden ursprünglich von jungen Klerikern, den Akolythen, verrichtet. Dazu kam u. a. die hilfsweise Kommunionspendung (auch an Kranke). Seit 1972 gibt es nur noch (männliche) Laien als Akolythen.
3. *Exorzist* (wö.: Beschwörer, Teufelsaustreiber):
   Aus dem charismatischen Dienst des Exorzisten in der Ur- und Frühkirche, der v. a. Exorzismen an Katechumenen (Taufbewerber) und Energumenen (als von Dämonen besessen Betrachtete) beinhaltete, entwickelte sich der Exorzist zur bloßen Durchgangsstufe der niederen Weihen ohne selbständige Bedeutung (daher 1972 ersatzlos abgeschafft).
2. *Lektor* (wö.: Vorleser):
   Zunächst ein Laienamt, ab dem 3. Jh. ein Weihegrad. Die wichtigeren Lesungen wurden bald auf den Diakon bzw. Subdiakon übertragen. Vom 10. Jh. an nur noch Durchgangsstufe zu den höheren Weihen. Seit 1972 werden (männliche und weibliche) Laien mit dem Lektorendienst beauftragt.
1. *Ostiarier* (wö: Türhüter):
   Er sorgte für Ordnung in der und um die Kirche und läutete die Glocken, war also eine Art von Mesner (Küster). Seine Dienste gingen bald auf Laienmitarbeiter über, so dass das Ostiariat bereits ab dem 4. Jh. nur noch Durchgangsstufe zu den höheren Weihen war.

Allen Weihen vorgelagert war die (1972 ebenfalls abgeschaffte) Erteilung der *Tonsur* (meist als »Petrustonsur« = kranzförmige Scherung des Haupthaares), die die Aufnahme in den Kleriker-Stand bezeichnete.

Lit.: Johann Hirnsperger, Art. Weihestufen, in: LThK³ 10 (2001) 1015 f. (Lit.); Walter Croce, Die niederen Weihen und ihre hierarchische Wertung. Eine geschichtliche Studie, in: Zeitschrift für katholische Theologie 70 (1948) 257–314; Heribert Schmitz, Die Neuordnung von Erster Tonsur, niederen Weihen, Subdiakonat und Diakonat in der Lateinischen Kirche, in: Nachkonziliare Dokumentation 38 (1974) V f., 1–61 (mit lat. und dt. Text des Motu Proprio »*Ministeria quaedam*«).

(89) Tonsur und Weihestufen: Ostiarier, Lektor, Exorzist, Akolyth, Subdiakon, Diakon und Priester, über die der Hl. Geist (Symbol der Taube) ausgegossen wird.

zum Zölibat verpflichtet seien. Der entscheidende rechtliche Schritt gelang erst dem *Zweiten Laterankonzil von 1139*, indem es erklärte, dass

- die Eheschließung eines Majoristen kirchlich ungültig (nichtig) sei (bis dahin war sie verboten, aber gültig) und
- der Empfang der höheren Weihe ein trennendes Ehehindernis sei.

Begründet wurde dies mit folgendem Satz: »*Da sie* [= die höheren Kleriker] *nämlich Tempel Gottes, Gefäß des Herrn und Heiligtum des Heiligen Geistes sein und heißen müssen, ist es unwürdig, dass sie sich der ›geschlechtlichen Ausschweifung und Unreinheit‹* [Röm 13,13] *hingeben*«[3] (Kanon 6). Dadurch, dass bald darauf verheiratete Männer zum Empfang einer höheren Weihe nicht mehr zugelassen wurden, schlossen sich Ehe und höhere Weihe fortan gegenseitig aus. Die römische Kirche hat daran festgehalten, auch wenn es noch Jahrhunderte dauerte, bis sich die Zölibatsdisziplin gegen den »Konkubinat« in der Kirche des Westens durchsetzte (im wesentlichen erst im 17. und 18. Jahrhundert).

---

[3] Zit. nach Joseph Wohlmuth (Hg.), Dekrete der Ökumenischen Konzilien, Bd. 2, Paderborn u. a. 2000, 198. – Diese Formulierung innerhalb des kleinen Lasterkatalogs in Röm 13,13 bezieht sich jedoch sicher nicht auf die Ehe, sondern hat »offenbar die Situation eines antiken ausschweifenden Gelages im Auge« (Heinrich Schlier, Der Römerbrief [= Herders theologischer Kommentar zum Neuen Testament 6], Freiburg i. Br. u. a. ³1987 [ND 2002], 398).

Als kompromisslosem Vollstrecker der Beschlüsse des Reformkonzils von Trient (1545–1563) lag dem asketischen *Pius V.* insbesondere die Seelsorge- und Klerusreform am Herzen. Wenn der Papst dabei den »Konkubinat« als »ungeheure Belastung für das Volk« bezeichnete und ihn für den von ihm konstatierten allgemeinen moralischen Niedergang sowie den Erfolg der Reformation verantwortlich machte[4], hatte er jedoch Unrecht, denn die Gläubigen nahmen zwar Anstoß, wenn sich Pfarrer zur Trunk- und Spielsucht, zur Rauferei oder zu wechselnden Frauenbeziehungen verleiten ließen, aber weder an einem auf Dauer angelegten Zusammenleben eines Priesters mit einer einzigen Partnerin noch an Kindern im Pfarrhaus – sofern der Geistliche gewissenhaft seinen seelsorgerlichen Pflichten nachkam. So ergab etwa eine 1569 durchgeführte Visitation[5] im Erzbistum Köln, wo die dortige Kurie durch ihre Dispenspraxis selber wesentlich dazu beigetragen hatte, »den Konkubinat gleichsam zu legalisieren und ihn der Ehe anzugleichen«, dass knapp ein Drittel der rheinischen Pfarrer im öffentlichen (und dazu sicher noch einige im geheimen) Konkubinat lebten[6], und zwar in aller Regel ohne Schuldgefühle und mit voller Zustimmung ihrer Pfarrkinder. Denn diese wussten und verstanden, »daß der dörfliche Pfarrer, der ebenso wie jeder Bauer vom Ertrag der Feldarbeit auf seiner Pfarrpfründe lebte, nicht alleine wirtschaften und den Acker bestellen konnte«[7]. So erläuterte der Pfarrer von Henrichenburg den Visitatoren bezüglich seiner *»famula«* (lat. für: Dienerin; hier: Gehilfin, Mitarbeiterin) »ganz offen, wenn der echte gegenseitige Konsens die christliche Ehe begründe, so müsse er sagen, dass er seine Frau als rechtmäßige Gattin besitze; denn er habe ihr zugesagt, dass er sie bis zum Tode niemals verlassen werde. Er fügte hinzu, dass er sie keineswegs um der eigenen Lustbefriedigung zu sich genommen habe, sondern allein aus folgenden Gründen: 1. um der Gefahr der Unzucht zu entgehen, 2. um die öffentlichen Hurer und Unzuchtsünder umso freimütiger ihrer Sünde überführen und zurechtweisen zu können, und 3. um besser für sein eigenes Hauswesen mit seiner Familie sorgen zu können.« Die Visitatoren stellten die »Konkubinarier« stets vor die Wahl, entweder ihrer Lebensgefährtin den Laufpass zu geben oder unverzüglich Pfarrei und Bistum zu verlassen, was nicht selten dazu führte, dass die einen ihre Frau nach der Visitation wieder zurückholten und die anderen samt Frau zum Protestantismus übertraten – nicht aus wie auch immer gearteten theologischen, sondern aus rein menschlichen Gründen. So vermochten beim Thema Zölibat Synoden und Visitationen allein keine Sinnesänderung bei Klerus und Kirchenvolk hervorzubringen. »Erst der allgemeine Umbruch, der mit dem Siege eines neuen Reform-

---

4   Nach Ansicht des Papstes hätten die »Häretiker« beim Volk deswegen leichtes Spiel, weil sie nur auf das unanständige Leben der katholischen Priester zu verweisen bräuchten.

5   »Unter einer Visitation versteht man im Sinne des Kirchenrechts den Besuch des aufsichtsberechtigten kirchlichen Oberen zur Feststellung und Behebung von Mängeln« (Peter Thaddäus Lang, Die Visitationen, in: Elmar L. Kuhn u. a. (Hgg.), Die Bischöfe von Konstanz, Bd. 1, Friedrichshafen 1988, 103–109, hier: 103 [mit einer kurzen Geschichte der Kirchenvisitationen bis zum Konzil von Trient]). Die Visitatoren waren häufig Weihbischöfe und Generalvikare.

6   Insgesamt ist aufgrund der mittlerweile zahlreich vorliegenden Visitationsprotokolle davon auszugehen, dass der Anteil der »Konkubinarier« im 16. Jahrhundert in Deutschland - je nach Gegend und Zeitpunkt - zwischen 50 und 90% lag.

7   Zur bis ins 20. Jahrhundert existierenden Personalunion von Pfarrer und Bauer siehe Alois Schmid, Weltklerus und Landwirtschaft, in: Erwin Gatz (Hg.), Der Diözesanklerus (= Geschichte des kirchlichen Lebens in den deutschsprachigen Ländern seit dem Ende des 18. Jahrhunderts - Die katholische Kirche - IV), Freiburg i. Br. u. a. 1995, 319–345; Johann Kirchinger, Als Geistliche noch Bauern waren. Ökonomiepfarrer in Bayern, in: Bayerischer Bauernkalender 2004, 12–14.

geistes in der katholischen Kirche Deutschlands zu Beginn des 17. Jahrhunderts einsetzte und von einer neuen Generation von Bischöfen, Ordensleuten und Geistlichen getragen wurde, brachte einen allmählichen Wandel.«[8]

Lit.: August Franzen, Zölibat und Priesterehe in der Auseinandersetzung der Reformationszeit und der katholischen Reform des 16. Jahrhunderts (= Katholisches Leben und Kirchenreform im Zeitalter der Glaubensspaltung 29), Münster ³1971 (Zitate: 92–94, 96); Anton Landersdorfer, Das Bistum Freising in der bayerischen Visitation des Jahres 1560 (= Münchener Theologische Studien I 26), St. Ottilien 1986, 103–105; Peter Thaddäus Lang, Die tridentinische Reform im Landkapitel Ebingen 1575–1679, in: Rottenburger Jahrbuch für Kirchengeschichte 14 (1995) 213–237, hier: 214–217; ders., Die Erforschung der frühneuzeitlichen Kirchenvisitationen. Neuere Veröffentlichungen in Deutschland, in: a. a. O. 16 (1997) 185–193, hier: 188.

Vorstöße, die Zölibatsverpflichtung zu lockern oder aufzuheben, hat es im Laufe der Kirchengeschichte immer wieder gegeben (z. B. auf den spätmittelalterlichen Konzilien in Konstanz und Basel oder in der Zeit der Aufklärung), sie blieben jedoch ohne Erfolg. Papst *Johannes XXIII.* (1958–1963) äußerte sich zu diesem Thema 1960 in einem Gespräch mit dem französischen Philosophen *Étienne Gilson* (1884–1978): *»Soll ich Ihnen sagen, was mein größter Schmerz ist? Ich spreche jetzt nicht als Mensch, sondern als Papst. Ich leide beständig beim Gedanken an diejenigen Priester, die so mutig die Bürde des kirchlichen Zölibats auf sich nehmen. Für manche von ihnen ist es ein Martyrium. Ja, eine Art von Martyrium. Es scheint mir oft, daß ich ein Wehklagen höre – oh! [...] Wie wenn Stimmen darum bitten, daß die Kirche sie von dieser Bürde befreit. Kann ich das tun? Es ist grundsätzlich nicht unmöglich. Der kirchliche Zölibat ist kein Dogma. Die Heilige Schrift schreibt ihn nicht vor. Es ist folglich leicht. Wir nehmen einen Federhalter, unterzeichnen eine Akte und morgen schon können die Priester, die es wollen, heiraten. Aber wir können es nicht. Der Zölibat ist ein Opfer, das die Kirche sich auferlegt hat in freier, großmütiger und heroischer Weise. Ich habe es kürzlich zu den Kardinälen gesagt: Akzeptieren wir es, daß man bald nicht mehr sagen kann: Die eine, heilige und keusche Kirche? Wir können es nicht. Nein, wir können das nicht tun.«*[9] Auch Johannes' Nachfolger bis heute haben den Federhalter zu diesem Zweck nicht in die Hand genommen, ja vielmehr das Zölibatsgesetz immer wieder aufs Neue eingeschärft (zur Zölibatsdiskussion seit dem Zweiten Vatikanum ↗ KAR 27).

In den östlichen (orthodoxen) Kirchen gibt es die Pflicht zur Ehelosigkeit nur für Mönche und Bischöfe, weshalb sich letztere ausschließlich aus dem Mönchsstand rekrutieren. Dies gilt auch in den mit Rom verbundenen (unierten) Ostkirchen. Wenn verheiratete Geistliche aus einer anderen christlichen Konfession zur katholischen Kirche übertreten und zum Priester geweiht werden, dürfen sie ihre Ehe weiterführen.

---

[8]   Zum Hintergrund dieser Entwicklung siehe Dieter J. Weiß, Katholische Reform und Gegenreformation. Ein Überblick, Darmstadt 2005.

[9]   Übersetzung des Verfassers aus dem Französischen. Der Originalwortlaut ist abgedruckt bei Georg Denzler, Das Papsttum und der Amtszölibat, Zweiter Teil (= Päpste und Papsttum 5,II), Stuttgart 1976, 415 f. (Anhang Nr. 87); vgl. a. a. O. 333. – Zu *Étienne Gilson* siehe Gregor Brand, Art. Gilson, in: BBKL 22 (2003) 418–436.

Obwohl Papst *Pius XII.* (1939–1958) am Zölibatsgesetz in keiner Weise rütteln ließ und die Jungfräulichkeit ausdrücklich über die Ehe stellte, gestattete er 1950 zum großen Erstaunen der Öffentlichkeit, dass der damals 70jährige Mainzer evangelische Pfarrer und Familienvater *Rudolf Goethe* (1880–1965) katholischer Priester werden und seine Ehe weiterführen durfte (Weihe: 22. Dez. 1951). Der Mainzer Bischof *Albert Stohr* (reg. 1935–1961), dessen nachdrücklicher Initiative sich diese Ausnahmeregelung verdankte, erlangte 1953 und 1958 noch zweimal die Genehmigung des Papstes zu einer derartigen Weihe. Weltweit sollen in den letzten drei Jahrzehnten mindestens 300 ehemals protestantische verheiratete Geistliche mit päpstlicher Erlaubnis zu katholischen Priestern geweiht worden sein (offizielle Zahlen werden hierzu nicht veröffentlicht). In der Regel weist man solchen Priestern allerdings keine Pfarrstelle zu, sondern setzt sie in der kategorialen Seelsorge, d. h. zum Beispiel in einem Krankenhaus, Altenheim oder bei der Bundeswehr, ein – wohl um weniger Aufsehen und bei konservativen Gläubigen weniger Anstoß zu erregen.

Lit.: Gernot Facius, Verheiratete katholische Priester – nicht so selten, in: Die Welt v. 8. Juli 2010; Karl Kardinal Lehmann, »Dominus fortitudo – Der Herr ist meine Stärke.« Bischof Dr. Albert Stohr (1890–1961) – Hirte in schwieriger Zeit, in: Franz J. Felten (Hg.), Mainzer (Erz-) Bischöfe in ihrer Zeit (= Mainzer Vorträge 12), Stuttgart 2008, 143–165, hier: 157; Friedhelm Jürgensmeier, Art. Stohr, in: Gatz, Bischöfe II 356–359 (Lit.), hier: 358.

Katholische Priesteramtskandidaten müssen sich dagegen nach wie vor bei der Diakonatsweihe zum Zölibat verpflichten und sich fortan (wie der junge Priester in unserer Karikatur) vor amourösen Annäherungen an das weibliche Geschlecht hüten – denn sonst kommt der Zölibat-man!

L   Georg Denzler, Die Geschichte des Zölibats, Freiburg i. Br. u. a. ²2016; Erwin Gatz, Der Zölibat als Spezifikum priesterlicher Lebenskultur, in: ders. (Hg.), Der Diözesanklerus (= Geschichte des kirchlichen Lebens in den deutschsprachigen Ländern seit dem Ende des 18. Jahrhunderts – Die katholische Kirche – IV), Freiburg i. Br. u. a. 1995, 346–362 (Lit.); Manfred Hutter u. a., Art. Zölibat, in: TRE 36 (2004) 720–741 (Lit.); Erich Garhammer (Hg.), Zölibat zwischen Charisma und Zwang, Würzburg 2011; Georg Denzler u. a. (Hgg.), Internationale Bibliographie zum Priesterzölibat (1520–2014). Ein Findbuch für Recherche und Diskussion (= Beiträge zu Theologie, Kirche und Gesellschaft im 20. Jahrhundert 27), Berlin u. a. 2015 (mit über 1.900 Büchern und Aufsätzen).

K   Johann Mayr.

Q   Publik-Forum 26 (1997) H. 17 (12. Sept.), 40.

31. »Angst essen Bischofs-Seelen auf«[1]
(24. Sept. 1999)

(90)

---

[1] Abwandlung des Filmtitels »Angst essen Seele auf« (Regie: Rainer Werner Fassbinder, 1974), verwendet für einen Artikel in der Zeitschrift *Publik-Forum*, dem diese Karikatur entnommen ist.

1. Beschreibung

Die leicht überschau-, aber ohne Vorwissen nicht verstehbare Karikatur zeigt den von 1987 bis 2008 amtierenden Vorsitzenden der Deutschen Bischofskonferenz, den Mainzer Oberhirten *Karl Lehmann*[2] (* 1936; amt. 1983–2016) – durch Kreuz, Knopfleiste und Scheitelkäppchen *(Pileolus)* als Geistlicher und Bischof ausgewiesen –, in einer äußerst misslichen Situation, die ihm den Schweiß ins Gesicht treibt: Er befindet sich in einem extremen Spagat zwischen dem »*Vatikan*« und der »*Realität*«, den er vermutlich nicht mehr lange durchhalten wird und so Gefahr läuft, sehr bald in den klaffenden Spalt zu stürzen.

2. Hintergrund

Den konkreten Hintergrund dieser Karikatur bildet der Konflikt um die katholische Schwangerenkonfliktberatung in den neunziger Jahren des 20. Jahrhunderts, angestoßen durch die deutsche Wiedervereinigung, die eine gesamtdeutsche Regelung des § 218 StGB erforderte (vgl. Art. 31 des Einheitsvertrags vom 3. Oktober 1990). Eine erste, im Juni 1992 von den Parteien SPD und FDP beschlossene und von 32 Abgeordneten der CDU mitgetragene Fristenregelung mit Beratungspflicht scheiterte im Mai 1993 am Bundesverfassungsgericht. Es beanstandete, dass der Gesetzgeber die Abtreibung als »nicht rechtswidrig« bezeichnet hatte, obwohl das Grundgesetz den Staat dazu verpflichte, menschliches Leben (einschließlich des ungeborenen) zu schützen, und rügte auch das Beratungskonzept, da es keinen ausdrücklichen Auftrag an die Berater enthielt, »die schwangere Frau zum Austragen des Kindes zu ermutigen«[3]. Nach dieser höchstrichterlichen Entscheidung und der im Juni 1995 erfolgten Gesetzesreform, wonach Schwangerschaftsabbrüche rechtswidrig, aber innerhalb der ersten zwölf Wochen straffrei sind[4], hielt die große Mehrheit der Bischöfe eine weitere Mitwirkung kirchlicher Stellen an der Schwangerenberatung für möglich. Nur der Fuldaer Erzbischof *Johannes Dyba* (1929–2000; reg. ab 1983), der von

---

[2]   *Karl Lehmann*, Assistent Karl Rahners (zu ihm siehe oben S. 306, Anm. 18) von 1964–1967 in München und Münster, war Professor für Dogmatik in Mainz (ab 1968) und Freiburg i. Br. (ab 1971), ehe er mit nur 47 Jahren Bischof von Mainz wurde. Zu ihm siehe Friedhelm Jürgensmeier, Art. Lehmann, in: Gatz, Bischöfe II 361 f. (Lit.); Bischof, Kardinal, Vorsitzender. Stationen der Amtszeit von Karl Lehmann als Bischof von Mainz, in: KNA, Das Thema: Rücktritt von Kardinal Lehmann, Nr. 73 v. 15. April 2016, 24 f.

[3]   Diese und die folgenden Zitate – wenn nicht anders angegeben – nach Christoph Arens, Keine Scheine mehr. Vor zehn Jahren: Konflikt um katholische Schwangerenberatung, in: KNA aktuell, Hintergrund, Nr. 222 v. 18. Nov. 2009.

[4]   Nach dem damals vom Bundestag beschlossenen und bis heute gültigen Abtreibungsrecht sind Abbrüche bis zur 12. Schwangerschaftswoche straffrei, wenn die Frau nachweist, dass sie mindestens drei Tage vor dem Abbruch eine anerkannte Beratungsstelle konsultiert hat. Vgl. hierzu: Rechtswidrig – aber straffrei. Vor 20 Jahren: Erstes gesamtdeutsches Gesetz zu Abtreibungen, in: KNA aktuell, Nr. 104 v. 31. Mai 2012 (Chronologie) und Nr. 119 v. 22. Juni 2012 (Chronologie).

»Kinder-Holocaust« sprach und den Beratungsschein als »Tötungslizenz« bezeichnete[5], kündigte seinen Ausstieg an.

Nachdem Papst Johannes Paul II. (1978–2005) im März 1995 die Enzyklika »*Evangelium vitae*« über den »Wert und die Unantastbarkeit des menschlichen Lebens« vorgelegt und im September desselben Jahres in einem Brief die »Zweideutigkeit des neuen Abtreibungsgesetzes« kritisiert hatte, reagierte die deutsche Bischofskonferenz unter dem Vorsitz Karl Lehmanns mit einer Neufassung ihrer Richtlinien: Die Beratung müsse sich von dem Bestreben leiten lassen, »die Frauen zur Fortsetzung der Schwangerschaft und zur Annahme ihres Kindes zu ermutigen«. Als sich die innerkirchliche Auseinandersetzung in den folgenden Jahren dennoch verschärfte, forderte der Papst die Bischöfe Anfang 1998 auf, Wege zu finden, die ohne Ausstellung von Scheinen durch kirchliche Beratungsstellen auskämen. Daraufhin legte die Bischofskonferenz im Frühjahr 1999 ein neues Konzept vor, das zwar den Verbleib im staatlichen System vorsah, den Beratungsschein aber durch einen mit der betreffenden Frau erarbeiteten und rechtsverbindliche Hilfszusagen enthaltenden »Beratungs- und Hilfeplan« ersetzen sollte. Damit gab sich der Nachfolger Petri jedoch nicht zufrieden, sondern verlangte – um das absolute und unbedingte Nein der Kirche zur Abtreibung zu dokumentieren[6] – den Vermerk: »Diese Bescheinigung kann nicht zur Durchführung straffreier Abtreibungen verwendet werden«. Damit erklärten sich die deutschen Oberhirten am 22. Juni 1999 im Würzburger Exerzitienhaus Himmelspforten einverstanden (»*Himmelspfortener Entscheidung*«), plädierten aber zugleich für einen Verbleib im staatlichen System. Mit dem Verweis darauf, dass dies nicht der Intention Johannes Pauls II. entspreche, erteilte der Vatikan einem solchen Prozedere am 18. September eine Absage. Dies war die Situation, in der unsere Karikatur entstand. Zwar trugen im November 1999 13 der 27 deutschen Diözesanbischöfe dem Papst noch einmal ihre Bedenken gegen einen Ausstieg aus der staatlichen Schwangerenberatung vor, wobei sie v. a. damit argumentierten, dass die Beratung jährlich 5.000 bis 6.000 Abtreibungen verhindere, aber der gleichzeitig vollzogene Ausstieg der Bistümer Paderborn (*Johannes Joachim Degenhardt*, 1926–2002; reg. ab 1974) und Speyer (*Anton Schlembach*, * 1932; reg. 1983–2007) zum 31. Dezember 1999 beraubte Lehmann jeglichen Verhandlungsspielraums[7]. In der Nacht vom 17. auf den 18. November schrieb der Vorsitzende der Bischofskonferenz einen letzten, verzweifelten Brief, in dem er anfragte, ob »es wirklich nicht möglich« sei, »wenigstens ›ad experimentum‹ [= versuchsweise] für einige Jahre eine Pluralität von Beratungsweisen zu erlauben«, und bat »inständig um eine wohlwollende Überprüfung dieses Vorschlags«. Zwei Tage später erhielt er jedoch eine

---

5   Zit. nach Erwin Gatz, Art. Dyba, in: Gatz, Bischöfe II 231–233, hier: 232.

6   Bundespräsident *Roman Herzog* (1934–2017; amt. 1994–1999) dagegen hatte bereits am 11. Juni 1998 gesagt, dass »kompromißloser Rigorismus« zwar theoretisch nachvollziehbar sei, »aber faktisch weniger Lebensschutz bringen« würde. Zit. nach Daniel Deckers, Der Kardinal. Karl Lehmann. Eine Biographie, München 2002 (ND 2004), 322.

7   Zu *Degenhardt* und *Schlembach* siehe die einschlägigen Artikel von Erwin Gatz und Guido Nonn in Gatz, Bischöfe II 440–442 bzw. 521 f. (Lit.).

(91) Widerspruch in sich: Einerseits lädt Johannes Paul II. mit einem Jesuswort (Mt 11,28; vgl. Jer 31,25) die Mühseligen und Beladenen, also hier die in einem Schwangerschaftskonflikt befindlichen Frauen und Mädchen, zu sich ein und verbaut ihnen andererseits den Weg zu sich, indem er auf die »reine Lehre« pocht, d. h. auf dem Ausstieg aus der staatlichen Beratung besteht und damit das Unbeteiligtsein der katholischen Kirche an einer Abtreibung moralisch höher bewertet als die reelle Möglichkeit, das Leben von ungeborenen Kindern zu retten (Karikatur von Gerhard Mester, *Publik-Forum*, 8. Okt. 1999).

abschlägige Antwort, die er mit dem Satz »Ich habe verloren« kommentierte[8] und somit als persönliche Niederlage wertete.

Am 23. November 1999 verlautbarte die Bischofskonferenz, dass die kirchliche Beratung »im Sinne der Weisung des Papstes« neu geordnet werde. Dies löste einen Sturm der Entrüstung bei zahlreichen katholischen Gruppierungen aus. Bischof Lehmann, von dem der Papst vergeblich die Preisgabe der »Königsteiner Erklärung« gefordert hatte,

»Königsteiner Erklärung« ist die Kurzbezeichnung für das »Wort der deutschen Bischöfe zur seelsorgerlichen Lage nach dem Erscheinen der Enzyklika *Humanae vitae*«, mit dem die Oberhirten das Rundschreiben Pauls VI. vom 25. Juli 1968 zum Abschluss ihrer ausserordentlichen Vollversammlung in Königstein (Taunus) am 29./30. August 1968 erläutern und Verständnis- und Entscheidungshilfen bieten wollten. Gemäß der »Königsteiner Erklärung« bleibt hinsichtlich der Methode der Empfängnisregelung eine Gewissensentscheidung der Ehepartner möglich, die von der in *»Humanae vitae«* ausschließlich erlaubten sog. Zeitwahl (»natürliche Familienplanung«, Knaus-Ogino-Methode) abweicht.

Text in: http://www.kathpedia.com/index.php/Königsteiner_Erklärung_(Wortlaut). Lit.: Bernhard Häring, Art. Königsteiner Erklärung, in: LThK³ 6 (1997) 261 f. – Zur Geburtenregelung bzw. Empfängnisverhütung im allgemeinen und zu *»Humanae vitae«* im besonderen siehe Dietmar

---

Mieth, Geburtenregelung. Ein Konflikt in der katholischen Kirche, Mainz 1990; Hans Schade-
waldt u. a., Art. Empfängnisregelung, in: LThK³ 3 (1995) 630–633; Gerfried W. Hunold, Art.
Humanae vitae, in: LThK³ 5 (1996) 316–318; Günter Freundl u. a., Art. Empfängnisregelung, in:
Lexikon der Bioethik 1 (1998) 568–583; Schatz, Säkularisation 320 f., 323 f.; Bernhard Häring,
Meine Erfahrung mit der Kirche, Freiburg i. Br. u. a. ³1989, 84–104 (»Zur Krise um ›Humanae
vitae‹«); Norbert Lüdecke, Einmal Königstein und zurück? Die Enzyklika Humanae vitae als ek-
klesiologisches Lehrstück, in: Dominicus M. Meier u. a. (Hgg.), Rezeption des zweiten Vatikanischen Konzils in Theologie und Kirchenrecht heute (FS für Klaus Lüdicke zur Vollendung seines 65. Lebensjahres (= Münsterischer Kommentar zum Codex iuris canonici, Beiheft 55), Essen
2008, 357–412; ders., Humanae vitae, in: Christoph Markschies / Hubert Wolf (Hgg.), Erinne-
rungsorte des Christentums, München 2010, 534–546, 747–749, 769.

erfuhr in diesen schwierigen Wochen lediglich vom Osnabrücker Bischof *Franz-Josef Bode* (* 1951; reg. seit 1995) und vom Trierer Oberhirten *Hermann Josef Spital* (1925–2007; reg. 1981–2001) öffentliche Unterstützung[9].

Am längsten leistete der Limburger Bischof *Franz Kamphaus* (* 1932; reg. 1982–2007) gegen die Anordnung Johannes Pauls II. Widerstand: »*Nach meinen Erfahrungen […] werden jetzt Lebenschancen für Kinder vergeben. Darum kann ich nicht verschweigen, dass mich die Verfügung des Papstes sehr schmerzt.*«[10] So ließ Kamphaus die Konfliktberatung fortführen, bis der Papst am 7. März 2002 dem couragierten Alleingang kraft seiner apostolischen Autorität ein Ende setzte (Iurisdiktionsprimat; ↗ KAR 6); er beließ ihn aber bis zur Erreichung der Altersgrenze im Amt.

Seither haben die Bistümer die Tätigkeit der rund 260 Beratungsstellen der *Caritas* und des *Sozialdienstes katholischer Frauen* (SkF) neu geordnet und z. T. ausgeweitet – jedoch durchgängig ohne Ausstellung von Beratungsscheinen und damit ohne staatliche Anerkennung. Darüber hinaus wurden Stiftungen gegründet, die Hilfen für Mutter und Kind anbieten. Beratungsscheine stellt allerdings der Verein »**Donum vitae** [lat. für: Geschenk des Lebens] *zur Förderung des Schutzes des menschlichen Lebens*« aus, der am 24. September 1999 in Fulda (wo am selben Tag Bischof Lehmann die römische Weisung vom 18. September bekanntgab) auf Initiative des *Zentralkomitees der deutschen Katholiken* (ZdK) als Reaktion auf den Ausstieg aus der gesetzlich geregelten Schwangerenberatung ins Leben gerufen wurde. Unter den prominenten Gründungsmitgliedern befanden sich auch *Rita Waschbüsch* (* 1940, CDU), 1988 bis 1997 Präsidentin des ZdK, und *Alois Glück* (* 1940, CSU), 2009 bis 2015 Präsident des ZdK.

> Den Titel »Donum vitae« trägt auch eine am 22. Februar 1987 von der Glaubenskongregation unter Vorsitz Joseph Kardinal Ratzingers veröffentlichte »*Instruktion über die Achtung vor dem beginnenden menschlichen Leben und die Würde der Fortpflanzung*«. In ihr sind die bis heute verbindlichen Positionen der katholischen Kirche in Bezug auf Lebensschutz, Schwangerschaftsabbruch (Abtreibung), künstliche Befruchtung und pränatale Diagnostik dargelegt.

---

[9] Zu *Bode* und *Spital* siehe die einschlägigen Artikel von Wolfgang Seegrün und Martin Persch in Gatz, Bischöfe II 430 f. bzw. 550 f. (Lit.).

[10] Zit. nach Christoph Arens, ders., Keine Scheine mehr. Vor zehn Jahren: Konflikt um katholische Schwangerenberatung, in: KNA aktuell, Hintergrund, Nr. 222 vom 18. Nov. 2009, 2. – Zu *Kamphaus* siehe KAR 37 .

Dass »*Donum vitae*« rasch ein Netz von über 200 Beratungsstellen aufbaute, erregte großes Missfallen in Rom und im deutschen Episkopat, weswegen die Katholiken Deutschlands seither mehrfach (2000, 2006, 2007), aber mit geringem Erfolg aufgefordert wurden, sich strikt von diesem Verein zu distanzieren und ihn in keiner Weise zu unterstützen. Auch Lehmann, einst selbst Mitglied des ZdK und wohl nicht zuletzt wegen seiner »Renitenz« bezüglich der Schwangerenkonfliktberatung erst seit 2001 Kardinal, blieb in Distanz zu »*Donum vitae*«, wenngleich er schon 2002 ehrlich genug war »zuzugeben, daß die kirchlichen Beratungsstellen die entscheidende Gruppe abtreibungsgeneigter, jedoch noch unentschiedener Frauen kaum mehr erreichen. Konfliktberatung im Sinn des unmittelbaren, leidenschaftlichen Ringens um das Leben des Kindes findet in ihnen praktisch nicht mehr statt.«[11]

L   Daniel Deckers, Der Kardinal: Karl Lehmann. Eine Biographie, München 2002 (ND 2004), 307–332; Christoph Arens, Schein des Anstoßes. »Donum vitae« wird zehn Jahre alt, in: KNA aktuell, Hintergrund, Nr. 204 v. 24. Okt. 2009; ders., Keine Scheine mehr. Vor zehn Jahren: Konflikt um katholische Schwangerenberatung, in: KNA aktuell, Hintergrund, Nr. 222 vom 18. Nov. 2009; ders., Lebensrecht gegen Selbstbestimmungsrecht. Vor 20 Jahren: Bundestag verabschiedet neues Abtreibungsrecht, in: KNA aktuell, Korrespondentenberichte, Nr. 119 v. 22. Juni 2012; Sabine Demel, Art. Abtreibung [4 Teile], in: Demel, Handbuch 30–46.

K   Gerhard Mester.

Q   Publik-Forum 28 (1999) H. 18 (24. Sept.), 32, und 29 (2000) H. 24 (15. Dez.), 5.

---

[11]   Zit. nach Hans Maier, Karl Lehmann – Biographie eines Lebenden (Rezension zu Deckers, Kardinal [wie Anm. 6]), in: Stimmen der Zeit 221 (2003) 499–501, hier: 500. – In der Tat hat sich das Profil der katholischen Beratung seit dem Ausstieg aus dem staatlichen System stark verändert: Während sich nach dem Jahresbericht der Beratungsstellen von Caritas und SkF im Jahr 2010 nur 1,2 % der Ratsuchenden in einem existentiellen Schwangerschaftskonflikt befanden, war dies bis zum Jahr 2000 bei rund 20 % der Frauen der Fall. Vgl. Christoph Arens, Existentieller Konflikt. 100.000 nutzten katholische Schwangerenberatung, in: KNA aktuell, Korrespondentenberichte Nr. 17 v. 24. Jan. 2012.

32. Voll handlungsfähig?

(7. April 2000)

nach wie vor voll handlungsfähig

(92)

1. Beschreibung

Zwei kirchliche Würdenträger stützen den altersschwachen Papst Johannes Paul II. von beiden Seiten. Während die rechte Hand des durch Krankheit gebeugten und auf den Boden blickenden Pontifex schlaff herunterhängt, führt der zu seiner Linken stehende Kurienprälat den Hirtenstab. Wäre der Papst allein wohl kaum mehr in der Lage, den Stab auch nur zu heben, so schlägt er ihn nun mit fremder Hilfe einem Priester mit voller Wucht gegen die Stirn, so dass dieser mit schmerzverzerrtem Gesicht in die Knie geht. Der Anlass für die päpstliche (bzw. kuriale) Züchtigung ist die durch das Schild ausgedrückte Forderung nach »*Reformen!*«[1] Die Karikatur wird kommentiert durch die Feststellung, dass der Papst – wie man sehe – »*nach wie vor voll handlungsfähig*« sei.

2. Deutung

Die unausgesprochene Frage hinter dem Dargestellten ist diejenige nach einem Rücktritt Johannes Pauls II., um den Weg für einen tatsächlich handlungsfähigen (und reformfreudigeren?) Nachfolger freizumachen. Diese Frage wurde angesichts des sich kontinuierlich verschlechternden Gesundheitszustandes des Papstes seit Beginn des Heiligen Jahres 2000[2] bis zu seinem Tod am 2. April 2005 immer wieder gestellt und kontrovers beantwortet. Nach einer Umfrage des Nachrichtenmagazins *Focus* vom Februar 2005, an der 1014 Personen teilnahmen, sprachen sich 61 % für und 24 % gegen einen Amtsverzicht des Kirchenoberhauptes aus, wobei überraschenderweise die älteren unter den Befragten eher für einen Rücktritt plädierten.[3]

Während wiederholt Päpste bzw. Gegenpäpste in aussichtslosen oder in Zwangssituationen den Stuhl Petri räumten[4], ist der einzige wirklich freiwillig zu-

---

[1] Welche Reformen dem Karikaturisten konkret vorschwebten, verrät er uns nicht. Einige Beispiele für Problemfelder innerhalb des Reformstaus unter Johannes Paul II. sind aus KAR 27 zu ersehen.

[2] Z.B. Thomas Seiterich-Kreuzkamp, Weshalb der Papst zurücktreten muss. Menschliche Größe und der Mut zum Abschiednehmen, in: Publik-Forum 29 (2000) H. 2 (28. Jan.), 24–27.

[3] Nach KNA, Akt. Dienst Inland, Nr. 31 vom 15. Febr. 2005, 2.

[4] So traten etwa *Pontianus* (230–235), den der christenfeindliche Soldatenkaiser Maximinus Thrax zur Zwangsarbeit in die Bergwerke von Sardinien verbannt hatte, und Papst *Silverius* (536–537), der auf der Insel Ponza im Golf von Gaëta gefangengehalten wurde, von ihrem Amt zurück (vgl. John N. D. Kelly, Reclams Lexikon der Päpste, Stuttgart ²2005, 28 f. bzw. 73 f.; zu Pontianus vgl. auch Hubertus Büker, Versöhnung im Angesicht des Todes. Vor 1775 Jahren trat Pontianus von seinem Amt als Bischof von Rom zurück, in: Kirchenbote. Wochenzeitung für das Bistum Osnabrück, Nr. 39 v. 26. Sept. 2010, 10). Immer wieder gaben bei zwei oder drei rivalisierenden Päpsten die klar im Hintertreffen befindlichen ihren Amtsverzicht bekannt; erwähnenswert ist hier insbesondere *Gregor XII.* (1406–1415), der im Abendländischen Schisma zurücktrat, während seine beiden Konkurrenten abgesetzt wurden, oder Gegenpapst *Felix V.* (1439–1449), der mit seinem Rücktritt das letzte »Minischisma« der Kirchengeschichte beendete. Näheres bei Eder, Kirchengeschichte 126–129 bzw. 133 f.

rückgetretene legitime Papst in den ersten zwei Jahrtausenden der Kirchengeschichte **Coelestin V.** im Jahre 1294.

> **Coelestin V.**, zuvor Pietro del Morrone (geb. 1209/10), hatte zwischen 1240 und 1243 eine – später nach seinem Papstnamen *Coelestiner* genannte – streng asketische Eremitengenossenschaft gegründet, die 1263 dem Benediktinerorden angegliedert wurde, sich rasch in Italien und Frankreich ausbreitete und auch einige Klöster in Spanien, Belgien und Deutschland zählte (z. B. in Dürkheim/Rheinpfalz). Französische Revolution und Säkularisation löschten die Coelestiner an der Wende vom 18. zum 19. Jahrhundert aus.
>
> Lit.: Manfred Eder, Art. Coelestiner/Coelestinerinnen, in: RGG⁴ 2 (1999) 414 f.; Karl Borchardt, Die Cölestiner. Eine Mönchsgemeinschaft des späteren Mittelalters (= Historische Studien 488), Husum 2006.

Der damals 85-jährige Einsiedlermönch aus den Abruzzen hatte die nach 27-monatiger Sedisvakanz auf ihn gefallene Wahl (von der sich manche erhofften, Coelestin werde als »Engelpapst« eine Ära des Hl. Geistes einleiten) ohnehin nur äußerst widerstrebend angenommen und sich dann als Marionette König *Karls II.* von Sizilien und Neapel (1285–1309) von seinem Amt völlig überfordert gezeigt. Bereits nach fünf Monaten dankte er deshalb ab, um die Papstgewänder wieder gegen die Mönchskutte zu tauschen und in seine winzige, in 637 m Höhe gelegene Grotte auf dem Berg Morrone oberhalb von Sulmona zurückzukehren[5]. Da sein Nachfolger *Bonifaz VIII.* (1294–1303), der ihn bei der Abdankung beraten hatte, Coelestin V. nicht zum biegsamen Werkzeug in der Hand von Schismatikern werden lassen wollte, hielt er ihn unter Bewachung und nach einer erfolgreichen Flucht, durch die er nochmals mehrere Monate auf freiem Fuß war, in strengem Hausarrest auf der Burg Fumone bei Frosinone (Latium), ehe Coelestin am 19. Mai 1296 eines natürlichen Todes starb (und schon 1313 heiliggesprochen wurde).

Bonifaz VIII. sah sich von Anfang an Verdächtigungen ausgesetzt, auf Coelestin Druck ausgeübt zu haben und daher nicht rechtmäßig in sein Amt gekommen zu sein. In der Folge kam es unter den Theologen jener Zeit zu einer kurzen, aber intensiven Debatte über die päpstliche Amtsniederlegung überhaupt, die zu dem Ergebnis führte, dass der Rücktritt eines Papstes ein sehr seltenes, aber doch mögliches Ereignis sei, begründet z. B. in hohem Alter und Gebrechlichkeit. Dass Bonifaz VIII., mit dem die überragende mittelalterliche Geltung des Papsttums ihr Ende fand, durch die Zweifel hinsichtlich seiner Legitimität angreifbar war, schreckte jedoch seither alle Päpste von der Nachahmung Coelestins V. ab und hat das Nachdenken über dieses Problem insgesamt in ein schiefes Licht gerückt, wenngleich auch das gültige Kirchenrecht (CIC/1983 c. 332 § 2; vgl. CIC/1917 c. 221) ganz selbstverständlich voraussetzt, dass ein Papst zurücktreten kann: »*Falls der Papst auf sein Amt verzichten sollte, ist zur Gültigkeit verlangt, daß der Verzicht frei ge-*

---

[5] *Dante Alighieri* (1265–1321) reiht Coelestin in seinem berühmten Jenseitsgedicht, der »*Divina Commedia*«, wegen dieses »Vergehens« unter die Feiglinge ein und lässt ihn für sein (sehr verständliches) Verhalten in der Hölle büßen (3. Gesang). Sein jüngerer Dichterkollege *Francesco Petrarca* (1304–1374) dagegen rühmt den Verzicht auf die päpstliche Würde als Erweis seiner Demut und stellt den Eremiten sogar über die Apostel und andere Heilige.

schieht und hinreichend kundgemacht, nicht jedoch, daß er von irgendwem angenommen wird.« Wann aber ist der rechte Zeitpunkt hierfür gekommen? *»Wenn der Papst [...] unfähig wird, als Führer der Christengemeinschaft angemessen zu fungieren und wenn sein weiteres Verbleiben im Amt der Kirche ernsten Schaden zufügt, dann wäre er offensichtlich moralisch verpflichtet abzudanken«,* so Patrick Granfield[6].

Laut einer neueren Publikation[7] gibt es zwei bisher unveröffentlichte Schreiben von 1989 und 1994, in denen sich Johannes Paul II. mit einem eventuellen Rücktritt befasst. Im ersten Brief vom 15. Februar 1989 heißt es: *»Nach dem Beispiel von Papst Paul VI. (Schreiben vom 2.II.1965) erkläre ich: Im Falle, dass mich eine offenbar unheilbare Krankheit von langer Dauer daran hindert, die Aufgaben meines Apostolischen Amts hinreichend zu erfüllen, oder im Falle, dass eine andere schwere und lange Behinderung mich in ähnlicher Weise einschränkt, trete ich von meinem heiligen und kanonischen Amt zurück – sowohl als Bischof von Rom als auch als Oberhaupt der heiligen katholischen Kirche.«*[8] Im zweiten Brief aus dem Jahre 1994 erwog der Papst, ob er wie die Bischöfe im Alter von 75 Jahren in den Ruhestand treten könne. Der Regensburger Rechtshistoriker *Hans-Jürgen Becker* meinte im Januar 2002 in einem Interview mit der Katholischen Nachrichtenagentur, der Vorteil einer Altersgrenze für den Papst wäre *»eine Amtsausübung ohne Gefahr, sich übernehmen zu müssen. Denken Sie auch an den Fall, dass in Zukunft einmal ein Papst so schwer erkrankt, dass er lang anhaltend sein Bewußtsein verliert und auf einer Intensivstation versorgt werden muß. Wer entscheidet dann? Dafür gibt es bisher keine Regel. Bei einer Altersgrenze könnten dagegen rechtzeitig Weichen gestellt werden. Eine unsichere Übergangszeit würde vermieden. Und der riskante Einfluß ungenannter Dritter wäre ausgeschlossen.«*[9] 1994 kam Johannes Paul II. jedoch zu dem Resultat, dass es für einen »emeritierten Papst in der Kirche keinen Platz gibt«[10]. Bei anderen Gelegenheiten sagte er, dass ein Papst nicht in Rente gehe, dass auch Jesus nicht vom Kreuz herabgestiegen sei und dass er seine Mission zu Ende führen und keinen Präzedenzfall schaffen wolle, um seine Nachfolger nicht unter Druck zu setzen, zurücktreten zu müssen. All dies ließ ihn – gezeichnet von schwerem Leiden – bis zuletzt auf dem Stuhl Petri ausharren.

Dies war auch von Benedikt XVI. zu erwarten, der als Kurienkardinal 2004 sagte: »Der Papst wird auf Lebenszeit gewählt, weil er ein Vater ist, und diese Vater-

---

6   Patrick Granfield, Das Papsttum. Kontinuität und Wandel, Münster 1984, 211.

7   Slawomir Oder / Gaeta Saverio, Perché è santo. Il vero Giovanni Paolo II raccontato dal postulatore della causa di beatificazione, Mailand 2010, in Übers. zit. nach: Papst Johannes Paul II. war zum Rücktritt bereit, in: KNA aktuell, Vatikan /Ausland / EU, Nr. 18 vom 28. Jan. 2010, 1.

8   Wie Anm. 7. – Nicht nur *Paul VI.* und *Johannes Paul II.* hatten einen schriftlichen Amtsverzicht vorbereitet, sondern auch *Pius XII.*, der dadurch die Kirche in der Zeit des Zweiten Weltkriegs bei einer möglichen Entführung seiner Person durch Truppen Hitlers absichern wollte. Vgl. Stichwort: Amtsverzicht des Papstes, in: KNA aktuell, Das Thema: Amtsverzicht des Papstes, Nr. 29 v. 11. Febr. 2013, 43 f., hier: 44.

9   »Eine Altersgrenze für den Papst wäre sinnvoll«. Erwägungen des Regensburger Rechtshistorikers Hans-Jürgen Becker, in: KNA Interview, Nr. 6 vom 26. Jan. 2002.

10   Wie Anm. 7.

schaft reicht über die Amtsfunktion hinaus.«[11] Allerdings hatte Benedikt im Juli 2010 auf die Frage von Peter Seewald, ob »eine Situation vorstellbar« sei, in der er »einen Rücktritt des Papstes für angebracht« halte, geantwortet: »Wenn ein Papst zur klaren Erkenntnis kommt, dass er physisch, psychisch und geistig den Auftrag seines Amtes nicht mehr bewältigen kann, dann hat er ein Recht und unter Umständen auch eine Pflicht, zurückzutreten.« Dies bedeute allerdings nicht, dass er »in der Gefahr davonlaufen« und sagen dürfe, dass es »ein anderer machen« solle. »Zurücktreten kann man in einer friedlichen Minute, oder wenn man einfach nicht mehr kann.«[12] Überdies setzte Benedikt auffällige

(93) Benedikt XVI. 2009 vor dem Sarkophag Coelestins V. in L'Aquila (Mittelitalien)

Zeichen der Wertschätzung für seinen zurückgetretenen mittelalterlichen Vorgänger Coelestin V.,

- indem er am 29. April 2009 das **Pallium**, das er bei seiner Amtseinführung (Inthronisation) erhalten hatte, an dessen Schrein in der – kurz zuvor von einem schweren Erdbeben heimgesuchten – Abruzzenstadt L'Aquila, dem Inthronisationsort Coelestins, niederlegte

> Das Pallium (lat. für: Hülle, Mantel) bezeichnet ursprünglich einen mantelähnlichen, oft zu einer Schärpe zusammengedrehten Überwurf römischer Würdenträger und Philosophen. In der abendländischen Kirche zur schalartigen Insignie gewandelt, stand diese von Anfang an allein dem Papst als Würdezeichen zu, der sie an Bischöfe als Auszeichnung verleihen konnte (an einen nichtitalienischen Bischof, nämlich *Caesarius von Arles* [um 470–542], erstmals 513 durch Papst *Symmachus* [498–514]). Ab der zweiten Hälfte des 9. Jahrhunderts waren die Erzbischöfe verpflichtet, sich das Pallium als Symbol ihrer Verbundenheit mit dem Hl. Stuhl zu erbitten, ehe sie ihr Amt als Metropolit einer Kirchenprovinz ausüben durften. Das seither dem Papst und den Erzbischöfen vorbehaltene Pallium wird bei bestimmten liturgischen Gelegenheiten (Pontifikalämter, Weihehandlungen) getragen und besteht aus einem 4 bis 6 cm breiten Streifen weißen, ungefärbten Wollstoffs, der normalerweise mit 4 bis 8 schwarzen Seidenkreuzen bestickt ist. Die auf den Schultern getragenen Stolen aus Lammwolle erinnern an den guten Hirten, der das verlorene Schaf auf seinen Schultern trägt (Lk 15,4–7), und an die dreifache Aufforderung des Auferstandenen an Petrus: Weide meine Lämmer (bzw. Schafe)! (Joh 21,15–17) Sie werden aus der Wolle zweier Lämmer hergestellt, die der Papst am 21. Januar, dem Fest der hl. Märtyrerin Agnes, der Patronin der Keuschheit und der Jungfrauen (dargestellt mit einem Lamm als Sinnbild unbefleckter Reinheit), in der ihr geweihten

---

11 Interview der ital. Zeitschrift *Famiglia Cristiana*, zit. nach: Ratzinger: Papst geht es deutlich besser, in: KNA, Akt. Dienst Ausland, Nr. 24 vom 5. Febr. 2004.

12 Alle Zitate nach: Benedikt XVI., Licht der Welt. Der Papst, die Kirche und die Zeichen der Zeit. Ein Gespräch mit Peter Seewald, Freiburg i. Br. ⁴2012, 47.

Kirche *S. Agnese fuori le mura* (Rom) segnet. Jeweils am Vorabend des 29. Juni, des Festes der Apostelfürsten Petrus und Paulus, segnet der Papst die im Benediktinerinnenkloster *Santa Cecilia* in Trastevere (Rom) inzwischen gefertigten Pallien, die anschließend in einer kleinen vergoldeten Truhe über dem Petrus-Grab verwahrt und am Festtag selbst vom Papst den im zurückliegenden Jahr neu ernannten Erzbischöfen überreicht werden.

Da der jeweilige Erzbischof bei einer Versetzung in eine andere Erzdiözese eines neuen Palliums bedarf, es also nicht übertragbar ist, erhielt auch Papst Benedikt 2005 als neuer Oberhirte von Rom ein neues Exemplar, das jedoch anstatt der schwarzen Kreuze rote hatte, um an die Wundmale Christi zu erinnern. Zudem war es mit drei, den Kreuzesnägeln Jesu nachempfundenen Nadeln am Messgewand befestigt und wies die in früheren Jahrhunderten gebräuchliche Form auf[13].

Lit.: Theodor Klauser, Art. Pallium, in: LThK² 8 (1963) 7–9; Karen Stolleis, Art. Pallium, in: Lexikon für kirchliches Kunstgut, hg. v. Arbeitskreis für Inventarisation und Pflege kirchlichen Kunstgutes, Regensburg 2010, 178 f.; *zu Symmachus:* Seppelt I 235–244, *zu Caesarius:* Roger John Howard Collins, Art. Caesarius von Arles, in: TRE 7 (1981) 531–536 (Lit.).

- und indem er am 4. Juli 2010 das mittelitalienische Sulmona besuchte, um anlässlich des 800. Geburtstags des heiligen Coelestin vor dessen Reliquien in der Krypta der dortigen Kathedrale zu beten.

Nachdem in den frühesten, von der Erwartung des baldigen Weltendes geprägten Zeiten des Christentums die theologischen Voraussetzungen für eine Verehrung von menschlichen Reliquien (von lat. *reliquiae* = Überreste) gefehlt hatten, erfahren wir erstmals beim Tode des Märtyrerbischofs *Polykarp von Smyrna* (167?), dass man dessen Gebeine aufgesammelt habe, seien sie doch »wertvoller [...] als kostbare Steine und besser als Gold«. Da man die im Himmel weilende Seele mit ihrem Leib auf Erden verbunden wähnte, schrieb man den Überresten von als heilig verehrten Menschen wundertätige Kräfte zu. Im Zuge der zunehmenden Reliquienverehrung ab der Spätantike und des dadurch ansteigenden Reliquienbedarfs trat zu den *Körper- oder Primärreliquien* die Kategorie der *Kontakt- oder Sekundärreliquien*, zu der alles zählte, was Heilige besessen, berührt oder »besprochen« hatten, und alles, was mit ihrem Grab in Kontakt gekommen war. Auch Reliquienteilungen wurden bald üblich. So sammelten sich im Spätmittelalter an vielen Orten große Mengen von Reliquien (Heiltümern) an, für deren Verehrung bald Ablässe ausgesetzt und die in sog. *Heiltum(s)weisungen* den Gläubigen in feierlicher Form gezeigt wurden.

Sonderfälle waren natürlich Jesus und Maria, von denen es wegen ihrer Auferstehung bzw. leiblichen Aufnahme in den Himmel nur sehr spärliche Primärreliquien geben konnte, wohingegen Sekundärreliquien von beiden in großer Zahl denkbar und im Mittelalter bald auch in Hülle und Fülle vorhanden waren, so Teile von Krippe und Kreuz, Gewandstücke und verschiedenste Utensilien[14].

Lit.: Arnold Angenendt, Art. Reliquien II, in: LThK³ 8 (1999) 1091–1093; ders., Heilige und Reliquien. Die Geschichte ihres Kultes vom frühen Christentum bis zur Gegenwart, Hamburg ²2007; Hubertus Lutterbach, Ein direkter Zugang zur göttlichen Kraft. Die Geschichte der Reliquien im

---

13 Vgl. dazu die Zeichnungen zur Entwicklung im Aussehen des Palliums bei Joseph Braun, Art. Pallium, in: LThK¹ 7 (1935) 898 f., hier: 899.
14 Siehe hierzu die Literaturhinweise unten S. 354 in Anm. 9.

Christentum von den Anfängen bis zum Mittelalter, in: Welt und Umwelt der Bibel 18 (2013) H. 1, 24–29; Christof Windhorst, »Jesus ist als Wort gekommen, nicht als Rock oder Socke«. Ökumene, in: a. a. O. 48 f. [prot. Position]; Wolfgang Brückner, Art. Heiltumsweisung, in: LMA 4 (1989) 2033 f.; Manfred Eder, Die Aachener Heiligtumsfahrt des Jahres 1902. Ein Beitrag zur Verehrungsgeschichte und Echtheitsfrage »biblischer« Reliquien, in: Johannes Frühwald-König u. a. (Hgg.), Steht nicht geschrieben? Studien zur Bibel und ihrer Wirkungsgeschichte (Festschrift für Georg Schmuttermayr), Regensburg 2001, 349–382 (Zitat: 349; mit reicher Lit.); Eder, Gnad 258 (mit Anm. 292), 334–336 (mit Anm. 559 und 564) u. ö.

Vor diesem Hintergrund war es nicht völlig überraschend, dass der zwischenzeitlich fast 86-jährige Pontifex am 11. Februar 2013 zum 28. des Monats seinen Rücktritt erklärte, und zwar mit folgender Begründung: »*Nachdem ich wiederholt mein Gewissen geprüft habe, bin ich zur Gewissheit gelangt, dass meine Kräfte infolge des vorgerückten Alters nicht mehr geeignet sind, um in angemessener Weise den Petrusdienst auszuüben. Ich bin mir sehr bewusst, dass dieser Dienst wegen seines geistlichen Wesens nicht nur durch Taten und Worte ausgeübt werden darf, sondern nicht weniger durch Leiden und durch Gebet. Aber die Welt, die sich so schnell verändert, wird heute durch Fragen, die für das Leben des Glaubens von großer Bedeutung sind, hinund hergeworfen. Um trotzdem das Schifflein Petri zu steuern und das Evangelium zu verkünden, ist sowohl die Kraft des Körpers als auch die Kraft des Geistes notwendig, eine Kraft, die in den vergangenen Monaten in mir derart abgenommen hat, dass ich mein Unvermögen erkennen muss, den mir anvertrauten Dienst weiter gut auszuführen.*«[15] Damit ist Benedikt XVI. der erste Papst in der Geschichte, der aus Altersund Gesundheitsgründen zurücktrat – vielleicht aber nicht der letzte[16].

L   *Zu Coelestin V.:* Peter Herde, Coelestin V. (1294) (Peter vom Morrone). Der Engelpapst (= Päpste und Papsttum 16), Stuttgart 1981; Seppelt III 580–587; John N. D. Kelly, Reclams Lexikon der Päpste, Stuttgart ²2005, 224 f.; Josef Gelmi, Die Päpste in Lebensbildern, Graz u. a. ²1989, 139 f.; Fuhrmann 28–31, 138–140 (mehrere Abb.); Klaus Herbers, Geschichte des Papsttums im Mittelalter, Darmstadt 2012, 215–217; Stefan Ulrich, Die Hölle des Frommen, in: SZ, Nr. 32 v. 8./9. Febr. 2014, V2 9; *zur Frage des Papstrücktritts:* Patrick Granfield, Das Papsttum. Kontinuität und Wandel, Münster 1984, 195–212; Erich Läufer, Darf ein Papst seinen Rücktritt erklären? Eine oft gestellte Frage verlangt nach Antworten, in: Regensburger Bistumsblatt, Nr. 19 v. 15. Mai 1994, 9 f.; Jan-Heiner Tück, Die Kraft des Gebrechens. Warum der Papst nicht zurücktreten kann, in: Neue Zürcher Zeitung, Nr. 121 v. 29. Mai 2002, 33; Jean Mathieu-Rosay, Die Päpste im 20. Jahrhundert, Darmstadt 2005, 201 f.; Burkhard Jürgens, Der Papst und der Einsiedler. Benedikt besucht seinen zurückgetretenen Vorgänger, in: KNA aktuell, Korrespondentenberichte, Nr. 126 v. 6. Juli 2010, 3; Hubert Wolf, Papstrücktritt als Nor-

---

[15]   »Vigor quidam corporis et animae necessarius est«. Der Amtsverzicht von Papst Benedikt XVI. im Wortlaut, in: KNA aktuell, Das Thema: Amtsverzicht des Papstes, Nr. 29 v. 11. Febr. 2013, 38 f., hier: 38 (lat. mit dt. Übersetzung des Vatikans).

[16]   Papst *Franziskus* sagte nämlich am 18. August 2014 zu Journalisten, wenn er eines Tages spüre, »dass es nicht mehr weiter geht«, werde er »dasselbe machen« wie Benedikt XVI. (der sich übrigens als »*Papa emeritus*« bezeichnet), denn sein Vorgänger habe »eine Tür aufgemacht«, die »institutionell ist und nicht eine Ausnahme« (zit. nach: Wenn seine Kräfte schwinden, würde der Papst zurücktreten, in: PNP, Nr. 189 v. 19. Aug. 2014, 4).

malfall? Über die Entmystifizierung einer Institution, in: Phänomen Franziskus. Das Papstamt im Wandel (= Herder Korrespondenz spezial 1/2015), Freiburg i. Br. 2015, 29–33.

K   Gerhard Mester.

Q   Publik-Forum 29 (2000) H. 7 (7. April), 49.

33. Weltjugendbad
(17. August 2005)

„Bitte schön Papa, das Bad ist eingelassen! “

(94)

1. Beschreibung

Im Zentrum der Karikatur steht eine riesige viereckige Badewanne, die an allen vier Ecken von knieenden Engeln mit gefalteten Händen getragen wird. Die Wanne ist dicht gefüllt mit Menschen, deren Zahl und Altersgruppe rechts außen mit »*400.000 Jugendliche*« angegeben ist. Aus einem großen Wasserhahn, der aus einer Weltkugel gespeist wird, fallen soeben noch vier Jugendliche in die Wanne herab, hinter der – etwas nach rechts zur Kopfseite der Wanne versetzt – ein mit dem Wappen *Papst Benedikts XVI.* verziertes Handtuch auf einem Handtuchhalter und daneben ein Stück Seife in einer Seifenschale zu sehen sind. Vor der Wanne steht ein freundlich lächelnder kirchlicher Würdenträger in Bischofstalar (sicherlich der Gastgeber des Weltjugendtages 2005, der Kölner Erzbischof *Joachim Kardinal Meisner;* zu ihm ↗ KAR 34), der in der Rechten eine große Bürste zur Körperreinigung und über dem Arm ein Handtuch hält. Mit der offenen linken Hand dagegen deutet er einladend auf die Wanne und spricht die als Untertitel der Karikatur aufgeführten Worte: »*Bitte schön Papa, das Bad ist eingelassen!*« Um dem »Papa« (= Papst) das bequeme Besteigen der Badewanne zu ermöglichen, führt eine Treppe bis zum Wannenrand hinauf, belegt mit einem (wohl roten) Teppich, der sich zum Vordergrund hin verbreitert. Am Fuße der Treppe schließlich wartet ein Paar Badesandaletten auf die Benutzung durch den Nachfolger Petri.

2. Deutung

Die katholischen Weltjugendtage gehen auf eine Initiative *Papst Johannes Pauls II.* zurück, der aufgrund des Erfolgs zweier internationaler Jugendtreffen in Rom 1984 (»Jubiläum der Jugend«) im Anschluss an das **Heilige Jahr** 1983

> Das **Heilige Jahr**, auch Jubeljahr oder Goldenes Jahr genannt, hat seine theologische Wurzel im Alten Testament. Nach Lev 25 soll jedes siebte Jahr ein Sabbatjahr (Ruhejahr) zu Ehren Jahwes sein, in dem die Felder nicht bestellt und die Weinberge nicht beschnitten werden. Jedes siebte Sabbatjahr aber soll als Jobeljahr gefeiert werden, in dem jeder zu seinem angestammten Landbesitz und zu seiner Sippe zurückkehren darf, der in der Zwischenzeit davon getrennt worden ist. Da das vorangegangene Jobeljahr mitgezählt wurde, fiel diese geheiligte Zeit in jedes 50. Jahr.
> Das erste christliche Jubeljahr verkündete *Bonifaz VIII.* (1294–1303) im Jahr 1300 mit der Bulle »*Antiquorum habet fida relatio*«, in der er allen, die innerhalb des Hl. Jahres wahrhaft Buße tun und beichten, sowie an 30 (Nichtrömer 15) aufeinanderfolgenden Tagen die Basiliken der Apostelfürsten *San Pietro in Vaticano* und *San Paolo fuori le mura* besuchen, einen vollkommenen Ablass, also einen Nachlass aller zeitlichen Sündenstrafen, in Aussicht stellte. Der Zweck dieses Jahres war somit die Heiligung der Gläubigen und überdies die Erneuerung der Kirche. Auf Bitten der Römer und mit Rücksicht auf das alttestamentliche Jobeljahr setzte Papst *Clemens VI.* (1342–1352) das nächste Jubiläum für 1350 an. In jenem, noch von der größten Pestepidemie des Mittelalters geprägten Jahr sollen sich an den Hochfesten bis zu 1,2 Mio. Pilger in der Ewigen

Der Ablass (Indulgenz)

ist ein

**Nachlass zeitlicher Sündenstrafen
für Sünden, deren Schuld schon getilgt ist**

Der Gläubige erlangt ihn, wenn er

1. im Stande der Gnade, d. h. frei von schwerer Sünde, ist,

2. Reue über seine Sünden zeigt und

3. die Ablassbedingungen erfüllt,

*durch die Hilfe der Kirche, die als Dienerin der Erlösung den Schatz der Verdienste Christi
und der Heiligen (»Kirchenschatz«) austeilt und zuwendet.*

(95)

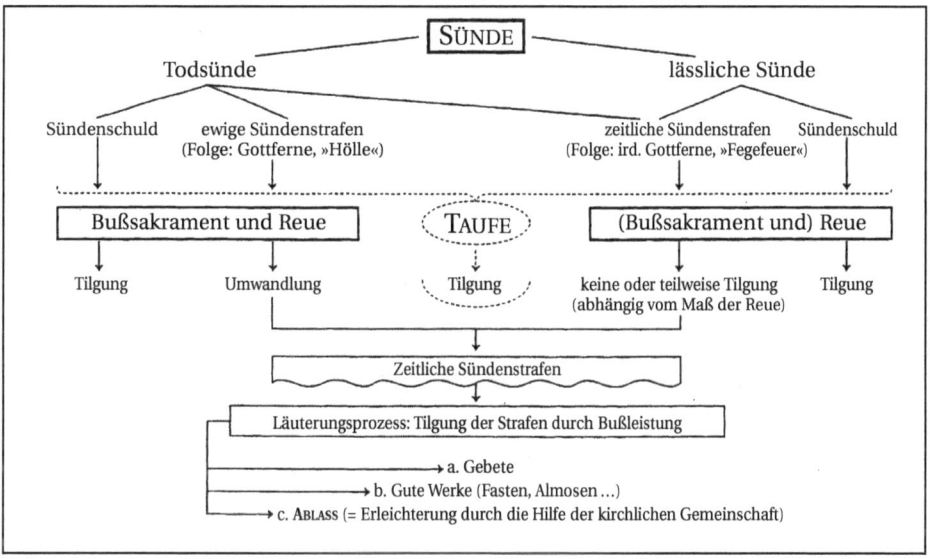

(96) Der theologische Ort des Ablasses

Stadt aufgehalten haben und zwei Priester am Altar des hl. Paulus Tag und Nacht damit
beschäftigt gewesen sein, mit Rechen die gespendeten Münzen zu sammeln. 1470 wurde
der Abstand schließlich definitiv auf 25 Jahre festgelegt (letzte ordentliche Hl. Jahre:
1950, 1975, 2000). Zusätzlich werden bis heute außerordentliche Jubiläen gefeiert (zuletzt das *»Jahr der Barmherzigkeit«* 2015/16) sowie Heilige Jahre zum Gedenken an den
Erlösungstod Christi nach 33 Lebensjahren auf Erden (letztmals 1983/84).

Lit.: Arndt Meinhold / Heribert Smolinsky, Art. Jubeljahr, in: TRE 17 (1988) 280–285; Werner
Chrobak, Heiliges Jahr. Woher – wohin? Stationen vom ersten Jubiläumsjahr 1300 bis zum Jubiläumsjahr 2000, Kehl am Rhein 1999 (jeweils Lit.); Desmond O'Grady, Alle Jubeljahre. Die »Heiligen Jahre« in Rom von 1300 bis 2000, Freiburg i. Br. u. a. 1999.

und 1985 (»Jahr der Jugend« der Vereinten Nationen) ab 1986 alljährlich junge Christen aus allen Erdteilen zu einem Treffen unter einem bestimmten Motto einlud. Das Ziel war von Anfang an, Jugendlichen und jungen Erwachsenen »die Gelegenheit zu geben, das ›junge und aktuelle Geheimnis der Kirche im gemeinschaftlichen Erlebnis von Pilgerfahrt, Gebet, Meditation und Gottesdienst zu entdecken‹«[1]. Die Weltjugendtage, die als »Meilensteine der Jugendpastoral«[2] die (Neu-)Evangelisierung unter den Jugendlichen fördern und sie im Glauben stärken sollen, werden im Wechsel jeweils in kleinerem Rahmen in den Diözesen vor Ort (erstmals 1988) und alle zwei bis drei Jahre vom Päpstlichen Rat für die Laien als weltweite Massenveranstaltung in wechselnden Städten und Erdteilen organisiert. Besonders große Treffen fanden 1987 in Buenos Aires (Argentinien; 1 Mio. Teilnehmer), 1991 in Tschenstochau (Polen; 1,2 Mio.) 1995 in Manila (Philippinen; 4 Mio.), 1997 in Paris (Frankreich; 1,1 Mio.), 2000 im Rahmen des Heiligen Jahres in Rom (2 Mio.) und 2005 in Köln statt.

An diesem insgesamt 20. Weltjugendtag in Köln (von Dienstag, 16. August bis Sonntag, 21. August), den noch der im April 2005 verstorbene Johannes Paul II. hatte besuchen wollen, nahmen nach Angaben der Veranstalter nicht nur die im Vorfeld erwarteten 400.000, sondern vielmehr rund 800.000 registrierte Pilger aus 197 Ländern sowie 759 Bischöfe (darunter 60 Kardinäle) und 10.000 Priester teil, wobei den **Abschlussgottesdienst** am Sonntagvormittag sogar 1,1 Millionen Menschen mitfeierten.

> Damit war der Abschlussgottesdienst am 21. August 2005 auf dem Marienfeld bei Köln die größte je in Deutschland zelebrierte Messe. In seiner vor dieser schier unüberschaubaren Menschenmenge gehaltenen Predigt betonte der Papst die Bedeutung der Eucharistie, die nicht nur Vereinigung mit Christus im gewandelten Brot der Hostie schafft. *»Wir selber sollen Leib Christi werden, blutsverwandt mit ihm. Wir essen alle das eine Brot. Das aber heißt: Wir werden untereinander eins gemacht. […] Weil wir den gleichen Herrn empfangen und er uns aufnimmt, in sich hineinzieht, sind wir auch untereinander eins. Das muss sich im Leben zeigen. Es muss sich zeigen in der Fähigkeit des Vergebens. Es muß sich zeigen in der Sensibilität für die Nöte des anderen. Es muss sich zeigen in der Bereitschaft zu teilen. Es muss sich zeigen im Einsatz für den Nächsten, den nahen wie den äußerlich fernen, der uns angeht.«*[3]

Benedikt XVI., für den der Aufenthalt in der Rheinmetropole die erste offizielle Auslandsreise als neues Oberhaupt der katholischen Kirche war, hielt sich vom Mittag des 18. August bis zum frühen Abend des 21. August dort auf. Den Auftakt bildete eine Schiffahrt auf dem Rhein, dessen Flusspromenade auf beiden Seiten

---

[1] Zit. nach: Weltjugendtag, in: KNA Stichwort, Nr. 134 v. 15. Juli 2011, 1.

[2] Bischof *Franz-Josef Bode* (Osnabrück), zit. nach: Bode: Weltjugendtage sind Meilensteine – 440.000 Anmeldungen, in: KNA aktuell, Inland, Nr. 134 v. 15. Juli 2011.

[3] Zit. nach: Apostolische Reise nach Köln anlässlich des XX. Weltjugendtages. Hl. Messe auf der Ebene von Marienfeld. Predigt von Benedikt XVI., in: http://www.vatican.va/holy_father/benedict_xvi/homilies/2005/documents/hf_ben-xvi_hom_20050821_20th-world-youth-day_ge.html (1. Aug. 2011).

von applaudierenden und »Be-ne-detto« rufenden Gläubigen und Schaulustigen gesäumt war, darunter 170.000 Jugendlichen, die z. T. bis zur Hüfte im Wasser standen (ähnlich wie in der Badewanne unserer Karikatur), um so dem Nachfolger Petri näher zu kommen. Der **Höhepunkt** war aber zweifellos die oben erwähnte Messe, bei der bereits zu Beginn Jubel aufbrandete, als der Papst folgende improvisierten Worte sagte: »*Ich wäre ja gerne mit dem Papamobil kreuz und quer durch das ganze Gelände gefahren, um möglichst jedem einzelnen nahe zu sein. Wegen der Schwierigkeit der Wege ging das nicht, aber ich grüße jeden einzelnen von ganzem Herzen. Der Herr sieht jeden einzelnen und liebt ihn, und wir alle sind miteinander lebendige Kirche und danken dem Herrn für diese Stunde, wo er uns das Geheimnis seiner Gegenwart und die Kommunion mit ihm selber schenkt.*«[4] Hier ist also das nur durch die überfüllten und aufgeweichten Wege verhinderte »Bad in der Menge«, das die Karikatur bildlich veranschaulicht, unmittelbar angesprochen.

Ein weiterer Höhepunkt, ja eine »*Sternstunde*« (Karl Kardinal Lehmann)[5], war am Mittag des 19. August der Besuch der Synagoge zu Köln, das die wohl älteste jüdische Gemeinde nördlich der Alpen beherbergt (belegt ab 321 n. Chr.). Hier rief Benedikt zu einem »aufrichtigen und vertrauensvollen Dialog zwischen Juden und Christen« auf, zu dem »unser reiches gemeinsames Erbe«, namentlich der Dekalog (d. h. die Zehn Gebote), verpflichte. »Die ›Zehn Gebote‹ sind nicht Last, sondern Wegweiser zu einem geglückten Leben. Sie sind es besonders für die jungen Menschen, die ich in diesen Tagen treffe und die mir so sehr am Herzen liegen.«[6] Es war das erste Mal in der gesamten Kirchengeschichte, dass ein Papst ein jüdisches Gotteshaus außerhalb Roms besuchte.

Das keineswegs zufällig gewählte Motto des Kölner Weltjugendtags lautete: »*Wir sind gekommen, um IHN anzubeten*«. Mit diesem Satz haben gemäß dem Matthäus-Evangelium (Mt 2,2) die Sterndeuter aus dem Morgenland begründet, warum sie den neugeborenen König der Juden suchten, dessen Stern sie hatten aufgehen sehen. Aus den Sterndeutern hat die spätere Tradition die **Hl. Drei Könige** gemacht, und deren Gebeine sollen im Kölner Dom, den Papst Benedikt am frühen Abend des 18. August besuchte, bestattet sein.

> Offiziell *heilig*gesprochen wurden die Hl. Drei Könige von der Kirche nie, dass sie *drei* waren, hat als erster *Origenes* (um 185 – um 254) aus der Zahl der schon im Alten Testament genannten Gaben (vgl. Hld 3,6; Jes 60,6) geschlossen:
> * *Gold* = Symbol für das Königtum Jesu Christi
> * *Weihrauch* = Symbol für die Göttlichkeit Jesu Christi
> * *Myrrhe* = Symbol für das Jesus bevorstehende Leiden und Sterben (vgl. Mk 15,23, wo man ihm mit bitterer Myrrhe gewürzten Wein reicht)

---

[4] Zit. nach ebd.
[5] Zit. nach Barbara Preuß, Unter einem guten Stern, Jugendliche feierten Benedikt XVI. beim Weltjugendtag, in: Passauer Bistumsblatt, Nr. 35 v. 28. Aug. 2005, 5.
[6] Zit. nach: Apostolische Reise nach Köln anlässlich des XX. Weltjugendtages. Besuch in der Synagoge. Grußwort von Benedikt XVI., in: http://www.vatican.va/holy_father/benedict_xvi/speeches/2005/august/documents/hf_ben-xvi_spe_20050819_cologne-synagogue_ge.html (1. Aug. 2011).

Und als *Könige* hat sie erstmals *Tertullian* (um 160 – nach 220) unter Verweis auf alttestamentliche Schriftstellen (Ps 72,10; Jes 60,3) bezeichnet. Ihre Namen Caspar, Melchior und Balthasar erhielten sie erst im 9. Jahrhundert. Mittelalterliche Darstellungen zeigen die drei Regenten als jungen, als erwachsenen und als alten Mann. Neben den drei Lebensaltern symbolisieren sie auch die damals bekannten Erdteile Europa, Asien und Afrika, weswegen der dritte König manchmal als Mohr begegnet.

Wie aber kamen die Hl. Drei Könige in das ferne Köln? Nachdem deren vermeintliche Gebeine bei der Eroberung Mailands 1162 durch Truppen *Friedrichs I. Barbarossa* (↗ KAR 12) erbeutet worden waren, überließ der Kaiser sie seinem Kanzler, dem Kölner Erzbischof *Rainald von Dassel* (um 1120–1167)[7], der sie 1164 in seine Domkirche nach Köln überführte, und zwar in drei Särgen, von denen er behauptete, darin befänden sich Pesttote (wodurch er wegen der Angst vor Ansteckung eine Kontrolle des Sarginhalts vermeiden konnte). Im Kölner Dom wurden sie dann im prunkvollen, um 1230 fertiggestellten Dreikönigsschrein verwahrt, der größten Goldschmiedearbeit des europäischen Mittelalters (215,5 × 110 × 151,5 cm; 515 kg Gewicht). Als kostbare Reliquien schmückten die sicherlich unechten Relikte fortan das »heilige Köln« und das Hl. Römische Reich Deutscher Nation insgesamt, waren die drei orientalischen Monarchen doch von Christus selbst bestätigte Könige, die sich »auch Barbarossa zur Stützung seiner gottunmittelbaren Herrschaftsgewalt zunutze machte«[8]. Der im 13. Jahrhundert aufblühende Kult um die zuvor in Mailand völlig unbekannten und auch nach ihrer Translation dort nicht vermissten Gebeine beflügelte nicht nur den Neubau des Kölner Doms, sondern machte Köln nach Rom, Jerusalem und Santiago de Compostela zum begehrten Ziel von Pilgern aus weiten Teilen Europas und bescherte der Stadt am Rhein wirtschaftlichen und kulturellen Aufschwung sowie politischen Bedeutungszuwachs. *Helena* (um 250 – um 330), die Mutter Kaiser Konstantins d. Gr., habe im Hl. Land – so sagte man ab dem ausgehenden 12. Jahrhundert – nicht nur das Kreuz Christi und dessen Nägel, nicht nur den Hl. Rock des Erlösers und den Schleier der Gottesmutter Maria, nicht nur den Finger des »ungläubigen« Apostels Thomas und anderes mehr gefunden[9], sondern auch

---

[7]   Zu Rainald, ab 1156 Kanzler und ab 1159 Erzbischof, siehe Hubertus Seibert, Art. Rainald *(Reinald)* von Dassel, in: NDB 21 (2003) 119–121 (Lit.).

[8]   Seibert, Rainald (wie Anm. 7) 121. – Zu dem auf die Karolinger zurückgehenden Gottesgnadentum (durch Gottes Gnade König = lat. *gratia Dei rex*) vgl. Eder, Kirchengeschichte 74.

[9]   Zur »Reliquienjägerin« Helena, die erst Popularität erlangte, als gegen Ende des 4. Jahrhunderts die bis dahin ihrem Sohn Konstantin zugeschriebene Kreuzauffindung auf sie selbst übertragen wurde, vgl. Stefan Heid, Art. Helena, in: LThK³ 4 (1995) 1403 f.; Friedrich Prinz, Das wahre Leben der Heiligen. Zwölf historische Porträts von Kaiserin Helena bis Franz von Assisi, München 2003, 25–32. – Zu den Reliquien Jesu und Mariä siehe Benoît de Sagazan / Barbara Leicht, Passionswerkzeuge und Körperreliquien. Die Vielfalt der Jesusreliquien, in: Welt und Umwelt der Bibel 18 (2013) H. 1, 9–13; Pierre Maraval, Die Legende vom wahren Kreuz. Die Kreuzreliquie, in: a.a.O. 34–37; Jürgen von Ahn, Kostbarer als Gold, mächtiger als jede Waffe. Geschichte der Jesusreliquien in Deutschland, in: a.a.O. 40–47; François Brossier, Auf dem Prüfstand des Zweifels. Die Frage nach der Echtheit von Jesusreliquien, in: a.a.O. 50 f.; Manfred Eder, Die Aachener Heiligtumsfahrt des Jahres 1902. Ein Beitrag zur Verehrungsgeschichte und Echtheitsfrage »biblischer« Reliquien, in: Johannes Frühwald-König u.a. (Hgg.), Steht nicht geschrieben? Studien zur Bibel und ihrer Wirkungsgeschichte (Festschrift für Georg Schmuttermayr), Regensburg 2001, 349–382, bes. 349–354, 380 f. (Lit.). Näheres zu den Reliquien und ihrer Verehrung außerdem KAR 32 INFOBOX Reliquien.

die »Leiber der drei Weisen«[10], die sie nach Konstantinopel habe überführen lassen, von wo sie angeblich der von dort stammende Mailänder Bischof *Eustorgius I.* (reg. nach 344 bis vor 355) nach Mailand gebracht habe.

Lit.: Alexander Sand u.a., Art. Drei Könige, in: LMA 3 (1986) 1384–1389; Annemarie Brückner, Art. Drei Könige, in: LThK³ 3 (1995) 364–366 (jew. Lit.); Manfred Becker-Huberti, Die Heiligen Drei Könige. Geschichte, Legenden und Bräuche, Köln 2005; Rolf Lauer, Der Schrein der Heiligen Drei Könige, Köln 2006; Ralf Lützelschwab, Das große Schweigen. Zur Frühgeschichte der Dreikönigsreliquien, in: DAMALS 42 (2010) H. 12, 16–21 (a.a.O. 22–42 drei weitere reich bebilderte Beiträge zu den Hl. Drei Königen).

Nach Vorstellung der Veranstalter sollte beim Weltjugendtag »jeder Teilnehmer zum Kölner Dom pilgern und den Schrein betrachten«[11].

Auch an den beiden folgenden großen Weltjugendtagen 2008 in Sydney (Australien; 0,5 Mio. Teilnehmer) und 2011 in Madrid (Spanien; 1,5 Mio.) nahm Papst Benedikt XVI. teil. Der erste Weltjugendtag im Pontifikat von *Franziskus* fand im Juli 2013 unter dem Leitwort »*Geht hin und macht zu Jüngern alle Völker der Erde*« (= Mt 28,19a; sog. Missionsbefehl) in Rio de Janeiro in Brasilien statt, dem mit 150 Millionen Gläubigen katholikenstärksten Land der Erde. Für den neuen Papst, selbst Lateinamerikaner, war die Teilnahme am Weltjugendtag – wie bei Benedikt – zugleich die erste Auslandsreise; 3,7 Millionen Teilnehmer bejubelten ihn in Rio. Der letzte zentrale Weltjugendtag, an dem Franziskus ebenfalls teilnahm, fand im Juli 2016 in Krakau (Polen; 1,6 Mio.) statt, der nächste wird 2019 in Panama sein.

L   Dagobert Vonderau, Art. Weltjugendtag, in: LThK³ 10 (2001) 1077; Eberhard von Gemmingen (Hg.), Habemus Papam. Benedikt XVI. Die Chronik des Pontifikats 2005/2006. Bilder, Texte, Dokumente, Leipzig 2006, 76–89; Winfried Gebhardt u.a., Megaparty Glaubensfest. Weltjugendtag: Erlebnis – Medien – Organisation, Wiesbaden 2007; Christian Klenk, Ein deutscher Papst wird Medienstar. Benedikt XVI. und der Kölner Weltjugendtag in der Presse (= Religion – Medien – Kommunikation 4), Berlin 2008; Jürgen Erbacher, Art. Weltjugendtag, in: Erbacher 434–436.

K   Horst Haitzinger.

Q   tz v. 17./18. Aug. 2005; Keim/Seitz, Um Himmels willen 23.

---

[10]   Zit. nach Ralf Lützelschwab, Das große Schweigen. Zur Frühgeschichte der Dreikönigsreliquien, in: DAMALS 42 (2010) H. 12, 16–21, hier: 18.

[11]   Zit. nach: Stichwort: Dreikönigsschrein, in: KNA, Akt. Dienst Nr. 144 v. 28. Juli 2005.

34. Kardinal Meisner und die moderne Kunst
(28. Sept. 2007)

Die Karikatur zeigt von hinten einen an Mozzetta (Schulterumhang) und Talarzingulum (Bauchbinde) als höheren Kleriker erkennbaren Mann, der mit hinter dem Rücken verschränkten Händen in einer Galerie oder einem Museum an einer Wand angebrachte, großformatige Bilder besichtigt, unter denen – wie üblich – kleine Schildchen angebracht sind (die nähere Angaben zu Bild und Künstler enthalten). An welchem (fiktiven) Ort der Geistliche sich befindet und zugleich, wer der Betreffende ist, verrät die Bildunterschrift: »*Kardinal Meisner Museum of Modern Art*« (engl. für: Kardinal-Meisner-Museum moderner Kunst).

An den Betrachter bzw. die Betrachterin werden hier recht hohe Anforderungen gestellt, denn die Karikatur ist nur verständlich, wenn man einerseits ähnliche Original-Kunstwerke kennt und andererseits den Bezug zu Aussagen Kardinal Meisners herzustellen vermag.

1. Die moderne Kunst

Was die Kunstwerke anbetrifft, so sind vier der Bilder in ihrer Technik für den jeweiligen Künstler sehr charakteristisch, jedoch allesamt nicht ganz originalgetreu wiedergegeben.

a) *Links außen* ist die typische Darstellungsweise des jung an AIDS verstorbenen amerikanischen Graffiti-Künstlers **Keith Haring** (1958–1990) zu erkennen. Das Bild wirkt wie eine Kombination der folgenden Zeichnungen.

(98) Keith Haring, Ohne Titel (Wedding Invitation), 1987, Siebdruck (links) bzw. ohne Titel, 1982, Lithographie

b) *Oben in der Mitte* befindet sich ein Werk des russischen Malers **Wassilij Kandinsky** (1866–1944), wobei etwas hinzugefügt ist, was er in seinen durch Bevorzugung geometrischer Elemente gekennzeichneten Bildern (vgl. umseitiges Beispiel) nie gemalt hat: Das Auge Gottes in einem Dreieck.

(99) Wassilij Kandinski, Transverse Linie (Durchgehender Strich), 1923, Öl auf Leinwand

Das Auge Gottes (Vorsehung Gottes, allsehendes Auge) ist insbesondere ein Element der christlichen Ikonographie der Barockzeit (früheste derartige Darstellung aus dem Jahre 1660), wobei das Dreieck als Symbol des dreieinigen Gottes fungiert. Oft umgeben von einem Licht- oder Strahlenkranz, wurde das Auge Gottes v. a. in der Bekrönung von Altären, Kanzeln und Orgeln verwendet.

Lit.: Sachs 50.

(100) Piet Mondrian, Komposition II in Rot, Blau und Gelb, 1930, Öl auf Leinwand

c) *Rechts oben* ist ein Motiv im Stil des holländischen Malers **Piet Mondrian** (1872–1944) zu sehen. Die Farbflächen und Rhythmen horizontaler und vertikaler Linien, auf die sich dieser Künstler seit 1921 beschränkte (vgl. nebenstehende Kostprobe seines abstrakten »Neo-Plastizismus«), sind aber hier um den Kölner Dom, erkennbar an seinem markanten, 109 m hohen Dachreiter (= dritter, kleinerer Turm), ergänzt.

d) *Rechts unten* ist die berühmte Skulptur »Der Denker« (franz.: *Le Penseur*) von **Auguste Rodin** (1840–1917) zu identifizieren, allerdings nicht in der nachdenklichen Pose des Originals, sondern in der Bibel (oder einem Gebetbuch) lesend[1].

---

[1] Die wichtigsten Informationen zu Leben und Werk von *Haring, Kandinsky, Mondrian* und *Rodin* finden sich bei Robert Darmstaedter / Ulrike von Hase-Schmundt, Künstlerlexikon. 5.200 Künstlerporträts aller Epochen und Stile, Stuttgart ³2002 (ND Hamburg 2013), 265, 313, 428 und 530.

(101)   Auguste Rodin, Höllentor (1880–1917); oben in der Mitte der »Denker«

Lediglich das eine nun noch verbleibende hochformatige Bild ist keine offensichtliche Verfremdung eines berühmten Kunstwerks, erinnert aber – mit Anklängen an
Köpfe von **Pablo Picasso** (1881–1973) – an volkstümliche Holz- oder Wachsskulp-

---

Zu Haring vgl. außerdem Adrian Kreye, Meister der Apokalypse. Aids, Crack und Hip-Hop: Eine
grandiose Münchner Ausstellung rehabilitiert Keith Haring als politischen Künstler an der vordersten Front der Reagan-Jahre, in: SZ, Nr. 100 v. 2./3. Mai 2015, 16.

(102) Mönch mit Bierkrug (Holz-skulptur)

turen mit dem hier dargestellten Motiv eines Ordensmannes mit Tonsur und Mönchskutte, der einen mit Bier gefüllten, schaumbekrönten Maßkrug in der rechten Hand hält. In unserer Zeichnung blickt er vor einer Naturkulisse mit gotischem Kirchenfenster im Hintergrund freundlich auf den Betrachter.

2. Kardinal Meisner

Der Kölner Erzbischof *Joachim Kardinal Meisner* (1933–2017; reg. 1988–2014, zuvor ab 1980 Bischof von Berlin), der schon in den Jahren zuvor durch umstrittene Predigtaussagen für Aufsehen gesorgt hatte[2], sagte in seiner Predigt im Festgottesdienst zur Einweihung des Kölner Kunstmuseums »Kolumba« am 14. September 2007: »*Vergessen wir nicht, dass es einen unaufgebbaren Zusammenhang zwischen Kultur und Kult gibt. Dort, wo die Kultur vom Kultus, von der Gottesverehrung abgekoppelt wird, erstarrt der Kult im Ritualismus und die Kultur entartet. Sie verliert ihre Mitte.*«[3] Für Aufregung sorgte an dieser Äußerung zunächst der Gebrauch des historisch stark belasteten Wortes »entartet«, mit dem v. a. in der NS-Zeit moderne, nicht naturalistische (insbesondere in der Form neuartige und im Inhalt sozialkritische) Kunst als dekadent und zersetzend gebrandmarkt wurde.

Der Begriff »entartet« (abgeleitet von biologisch-medizinischer Deformation) fand im nationalsozialistischen Sprachgebrauch häufige Verwendung für angebliche – auf »Rassenmischung« und Sittenverderbnis zurückgehende – Verfallserscheinungen in einem Volk. Die Bezeichnung »entartete Kunst« wurde bereits 1893 durch das Buch »*Entartung*« von *Max Nordau* (1849–1923) in die Kunstkritik eingeführt und vom nationalsozialistischen »Kampfbund für die deutsche Kultur« aufgegriffen. Diese 1929 durch den NS-Parteiideologen *Alfred Rosenberg* (1893–1946 [gehenkt]; 1941–1945 Reichsminister für die besetzten Ostgebiete) gegründete Organisation richtete sich gegen »Entartungserscheinungen« der modernen Kunst und gegen jüdischen Einfluss auf das kul-

---

[2]   2005 etwa setzte Meisner den Holocaust der Juden im Dritten Reich mit heutigen Abtreibungen in Beziehung. Näheres bei Matthias Drobinski, Der Mann der verletzenden Vergleiche, in: SZ, Nr. 10 v. 14. Jan. 2005, 8; Dirk Knipphals, Kardinal Meisner. Der Kalif von Köln, in: taz.de vom 17. Sept. 2007, 2 (mit einer Auswahl von »Kardinalsworten« aus den Jahren 2002–2007).

[3]   Zit. nach Knipphals (wie Anm. 2). – 1948 hatte der österreichische Kunsthistoriker *Hans Sedlmayr* (1896–1984) ein Buch mit dem Titel »*Verlust der Mitte*« publiziert, in dem er Kritik an der modernen Kunst und Kultur übte und auch Künstler attackierte, die bis 1945 als »entartet« diffamiert und verfolgt wurden. Gustav Seibt merkt hierzu allerdings an, dass man »Meisner womöglich intellektuell zu viel zutraut, wenn man ihm Vertrautheit mit Hans Sedlmayrs reaktionärem, aber geistvollem Pamphlet […] unterstellt« (Meisners Bild vom Menschen, in: sueddeutsche. de vom 14. Sept. 2007; vgl. Andreas Rossmann, Meisner in der Abseitsfalle. Der Kardinal und die Kunst, in: FAZ, Nr. 216 v. 17. Sept. 2007, 33).

turelle Leben in Deutschland. Auf Befehl des »Führers« wurde 1937 in München eine Ausstellung mit dem Titel »Entartete Kunst« gezeigt, die 650 Kunstwerke aus 32 deutschen Museen, u. a. von *Paul Klee, Otto Dix, Emil Nolde, Ernst Barlach* und *Oskar Kokoschka*, präsentierte. Durch ein im Mai 1938 erlassenes »Gesetz über Einziehung von Erzeugnissen entarteter Kunst« konnte auch aus Privatbesitz ohne jegliche Entschädigung enteignet werden. Zahlreiche der insgesamt 16.000 beschlagnahmten Kunstwerke wurden im Ausland zugunsten des Deutschen Reiches verkauft, über 4.000 Bilder 1939 in Berlin öffentlich verbrannt.

Lit.: Horst Heidtmann, Art. Entartete Kunst, in: Zentner/Bedürftig, Lexikon 149, sowie die Farbtafel nach 176; *zu Rosenberg*, dem »Kirchenvater des Nationalsozialismus« (Adolf Hitler), siehe Ernst Piper, Alfred Rosenberg. Hitlers Chefideologe, München 2007.

Meisner erntete hierfür breite Kritik, angefangen vom Generalsekretär des Zentralrats der Juden in Deutschland, *Stephan J. Kramer* (* 1968; amt. 2004–2014), der Meisner als »notorischen geistigen Brandstifter« bezeichnete, über Kulturstaatsminister *Bernd Neumann* (* 1942; amt. 2005–2013) und Bundestagspräsident *Norbert Lammert* (* 1948; amt. seit 2005) bis hin zum FDP-Vorsitzenden *Guido Westerwelle* (1961–2016) und anderen[4]. Fragwürdiger noch ist allerdings das in diesem Zitat zum Ausdruck kommende Kunstverständnis des Kölner Oberhirten, das sich schon drei Wochen zuvor in einem harschen Urteil über ein neues abstraktes Glasfenster im Kölner Dom[5] angedeutet hatte. »*Was wollte Meisner denn – jenseits der unsäglichen Wortwahl – tatsächlich sagen? Nichts weniger, als dass Kunst, die sich nicht auf Gott bezieht, quasi wertlos ist. Dies aber ist nicht nur kunstgeschichtlich großer Unfug, sondern auch für gläubige Kunstliebhaber eine Zumutung, denn eine derartige Letztbegründung trägt immer Züge des Fundamentalismus: Brecht, die Rolling Stones, Verdis ›Don Carlos‹ – alles gottlose und damit verfehlte Kunst?*«[6]

Während der Essener Bischof *Felix Genn* (* 1950; reg. 2003–2009, seither Bischof von Münster) Meisner beipflichtete, indem er sagte, »Kunst ohne Gottesbezug sei weder herzlich noch vernünftig«, meinte der Oberhirte von Rottenburg-Stuttgart, *Gebhard Fürst* (* 1948; reg. seit 2000), »er könne es den Kunstschaffenden nicht verübeln, wenn sie sich diffamiert fühlten«. Meisner selbst entschuldigte sich für seine Wortwahl und erläuterte seine Predigtworte so: »Gesellschaften und ganze Kulturen, die Gott aus ihrer Mitte verbannen und an seine Stelle den Menschen als Maß von Gut und Böse setzen …, kehren sich letztlich gegen sich selbst und ent-

---

4   Vgl. Knipphals (wie Anm. 2); Zentralrat der Juden nennt Meisner geistigen Brandstifter. Streit über »entartete« Kunst, in: Rheinische Post online v. 16. Sept. 2007 (Zitat).

5   Am 25. August 2007 war Meisner dem Einweihungsgottesdienst für ein neues Fenster im Kölner Dom demonstrativ ferngeblieben. Zur Begründung führte er an, dass er sich statt des (aus 11.500 jeweils 9,5 cm großen Glasplatten bestehenden und in 72 Farben leuchtenden) Fensters von *Gerhard Richter* eine figürliche Darstellung gewünscht hätte. Das Werk Richters, das er als »beliebig« kritisierte, passe besser in eine Moschee oder einen jüdischen Betraum als in eine Kirche. Vgl. Gustav Seibt, Vor dem Verlust der Mitte. Meisner und die »entartete« Kunst, in: sueddeutsche.de vom 16. Sept. 2007; Rossmann (wie Anm. 3).

6   Raimund Meisenberger, Zur Hölle mit den Stones!, in: PNP, Nr. 214 v. 17. Sept. 2007, 2. – Zu den beiden im folgenden genannten Bischöfen siehe Martin Persch, Art. Genn, in: Gatz, Bischöfe II 554, und Hubert Wolf, Art. Fürst, in: a. a. O. 477 f. (jew. Lit.).

larven sich als das, was sie sind – unmenschlich«[7]. Dies ist jedoch kein Satz, der sich auf das Kunstschaffen in einer freiheitlichen Gesellschaft anwenden lässt, sondern spiegelt Meisners Prägung und Erfahrungen im totalitären DDR-Staat[8], der Gott in der Tat in allen Bereichen den Abschied geben wollte und die Kirchenmitgliedschaft von über 90 auf 28 % sinken ließ[9].

3. Weiteres zur Deutung der Karikatur

Der Karikaturist hat einige Ikonen moderner Kunst genommen und ihnen die scheinbar »verlorene Mitte«, von der Meisner gesprochen hatte, wieder zurückgegeben, indem er die Bilder durch eindeutig christliche Symbole (Kreuz, Kirche, Bibel, Auge Gottes) »anreicherte« und dadurch zu dezidiert christlichen Bildern machte. Die Intention Meisners wird somit dahingehend zugespitzt, dass jegliche Kunst wieder – wie im Mittelalter – in engster Verbindung mit der Kirche stehen und ihr z. T. als dienstbare *ancilla ecclesiae* (lat. für Magd der Kirche) untergeordnet sein solle, während sie nach heutigem Verständnis weitgehende Autonomie genießt. »*Die Frage nach Gott taucht in der Kunst – genauso wie in der Literatur – meist in der Weise* **negativer Theologie** *auf, das heißt: Es werden die Spuren seiner Abwesenheit ins Bild oder ins Wort gebracht. Wenn überhaupt, dann wird Gott in der Weise der Kritik, des Zweifels, der Anklage, des Aufbegehrens thematisiert [...]. Heiligenbilder und figürliche Darstellungen des Heiligen, wie sie Meisner von den Künstlern für den kirchlichen Raum einfordert*[10]*, sind für die gut, die sie brauchen. Aber sie sind nicht* **das** *Christentum. Dieses ist zum Glück vielfältiger und lässt sich von der Kunst gerne auch kritisch anfragen und zum Nachdenken anregen.*«[11]

Die Wahl der Kunstwerke durch den Karikaturisten scheint übrigens keineswegs zufällig, haben sich doch alle vier Künstler mit religiösen Themen auseinandergesetzt. Dies ist bei Haring, der auch einen Bilderzyklus zu den Zehn Geboten schuf[12], bereits durch die obige Kreuzesdarstellung evident; Kandinsky veröffent-

---

[7]   Alle Zitate nach: Hartmut Meesmann, Zwischen Heil und Unheil. Für den Kölner Kardinal ist die Kunst nur ein Feld unter vielen, auf dem der »Kampf um Gott« in der Gesellschaft stattfindet, in: Publik-Forum 36 (2007) H. 18 (28. Sept.), 10.

[8]   Geboren 1933 in Breslau, hatte Meisner nach der Vertreibung seiner Familie aus Schlesien das gesamte Leben bis zu seinem ersten Besuch der BRD 1980 in der DDR verbracht. Näheres zu seiner Biographie bei Ulrich Helbach, Art. Meisner, in: Gatz, Bischöfe II 295–297 (Abb.).

[9]   Siehe Karl Gabriel, Art. Religion, in: Axel Schildt (Hg.), Deutsche Geschichte im 20. Jahrhundert. Ein Lexikon, München 2005, 308–312, hier: 311. Vgl. auch Josef Pilvousek, Die katholische Kirche in der DDR, in: Erwin Gatz (Hg.), Kirche und Katholizismus seit 1945, Bd. 1 (Mittel-, West- und Nordeuropa), Paderborn u. a. 1998, 132–150.

[10] ... und wie sie ihm wohl auch selbst am besten gefallen (Mönch mit Maßkrug!).

[11] Meesmann, Heil (wie Anm. 7).

[12] Dazu Georg Reilly, Keith Harings Gegenbilder zum Dekalog, in: Katechetische Blätter 131 (2006) 407–410; weitere sw-Abb.: 397, 405, 413, 419, 429, 443, 449.

lichte eine Schrift »*Über das Geistige in der Kunst*« (1912)[13], und der sich in seinem späteren Werk auf abstrakte Flächen und Linien beschränkende Mondrian »ist das Paradebeispiel für den Calvinismus in der Kunst, also die positive Transformation des Bilderverbots in die zeitgenössische Kunst«[14].

> In den Schriften des Reformators von Genf, *Johannes Calvin* (Jean Cauvin; 1509–1564), nach dem der Calvinismus, eine der Hauptrichtungen der reformatorischen Bewegung, benannt ist, erscheint als zweites unter den Zehn Geboten nicht das Verbot der Verunehrung des Gottesnamens, sondern das Bilderverbot. Daher ließ Calvin Bilder zerstören (sog. Bildersturm) und verbannte bildliche Darstellungen Gottes und der Heiligen dauerhaft aus den dadurch sehr kahlen Kirchenräumen der calvinistischen (= reformierten) Konfession. Recht verstanden erfüllt aber auch die katholische Kirche das alttestamentliche Bilderverbot nach Ex 20,4, geht es hier doch um das *Verbot*,
> - sich Gott über Bilder, Skulpturen, Amulette u. a. verfügbar zu machen und
> - Bilder oder Statuen nicht nur zu verehren, sondern anzubeten.
>
> Lit.: Cécile Dupeux u. a. (Hgg.), Bildersturm. Wahnsinn oder Gottes Wille?, München 2000; Ansgar Reiss / Sabine Witt (Hgg.), Calvinismus. Die Reformierten in Deutschland und Europa (Ausstellungskatalog), Dresden 2009.

Rodins »Denker« schließlich war ursprünglich gedacht als große Skulptur innerhalb des »Höllentores« (Höllenpforte; franz.: *La Porte de l'enfer*; siehe oben Abb. S. 359), eines monumentalen, nie fertiggestellten Bronzeportals für das »*Musée des Arts Décoratifs*« in Paris, an dem Rodin seit 1880 fast 37 Jahre lang arbeitete (heute: *Museé Auguste Rodin*, Paris). Es war entwickelt aus der literarischen Vorlage des Inferno in Dante Alighieris »Göttlicher Komödie«, und der »Denker«, der dann zu einem aus dem vorgesehenen Kontext gelösten, eigenständigen Kunstwerk reifte, sollte dabei den großen Dichter selbst darstellen[15].

L Günter Rombold, Art. Kunst III. Kunst und Kirche, in: LThK³ 6 (1997) 533–535; Stefan Schmitt, 1945 bis heute: Zur Entwicklung des Diskurses »Kirche und Kunst«, in: das münster. Zeitschrift für christliche Kunst und Kunstwissenschaft 50 (1997) 298–311; Heinz Ohme, Art. Bilderkult VI. (Christentum), in: RGG⁴ 1 (1998) 1572–1574; Mertin 277–279; Hartmut Meesmann, Zwischen Heil und Unheil, in: Publik-Forum 36 (2007) H. 18 (28. Sept.), 10; Walter Grasskamp, Unerwartete Folgen eines Ausstellungsbesuchs. Versuch über den Kunstwitz, in: aviso. Zeitschrift für Wissenschaft und Kunst in Bayern (München) 15 (2011) H. 1, 16–21; Ludwig Mödl, Autonome Kunst und Kirche, in: Klerusblatt. Zeitschrift der katholischen Geistlichen in Bayern und der Pfalz 94 (2014) 239–243.

K Thomas Plaßmann.

Q Publik-Forum 36 (2007) H. 18 (28. Sept.), 10; Mertin 278.

---

[13] Vgl. Regine Prange, Art. Kandinsky, in: RGG⁴ 4 (2001) 766.
[14] Mertin 279. – Zu Mondrian, der calvinistischen (reformierten) Glaubens war, siehe auch Barbara Regina Renftle, Art. Mondrian, in: RGG⁴ 5 (2002) 1439f.
[15] Vgl. hierzu Eugen Trapp, Art. Rodin, in: LThK³ 8 (1999) 1230. Modell gesessen ist für Rodins bekannteste Skulptur übrigens kein Denker, sondern der Preisboxer und Ringer Jean Baud.

35. Benedikt XVI. als einseitiger »Pontifex maximus«[1]

(29. Jan. 2009)

Einseitiger Brückenbau

SZ-Zeichnung: Horsch

(103)

---

[1]   Vgl. hierzu KAR 29 INFOBOX Nachfolger Petri/Pontifex maximus.

1. Beschreibung

Die Karikatur zeigt eine aus massivem Stein und mit hohen Bögen errichtete Brückenkonstruktion, bei der allerdings nur noch der Weg in eine einzige Richtung intakt ist, nämlich in die mit »**Konservativ.[ismus]**« bezeichnete.

> Als Konservati(vi)smus (von lat. *conservare:* bewahren) bezeichnet man eine »geistige, soziale und politische Haltung, die überlieferte Werte und überkommene Ordnungen bejaht und grundsätzlich zu erhalten strebt«. Abgesehen von extremen Ausprägungen lehnt der Konservativismus Neuerungen nicht schlechthin ab, verlangt aber den Beweis ihrer Notwendigkeit, da er allen historisch gewordenen Einrichtungen, die Dauer verbürgen und Erbe verkörpern, hohe Bedeutung und bindende Kraft beimisst.
>
> Lit.: Art. Konservativismus, in: dtv-Brockhaus-Lexikon in 20 Bänden, München 1989, 80 f. (Zitat: 80); Wilhelm Ribhegge / Rolf Schieder, Art. Konservatismus, in: RGG⁴ 4 (2001) 1614–1616 (jeweils Lit.).

Um den Weg in diese Richtung weiter auszubauen, fährt Papst *Benedikt XVI.* (2005–2013) mit einer Schubkarre Steine herbei.

Die Wege in die anderen drei Richtungen, gekennzeichnet mit den Begriffen *»Islam«*, *»Moderne«* und *»Judentum«*, sind dagegen völlig heruntergebrochen und damit unbenutzbar, wobei vom Weg zum »Judentum« immer noch Gestein herabbröckelt. Alle drei Begriffe beziehen sich auf konkrete Ereignisse im Pontifikat des deutschen Papstes.

2. Deutung

a) Islam: Regensburger Rede

Am 12. September 2006 hielt Benedikt XVI. im Rahmen einer Reise in seine bayerische Heimat (9.–14.9.2006) eine Vorlesung im Auditorium Maximum der Universität Regensburg, an der er von 1969 bis 1977 als Professor für Dogmatik und Dogmengeschichte gelehrt hatte. In seiner Rede, die den Titel *»Glaube, Vernunft und Universität. Erinnerungen und Reflexionen«* trug, kam der Papst auf die Bekehrung durch Gewalt zu sprechen und zitierte dabei den byzantinischen Kaiser *Manuel II. Palaeologos* (1391–1425), der wohl im Winterlager zu Ankara 1391 folgende Aufforderung an einen persischen Gelehrten (Mudarris) richtete: *»Zeig mir doch, was Mohammed Neues gebracht hat und da wirst du nur Schlechtes und Inhumanes finden wie dies, daß er vorgeschrieben hat, den Glauben, den er predigte, durch das Schwert zu verbreiten.«*[2] Benedikt versäumte es, unmissverständlich klarzumachen, dass dieser Satz – den er der Dissertation des Religionsphilosophen *Adel Theodor*

---

[2]   Zit. nach Benedikt XVI., Glaube und Vernunft. Die Regensburger Vorlesung. Vollständige Ausgabe, Freiburg i. Br. u. a. 2006, 15 f.

Khoury (* 1930) entnommen hatte[3] – die Äußerung eines mittelalterlichen Herrschers ist, nicht aber seine eigene Auffassung[4]. Daher löste er mit seiner »Regensburger Rede«, die eigentlich zu einer Haltung des Respekts, des Dialogs und des Gewaltverzichts unter den Religionen und Kulturen aufrief, eine Welle der Empörung in der islamischen Welt aus. So wirft ihm der Leiter der türkischen Religionsbehörde am 14. September »Kreuzfahrermentalität« und eine feindliche Haltung gegenüber dem Islam vor, am 15. September spricht die Vereinigung islamischer Staaten (OIC) von einer Verleumdungskampagne gegen den Islam und den Propheten Mohammed, und es finden Protestdemonstrationen in zahlreichen muslimisch geprägten Staaten statt, am 16. September tauchen Anschlagsdrohungen islamistischer Gruppierungen gegen Papst und Vatikan im Internet auf, am 17. September kommt es zu Anschlägen auf Kirchen im Westjordanland sowie zur Ermordung der italienischen Nonne *Leonella Sgorbati* in Somalia, und am 18. September verbrennen Demonstranten im Irak eine Papstpuppe, und die Terrororganisation al-Qaida droht Rom an, es werde fallen wie Konstantinopel 1453. Nur die Wahl zwischen der Bekehrung und dem Schwert wolle man den »Kreuzes-Anbetern« lassen.

1054 war Konstantinopel, das von Kaiser *Konstantin d. Gr.* 330 am Ort des kleinen Byzantion (Byzanz) gegründete »Neu-Rom«, Schauplatz des bis heute währenden *Morgenländischen Schismas* zwischen der West- und Ostkirche. Genau eineinhalb Jahrhunderte später wurde die schmerzliche Trennung zwischen der lateinischen und griechischen Christenheit durch die Eroberung und weitgehende Zerstörung der Stadt im 4. Kreuzzug endgültig besiegelt. Nach dem Ende des kurzlebigen Lateinischen Kaiserreichs (1204–1261) war Konstantinopel wieder byzantinische Hauptstadt, bis die seit längerem immer wieder auf die Metropole vorstoßenden türkischen Osmanen im Jahre 1453 unter Sultan *Mehmed II.* (reg. 1451–1481) Konstantinopel eroberten, das zu dieser Zeit »nur noch ein Schatten seiner einstigen Pracht und Größe« war. Knapp 1.000 Jahre nach dem Fall Westroms (476) war damit auch das Ende des christlichen Ostrom gekommen. Die Osmanen erhoben Konstantinopel zur Hauptstadt ihres Großreiches (bis 1923; seither Ankara), die Stadt selbst aber (seit 1930: Istanbul) blieb Sitz des »Ökumenischen Patriarchen von Konstantinopel« (↗ KAR 29 INFOBOX Nachfolger Petri/Pontifex maximus), dem bis heute der Ehrenvorrang innerhalb der orthodoxen Kirchen zukommt.

Lit.: Imanuel Geiss, Art. Byzantion (Byzanz, Konstantinopel, Istanbul), in: ders., Geschichte griffbereit, Bd. 3 (Schauplätze), Gütersloh/München 2002, 87–89 (Zitat: 88; Lit.); Axel Bayer, Spaltung der Christenheit. Das sogenannte Morgenländische Schisma von 1054 (= Beihefte zum Archiv für Kulturgeschichte 53), Köln u. a. ²2004; Steven Runciman, Die Eroberung von Kon-

3   Théodore Khoury (Hg.), Manuel II Paléologue. Entretiens avec un musulman. 7ᵉ Controverse (= Sources chrétiennes 115), Paris 1966, 142 f. (griech. und franz.).
4   Während der Papst in seiner Rede sagte, die Formulierung des Kaisers erfolge »in erstaunlich schroffer, uns überraschend schroffer Form«, heißt es in der späteren, gedruckten Fassung: »in erstaunlich schroffer, *für uns unannehmbar* schroffer Form« (zit. nach Benedikt, Glaube [wie Anm. 2] 133; Hervorhebung vom Verf.). Überdies kommentierte Benedikt XVI. seine Ausführungen nachträglich durch mehrere erläuternde Anmerkungen (siehe a. a. O. 14–17, Anm. 1–5). Vgl. zum Kontext und Hintergrund des vom Papst gebrauchten Zitats außerdem den umfangreichen Exkurs in einer Rede Karl Kardinal Lehmanns vom 19. Sept. 2006, abgedruckt a. a. O. 120–133.

stantinopel 1453, München [7]2012; Paul M. Cobb, Der Kampf ums Paradies. Eine islamische Geschichte der Kreuzzüge, Darmstadt 2015, 322–325; Eder, Kirchengeschichte 84–86, 104, 133.

Nachdem der Papst am selben Tag beim Angelus-Gebet in Castelgandolfo (↗ KAR 24 INFOBOX) sein Bedauern geäußert und den Muslimen bei einer Generalaudienz am 20. September in Rom seinen »tiefen Respekt« ausgesprochen hatte, ebbten die weltweiten Proteste ab. Einen weiteren Beitrag zur Beruhigung der Situation leistete ein Treffen mit 40 diplomatischen und religiösen Vertretern der Muslime am 25. September, bei dem sich Benedikt XVI. erneut zum friedlichen Dialog zwischen Christen und Muslimen bekannte. Endgültig glätteten sich die Wogen jedoch erst durch die Türkeireise des Papstes (28. Nov. – 1. Dez. 2006), bei der er sich in der Blauen Moschee von Istanbul gemeinsam mit dem betenden Großmufti in Richtung Mekka wandte und durch diese Geste an die islamische Welt viele Sympathien zurückgewann. Nachdem sich eine Gruppe muslimischer Geistlicher und Gelehrter intellektuell mit der Regensburger Rede auseinandergesetzt hatte, luden im Oktober 2007 138 Vertreter verschiedener islamischer Glaubensrichtungen und Rechtsschulen[5] den Papst und andere christliche Religionsführer in einem offenen Brief zum interreligiösen Dialog ein. Da Benedikt XVI. die Einladung bereitwillig annahm, gibt es seit März 2008 ein »Katholisch-Islamisches Forum«, an dem von muslimischer Seite Vertreter aus 43 Staaten teilnehmen. Es wurde vereinbart, sich einmal jährlich, und zwar abwechselnd in Rom und in einem muslimischen Land, zu einer Konferenz zu treffen, was aber nicht realisiert wurde.

b) Judentum: Karfreitagsfürbitte für die Juden

Wie nachstehende Gegenüberstellung zeigt, erfuhr die Fürbitte von 1570 bis 1970 erhebliche Veränderungen.

- *Röm. Messbuch (Missale Romanum) von 1570 (tridentinischer Ritus):* »Laßt uns auch beten für die treulosen Juden. Gott, unser Herr, möge den Schleier von ihren Herzen wegnehmen, auf daß auch sie unseren Herrn Jesus Christus erkennen. [...] Allmächtiger, ewiger Gott, der du auch die jüdische Untreue nicht von deiner Erbarmung ausschließt, erhöre unsere Gebete, die wir ob der Verblendung jenes Volkes vor dich bringen. Mögen sie das Licht der Wahrheit, das Christus ist, erkennen und ihrer Finsternis entrissen werden: durch ihn, unsern Herrn ...« (entgegen den übrigen Großen Fürbitten am Karfreitag ohne Kniebeuge).
- *Röm. Messbuch von 1962 (letzte Ausgabe nach tridentinischem Ritus,* hg. durch Papst Johannes XXIII.): »Laßt uns auch beten für die Juden: Gott, unser Herr, möge den Schleier von ihren Herzen wegnehmen, auf daß auch sie unseren Herren Jesus Christus erkennen. [...] Allmächtiger, ewiger Gott, der du auch die Juden nicht von

---

[5] »Das Papier wird inzwischen von 400 Gelehrten unterstützt« (»Militante Muslime sind nicht der Islam«. Religionswissenschaftler [Adel Theodor] Khoury über den 11. September [2001], in: KNA Interview, Nr. 162 v. 24. Aug. 2011).

deiner Erbarmung ausschließt, erhöre unsere Gebete, die wir ob der Verblendung jenes Volkes vor dich bringen. Mögen sie das Licht deiner Wahrheit, das Christus ist, erkennen und ihrer Finsternis entrissen werden: durch ihn, unsern Herrn ...« (mit Kniebeuge [bereits seit 1956]).

• *Röm. Messbuch von 1970* (seither: *ordentlicher Ritus)*: »Laßt uns auch beten für die Juden, zu denen Gott, unser Herr, zuerst gesprochen hat: Er bewahre sie in der Treue zu seinem Bund und in der Liebe zu seinem Namen, damit sie das Ziel erreichen, zu dem sein Ratschluß sie führen will. [...] Allmächtiger, ewiger Gott, du hast Abraham und seinen Kindern deine Verheißung gegeben. Erhöre das Gebet deiner Kirche für das Volk, das du als erstes zu deinem Eigentum erwählt hast: Gib, daß es zur Fülle der Erlösung gelangt. Darum bitten wir durch Christus, unseren Herrn.« (mit Kniebeuge)

Durch das in Umsetzung der Liturgiekonstitution (»*Sacrosanctum Concilium*«, 1963) des Zweiten Vatikanums erschienene Messbuch von 1970 wurde jenes von 1962 abgeschafft und seine Verwendung als außerordentlicher Ritus erst 1984 durch Johannes Paul II. unter strengen Auflagen wieder erlaubt[6]. Dies war ein Entgegenkommen gegenüber der seit 1969 bestehenden »*Priesterbruderschaft St. Pius X.*« (FSSPX) und ihrem Gründer, dem französischen Erzbischof *Marcel Lefebvre* (1905–1991), die die Liturgiereform und die daraus erwachsene neue Messliturgie mit einer stärkeren Einbeziehung der Gemeinde für verfehlt hielten (und halten). Dennoch vollzog Lefebvre 1988 durch die unerlaubte Weihe vierer, automatisch exkommunizierter Bischöfe (Bernard Fellay, Alfonso de Gallareta, Bernard Tissier de Mallerais, Richard Williamson) den offenen Bruch (Schisma) mit Rom. Die im selben Jahr vom Vatikan als »Auffangbecken« für Lefebvrianer und weitere traditionalistisch gesinnte Katholiken begründete »*Priesterbruderschaft St. Petrus*« (mit heute etwa 200 Priestern) erhielt ebenfalls die Sondererlaubnis Roms, die Messe im vorkonziliaren Ritus zu feiern. Am 7. Juli 2007 erschien das päpstliche Motu Proprio »*Summorum Pontificum*«, das – »um eine innere Versöhnung in der Kirche« zu erreichen – erlaubte, dass künftig wieder überall lateinische Gottesdienste nach dem tridentinischen Ritus von 1962 gefeiert werden durften. Da damit auch die Karfreitagsfürbitte mit der Rede von der »Verblendung« und der »Finsternis«, in

---

6   Die Aussage Benedikts XVI. in seinem Begleitbrief zum Motu Proprio »*Summorum Pontificum*« (siehe das Folgende!), »daß dieses Missale nie rechtlich abrogiert wurde und insofern im Prinzip immer zugelassen« geblieben sei (hg. v. Sekretariat der Deutschen Bischofskonferenz [= Verlautbarungen des Apostolischen Stuhls 178], Bonn 2009, 22), widerspricht der deutlichen Abschaffungsformel Pauls VI. in dessen Apostolischer Konstitution »*Missale Romanum*« vom 3. April 1969 und seiner Autobiographie, in der er selbst von einem »Verbot des alten Missale« gesprochen hatte (Joseph Ratzinger, Aus meinem Leben. Erinnerungen, Stuttgart 1998, 172). Daher ist mit *Jan-Heiner Tück* festzustellen: »Mit dem Motu Proprio *Summorum Pontificum* hat Papst Benedikt XVI. die Entscheidung seines Vorgängers revidiert« (Die Kollegialität der Bischöfe – ein trojanisches Pferd? Ekklesiologische Anmerkungen zur Kritik Marcel Lefebvres, in: Philosophie und Theologie 84 [2009] 547–575, hier: 574, Anm. 94). Vgl. hierzu auch Christian Binder, »numquam abrogata?« Kirchenrechtliche Reflexionen über das Motu Proprio »Summorum Pontificum« Papst Benedikts XVI. (= Mainzer Beiträge zu Kirchen- und Religionsrecht 2), Würzburg 2016.

der sich die Juden befänden, wieder zugelassen war, erhob sich von jüdischer wie christlicher Seite herbe Kritik, der man durch eine vom Papst selbst verfasste und im Februar 2008 veröffentlichte **Neufassung** Rechnung zu tragen suchte.

> Neufassung *für den außerordentlichen Ritus (ab Karfreitag 2008):* »Lasst uns auch beten für die Juden, auf dass Gott unser Herr ihre Herzen erleuchte, damit sie Jesus Christus als den Retter aller Menschen erkennen. [...] Allmächtiger, ewiger Gott, der Du willst, dass alle Menschen gerettet werden und zur Erkenntnis der Wahrheit gelangen. Gewähre gnädig, dass beim Eintritt der Fülle der Völker in Deine Kirche ganz Israel gerettet wird. Durch Christus unsern Herrn. Amen.«

Die unverhohlene Christozentrik der Neuformulierung, in der von einem eigenständigen Heilsweg Israels und dem nie gekündigten Bund Gottes mit seinem Volk keine Rede ist, führte zu heftigen Einwänden jüdischer Verbände und Persönlichkeiten in aller Welt. Prominente Vertreter der Juden in Deutschland sagten die Teilnahme am Katholikentag des Jahres 2008 in Osnabrück ab. Der bekannte Münsteraner Alttestamentler *Erich Zenger* (1939–2010) sprach von einem »ärgerlichen Rückschritt«, und der Gesprächskreis »Juden und Christen« des Zentralkomitees der deutschen Katholiken (ZdK) rief den Papst auf, die Fürbitte zurückzuziehen. Daraufhin erfolgte am 4. April 2008 ein Kommuniqué des Vatikanischen Staatssekretariats, in dem es heißt: »*Der Vatikan versichert, daß die neue Formulierung der Fürbitte, mit der einige Ausdrücke des Missales von 1962 modifiziert wurden, in absolut keiner Weise die Absicht hat, einen Wechsel der Haltung zu bekunden, die die katholische Kirche gegenüber den Juden entwickelt hat. Das gilt insbesondere seit der Lehre des Zweiten Vatikanischen Konzils, vor allem in der Erklärung ›Nostra aetate‹, die Papst Benedikt XVI. bei der Audienz für die Oberrabbiner Israels am 15. September 2005 als ›einen Meilenstein für die Aussöhnung der Christen mit dem jüdischen Volk‹ bezeichnet hat. Das Fortbestehen dieser Haltung, wie sie sich in der Erklärung ›Nostra aetate‹ darstellt, wird im Übrigen daran deutlich, daß die Fürbitte für die Juden, wie sie im Römischen Missale von 1970 enthalten ist, volle Gültigkeit behält. Sie ist die ordentliche Form des Gebets der Katholiken.*«[7] Erst 2009 beruhigte sich die Diskussion um die revidierte Karfreitagsfürbitte (darauf spielt in der Karikatur wohl das vom Brückenbogen zum »Judentum« immer noch herabbröckelnde Gestein an); sie blieb unverändert, obwohl Kurienkardinal Walter Kasper im Mai 2008 eine Änderung nicht ausgeschlossen hatte.

c) Moderne: Piusbruderschaft

Unmittelbarer Anlass für die Entstehung der Karikatur waren aber nicht die Themen »Islam« und »Judentum«, sondern die Aufhebung der Exkommunikation der obengenannten vier Bischöfe der Piusbruderschaft durch ein Dekret der Bischofs-

---

[7]   Zit. nach: Vatikan: Kein Wechsel in Haltung zum Judentum, in: KNA Dokumentation, Nr. 66 v. 5. April 2008.

kongregation vom 21. Januar 2009. Vorausgegangen war im Juni 2008 die an die Bruderschaft gerichtete Aufforderung des Hl. Stuhls zur theologischen und kirchenpolitischen Aussöhnung, die diese mit der Bitte um Rücknahme der Exkommunikation beantwortete. Am 15. Dezember wiederholte der Generalobere *Bernard Fellay* (* 1958), dem Papst Benedikt im August 2005 eine Privataudienz gewährt hatte, diese Bitte in einem Schreiben an die 1988 für den Dialog mit traditionalistisch geprägten Gruppen gegründete Kommission »Ecclesia Dei« und sicherte die Anerkennung des päpstlichen Primats (↗ KAR 7) und die Annahme der Lehren des Papstes zu. Als der Vatikan am 24. Januar 2009 die Rücknahme der Exkommunikation förmlich mitteilte, wurde fast zeitgleich ein Interview eines schwedischen Fernsehsenders vom 1. November 2008 im Priesterseminar der Bruderschaft in Zaitzkofen (Bistum Regensburg) bekannt, in dem Richard Williamson, einer der vier Bischöfe, die Existenz von Gaskammern in den nationalsozialistischen Konzentrationslagern leugnete und die Zahl der im Dritten Reich ermordeten Juden auf nur 200.000 bis 300.000 statt auf 6 Millionen[8] bezifferte.

Der in einer anglikanischen Familie aufgewachsene Brite Richard Nelson Williamson (* 1940 nahe London) studierte an der Universität Cambridge englische Literatur und war anschließend mehrere Jahre als Lehrer tätig. Im Alter von 31 Jahren konvertierte er zum katholischen Glauben und trat 1972 in das von Erzbischof Marcel Lefebvre gegründete Priesterseminar Ecône (Schweiz) ein. Nach seiner Priesterweihe durch Lefebvre 1976 war er bis 1981 Professor im Seminar von Ecône, ab 1979 auch Subregens. 1983 wurde er Regens des Priesterseminars der Piusbrüder in Ridgefield (Connecticut/USA), das im Jahr 1988 (in dem er von Lefebvre die Bischofsweihe empfing) nach Winona (Minnesota/USA) verlegt wurde. Seit 2003 leitete Williamson, der auch durch reaktionäre Äußerungen über Homosexuelle, den Islam (»eine Geißel Gottes«) und Frauen (gegen Gleichberechtigung, Universitätsstudium und Karriere) auffiel, das argentinische Priesterseminar in La Reja bei Buenos Aires. Aufgrund der weltweiten Empörung über sein Interview entband die Piusbruderschaft den Bischof im Februar 2009 von dieser Aufgabe. Nachdem ihm die Ausweisung angedroht worden war, verließ er noch im selben Monat Argentinien und hält sich seither meist in England auf, wo die Holocaustleugnung (noch) nicht strafbar ist. Bereits am 30. Januar 2009 entschuldigte sich Williamson beim Papst für die Probleme, die er mit seinen »unbedachten Äußerungen« verursacht hatte, nahm aber (bis heute!) seine Aussagen zum Holocaust nicht zurück. Am 4. Oktober 2012 erfolgte der Ausschluss Williamsons aus der Piusbruderschaft, allerdings nicht wegen seines immer dreisteren Spotts über den NS-Judenmord[9], sondern wegen Gehorsamsverweigerung gegenüber der Leitung der Priesterbruderschaft[10], hatte er doch die Einigungsbemühungen mit dem Vatikan von Anfang an sabotiert und hintertrieben. Am

---

[8] Hierzu ausführlich Wolfgang Benz (Hg.), Dimension des Völkermords. Die Zahl der jüdischen Opfer des Nationalsozialismus, München 1991 (ND 1996). – Zum Folgenden siehe Christoph Arens, Kein unbeschriebenes Blatt. Williamson hat Holocaust schon mehrfach geleugnet, in: KNA Hintergrund, Nr. 23 v. 4. Febr. 2009; Anton Maegerle, Die fundamentalistischen Brüder. Die Priesterbruderschaft Pius X., in: Tribüne 48 (2009) H. 190, 108–116.

[9] Vgl.: Williamson verhöhnt erneut den Holocaust, in: PNP, Nr. 35 v. 11. Febr. 2013, 4.

[10] Siehe KNA aktuell, Das Thema: Piusbruderschaft, Nr. 206 v. 24. Okt. 2012, 23–29 (mit dem Kommunique zum Ausschluss vom 23. Okt. 2012).

19. März 2015 schließlich weihte Williamson in Brasilien seinen 2013 ebenfalls aus der Piusbruderschaft ausgeschlossenen Nachfolger in der Leitung des Priesterseminars in La Reja, *Jean-Michel Faure* (73), – unerlaubterweise, aber gültig – zum Bischof, wodurch er sich automatisch wieder die Exkommunikation zuzog, von der er 2009 befreit worden war. Faure kündigte an, in der Nähe der traditionalistischen Dominikanergemeinschaft von Avrille (Frankreich) ein Priesterseminar eröffnen zu wollen[11].

Lit.: Wolfgang Benz, Art. Williamson, in: ders. (Hg.), Handbuch des Antisemitismus. Judenfeindschaft in Geschichte und Gegenwart, Bd. 2/2, Berlin/München 2009, 888 f.; Matthias Pöhlmann, Der Fall Williamson. Eklat um antisemitische Äußerung des Bischofs der Priesterbruderschaft St. Pius X., in: Materialdienst der Evang. Zentralstelle für Weltanschauungsfragen (EZW) 72 (2009) 96–99; Christoph Arens, Kein unbeschriebenes Blatt. Williamson hat Holocaust schon mehrfach geleugnet, in: KNA aktuell, Hintergrund, Nr. 23 v. 4. Febr. 2009; Bischof Williamson attackiert den Islam, in: KNA aktuell, Inland Nr. 43 v. 4. März 2010; Der Fall Williamson. Stationen der Kontroverse zwischen Vatikan und Piusbrüdern, in: KNA aktuell, Das Thema: Williamson wird 75, Nr. 43 v. 5. März 2015, 37–39.

Der Papst beteuerte zwar glaubhaft, die im Internet über dieses Interview verfügbaren Informationen nicht gekannt zu haben, jedoch ist Williamson bekanntermaßen ein notorischer Holocaustleugner, der die Existenz von Gaskammern bereits 1989 und 1991 bestritten, das antisemitische Machwerk »*Die Protokolle der Weisen von Zion*« für authentisch erklärt[12] und wiederholt Sympathien für dezidierte und gerichtlich verurteilte Antisemiten und Holocaustleugner wie *David Irving* oder *Ernst Zündel*[13] bekundet hatte. So kann es nicht verwundern, dass er sich weigerte,

[11] Hierzu: Holocaust-Leugner Williamson weiht neuen Bischof, in: KNA aktuell, Vatikan/Ausland/ EU Nr. 55 v. 19. März 2015, 18.

[12] Das am weitesten verbreitete und zählebigste Dokument des modernen Antisemitismus, die »Protokolle der Weisen von Zion«, ist eine plumpe Fälschung, die am Ende des 19. Jahrhunderts von der zaristischen Geheimpolizei Ochrana als Manipulationsinstrument für innerrussische politische Konflikte erstellt wurde. Es besteht aus fiktiven Vorträgen, die auf einer ebenso fiktiven Geheimkonferenz eines jüdischen Ältestenrates in 24 Sitzungen (später mit dem 1. Zionistenkongress in Basel 1897 identifiziert) gehalten worden seien und die Strategie darlegten, nach der mit Hilfe jüdischer Freimaurerlogen sowie durch Gewalt, Betrug und List die jüdische Weltherrschaft unter einem »König aus dem Hause David« errungen werden sollte. Näheres zu diesem, auch in deutscher Sprache in vielen Auflagen verbreiteten Pamphlet bei Wolfgang Benz, Die Protokolle der Weisen von Zion. Die Legende von der jüdischen Weltverschwörung, München 2006.

[13] Der britische Geschichtsrevisionist *David Irving* (* 1938) verfasste etwa 30 Bücher über die NS-Zeit, in denen er – wie der Historiker Richard J. Evans nachwies – Quellen ignorierte, entstellte oder fehlinterpretierte, um seine falschen Thesen zu untermauern. Seit 1988 leugnete Irving, der lange Jahre die rechtsextreme »Deutsche Volksunion« (DVU) unterstützte, wiederholt den Holocaust und die Existenz von Gaskammern im Dritten Reich und wurde in mehreren Staaten zu Geld- und Haftstrafen verurteilt. In zahlreichen Ländern hat der jetzt in den USA lebende Irving, der nach einem Urteil des Londoner Obergerichts (High Court of Justice) öffentlich als »Lügner«, »Geschichtsfälscher«, »Antisemit« und »Rassist« bezeichnet werden darf, Einreiseverbot. 1988 trat Irving in einem Prozess wegen Holocaustleugnung in Kanada als Zeuge für den mit 19 Jahren dorthin ausgewanderten Deutschen *Ernst Zündel* (* 1939) auf, der in Videofilmen und über einen Kurzwellensender antisemitische Parolen verbreitete. 2005 nach Deutschland ausgeliefert, verurteilte das Landgericht Mannheim Zündel 2007 wegen Volksverhetzung, Beleidigung und Verunglimpfung des Andenkens Verstorbener zu fünf Jahren Haft, aus der er jedoch bereits 2010 entlassen wurde. Näheres bei Deborah E. Lipstadt, Betrifft: Leugnen des Holocaust, Zürich 1994;

der Aufforderung des Vatikans um Rücknahme seiner Einlassungen nachzukommen, und zwei im Oktober 2009 sowie im Oktober 2012 ergangene Strafbefehle des Regensburger Amtsgerichts wegen Volksverhetzung nicht akzeptierte[14].

Nach einem Sturm der Entrüstung, in dem sich sogar Bundeskanzlerin *Angela Merkel* zu Wort meldete, versicherte der des Antijudaismus bezichtigte Papst den Juden seine volle Solidarität, verurteilte jegliche Holocaustleugnung und schrieb am 10. März 2009 einen Brief an alle (knapp 5.000) Bischöfe der Weltkirche, in der er handwerkliche Fehler der Kurie in der Williamson-Affäre einräumte, zugleich aber seinen »leisen Gestus der Barmherzigkeit« verteidigte und die Absicht bekräftigte, die Piusbruderschaft, die mit ca. 500 Priestern und höchstens 600.000 Anhängern weltweit nur etwa 0,05 % der Katholiken repräsentiert, in die Kirche einzugliedern, und dies, obwohl es »seit langem und wieder beim gegebenen Anlass viele Misstöne von Vertretern dieser Gemeinschaft« gab, »Hochmut und Besserwisserei, Fixierung in Einseitigkeiten hinein usw.«[15] und deren früherer Generaloberer *Franz Schmidberger* (* 1946) das Zweite Vatikanum als »Hexensabbat aller Freigeister, Linkskatholiken und schwärmerischer Illusionisten« geschmäht hatte[16]. Zudem setzte die Bruderschaft bis heute die Weihe von Priestern fort, was der Vatikan im Juni 2009 ausdrücklich als »illegitim« bezeichnete, weil alle Kleriker der Bruderschaft nach wie vor suspendiert sind und nur Sakramente empfangen, aber nicht spenden dürfen. *Wolfgang Seibel* kommentierte die Vorgänge so: »*Hier diktierte eine Splittergruppe dem Vatikan Bedingungen, und dieser ging darauf ein, erbrachte also Vorleistungen, ohne daß die Gegenseite sich auch nur einen Schritt bewegt hatte. So etwas hat es jedenfalls in der neueren Kirchengeschichte noch nie gegeben. Alle, die mit kirchlichen Sanktionen belegt waren, mußten vor einer Annullierung zumindest Reue zeigen und,*

Brigitte Bailer-Galanda u. a. (Hgg.), Die Auschwitzleugner. »Revisionistische« Geschichtslüge und historische Wahrheit, Berlin ²1997 (zu Irving und Zündel siehe jeweils das Register!).

[14] Nachdem Williamson Einspruch gegen den Strafbefehl in Höhe von 12.000 € eingelegt hatte, kam es im April 2010 zur Hauptverhandlung, die mit der Verurteilung zu 10.000 € Geldstrafe endete (hierzu Camilo Jimenez, 10.000 Euro Strafe für Holocaust-Leugner. Amtsgericht Regensburg verurteilt Bischof Williamson in Abwesenheit wegen Volksverhetzung, in: SZ, Nr. 88 v. 17./18. April 2010). Das Landgericht Regensburg bestätigte im Juli 2011 das Urteil des Amtsgerichts in vollem Umfang (vgl.: Urteil gegen Traditionalistenbischof Williamson bestätigt, in: KNA Inland, Nr. 131 v. 12. Juli 2011), jedoch stellte das Oberlandesgericht Nürnberg das Verfahren im Februar 2012 vorläufig ein. Am 2. Oktober 2012 erging dann ein neuer Strafbefehl des Amtsgerichts Regensburg, gegen den Williamson wiederum Einspruch einlegte (siehe: Holocaust-Leugner Williamson will Strafbefehl nicht akzeptieren, in: KNA Inland, Nr. 192 v. 4. Okt. 2012, 4). Dieser Strafbefehl wurde durch Entscheid des Oberlandesgerichts Nürnberg im April 2014 rechtskräftig; allerdings hatte sich die Strafe mittlerweile auf 1.800 € ermäßigt (siehe: Holocaust-Leugner: Gericht bestätigt Geldstrafe gegen Richard Williamson, in: Spiegel online v. 11. April 2014).

[15] Beide Zitate nach: Papst räumt Pannen ein und verteidigt Zugehen auf Pius-Brüder. Das Schreiben von Benedikt XVI. an die Bischöfe der Weltkirche, in: KNA Dokumentation, Nr. 50 v. 13. März 2009. Vgl. hierzu Franz Schmidberger, Die Zeitbomben des Zweiten Vatikanischen Konzils. Ein Vortrag, Stuttgart 1989, wo er das Konzil als »das größte Unglück dieses [= des 20.] Jahrhunderts« bezeichnete (a. a. O. 4).

[16] Zit. nach Maegerle (wie Anm. 8) 110.

wenn es um die Fragen der Lehre ging, entweder ihren Auffassungen abschwören oder die kirchliche Lehre ausdrücklich bekennen.«[17]

Desungeachtet begannen am 26. Oktober 2009 am Sitz der Glaubenskongregation in Rom die theologischen Gespräche mit den Piusbruderschaft über wichtige Fragen der Lehre, v. a. bezüglich des Kirchenverständnisses, der Religions- und Gewissensfreiheit, der Ökumene und des jüdisch-christlichen Verhältnisses. »Bei der Klärung dieser Fragen wird die Bezugnahme auf das II. Vatikanum die alles entscheidende Rolle spielen, denn das letzte Konzil ist für das Selbstverständnis der katholischen Kirche und ihre Suchbewegungen in der Welt von heute unhintergehbar. [...] Es geht nicht an, dass Bischöfe, die die Religionsfreiheit ablehnen, die ökumenische Öffnung der katholischen Kirche für falsch halten und antijudaistische Positionen vertreten, in der katholischen Kirche Heimatrecht erhalten, ohne ihre Ansichten von Grund auf zu revidieren.«[18] Dafür standen die Chancen allerdings von Anfang an nicht gut, sagte doch Bernard Tissier de Mallerais, ebenfalls einer der vier Oberhirten der Piusbruderschaft: »Wir ändern unsere Positionen nicht, aber wir haben die Absicht, Rom zu bekehren und den Vatikan hin zu unseren Positionen zu bringen.«[19] Eine »Lehrmäßige Erklärung« über grundlegende Glaubenslehren der katholischen Kirche, die der Vatikan den Piusbrüdern im September 2011 zur Unterzeichnung vorlegte, wurde von ihnen nicht akzeptiert, und im Oktober 2012 erklärte der Präfekt der Glaubenskongregation, Erzbischof (seit 2014 Kardinal) Gerhard Ludwig Müller (*1947), er sehe keine Grundlage für neue Verhandlungen[20]. Obgleich der Versuch der Integration der Piusbruderschaft in die katholische Kirche damit eigentlich als gescheitert zu betrachten war, traf Kardinal Müller im September 2014 erstmals mit Bernard Fellay zusammen. Im September 2015 schrieb Papst Franziskus dann in einem Brief zum außerordentlichen »Heiligen Jahr der Barmherzigkeit« (↗ KAR 33 INFOBOX Heiliges Jahr), er »vertraue darauf, dass in naher Zukunft Lösungen gefunden werden können, um die volle Einheit mit den Priestern und Oberen der Bruderschaft wiederzugewinnen«, und am 2. April 2016 traf er sich seinerseits mit Fellay, ohne dass jedoch Inhalte oder Ergebnisse des Gesprächs bekanntgegeben wurden[21].

---

[17]   Lefebvre und die Folgen, in: Stimmen der Zeit 227 (2009) 217 f., hier: 217.

[18]   Tück (wie Anm. 6) 575.

[19]   Aussage in einem Interview mit der Turiner Tageszeitung La Stampa, zit. nach KNA aktuell, Vatikan/Ausland/EU, Nr. 23 v. 4. Febr. 2009.

[20]   Nach: Der Vatikan und die Traditionalisten. Ein langer Konflikt um Liturgie und Lehre, in: KNA aktuell, Chronologie, Nr. 193 v. 5. Okt. 2012, 47. Vgl. aus Sicht der Bruderschaft: »Wir stehen wieder am Anfang.« Ein Gespräch mit Niklaus Pfluger, dem 1. Generalassistenten der Priesterbruderschaft St. Pius X., über die aktuelle Lage seiner Gemeinschaft, in: Kirchliche Umschau 15 (2012) H. 10, 20–24.

[21]   Nach: Der Vatikan und die Traditionalisten. Ein langer Konflikt um Liturgie und Lehre, in: KNA aktuell, Chronologie, Nr. 64 v. 4. April 2016, 41–43, hier: 43 (Zitat). Vgl. auch Johannes Schidelko, Kommen sich Rom und die Piusbrüder näher? Papst spricht mit Traditionalisten-Chef Fellay, in: KNA aktuell, Hintergrund, Nr. 64 v. 4. April 2016, 38 f.

3. Resumee

Insgesamt überspitzt die Karikatur insofern, als die Brücken zu Islam, Judentum und Moderne vom Papst keineswegs abgebrochen wurden; aber wenigstens die beiden letztgenannten Ereignisse erwecken doch den Anschein, als seien Benedikt XVI. die Verbindungen zu den jüdischen Brüdern und eine Fortsetzung des mit dem Zweiten Vatikanum begonnenen »*aggiornamento*« (Verheutigung) der Kirche weniger wichtig gewesen als der Brückenschlag zu konservativen, ja reaktionären Kräften, die dem Judentum völlig und dem letzten Konzil zumindest partiell ablehnend gegenüberstehen.

L   *Zu a)* Christoph Dohmen (Hg.), Die »Regensburger Vorlesung« Papst Benedikts XVI. im Dialog der Wissenschaften, Regensburg 2007; Heinz Otto Luthe / Carsten-Michael Walbiner (Hgg.), Anstoß und Aufbruch. Zur Rezeption der Regensburger Rede Papst Benedikts XVI. bei Christen und Muslimen (= Aufbrüche 1), Bochum 2008; Kerim Balci, Der ewige Theologe. Verschwörungstheorien und Gesprächsbereitschaft: Wie türkische Muslime Benedikt XVI. sahen (= Papst und Welt 1: Die Türkei), in: SZ, Nr. 44 v. 21. Febr. 2013, 9; Tariq Ramadan, Die einzige Wahrheit. Debattenflucht aus Sorge um Europa: Benedikt XVI. verschenkte Chancen des Dialogs (= Papst und Welt 3: Europas Muslime), in: SZ, Nr. 46 v. 23./24. Febr. 2013, 14. – *Zu b)* Albert Gerhards (Hg.), Ein Ritus – zwei Formen, Die Richtlinie Papst Benedikts XVI. zur Liturgie, Freiburg i. Br. 2008; Walter Homolka / Erich Zenger (Hgg.), »… damit sie Jesus Christus erkennen«. Die neue Karfreitagsfürbitte für die Juden, Freiburg i. Br. u.a. 2008; Alberto Melloni, Et pro Iudaeis. Die umstrittene Karfreitagsfürbitte Benedikts XVI., in: concilium 45 (2009) 221–231; Heinz-Günther Schöttler, Kehrtwende in den katholisch-jüdischen Beziehungen? Ein Vergleich zweier Pontifikate, in: Dominik Burkard / Erich Garhammer (Hgg.), Christlich-jüdisches Gespräch – erneut in der Krise?, Würzburg 2011, 263–314, bes. 276–285. – *Zu b) und c)* Benedikt XVI., Licht der Welt. Der Papst, die Kirche und die Zeichen der Zeit. Ein Gespräch mit Peter Seewald, Freiburg i. Br. [4]2012, 105 f., 132 f., 148–155. – *Zu c)* Manfred Eder, Art. Lefebvre, in: RGG[4] 5 (2002) 174 f.; Wolfgang Beinert (Hg.), Vatikan und Pius-Brüder. Anatomie einer Krise, Freiburg i. Br. 2009; Til Galrev (Hg.), Der Papst im Kreuzfeuer. Zurück zu Pius oder das Konzil fortschreiben? (= Theologie aktuell 2), Berlin 2009; Peter Hünermann (Hg.), Exkommunikation oder Kommunikation? Der Weg der Kirche nach dem II. Vatikanum und die Pius-Brüder, Freiburg i. Br. 2009; Klaus Müller, Die Vernunft, die Moderne und der Papst, in: Stimmen der Zeit 227 (2009) 291–306; Münchener Theologische Zeitschrift 60 (2009) H. 3 (Themenheft: Kirche wohin? Irritationen und Perspektiven); Schöttler (wie unter b) 285–291; Bernd Dennemarck (Hg.), Von der Trennung zur Einheit. Das Bemühen um die Pius-Bruderschaft (= Würzburger Theologie 7), Würzburg 2011; Christian Dahlke, Die Pius-Bruderschaft und das Zweite Vatikanische Konzil (= Theologie.Geschichte, Beiheft 4), Saarbrücken 2012; Neuner, Streit 175–184.
K   Wolfgang Horsch
Q   SZ, Nr. 23 vom 29. Jan. 2009, 2.

36. Papst Franziskus der Unkonventionelle
(28. Juni 2013)

(104)

1. Beschreibung

Das in dieser Karikatur Dargestellte ist schnell beschrieben: Von unten links nach oben rechts verläuft ein breiter Roter Teppich, wie er bei Empfängen und anderen besonderen Anlässen für wichtige und/oder prominente Persönlichkeiten an Eingängen, Treppen oder Gangways von Flugzeugen häufig ausgelegt wird. Papst Franziskus aber geht nun nicht etwa über diesen Teppich vom Betrachter weg oder auf ihn zu, sondern er überquert ihn, den Hirtenstab fest in der linken Hand haltend, und setzt seinen Gang entschlossen und geradlinig fort, wobei vor ihm keine Fußspuren zu sehen sind; das zeigt, dass dieser Weg vor ihm noch nicht gegangen wurde. Die grundsätzliche Deutung dieser recht schlichten, aber dennoch sehr aussagekräftigen Karikatur liegt auf der Hand: Dieser Papst schlägt einen neuen, eigenen Weg ein, der quer liegt zu demjenigen seiner Vorgänger und der sicher weniger komfortabel ist als derjenige auf dem schönen (weichen?) Teppich. Und obwohl ihn auf diesem Weg offensichtlich niemand begleitet (und ihm auch niemand folgt), geht Franziskus ihn unbeeindruckt weiter.

2. Nähere Deutung

Seit Beginn seines Pontifikats im März 2013 hat Franziskus, der erste Jesuit[1] und der erste Lateinamerikaner im Papstamt, bereits in verschiedenen Bereichen Zeichen gesetzt, die dem bisherigen päpstlichen Usus widersprechen und zugleich Ausdruck von Bescheidenheit und Einfachheit sind:

- Schon unmittelbar nach der Wahl gab es zwei derartige Vorfälle, die einer breiteren Öffentlichkeit gar nicht bekannt wurden: Als Franziskus auf die Loggia der Peterskirche treten wollte, um sich den vielen auf dem Petersplatz wartenden Menschen zu zeigen, die den neuen Papst sehen wollten, bemerkte er ein für ihn aufgebautes Podest, das sicherstellen sollte, dass er unter den Kardinälen herausragte. Doch genau das wollte er nicht, sondern vielmehr seine »Brüder« in Augenhöhe um sich haben. So begaben sich zwei Handwerker in gebückter Haltung – damit sie von der versammelten Menge nicht gesehen werden konnten – auf die Loggia und bauten schnellstmöglich das Podest ab. Auf diese Weise verstrich vom Aufsteigen des weißen Rauchs bis zum Erscheinen des neugewählten Nachfolgers Petri über eine Stunde. Als er dann endlich die Loggia betrat, tat er es protokollwidrig ohne die traditionelle Mozzetta, den prachtvollen roten Schulterumhang. Obwohl der seit 2007 amtierende Päpstliche Zeremonienmeister Monsignore *Guido Marini* (* 1965)

---

[1] Franziskus ist somit der erste Ordensmann auf dem Stuhl Petri nach 167 Jahren, d. h. seit *Gregor XVI.* (1831–1846; zu ihm siehe oben S. 81 f. mit Anm. 3), der dem strengen benediktinischen Reformzweig der Kamaldulenser angehörte.

Der Päpstliche Zeremonienmeister ist für die Vorbereitung aller liturgischen Feiern des Papstes (auch außerhalb Roms) zuständig und assistiert ihm während dieser Feiern, wofür er stets in seiner Nähe bleibt und zumeist links von ihm steht. Auf fünf Jahre ernannt (mehrmalige Ernennung möglich), gehört der Zeremonienmeister zu den höheren Prälaten, hat aber nur ausnahmsweise den Rang eines Bischofs inne. Dies war bei *Piero Marini* (*1942), dem gleichnamigen (aber nicht mit ihm verwandten) Vorgänger des derzeitigen Zeremonienmeisters, der Fall, der ab 1987 dieses Amt bekleidete. Erwähnt wird es erstmals von *Pius IV.* (1559–1565), der dessen Zuständigkeiten 1563 in einem Breve regelte. Wichtige Aufgaben kommen dem Zeremonienmeister auch bei einer Sedisvakanz zu, während der er u. a. dem Kardinaldekan beim Requiem für den verstorbenen Papst assistiert und vor dem Konklave mit dem Ruf »*extra omnes!*« (lat. für: alle hinaus!) die Nichtwahlberechtigten aus der Sixtinischen Kapelle bittet und dann die Türen schließt.

Lit.: Jürgen Erbacher, Art. Zeremonienmeister, Päpstlicher, in: Erbacher 438 f.

bereits alles vorbereitet und ihn aufgefordert hatte: »Heiliger Vater, Sie müssen für den **Urbi-et-orbi-Segen**

Der Segen »urbi et orbi« (lat. für: der Stadt und dem Erdkreis) ist eine besonders feierliche, lateinisch gesprochene Form des Apostolischen Segens, der das Weltbild der römischen Antike zugrundeliegt, »das Rom als Inbegriff der Stadt (lat.: *urbs*) und als Mittelpunkt des Erdkreises (lat.: *orbis*) sah«. Dieser normalerweise von der Mittelloggia der Peterskirche erteilte und heute durch das Fernsehen in alle Welt übertragene Segen, mit dem ein vollkommener Ablass verbunden ist (↗ KAR 33), wird vom Papst beim ersten Auftritt nach der Wahl sowie an Weihnachten und Ostern gespendet (früher auch am Gründonnerstag und bei weiteren Gelegenheiten); begleitet wird er dabei von zwei Kardinälen und dem päpstlichen Zeremonienmeister. Die Formel »*urbi et orbi*« findet außerdem bei Dokumenten der Römischen Kurie Verwendung, die weltweite Geltung haben.

Lit.: Jürgen Erbacher, Art. Urbi et Orbi, in: Erbacher 413 f. (Zitat: 414; mit vollständigem Text des Segens); Heinrich J. F. Reinhardt, Art. Apostolischer Segen, in: LThK³ 1 (1993) 876 f.

den roten Umhang mit dem Hermelinbesatz umlegen«, lehnte er dies kategorisch ab, ja nach mehreren weiteren Versuchen Marinis, ihm das Kleidungsstück aufzudrängen, wurde er sogar unwirsch und sagte, er solle die Mozzetta doch selbst tragen, wenn ihm so viel daran gelegen sei[2].

- Franziskus, der sich schon als Erzbischof von Buenos Aires (Argentinien) mit

---

[2] Nach Stefanie Boden, Bruder Papst. Anekdoten & Episoden, Leipzig 2013, 17 bzw. 18 (Zitat: 18). Dass der Papst dem Zeremonienmeister außerdem noch entgegnet habe, »jetzt ist Schluss mit dem Karneval« (zit. nach ebd.), verwies Kurienerzbischof *Georg Gänswein* (* 1956), seit 2012 Präfekt des Päpstlichen Hauses, ins Reich der Legende: »›Das ist eine Erfindung, eine reine Ente‹, sagte Gänswein. ›Wahr ist, er wollte weder die Mozzetta, noch die Stola, noch das Rochett [= knielange, weiße Tunika; Teil der Chorkleidung] tragen, sondern er wollte mit der weißen Soutane zum Segen auf die Loggia treten. Aber ohne irgendwelchen negativen Aspekt‹« (Interview mit dem österreichischen Fernsehen [ORF] vom 5. April 2015, zit. nach: Gänswein: »Kein Papst kann Everybody's Darling sein«, in: KNA aktuell, Vatikan/Ausland/EU, Nr. 66 v. 7. April 2015, 37; auch in: Kirchliche Umschau 18 [2015] H. 4, 8).

einer Zwei-Zimmer-Wohnung begnügt hatte, wohnt nach wie vor im Gästehaus des Vatikans, der *Casa* **Santa Marta**,

Das Gästehaus Santa Marta *(Domus Sanctae Martae)* am südlichen Rand der Vatikanstadt wurde von Papst *Leo XIII.* (1878–1903) 1884 zur Betreuung von Cholerakranken gegründet und später z. T. als Pilgerheim genutzt. Im Auftrag Johannes Pauls II. wurde das Hospiz 1992 abgerissen und durch ein modernes, 1996 vom Papst geweihtes Gästehaus mit 3000 m² Grundfläche ersetzt. Auf fünf Etagen verteilen sich 105 Suiten (bestehend aus Schlafzimmer, Arbeitsraum und Bad), 26 Einzelzimmer und ein Appartement, das auch repräsentativen Zwecken genügt. Dieses Appartement bewohnte *Benedikt XVI.* nach seiner Wahl im April 2005, bis die päpstliche Wohnung im Apostolischen Palast renoviert war. Seit seiner Fertigstellung beherbergt das neue Gästehaus in der Zeit der Papstwahl auch das (bis dahin direkt bei der Sixtinischen Kapelle untergebrachte) Kardinalkollegium, »damit beim Konklave nicht immer zehn prostataschwache Kardinäle vor der Toilette anstehen müssen«. Die Sixtinische Kapelle ist damit nur mehr Wahlort. Da die *Casa Santa Marta* in dieser Zeit hermetisch abgeriegelt wird, müssen sich die dort wohnenden Dauermieter (einige an der Kurie angestellte Kleriker) eine Ausweichunterkunft suchen.

Lit.: Jürgen Erbacher, Art. Gästehaus Santa Marta, in: Erbacher 151 f.; Alexander Smoltczyk, Vatikanistan. Eine Entdeckungsreise durch den kleinsten Staat der Welt, München 2008, 109 f. (Zitat: 109).

in einem gut 40 qm großen Vier-Zimmer-Appartement (Suite Nr. 201) über dem Eingang. »Den Fernseher hat er entfernen lassen; der Papst informiert sich aus der Zeitung.«[3] Damit verzichtet er auf die repräsentative, aber nach seinem Empfinden viel zu große und »isolierte« Papstwohnung im Apostolischen Palast (zum Vergleich: der von 2006 bis 2013 als Kardinalstaatssekretär fungierende Kardinalbischof *Tarcisio Bertone* [* 1934] hat sich im Vatikan eine mit 296 m² mehr als siebenmal so große Wohnung als Ruhesitz einrichten lassen![4]). In einem Brief an einen mit ihm befreundeten argentinischen Priester erläuterte Franziskus sein Verhalten so: »Ich habe nicht in den Apostolischen Palast ziehen wollen. Dorthin gehe ich nur für die Audienzen und zum Arbeiten[5]. Ich lebe weiter im Gästehaus Santa Marta, das Bischöfe, Priester und Laien beherbergt. Dort sehen mich die Leute und ich führe ein normales Leben: Öffentliche Messe

---

[3] Matthias Drobinski / Oliver Meiler, Römisches Rätsel, in: SZ Nr. 71 v. 26.–28. März 2016, 11–13, hier: 11.

[4] Nach: Kardinal Bertone weist Vorwürfe wegen seiner Wohnung zurück, in: KNA aktuell, Vatikan /Ausland / EU, Nr. 251 v. 5. Nov. 2015, 27 f., hier: 28. Die KNA zitierte hier aus einem Interview für die italienische Tageszeitung *Corriere della Sera* vom selben Tag, in dem Bertone Medienberichte dementierte, wonach er in einem 700 qm großen Appartement lebe; überdies erklärte er, dass er seine Wohnung mit drei Ordensfrauen teile.

[5] »Die Papstwohnung im Apostolischen Palast sucht er nur zum Angelus-Gebet am Sonntagmittag auf« (Christoph Schmidt / Thomas Jansen, Wo wohnt der Papst – und wie lange bleibt er noch im Amt? Fragen und Antworten zum Jahrestag der Wahl von Papst Franziskus, in: KNA aktuell, Korrespondentenberichte, Nr. 48 v. 9. März 2016, 28 f., hier: 28.

vormittags, mittags speise ich mit anderen Gästen.«[6] Außerdem achtet der Papst darauf, dass im Gästehaus kein unnötiges Licht brennt[7].

- Als Papamobil zieht er dem gepanzerten und verglasten Mercedes, in dem er sich nach eigenen Worten wie in einer »Sardinenbüchse« und hinter einer Mauer fühle[8], einen offenen Geländewagen vor. »Niemand kann seine Freunde in einer Glaskiste besuchen.«[9] Bei sonstigen Fahr-

(105) Papst Franziskus und sein R 4

ten benutzt er einen Renault R4 (800 cm^3 Hubraum, 30 PS), Baujahr 1984, mit 300.000 Kilometern Laufleistung, den er von einem alten Priester geschenkt bekam[10], oder einen anderen Kleinwagen (Fiat, Ford Focus) oder er fährt mit

---

6 Zit. nach: Apostolischer Palast ohne Bewohner. Pontifex will nicht umziehen, in: Kirchliche Umschau 16 (2013) H. 6, 9; vgl. auch Boden, Bruder Papst (wie Anm. 2) 34 f.

7 Vgl.: Stromsparender Papst schaltet Lichter aus, in: KNA aktuell, Inland, Nr. 116 v. 22. Juni 2015, 11.

8 Siehe hierzu: Papst Franziskus schimpft über seine Sardinenbüchse, in: *Spiegel online* vom 13. Juni 2014 (http://www.spiegel.de/panorama/gesellschaft/papst-franziskus-ueber-papamobil-wie-in-einer-sardinenbuechse-a-974963.html [1. Dez. 2014]). – Auch bei *Auslandsreisen* benutzt Franziskus ungepanzerte, vorzugsweise gebrauchte und aus nationaler Produktion stammende Kleinwagen oder Fahrzeuge der unteren Mittelklasse. So ließ er sich bei seiner Türkeireise im November 2014 in Istanbul in einem Renault Symbol, der in Deutschland nicht erhältlichen Stufenheckversion des Renault Clio, chauffieren. Am Vortag in Ankara dagegen, an dem er einen in der Türkei hergestellten Fiat Albea, den Lieblingswagen türkischer Taxifahrer, für seine Fahrten verwenden wollte, bestanden die Behörden aus Sicherheitsgründen auf einem VW Passat (vgl. hierzu Thomas Jansen, Franziskus in Erdogans Märchenpalast. Der türkische Staatspräsident empfängt den Papst, in: KNA aktuell, Vatikan / Ausland / EU, Nr. 230 v. 28. Nov. 2014, 34 f., hier: 35; Franziskus im kleinen Renault durch Istanbul, in: ebd. Nr. 231 v. 1. Dez. 2014, 12 f.). Auf seiner Kuba- und USA-Reise im September 2015 sorgte der Papst bei der Ankunft in Washington ebenfalls für Aufsehen: »Franziskus in einem Fiat 500, gefolgt von der mehrere Tonnen schweren Präsidentenlimousine – einem Panzerfahrzeug mit Nachtsichtgerät, autonomer Sauerstoffversorgung und geschätztem Verbrauch von 29 Litern auf 100 Kilometer« (Burkhard Jürgens, Daumen hoch im Kleinwagen. Franziskus – der Papst der starken Bilder und Gesten, in: KNA aktuell, Das Thema: Drei Jahre Papst Franziskus, Nr. 47 v. 8. März 2016, 25–27, hier: 25). Zwei der bei dieser Reise vom Papst benutzten Fiat 500L wurden im Januar bzw. März 2016 für ein Vielfaches des Neupreises (etwa 22.000 €) versteigert, nämlich für 82.000 US-Dollar (ca. 73.000 €) bzw. 300.000 US-Dollar (ca. 265.000 €!); der Erlös kam einer kath. Schule, einem Kinderkrankenhaus und drei kath. Hilfsorganisationen in den USA zugute (vgl. Thomas Spang, Ein Fiat zum Preis eines Porsches. Das Auktionsgebot für ein Papstauto aus New York klettert rasant, in: KNA aktuell, Korrespondentenberichte, Nr. 62 v. 31. März 2016, 28 f.; ders., Auktion für Papst-Fiat endet mit Gebot von 300.000 US-Dollar, in: KNA aktuell, Vatikan / Ausland / EU, Nr. 63 v. 1. April 2016, 18).

9 Zit. nach Jürgens, Daumen hoch (wie Anm. 8) 26. »Den Hinweis auf Anschlagsrisiken beantwortet Franziskus lapidar mit ›Alles oder nichts‹« (ebd.).

10 Vgl. »Papamobil«, Modell R4, in: Katholische Sonntags-Zeitung, Nr. 38 v. 21./22. Sept. 2013, 6 (mit Abb.), ferner Thomas Seiterich, Der Papst im Gästezimmer, in: Publik-Forum 42 (2013) H. 12 (28. Juni), 38 f., hier: 38.

dem Bus. In letzterem fuhr er auch gemeinsam mit den Kardinälen nach der Papstwahl zum Abendessen in die *Casa Santa Marta*, obwohl ihm als frischgebackenem Kirchenoberhaupt eine eigene Limousine zugestanden hätte[11].

- Am Gründonnerstag 2013 wusch Franziskus zehn männlichen und zwei weiblichen Straftätern im römischen Jugendgefängnis *Casa del Marmo* die Füße, darunter einer serbischen Muslima, 2014 erwies er diesen Liebesdienst in einem Therapiezentrum zwölf Behinderten im Alter von 16 bis 86 Jahren, darunter einem 75-jährigen Muslim aus Libyen, und 2016 wusch er in einer Asylunterkunft in Castelnuovo di Porto (35 km nördlich von Rom) zwölf Flüchtlingen die Füße, unter ihnen drei Frauen aus Eritrea und drei Muslimen aus Syrien, Pakistan und Mali. Dazu passt die Aussage des Kardinals *Darío Castrillón Hoyos* (*1929; 1998–2006 Leiter der Kleruskongregation) in einem Interview: »Eine Geste von Papst Franziskus kann mehr bewirken als eine Enzyklika«[12].

Weitere Beispiele für den schlichten, seinem Namenspatron *Franz von Assisi* (↗ KAR 14) Ehre machenden Lebensstil des Papstes:
- Franziskus trägt seine schwarze Aktentasche selbst,
- greift immer wieder eigenhändig zum Telefonhörer, um Menschen in ganz verschiedenen Angelegenheiten anzurufen[13],

---

[11] Siehe Boden, Bruder Papst (wie Anm. 2) 24 und 93.

[12] Hierzu: Papst wäscht Behinderten die Füße, in: KNA aktuell, Vatikan / Ausland / EU, Nr. 76 v. 17. April 2014, 11 (Zitat ebd.); Papst wäscht Flüchtlingen die Füße, in: KNA aktuell, Vatikan / Ausland / EU, Nr. 57 v. 22. März 2016, 21; Papst beginnt Osterfeiern mit Demutsgeste an Flüchtlingen, in: KNA aktuell, Vatikan / Ausland / EU, Nr. 60 v. 29. März 2016, 37; Boden, Bruder Papst (wie Anm. 2) 47. – Konsequenterweise hat Papst Franziskus 2016 Frauen generell zur Fußwaschung in der Abendmahlsmesse am Gründonnerstag zugelassen (das Röm. Messbuch von 1970 hatte dagegen ausdrücklich nur von männlichen Teilnehmern gesprochen, was 1988 bestätigt worden war). Auf Wunsch des Papstes veröffentlichte die vatikanische Gottesdienstkongregation am 21. Januar 2016 einen diesbezüglichen Erlass. »Nun eilen am Gründonnerstag weltweit Bischöfe in Haftanstalten, Flüchtlingsheime, Sozialeinrichtungen, um Menschen die Füße zu waschen, auch Frauen und Muslime[n]. Ein Zeichen hat die Wirklichkeit verändert« (Matthias Drobinski / Oliver Meiler, Römisches Rätsel, in: SZ Nr. 71 v. 26.–28. März 2016, 11–13, hier: 13). Die Päpste vor Franziskus hatten traditionsgemäß jeweils 12 Priestern die Füße gewaschen. Die deutschen Bistümer veröffentlichten die Änderung Anfang März 2016 in ihren Amtsblättern. Allerdings war es in Deutschland und einigen anderen Ländern in vielen Kirchen bereits seit längerem üblich, an diesem symbolträchtigen Ritual auch Frauen teilhaben zu lassen (Ritual der Fußwaschung an Frauen jetzt offiziell zugelassen, in: KNA aktuell, Vatikan / Ausland / EU, Nr. 54 v. 17. März 2016, 21 f.).

[13] So telefonierte der Papst wenige Tage nach seinem Amtsantritt mit dem Zeitungshändler *Daniel Del Regno* in Buenos Aires. Dieser hatte ihm bisher in seinem Kiosk die Tageszeitung zusammengerollt und mit einem Gummiband umwickelt nach Hause geliefert (und Erzbischof Bergoglio hatte alle Gummibänder zur Weiterverwendung zurückgebracht). Nun rief er Del Regno an, um sich für die stets zuverlässige Zeitungszustellung zu bedanken und sein Abonnement wegen Umzugs zu kündigen. Überdies habe Franziskus – so wird berichtet – u. a. auch mit einem Vergewaltigungsopfer in Argentinien, einem Missbrauchsopfer in Spanien, dem trauernden Angehörigen eines ermordeten Italieners oder einem an Muskelschwund leidenden Jungen in Turin telefoniert. Auf die Frage, warum er persönlich anrufe, antwortete er: »Ich bin so. Ich habe das auch in

- beichtet wie ein einfacher Gläubiger im offenen Beichtstuhl von St. Peter[14],
- isst mitunter in der Angestellten-Kantine des Vatikans, wo er sich selbst anstellt[15],
- geht *per pedes* zum Zahnarzt[16],
- sucht persönlich den Optiker auf, wo er aus Sparsamkeitsgründen nur neue Gläser, aber kein neues Brillengestell bestellt[17],
- trägt keine eleganten Schuhe aus rotem Kalbsleder, sondern normale schwarze Straßenschuhe[18],
- verzichtet auf eine kostenlos angebotene Sonderanfertigung feinsten Tafelporzellans[19] und
- empfängt an Weihnachten 2014 nicht nur wie üblich die Leiter der römischen Kurienbehörden (denen er bei dieser Gelegenheit die Leviten liest), sondern erstmals auch über 1.000 einfache Beamte, Angestellte und Arbeiter des Hl. Stuhls und des Vatikanstaates (Gärtner, Pförtner, Aufzugführer, Museumswärter, Reinigungskräfte, Feuerwehrleute usw.) samt ihren Familien, um ihnen mit freundlichen Worten für Ihren Einsatz zu danken[20].

Buenos Aires so gemacht.« Zit. nach Thomas Jansen, Der Papst am Telefon. Franziskus greift häufiger zum Hörer als bisher bekannt, in: KNA aktuell, Korrespondentenberichte, Nr. 178 v. 16. Sept. 2013, 39 f., hier: 40; vgl. auch Jana Stegemann, Papst der kleinen Dinge. Ein Jahr Franziskus, in: Süddeutsche.de v. 13. März 2014.

[14] Franziskus beichtet im Petersdom, in: Katholische Sonntags-Zeitung, Nr. 14 v. 5./6. April 1914, 4 (mit Abb.).

[15] Papst isst in der Vatikan-Kantine, in: PNP, Nr. 170 vom 26. Juli 2014, 16.

[16] Papst geht zu Fuß zum Zahnarzt, in: KNA aktuell, Vatikan / Ausland / EU, Nr. 144 vom 30. Juli 2014, 14.

[17] Papst Franziskus überrascht mit Ausflug zum Optiker, in: PNP, Nr. v. 5./6. Sept. 2015, 1 (mit Abb.).

[18] Vgl. Boden, Bruder Papst (wie Anm. 2) 23.

[19] Gemäß einer 1955 mit Pius XII. beginnenden Tradition stattete die 1748 gegründete Firma Villeroy & Boch (Mettlach a. d. Saar) seither die Päpste unentgeltlich mit einem Kaffee- und Tafelservice aus Knochenporzellan aus, das das jeweilige päpstliche Wappen trug. Während Benedikt XVI. das Geschenk annahm und es auch benutzt haben muss, weil Nachbestellungen getätigt wurden, wollte sein Nachfolger es nicht. Vgl. hierzu: »Wir sind nicht so furchtbar blau«. Reden wir über Geld mit Wendelin von Boch-Galhau, in: SZ, Nr. 163 v. 18. Juli 2014, 20.

[20] Siehe hierzu: Papst warnt Kurie vor »geistlichem Alzheimer« und Schwatz, in: KNA aktuell, Vatikan/Ausland/EU, Nr. 246 v. 22. Dez. 2014, 26; Papst empfängt zu Weihnachten alle Vatikanbeamten und -arbeiter, in: A. a. O. 27; Johannes Schidelko, Gegen »geistliches Alzheimer« und »blinden Aktionismus«. Papst dankt zu Weihnachten und gibt kritische Ermahnungen, in: A. a. O. 39 f.; Das Thema: Weihnachtsrede des Papstes, in: KNA aktuell, Nr. 247 v. 23. Dez. 2014, 16–20 (mit ausführlichen Auszügen der Rede, in der der Papst 15 »Krankheiten und Versuchungen« aufzählt; diese Liste sei jedoch – so Kurienkardinal Francesco Coccopalmerio anschließend – »kein Ausdruck von Misstrauen gegenüber der Kurie, nur eine Hilfe zur Gewissenserforschung« [zit. nach Burkhard Jürgens, Weihnachtswunder mit Franziskus. Der Papst überrascht Flüchtlinge und Kardinäle, in: KNA aktuell, Das Thema: Weihnachten, Nr. 248 v. 29. Dez. 2014, 60 f., hier: 61; vgl. 43]); Miriam Schmidt, Päpstliches Donnerwetter vor Weihnachten, in: PNP, Nr. 296 v. 23. Dez. 2014, 2.

3. Ein Vorbild für die anderen?

(106) Karikatur von Gerhard Mester (2015)

Auch den Bischöfen redete Franziskus wiederholt ins Gewissen und rief sie zu Demut und einem bescheidenen Leben auf. »Sie müssten sich jeden Tag fragen, ob ihr Lebensstil mit dem übereinstimme, was sie predigten […]. Ihre Glaubensverkündigung sei nur überzeugend, wenn sie ihr Leben der Lehre anglichen.« Außerdem warnte er sie davor, nur an ihre Karriere zu denken und nach »Wechseln und Beförderungen« zu trachten[21]. So war es nur konsequent, dass Franziskus bereits kurz nach seinem Amtsantritt die Verleihung aller drei **päpstlichen Ehrentitel für Kleriker** aussetzte[22]

> Bereits seit der Reform des Päpstlichen Hauses durch Papst *Paul VI.* 1968 (Motu Proprio *»Pontificalis Domus«*) gab es etliche geistliche Ehrentitel wie den Ehrengeheimkaplan oder die verschiedenen »Geheimkämmerer« nicht mehr; nur drei solcher *päpstlichen Ehrentitel für Kleriker* verblieben, nämlich der *»Ehrenkaplan Seiner Heiligkeit«* (Anrede: *Monsignore;* ital. für: Mein Herr), als nächsthöhere Rangstufe der *»Ehrenprälat Seiner Heiligkeit«* und schließlich der *»Apostolische Protonotar supra numerum«* (Anrede jeweils: Herr Prälat). Sie wurden bisher auf Vorschlag des jeweiligen Ortsbischofs, Kurienvorgesetzten oder auf Initiative des Papstes selbst verliehen und berechtigten zum Tragen einer schwarzen Soutane mit violetter bzw. roter Bauchbinde *(Zingulum)* und ebensolchen Knöpfen. Ehrenprälaten und Protonotare gehören darüber hinaus der Päpstlichen Familie an und haben das Recht, an allen Gottesdiensten und Gebeten mit dem Papst teilzunehmen. An der Kurie gab es bezüglich der Verleihung einen regelrechten Automatismus: So wurden geistliche Mitarbeiter nach fünf Jahren Monsignore und nach weiteren fünf Jahren vielfach Prälat, und die Domherren der großen päpstlichen Basiliken und weiterer Kathedralen in Rom erhielten den Titel »Apostolischer Protonotar«, den ursprünglich nur die sieben an der Kurie tätigen Notare trugen.
>
> Lit.: Diverse Artikel in: Del Re, Vatikanlexikon 189–191, 244–246, 630 f.; Erbacher 38, 120 f., 268.

---

[21] Papst ruft Bischöfe zu bescheidenem Leben auf, in: PNP, Nr. 218 v. 20. Sept. 2013, 4. – Am 5. November 2014 sagte Franziskus bei seiner Generalaudienz auf dem Petersplatz: »Es ist traurig, wenn jemand alles dafür tut, um dieses Amt [des Bischofs] zu erreichen, und wenn er es geschafft hat, nicht dient, sondern sich aufplustert und nur für seine Eitelkeit lebt.« Dagegen seien die heiliggesprochenen Bischöfe der Kirchengeschichte Zeugen für ein richtiges Amtsverständnis (Papst verurteilt Karriere-Bischöfe, in: KNA aktuell, Vatikan/Ausland/EU, Nr. 213 v. 5. Nov. 2014, 20).

[22] Siehe: Papst stoppt Verleihung von Ehrentiteln, in: PNP, Nr. 213 v. 14./15. Sept. 2013, 1.

und im Januar 2014 die Vergabe der beiden höheren Titel ganz stoppte. Auch der verbliebene Ehrentitel *Monsignore*, den weltweit derzeit über 15.000, im »Päpstlichen Jahrbuch« namentlich genannte Geistliche führen (außerdem gibt es z. Zt. ca. 6.000 Ehrenprälaten und ca. 800 Protonotare), soll nur mehr an verdiente Priester verliehen werden, die das 65. Lebensjahr vollendet haben[23].

Bereits im Juni 2013 hatte Franziskus die Vatikanbotschafter in aller Welt vor dem »Krebsgeschwür« des Karrierismus gewarnt und sie dazu angehalten, ihn bei der Besetzung von Bischofsstühlen zu unterstützen: »*›Seid aufmerksam, dass die Kandidaten Hirten nahe bei den Leuten sind, dass sie sanfte Väter und Brüder sind, geduldig und barmherzig und dass sie die Armut lieben‹, schärfte der Papst ihnen ein. Bischöfe dürften keine ›Fürstenmentalität‹ an den Tag legen.*«[24]

Ironie des Schicksals, dass ausgerechnet in diesem Pontifikat und nur wenige Monate später der »Fall Limburg« ans Licht kam … (↗ KAR 37).

L   Stefanie Boden, Bruder Papst. Anekdoten & Episoden, Leipzig 2013; dies., Frischer Wind im Vatikan. Franziskus – neue Anekdoten, Leipzig 2014; Andrea Bachstein, Pontifex der Bescheidenheit, in: Süddeutsche Zeitung, Nr. 141 v. 21. Juni 2013, 2; Thomas Seiterich, Der Papst im Gästezimmer, in: Publik-Forum42 (2013) H. 12 (28. Juni), 38 f.; Stefan Ulrich, Mensch, Franziskus, in: Süddeutsche Zeitung, Nr. 56 vom 8./9. März 2014, 4 f.; Hans Waldenfels, Sein Name ist Franziskus. Der Papst der Armen, Paderborn 2014.

K   Gerhard Mester.

Q   Publik-Forum 42 (2013) H. 12 (28. Juni), 38.

---

[23]   Vgl. Thomas Jansen, Monsignore ade! Papst Franziskus reduziert geistliche Ehrentitel erheblich, in: KNA aktuell, Nr. 3 v. 6. Jan. 2014, 25 f.; Monsignori: Kleider machen Leute?, in: Kirchliche Umschau 17 (2014) H. 1, 7.

[24]   Papst: Botschafter dürfen nicht dem Karrieredenken verfallen, in: KNA aktuell, Vatikan / Ausland / EU, Nr. 117 v. 21. Juni 2013, 14 f. – Papst Franziskus appelliert immer wieder an die Seelsorger (etwa am Gründonnerstag 2013), »Hirten mit dem Geruch der Schafe« zu sein. Hierzu der Osnabrücker Bischof *Franz-Josef Bode:* »Der Papst will daran deutlich machen: Wenn ein Bischof, Priester oder Diakon […] nicht Freude daran hat, im Volke Gottes, in seiner Herde zwischen den Menschen zu sein und so nah bei ihnen zu sein, dass er sogar ihren Geruch annimmt, dann kann er eigentlich nicht der richtige Evangelisierer, der richtige Hirte und Weitergeber des Evangeliums sein« (zit. nach: »Hirten mit dem Geruch der Schafe« – Der Dienst der Priester im Volk Gottes nach dem Schreiben ›Evangelii Gaudium‹ von Papst Franziskus. Vortrag am Tag der Begegnung der Priester und Diakone – 14. April 2014, hg. v. Bistum Osnabrück, Osnabrück 2014, 3 f.).

37. Du sollst nicht tebartzen!
(14. Okt. 2013)

(107)

Auf der Liste für die Wahl zum Jugendwort des Jahres 2014 stand auch das Verbum »tebartzen«, weil es von jungen Menschen als Synonym für »sich etwas Teures leisten« oder für hemmungsloses Prassen und Protzen benutzt wird. Und in einem ironischen Artikel im Online-Magazin der Süddeutschen Zeitung *jetzt.de* wurde kolportiert, der Vatikan erwäge im Rahmen einer 5-Punkte-Strategie zur Imageverbesserung der katholischen Kirche sogar den Erlass eines elften Gebotes: »Du sollst nicht tebartzen«![1] Namensgeber für diese neue Wortschöpfung ist der ehemalige Limburger Bischof ***Franz-Peter Tebartz-van Elst***. Wie kam er zu dieser »Ehre«?

1. Der umfangreiche Hintergrund

Am 2. Februar 2007 trat *Franz Kamphaus*, der beliebte und geschätzte Bischof von Limburg, nach fast 25 Jahren segensreichen Wirkens als Oberhirte von seinem Amt zurück. Wie Papst Franziskus ein bescheidener, ja asketisch lebender Mann, der nur ein hölzernes Brustkreuz, geschnitzt aus einem Balken des elterlichen Bauernhofes, trug, wohnte Kamphaus bis zuletzt nicht im bischöflichen Haus (wo er zeitweise eine Flüchtlingsfamilie aus Eritrea unterbrachte), sondern in einem Zwei-Zimmer-Appartement im Limburger Priesterseminar, in das er auch Obdachlose einlud. Seine Dienstlimousine mit Fahrer nahm er nur ungern in Anspruch, sondern fuhr lieber – ebenfalls wie Franziskus! – mit einem klapprigen Gebrauchtwagen (VW Golf)[2]. Für bundesweites Aufsehen hatte Kamphaus, der zum liberaleren Flügel unter den deutschen Bischöfen zählte, in den Jahren 1999 bis 2002 gesorgt, als er sich entgegen päpstlicher Anordnung weigerte, aus der staatlichen Schwangeren-konfliktberatung auszusteigen (↗ KAR 31).

Bald nach Kamphaus' Rücktritt kam das Limburger Domkapitel auf einen früheren, vom Bischof stets durch die Einlegung seines Vetos verhinderten Beschluss zurück, auf dem Domberg ein Bischofshaus zu bauen. Am 28. November 2007 wurde dann der damals 48jährige Franz-Peter Tebartz-van Elst zum zwölften Bischof des 1827 gegründeten Bistums Limburg ernannt[3] und am 20. Januar 2008 vom Köl-

---

[1]   Stefan Winter, Das 11. Gebot: Du sollst nicht tebartzen!, in: jetzt.de v. 16. Okt. 2013 (http://jetzt. sueddeutsche.de/texte/anzeigen/579224; 8. Jan. 2015); »Tebartzen« als Jugendwort des Jahres 2014 nominiert, in: KNA aktuell, Kultur und Medien, Nr. 202 v. 21. Okt. 2014, 20. Bei der Wahl im November 2014 ging »tebartzen« allerdings leer aus.

[2]   Näheres zum Leben und Wirken von *Franz Kamphaus*, der von 1973 bis zu seinem Amtsantritt in Limburg im Juni 1982 Professor für Pastoraltheologie in Münster war, bei Herman H. Schwedt, Art. Kamphaus, in: Gatz, Bischöfe II 321 f.; Peter de Groot, »Die Welt ist verbesserlich«. Der frühere Limburger Bischof Kamphaus wird 85 Jahre alt, in: KNA aktuell, Porträt, Nr. 20 v. 27. Jan. 2017, 37.

[3]   Tebartz-van Elst hatte nicht auf der Kandidatenliste des siebenköpfigen Domkapitels gestanden, sondern auf einer Dreierliste aus Rom, aus der die Wahl vorgenommen werden musste. Dennoch fiel die Entscheidung für ihn schnell, da er durch seine Herkunft aus einer großbäuerlichen Familie, seine Zugehörigkeit zum Bistum Münster, sein Alter, seine asketische Erscheinung und seine Tätigkeit als Pastoraltheologe erstaunliche Parallelen zu Kamphaus aufwies und man so auf eine gewisse Kontinuität hoffte (vgl. Daniel Deckers, Abgang mit Stil, in: Joachim Valentin

ner Erzbischof und Metropoliten der Rheinprovinz, *Joachim Kardinal Meisner* (↗ KAR 34), inthronisiert.

> Geboren 1959 im niederrheinischen Twisteden, heute Ortsteil des bedeutenden Marien-
> wallfahrtsortes Kevelaer (Bistum Münster, Nordrhein-Westfalen), als zweites von fünf
> Kindern einer Landwirtsfamilie, studierte Tebartz-van Elst nach dem Abitur in Coesfeld
> Philosophie und Theologie an den Universitäten Münster und Freiburg i. Br., wobei es
> schon während dieser Zeit sein Lebenstraum war – so eine damalige Kommilitonin –,
> Bischof zu werden[4]. Nach der Priesterweihe 1985 in Münster war er aber zunächst
> Kaplan in Altenberge und dann von 1988 bis 1990 freigestellt, um vertiefende theologi-
> sche Studien an der *University of Notre Dame* in Indiana (USA) zu absolvieren. Nachdem
> der 1993 mit einer Studie zum Erwachsenenkatechumenat in den Vereinigten Staaten
> von Amerika zum Dr. theol. promovierte Priester bis 1996 als Domvikar und Domkaplan
> in Münster fungiert hatte, erhielt er einen Lehrauftrag für Pastoraltheologie/Homiletik
> (= Predigtlehre) an der Wilhelms-Universität Münster, wo er sich 1998 auch habilitierte.
> Nach einer weiteren kurzen Station an der Universität Passau, wo er von 2002 bis 2004
> Pastoraltheologie und Liturgiewissenschaft lehrte (ab 2003 als Lehrstuhlinhaber), emp-
> fing er am 18. Januar 2004 durch den Münsteraner Oberhirten *Reinhard Lettmann*
> (1933–2013; amt. 1980–2008) die Bischofsweihe und wirkte anschließend bis zum
> Amtsantritt in Limburg als Weihbischof in Münster.
>
> Lit.: Art. Tebartz-van Elst, Franz-Peter, in: Munzinger Online/Personen – Internationales Bio-
> graphisches Archiv (http://www.munzinger.de/document/00000026435; abgerufen von nicht
> angemeldet am 8. April 2015).

»*Die Erwartungen im Bistum Limburg waren groß, die Bereitschaft, mit dem neuen Hirten zusammenzuarbeiten, nicht weniger. Wohl niemand hat sich damals vorstellen können, geschweige denn ernsthaft geglaubt, dass die bevorstehende Amtszeit von Bischof Tebartz-van Elst zum schlimmsten Abschnitt in der Geschichte des Bistums werden würde.*«[5] Erste Kritik regte sich nach Pfingsten 2008, als der Bischof in einem Hirtenbrief die – allerdings auch in anderen Bistümern durchgeführte und bereits von Kamphaus begonnene – Zusammenfassung von Pfarrgemeinden ankündigte (↗ KAR 27 Unterpunkt 7), die strenge Beachtung liturgischer Vorschriften durch-setzte und einen Bezirksdekan des Amtes enthob, der ein homosexuelles Paar ge-segnet hatte. Dabei sorgte besonders die Art und Weise des jeweiligen Vorgehens für Kritik: »Es herrscht ein neuer Stil im Bistum Limburg«, so das *Höchster Kreisblatt* 2009. »Wo die Bischöfe Wilhelm Kempf[6] und Franz Kamphaus den Dialog pflegten

---

[Hg.], Der ›Fall‹ Tebartz-van Elst. Kirchenkrise unter dem Brennglas, Freiburg i. Br. 2014, 11–23, hier: 11).

4   Osnabrücker Kommilitonin: »Tebartz-van Elst wollte früh Bischof werden«, in: Neue Osnabrü-cker Zeitung v. 16. Okt. 2013. Es handelt sich hierbei um die Religionspädagogin und Pastoral-theologin Prof. Dr. *Martina Blasberg-Kuhnke* (Osnabrück), die mit Tebartz-van Elst in Münster studiert hatte.

5   Hubertus Janssen, Er war der falsche Mann am falschen Ort. Tebartz-van Elst: Rückschau und Ausblick, in: imprimatur 47 (2014) 133–135, hier: 133.

6   *Wilhelm Kempf* (1906–1982), Kamphaus' Vorgänger und einer der profiliertesten deutschen Oberhirten nach dem Zweiten Weltkrieg, war von 1949 bis 1981 Bischof von Limburg und von

und Beratung vor Entscheidung stellten, schafft ihr Nachfolger Fakten, die er den Gremien lediglich noch zur Kenntnis gibt.«[7] So mehrten sich in den Jahren 2010 und 2011 die Stimmen aus dem Bistum, die Tebartz-van Elst, der sich selbst als Werkzeug und Sprachrohr Gottes betrachtete und sich ganz mit dem Bischofsamt identifizierte[8], »einen autoritären Führungsstil, ›klerikale Selbstverliebtheit‹ und Geldverschwendung« vorwarfen[9].

Im August 2012 wurde ein Flug des Limburger Bischofs in der Ersten Klasse der »Lufthansa« von Frankfurt a. M. nach Bangalore (Indien) bekannt, da einem Passagier »zwei Männer aufgefallen [waren], die es sich ersichtlich gut gehen ließen. Dass einer der beiden der Bischof von Limburg war, fand der Mitreisende weniger gut«[10], war der Oberhirte doch mit seinem Generalvikar unterwegs zum Besuch sozialer Projekte in diesem armen Land. Tebartz-van Elst bestritt den Erste-Klasse-Flug vom 10. Januar des Jahres gegenüber dem *Spiegel*, der unter der Überschrift »First Class in die Slums« berichtet hatte[11]. Als das Magazin den Kirchenmann daraufhin der Lüge bezichtigte, gab er eine eidesstattliche Erklärung ab, in der er die Leugnung des Erste-Klasse-Fluges (hin und zurück 4139,88 € pro Person) in Abrede stellte. Durch einen Videomitschnitt konnte *Der Spiegel* jedoch belegen, dass der Bischof gesagt hatte: »Business-Class sind wir geflogen.«[12] In der Folge erstatteten drei Privatpersonen Anzeige gegen den Limburger Bistumsleiter, woraufhin die Hamburger Staatsanwaltschaft am 25. September 2013 – erstmals bei einem deutschen Bischof – Strafbefehl wegen falscher eidesstattlicher Aussagen beantragte. Zwei Monate später stellte das Hamburger Amtsgericht das Strafverfahren gegen Zahlung von 20.000 €

1962 bis 1965 Subsekretär des Zweiten Vatikanums. Auf ihn geht der sog. Limburger Stil zurück, der sich durch eine vom Konzil inspirierte, Laien wie Priester einbeziehende und transparente Verwaltung in Bistum und Gemeinden auszeichnet. Näheres zu dem von konservativen kirchlichen Kreisen angefeindeten Limburger Bischof bei Herman H. Schwedt, Art. Kempf, in: Gatz, Bischöfe II 319–321 (Lit.).

[7]   Barbara Schmidt, Neuer Stil: Der Chef ordnet an [...], in: Höchster Kreisblatt v. 1. Juli 2009, 5 (zit. nach Christian Klenk, Medialisierter Skandal oder skandalöse Medien? Eine kritische Betrachtung der Berichterstattung im Fall Tebartz-van Elst, in: Joachim Valentin [Hg.], Der ›Fall‹ Tebartz-van Elst. Kirchenkrise unter dem Brennglas, Freiburg i. Br. 2014, 25–50, hier: 34).

[8]   So ließ Tebartz-van Elst auf dem Internetportal des Bistums Limburg wissen: »Bischof zu sein ist mehr als nur ein Beruf: Das ist meine Identität – das bin Ich.« Ausführlicher äußerte er sich in einem Fernsehinterview am 4. Sept. 2010: »... Gott muss jetzt hier handeln, es liegt nicht bei mir. Ich muss mich öffnen dafür, dass er durch mich auch wirken kann. Es ist seine Initiative. Wie oft ist es so, wenn ich danke für etwas, was gelungen ist, feststellen muss, es waren nicht meine Worte, das waren Seine, die er durch mich aussprechen konnte, wo ich auch Werkzeug sein durfte, das ist ein sehr dankbares Erleben zu merken, dass Gott die Finger im Spiel hat, so will ich es mal sagen ...« (beide Zitate nach Janssen, Mann [wie Anm. 5] 135 bzw. 134).

[9]   Strafverfahren vorläufig eingestellt. Chronologie der Entwicklung um Bischof Tebartz-van Elst, in: KNA aktuell, Nr. 221 v. 18. Nov. 2013, 48 f. (Chronologie), hier: 48. Vgl. Deckers, Abgang (wie Anm. 3) 14.

[10] Deckers, Abgang (wie Anm. 3) 18.

[11] Martin U. Müller / Peter Wensierski, First Class in die Slums, in: Der Spiegel, Nr. 34 v. 20. Aug. 2012, 40 f.

[12] Zit. nach Klenk, Skandal (wie Anm. 7) 37.

ein. Die Geldleistung bewahrte Tebartz-van Elst zwar davor, vorbestraft zu sein, bedeutete aber auch, dass er »fortan gerichtsfest ein Lügner genannt werden« konnte[13].

Bereits im Mai 2010 hatte auf dem Limburger Domberg der Bau des Bischofshauses begonnen. Über die zu erwartenden Kosten kursierten unterschiedliche Zahlen, die jedoch alle deutlich über der vom Domkapitel zunächst für ausreichend gehaltenen Rücklage von 2,5 Millionen € lagen. Mit allen diesbezüglichen Vorgängen »wurde die kleinstmögliche Zahl von Mitarbeitern befasst und zur absoluten Verschwiegenheit verpflichtet, selbst gegenüber Vorgesetzten. […] Das Domkapitel leistete selbst dann keinen Widerstand, als ihm mit dem neuen Statut des Verwaltungsrates die eigentlich unabdingbaren ›Beispruchsrechte‹ verweigert wurden. Als es den Domkapitularen im Sommer 2013 dämmerte, dass sie durch Passivität de facto Bischof und Generalvikar ermächtigt hatten, zusammen mit dem ihnen ergebenen Verwaltungsrat mit dem Vermögen des Bischöflichen Stuhles in Höhe von annähernd 100 Millionen Euro nach Gutdünken zu verfahren, war es schon zu spät.«[14] Am 29. Juni 2013 wurde der mittlerweile in »Diözesanes Zentrum Sankt Nikolaus« umbenannte Gebäudekomplex eingeweiht. Diözesanbaumeister Tilman Staudt teilte am selben Tag der Öffentlichkeit mit, das Bauwerk samt Kapelle, Garten und Renovierung des Küsterhauses habe 9,85 Mio. € gekostet. Gut eine Woche später hieß es dann, der genannte Betrag beinhalte nur die Aufwendungen für die Sanierung der vorhandenen Immobilien (Alte Vikarie [Fachwerkbau], Küsterhaus, Stadtmauer), diejenigen für die zahlreichen Neubauten seien noch nicht ermittelt. Man müsse aber damit rechnen, »dass die Gesamtkosten ›wesentlich höher‹ ausfielen«[15]. Dies war dem bischöflichen Bauherrn bereits wesentlich früher klar geworden, weswegen das Projekt auf seine Anweisung hin ab etwa Dezember 2011 offiziell auf zehn, de facto aber auf 16 Einzelprojekte mit 16 Architektenverträgen aufgeteilt wurde. Neben Vermeidung der »Romgrenze« von 5 Mio. € (ab diesem Betrag wären die Bauvorhaben dem Hl. Stuhl zu melden gewesen[16]) sollte dadurch »die Möglichkeit geschaffen werden, im Falle einer öffentlichen Diskussion jedes einzelne Objekt, vor allem auch im

---

13 Deckers, Abgang (wie Anm. 3) 20.
14 Deckers, Abgang (wie Anm. 3) 15 f. – Hierzu hieß es im Prüfbericht der Untersuchungskommission: »*Die Notwendigkeit einer Begrenzung der Mittel sieht der Bischof nicht, weil aus seiner Sicht im Bischöflichen Stuhl ausreichend Mittel vorhanden sind. Der Bischöfliche Stuhl verfügt tatsächlich über genügend Vermögen, um das Bauvorhaben durchführen zu können. Immobilien und sonstiges Vermögen sollen veräußert werden. Bei der Umschichtung von Grundstücken in Liquidität treten jedoch Probleme auf: Wegen des schnellen Baufortschritts reichen die liquiden Mittel nicht aus, um die eingehenden Rechnungen fristgerecht zu begleichen*« (Abschlussbericht über die externe kirchliche Prüfung der Baumaßnahme auf dem Domberg in Limburg, für den Vorsitzenden der Deutschen Bischofskonferenz Erzbischof Dr. Robert Zollitsch, vorgelegt von der Prüfungskommission; Stand 14.02.2014 [= Prüfbericht Limburg]).
15 Deckers, Abgang (wie Anm. 3) 16.
16 Vgl. Thomas Schüller, Aus der Krise lernen. Zur Zukunft einer transparenten Vermögensverwaltung der katholischen Kirche, in: HerKorr 69 (2015) 11–15, hier: 13.

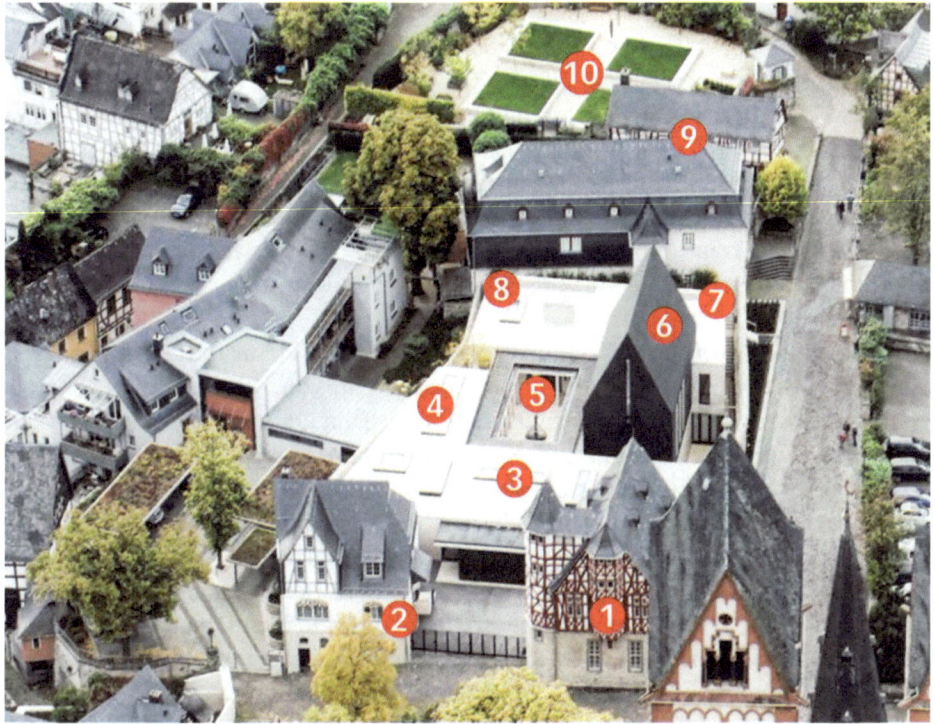

(108) Die Bischofsresidenz auf dem Limburger Domberg:

1 = Alte Vikarie (Fachwerkhaus mit Diensträumen)
2 = Küsterhaus (Schwesternwohnräume)
3 = Foyer
4 = Empfangs- und Konferenzräume
5 = Innenhof (Atrium)
6 = Kapelle
7 = Bischöfl. Arbeitszimmer mit Bibliothek
8 = Bischofswohnung
9 = Diözesanmuseum
10 = Garten

Hinblick auf die Kosten, leichter kommunizieren zu können«[17]. Dass die Ausgaben derart explodierten, war weniger Auflagen des Denkmalschutzes geschuldet, auf die Tebartz-van Elst gerne verwies[18], sondern

- »dem intensiven Wunsch des Bauherrn, seine Anforderungen und theologischen Vorstellungen und Ziele ins Bauliche ohne Kostenkontrolle umzusetzen«,

[17] Prüfbericht Limburg (wie Anm. 14) 104; die Aufteilung in Einzelobjekte, »die allein aus Gründen der Darstellung entstand«, ist detailliert dokumentiert a. a. O. 68 f. (Zitat: 69).

[18] »Der größte Teil der Kosten wird darauf verwendet, die Auflagen der Denkmalschutzbehörde zu erfüllen«, sagte er 2010 der Koblenzer *Rhein-Zeitung* (Tobias Lui, Limburger Bischof wehrt sich: Kritik »erschreckend und diffamierend«, in: Rhein-Zeitung v. 25. Nov. 2010, 3).

- »den permanenten Änderungswünschen des Bischofs«, weswegen z. B. bereits installierte Lichtschalter nachträglich gegen sensorengesteuerte Lichtschalter (Sensortaster) ausgetauscht wurden (Kosten: 20.000 €)[19], und
- dem Zeitdruck, »ausgelöst durch den Wunsch des Bischofs, die Baumaßnahme möglichst schnell zum Abschluss zu bringen. Folge: nur Auftrag an Firmen, die sicherstellen, den Auftrag bei gefordertem Qualitätsstandard, schnellstmöglich unabhängig vom Preis, ausführen zu können«[20].

Tebartz-van Elst trägt somit, »ausweislich des Prüfberichts, zwar nicht die alleinige, aber doch die Hauptverantwortung für die Verfehlungen in der Affäre um das Bischofshaus.«[21]

Im Juli 2013 legte der Frankfurter Stadtdekan und Domkapitular *Johannes zu Eltz* dem Bischof öffentlich nahe, nach dem Vorbild von Papst Benedikt XVI. auf sein Amt zu verzichten, am 25. August schloss sich ein Offener Brief von über 4.300 Katholiken aus Frankfurt und Umgebung (»Frankfurter Appell«) an mit der Aufforderung an die Limburger Bistumsleitung, einen anderen Weg einzuschlagen. Unterschriftenaktionen für und wider Tebartz-van Elst folgten. Im Bischöflichen Ordinariat brachen jetzt ebenfalls die Mauern des Schweigens. Im Auftrag des Papstes verschaffte sich Anfang September der emeritierte Kurienkardinal *Giovanni Lajolo* (* 1935), der von 1995 bis 2003 Apostolischer Nuntius in Deutschland gewesen war, einen Überblick über die Lage in Limburg, woraufhin er in Abstimmung mit dem Domkapitel eine fünfköpfige Untersuchungskommission einsetzte. Obwohl Tebartz-van Elst zu dieser Zeit nachweislich darüber informiert war, dass die Gesamtkosten des Limburger Bauprojektes rund 31 Mio. € betrugen, hielt er es – in der Manier eines Kirchenfürsten vergangener Zeiten – nicht für notwendig, den päpstlichen Gesandten davon in Kenntnis zu setzen.

> Zu Recht wurde Tebartz-van Elsts selbstherrliches Gebaren mit demjenigen eines barocken Kirchenfürsten verglichen. Da die biographischen Stationen des Limburger Bischofs bis 2007 weithin im Bistum Münster liegen, drängt sich insbesondere ein Vergleich mit dem dortigen, ab 1651 amtierenden Fürstbischof **Christoph Bernhard von Galen** (1606–1678) auf. Auch er war im Bistum Münster geboren, hatte dort das Gymnasium besucht und schon mit 13 Jahren eine Dompräbende erhalten. Nach seinem Studium in Mainz, Köln, Löwen und Bourges kehrte er 1627 nach Münster zurück, wo er zum Domherrn (1627), zum Domthesaurar (Domschatzmeister) und Archidiakon (1642) sowie zum Fürstbischöflichen Rat (1644) aufstieg. Zahlreiche militärische Unternehmungen im Zeichen von Gegenreformation und Rekatholisierung prägten seine Jahrzehnte als Fürstbischof und trugen ihm die Beinamen »Kanonenbischof« und »Bomben-Bernd«

---

19   Zwei weitere Beispiele: »Weil dem Bischof der Konferenzraum zu düster ist, lässt er gegen den Rat seines Architekten Oberlichter in die Decke einbauen – die danach, weil das Licht im Raum nun zu grell ist, mit Jalousien verschlossen werden« (SZ Magazin, Nr. 52 v. 27. Dez. 2013, 23). – Nach Fertigstellung der Privatkapelle gefiel dem Bischof der freistehende geschmiedete Adventskranz nicht mehr; vielmehr sollte er jetzt hängen. Für diese Aufhängung »musste das Dach geöffnet und ein Kran gestellt werden« (Prüfbericht Limburg [wie Anm. 14] 81; vgl. auch: Geld für Gemächer und Garten, in: PNP, Nr. 236 v. 12. Okt. 2013, 2).
20   Alle Zitate aus: Prüfbericht Limburg (wie Anm. 14) 106.
21   Klenk, Skandal (wie Anm. 7) 44.

(Bommen Berend) ein. Da Galen es versäumte, die Wirtschaft in seinem Hochstift zu fördern, hinterließ er seinem Nachfolger eine große Schuldenlast. Persönlich schroff und stur, schaltete er in seiner weltlichen Regierung die Mitsprache der Stände weithin aus, in seiner geistlichen Regierung stützte er sich (wie Tebartz-van Elst) auf seinen Generalvikar, vermochte aber die traditionelle Stellung von Domkapitel und Archidiakonen nicht wesentlich zu beschneiden. Zwar lag Galen an der Durchführung der tridentinischen Reformbestimmungen, er war aber auch bekannt für kostspielige Reisen, prunkvolle Auftritte und prächtige Bauten. So ließ er Coesfeld, wo Tebartz-van Elst das Abitur ablegte, zu seiner Residenz ausbauen. *»Als die Bürger von Münster sich weigerten, den machtbewussten und pompösen Lebensstil ihres Bischofs weiterhin zu finanzieren, belagerte er die Stadt neun Monate lang. Nach ihrem Fall schaffte er die Ratswahlen ab, installierte eine ihm genehme Verwaltung und legte eine Garnison in die Bürgerhäuser. Statt einer monströsen Residenz errichtete er eine Zitadelle, vor der er zur Stadt hin freies Schussfeld schaffen ließ.«* Über Truppen und Kanonen zur Durchsetzung seiner Vorhaben verfügte Tebartz-van Elst freilich nicht mehr …

Lit.: Berthold Seewald, »Bomben-Bernd« – ein Vorbild für Tebartz-van Elst, in: Die Welt v. 15. Okt. 2013 (http://www.welt.de/geschichte/article120911528/Bomben-Bernd-ein-Vorbild-fuer-Tebartz-van-Elst.html; 19. Jan. 2015) (Zitat: ebd.); Erwin Gatz, Art. Galen, in: ders., Die Bischöfe des Heiligen Römischen Reiches 1648 bis 1803. Ein biographisches Lexikon, Berlin 1990, 144 f. (Lit.).

Mittlerweile hatte die Häme über »Tebartz-van Protz« solche Ausmaße angenommen, dass der Bischof nicht mehr länger als Täter erschien, sondern als das Opfer einer Medienkampagne, mit der man versuche – so konservative Kreise –, »einen der wenigen romtreuen Hirten durch öffentlichen Druck aus dem Amt zu jagen«[22]. Uneingeschränkte Solidaritätsbekundungen aus Rom (Kardinal Müller[23]) und aus den Reihen der deutschen Bischöfe (Zollitsch/Freiburg, Meisner/Köln, Genn/Münster, Voderholzer/Regensburg) stärkten Tebartz-van Elst, der am 15. September alle Menschen, die er »enttäuscht und verletzt« habe, um Verzeihung und Nachsicht

---

[22] Deckers, Abgang (wie Anm. 3) 19.
[23] *Gerhard Ludwig Müller* sagte in einem am 17. März 2014 veröffentlichten Interview der *Allgemeinen Zeitung* (Mainz) unter Anspielung auf das Dritte Reich: »Was gegen Tebartz-van Elst läuft, ist Rufmord, da gibt es offenbar eine Lust auf Menschenjagd. […] Das ist menschenunwürdig, so etwas hatten wir in Deutschland früher schon mal in einer ganz dunklen Epoche. Wenn ich sehe, dass das hineinreicht bis ins Kabarett oder Darstellungen in Rosenmontagsumzügen – das ist Missbrauch der Fastnacht« (zit. nach: Kardinal Müller spricht von »Rufmord« an Tebartz-van Elst, in: KNA Inland, Nr. 53 v. 17. März 2014, 3, bzw. Mainzer Fastnachter über Kardinal Müller empört, in: a. a. O., Nr. 54 v. 18. März 2014, 5). Der gebürtige Mainzer Müller spielte hier auf den Rosenmontagsumzug in Mainz mit einem Motivwagen zu Tebartz-van Elst an (vgl. dazu das Folgende mit Anm. 28). – Der Sitzungspräsident der Mainzer Fernsehfastnacht, *Andreas Schmitt*, äußerte daraufhin, »es sei unfassbar, den Urgedanken der Fastnacht mit Menschenjagd in der Nazizeit gleichzusetzen«. Und ein anderer prominenter Mainzer Fastnachter meinte: »Es ist immerhin unser Job als Narren, Missstände in der Gesellschaft aufzuzeigen und auch den betroffenen Personen, wenn es nötig ist, den Spiegel vorzuhalten« (beide Zitate nach: Mainzer Fastnachter über Kardinal Müller empört, in: KNA Inland, Nr. 54 v. 18. März 2014, 5).

(109) ... auch ein R 4 (vgl. oben S. 379), aber XXL!
(Karikatur von *Kostas Koufogiorgos*, 20. Okt. 2013).

bat[24], zwar noch länger den Rücken, aber als der Vatikan im Oktober 2013 die deutschen Kardinäle zur Solidarisierung mit dem Limburger Bischof aufforderte, wussten Marx (München und Freising), Meisner, Lehmann (Mainz) und Woelki (Berlin) bereits zu viel, als dass sie der Weisung energisch Folge geleistet hätten. Als in dieser Situation die Hamburger Staatsanwaltschaft noch den erwähnten Strafbefehl wegen seines Erste-Klasse-Fluges nach Indien beantragte, verließ der Bischof am 13. Oktober in einer Nacht-und-Nebel-Aktion den Domberg, wo er mittlerweile wohnte, und flog – diesmal mit der Billigfluggesellschaft Ryanair – nach Rom, um einer Unterredung von Erzbischof Zollitsch, des Vorsitzenden der Deutschen Bischofskonferenz, mit Papst Franziskus zuvorzukommen. Allerdings dachte der Nachfolger Petri gar nicht daran, dem Limburger Bischof den Vortritt zu lassen. Nachdem er zunächst Zollitsch (17. Oktober), dann Meisner und schließlich für 20 Minuten Tebartz-van Elst (beide am 21. Oktober) empfangen hatte, verordnete er letzterem am 23. Oktober 2013 eine Auszeit außerhalb seiner Diözese, die dieser im niederbayerischen Benediktinerkloster Metten (Bistum Regensburg) verbrachte, und nach wechselnden Aufenthaltsorten seit Anfang 2014 (u. a. auch wieder in Rom und im Limburger Bischofshaus) ab September 2014 eine (180 m² große) Privatwohnung in Regensburg bezog[25].

Der Schaden für das Ansehen der katholischen Kirche war inzwischen unübersehbar: Während Meldungen aus Limburg, wo die Domuhr am Mittag des 13. Oktober 13-mal statt 12-mal schlug[26], im deutschen Fernsehen zum wichtigen Thema der Nachrichtensendungen wurden und nahezu weltweit die Titelseiten der großen Zeitungen zierten, brachen im Oktober 2013 die Erträge der Kollekten für »**Missio**« und das »**Bonifatiuswerk**« mancherorts um mehr als ein Viertel ein,

---

24 Strafverfahren vorläufig eingestellt. Chronologie der Entwicklung um Bischof Tebartz-van Elst, in: KNA aktuell, Nr. 221 v. 18. Nov. 2013, 48 f. (Chronologie), hier: 49.

25 Die Größe der Wohnung wurde damit begründet, dass sie auch den Familienangehörigen diene, »die dem Bischof weiterhin zur Seite stehen werden«, und die Wahl der Stadt mit der »mitbrüderlichen Aufnahme und Gastfreundschaft«, die ihm der dortige Bischof zugesichert habe. Siehe hierzu: Zeitung: Tebartz-van Elst zieht im September nach Regensburg, in: KNA Inland, Nr. 147 v. 4. Aug. 2014, 8 (Zitate); Verdeckte Sicht. Bischof Tebartz zieht um, in: SZ, Nr. 210 v. 12. Sept. 2014, 49.

26 Der 13. Glockenschlag war Teil einer Protestaktion, zu der auch eine Menschenkette aus 150 Gläubigen (darunter Bistumsmitarbeiter) vom Dom zum Bischofshaus gehörte. Näheres bei Johannes Süßmann u. a., In Limburg schlägt's jetzt 13. Im Bistum Limburg laufen die Katholiken gegen ihren Bischof Sturm. Der flüchtet sich in den Vatikan, in: PNP, Nr. 237 v. 14. Okt. 2013, 3.

Missio und das Bonifatiuswerk sind zwei der Hilfswerke, die die katholische Kirche in Deutschland unterhält. Es handelt sich um überwiegend international orientierte Institutionen, deren Dienste auf solidarische Hilfe und Partnerschaft, Entwicklung und Frieden, Verkündigung und Mission ausgerichtet sind. Die Verwaltungs- und Personalkosten dieser Hilfswerke werden aus Kirchensteuermitteln finanziert, so dass die dort eingehenden Spenden in vollem Umfang in die geförderten Projekte fließen können.

Das »Internationale Katholische Missionswerk **Missio**« (lat. für: Sendung; Aachen/ München) unterstützt sozial-pastorale Projekte in den Teilkirchen Afrikas, Asiens und Ozeaniens. *Missio München* wird von den bayerischen, *Missio Aachen* von den übrigen deutschen Bistümern getragen. **Missio** ging aus dem *Franziskus-Xaverius-Verein* (seit 1832) bzw. für Bayern aus dem *Ludwig-Missionsverein* (seit 1838) hervor und ist seit 1922 der deutsche Zweig der (über 100) Päpstlichen Missionswerke. – Das nach dem großen angelsächsischen Missionar und »Apostel der Deutschen« *Bonifatius* (um 674– 754) benannte »**Bonifatiuswerk** der deutschen Katholiken« (bis 1967 »Bonifatiusverein für das katholische Deutschland«) mit Sitz in Paderborn dient der Förderung der Diasporaseelsorge in Deutschland (besonders in der ehemaligen DDR) und in Nordeuropa und besteht bereits seit 1849. – Weitere große deutsche Hilfswerke sind z. B. die Aktion **Misereor** (abgeleitet vom Jesuswort in Mk 8,2 *»Misereor super turbam«*, dt.: Ich habe Mitleid mit dem Volk), ein bischöfliches Hilfswerk gegen Hunger und Krankheit in der Welt (seit 1958; Sitz: Aachen), **Adveniat** (abgeleitet von der Vaterunser-Bitte *»Adveniat regnum tuum«*, dt.: Dein Reich komme), eine bischöfliche Aktion zur Unterstützung der Pastoral unter der armen Bevölkerung Lateinamerikas (seit 1961; Sitz: Essen), und ***Renovabis*** (abgeleitet von Ps 104,30 *»Renovabis faciem terrae«*, dt.: Du [= Gott] wirst das Antlitz der Erde erneuern), eine partnerschaftliche Solidaritätsaktion der deutschen Katholiken mit den Menschen in den Staaten des früheren Ostblocks (seit 1993; Sitz: Freising).

Lit.: Dietmar Bader, Art. Missio, in: LThK[3] 7 (1998) 286 f.; Georg Walf, Art. Bonifatiuswerk, in: LThK[3] 2 (1994) 582 f.; Manfred Eder, Art. Hilfswerke, katholische, in: RGG[4] 3 (2000) 1736 (jeweils Lit.); *zu Bonifatius:* Eder, Kirchengeschichte 70–72.

und die Zahl der Kirchenaustritte erreichte im Jahr 2013 mit 178.805 fast wieder jene aus dem »Missbrauchsjahr« 2010 (181.193; dagegen 2011 und 2012: 126.488 bzw. 118.335[27]).

---

[27] Alle Zahlen nach: Sekretariat der Deutschen Bischofskonferenz (Hg.), Katholische Kirche in Deutschland. Zahlen und Fakten 2010/11 (= Arbeitshilfen 249), Bonn 2011, 16; 2011/12 (= Arbeitshilfen 257), Bonn 2012, 16; 2012/13 (= Arbeitshilfen 263), Bonn 2013, 16; 2013/14 (= Arbeitshilfen 269), Bonn 2014, 16. – Nachdem der Rektor des Canisius-Kollegs Berlin, der Jesuit *Klaus Mertes*, im Januar 2010 wegen mehrerer ihm bekannt gewordener Missbrauchsfälle an Kindern und Jugendlichen aus den Jahren 1975 bis 1983 einen Brief an die Absolventen der betroffenen Jahrgänge geschickt und dieser Brief über die Medien der Öffentlichkeit bekannt geworden war, führten viele Meldungen von Missbrauchsopfern (insgesamt wurden etwa 300 Fälle bekannt) und zahlreiche weitere Medienberichte über dieses Thema im ersten Halbjahr 2010 zu einer deutschlandweiten Debatte über sexuellen Missbrauch in der römisch-katholischen Kirche. Bereits ab März 2010 kam es zu einem dadurch verursachten signifikanten Anstieg der Kirchenaustritte.

Am Rosenmontag, dem 3. März 2014, an dem beim Mainzer Fastnachtszug auch ein Motivwagen mit dem Titel »Wohnen wie Gott in Limburg« beteiligt war, auf dem Tebartz-van Elst in einer mit Geld gefüllten Badewanne sitzend Goldmünzen in die Höhe warf[28], lieferten der Vorsitzende der Deutschen Bischofskonferenz und der Paderborner Weihbischof *Manfred Grothe* (* 1939; amt. 2004–2015) als Vorsitzender der Untersuchungskommission den *»Abschlußbericht über die externe kirchliche Prüfung der Baumaßnahme auf dem Domberg in Limburg«* (kurz: Prüfbericht) im Vatikan ab. Demnach misst die Gesamtfläche des Gebäudeensembles 1753 m², wobei auf den Altbau 452 und auf den Neubau 1301 m² entfallen. Allein die Tieferlegung des Neubaugrundstückes um 4,50 m verursachte Kosten von 2,7 Mio. €. Die Ausgaben für die überall verbauten Fensterrahmen in Bronze beliefen sich auf 1,73 Mio € und die Parkettarbeiten schlugen mit 205.000 € zu Buche, wobei der Preis pro m² 488 € (!) betrug[29].

Der private Wohnbereich des Bischofs, der sich nach dem ersten Auftritt von Papst Franziskus als »tief bewegt« von dessen Bescheidenheit gezeigt hatte[30], erstreckt sich über zwei mit dezent illuminierten Treppenstufen verbundene Etagen. Im ersten Stockwerk befinden sich das helle, sehr geräumige Wohnzimmer mit Kaminofen, eine Küche mit gläserner Rückwand, ein Gäste-WC und das Arbeitszimmer mit großer Bücherwand, deren Regalfächer mit LED-Lichtkörpern versehen sind. Überhaupt läßt sich das Lichtsystem der Privatwohnung sowie die aufwendige Medientechnik über mehrere iPads steuern. Von Wohnzimmer und Küche aus ist eine Holzveranda zu erreichen. Das wegen der nahe stehenden mittelalterlichen Felsmauern recht düstere Untergeschoss weist ein Schlafzimmer mit großem begehbarem Kleiderschrank und wiederum per iPad zu bedienenden Vorhängen auf, ein Bad mit freistehender Wanne (die der Mainzer Karnevalswagen aufgriff), sehr großzügiger Wellness-Dusche und Bidet, ein Gästezimmer mit edlem Fernsehgerät, das »per Tischlein-Deck-Dich-Technik aus einer Wandkonsole« schwebt, einen Archivraum und einen weiteren Raum, für den die Sauna nicht mehr geliefert wurde. Alles in allem, so Susanne Höll, »viel Stein, viel Glas, ein kühler Bau, die Ausstattung vom

---

[28] Eine Abbildung des Motivwagens des »Mainzer Carneval Vereins« (MCV), bei dem Tebartz' Bischofsstab statt von einer Krümme durch ein großes Euro-Zeichen bekrönt wird, bietet z.B. Focus online vom 19. März 2014 (http://www.focus.de/regional/mainz/kirchen-fastnachtsszene-fordert-entschuldigung-von-kardinal-mueller_id_3701688.html; 20. März 2015). Der vorn am Wagen zu lesende Text lautet: »Verschwendet hat er zig Millionen, / um prunkvoll und pompös zu wohnen, / fühlt sich am wohlsten auf der Welt, / in einer Wanne voller Geld, / in der sich dann Tebartz-van Elst, / wie Dagobert genussvoll wälzt.« Mit »Dagobert« ist die 1947 von Carl Barks erfundene Comic-Figur *Dagobert Duck* gemeint, Onkel von Donald Duck und »reichste Ente der Welt«. Dagobert Duck, Großbankier, Großindustrieller und Großhändler, zeichnet sich v.a. durch Geiz und extreme Sparsamkeit aus. Sein gesamtes, unermessliches Vermögen bewahrt er in einem würfelförmigen Geldspeicher auf, wobei seine Lieblingsbeschäftigung darin besteht, ein Bad in seinen Goldtalern zu nehmen und sie in die Luft zu werfen.
[29] Alle Zahlen nach dem Prüfbericht Limburg (wie Anm. 14) 82.
[30] Zit. nach Thomas Jensen / Burkhard Jürgens, Die Deutschen und ihr neuer Papst. Drei Jahre nach der Wahl bleibt die Sympathiekurve in Bewegung, in: KNA aktuell, Das Thema: Drei Jahre Papst Franziskus, Nr. 47 v. 8. März 2016, 28f., hier: 29.

Feinsten«[31]. Zwischen dem Schlafzimmerfenster und der Felswand befindet sich ein zwei Meter tiefes und 213.000 € teures Zierfischbecken, das mit Koi-Karpfen bestückt war. Presseberichte über die Existenz dieses Bassins ließ der Bischof jedoch dementieren[32]. In einem Interview sagte er 2010 über sein letztlich 283 m² großes Domizil[33], er baue sich »kein Schloss fürs Privatvergnügen. Mir wird nach der Fertigstellung ein 100 [!] Quadratmeter großes Appartement zur Verfügung stehen, in dem ich schlafe und vor allem eines tue: arbeiten.«[34] An den Wohnbereich schließt sich die große Privatkapelle des Bischofs an, die wegen ihrer Außenverkleidung mit tiefschwarzem Stein *(Nero assoluto)* bald die »Kaaba von Limburg« genannt wurde.

Die Kaaba (arab. für Quader) im Innenhof der großen Moschee in Mekka ist die wichtigste Kultstätte der islamischen Welt (»Haus Allahs«), vergleichbar dem Tempel in Jerusalem für das antike Judentum. Es handelt sich bei diesem altarabischen Heiligtum um einen mit einem schwarzen Überwurf aus Seide und Baumwolle bedeckten würfelförmigen Bau (etwa 10 m breit, 12 m lang und 15 m hoch), in dem ursprünglich eine Vielzahl von Göttern verehrt wurde. An der Ostecke der Kaaba befindet sich als heiligster Gegenstand der angeblich vom Paradies auf die Erde gefallene *Schwarze Stein* mit etwa 31 cm Durchmesser, bei dem es sich wahrscheinlich um einen Meteoriten handelt. Als Mohammed 630 Mekka erobert hatte, zog er zur Kaaba und zerstörte eigenhändig alle heidnischen Götzenbilder; nur der Schwarze Stein wurde belassen. Islamischen Vorstellungen gemäß wurde die Kaaba von Adam erbaut und – nachdem sie zwischenzeitlich zur Ruine geworden war – von Abraham und seinem Sohn Ismael im Auftrag Gottes als Wallfahrtsstätte wiedererrichtet (Koran, Sure 2, Vers 126). Nach der Kaaba ist das tägliche rituelle Gebet der Muslime *(As-Salāt)* ausgerichtet, und sie ist das zentrale Ziel der Mekka-Pilgerfahrt *(Haddsch)*, bei der man siebenmal gegen den Uhrzeigersinn um die Kaaba geht und den Schwarzen Stein küßt oder berührt. Nicht-Muslimen ist es verboten, sich der Kaaba zu nähern.

Lit.: Peter Heine, Art. Ka'ba, in: Adel Theodor Koury u. a., Islam-Lexikon, Bd. 2, Freiburg i. Br. 1991, 425–428 (Lit.).

Um den Weg zu seinem privaten Garten (zunächst »Mariengarten«, dann »Garten der Stille« genannt) um einige Meter zu verkürzen, ließ der Bischof die Rückwand des zwischen der Wohnung und dem Garten befindlichen Limburger Diözesanmuseums durchbrechen und eine Tür einsetzen. »Der Mariengarten war im Jahre 2009 [...] mit einem Aufwand von ca. 175.000 € neu gestaltet worden. Zentrum des Gartens war eine runde Basaltfläche, die das Labyrinth der Kathedrale von Chartres

---

[31]   Beide Zitate nach Susanne Höll, Die Geschichte einer Wanne. Zwei Etagen, Küche, Schnickschnack: Tebartz-van Elst hat sein bischöfliches Domizil längst verlassen, der Ruch der Verschwendung bleibt. Nun wird das Haus durchgelüftet, in: SZ, Nr. 43 v. 21./22. Febr. 2015, 6.

[32]   Nach Klenk, Skandal (wie Anm. 7) 29.

[33]   Siehe Prüfbericht Limburg (wie Anm. 14) 63. Bereits zu Beginn des Baus waren 197 m² für die Bischofswohnung vorgesehen (vgl. ebd.).

[34]   Tobias Lui, Limburger Bischof wehrt sich: Kritik »erschreckend und diffamierend«, in: Rhein-Zeitung (Koblenz) v. 25. Nov. 2010, 3.

symbolisieren sollte[35]. Nach Ansicht des Bischofs ähnelte die Gartenfläche aber einer ›Wildnis‹ und erfüllte nicht die Ansprüche und Erwartungen, die im Zusammenhang mit der Neuerrichtung des Bauprojektes angemessen seien. Aus diesem Grund wurde im April 2010 der Auftrag […] erteilt, den Mariengarten völlig neu zu gestalten. Die im Jahr 2011 sehr aufwändig neu gestaltete Gartenfläche einschließlich Pflegearbeiten führte letztlich zu Gesamtkosten von 789.610 € brutto«[36]. An Bischofshaus und Kapelle grenzt der sog. **Konradinerkeller**,

> Der Konradinerkeller ist nach dem frühmittelalterlichen Adelsgeschlecht der Konradiner benannt, aus deren Zeit (8.–11. Jahrhundert) die Fundamente eines Wehrturms herrühren, die in den Bau integriert wurden. Denn aus dem Konradinergeschlecht, das mit *Konrad I.* (911–918) einen deutschen König stellte, stammt auch der Graf des Niederlahngaus *Konrad Kurzbold* (†948), der 910 das spätere Chorherrenstift St. Georg auf dem Limburger Domberg gründete, das bei der Errichtung des Bistums Limburg 1821/27 zur Kathedralkirche (Dom) wurde.
>
> Lit.: Walter Bröckers (Red.), Unser gemeinsamer Weg. 150 Jahre Bistum Limburg, Frankfurt a. M. 1977; Herman H. Schwedt, Art. Limburg, in: LThK³ 6 (1997) 935 f. (Lit.); Fred Schwind, Art. Konrad Kurzbold, in: NDB 12 (1980) 508 f.

in dem sich in langer Reihe die Galerie der Limburger Bischöfe befindet. Neben dem Bild von Franz Kamphaus mit einfachem weißen Hemdkragen, schwarzem Rock und Holzkreuz hängt ganz rechts das sehr traditionell gehaltene Porträt von Tebartz-van Elst im Bischofsornat mit großem Goldkreuz und Goldring. »Keine Frage: Dieser Mann hält sich selbst für recht bedeutsam. […] Das Tebartz-Bild sagt mehr über den Mann aus als die nach seinen Wünschen gestaltete Immobilie.«[37]

Am 26. März 2014 war es soweit: Papst Franziskus nahm das ihm erst kurz zuvor abgerungene Rücktrittsangebot des »*évêque bling-bling*« (Bischof Bling-Bling[38]), wie Tebartz-van Elst in den Medien des französischsprachigen Raums tituliert wurde, an[39]. Es sei, so die Begründung, »zu einer Situation gekommen […], die eine frucht-

---

[35] Das aus dem 13. Jahrhundert stammende Labyrinth im Kirchenschiff der Kathedrale Notre Dame in *Chartres* (Nordfrankreich) besteht aus 273 schwarzen und grauen Steinplatten, die einen 261,5 m langen Weg mit 11 konzentrischen Kreisen und 34 Kehren bilden, der zu einer Rosette führt. Gemäß einer Beschreibung von 1640 befand sich früher in der Mitte dieses großen Labyrinths (12 m Durchmesser) eine Darstellung des mythologischen Kampfes zwischen Theseus und Minotaurus, der bereits im frühen Christentum als Überwindung des Teufels Minotaurus durch den neuen Theseus Christus gedeutet wurde. Näheres hierzu bei Stefan Hiller / Manfred Hutter, Art. Labyrinth, in: RGG⁴ 5 (2002) 5 f.

[36] Prüfbericht Limburg (wie Anm. 14) 68; vgl. 81.

[37] Höll (wie Anm. 31).

[38] Der Begriff »Bling-Bling« stammt aus der Hip-Hop-Szene und wurde 1993 erstmals in einem Rap-Song für glitzernden Schmuck benutzt, später auch für glänzende Accessoires (z. B. Sonnenbrillen oder Armbanduhren). Mit dieser heute in die Alltagssprache vorgedrungenen Bezeichnung kann aber auch übertriebener Luxus und die Zurschaustellung von Reichtum umschrieben werden. In diesem Sinn ist sie in Bezug auf Tebartz-van Elst gebraucht.

[39] In der entsprechenden Mitteilung des Vatikans heißt es zwar, dass »der Heilige Stuhl den mit Datum vom 20. Oktober 2013 durch den Bischof angebotenen Amtsverzicht angenommen« ha-

bare Ausübung des bischöflichen Amtes durch S. E. Mons. Franz-Peter Tebartz-van Elst verhindert«. Er werde »zu gegebener Zeit mit einer anderen Aufgabe betraut werden«[40]. »Ein Lügengebäude hatte ihn unter sich begraben. Aber nicht jenes vermeintliche der Medien, sondern eines, das er sich mit Hilfe von Anwälten und Beratern über Jahre hinweg selbst gezimmert hatte«[41]. Denn der Prüfbericht bescheinigte Tebartz-van Elst, der selbst die Schuld auf andere (vor allem den Generalvikar) schob[42], klipp und klar, er habe »systematisch zu niedrige Kosten angegeben, Kontrollen verhindert und kirchliche Vorschriften umgangen«[43]. Zum Apostolischen Administrator des Bistums wurde gleichzeitig der Paderborner Weihbischof *Manfred Grothe* ernannt, der noch am selben Tag den Prüfbericht im Limburger Bischofshaus vorstellte. Grothe erklärte, »er sehe sich in der Pflicht, ›in Aufrichtigkeit und Barmherzigkeit einen gemeinsamen Weg für einen Neubeginn zu gehen‹«[44]. Knapp ein Vierteljahr später veröffentlichte das Limburger Domkapitel eine Erklärung, in der dessen Mitglieder um Verzeihung für ihr Versagen baten und schwerwiegende Fehler eingestanden. Konkret bezeichneten sie es »als Fehler, die Initiative zum Bau eines Bischofshauses auf dem Domberg ergriffen zu haben. ›Dazu fehlte uns die rechtliche Zuständigkeit‹, heißt es in der Erklärung. Zudem seien sie ihrer

---

be, aber »aus Vatikan-Kreisen, die in der Affäre gut unterrichtet sind, verlautete, es handle sich um den Versuch, Tebartz einen würdigen Abgang zu ermöglichen. Deutsche Bischöfe hatten noch im Februar vergeblich versucht, ihn zum Rücktritt zu bewegen. Vatikansprecher Federico Lombardi wollte sich nicht näher äußern, sagte […] aber, es habe sich um eine ›ziemlich schwere Geburt‹ gehandelt« (Julius Müller-Meiningen, Grünes Licht für den Neuanfang, in: PNP, Nr. 72 v. 27. März 2014, 3 (dort auch der vollständige Wortlaut der Vatikanmitteilung).

[40] Zit. nach Müller-Meiningen (wie Anm. 39; »S.E. Mons.« = Seine Exzellenz Monsignore).

[41] Deckers, Abgang (wie Anm. 3) 21. Vgl. hierzu Klenk, Skandal (wie Anm. 7).

[42] In seiner vier Seiten langen Stellungnahme zum Prüfbericht machte Tebartz-van Elst »seinen früheren Generalvikar Franz Kaspar für einen wesentlichen Teil der Kostenexplosion verantwortlich. Er selbst sei als Bischof weder ein Finanz- noch ein Baufachmann« (Tebartz schiebt die Schuld auf andere, in: PNP, Nr. 73 v. 28. März 2014, 4). Letztere Aussage kommentierte treffend eine Karikatur von *Phil(ipp) Hubbe* (* 1966) in der gleichen Zeitungsausgabe, in der der treuherzig dreinblickende Limburger Oberhirte in einer Kirche vor einem großen Kruzifix kniet und betet: »Herr, … ich bin unschuldig. Bin weder Finanz- noch Baufachmann. Kann nicht lesen, schreiben oder gar rechnen …« (a. a. O., 2). – *Karl Kardinal Lehmann* bezeichnete es als »besonders abstoßend«, dass Tebartz v. a. Kaspar belaste und bemängelte außerdem: »Leider habe der vormalige Limburger Bischof weder in den vergangenen Monaten noch in diesen Tagen konkret die Fehler benannt, die er bereue […]. Deswegen dürfe man sich über ein vernichtendes Medienecho nicht wundern« (Lehmann zu Limburg: »Es gibt nichts zu beschönigen«, in: KNA Inland, Nr. 64 v. 1. April 2014, 4). Vgl. auch Matthias Drobinski, Schuld sind nur die anderen. Keine Reue, keine Einsicht: der zurückgetretene Bischof Franz-Peter Tebartz-van Elst verteidigt sich weiter, in: SZ, Nr. 73 v. 28. März 2014, 5 (mit Graphik der Bischofsresidenz).

[43] Zit. nach: Chronologie der Entwicklung im Bistum Limburg, in: KNA, Nr. 116 v. 20. Juni 2014, 46 f., hier: 46 (Eintragung zum 26. März 2014).

[44] Zit. nach Peter de Groot, »Vertrauen zurückgewinnen«. Das Bistum Limburg im Jahr eins nach Tebartz-van Elst, in: KNA aktuell, Korrespondentenberichte, Nr. 56 v. 20. März 2015, 27 f., hier: 28. – *Manfred Grothe* (* 1939), 1967 in Paderborn zum Priester geweiht, war ab 1982 Leiter der Hauptabteilung Finanzen im Generalvikariat des Erzbistums Paderborn, ab 2003 Generalvikar sowie 2013/14 Dompropst und war von 2004 bis 2015 Weihbischof in Paderborn. Vgl. zu Apost. Protonotar Grothe: Der Administrator, in: PNP, Nr. 72 v. 27. März 2014, 3.

Rolle als Beratungs- und Kontrollgremium für den Bischof nicht ›im notwendigen Maße‹ nachgekommen« und »hätten nicht ›ausreichend Widerstand geleistet‹ gegen die Eingriffe von Tebartz-van Elst in Zuständigkeiten des Domkapitels«[45].

Nach monatelangen Spekulationen, wie die Tebartz-van Elst in Aussicht gestellte »andere Aufgabe« aussehen würde[46], erfolgte am 5. Dezember 2014 seine Ernennung zum Delegaten (Fachreferenten) des **Päpstlichen Rates zur Förderung der Neuevangelisierung**.

> Der Päpstliche Rat zur Förderung der Neuevangelisierung, einer von nunmehr 12 päpstlichen Räten innerhalb der römischen Kurie, wurde 2010 durch das Motu Proprio *»Ubicumque et semper«* von Papst *Benedikt XVI.* errichtet. Er soll sich besonders um die erneute Evangelisierung in denjenigen Ländern kümmern, in denen der katholische Glaube zwar schon seit langem beheimatet ist, aber durch die fortschreitende Säkularisierung z. T. erheblich an Bedeutung verloren hat. 2013 wurde die Zuständigkeit für die Katechese (Glaubensunterweisung), für die bis dahin die Kleruskongregation verantwortlich zeichnete, auf diesen Rat übertragen. Sein Präsident ist seit Gründung der vormalige Rektor der Lateranuniversität in Rom, Erzbischof *Rino Fisichella* (*1951), Sitz ein Palazzo an der Via della Conciliazione unweit des Tiber, in dem eine ganze Reihe vatikanischer Gremien und Ministerien untergebracht ist. Im März 2015 betraute Papst Franziskus den »Rat für die Neuevangelisierung« zusätzlich mit der Vorbereitung des *außerordentlichen Heiligen Jahres* vom 8. Dezember 2015 (50. Jahrestag der Schließung des Zweiten Vatikanums) bis 20. November 2016 (*Jahr der Barmherzigkeit;* ↗ KAR 33 INFOBOX Hl. Jahr).

Im Januar 2015 nahm er seine neue Tätigkeit in Rom auf, bei der der habilitierte Pastoraltheologe die Möglichkeit hat, sein Fachwissen, insbesondere auf dem Gebiet der Erwachsenenkatechese, zum Tragen zu bringen und daraus Konzepte und Empfehlungen für die Glaubensunterweisung aller Altersstufen zu entwickeln. Man hoffe im Vatikan, dass sich Tebartz – mittlerweile mit Vollbart und neuer Brille – auf diesem eigens für ihn geschaffenen Posten besser bewährt als in der Leitung des Bistums Limburg. »Ein bloßer Versorgungsposten für einen gefallenen Bischof ist die Stelle jedenfalls nicht«, so ein deutschsprachiger Kurienmitarbeiter[47]. Dennoch

---

[45] Beide Zitate nach: Limburg: Domkapitel räumt eigene schwere Fehler ein, in: KNA Inland, Nr. 116 v. 20. Juni 2014, 3 f.

[46] Bereits im Herbst 2013 hatte der ehemalige CDU-Generalsekretär (1977–1989), Bundesfamilienminister (1982–1985) und engagierte Katholik *Heiner Geißler* (*1930) angeregt: »Möglicherweise kann man dem Bischof empfehlen, dass er vielleicht mal ein Bistum in Afrika übernimmt« (Vorschlag: Tebartz-van Elst könnte nach Afrika gehen, in: PNP, Nr. 245 v. 23. Oktober 2013, 4).

[47] Zit. nach Ludwig Ring-Eifel, Fachreferent für Grundsatzfragen der Katechese. Tebartz-van Elst kehrt in sein akademisches Spezialgebiet zurück, in: KNA Vatikan/Ausland/EU, Nr. 27 v. 9. Febr. 2015, 43 f., hier: 44. – Tebartz-van Elst bezieht vom Bistum Limburg seit dem Amtsverzicht 71 % seines letzten Gehalts als Ruhegehalt (d. h. monatlich etwa 6.800 €), das mittlerweile mit den Zahlungen für seine neue Tätigkeit (ca. 3.300 €) verrechnet wird. Näheres dazu in: Tebartz-van Elst zu Verzicht auf Teil seiner Bezüge aufgefordert, in: KNA aktuell Inland, Nr. 80 v. 25. April 2014, 4; Kirchenrechtler [Thomas Schüller]: Tebartz-van Elst muss Wiedergutmachung leisten, in: a. a. O.,

drängt sich wohl nicht nur Hans Küng die Frage auf, »ob dieser Bischof nicht selbst der Neu-Evangelisierung bedürfte …«[48].

In der Schwebe bleibt vorerst die Situation an der Lahn: Am 13. Februar 2015 stellte das Bistum Limburg vor Journalisten ein Konzept zur Zwischennutzung des Gebäudekomplexes vor. Dabei sagte Bischofssprecher Stephan Schnelle, man sei von der »irreführenden« Bezeichnung »Diözesanes Zentrum Sankt Nikolaus« inzwischen abgerückt; vielmehr habe Weihbischof Grothe nach Beratung mit den zuständigen Gremien den »passenden« Begriff »Bischofshaus« festgelegt. Anschließend hatten die Medienvertreter die einmalige Gelegenheit, das ganze Ensemble – einschließlich des privaten Wohnbereichs – bei einer Führung zu besichtigen, wobei sich mit Ausnahme der Badewanne, die »nur« 4.000 € inkl. Montage gekostet hatte (und nicht 15.000, wie zuvor vielfach kolportiert), das über die Innenausstattung Bekannte bestätigte. Zudem wurde angekündigt, das Bischofshaus künftig für Veranstaltungen, Sitzungen und Konferenzen nutzen zu wollen und dadurch zu »entmystifizieren« (entzaubern)[49]. Auf diese Weise sollte auch dem mittlerweile ernannten und geweihten Nachfolger der Weg in das Bistum und eventuell auch in das Bischofshaus geebnet werden, wobei sich Bischof *Georg Bätzing*[50] mittlerweile entschieden hat, nicht dort einzuziehen, sondern in ein nahegelegenes Einfamilienhaus[51]. Bewohnt wurde das Areal auf dem Limburger Domberg zwischenzeitlich nur von Administrator Grothe, der im ehemaligen Küsterhaus untergebracht war, in dem vorher zwei v. a. als Hauswirtschafterinnen für Tebartz-van Elst tätige Ordensschwestern lebten. So bleibt die Frage, wie der Komplex, bei dessen Errichtung fast 4 Mio. € ohne sub-

---

Nr. 108 v. 6. Juni 2014, 5; de Groot, Vertrauen (wie Anm. 44) 28; Tebartz' Ruhestandsbezüge werden mit Delegaten-Lohn verrechnet, in: KNA aktuell Inland, Nr. 78 v. 23. April 2015, 7.

[48] Hans Küng, Sieben Päpste. Wie ich sie erlebt habe, München u. a. 2015, 335; vgl. a. a. O. 332–337.

[49] Alle Zitate nach Peter de Groot, »Das Haus muss mit Leben gefüllt werden«. Bistum Limburg will umstrittenes Bischofshaus »entmystifizieren«, in: KNA aktuell, Korrespondentenberichte, Nr. 31 v. 17. Febr. 2015, 32 f., hier: 32. Vgl. hierzu und zum Folgenden auch ders., Mit Wehrturm und Bidet. Bistum Limburg öffnet umstrittenes Bischofshaus, in: a. a. O., Nr. 35 v. 23. Febr. 2015, 36 f.; Höll (wie Anm. 31). Über die Homepage des Bistums (www.bistum-limburg.de) lässt sich ein Faltblatt und ein knapp 13-minütiger Film zum Bischofshaus abrufen. In letzterem fand von 16. bis 30. April 2015 eine von der Kath. Erwachsenenbildung (KEB) im Bistum Limburg konzipierte Ausstellung mit dem Titel »Kirche und Geld im Bistum Limburg« statt, in der u. a. aufgezeigt wurde, »wie es zu dem Finanzskandal um den neuen Bischofssitz kommen konnte«. Als Wanderausstellung soll sie künftig in Pfarrgemeinden präsentiert werden (vgl. Ausstellung »Kirche und Geld im Bistum Limburg« eröffnet, in: KNA aktuell, Kultur und Medien, Nr. 73 v. 16. April 2015, 31).

[50] Am 1. Juli 2016 wurde die Ernennung des bisherigen Generalvikars in Trier, *Georg Bätzing* (* 1961), zeitgleich in Rom, Limburg und Trier bekanntgegeben. »Der Trierer Bischof Stephan Ackermann sagte, Limburg bekomme ›einen ausgezeichneten Bischof‹, der ›menschlich warmherzig, verbindlich und klar zugleich‹ sei« (zit. nach: Neuer Bischof für Limburg – »Habe immer im Team gearbeitet«, in: KNA aktuell Inland, Nr. 125 v. 1. Juli 2016, 3; vgl. auch ebd. 30–34 [»Das Thema: Neuer Bischof von Limburg«]; Matthias Drobinski, Neuer Bischof für Limburg, in: SZ, Nr. 151 v. 2./3. Juli 2016, 7 [mit Abb.]).

[51] Nach Paul Weitzer, Hoffnungszeichen, in: Kirche In (Wien) 30 (2016) H. 12, 25.

stantiellen Gegenwert verpufften[52], letztlich verwendet wird, bis jetzt noch unbeantwortet.

2. Die Karikatur und ihre Deutung

Vor diesem nun ausführlich geschilderten Hintergrund ist unsere Karikatur nicht schwer zu deuten. Wenn der rundliche Handwerker mit blauer Latzhose und Werkzeugkiste vor der Kulisse großer, untergliederter Fenster, die die gehobene Ausstattung der Bischofsresidenz andeuten, feststellt: »*Die Besenkammer ist vergoldet*«, und dann – mit dem Daumen hinter sich auf die beige Wand mit einer Darstellung des Gekreuzigten deutend – fragt: »*sollen wir noch das Kruzifix beheizen?*«, dann ist der Hang des Limburger Bistumsleiters zu Kostspieligem und Ausgefallenem ins Absurde gesteigert. Selbst hierfür lässt sich aber ein realer Anknüpfungspunkt finden: Der Bischof ließ nämlich die Steinwege im Kreuzgang des Innenhofes (Atrium) elektrisch beheizen, was 19.000 € kostete[53]. In unserer Karikatur steht dem Handwerker gegenüber und etwas nach vorne gebeugt Tebartz-van Elst in schwarzem Talar mit Scheitelkäppchen und Bauchbinde in bischöflichem Rot, die Hände wie zum Gebet gefaltet, und er antwortet ihm mit freudiger Miene, aber ebenso absurd: »*Ja, Wärme spenden! Das wird dem Papst gefallen*«. Die Pointe in dieser Antwort ist natürlich, dass er nicht sagt: »ja, … das würde *mir* gefallen«, sondern sich als frommer, ganz nach den Wünschen des obersten Hirten handelnder Oberhirte stilisiert. Ein leicht zu übersehendes Detail am Rande ist schließlich, dass der Handwerker nur zwei weit voneinander entfernte Zähne im Mund hat, während bei Tebartz-van Elst die lückenlose Zahnreihe des Oberkiefers zu sehen ist, was die soziale Kluft zwischen den beiden Gesprächspartnern unterstreicht.

3. Und die Moral von der Geschicht'?

»Die Kirche lebt von den Erträgen ihres Vermögens, nicht von dessen Substanz. Der Bischof von Limburg aber hat etwa ein Drittel der Substanz des Bischöflichen Stuhles in eine Immobilie investiert, die ihrem Namen zum Trotz alleine auf ihn zugeschnitten war – Reliquienkammer und Depositum für kostbare Messgewänder einge-

---

[52] Davon entfielen auf Um-, Rück- und Wiederaufbauten 780.000 € und auf nie realisierte Planentwürfe 950.000 € (nach: Beim Limburger Bischofshaus verpufften fast 4 Millionen Euro, in: KNA aktuell Inland, Nr. 82 v. 29. April 2015, 3 f.; vgl. auch Peter de Groot, »Schmerzliche Wahrheiten«. Limburg legt Jahresabschlüsse des Bischöflichen Stuhls offen, in: a. a. O. [Korrespondentenberichte], 40 f.). Eine vom Bistum Limburg geforderte Schadenersatzleistung durch Tebartz-van Elst hielt der Vatikan dennoch für »nicht angebracht« (vgl.: Bistum Limburg will Schadenersatz von Tebartz bzw. Tebartz muss keinen Schadenersatz zahlen, in: PNP, Nr. 168 v. 24. Juli 2015, 1, und Nr. 209 v. 10. Sept. 2015, 1).

[53] Siehe Prüfbericht Limburg (wie Anm. 14) 82.

schlossen«[54]. Um derartigen Mißbrauch in Zukunft zu verhindern, wurde zu Recht eine transparentere Vermögensverwaltung der katholischen Kirche angemahnt. Mittlerweile haben die 27 deutschen Bistümer ihre sehr unterschiedliche Vermögenssituation zumindest teilweise offenbart und wollen – wo noch nicht geschehen – möglichst bald umfassende Rechenschaft über ihre Finanzierung ablegen[55].

Schwieriger zu lösen ist dagegen das Problem, wie man »nach Gutsherrenart« regierende Bischöfe kontrollieren und ggf. rechtzeitig an verhängnisvollen Aktivitäten hindern könne, zumal wenn – wie im Fall Limburg – das Domkapitel und der Verwaltungsrat hierbei eingestandenermaßen versagen und der zuständige Metropolit (in diesem Fall der Erzbischof von Köln) nach geltendem Kirchenrecht keine disziplinarischen Durchgriffsrechte besitzt. Denn auf die Frage, wer sonst hätte einschreiten können, da doch auch die Deutsche Bischofskonferenz keine offiziellen Sanktionen vornehmen könne, antwortete der frühere Konferenzvorsitzende Kardinal Lehmann (↗ KAR 31): »*Richtig, da gibt es verfassungsmäßig ein gewisses Loch. Die Stellung des einzelnen Bischofs ist sehr stark. Wer sich als Bischof ganz auf den Papst als oberste Autoritätsquelle ausrichtet und die Kollegialität der Bischöfe und der Bischofskonferenz weniger achtet, gegen den kann die Bischofskonferenz nichts unternehmen. Ich habe Bischof Tebartz von Anfang an gesagt: ›Du hast es nicht leicht. Du hattest einen charismatischen Vorgänger, Franz Kamphaus, und die Menschen gewöhnen sich nicht so schnell an einen anderen Nachfolger. Wir helfen dir, wo es geht. Komm und frag.‹ Aber er hat nie etwas gefragt.*« Auch die zweimalige Gelegenheit, im Ständigen Rat der Bischofskonferenz die Lage in Limburg zu erklären, habe er ungenutzt verstreichen lassen: »*Da, das muss ich leider sagen, hat er alle schwierigen Fragen umschifft. Als dann der Antrag gestellt wurde, eine öffentliche Erklärung für ihn abzugeben, da haben einige gesagt: ›Das kann ich nicht machen, weil ich nicht wirklich weiß, was in Limburg los ist.‹ Wenn Bischof Tebartz kollegialer und offener gewesen wäre, hätte er von uns auch mehr Unterstützung bekommen. Er tut mir leid.*«[56] Was Tebartz jedoch vor allem gebraucht hätte, ist die »*correctio fraterna*«, die brüderliche Zurechtweisung oder – moderner ausgedrückt – die konstruktive Kritik (vgl. Mt 18,15–17), um ihm möglichst frühzeitig »einen Weg aus dem Teufelskreis von Vertuschung und Falschaussagen aufzuzeigen«[57]. Aber dies ist natürlich bei einem selbstgerechten Bischof, der bis heute »überzeugt [ist], in Limburg keinen Fehler gemacht zu haben«[58], und sogar vor Lug und Trug nicht zurückscheut

---

54 Deckers, Abgang (wie Anm. 3) 23. In einer vom Konradinerkeller erreichbaren geräumigen »Aussenstelle« der Domsakristei können Reliquien, Messgewänder und liturgisches Gerät stilvoll aufbewahrt werden.

55 Vgl. hierzu etwa die Wiedergabe der Ergebnisse einer diesbezüglichen Umfrage der Deutschen Presse-Agentur (dpa) in dem ganzseitigen, reichbebilderten Artikel von Stefan Kruse, Die katholische Kirche ist milliardenschwer, in: PNP, Nr. 3 v. 5. Jan. 2015, 3. Zu dieser Thematik insgesamt siehe Schüller, Krise (wie Anm. 16).

56 Beide Zitate nach Karl Kardinal Lehmann, »So denke ich ja manchmal beinahe selbst« (Interview mit Werner D'Inka und Peter Lückemeier), in: faz.net v. 23. Nov. 2014.

57 Klenk, Skandal (wie Anm. 7) 45.

58 Matthias Drobinski, Das erste Haus am Platz, in: SZ, Nr. 110 v. 13. Mai 2016, 6.

(110) Man beachte neben der Reduzierung der Zehn Gebote die Initiale von
»Elst« oben am »Bischofssitz«, die ein »€« bildet (Karikatur von *Jürgen
Tomicek*, 12. Okt. 2013).

(7. und 8. Gebot!), alles andere als einfach, weder für seine Bischofskollegen noch
für seine Mitarbeiter oder die Diözesanen[59]. Daher tat das Bistum Limburg sicher
gut daran, im Frühjahr 2016 seine Vermögensverwaltung grundlegend zu refor-
mieren[60].

Die Kirche wird es auch in Zukunft in derartigen Konflikten schwerer haben als
andere gesellschaftliche Akteure, und zwar nicht deswegen, weil etwa »die Medien«
ihr feindselig gegenüberstünden, sondern weil die Kirche unter besonderer Beobachtung steht, nimmt sie doch für sich in Anspruch, innerhalb der Gesellschaft

---

[59]   Der frühere Präsident des Zentralkomitees der deutschen Katholiken (1976–1988) und ehemalige
bayerische Kultusminister (1970–1986), Prof. Dr. *Hans Maier* (*1931), meinte, die Limburger
Affäre habe dennoch offenbart, »dass in der katholischen Kirche mehr Demokratie möglich ist.
›Das Limburger Beispiel stimmt mich positiv. Ich habe noch nie so viele Bistumsmitarbeiter und
Domvikare erlebt, die offen Kritik an einem Bischof üben‹. [...] Laien sollten dieses Risiko viel
öfter eingehen. Es lohne sich« und sei »»ein Stück Wahrnehmung von Grundrechten‹ von Laien«
(Hans Maier: Fall Limburg zeigt Demokratie-Zuwachs, in: KNA Inland, Nr. 205 v. 24. Okt.
2013, 5). – Vgl. zum Folgenden Klenk, Skandal (wie Anm. 7) 44.

[60]   Hierzu wurde der Diözesanvermögensverwaltungsrat (DVVR), ein aus fünf sachkundigen Laien
bestehendes Kontrollgremium, geschaffen, das vom ebenfalls mit Laien besetzten Diözesankir-
chensteuerrat berufen wurde. Zusammen mit einem aus den Mitgliedern des Domkapitels bestehenden Konsultoren-Kollegium muss der DVVR seit 1. April 2016 vor wirtschaftlichen Entscheidungen (insbesondere Baumaßnahmen) gefragt werden; das Votum beider Gremien ist für
Bischof und Bistum erforderlich und bindend und kann Vorhaben auch blockieren. Dies bedeutet
»laut dem Bistum mehr Transparenz, mehr externe Aufsicht und personelle Entflechtung« (Bistum Limburg: Aufseher für Vermögensverwaltung, in: PNP, Nr. 116 v. 21./22. Mai 2016, 4; vgl.
auch: Bistum Limburg ordnet seine Vermögensverwaltung neu, in: KNA aktuell, Inland, Nr. 96 v.
20. Mai 2016, 4).

ein Wächteramt auszuüben. Auf der Basis der Hl. Schrift und namentlich der Zehn Gebote predigt sie Werte, Tugenden und Normen und dringt auf deren Einhaltung. An diesen Maßstäben muss sich die Kirche als moralische Instanz jedoch auch selbst messen lassen, und bleibt sie oder einer ihrer Repräsentanten offensichtlich dahinter zurück, sind die Verfehlungen eben keine innerkirchliche Angelegenheit mehr …

L   Joachim Valentin (Hg.), Der ›Fall‹ Tebartz-van Elst. Kirchenkrise unter dem Brennglas, Freiburg i. Br. 2014; Hubertus Janssen, Er war der falsche Mann am falschen Ort. Tebartz-van Elst: Rückschau und Ausblick, in: imprimatur 47 (2014) 133–135; Abschlußbericht über die externe kirchliche Prüfung der Baumaßnahme auf dem Domberg in Limburg, für den Vorsitzenden der Deutschen Bischofskonferenz Erzbischof Dr. Robert Zollitsch, vorgelegt von der Prüfungskommission; Stand 14.02.2014 (108 S., abrufbar über www.dbk.de und www.bistum-limburg. de).
K   Mario Lars (= Roland Regge-Schulz).
Q   taz vom 14. Okt. 2013.

Anhang

Abkürzungen

AA   Dekret »*Apostolicam Actuositatem*« über das Apostolat der Laien (Zweites Vatikanisches Konzil)

AAS   Acta Apostolicae Sedis, Rom 1909 ff.

Abb.   Abbildung(en)

ADB   Allgemeine Deutsche Biographie, hg. v. der Historischen Commission bei der Königl. Akademie der Wissenschaften München, 56 Bde., Leipzig 1875–1912.

amt.   amtierend

b.   bei

BBKL   Biographisch-bibliographisches Kirchenlexikon, hg. v. Friedrich Wilhelm Bautz und Traugott Bautz, bisher 38 Bde., Herzberg bzw. Nordhausen 1975 ff.

Bd./Bde. Band / Bände

bes.   besonders

c./cc.   canon / canones (des CIC)

CIC   Codex Iuris Canonici (Kirchl. Rechtsbuch von 1917 bzw. 1983)

d. Gr.   der Große

DBE   Deutsche Biographische Enzyklopädie, hg. v. Walther Killy / Rudolf Vierhaus, 13 Bde., München 1995–2003.

DBETh   Deutsche Biographische Enzyklopädie der Theologie und der Kirchen, hg. v. Bernd Moeller, 2 Bde., München 2005.

DH   Heinrich Denzinger, Enchiridion symbolorum definitionum et declarationum de rebus fidei et morum. Kompendium der Glaubensbekenntnisse und kirchlichen Lehrentscheidungen, übers. und hg. v. Peter Hünermann, Freiburg i. Br. u. a. ^{45}2017 (= Denzinger/Hünermann).

dt.   deutsch

EKL³   Evangelisches Kirchenlexikon. Internationale theologische Enzyklopädie, hg. v. Erwin Fahlbusch u. a., 5 Bde., Göttingen ^{3}1986–1997.

FAZ   Frankfurter Allgemeine Zeitung

GBBE   Große Bayerische Biographische Enzyklopädie, hg. v. Hans-Michael Körner, 4 Bde., München 2005.

GS   Pastorale Konstitution »*Gaudium et Spes*« über die Kirche in der Welt von heute (Zweites Vatikanisches Konzil)

HDRG   Handwörterbuch zur deutschen Rechtsgeschichte, hg. v. Adalbert Erler u. a., 5 Bde., Berlin 1971–1998.

HerKorr Herder Korrespondenz (Freiburg i. Br.)

Hg(g).   Herausgeber / Herausgeberin(nen)

hg. v.   herausgegeben von

Jh.   Jahrhundert

lat.	lateinisch
LG	Dogmatische Konstitution »*Lumen Gentium*« über die Kirche (Zweites Vatikanisches Konzil)
Lit.	Literatur(hinweise)
LMA	Lexikon des Mittelalters, 9 Bde., Stuttgart/Weimar 1980–1999.
LThK[1]	Lexikon für Theologie und Kirche, hg. v. Michael Buchberger, 10 Bde., Freiburg i. Br. 1930–1938
LThK[2]	Lexikon für Theologie und Kirche, hg. v. Josef Höfer / Karl Rahner, 11 Bde. + 3 Bde.: Das Zweite Vatikanische Konzil, Freiburg i. Br. 1958–1968.
LThK[3]	Lexikon für Theologie und Kirche, hg. v. Walter Kaspar, 11 Bde., Freiburg i. Br. [3]1993–2001.
MarL	Marienlexikon, hg. v. Remigius Bäumer / Leo Scheffczyk, 6 Bde., St. Ottilien 1988–1994.
masch.	maschinenschriftlich
Mio.	Million(en)
ND	Nachdruck
NDB	Neue Deutsche Biographie, hg. v. der Historischen Kommission bei der Bayerischen Akademie der Wissenschaften, bisher 26 Bde., Berlin 1953 ff.
o. J.	ohne Jahr
OP	Ordo Praedicatorum (Dominikaner)
o. Sz.	ohne Seitenzahlen
par(r).	Parallele(n) (bei Bibelstellen)
PNP	Passauer Neue Presse
reg.	regierend
rev.	revidiert
RGG[4]	Religion in Geschichte und Gegenwart. Handwörterbuch für Theologie und Religionswissenschaft, hg. v. Hans Dieter Betz u. a., 8 Bde. und Reg.-bd., Tübingen [4]1998–2007.
RQ	Römische Quartalschrift (Rom u. a.)
SJ	Societas Jesu (Jesuit)
s. o.	siehe oben
StL[5]	Staatslexikon, hg. im Auftrag der Görres-Gesellschaft v. Hermann Sacher, 5 Bde., Freiburg i. Br. [5]1926–1932.
StL[7]	Staatslexikon. Recht – Wirtschaft – Gesellschaft, hg. v. der Görres-Gesellschaft, 7 Bde., Freiburg i. Br. [7]1985–1993.
sw	schwarzweiß
SZ	Süddeutsche Zeitung (München)
Tl.	Teil
TRE	Theologische Realenzyklopädie, hg. v. Gerhard Müller u. a., 36 Bde. und 2 Reg.-bde., Berlin/New York 1977–2007.
u. ö.	und öfter
Übers.	Übersetzung
Verf.	Verfasser

VKZG   Veröffentlichungen der Kommission für Zeitgeschichte bei der katho-
         lischen Akademie in Bayern (Reihe A: Quellen; Reihe B: Forschungen).
VSWG   Vierteljahrschrift für Sozial- und Wirtschaftsgeschichte (Stuttgart)
wö.   wörtlich

Quellen- und Literaturverzeichnis

1. Ungedruckte Quellen

Weimar,
Goethe- und Schiller-Archiv:
Bestand Bertuch, Sign. GSA 06/5646

2. Zeitungen und Zeitschriften, denen Karikaturen entnommen wurden
(mit Erscheinungszeitraum und einigen Literaturhinweisen)

8 Uhr-Abendblatt. National-Zeitung (Berlin), 1911–1934 (als morgens und abends erscheinende *National-Zeitung* 1848–1910, 1934–1938)
Lit.: Jürgen Kahl, National-Zeitung (1848–1938), in: Fischer, Zeitungen 177–189.

L'Asino (Rom), 1892–1925
Lit.: Candeloro, L'Asino; Adolfo Chiesa, La satira politica in Italia, Rom/Bari 1990, 8–31; Ege 139 f.; Borutta, Antikatholizismus 207 f. (Lit.); https://it.wikipedia.org/wiki/L'Asino (zur Geschichte der Zeitschrift; ital.)

Deutsches Allgemeines Sonntagsblatt (Hamburg; hg. von der Evang. Kirche Deutschlands), 1948–2000 (bis 1966 *Sonntagsblatt*)

Jugend (München/Leipzig), 1896–1940
Lit.: Jürgensmeier 63 f.; Eisele 14 f.; http://www.ub.uni-heidelberg.de/helios/fachinfo/www/kunst/digilit/artjournals/jugend.html (alle Jahrgänge digitalisiert; Informationen und Literatur)

Kladderadatsch (Berlin), 1848–1944
Lit.: Schulz, Kladderadatsch; Heinrich-Jost, Kladderadatsch; Jürgensmeier 31–36; Eisele 9 f.; http://www.ub.uni-heidelberg.de/helios/digi/kladderadatsch.html (alle Jahrgänge digitalisiert; Informationen und Literatur)

Der Leuchtturm. Monatsschrift zur Unterhaltung und Belehrung für das deutsche Volk (u. a. Zeitz, Magdeburg, Bremen, Braunschweig, Leipzig), 1846–1850
Lit.: Jürgensmeier 44 f.

De Nederlandsche Spectator (Den Haag), 1856–1908

Neuwieder Zeitung (Neuwied am Rhein, seit dem Ende des 18. Jh.s Frankfurt a. M.; eigentlicher Titel: *Reich der Todten* bzw. *Politische Gespräche [im Reiche] der Todten*;

im Volksmund *Der Neuwieder* oder *Neuwieder Zeitung* genannt), 1785–1810, 1816–1818 (fortgesetzt als *Neuwieder Zeitung*)

Lit.: Karl d'Ester, Der Neuwieder. Ein vergessener Vorkämpfer für die Freiheit des deutschen Rheines, Neuwied am Rhein 1930; Ludwig Salomon, Geschichte des Deutschen Zeitungswesens von den ersten Anfängen bis zur Wiederaufrichtung des Deutschen Reiches, 3 Bde., Oldenburg/Leipzig 1900–1906, hier: I 139 f.; II 9, 115; III 131; Joachim Kirchner, Das deutsche Zeitschriftenwesen. Seine Geschichte und seine Probleme, Teil 1, Wiesbaden ²1958, 32.

Il Pasquino (Turin), 1856–1930

Lit.: https://it.wikipedia.org/wiki/Il_Pasquino (zur Geschichte der Zeitschrift; ital.); Ulrich Nersinger, Pasquino – Der steinerne Spötter Roms. Eine Statue kommentiert und schafft Geschichte, in: ders., Leben im Rom der Päpste, Bonn 2005, 61–70 (zum namengebenden, 1501 aufgefundenen und »Pasquino« genannten antiken Steintorso am Palazzo Braschi/Rom, an den man seither Zettel mit ironischen und kritischen Versen heftete)

Publik-Forum (Oberursel), seit 1972

Lit.: Florian Bock, Der Fall »Publik«. Katholische Presse in der Bundesrepublik Deutschland um 1968 (= VKZG B 128), Paderborn u. a. 2015 (zur Vorgeschichte und Geschichte; Lit.)

Die Reform. Ein Volksblatt (Hamburg-Altona), 1848–1892

Lit.: Daniela Kasischke-Wurm, Antisemitismus im Spiegel der Hamburger Presse während des Kaiserreichs (1884–1914) (= Sozial- und Wirtschaftsgeschichte 6), Hamburg 1997, 32–34.

Das Schwarze Korps. Zeitung der Schutzstaffeln der NSDAP (Berlin), 1935–1945

Lit.: Mario Zeck, Das Schwarze Korps. Geschichte und Gestalt des Organs der Reichsführung SS (= Medien in Forschung und Unterricht A 51), Tübingen 2002 (Lit.); Georg Schulz, Das Schwarze Korps und seine antikatholische Berichterstattung, Wien 2010 (online verfügbar); Christian Konitza, »Das Schwarze Korps. Die Zeitung der Schutzstaffeln der NSDAP. Organ der Reichsführung SS« über den Judeozid, Norderstedt 2013.

Simplicissimus (München), 1896–1944, 1946–1950 (unter dem Namen *der Simpl*), 1954–1967.

Lit.: Rösch; Zimdars; Reinoß 5–9; Jürgensmeier 62 f.; Eisele 13 f.; http://www.simplicissimus.info/index.php?id=5 (Jahrgänge 1896–1944 digitalisiert; Informationen und reiche Literatur)

Lo Spirito Folletto (Mailand), 1848, 1861–1885

Lit.: Bibolotti/Calotti 6, 10, 73 (Abb.), 75 f.

Der Stürmer (Nürnberg), 1923–1945.

Lit.: Daniel Roos, Julius Streicher und »Der Stürmer« 1923–1945, Paderborn u. a. 2014; Karl-Heinz Reuband, Die Leserschaft des »Stürmer« im *Dritten Reich*. Soziale Zusammensetzung und antisemitische Orientierungen, in: Historical Social Research 33 (2008) 214–154 (auch online verfügbar); Siegfried Zelnhefer, Art. Der Stürmer. Deutsches Wochenblatt zum Kampf[e] um die Wahrheit, in: https://www.historisches-lexikon-bayerns.de/Lexikon/Der_St%C3%BCrmer._Deutsches_Wochenblatt_zum_Kampf_um_die_Wahrheit#.22Fips.22_schuf_den_.22St.C3.BCrmer-Juden.22 (Lit.)

Süddeutsche Zeitung (München), seit 1945

taz (= Die Tageszeitung; Berlin), seit 1978

tz (= Tageszeitung; München), seit 1968

Der wahre Jacob (Hamburg, ab 1884 Stuttgart), 1879/80, 1884–1923, (1924–1927 unter dem Titel *Lachen links*), 1927–1933.
Lit.: Ege; Robertson; Schütz; Jürgensmeier 60 f.; Eisele 12 f.; http://www.ub.uni-heidelberg.de/helios/fachinfo/www/kunst/digilit/artjournals/wahre_jakob.html (ab Jahrgang 1884 digitalisiert; Informationen und Literatur)

3. Literatur

Alberigo, Giuseppe u. a. (Hgg.), Geschichte des Zweiten Vatikanischen Konzils (1959–1965), 5 Bde., Mainz u. a. 1997–2008 (Bd. 1: ²2012).

Angenendt, Arnold, Toleranz und Gewalt. Das Christentum zwischen Bibel und Schwert, Münster ⁶2012.

Arnold, Claus, Kleine Geschichte des Modernismus, Freiburg. Br. u. a. 2007.

Bächtold-Stäubli, Hanns (Hg.), Handwörterbuch des Deutschen Aberglaubens, 10 Bde., Berlin/Leipzig 1927–1942 (ND Berlin/New York 1987).

Becker-Huberti, Manfred, Lexikon der Bräuche und Feste. 3000 Stichwörter mit Infos, Tipps und Hintergründen für das ganze Jahr, Freiburg i. Br. ⁴2007.

Benz, Wolfgang u. a. (Hgg.), Enzyklopädie des Nationalsozialismus, München ⁵2007.

— / Graml, Hermann (Hgg.), Biographisches Lexikon zur Weimarer Republik, München 1988 (ND 1993).

Berg, Horst Klaus, Die Karikatur, in: Engelbert Groß (Hg.), Alternativen zum vertexteten Religionsunterricht. Methodische Maßnahmen, Düsseldorf 1979, 68–92 [= Berg, Karikatur I].

—, Die Karikatur, in: Sigrid und Horst Klaus Berg, Mit Liedern, Bildern und Szenen im Religionsunterricht arbeiten. Didaktisch-methodische Einführungen und Gesamtregister (= Lieder – Bilder – Szenen 10), Stuttgart/München 1981, 57–127 [= Berg, Karikatur II].

—, Arbeiten mit Karikaturen, in: Gottfried Adam / Rainer Lachmann (Hg.), Methodisches Kompendium für den Religionsunterricht 1 (Basisband), Göttingen ⁴2002, 262–268.

Bibolotti, Cinzia / Calotti, Franco A. (Hgg.), Quando l'Italia calzò lo Stivale. Immagini dai giornali satirici risorgimentali (Ausstellungskatalog), Forte dei Marmi 2011.

Borutta, Manuel, Antikatholizismus. Deutschland und Italien im Zeitalter der europäischen Kulturkämpfe (= Bürgertum NF 7), Göttingen ²2011.

—, Geistliche Gefühle. Medien und Emotionen im Kulturkampf, in: Frank Bösch / Manuel Borutta (Hg.), Die Massen bewegen. Medien und Emotionen in der Moderne, Frankfurt a. M./New York 2006, 119–141.

Braunbehrens, Volkmar u. a. (Hgg.), Kunst der bürgerlichen Revolution von 1830 bis 1848/49, Berlin ³1973.

Brosämle-Lambrecht, Manfred / Buntz, Herwig, Geschichtsbilder. Historisches Lernen mit Bildern und Karikaturen. Handreichung für den Geschichtsunterricht am Gymnasium, Donauwörth 2001.

Brückmann, Remigius, Politische Karikaturen des Vormärz (1815–1848) (Ausstellungskatalog), Karlsruhe 1984.

Busch, Norbert, Katholische Frömmigkeit und Moderne. Die Sozial- und Mentalitätsgeschichte des Herz-Jesu-Kultes in Deutschland zwischen Kulturkampf und Erstem Weltkrieg (= Religiöse Kulturen der Moderne 6), Gütersloh 1997.

Candeloro, Giorgio (Hg.), L'Asino di Podrecca e Galantara (1892/1925), Mailand 1970.

Chiesa, Adolfo, La satira politica in Italia. Con un'intervista a Tullio Pericoli, Rom u. a. 1990.

Del Re, Niccolò (Hg.), Vatikanlexikon, Augsburg 1998.

Demel, Sabine, Handbuch Kirchenrecht. Grundbegriffe für Studium und Praxis, Freiburg i. Br. u. a. ²2013.

Dollinger, Hans, Lachen streng verboten! Die Geschichte der Deutschen im Spiegel der Karikatur, München 1972.

Dussel, Konrad, Deutsche Tagespresse im 19. und 20. Jahrhundert (= Einführungen – Kommunikationswissenschaft – 1), Münster 2004.

Eckert, Michael u. a. (Hgg.), Lexikon der theologischen Werke, Stuttgart 2003.

Eder, Manfred, Die »Deggendorfer Gnad« – Entstehung und Entwicklung einer Hostienwallfahrt im Kontext von Theologie und Geschichte (= Deggendorf – Archäologie und Stadtgeschichte 3), Deggendorf/Passau 1992.

—, »Helfen macht nicht ärmer«. Von der kirchlichen Armenfürsorge zur modernen Caritas in Bayern, Altötting 1997.

—, Kirchengeschichte. 2000 Jahre im Überblick, Ostfildern ⁴2017.

Ege, Konrad, Karikatur und Bildsatire im Deutschen Reich: Der Wahre Jacob. Hamburg 1879/80, Stuttgart 1884–1914. Mediengeschichte, Mitarbeiter, Chefredakteure, Grafik (= Form & Interesse 44), Münster/Hamburg 1992.

Eisele, Petra (Hg.), Humor aus zwei Jahrhunderten. Das Beste aus illustrierten Blättern für Satire, Witz und Humor, Bern u. a. 1977.

Erbacher, Jürgen, Der Vatikan – das Lexikon, Leipzig 2009.

Estermann, Alfred, Freiheit auf Abbruch. Karikaturen aus den satirischen Zeitschriften der Jahre 1848 und 1849, Frankfurt a. M. 1998.

Fest, Joachim C., Das Gesicht des Dritten Reiches. Profile einer totalitären Herrschaft, München/ Zürich ¹¹1994.

Fieberg, Klaus, Karikaturen im Kontext, Braunschweig 2003 (CD-ROM).

Fischer, Heinz-Dietrich (Hg.), Deutsche Zeitungen des 17. bis 20. Jahrhunderts, Pullach b. München 1972.

Fischer, Hubertus, Wer löscht das Licht? Europäische Karikatur und Alltagswelt 1790–1990 (= Schriften zur Karikatur und kritischen Grafik 2), Stuttgart 1994.

— / Vaßen, Florian (Hgg.), Europäische Karikaturen im Vor- und Nachmärz (= Forum Vormärz Forschung 11/2005), Bielefeld 2006.

Flemig, Kurt, Karikaturisten-Lexikon, München u. a. 1993.

Fuchs, Eduard, Die Karikatur der europäischen Völker vom Altertum bis zur Neuzeit, München ⁴1921 (= Fuchs I).

—, Die Karikatur der europäischen Völker vom Jahre 1848 bis zur Gegenwart, München ⁴1921 (= Fuchs II).

Fuchs, Friedrich / Reidel, Hermann (Schriftleitung), Lexikon für kirchliches Kunstgut, hg. v. Arbeitskreis für Inventarisation und Pflege des kirchlichen Kunstgutes, Regensburg 2010.

Fuhrmann, Horst, Die Päpste. Von Petrus zu Johannes Paul II., München ⁴2012.

Gatz, Erwin (Hg.), Die Bischöfe der deutschsprachigen Länder 1785/1803 bis 1945. Ein biographisches Lexikon, Berlin 1983 [= Gatz, Bischöfe I].

—, Die Bischöfe der deutschsprachigen Länder 1945–2001. Ein biographisches Lexikon, Berlin 2002 [= Gatz, Bischöfe II].

Gegen das Zentrum! München o. J. [1911].

Geschichte lernen 3 (1990) H. 18: Politische Karikaturen.

Geschichtsbilder. Historisches Lernen mit Bildern und Karikaturen. Handreichung für den Geschichtsunterricht am Gymnasium, hg. v. Staatsinstitut für Schulpädagogik und Bildungsforschung München, Donauwörth 2001.

Grafe, Edda u. a., Bildliche Quellen und Darstellungen, in: Hilke Günther-Arndt / Meik Zülsdorf-Kersting (Hgg.), Geschichtsdidaktik. Praxishandbuch für die Sekundarstufe I und II, Berlin ⁶2014, 100–131 (zur Karikatur: 116–118, 120).

Grand-Carteret, John, Bismarck en Caricatures, Paris 1890.

—, Contre Rome. La bataille anticléricale en Europe, Paris o. J. [1908].

—, »Er« [= Kaiser Wilhelm II.] im Spiegel der Karikatur. 348 Zeichnungen aus allen Ländern, Wien/Leipzig 1906.

Gross, Friedrich, Jesus, Luther und der Papst im Bilderkampf 1871 bis 1918. Zur Malereigeschichte der Kaiserzeit, Marburg 1989.

Grünewald, Dietrich, Karikatur im Unterricht. Geschichte – Analysen – Schulpraxis, Weinheim/Basel 1979.

— (Hg.), Politische Karikatur. Zwischen Journalismus und Kunst, Weimar 2002.

Gruber, Hubert, Katholische Kirche und Nationalsozialismus 1930–1945. Ein Bericht in Quellen, Paderborn 2005.

Guratzsch, Herwig (Hg.), James Gillray 1757–1815. Meisterwerke der Karikatur, Stuttgart 1986.

— (Hg.), Karikatur. Europäische Künstler der Gegenwart, Stuttgart 1991.

Gutschera, Herbert u. a., Geschichte der Kirchen. Ein ökumenisches Sachbuch mit Bildern, Freiburg i. Br. u. a. ³2003 (ND 2006).

Hackl, Christine / Rühle, Christian, Produktiver Umgang mit Karikaturen. Beispiele aus dem Umfeld der Revolution von 1848, in: Geschichte in Wissenschaft und Unterricht 56 (2005) 406–413.

Haese, Klaus / Schütte, Wolfgang U., Frau Republik geht pleite. Deutsche Karikaturen der zwanziger Jahre, Leipzig 1989.

Hausberger, Karl, Herman Schell (1850–1906). Ein Theologenschicksal im Bannkreis der Modernismuskontroverse (= Quellen und Studien zur neueren Theologiegeschichte 3), Regensburg 1999.

—, Reichskirche, Staatskirche, »Papstkirche«. Der Weg der deutschen Kirche im 19. Jahrhundert, Regensburg 2008.

—, Thaddäus Engert (1875–1945). Leben und Streben eines deutschen »Modernisten« (= Quellen und Studien zur neueren Theologiegeschichte 1), Regensburg 1996.

— / Hubensteiner, Benno, Bayerische Kirchengeschichte, München ²1987.

Heim, Manfred, Von Ablass bis Zölibat. Kleines Lexikon der Kirchengeschichte, München 2008.

— (Hg.), Theologen, Ketzer, Heilige. Kleines Personenlexikon zur Kirchengeschichte, München 2001.

Heinrich-Jost, Ingrid (Hg.), Kladderadatsch. Die Geschichte eines Berliner Witzblattes von 1848 bis ins Dritte Reich, Köln 1982.

Herding, Klaus / Otto, Gunter (Hgg.), »Nervöse Auffangsorgane des inneren und äußeren Lebens«. Karikaturen, Gießen 1980.

Hippen, Reinhard, Kabarett der spitzen Feder. Streitzeitschriften (= Kabarettgeschichte-n 9), Zürich 1986.

Hofmann, Werner, Die Karikatur. Von Leonardo bis Picasso, Wien 1956, erg. Neuauflage Hamburg 2007.

Hollweck, Ludwig, Karikaturen. Von den Fliegenden Blättern zum Simplicissimus 1844 bis 1914, München 1973.

Imbach, Josef, Die Eingeweide der Päpste. Kuriositäten der Kirchengeschichte, Wiesbaden 2010.

Jedin, Hubert (Hg.), Handbuch der Kirchengeschichte, 7 Bde. in 10 Teilbden., Freiburg i. Br. u. a. 1962–1979 (kart. ND 1985, 1999).

Jürgensmeier, Friedhelm, Die katholische Kirche im Spiegel der Karikatur der deutschen satirischen Tendenzzeitschriften von 1848 bis 1900, Trier 1969.

Kaldewey, Rüdiger / Wener, Aloys, Das Christentum. Geschichte – Politik – Kultur, Düsseldorf 2004.

Keim, Walther (Konzept), KarikaTouren durch bewegte Zeiten, hg. v. der Initiative Neue Soziale Marktwirtschaft Bayern, Alsfeld 2010.

— / Seitz, Gerhard (Hgg.), »Um Himmels willen«. Kirche in der Karikatur, Bamberg ³2007 (o. Sz., daher Seitenzählung fingiert).

— (Hgg.), »Ach Du lieber Gott«. Karikaturen zu Ökumene und Kirche, Bamberg [2010].

Kessemeier, Siegfried (Hg.), Ereignis-Karikaturen. Geschichte in Spottbildern 1600–1930 (Ausstellungskatalog), Münster 1983.

Kleiner, Michael (Red.), Glänzende Aussichten. 99 Karikaturen zu Klima, Konsum und anderen Katastrophen, hg. v. Bischöflichen Hilfswerk MISEREOR e. V. und dem Erzbistum Bamberg (Ausstellungskatalog), Bamberg o. J. (2014).

Koch, Ursula E., Der Teufel in Berlin. Von der Märzrevolution bis zu Bismarcks Entlassung. Illustrierte politische Witzblätter einer Metropole 1848–1890, Köln 1991.

— / Behmer, Markus (Hgg.), Grobe Wahrheiten – Wahre Grobheiten. Feine Striche – Scharfe Stiche. Jugend, Simplicissimus und andere Karikaturen-Journale der Münchner »Belle Epoque« als Spiegel und Zerrspiegel der kleinen wie der großen Welt (Ausstellungskatalog), München 1996.

Kottje, Raymund u. a. (Hgg.), Ökumenische Kirchengeschichte, 3 Bde., Darmstadt 2006–2007.

Krüger, Herbert und Werner (Hgg.), Geschichte in Karikaturen. Von 1848 bis zur Gegenwart, Stuttgart 1981 (ND 1984, 1991).

Lammel, Gisold, Deutsche Karikaturen. Vom Mittelalter bis heute, Stuttgart/Weimar 1995.

Langemeyer, Gerhard u. a. (Hgg.), Bild als Waffe. Mittel und Motive der Karikatur in fünf Jahrhunderten, München ²1985.

Loch, Werner / Görres, Karl, Politische Karikatur und ihr Einsatz im Unterricht, Limburg 1985.

Marcus, Fred, Himmlische Teufeleien. Der geistliche Stand in der Karikatur, Rosenheim 1983.

McMahon, Darrin M., Enemies of the Enlightenment. The French Counter-Enlightenment and the Making of Modernity, Oxford 2001.

Mayer, Helmut, Mach's schmunzelnd. Erfahrungen mit Karikaturen in der Kirche, Hamburg 1992.

Mertin, Andreas, Karikaturen: Das Christentum aufs Korn genommen, in: Katechetische Blätter 133 (2008) 276–281.

Mester, Gerhard / Latsch, Reiner (Hgg.), »Brüder, zur Sonne, zur Freizeit«. Karikaturen über soziale Gerechtigkeit in Deutschland, Köln 1993.

Müller, Bernhard, Um Himmels willen. Karikaturen zum Thema Kirche und Religion. Ein Arbeitsbuch, München/Stuttgart 1996.

Muster, Hans Peter, Who's Who in Satire and Humour. Biographisches Verzeichnis der satirischen, kritischen und humoristischen Grafiker des 20. Jahrhunderts. A Biographical List of 20th Century Satirical, Critical and Humorous Graphic Artists, 3 Bde., Basel 1989–1990.

Neuner, Peter, Der Streit um den katholischen Modernismus, Frankfurt a. M./Leipzig 2009.

Nies, Bruno (Hg.), Hauptsache der Papst ist katholisch. Karikaturen aus der Weltpresse über Papst, Christliches und Unchristliches, Salzburg 1982.

Orth, Peter, Der Mensch in der Karikatur. Zehn Grundlinien ethischer Erziehung, in: Katechetische Blätter 124 (1999) 46–56.

Päge, Herbert, Karikaturen in der Zeitung. Engagierter Bildjournalismus oder opportunistisches Schmuckelement?, Aachen 2007.

Paschold, Chris E. / Gier, Albert, Die Französische Revolution. Ein Lesebuch mit zeitgenössischen Berichten und Dokumenten, Stuttgart 1989.

Piltz, Georg, Geschichte der europäischen Karikatur, Berlin (Ost) 1976.

Praxis Geschichte 17 (2004) H. 1: Politische Karikaturen (mit zahlreichen Internet-Links: 61 f.).

Quisinsky, Michael / Walter, Peter (Hgg.), Personenlexikon zum Zweiten Vatikanischen Konzil, Freiburg i. Br. u. a. 2012.

Reinoß, Herbert (Hg.), Das große SIMPLICISSIMUS-Album, Gütersloh u. a. o. J. (1971).

Robertson, Ann, Karikatur im Kontext. Zur Entwicklung der sozialdemokratischen illustrierten satirischen Zeitschrift *Der Wahre Jacob* zwischen Kaiserreich und Republik (= Europäische Hochschulschriften XL 27), Frankfurt a. M. u. a. 1992.

Rösch, Gertrud Maria (Hg.), Simplicissimus. Glanz und Elend der Satire in Deutschland (= Schriftenreihe der Universität Regensburg 23), Regensburg 1996.

Sachs, Hannelore u. a., Wörterbuch der christlichen Ikonographie, Regensburg ⁹2005.

Schatz, Klaus, Geschichte der deutschen Jesuiten (1814–1983), 5 Bde., Münster 2013.

—, Zwischen Säkularisation und Zweitem Vatikanum. Der Weg des deutschen Katholizismus im 19. und 20. Jahrhundert, Frankfurt a. M. 1986.

Schnakenberg, Ulrich, Die Karikatur im Geschichtsunterricht, Schwalbach/Ts. 2012 (mit reichen Literaturhinweisen: 168–174).

Schneiders, Werner (Hg.), Lexikon der Aufklärung. Deutschland und Europa, München ²2001.

Schottenloher, Karl, Flugblatt und Zeitung. Ein Wegweiser durch das gedruckte Tagesschrifttum (= Bibliothek für Kunst- und Antiquitätenfreunde 21), neu hg., eingeleitet und ergänzt v. Johannes Binkowski, 2 Bde., München 1985.

Schütz, Hans J. (Hgg.), Der wahre Jakob. Ein halbes Jahrhundert in Faksimiles, Berlin/Bonn-Bad Godesberg 1977.

Schulz, Klaus, »Kladderadatsch«. Ein bürgerliches Witzblatt von der Märzrevolution bis zum Nationalsozialismus 1848–1944 (= Bochumer Studien zur Publizistik- und Kommunikationswissenschaft 2), Bochum 1975.

Schwaiger, Georg, Mönchtum, Orden, Klöster. Von den Anfängen bis zur Gegenwart. Ein Lexikon, München ³1998.

—, Päpste in Deutschland und deutsche Päpste, in: Bernhard Kötting (Hg.), Kleine deutsche Kirchengeschichte, Freiburg i. Br. u. a. 1980, 128–159.

—, Papsttum und Päpste im 20. Jahrhundert. Von Leo XIII. zu Johannes Paul II., München 1999.

Seppelt, Franz Xaver, Geschichte der Päpste, 5 Bde., neu bearbeitet von Georg Schwaiger, München ²1954–1959 (III¹ 1956).

— / Schwaiger, Georg, Geschichte der Päpste. Von den Anfängen bis zur Gegenwart, München 1964.

Spadolini, Giovanni, Le due Rome. Chiesa e Stato fra '800 e '900 (= Quaderni di storia 26), Florenz ³1975.

Strötz, Jürgen, Der Katholizismus im deutschen Kaiserreich 1871 bis 1918. Strukturen eines problematischen Verhältnisses zwischen Widerstand und Integration (= Studien zu Religionspädagogik und Pastoralgeschichte 6), 2 Teile, Hamburg 2005.

Taddey, Gerhard (Hg.), Lexikon der deutschen Geschichte. Ereignisse – Institutionen – Personen. Von den Anfängen bis zur Kapitulation 1945, Stuttgart ³1998.

Tvedt, Christa, Die Karikatur im Geschichtsunterricht, in: Praxis Geschichte 1 (1987) H. 0, 27–30.

Uppendahl, Herbert u. a., Die Karikatur im historisch-politischen Unterricht. Eine Einführung mit Unterrichtsbeispielen, Freiburg i. Br./Würzburg 1978.

Weiß, Otto, Der Modernismus in Deutschland. Ein Beitrag zur Theologiegeschichte, Regensburg 1995.

Wendel, Friedrich, Die Kirche in der Karikatur. Eine Sammlung antiklerikaler Karikaturen, Volkslieder, Sprichwörter und Anekdoten, Berlin ²1928.

—, Das neunzehnte Jahrhundert in der Karikatur, Berlin 1925.

—, Das Schellengeläut. Kulturkritische Karikaturen des 19. Jahrhunderts, Berlin 1927.

—, Wilhelm II. in der Karikatur, Dresden 1928.

Wistrich, Robert, Wer war wer im Dritten Reich. Anhänger, Mitläufer, Gegner aus Politik, Wirtschaft, Militär, Kunst und Wissenschaft, München 1983.

Wußing, Hans-Ludwig u. a. (Hgg.), Fachlexikon Forscher und Erfinder, Frankfurt a. M. ³1992 (ND Hamburg 2005).

Zeman, Zbyněk, Das Dritte Reich in der Karikatur, München 1984.

Zentner, Christian / Bedürftig, Friedemann (Hgg.), Das große Lexikon des Dritten Reiches, München 1985.

Zentrums-Album des Kladderadatsch 1870–1910, Berlin 1912.

Zimdars, Hasso, Die Zeitschrift ›Simplicissimus‹. Ihre Karikaturen, Diss. masch. Bonn 1972.

4. Online-Quellen

Ahlke, Reinhard, Karikatur als historische Quelle, in: http://www.uni-konstanz.de/FuF/Philo/Geschichte/Tutorium/Themenkomplexe/Quellen/Quellenarten/Karikatur/karikatur.html (2. April 2016).

Analyse und Interpretation einer Karikatur (Louise-Schroeder-Gymnasium München), in: http://lsg.musin.de/geschichte/Material/ArbeitstechnikenG/Karikatur.htm (2. April 2016).

Könemann, Judith / Schulte, Christian, Einsatz von Karikaturen im Religionsunterricht, in: www.bistum-osnabrueck.de/downloads/news/aufsatz_karikatur_neu.pdf (9. Dez. 2009).

Payer, Alois, Antiklerikale Karikaturen und Satiren, in: http://www.payer.de/religionskritik/karikaturen (2. April 2016).

Karikaturistenverzeichnis
(mit Kurzbiografien[1])

Gaido, Domenico († 1942), ital. Maler, Illustrator, Karikaturist, Bühnen- und Kostümbildner, Regisseur `KAR 6z`.
Studium an der Accademia Albertina in Turin, ab 1901 Illustrationen zu Kinderbüchern, ab 1903 Mitarbeiter der satir. Zeitschrift *Il Pasquino* und einiger anderer Zeitschriften. In den folgenden Jahrzehnten als Regisseur, Szenograph und Kostümbildner an fast 30 italienischen Filmen (v. a. Historienfilmen) beteiligt, darunter »*Il ponte dei sospiri*« (1921) und »*I martiri d'Italia*« (1927). Außerdem stattete der in Turin lebende Künstler Historien- und Freilichtspiele sowie Panoramen aus.
Lit.: Paola Pallottino, Art. Gaido, Domenico, in: Günter Meißner (Hg.), Allgemeines Künstlerlexikon. Die bildenden Künstler aller Zeiten und Völker, Bd. 47, München/Leipzig 2005, 273 (Lit.); Borutta, Antikatholizismus 136.

Galantara Conte di Montelupone, Gabriele (1865–1937; Pseudonym: *Rata Langa* [Anagramm des Nachnamens]), ital. Karikaturist und Buchillustrator `KAR 14`.
Obgleich einer alten italienischen Adelsfamilie entstammend, aus der Prälaten und Äbte hervorgegangen waren, machte Galantara bereits als Mathematikstudent in Bologna (ab 1884) durch radikale Publikationen auf sich aufmerksam. Nachdem er mit einem Kommilitonen, dem Literaturstudenten *Guido Podrecca* (1865–1923), 1888/89 eine politisch-humoristische Zeitschrift herausgegeben und darin die Duellsucht des Offizierskorps durch Karikaturen kritisiert hatte, wurden beide der Universität verwiesen. Kurz darauf zogen sie nach Rom und gaben seit 1892 das – mit kurzen Unterbrechungen bis zum Verbot durch die Faschisten 1925 existierende und eine Auflage von über 100.000 erreichende – Wochenblatt *L'Asino* (dt.: Der Esel) heraus, wobei Podrecca für die Text- und Galantara für die Bildbeiträge sorgte. Des öfteren gab es Verwarnungen, Beschlagnahmungen und Gefängnisstrafen. Der überzeugte Sozialist Galantara war auch Mitarbeiter deutschsprachiger Zeitschriften wie dem *Süddeutschen Postillon* (München), den *Neuen Glühlichtern* (Wien) und v. a. des *Wahren Jacob*, dem Agitationsblatt der Sozialdemokratie. Seine aggressiven Karikaturen, die in fast allen sozialistischen Zeitungen und Zeitschriften Europas abgedruckt wurden und selbst vor Schmähungen des russischen Zaren und des deutschen Kaisers nicht zurückschreckten, nahmen gern kirchliche Heuchelei, nicht selten jedoch auch Kirche und Klerus selbst aufs Korn. Nach mehrmonatiger Inhaftierung 1926/27 erhielt Galantara zwar bis zu seinem Tod Publikationsverbot, blieb

---

[1]   z = zusätzliche Karikatur.

aber in Rom und arbeitete weiter, wobei er einige anonyme Karikaturen für die humoristische Zeitschrift *Marc'Aurelio* (Rom) beisteuerte.

Lit.: Giuseppe Sircana, Art. Galantara, Gabriele, in: Dizionario Biografico degli Italiani 51 (1998) 326–329 (Lit.); Guido Davide Neri, Galantara. Il morso dell'Asino, Mailand 1980; Adolfo Chiesa, La satira politica in Italia, Rom/Bari 1990, 8–33 u. ö. (mit Karikaturen); Giorgio Candeloro, I Temi, le battaglie e gli smarrimenti di una rivista »popolare«, in: Candeloro, L'Asino VII-XVIII; Ege 139–146; Piltz 186–188 (mit Karikaturen); Flemig 227 (hier fälschlich »Galantar«; Lit.); Kessemeier 375.

Garvens, Oskar (1874–1951), dt. Bildhauer, Zeichner und Karikaturist KAR 18,19. Studium an den Kunstakademien München und Berlin, Ausbildung zum Bildhauer (u. a. Reliefs für das Neue Rathaus seiner Geburtsstadt Hannover). 1905 in Paris. Seit 1919 ausschließlich als politischer Karikaturist tätig und ab 1924 ständiger Mitarbeiter des *Kladderadatsch*. Karikaturen von Garvens, der von 1907 bis zu seinem Tod in Berlin lebte, erschienen auch in den *Hamburger Nachrichten*.

Lit.: Flemig 84 (Lit.); Dollinger 412; Kessemeier 375; Haese/Schütte 132.

Gillray, James (1757–1815), bedeutendster engl. Karikaturist an der Wende vom 18. zum 19. Jahrhundert und »der erste Großmeister der politischen Karikatur« KAR 1.
Nach dem Abbruch der Lehre bei einem Kupferstecher Studium an der Londoner Kunstakademie. Veröffentlichte von 1779 bis 1811 etwa 1.000 politische und gesellschaftspolitische Karikaturen (meist Radierungen), die sich v. a. gegen die Liberalen in England, gegen die dortige königliche Familie und gegen Frankreich (insbesondere Napoleon) richteten. Nachdrucke von Gillrays Blättern gelangten auf Schleichwegen in alle Länder Europas. Andere Karikaturisten, so der Schweizer *David Heß* (1770–1843) und der Berliner *Johann Gottfried Schadow* (1764–1850), verwendeten seinen Nachnamen – teils aus Verehrung, teils aus Angst vor der Zensur – als Pseudonym (vgl. Flemig 116 bzw. 245; Max Hasse / Gerd Unverfehrt, James Gillray 1757–1815, in: Guratzsch 12–39, hier: 38).

Lit.: Guratzsch, Gillray (Zitat: 36); Dollinger 413; Langemeyer 458; Kessemeier 376.

Gonin, Guido (1833–1906), ital. Karikaturist, Genremaler und Modezeichner KAR 6. Sohn und Schüler des Malers und Buchillustrators Francesco Gonin (1808–1889). Mitarbeiter der italienischen Satirezeitschriften *Il Pasquino, Lo Spirito Folletto* und *Il Fischietto*.

Lit.: Enrico Gianeri (Pseudonym: Gec), I Caricaturisti del Risorgimento, in: Biboletti/Calotti 8–31, hier: 11–13 (vgl. auch a. a. O. 76); Sabrina Spinazzè, Art. Gonin, Francesco, in: Dizionario Biografico degli Italiani 57 (2001) 673–677, hier: 676.

Haitzinger, Horst (* 1939), österr. Karikaturist und Maler KAR 21,23,24,26,33. Von 1954 bis 1964 Malerei- und Grafikstudium an der Kunstgewerbeschule Linz und der Akademie der bildenden Künste in München. 1958 bis 1967 über 500 Zeichnungen für den *Simplicissimus*, außerdem ständiger Mitarbeiter bei *tz*

(München), *Nürnberger Nachrichten* (jeweils seit 1966), *Nebelspalter* (Zürich; seit 1968), *B.Z.* (Berlin; seit 1980) und *Bunte* (seit 1981). Ab Ende der sechziger Jahre war der in München lebende »Meister des deftigen Strichs« der meistgedruckte Karikaturist im deutschsprachigen Raum mit regelmäßigen Kolumnen in der in- und ausländischen Presse, zahlreichen Buchveröffentlichungen und Auszeichnungen und ist bis heute einer der bekanntesten Vertreter seiner Zunft. Neben verschiedensten Karikaturen (bisher etwa 15.000; Nachdrucke auch in den USA) entsprangen Haitzingers Feder außerdem Buchillustrationen und Ölbilder (im Stil des phantastischen Realismus).

Lit.: Laura Weißmüller, Roland Koch, das Gottesgeschenk. Der Karikaturist Horst Haitzinger wird siebzig Jahre alt, in: SZ, Nr. 138 v. 19. Juni 2009 (Zitat); Flemig 105 (Lit.); Dollinger 413; Langemeyer 458; Muster I 84 f. (Abb.); Guratzsch, Karikatur 190; Keim/Seitz, Um Gottes willen 75; Keim, KarikaTouren 59.

Heine, Thomas Theodor (1867–1948; Signum: TTH in senkrechter Schrift), dt. Maler, Illustrator, Bildhauer und Karikaturist KAR 12.

Nachdem er wegen einiger anonym erschienener Karikaturen in den *Leipziger Pikanten Blättern* kurz vor dem Abitur der Schule in Leipzig verwiesen worden war, Studium an der Kunstakademie Düsseldorf (1884–1889). Ab 1889 in München; Mitarbeiter der dort erscheinenden Zeitschriften *Fliegende Blätter* und *Jugend* sowie ab 1896 Hauptzeichner des *Simplicissimus* (über 2.500 Zeichnungen, davon viele Titelblätter), bei dem er auch Mitbegründer, Redaktionsmitglied und Teilhaber war. Die berühmte rote Bulldogge als Signet des *Simplicissimus* stammt aus seiner Feder, ebenso Plakatentwürfe für das Münchner Kabarett »Die elf Scharfrichter«. Die aggressiven und bissigen Karikaturen des gebürtigen Leipzigers nahmen u. a. Scheinheiligkeit, religiöse Frömmelei und dümmlich-arrogantes Militär ins Visier. Wegen »nicht arischer« Abstammung (Heine war Jude) 1933 aus der Preußischen Akademie der Künste ausgeschlossen (Mitglied seit 1922), emigrierte er 1938 zunächst nach Prag, dann nach Oslo (Norwegen) und schließlich 1942 nach Stockholm (Schweden), wo 1945 sein autobiographischer Roman »Ich warte auf ein Wunder« erschien und wo er drei Jahre später verstarb. In allen drei Ländern arbeitete Heine als Karikaturist für die dortige Presse.

Lit.: Helmut Friedel (Hg.), Thomas Theodor Heine, 2 Bde. (Bd. 1: Thomas Raff, Der Biss des Simplicissimus – Das Künstlerische Werk; Bd. 2: Monika Peschken-Eilsberger, Der Herr der roten Bulldogge. Biographie), Leipzig 2000; Ludwig Thoma, Erinnerungen, hg. v. Hans Pörnbacher, München 1996 (Register!); Flemig 112 (Zitat; Lit.); Dollinger 413; Kessemeier 377; Zeman 88; Langemeyer 458; Haese/Schütte 133; Koch/Behmer 89.

Hofmann, Walter (1905–1977; Pseudonyme: *Waldl, Bogner*): österr. Karikaturist und Werbegraphiker KAR 20z.

Der in Braunau am Inn geborene Sohn eines Schulleiters war zunächst Elektroingenieur und arbeitete dann an verschiedenen Orten als Reklamezeichner (u. a. bei der Schuhcremefabrik Erdal) und als Plakatzeichner. Ab 1934 in Berlin und Mitglied der SS, war Hofmann einer der Schriftleiter des *Schwarzen Korps* und zeichnete auch für die Soldatenzeitung *Wacht im Westen*. Seine aus fünf Panels bestehenden politischen Bildergeschichten erfreuten sich so großer Beliebtheit, dass sie unter dem Titel »Lacht ihn tot. Ein tendenziöses Bilderbuch« (Dresden 1937) als Büchlein erschienen. Im Zweiten Weltkrieg ging der NS-Karikaturist als Kriegsberichterstatter an die Front. Nach Aufenthalten in amerikanischen Internierungslagern und Berufsverbot war er seit 1950 als Karikaturist ständiger Mitarbeiter der *Düsseldorfer Nachrichten*, der Würzburger *Main-Post*, der *Oberösterreichischen Nachrichten* und weiterer Zeitungen und Zeitschriften, ehe er am 9. Mai 1977 in Braunau – schwer krebskrank – seinem Leben ein Ende setzte.

Lit.: Mario Zeck, Das Schwarze Korps. Geschichte und Gestalt des Organs der Reichsführung SS (= Medien in Forschung und Unterricht A 51), Tübingen 2002, 75; Hans Fink, Pressezeichner Walter Hofmann †, in: Neue Warte am Inn 97 (1977) Nr. 19 (11. Mai), 4 (mit Abb.).

Horsch, Wolfgang (* 1960), dt. Cartoonist und Karikaturist KAR 35.
Theologiestudium in Heidelberg (1990 M.A.), seither selbständiger Karikaturist. Der gebürtige Heilbronner lebt in Niedernhall (Baden-Württemberg) und publizierte u. a. in der *Süddeutschen Zeitung*, im *Handelsblatt* und im *Tagesspiegel* (Berlin).

Lit.: Keim/Seitz, Um Gottes willen 76; Keim/Seitz, Gott 78; Keim, KarikaTouren 59 (alle identisch).
Homepage: www.horschcartoons.de

Johnson, Arthur (1874–1954), dt.-amerik. Landschafts-, Bildnis- und Genremaler, Zeichner und Karikaturist KAR 15.
In Cincinnati/USA als Sohn eines Diplomaten geboren, war Johnson seit dem 15. Lebensjahr in Deutschland. Von 1893 an Studium an der Kunstakademie Berlin. Ab 1896 zeichnete er für den *Kladderadatsch*, dessen ständiger Mitarbeiter er von 1906 bis zur Einstellung der Zeitschrift 1944 war. Im Laufe der Zeit entwickelte Johnson »einen typisch skurrilen Zackenstil, der Gesichter zu grotesken Fratzen verzerrte«.

Lit.: Flemig 137 (Zitat; Lit.); Dollinger 413; Kessemeier 377; Haese/Schütte 134.

Körner, Thomas (* 1960; Pseudonym: *TOM*), dt. Cartoonist KAR 28.
Der in Bad Säckingen (Baden-Württemberg) geborene Körner lebt seit 1981 in Berlin, studierte dort Politik und jobbte als Packer. Das Zeichnen von Cartoons brachte er sich autodidaktisch bei und konnte sich 1990 als Comic-Zeichner für verschiedene Zeitungen und Zeitschriften (z. B. *Badische Zeitung*) selbständig machen. 1990 beginnen auch seine Veröffentlichungen in der *taz*, wo seit 1991 der sehr erfolgreiche, immer aus drei Bildern bestehende Comic-Strip »Touché« erscheint (mittlerweile über 7.000 Cartoons mit mehreren, ganz unterschiedlichen Szenarien).

Lit.: Flemig 292 (Lit.).
Homepage: www.c-tom.de

Koufogiorgos, Kostas (* 1972), griech.-dt. Karikaturist und Maler ‌KAR 37z‌.
Ab 1990 Studium der Wirtschaftswissenschaften an der Universität Athen, zugleich erste Karikaturen für das griechische Magazin *Odigitis.* Nach Studien-
abschluss (Diplom) Arbeit als freier Karikaturist für diverse griechische Zeitungen und Zeitschriften. Seit 2008 lebt Koufogiorgos in Deutschland (Stuttgart-
Bad Cannstadt) und zeichnet für zahlreiche Tageszeitungen und Zeitschriften
(z. B. *Financial Times, Passauer Neue Presse, Neue Osnabrücker Zeitung, Ruhrnachrichten, Main-Post, Der Spiegel, Cicero, Nebelspalter*/Schweiz) sowie für On-
line-Portale. Außerdem arbeitet Koufogiorgos, der sich als Karikaturist stark
gegen das Bahnprojekt »Stuttgart 21« engagierte (Plakate, Transparente, Flyer),
für verschiedene Schulbuchverlage; zudem mehrere Buchveröffentlichungen.
Lit.: http://www.koufogiorgos.de/lebenslauf; https://de.wikipedia.org/wiki/Kostas_
Koufogiorgos
Homepage: http://www.koufogiorgos.de

Krüger, Arthur (1860–1939), dt. Bildhauer, Medailleur, Zeichner und Karikaturist
‌KAR 16z‌.
Ausbildung als Bildhauer und Münzstempelschneider in Berlin. Ab 1895 Leiter
der Berliner Medaillenmünze. Der gebürtige Berliner fertigte zahlreiche politi-
sche und sozialkritische Karikaturen für den *Kladderadatsch,* den *Wahren Jacob*
und die *Jugend* und war auch als Werbezeichner tätig.
Art. Krüger, Arthur, in: Ulrich Thieme / Felix Becker (Hgg.), Allgemeines Lexikon der bildenden Künstler von der Antike bis zur Gegenwart, Bd. 21, Leipzig 1928, 589 (Lit.); Flemig 158;
Kessemeier 377. Die Lebensdaten wurden aus Kladderadatsch 83 (1930) 672 (Nr. 43 v. 26.
Okt.) und 92 (1939) 426 (Nr. 27 v. 2. Juli) entnommen; in der übrigen Lit. späteres Geburts-
und fehlendes Sterbejahr.

Leischner, Hubertus (* 1967), dt. Illustrator, Grafik-Designer und Filmemacher
‌KAR 27‌.
Von 1988 bis 1992 Kommunikations- und Grafikdesignstudium an den Fach-
hochschulen Düsseldorf und Köln. Seit 1998 als selbständiger Illustrator, Grafik-
Designer, Fotograf und Filmemacher in Berlin tätig.
Homepage: https://dasauge.de/-hubertus-leischner/

Mayr, Johann (* 1956), dt. Cartoonist und Karikaturist ‌KAR 30‌.
Studium der Landschaftsarchitektur; anschließend langjährige Tätigkeit als Gar-
tenarchitekt und Stadtplaner, ehe er sich 1990 als Cartoonist selbständig machte.
Seine Zeichnungen erschienen u. a. in der *Süddeutschen Zeitung* und in der *taz,*
in *Freundin, Bunte* und *Schöner Wohnen.* Außerdem hat der gebürtige Münchner, der auch in der bayerischen Landeshauptstadt wohnt, über 100 Bücher mit
eigenen Cartoons veröffentlicht.
Lit.: Keim/Seitz, Gott 79; Keim, KarikaTouren 60; Kleiner, Aussichten, nach 97 (alle identisch).
Homepage: www.johannmayr.de

Mester, Gerhard (* 1956), dt. Karikaturist KAR 31, 31z, 32, 35, 36, 36z.
Nach Ableistung des Zivildienstes in der kirchlichen Jugend- und Altenarbeit Grafik-Design-Studium in Kassel von 1978 bis 1984; seither freier, für verschiedene Zeitungen (u. a. *Thüringer Allgemeine, Neue Osnabrücker Zeitung, Mittelbayerische Zeitung, Wiesbadener Kurier, Deutsches Allgemeines Sonntagsblatt*) und Zeitschriften (z. B. *Publik-Forum, IG Medien forum*) tätiger politischer Karikaturist, der heute in Wiesbaden lebt. Mester veröffentlichte mehrere Bücher mit seinen Karikaturen und Cartoons (auch über Papst Franziskus: *Mensch, Franziskus. Cartoons*, Leipzig 2014; *Bruder Franz. Neue Cartoons*, Leipzig 2015). 2012 erhielt er den Karikaturenpreis des Bundesverbands Deutscher Zeitungsverleger (Deutscher Preis für die politische Karikatur). Auf die Frage, ob er Karikaturen über den Islam gemacht habe, antwortete Mester: »Nein, als Zeichner habe ich mich bisher mehr am christlichen Fundamentalismus meiner Kindheit und der katholischen Kirche abgearbeitet. Ich bin zwar inzwischen ausgetreten, aber die negativen Erfahrungen sitzen tief und prägen viele meiner Karikaturen.«
<small>Lit.: Mester/Latsch 9; Keim/Seitz, Um Gottes willen 76; Keim/Seitz, Gott 79; Und zack! – ist man getroffen, in: Publik-Forum, Nr. 1 v. 16. Jan. 2015, 47 (Interview von Eva Baumann-Lerch mit Gerhard Mester [Zitat]; mit Selbstporträt Mesters und Karikatur zum islamistischen Attentat auf die französische Satirezeitschrift *Charlie Hebdo*).</small>

Neubauer, Friedrich Ludwig (1767–1828), dt. Maler, Illustrator und Verleger KAR 2.
Maler von Ölgemälden und Miniaturen, Zeichner und Kupferstecher (Landschaften [oft mit Baumgruppen], Porträts sowie meist nach fremden Vorlagen gefertigte historische und volkstümliche Blätter), ferner Illustrator (u. a. der Frankfurter Modezeitschrift *Journal des Dames*) und Verleger. Tätig in Frankfurt a. M., wo er geboren und gestorben ist, sowie kurzzeitig als Wappenstecher am Dessauer Hof. Als Karikaturist ist Neubauer sonst nicht hervorgetreten.
<small>Lit.: Philipp Friedrich Gwinner, Kunst und Künstler in Frankfurt am Main vom dreizehnten Jahrhundert bis zur Eröffnung des Städel'schen Kunstinstituts, Frankfurt a. M. 1862, 407–410; ders., Zusätze und Berichtigungen zu Kunst und Künstler in Frankfurt am Main vom dreizehnten Jahrhundert bis zur Eröffnung des Städel'schen Kunstinstituts, Frankfurt a. M. 1867, 57 f. (Nr. 45: »Der Entschädigungsbaum, vulgo Saecularisationen«); Walther Karl Zülch, Art. Neubauer, Friedrich Ludwig, in: Ulrich Thieme / Felix Becker (Hgg.), Allgemeines Lexikon der bildenden Künstler von der Antike bis zur Gegenwart, Bd. 25, Leipzig 1931, 401 (Lit.).</small>

Oesterle, Manfred (1928–2010), dt. Maler, Graphiker und Karikaturist KAR 22.
Studium an der Kunstakademie Stuttgart. Ständige Mitarbeit in den Zeitschriften *Das Wespennest* (ab 1948; erstes deutsches Satiremagazin nach dem Zweiten Weltkrieg, hg. v. Werner Finck, bereits 1949 eingestellt), *Nebelspalter* (Zürich, 1952–1955) und *Simplicissimus* (1955–1967; 223 Titelblätter!). Zudem Karikaturen verschiedenster Art in zahlreichen Tages- und Wochenzeitungen *(Süddeutsche Zeitung, Die Zeit, Der Spiegel)* sowie Illustrierten *(Quick, stern)*. Seit

1962 erstellte Oesterle, der zeitlebens an seinem Geburtsort Stuttgart-Möhringen tätig war, auch Werbe- und Gebrauchsgraphik für die Wirtschaft.
Lit.: Flemig 205; Muster II 142 f.; Dollinger 414.

Plaßmann, Thomas (* 1960), dt. Cartoonist und Karikaturist KAR 27z, 34 .
Studium der Geschichte und Germanistik sowie Ausbildung zum Tischler. Seit 1987 selbständiger Karikaturist mit Veröffentlichungen in verschiedenen Tageszeitungen, u. a. der *Frankfurter Rundschau*, der *Neuen Ruhr-Zeitung* und der *Berliner Zeitung*, sowie mehreren Büchern (zuletzt: Das glaub ich jetzt nicht! Cartoons von oben, Stuttgart 2016). Plaßmann, der bis heute in seiner Geburtsstadt Essen lebt, ist nach eigener Aussage katholisch sozialisiert und gläubiger Katholik. Er habe sich »aber irgendwann die Frage gestellt, ob Kirche und Religion nicht auch Themenfelder sind, die es sich lohnt, in Form von Karikaturen zu bearbeiten. Darüber habe ich wirklich lange nachgedacht – und es dann einfach gemacht. […] Das *Ruhrwort*, das damals noch das Essener Bistumsblatt war, hat es gedruckt. Es gab Widerstand, aber ich habe doch gemerkt, dass man über die Karikaturen sehr gut über Kirche und Glauben ins Gespräch kommen kann. […] Ich denke, man spürt auch, dass ich meine Zeichnungen aus einem Engagement für die Sache heraus zu Papier bringe. Es geht mir nicht darum, den Glauben oder die Kirche niederzumachen, sondern darum zu zeigen, dass man unter einer Situation leidet, die man ändern oder besser machen könnte.« Seither ist das Thema »Kirche« einer der thematischen Schwerpunkte Plaßmanns (mit Publikationen in diversen Kirchenzeitungen) – und Papst Franziskus zählt zu seinen (wenigen) Lieblingsfiguren.
Lit.: Keim/Seitz, Um Gottes willen 77; Keim/Seitz, Gott 80; Keim, KarikaTouren 60; Kleiner, Aussichten, nach 97 (alle identisch); Was darf Satire? Der Karikaturist Thomas Plaßmann zu den Anschlägen in Paris, (Interview mit Björn Odendahl, in: katholisch.de vom 29. Jan. 2015 (http://www.katholisch.de/aktuelles/aktuelle-artikel/was-darf-satire; 2. April 2016); »Ein bisschen am Lack kratzen«. Karikaturist Thomas Plaßmann zu seiner Ausstellung »Kirche in Karikaturen«, Interview mit Johanna Heckeley, in: katholisch.de vom 25. Febr. 2016 (http://www.katholisch.de/aktuelles/aktuelle-artikel/ein-bisschen-am-lack-kratzen; 2. April 2016) (obige Zitate sind aus beiden Interviews zusammengestellt; Kursivsetzung vom Verf.; das Bistumsblatt *Ruhrwort* wurde 2012 eingestellt).
Homepage: www.thomasplassmann.de

Paul, Bruno (1874–1968), dt. Architekt, Möbel-Designer, Hochschullehrer und Karikaturist KAR 13 .
Von 1886 bis 1897 Studium an der Kunstgewerbeschule und Kunstakademie Dresden sowie an der Kunstakademie München. Zeichner u. a. für den *Süddeutschen Postillon*, die *Jugend* und die *Sozialistischen Monatshefte*. Populär wurde Paul als Hauptmitarbeiter des *Simplicissimus* (von 1897 bis 1906 fast 500 Blätter). Sein flächig-plakativer Stil wurde für die Münchner Zeitschrift bestimmend. 1907 wurde er von Kaiser Wilhelm II., der um seine Tätigkeit beim *Simplicissimus* nicht wusste, zum Direktor der Kunstgewerbeschule Berlin ernannt; ab 1924 war Paul Direktor der »Vereinigten Staatsschulen für freie und ange-

wandte Kunst« in Berlin. 1934 legte er sein Amt nieder und schied 1937 freiwillig aus der Preußischen Akademie der Künste aus. Von 1907 an nur mehr fünf Karikaturen unter dem Pseudonym »Ernst Kellermann«. Ab 1934 arbeitete Paul als freier Architekt (Lehrer von Ludwig Mies van der Rohe [1886–1969]).

Lit.: Alfred Ziffer, Art. Paul, Bruno, in: NDB 20 (2001) 112 f.; Spott auf Politik und Krieg. Werke des »Simplicissimus«-Karikaturisten Bruno Paul in München, in: PNP, Nr. 23 v. 29. Jan. 2003; Flemig 212 f. (Lit.); Dollinger 414; Langemeyer 460; Koch/Behmer 90.

Regge-Schulz, Roland (* 1964; Pseudonyme: *Mario Lars, Regge vom Schulzenhof, Roland Mitlinks*), dt. Grafiker, Cartoonist, Journalist und Autor KAR 37.
Er veröffentlichte in der Satirezeitschrift *Eulenspiegel*, in der *Sächsischen Zeitung*, der *Schweriner Volkszeitung*, der *taz* und in *Spiegel Online*. 2014 belegte er beim Deutschen Preis für die politische Karikatur den 2. Platz. Geboren in Hagenow, lebt Regge-Schulz heute in Gneven bei Schwerin.

Lit.: Caricatura. Galerie für komische Kunst (Kassel), Künstler, in: http://www.caricatura.de/ 159.html?&tx_ttnews[tt_news]=52&cHash=938 f.89 f.8c5ba591bc5c666799ae62264   (8. Jan. 2015).
Homepage: www.farbfiguren.de

Rupprecht, Philipp (1900–1975; Pseudonym: *Fips* [umgangssprachlich bedeutet »Fips« Nasenstüber]), Pressezeichner, Maler, Dekorateur und NS-Karikaturist KAR 20, 20z.
Nach autodidaktischem Studium zunächst Pressezeichner, wanderte Rupprecht nach Argentinien aus, wo er in Buenos Aires als Kellner und Dekorateur arbeitete. 1925 kehrte er mit seiner Familie in seine Geburtsstadt Nürnberg zurück und zeichnete für verschiedene Zeitungen und Zeitschriften (u. a. *Ulk, Jugend* und *Vorwärts*). Noch im selben Jahr kam er in Kontakt mit dem fränkischen NS-Gauleiter *Julius Streicher*, dem Herausgeber der von ihm 1923 gegründeten antisemitischen Zeitschrift *Der Stürmer* (Nürnberg). Nachdem im Dezember 1925 unter dem Pseudonym »Fips« seine erste Karikatur im *Stürmer* erschienen war, blieb Rupprecht (seit 1929 NSDAP-Mitglied) dessen Hauptzeichner bis zur Einstellung des als Boulevardzeitung aufgemachten Hetzblattes im Februar 1945 und illustrierte darüber hinaus die im Stürmer-Verlag erschienenen antisemitischen Machwerke *»Juden stellen sich vor«* (1934) und *»Der Giftpilz«* (1938). Unter Rückgriff auf geläufige judenfeindliche Stereotypen schuf er »Woche für Woche mit seinen Karikaturen den Typus des geldgierigen, meist unrasierten ›Stürmer-Juden‹ mit langer gebogener Nase, hervorstehenden Augen, krummen Beinen und Plattfüßen. ›Fips‹ trug mit seinen zur Fratze entstellten Figuren zur Verfestigung antisemitischer Vorurteile bei« (Zelnhefer). Das Urteil in der NS-Zeit fiel natürlich ganz anders aus. So würdigte 1939 die gleichgeschaltete Zeitschrift *Deutsche Presse* Karikaturen von Fips als vorbildliche »Aufklärungsarbeit in der Judenfrage« (zit. nach Flemig 72), und der fanatische Antisemit Julius Streicher rühmt »Fips« im Vorwort zu »Juden stellen sich vor« (o. Sz.): »Daß [...] der Zeichner des ›Stürmer‹ den Juden kennt, das hat er seit jenem Tage bewiesen, an dem er die Feder in die Hand nahm und sich in die Kampffront

des ›Stürmer‹ begab. Er gibt den Juden, wie er ist. Die Ausdruckskraft, mit welcher ›*Fips*‹ in seinen Zeichnungen das Körperliche und Seelische der jüdischen Rasse darzustellen weiß, ist einzigartig. […] Wo ›Fips‹ mit gottgesegneter Hand zu einem spricht, da bedarf es keiner erläuternden Worte mehr. ›Fips‹ weiß das Wesentliche, das Charakteristische dessen zu geben, was er als Wissen in sich trägt. Wer die Zeichnungen des ›Fips‹ in sein Auge sprechen lässt, der bleibt auch in der Seele nicht unberührt und das ist es, was ›Fips‹ mit seiner Kunst erreichen will: *Er will sein Wissen in die Seele seines deutschen Volksgenossen hineinzeichnen.*« Nach Kriegsende wurde Rupprecht als »Hauptschuldiger« eingestuft und 1947 zu zehn Jahren Arbeitslager verurteilt, da er die »öffentliche Meinung als Künstler im Sinne der nationalsozialistischen Ideologie entscheidend beeinflusst« und mitgeholfen habe, »die Voraussetzungen zu schaffen, die später zu Ausschreitungen, Plünderungen und Gewalttaten führten« (zit. nach Linsler 480). Bereits nach dreieinhalb Jahren Haft im Internierungslager Eichstätt wurde Rupprecht jedoch 1950 wegen guter Führung entlassen und lebte anschließend bis zu seinem Tode als Kunstmaler und Dekorateur in Starnberg, Stuttgart und München.

Lit.: Flemig 72; Fred Hahn, Lieber Stürmer! Leserbriefe an das NS-Kampfblatt 1924 bis 1945, Stuttgart 1978, 122 u.ö. (mit einigen Karikaturen von Fips); Hermann Froschauer / Renate Geyer, Quellen des Hasses – Aus dem Archiv des »Stürmer« 1933–1945 (= Ausstellungskataloge des Stadtarchivs Nürnberg 2), Nürnberg 1988, 30–32 (mit Karikaturen von Fips), 96; Gerhard Jochem, Art. Rupprecht, in: NDB 22 (2005) 282f.; Ernst Klee, Das Kulturlexikon zum Dritten Reich. Wer war was vor und nach 1945?, Frankfurt a.M. 2007, 154; Julia Schwarz, Visueller Antisemitismus in den Titelkarikaturen des »Stürmer«, in: Jahrbuch für Antisemitismusforschung 19 (2010) 197–216, bes. 200f.; Siegfried Zelnhefer, Art. Der Stürmer. Deutsches Wochenblatt zum Kampf um die Wahrheit, in: Historisches Lexikon Bayerns (http://www. historisches-lexikon-bayerns.de/artikel/artikel_44465; 15. April 2015); Carl-Eric Linsler, Stürmer-Karikaturen, in: Wolfgang Benz (Hg.), Handbuch des Antisemitismus. Judenfeindschaft in Geschichte und Gegenwart, Bd. 7 (Literatur, Film, Theater und Kunst), Berlin u.a. 2015, 477–480.

Schilling, Erich (1885–1945), dt. Zeichner und Karikaturist KAR 19z.
Besuch der Kunstgewerbeschule Schwäbisch Gmünd, dann Lehre als Graveur und Tätigkeit in einer Gewehrfabrik, die vormals seinem Vater gehört hatte. Ab 1903 Studium an der Kunstschule in Berlin, wo der gebürtige Thüringer bis 1918 lebte, ehe er im selben Jahr ein Atelier in Gauting bei München eröffnete und in die Nähe von Starnberg umzog. Seit 1905 Zeichnungen für den *Wahren Jacob*, seit 1907 für den *Simplicissimus*, für den Schilling bis 1944 insgesamt 1.459 Beiträge lieferte und dessen Stil er (gemeinsam mit *Karl Arnold*, 1883–1953) zuerst durch holzschnittartige Blätter, später durch Kohlezeichnungen in Art Déco-Manier vor allem in den zwanziger Jahren prägte. In der Weimarer Republik ein scharfer Kritiker des Nationalsozialismus (auch Zeichnungen für die *Arbeiter-Illustrierte-Zeitung* [AIZ]), wandelte er sich ab 1933 zum glühenden Anhänger der NS-Ideologie und zum Propagandisten des Hitler-Regimes (z.B. durch Holzschnitt-Illustrationen zu Parolen von Joseph Goebbels oder Glasfenster mit NS-Motiven für das Ingolstädter Rathaus). Als die US-Truppen am Ende

des Zweiten Weltkriegs auf Gauting vorrückten, wo Schilling mittlerweile wohnte, beging er am 30. April 1945 – und damit am selben Tag wie Adolf Hitler – Selbstmord.

Lit.: Ulrich Appel, Satire als Zeitdokument: der Zeichner Erich Schilling, 1885 Suhl/Thüringen – 1945 Gauting bei München. Leben – Werk – Zeit – Umwelt (= Beiträge zur Kunstgeschichte 11), Witterschlick/Bonn 1995 (mit zahlreichen Karikaturen und Bildern der Glasfenster [1938]: Abb. 228 a-d; alle in sw); Flemig 248 f. (jeweils Lit.); Dollinger 415; Langemeyer 461; Haese/Schütte 135.

Schmidhammer, Arpád (eigentl. Arpath Emil; 1857–1921), dt.-böhm. Karikaturist, Illustrator und Journalist KAR 11.

Ab 1883 Studium an der Kunstakademie München, außerdem in Wien und Graz. Schmidhammer illustrierte Kinderbücher, Schulfibeln sowie Werke von *Peter Rosegger* (1843–1918) und *Ludwig Ganghofer* (1855–1920), v. a. aber war er als Karikaturist für verschiedene Zeitschriften (z. B. *Scherer*/Innsbruck) tätig. Für die *Jugend* war er seit ihrer Gründung deren Hauptzeichner mit markanter Handschrift (allein von 1896 bis 1905 ca. 1.700 Illustrationen mit Bildthemen vornehmlich aus dem Münchner Milieu). Sein Signum bei politischen Karikaturen war ein Frosch.

Lit.: Flemig 251 (Lit.); Dollinger 415 (hier fälschlich »Schmidthammer«); Langemeyer 461; Koch/Behmer 90.

Scholz, Wilhelm (1824–1893), dt. Karikaturist, politischer Satiriker und Maler KAR 8, 9, 9zz.

Studium an der Königlichen Kunstakademie Berlin, das er wegen des frühen Todes seines Vaters abbrechen musste. Bereits ab 1846 Karikaturist, schlug im Revolutionsjahr 1848 Scholz' große Stunde. Er fertigte Illustrationen für verschiedene satirische Zeitschriften (z. B. die *Freien Blätter* oder den *Berliner Krakehler*), entwarf diverse Revolutionsplakate und war dann bereits ab der Nr. 2 und für fast 40 Jahre Mitarbeiter und nahezu alleiniger Zeichner des 1848 gegründeten politischen Witzblattes *Kladderadatsch*. Seine scharfen und schlagfertigen, meist allegorisch angelegten Karikaturen nahmen oft Reichskanzler Bismarck aufs Korn, dessen berühmten »drei Haare« eine von der europäischen Witzpresse übernommene Erfindung des Berliners Wilhelm Scholz sind.

Lit.: Flemig 254 f. (Lit.); Heinrich-Jost, Kladderadatsch 321 f.; Dollinger 415; Kessemeier 379; Langemeyer 461; Koch, Teufel 329.

Schulz, Wilhelm (1865–1952), dt. Maler, Zeichner, Illustrator und Dichter KAR 16.

Studium an den Kunstakademien Hamburg, Berlin und München sowie an der Kunstschule Karlsruhe. Schöpfer von stimmungsvollen Märchenbildern und Illustrationen für Kinderbücher und andere Werke, so für die »Heilige Nacht« (1916) von Ludwig Thoma. Ab 1890 Zeichnungen für die *Jugend*, dann von der ersten bis zur letzten Nummer (1896–1944) – d. h. fast 50 Jahre lang – Mitarbeiter, später auch Teilhaber des *Simplicissimus*, für den er zahlreiche Karikaturen

zu Tagesereignissen zeichnete. Ein Augenleiden hinderte den gebürtigen Lüneburger in den letzten Lebensjahren an weiterer Tätigkeit.

Lit.: Flemig 258 (Lit.); Dollinger 415; Kessemeier 379; Haese/Schütte 136; Koch/Behmer 90.

Smolinski, Alfred J. (* 1938; Pseudonym: *Jals* [zusammengesetzt aus J-Al-S]), dt.-
schweiz. Karikaturist und Illustrator KAR Einleitung, 29.
Ausbildung als technischer Zeichner, dann Studium an der Kunstgewerbeschule
Folkwang in seiner Geburtsstadt Essen. Wegen eines Jobangebots der Glashütte
Hergiswil 1962 Umzug in die Schweiz. Lebt seit 1967 in Küßnacht (Einbürge-
rung 1978) und ist seit 1969 freiberuflicher Karikaturist. Veröffentlichung seiner
Cartoons ohne Worte und klerikalen Karikaturen u. a. in *Hörzu, Quick, journa-
list, Playboy*, den *Stuttgarter Nachrichten*, der *Schweizerischen Allgemeinen
Volkszeitung* und v. a. in der *Neuen Luzerner Zeitung*. Viele Zeichnungen auch
für Publikationen der evangelischen Kirche.

Lit.: Simone Ulrich, Auf eine Tasse Kaffee mit dem Karikaturisten. Jals Smolinski, in: Freier
Schweizer, Nr. 73 v. 11. Sept. 2012, 7; Flemig 134 (Lit.); Keim/Seitz, Gott 80.
Homepage: www.jals.ch

Tomaschoff, Jan (* 1951), tschech.-dt. Cartoonist, Karikaturist und Arzt KAR 25.
Veröffentlichte schon als 12jähriger erste Cartoons in einer (später verbotenen)
tschechischen Kulturzeitschrift, dann 1966 mit seinen Eltern von Prag nach
Deutschland geflüchtet. Nach einem »lustlos« studierten Semester an der Kunstakademie Düsseldorf Studium der Humanmedizin (1970–1975; Dr. med.), anschließend Nervenarzt und Psychotherapeut in Düsseldorf und Oberhausen,
zugleich seit 1970 Cartoonist. Seine in der Freizeit gezeichneten Karikaturen
ganz unterschiedlichen Sujets und Charakters erschienen u. a. in *Pardon, Die
Welt*, der *Welt am Sonntag*, der *Rheinischen Post*, der *Süddeutschen Zeitung*, in
Medical Tribune, Psychologie heute und im *Deutschen Allgemeinen Sonntagsblatt*; außerdem publizierte Tomaschoff mehrere Cartoonbücher.

Lit.: Flemig 292 (Lit.); Muster II 188 f. (Zitat: 188); Kleiner, Aussichten, nach 97.
Homepage: www.achgut.com/autor/tomaschoff

Tomicek, Jürgen (* 1957), dt. Karikaturist KAR 37z.
1972–1975 Lehre als Industriekaufmann in Werl (Westfalen), wo der gebürtige
Allgäuer bis heute lebt. Erste Arbeiten im Bereich der Werbegrafik und Pro-
duktzeichnung; ein ihm angebotenes Kunststipendium schlug Tomicek jedoch
aus. Statt dessen absolvierte er eine Ausbildung bei der Polizei, in deren Diensten er mehrere Jahre in Köln, Dortmund und Werl als Motorradpolizist unterwegs war. Nachdem er sich schon in der Schul- und Lehrzeit im Porträtzeichnen
geübt hatte, erstellte er nun in seiner Freizeit Buchillustrationen und Zeichnungen für die Zeitung der Polizeigewerkschaft. 1982 wurde die Tageszeitung *West-
falenpost* »auf den leidenschaftlichen Portraitisten und Schnellzeichner aufmerksam«, für die er fortan Karikaturen für den Lokalteil, ab 1984 auch für
den überregionalen Teil zeichnete. Heute als freischaffender Karikaturist mit

ein bis drei Karikaturen pro Tag für etwa 50 Zeitungen in Deutschland, Österreich und der Schweiz tätig (u.a. *Aachener Zeitung, Kölnische Rundschau, Münchner Merkur, Augsburger Allgemeine, Neuer Tag* [Weiden]), so dass Tomicek gegenwärtig zu den am meisten gedruckten Karikaturisten im deutschsprachigen Raum zählt. 2007 erhielt er den Karikaturenpreis des Bundesverbands Deutscher Zeitungsverleger (Deutscher Preis für die politische Karikatur). Seit 1989 erscheinen von Tomicek, der seine Zeichnungen stets mit seinem Nachnamen und einem Kakadu signiert, außerdem regelmäßig thematische Jahrbücher (ab 2007 im eigenen Verlag), zudem weitere Karikaturenbände.

Lit.: Walther Keim, Menschen in der Tinte. Die Karriere des Karikaturisten Jürgen Tomicek, in: Werl gestern, heute, morgen. Ein Jahrbuch der Stadt Werl und des Neuen Heimat- und Geschichtsvereins Werl 11 (1994) 7–18; www.tomicek.de/php/vita (Zitat); https://de.wiki pedia.org/wiki/Jürgen_Tomicek.
Homepage: www.tomicek.de

Weber, A. (Andreas) Paul (1893–1980), dt. Lithograph, Zeichner, Illustrator und Karikaturist `KAR 18z`.
Kurzer Besuch der Handwerker- und Kunstgewerbeschule in Erfurt, als Maler vor allem an Meistern des 19. Jahrhunderts (z. B. Honoré Daumier) orientierter Autodidakt. Ab 1911 Tätigkeit als Gebrauchsgraphiker, ab 1919 als Buchillustrator (insgesamt Zeichnungen für über 60 Bücher). 1928 schloss sich Weber dem Berliner Widerstandskreis um *Ernst Niekisch* (1889–1967) an, der als Nationalbolschewist eine kommunistische Revolution in Deutschland mit Anlehnung an die Sowjetunion anstrebte. »Er folgte den Ideologien des intellektuellen Kreises oft nur bedingt, teilte aber dessen wachsende Sorge um die Zukunft Deutschlands im Hinblick auf den erstarkenden Nationalsozialismus.« 1931 bis 1934 war der in Arnstein (Thüringen) geborene Meister der graphischen Satire zu politischen und gesellschaftskritischen Themen Mitherausgeber des Periodikums *Widerstand. Zeitschrift für nationalrevolutionäre Politik*. Zu seinen Hauptwerken gehören die in dieser Zeit entstandenen sechs Zeichnungen zu Niekischs Broschüre »Hitler – Ein deutsches Verhängnis« (1932). Nach Inhaftierung 1937 wieder Betätigung als Graphiker. 1954 bis 1967 Mitarbeiter des *Simplicissimus*. Webers Gesamtwerk umfasst über 200 Ölbilder, fast 3.000 Lithographien, mehrere tausend Handzeichnungen und hunderte von Holzschnitten.

Lit.: Flemig 310 (Lit.); Dollinger 415; Zeman 58; Langemeyer 462.
Internet: www.weber-museum.de/leben (Zitat).

Wolter, Jupp (1917–1993), dt. Karikaturist, Werbegraphiker und Buchillustrator `KAR 25z`.
Der gelernte Kaufmann Wolter leitete ab 1937 die Versandabteilung einer Putzmittel- und Schmirgelfabrik und wurde 1939 zum Wehrdienst eingezogen. In Schreibstuben überlebte er den Zweiten Weltkrieg, in dem er nicht nur als Schauspieler eines Soldatentheaters auftrat, sondern auch als Schnellzeichner (Autodidakt). Nach 1945 versuchte der gebürtige Bonner sich als Kabarettist und Chefredakteur einer satirischen Zeitschrift, die aber bald in Konkurs ging.

Seit 1948 arbeitete er dann als Werbegrafiker und Pressezeichner. Etwa 2.000 vorwiegend politische und vielfach nachgedruckte Karikaturen erstellte Wolter zu seiner besten Zeit pro Jahr für etwa 40 Zeitungen und Zeitschriften (z. B. *Augsburger Allgemeine, Bonner Rundschau, Neue Osnabrücker Zeitung, Stuttgarter Nachrichten, Der Spiegel, Stern*) und war einer der führenden deutschen Karikaturisten. Die Karikatur, so schrieb er einmal, sei »die einzige Kunst, die noch allgemeinverständlich darstellen kann, was sie meint«.

Lit.: Flemig 318 (Lit.); Dollinger 415; Langemeyer 462; Muster, Who's who I 206 f. (mit Porträtkarikaturen und Karikaturbeispielen); Gestorben: Jupp Wolter, 76, in: Der Spiegel 47 (1993) H. 31 (2. Aug.), 176 (Zitat; mit Porträtfoto und -karikatur).

Register der Personen, Orte und Sachen

Nachstehendes Register versteht sich in erster Linie als Index der genannten Personen und Orte (einschließlich der Bischofssitze). Sachbegriffe wurden aufgenommen, sofern sie nähere Erläuterung erfahren. Nicht eingedeutschte fremdsprachige Begriffe sowie die Titel lateinischer Dokumente sind *kursiv* gesetzt. **Fettgedruckte Zahlen** zeigen jeweils diejenigen Personen, Orte und Sachen an, denen eine **INFOBOX** gewidmet ist (die übrigen in ihr erwähnten Personen, Orte und Sachen sind dagegen nicht eigens gekennzeichnet). Das Sternchen »*« bezeichnet auf der betreffenden Seite *nur* in den **Anmerkungen** vorkommende Personen, Orte und Sachen.

»*Ineffabilis Deus*« (1854) → Bulle
Infallibilität → Unfehlbarkeit
Ingolstadt 425
Innitzer, Theodor Kardinal 127
Innocenz III. 161, 165, 322
Innocenz IV. 248
Innocenz VIII. 57
Innocenz XI. 57
Innocenz XII. 61
Innsbruck 152, 248, 306*, 426
Inquisition, römische 114, **117 f.**, 131, 274*
Integralismus 177, **179**, 180
»*Inter gravissimas*« (1582) → Bulle
Interdikt **108**, 109
Invalidendom (Paris) **27**
Investiturstreit 104
Irving, David 371
Islam / Muslime 364–367, 369 f., 374, 395, 422
Ismael 395
Istanbul → Konstantinopel

Jaeger, Lorenz Kardinal 257*
Jaffa 140
Jahn, Friedrich Ludwig (Turnvater) 186
Jakobiner **21**, 26, 62
Jakobinermütze **21**, 22
Jals → Smolinski, Alfred J.
Jaruzelski, Wojciech 296
Jauernig 111
Jedin, Hubert 249, 253, 256
Jena 168
Jerusalem 57, 135–146, 187, 191*, 192, 237*, 322, 354, 395
Jesuiten 15, 16, 48–50, 52, 55, 58, 62, 64–68, 69*, 76, 81, 105, **108**, 117, 125 f., 130, 149, **150**, 151–153, 155, 168, 213, 239, 376, 393*
– Jesuitengesetz (1872) 108, 151, 153
– »Jesuitenverschwörung« 50*
Jesus Christus 71 f., 88, 144, 145*, 161 f., 166, 187, 189–191, 221, 322 f., 329*, 346, 353, 367–369, 396*
Jobeljahr 350
Jogand-Pagès, Gabriel-Antoine → Taxil, Léo
Johannes (Evangelist) 221
Johannes XI. 317
Johannes XV. 283
Johannes XXI. 266, 295
Johannes XXIII. (1410–1415, später als Gegenpapst gezählt) 285
Johannes XXIII. (Angelo Giuseppe Kardinal Roncalli; 1958–1963) 17 f., 82, 160, 234,

245, 250, 255, 256, 259–261, **287 f.**, 289, 304*, 333, 367
Johannes Chrysostomos 223
Johannes Paul I. (Albino Kardinal Luciani) 235, 259, **260 f.**
Johannes Paul II. (Karol Jozef Kardinal Wojtyła) 17 f., 30, 94, 261, 264, 266*, 270, 272, 277, 279 f., 285 f., 292, 294–300, 304, 337–339, 341 f., 344, 350, 352, 368, 378
– Wahl J. P.s **261 f.**
Johannes von Matha 38
Johanniter (Malteser) 40, **141 f.**, 145
Johanniter-Unfallhilfe 142*
Johnson, Arthur 420
Joos, Joseph 205
Joséphine Bonaparte 53*
»Journal des Dames« (Zeitschrift) 422
»Le Journal des Débats« (Zeitung) 59
»journalist« (Zeitschrift) 427
Judas 192
Juden / Judentum 187*, 191, 218 f., **220**, 221–225, 231, 236, 237*, 241, 243 f., 287, 353, 361, 364 f., 367–369, 371*, 372, 374, 395, 424 f.
– Hakennase 223, 225, 227
– J. und Teufel 221, 223, 227
– Kennzeichnung 225, 239
Judenfeindschaft → Antijudaismus / Antisemitismus
Judenverfolgungen 187*, 222, 236, 239, 241 f., 245*, 360*
Jürgensmeier, Friedhelm 8
»Jugend« (Zeitschrift) 129, 409, 419, 421, 423 f., 426
Julianischer Kalender 276
Julimonarchie (1830–1848) 68
Julirevolution (1830) → Revolution
Julius II. (Giuliano della Rovere) 262, 317 f., 324
Jurisdiktionsprimat (Rechtsprechungsprimat) → Primat

Kaaba **395**
Kaas, Ludwig 201, 205, 212, 215*
Kaiserreich, Deutsches 16
Kalabreser 81, **88**, 108, 117, 150
Kalenderreform → Gregorianischer Kalender
Kamaldulenser 376*
»Kampfbund für die deutsche Kultur« 360
Kamphaus, Franz 339, 385 f., 401
Kandinsky, Wassilij 357 f., 362
Kane, Bob 327

Lazaristen 48
Leben-Jesu-Forschung **144**
»Lebensborn« 224*
Lech am Arlberg 271
Lefebvre, Marcel 18, 254, 368, 370
Lega democratica nazionale 159
Léger, Paul-Émile Kardinal 252
Lehmann, Karl Kardinal 270, 306, 311, 335–
    340, 353, 366*, 392, 397*, 401
Leibliche Aufnahme Mariens in den Himmel
    (Dogma von 1950) 17, 84, **315**
»Leichensynode« 315 f.
Leiprecht, Carl Joseph 268
Leipzig 76*, 77, 115, 148, 187, 409, 419
»Leipziger Pikante Blätter« (Zeitschrift) 419
Leischner, Hubertus 421
Lektor 331
Lenin (Wladimir Iljitsch Uljanow) 203
Lennig, Adam Franz 76
Leo I. d. Gr. 322
Leo III. 285, 286*, 287*
Leo IX. (Bruno von Toul) 266, 281–286
Leo X. (Giovanni de' Medici) 262, 323, **324 f.**
Leo XII. 54
Leo XIII. 16, 86, 92, 105, 112, 128, 130 f., 173,
    175 f., 180, 378
Leonardo da Vinci 157*
Lepanto, Seeschlacht bei (1571) → Schlacht
Leppich, Johannes 49
Lercaro, Giacomo Kardinal 257
Lerchenfeld-Köfering, Hugo Graf von 181
Leroy, Michel 67*
Les Mureaux 62
Lessing, Gotthold Ephraim 127
Lettmann, Reinhard 386
»Der Leuchtturm« (Zeitschrift) 77, 409
Leunis, Jan 50
Lewin, Louis 219
Liber extra (1234) 302
Liberalismus **83**, 97, 102, 108, 115, 177
Liénart, Achille Kardinal 252 f.
Liguori, Alfons Maria von 75
Lille 252 f.
Limburg 13, 311, 339, 383, 385–402
– Diözesanvermögensverwaltungsrat
    (DVVR) 402*
Linea Clementina (*Gnomon Clementino*) 277 f.
Linz 213*, 418
Lira Pontificia 90*
Liszt, Franz 127

Liturgiekonstitution (»*Sacrosanctum Concili-*
    um«; 1963) → Konstitution
Liturgiereform 368
Locke, John 62
Löschhütchen 58, **59**
Loevenbruck, Jean-Baptiste 48*
Löwen 390
Löwenstein, Fürst Karl zu 131
Lombardi, Federico 397*
Lombez 53*
London 126, 139, 244*, 370, 371*, 418
Loreto 82, 287
Lorsch 284 f.
Louis-Philippe 51*
Lucius III. 57
Ludwig I. 43*
Ludwig IX. 25, 57
Ludwig XIV. 27, 56 f., 61*
Ludwig XV. 56
Ludwig XVI. 23–25, 27, 53*
Ludwig XVIII. 51*, 53*, 55*
Ludwig der Fromme 286*
Ludwig-Missionsverein 393
Lueger, Karl 225*
Lüneburg 427
Lüttich 281
»*Lumen gentium*« (1964) → Konstitution
Lunéville, Friede von (1801) 15, 33
Luther, Hans 196
Luther, Martin 65, 143, 162, 264 f., 269, 317,
    323 f.
Lutz, Christiane 12*
Lutz, Heinrich 12*
Luzern 317
Luzifer → Teufel
Lyon 62, 302
Lyons, Martyn 49*

Mably, Gabriel Bonnot de 60
Macci, Vincenzo 49*
Madras 54
Madrid 271, 355
Märzrevolution (1848) → Revolution
Magdeburg 409
Magliana 324
Maier, Hans 402*
Maigesetze, preußische (1873) 16, 96, **100 f.**,
    107, 111
Mailand 104, 151, 252, 260, 266, 288 f., 410, 354
»Main-Post« (Zeitung) 420 f.

Riegner, Gerhart M. 241*
Rio de Janeiro 301, 355
Risorgimento 86, 90
Ritterorden, geistliche → Deutscher Orden → Johanniter (Malteser) → Templer(orden)
Ritzer, Nadine 238*
Robert (the) Bruce 328
Robespierre, Maximilien 21, 23
Rochett 377*
Rodin, Auguste 358 f., 363
Rodrigo de Borgia → Alexander VI.
Röhm, Ernst 208
»Römische Frage« 108, 128, 156, 159
Rom (incl. Vatikan) 27, 30, 53*, 58, 81 f., 84, 89–92, 97 f., 101 f., 105, 107 f., 110, 117, 129, 131, 136*, 139, 149*, 157, 159–161, 165, 173, 177–180, 198, 201, 214, 234, 238, 241 f., 244*, 245*, 246, 248–250, 261, 264 f., 266*, 270 f., 273, 275–278, 280 f., 283, 286–288, 293, 295 f., 300, 316 f., 322, 333, 335–337, 340, 344, 346, 350–354, 366–368, 372 f., 376–382, 385*, 388, 391 f., 396*, 398, 399*, 400*, 409 f., 417 f.
– Fastensynoden von R. (1075/76) → Synode
Romantik 66
Roncalli, Angelo Giuseppe Kardinal → Johannes XXIII.
Roosevelt, Franklin D. 126 f.
Roosevelt, Theodore 126 f.
Rousseau, Jean-Jacques 21, 53, 65 f.
Rosegger, Peter 426
Rosenberg, Alfred 360
Rosenkranz **175 f.**
Rosenkranzbruderschaften 175
Rosenkranzfest 175
Rosenthal, Gilbert S. 223*
Rosmini-Serbati, Antonio 161
Rossi, Graf Pellegrino 102
Rottenburg(-Stuttgart) 166*, 170, 268, 270*, 361
Rubens, Peter Paul 71, 157
Ruffini, Ernesto 254
»Ruhrnachrichten« (Zeitung) 421
»Ruhrwort« (Zeitschrift) 423
Rupprecht, Philipp 217, 221, 224, 231, 424 f.
Rutenbündel (*fasces*) 60

SA (Sturmabteilung) 187, 200, 203, **208**, 209, 242
Sacco di Roma (1527) 317
»*Sacerdotalis coelibatus*« (1967) → Enzyklika

»*Sacrosanctum Concilium*« (Liturgiekonstitution; 1963) → Konstitution
»*Sacrum diaconatus ordinem*« (1967) → Motu Proprio
»Sächsische Zeitung« 424
Saeculum obscurum **284 f.**
Säkularisation (1803) 15, 32, 35, 37 f., 40, 42, 44, 142, 145*, 176, 343
– Güters. 15, 36–45
– Herrschaftss. 15, 29–35
Säkularisierung 398
Sagredo (fiktive Figur) 275 f.
Saint-Germain, Friede von (1919) 126
Saladin 136 f., 140 f., 147
Salviati (fiktive Figur) 275 f.
Salzburg 131, 283
St. Gallen 85
Sansculotte(s) **22 f.**
Santa Maria degli Angeli e dei Martiri (Rom) **277 f.**
Santiago de Compostela 354
Sarsina 160*
Sasson, Eliahu 245*
Satan → Teufel
– »Rauch des Satans« 290
Satanskult 129 f.
Sbarra → Flori, Dario
Schadow, Johann Gottfried 418
Schaffhausen 284 f.
Scheidemann, Philipp 196
Scheidgen, Hermann-Josef 77 f.
Schell, Herman 158, 164, **167**, 169 f.
»Scherer« (Zeitschrift) 426
Schiller, Friedrich 238
Schilling, Erich 209, 425 f.
Schisma
– Großes Abendländisches Sch. (1378–1417) 266, 323
– Morgenländisches Sch. (1054) 366
Schlacht
– bei Hattin (1187) 136
– (Seeschlacht) von Lepanto (1571) 175
– bei Königgrätz (1866) 120*
– von Tannenberg (1914) 205
Schleicher, Kurt von 196
Schlembach, Anton 337
Schmidberger, Franz 372
Schmidhammer, Arpád 130*, 426
Schmitt, Andreas 391*
Schnakenberg, Ulrich 11*
Schnelle, Stephan 399

Abbildungsverzeichnis

Karikatur, Berlin 1925, 104 (Abb. 86); Friedrich Gross, Jesus, Luther und der Papst im Bilderkampf 1871 bis 1918. Zur Malereigeschichte der Kaiserzeit, Marburg 1989, 51 (Abb. 53)

25. Kladderadatsch 34 (1881) 121 (Nr. 12 v. 13. März, 1. Beiblatt); ebenfalls in: Bismarck-Album des Kladderadatsch, Berlin ⁹1890, 128 (auch online verfügbar); Hans Dollinger, Lachen streng verboten! Die Geschichte der Deutschen im Spiegel der Karikatur, München 1972, 104; Gerhard Langemeyer u.a. (Hgg.), Bild als Waffe. Mittel und Motive der Karikatur in fünf Jahrhunderten, München ²1985, 127; Elisabeth Walde (Hg.), Bildmagie und Brunnensturz. Visuelle Kommunikation von der klassischen Antike bis zur aktuellen medialen Kriegsberichterstattung, Innsbruck u. a. 2009, 453

26. Der wahre Jacob 1 (1884) 48 (Nr. 6: Juli)

27. Manfred Eder, Kirche und Staat – Partner und Rivalen. Ein kurzer Gang durch die Geschichte, in: Misericordia 61 (2009) H. 4, 4 f. hier: 4

28. Jugend 1 (1896) 684 (Nr. 42 v. 17. Okt.)

29. Jugend 12 (1907) 329 (Nr. 16, Mitte April) (Ausschnitt)

30. Paul Bräunlich, Der neueste Teufelsschwindel in der römisch-katholischen Kirche, Leipzig 1897, Titelblatt (Ausschnitt)

31. Dr. Bataille [= Karl Hacks], Le Diable au XIXᵉ siècle, Bd. 2, Paris/Lyon 1895, 609

32. Simplicissimus 3 (1898/99) 241 (Nr. 31 v. 29. Okt. 1898, Titelseite) (Staatliche Bibliothek Regensburg, 999 ZM/2 ZZ 59a)

33. Das große Lexikon der Weltgeschichte, Hamburg 1992, 234 (vergrößert)

34. [Friedrich Wilhelm Barkhausen (Hg.)], Das deutsche Kaiserpaar im Heiligen Lande im Herbst 1898, bearb. v. Ernst Freiherr von Mirbach u. a., Berlin 1899, nach 370

35. John Grand-Carteret, »Er« [= Kaiser Wilhelm II.] im Spiegel der Karikatur. 348 Zeichnungen aus allen Ländern, Wien/Leipzig 1906, 157

36. Francis E. Peters, Jerusalem. The holy city in the eyes of chroniclers, visitors, pilgrims and prophets from the days of Abraham to the beginnings of modern times, Princeton 1985, nach 50

37. Simplicissimus 6 (1901/02) 377 (Nr. 48 v. 18. Febr. 1902, Titelseite) (Staatliche Bibliothek Regensburg, 999 ZM/2 ZZ 59a)

38. Giorgio Candeloro (Hg.), L'Asino di Podrecca e Galantara (1892/1925), Mailand 1970, 176

39. http://upload.wikimedia.org/wikipedia/commons/9/91/Sodoma_003.jpg

40. Kladderadatsch 61 (1908) 32 (Nr. 8 v. 23. Februar)

41. Manfred Weitlauff, Der »Fall« des Augsburger Diözesanpriesters und Münchener Theologieprofessors Joseph Schnitzer (1859–1939). In Erinnerung an die antimodernistischen Erlasse Papst Pius' X. vor hundert Jahren. Mit Quellen- und Dokumentenanhängen (= Jahrbuch des Vereins für Augsburger Bistumsgeschichte 44 [2010] II), Lindenberg 2011, nach 316 (Abb. 13)

42. Simplicissimus 18 (1914) 800 (Nr. 47 v. 16. Februar) (Staatliche Bibliothek Regensburg, 999 ZM/2 ZZ 59a)

43. https://upload.wikimedia.org/wikipedia/commons/thumb/4/4a/Adolph_Menzel_-_Eisenwalzwerk_-_Google_Art_Project.jpg/1024px-Adolph_Menzel_-_Eisenwalzwerk_-_Google_Art_Project.jpg

44. Kladderadatsch 63 (1910) 793 (Nr. 44 v. 30. Okt., 2. Beiblatt)

45. Kurt Dietrich Schmidt, Einführung in die Geschichte des Kirchenkampfes in der nationalsozialistischen Zeit, hg. v. Jobst Reller, Hermannsburg 2009 (vorderer Umschlag)

46. Ulrike Leutheusser (Hg.), Hitler und die Frauen, Stuttgart/München ²2001, 251

47. Rüdiger Kaldewey / Aloys Wener, Das Christentum. Geschichte – Politik – Kultur, Düsseldorf 2004, 284

48. Ulrike Leutheusser (Hg.), Hitler und die Frauen, Stuttgart/München ²2001, 111

49. Kladderadatsch 85 (1932) 601 (Nr. 38 vom 18. Sept.)

50. Christian Zentner / Friedemann Bedürftig (Hgg.), Das große Lexikon des Dritten Reiches, München 1985, 627

51. Gerhard Dellmann / Josef Schölling, Geschichte. Von der Aufklärung bis 1945, Berlin o. J. [2001], 71
52. Werner Loch / Karl Görres, Politische Karikatur und ihr Einsatz im Unterricht, Limburg 1985, 122
53. https://www.dhm.de/lemo/bestand/objekt/spd-das-dritte-reich-nein-193233.html
54. http://www.weber-museum.de/werk/widerstand/images/verhaengnis.jpg
55. Kladderadatsch 87 (1934) 33 (Nr. 3 v. 14. Jan.; Titelseite)
56. Simplicissimus 32 (1927) 213 (Nr. 16 v. 18. Juli); auch in: Ulrich Appel, Satire als Zeitdokument: der Zeichner Erich Schilling, 1885 Suhl/Thüringen – 1945 Gauting bei München. Leben – Werk – Zeit – Umwelt (= Beiträge zur Kunstgeschichte 11), Witterschlick/Bonn 1995, Abb. 151 (sw; Kommentar: 181 mit Anm. 62); Christian Zentner, Drittes Reich und II. Weltkrieg. Daten – Fakten – Hintergründe, Rastatt 1998, 102 (sw)
57. Christian Zentner, Drittes Reich und II. Weltkrieg. Daten – Fakten – Hintergründe, Rastatt 1998, 248
58. Manfred Gailus / Armin Nolzen (Hgg.), Zerstrittene »Volksgemeinschaft«. Glaube, Konfession und Religion im Nationalsozialismus, Göttingen 2011, 54
59. Graphik: Manfred Eder
60. http://www.glaube-und-kirche.de/hitler_war_ein_glaeubiger_katholik_die_katholische_kirche_hat_ihn_unterstuetzt.htm (Original in: Der Stürmer, Nr. 21, März 1936, 7)
61. Mario Zeck, Das Schwarze Korps. Geschichte und Gestalt des Organs der Reichsführung SS (= Medien in Forschung und Unterricht A 51), Tübingen 2002, 189 (Original in: Das Schwarze Korps, Folge 18, 6. Mai 1937, 2)
62. Simplicissimus 68 (1963) 174 (Nr. 11 v. 16. März 1963)
63. Christian Feldmann, Johannes XXIII. Seine Liebe – sein Leben, Freiburg i. Br. u. a. 2000, 225
64. http://www.follow-me-now.de/assets/images/Stellvertreter-_Der-Plakat.jpg
65. Simplicissimus 68 (1963) 753 (Nr. 48 v. 1. Dez., Titelseite)
66. Peter Pfister (Hg.), Julius Kardinal Döpfner (1913–1976). Daten und Bilder zu seinem Wirken in Würzburg, Berlin und München (= Schriften des Archivs des Erzbistums München und Freising 17), Regensburg 2013, 196
67. Bruno Nies (Hg.), Hauptsache der Papst ist katholisch. Karikaturen aus der Weltpresse über Papst, Christliches und Unchristliches, Salzburg 1982,11
68. https://de.wikipedia.org/wiki/Jan_van_Scorel#/media/File:Hadrian_VI.jpg
69. Horst Fuhrmann, Die Päpste. Von Petrus zu Johannes Paul II., München ⁴2012, 243
70. Bruno Nies (Hg.), Hauptsache der Papst ist katholisch. Karikaturen aus der Weltpresse über Papst, Christliches und Unchristliches, Salzburg 1982, 95
71. Hans Küng, Umstrittene Wahrheit. Erinnerungen [bis 1980], München/Zürich 2007, vor 625
72. https://www.universetoday.com/wp-content/uploads/2009/12/galileo-e1435358932718.jpg
73. https://upload.wikimedia.org/wikipedia/commons/thumb/c/ca/Galileos_Dialogue_Title_Page.png/1200px-Galileos_Dialogue_Title_Page.png
74. Bruno Nies (Hg.), Hauptsache der Papst ist katholisch. Karikaturen aus der Weltpresse über Papst, Christliches und Unchristliches, Salzburg 1982, 43
75. Hans Peter Muster, Who's Who in Satire and Humour. Biographisches Verzeichnis der satirischen, kritischen und humoristischen Grafiker des 20. Jahrhunderts. A Biographical List of 20th Century Satirical, Critical and Humorous Graphic Artists, Bd. 1, Basel 1989, 207
76. https://www.heiligenlexikon.de/Fotos/Leo_IX3.jpg
77. Tabelle: Manfred Eder
78. Gerhard Langemeyer (Hgg.), Bild als Waffe. Mittel und Motive der Karikatur in fünf Jahrhunderten, München ²1985, 271 (Nr. 197)
79. http://www.metropolen.de/media/rom/fotos/gf/sixtinische-kapelle_erschaffung-adams_990x330.jpg

80. Bernhard Müller, Um Himmels willen. Karikaturen zum Thema Kirche und Religion. Ein Arbeitsbuch, München/Stuttgart 1996, 62

81. Publik-Forum 44 (2015) H. 22 (20. Nov.), 35

82. taz v. 21. Juni 1996

83. https://upload.wikimedia.org/wikipedia/commons/5/53/Jean_Paul_Laurens_Le_Pape_Formose_et_Etienne_VII_1870.jpg

84. Publik-Forum 26 (1997) H. 16 (29. Aug.), 26

85. Manfred Eder, Kirchengeschichte. 2000 Jahre im Überblick, Ostfildern ⁴2017, 44

86. http://www.toledoblade.com/image/2014/05/10/cT/Vatican-Paul-VI-coronation.jpg

87. Publik-Forum 26 (1997) H. 17 (12. Sept.), 40

88. http://cartoon-characters.com/wp-content/uploads/2014/04/batman01.jpg

89. http://1.bp.blogspot.com/_GK9vk5xxaSs/RmnTiNlh7SI/AAAAAAAABNs/MnkTQ-6AmMs/w1200-h630-p-nu/Minor%2BOrders.jpg

90. Publik-Forum 28 (1999) H. 18 (24. Sept.), 32

91. Publik-Forum 28 (1999) H. 19 (8. Okt.), 3

92. Publik-Forum 29 (2000) H. 7 (7. April), 49

93. https://www.hna.de/welt/papst-ruecktritt-foto-zeigt-benedikt-xvi-grab-coelestin-zr-2746026.html

94. Walther Keim / Gerhard Seitz (Hgg.), »Um Himmels willen«. Kirche in der Karikatur, Bamberg ³2007, 23 (Seitenzahl fingiert)

95. Manfred Eder, Kirchengeschichte. 2000 Jahre im Überblick, Ostfildern ⁴2017, 139

96. Manfred Eder, Kirchengeschichte. 2000 Jahre im Überblick, Ostfildern ⁴2017, 139

97. Publik-Forum 36 (2007) H. 18 (28. Sept.), 10

98. a) https://s-media-cache-ak0.pinimg.com/originals/32/f6/8e/32f68e4786d1da49a7239c6dac3b3550.jpg b) https://bqnotes.files.wordpress.com/2013/12/keith _haring_-_untitled.jpg

99. http://www.wassily-kandinsky.org/images/gallery/Transverse-Lines.jpg

100. https://adrianasassoon.files.wordpress.com/2012/05/piet-mondrian-design.jpg

101. Wolf Stadler (Gesamtleitung), Lexikon der Kunst. Malerei – Architektur – Bildhauerkunst, Bd. 10, Freiburg i. Br. 1989 (ND Eggolsheim o.J.), 105

102. http://www.erzgebirgsweb-shop.de/images/256-30c.jpg

103. SZ, Nr. 23 vom 29. Januar 2009, 2

104. Publik-Forum 42 (2013) H. 12 (28. Juni), 38

105. SZ, Nr. 263 v. 15./16. Nov. 2014, 69

106. Gerhard Mester, Bruder Franz. Neue Cartoons, Leipzig 2015, 7

107. taz vom 14. Okt. 2013

108. http://static3.fnp.de/storage/scl/bilderstrecken/2013/hessen_rhein-main/ex kusive_bilder_vom_bischofssitz/410548_m1w960v27134_Limburg_55.jpg?version=1381405421

109. http://www.koufogiorgos.de/201013_limousinefarbe.html

110. PNP, Nr. 236 v. 12. Okt. 2013, 2